365 Schicksalstage

SEINE SONSTIGEN ANORDNUNGEN
GRUNDSATZEN UNSERER VERFASSUNG
VON 1920 WIDERSPRECHEN FUR ALLE Z
ITEN AUFGEHOBEN UND DIE STAATSBU
RGERLICHEN GRUNDRECHTE WIEDER IN
KRAFT GESETZT WERDEN
OSTERREICHER
VERZAGT NICHT FASSET WIEDER MUT
SCHLIESST EUCH ZUSAMMEN ZUR WIEDER
AUFRICHTUNG EURES FREIEN GEMEINWE
SENS UND ZUM WIEDERAUFBAU EURER
WIRTSCHAFT VERTAGT ALLEN STREIT DER
WELTANSCHAUUNGEN BIS DAS GROSSE
WERK GELUNGEN IST UND FOLGT IN DIE
SEM GEISTE WILLIG EURER REGIERUNG ES
LEBE DAS OSTERREICHISCHE VOLK ES LEBE DIE
REPUBLIK OSTERREICH RENNER SCHARF FIGL KO
PLENIG HONNER FISCHER GERO ZIMMERMANN
BUCHINGER HEINL KORP BOHM RAAB
AUS DER REGIERUNGSERKLARUNG DER
PROVISORISCHEN STAATSREGIERUNG
WIEN 27 APRIL 1945

Cafe
Rathaus
Cafe

WH-32290

19 45

Einleitung

Schuld und Scham, Triumph und Jubel

Historisches Erinnern schweißt zusammen, schafft Identität, ist Voraussetzung für die Deutung der Gegenwart – das gilt auch für Österreich, ein Land, das erst seit wenigen Jahrzehnten von der Mehrheit seiner Bürger als Nation empfunden wird. Lebendige Erinnerung an vergangenes Geschehen legitimiert gegenwärtiges Handeln und bestimmt den Blick in die Zukunft. Das vorliegende Buch blickt Tag für Tag, vom 1. Januar bis zum 31. Dezember, auf jene Ereignisse zurück, die dem rot-weiß-roten Nationalmythos Inhalt und Kontur verliehen haben, es versammelt die „Fixpunkte der nationalen Memoria" (Aleida Assmann). Es ist ein Blick auf Heldentaten ebenso wie auf Verbrechen, auf helle und auf dunkle Tage, auf Tage, die man zu feiern gewohnt ist, und auf Tage, die man am liebsten für immer vergessen möchte.

Lebendige Erinnerung und nationales Gedenken

Es ist kein patriotisches Heldenlied, sondern eine kritische Sondierung, es werden auch Ereignisse genannt, die verdrängt und vergessen sind und nicht mehr erinnert werden möchten. Neben den „Feiertagen" wie dem 1. November, dem Tag der Erstnennung Österreichs in der Ostarrîchi-Urkunde, dem 12. September, dem Tag des Sieges über die Osmanen vor Wien, oder dem 15. Mai, dem Tag des Staatsvertrags, stehen Erinnerungstage, die sich mit „negativer Vergangenheit" auseinandersetzen, mit den dunklen Tagen österreichischer Geschichte: Da ist etwa der 7. April, der Gedenktag des Massakers am Präbichl, da sind der 11. Februar, der Tag der Hinrichtung der Matrosen von Cattaro, oder der 25. Juli, der Tag der Ermordung von Bundeskanzler Engelbert Dollfuß, und der 15. März, der Tag von Hitlers Auftritt am Heldenplatz. Da sind Tage, die an Katastrophen erinnern, wie der 3. Juli, der Tag des Gemetzels von Königgrätz, oder auch Tage, die einst als Feiertage gegolten haben und heute ganz normale Tage sind wie Kaisers Geburtstag, der 18. August. Und der Kalender benennt die Meilensteine auf dem Weg zur Demokratie, vom Ausbruch der Revolution am 13. März 1848 bis zur Proklamation über die „Wiedererrichtung der selbständigen demokratischen Republik Österreich" am 29. April 1945.

Ein Blick auf „Heldentaten" ebenso wie auf Verbrechen, ein Blick auf Tage, deren Geschehen sich eingeschrieben hat in den Mythenschatz Österreichs – Schuld und Scham, Triumph und Jubel sind mit diesen Tagen verbunden.

Was vergessen ist, kann nicht mehr erzählt werden. Nur an das, was ich weiß, kann ich mich erinnern. Dieser erste Gedächtnis-Kalender Österreichs möchte dazu Hilfestellung und Anregung bieten. Zum Weiterlesen und Weiterforschen. Er möchte kein Erinnerungs-Diktat verhängen, sondern ein Angebot unterbreiten, manchmal auch provozieren. Ich würde mich freuen über eine lebendige Diskussion.

Johannes Sachslehner

Die Wirklichkeit der Ereignisse ist nicht rekonstruierbar.
Die unermüdliche Suche nach Erkenntnis geht weiter,
und mag sie noch so aufwändig sein,
damit nicht alles verloren und vergessen wird.

Raul Hilberg, Die Quellen des Holocaust

Johannes Sachslehner

365 Schicksalstage

Ereignisse, die Österreich bewegten

styria premium

Coca-Cola

A második világháború utolsó hónapjaiban a náci vezetők több tízezer
magyar zsidót nőt és férfit hozattak az osztrák határra kényszermunkásnak,
hogy az úgynevezett keleti falat az előretörő Vörös Hadsereg ellen
elkészítsék. Ezaterv kilátástalansága arra ösztönözte a nácikat 1945
márciusának végén, hogy magyar zsidókból álló halálmeneteket indítsanak
a mauthauseni koncentrációs táborba "hajtani". Ezen a meneten több
osztrák községen keresztül vezették, ahol rendszeressen sortűzzel
gyilkolták a zsidókat. A legnagyobb stájerországi mészárlást az Eisenerzi
Volkssturm végezt Prabichl hágó közvetlen közelében, ahol több mint
200 zsidót öltek

Januar

Januar 1995 · Der EU-Beitritt | 2. Januar 1776 · Die Abschaffung der Folter | 4. Januar 1647 · Die Erob
n Bregenz | 8. Januar 484 · Der Tod des heiligen Severin | 23. Januar 1977 · Der Lucona-Skandal | 30. J
389 · Die Trgodie von Mayerling | 1. Februar 1945 · Die „MühlviertlerHasenjagd“ | 3. Februar 1943 · Kapitu
Stalingrad | 8. Februar 1972 · Der Schranz-Rummel | 11. Februar 1918 · Der Matrosenaufstand in Catt
2. Februar 1934 · Die Februarkämpfe | 13. Februar 1998 · Hermann Maiers Sturz in Nagano | 19. Februar
Der Tod des Koloman Wallisch | 20. Februar 1810 · Die Erschießung Andreas Hofers | 1. März 1970 · Di
nalratswahl 1970 | 11. März 1938 · Das Unternehmen Otto | 12. März 1938 · Der „Anschluss“ | 13.
348 · Die Märzrevolution 1848 | 15. [illegible] | 24. März 1986 · Die Waldheim-
25. März 1945 · Das Massaker von [illegible] Der erste Flug der AUA | 1. April 1938
Prominententransport“ | 7. April 1945 · Massenmord am Präbichl | 19. April 1713 · Die „Pragmatische San
20. April 1889 · Hitlers Geburtstag | 25. April 1945 · Das Massaker am Persmanhof | 29. April 1945 · Die
amation der Unabhängigkeit | 1. Mai 1890 · Die erste Maikundgebung | 5. Mai 1945 · Die Befreiung von
ausen | 8. Mai 1945 · Der Krieg ist zu Ende | 15. Mai 1955 · Der Österreichische Staatsvertrag | 16. Mai
Die Geburt des Wunderteams | 17. Mai 1626 · Der Oberösterreichische Bauernkrieg | 21. Mai 1809 · D
ng der Schlacht bei Aspern | 29. Mai 1809 · Die dritte Schlacht am Bergisel | 31. Mai 1961 · Die Habs
rise | 2. Juni 1882 · Das Linzer Programm | 12. Juni 1994 · Das EU-Referendum | 19. Juni 1933 · Nazi-
n Alauntal | 21. Juni 1978 · Österreich besiegt Deutschland in Córdoba | 22. Juni 1941 · Unternehmen B
ssa | 27. Juni 1989 · Der Fall des Eisernen Vorhangs | 28. Juni 1914 · Das Attentat von Sarajevo |
355 · Kärnten wird habsburgisch | 3. Juli 1866 · Die Schlacht bei Königgrätz | 9. Juli 1386 · Die Schlach
empach | 11. Juli 1936 · Das Juliabkommen | 15. Juli 1927 · Der Brand des Justizpalastes | 17. Juli
er EU-Beitrittsantrag | 20. Juli 1866 · Die Seeschlacht bei Lissa | 21. Juli 976 · Der erste Babenberger
li 1515 · Die Doppelhochzeit im Stephansdom | 23. Juli · Übergabe des Ultimatums an Serbien | 26. Juli
Die „Befreiung“ der Bauern | 28. Juli 1914 · Die Kriegserklärung Österreich-Ungarns | 2. August 1945
otsdamer Konferenz | 11. August 1804 · Gründung des Österreichischen Kaisertums | 17. August 118
eorgenberger Handfeste | 18. August 1830 · Die Geburt Franz Josephs | 23. August 1848 · Die Pratersc
24. August 1853 · Die Verlobung Franz Josephs mit Sisi | 25. August 1218 · Die Kreuzfahrt Leopolds des
chen | 26. August 1278 · Die Schlacht von Dürnkrut und Jedenspeigen | 3. September 1683 · Die Zweit
nbelagerung | 5. September 1970 · Der Unfall Jochen Rindts in Monza | 8. September 1921 · Kampf u
rgenland | 10. September 1919 · Der Staatsvertrag von Saint-Germain | 12. September 1683 · Der E
n Wien | 13. September 1931 · Der Pfrimer-Putsch | 17. September 1156 · Das Privilegium minus | 28
mber 1420 · Die Wiener Geserah | 29. September 1363 · Tirol fällt an Österreich | 9. Oktober 1972 · C
sturm in Kärnten | 10. Oktober 1920 · Volksabstimmung in Kärnten | 12. Oktober 1902 · Das erste Fu
nderspiel | 13. Oktober 1781 · Das Toleranzedikt Josephs II. | 16. Oktober 1918 · Das „Völkermanifest“
arls | 18. Oktober 1944 · Der Volkssturm | 26. Oktober 1955 · Der Österreichische Nationalfeiertag
ktober 1964 · Die Olah-Krise |30. Oktober 1943 · Moskauer Deklaration | 31. Oktober 1731 · Das Salzb
migrationsedict“ | 1. November 996 · Die Ostarrichi-Urkunde | 3. November 1918 · Die Unterzeichnun
affenstillstandes | 5. November 1978 · Volksabstimmung über das Kernkraftwerk Zwentendorf | 6. Nove
956 · Die Brücke von Andau |9. November 1938 · Die Reichspogromnacht | 12. November 1918 · Die Ausr
r Republik „Deutschösterreich“ | 15. November 1136 · Der heilige Leopold | 17. November 1963 · Die
ng der Europabrücke | 23. November 1837 · Die erste Dampfeisenbahn | 2. Dezember 1805 · Die „Dr
rschlacht“ von Austerlitz | 3. Dezember 1993 · Der Briefbombenterror der BBA | 14. Dezember 1955
O-Beitritt Österreichs | 16. Dezember 1740 · Der Überfall auf Schlesien | 21. Dezember 1867 · Die De
rfassung | 30. Dezember 1888 · Der Hainfelder Parteitag | 31. Dezember 1851 · Das Silvesterpaten

1. Januar 1995

Ein freudiges Ja zu Europa

Es ist der erste Tag einer neuen Epoche und er fällt passenderweise auf einen Sonntag. Ein 1. Januar, der sich wie immer anfühlt: Die Wiener Philharmoniker brillieren unter der Leitung von Zubin Mehta bei ihrem traditionellen Neujahrskonzert, Andreas Goldberger wird beim Neujahrsspringen in Garmisch-Partenkirchen hinter dem Finnen Janne Ahonen Zweiter und befindet sich auf dem Weg zu seinem zweiten Tourneesieg. Einige ärgern sich wohl auch darüber, dass nun in Österreich keine Pumpguns mehr verkauft werden dürfen, ja, und vielen ist es noch gar nicht so richtig bewusst: Österreich hat, 50 Jahre nach Kriegsende, Abschied von seinem Inseldasein genommen, hat auf den wachsenden Druck des Globalisierungsprozesses reagiert und sich einer größeren Gemeinschaft anvertraut.

Die letzte Entscheidung dazu ist am 11. November 1994 gefallen: 78 Prozent der anwesenden Abgeordneten stimmen im Nationalrat dem EU-Beitrittsvertrag zu. In Anwesenheit von Kommissionspräsident Jacques Delors spricht Peter Kostelka, der Klubobmann der SPÖ, von einem „Meilenstein in der Geschichte Österreichs", und Andreas Khol, Klubobmann der ÖVP, von einem „freudigen Ja", das die ÖVP zu Europa gebe, jetzt komme es darauf an, „Europa in den nächsten zehn Jahren eine Seele zu geben". Der „europäische Geist", so schließt Khol in dieser denkwürdigen Sitzung, sei „die Zukunft". Sehr kritisch äußert sich dagegen FPÖ-Obmann Jörg Haider (1950–2008): Der Beitritt zur EU würde einen Verlust von Bürgerrechten und Demokratie bedeuten, er erwarte sich negative Auswirkungen auf Landwirtschaft und Industrie, auch für das Preisniveau und den Arbeitsmarkt habe der EU-Beitritt keine positiven Effekte. Johannes Voggenhuber von den Grünen, der gegen den Beitritt gewesen ist, klagt über „gravierenden Reformbedarf" in der EU und Heide Schmidt, die Klubobfrau des Liberalen Forums, warnt schließlich davor, die EU zu einer „westlichen Wohlstandsburg" werden zu lassen.

Der EU-Beitritt

Vieles gehört jetzt der Vergangenheit an, ohne dass man es sofort spürt: die altgewohnte Geld- und Währungspolitik etwa, der mit der Einführung des Euro am 1. Januar 1999 auch der Schilling, die liebgewordene Währung der Republik, zum Opfer fällt. Und vieles sollte der Vergangenheit angehören, tut es aber nicht: etwa das engstirnige Mir-san-mir-Denken und der „Autarkie-Mythos" (Oliver Rathkolb), der es zulässt, dass über einen EU-Austritt spekuliert wird.

Feierstimmung zum Jahreswechsel 1994/95: Österreich ist EU-Mitglied.

2. Januar 1776

Keine peinlichen Fragen mehr …

Den Stein ins Rollen bringt ein *so verstockt als gefährlicher Böswicht* namens Franz Sachs, der 1773 vor dem *Stadt- und Land-Gericht* Wien steht. Da Franz Sachs bereits in seiner Zelle großspurig angekündigt hat, dass er auch unter der Folter nichts aussagen werde, wird die sogenannte „Intercalar Tortur" angeordnet: Die in der „Wiener Praxis" üblichen drei Grade der Folter – Daumenschrauben, „Schnürung" und „trockener Aufzug mit Gewichtsanhängung" – kommen an drei aufeinanderfolgenden Tagen zur Anwendung; der Gefolterte hat dabei keine Möglichkeit, sich von den Qualen der vorausgehenden Folter zu erholen. Der *Böswicht* hat Glück: „Folterarzt", der den *Criminal-Inquisiten* vor der *peinlichen Frage* (= Tortur) zu untersuchen hat, ist der angesehene Chirurg Ferdinand Leber (1727–1808), und dieser spricht sich nun in einem Gutachten gegen die „Intercalar Tortur" aus. Unterstützung findet er in der medizinischen Fakultät der Universität Wien, die grundsätzlich diese verschärfte Foltermethode ablehnt – Maria Theresia verbietet daraufhin am 16. November 1773 die „Intercalar Tortur", gleichzeitig lässt sie prüfen, ob die Folter nicht „gänzlich aufzuheben oder auf besondere *species delicti* zu beschränken wäre".

Die Abschaffung der Folter

Während sich etwa der *Oberst-Landrichter* Freiherr von Hahn für eine Beibehaltung der Folter ausspricht, tritt Maria Theresias Berater Joseph von Sonnenfels mit einer eigenen Schrift *(Über die Abschaffung der Tortur, 1775)* entschieden für deren Abschaffung ein, sei sie doch nur ein Mittel, „an welchem alles ungewiss ist, als der

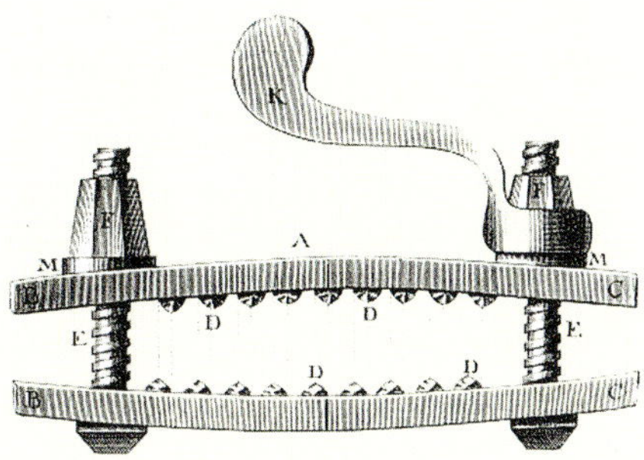

In der „Wiener Praxis" der erste Grad der Folter: der Daumenstock.

Schmerz, die Lähmung, die Entehrung, die Verzweiflung, welcher der unglückliche Untersuchte preisgegeben wird". Maria Theresia schließt sich den klaren Sonnenfels'schen Argumenten an, ja, sie geht sogar noch weiter als ihr Berater, indem sie die Aufhebung der Folter ohne Einschränkungen verfügt. In der *allerhöchsten Entschließung* dieses Januartages dekretiert sie den entscheidenden Satz: *Die peinliche Frage seye nach dem in mehreren Staaten schon Vorgegangenen Beyspiel, ohne einigen Vorbehalt allgemein aufzuheben*; sämtliche Gerichtsbehörden in den Erblanden seien zur Nachachtung dieses Erlasses zu verständigen. Zu bedenken gibt die Monarchin weiters, ob nicht auch die Todesstrafe zumindest *zum größten Theile* aufzuheben sei, da man ja aus der Arbeit der Delinquenten noch einigen Nutzen ziehen könne.

Das Habsburgerreich ist nach Preußen der zweite europäische Staat, der die Folter abschafft. Eine „große That einer erlauchten Frau", so der Linzer Kommunalpolitiker Franz Melichar (1835–1881) in einem Vortrag zum Jubiläum 1876.

3. Januar 1848

Eine billige Suppe für die Armen

Benjamin Thompson, Reichsgraf von Rumford (1753–1814), ist nicht nur ein bedeutender Experimentalphysiker, der den Boden für den Ersten Hauptsatz der Thermodynamik bereitet hat, sondern auch ein unermüdlicher Tüftler, dessen Erfindergeist auch vor kulinarischen „Problemstellungen“ keineswegs Halt macht. Von seinem Arbeitgeber, dem bayerischen Kurfürsten Karl Theodor, mit der Reorganisation der bayerischen Armee beauftragt, erfindet der Mann aus Massachusetts nicht nur wärmedämmende Unterwäsche für Karl Theodors Soldaten, sondern auch den Energie sparenden Rumfordherd und schließlich die Rumfordsuppe, ein Eintopfgericht, das 1795 erstmals an die Streiter des Kurfürsten ausgegeben wird. Schließlich sorgt die kräftige Suppe auch im Militärischen Arbeitshaus in der Münchener Au bei Bettlern und Arbeitslosen für Furore und von hier aus tritt sie ihren Siegeszug in der Armenfürsorge Europas an. „Sie verlangt“, so schreibt Benjamin Thompson, „freylich ein langes und starkes Kochen; aber wenn dies gehörig geschieht, so verdickt sie eine große Maße Waßer und bereitet es, wie ich vermuthe, zur Zersetzung vor. Sie giebt also einer Suppe, von der sie einen Bestandtheil ausmacht, einen Reichthum an nährenden Stoff, den nichts anderes zu geben im Stande ist.“ Die wichtigsten Zutaten neben Wasser: Rollgerste (Graupen), getrocknete gelbe Erbsen, Salz und Bier- oder Weinessig, wobei diese beliebig mit anderem Gemüse oder auch Fleisch oder Speck sowie diversen Kräutern und Gewürzen ergänzt werden können; häufig wird auch ein Teil der Rollgerste durch Kartoffeln ersetzt.

Die Rumfordschen Suppenanstalten

Während in Bayern und Teilen Preußens die Rumfordsuppe bereits während der Kriege gegen Napoleon an die Armen ausgeschenkt wird, hält sie in Wien erst im Revolutionsjahr 1848 Einzug: Die wachsende Armut in den Vorstädten Wiens macht die Errichtung von „Rumfordschen Suppenanstalten“ auch in der habsburgischen Residenz notwendig. Auf der Landstraße, in Mariahilf und auf dem Schottengrund wird nun die Suppe Thompsons an die Armen von Wien verteilt; allmählich findet seine „Kraft-Suppe“ aber auch den Weg in den bürgerlichen Haushalt, wie unter anderem etwa Katharina Pratos Kochbuchklassiker *Die Süddeutsche Küche* von 1881 beweist.

Erstmals billige Suppen für die Armen von Wien.

4. Januar 1647

Totschlagen und Aufmetzgen

Gegen Ende des Dreißigjährigen Krieges nähert sich Unheil dem Land am Bodensee. Im Spätherbst 1646 zieht ein etwa 40.000 Mann starkes schwedisches Heer unter Feldmarschall Karl Gustav Wrangel nach Süden, man sucht nach Beute und bequemen Winterquartieren; die in Bayern stationierten kaiserlichen und bayerischen Truppen rühren keinen Finger, um dies zu verhindern. Am 29. November fordert der schwedische Generalproviantmeister von der Stadt Bregenz u. a. zweihunderttausend Pfund Brot und zweihundert Fass Wein, am 1. Dezember drohen die Schweden mit der Einquartierung von vier Regimentern Infanterie – die Bregenzer verzichten in beiden Fällen auf eine Antwort. Da auch eine neuerliche schwedische Quartierforderung am 28. Dezember erfolglos bleibt, beginnt Wrangel am Morgen des 4. Januar mit 8.000 Mann den Angriff auf Bregenz, das von etwa 2.200 Mann verteidigt wird. Den Verteidigern fehlt es an Proviant, Geschützen und Munition; die Schlüsselstellung, der sogenannte Haggen, fällt nach wenigen Stunden; ortskundige Einheimische führen die Schweden in den Rücken der Bregenzer Stellungen, die Verteidiger werden umkreist und zur Aufgabe gezwungen. Am längsten, so berichten die Quellen, wehren sich die Dornbirner Kriegsleute, Landammann Thomas Rhomberg bekräftigt *seine Treue mit seinem Blut*; Oberst Äscher, der kommandierende Offizier, veranlasst die kampflose Übergabe und versucht, auf einem Schiff aus dem Hafen zu flüchten, wird aber gefangen genommen.

Die Eroberung von Bregenz

In der einen Hand die Pistole, mit der anderen ihre Pferde am Zügel nachschleifend, dringen die schwedischen Reiter in die wehrlose Stadt ein, ein Haus nach dem anderen wird geplündert, *diesen schlägt, diesen schießt man zu tod und war aller Orten lauter Jammer und äußerstes Elend, desjenigen was mit den ledigen und verheirateten Weibspersonen geschah, zu schweigen*; zahlreiche Bewohner versuchen zu flüchten, dabei kommt es auf der überfüllten Achbrücke zu schrecklichen Szenen – im Gedränge werden viele ins Wasser gestoßen und ertrinken in der Hochwasser und Eis führenden Bregenzer Ache. Erst um fünf Uhr abends lässt Wrangel „Generalpardon und jedermann Quartier“ verkünden, das *Totschlagen und Aufmetzgen* hat damit ein Ende – etwa 200 bis 300 Tote sind zu beklagen, 17 Bregenzer Bürger umgekommen.

Feldmarschall Wrangel bezieht mit seinen Generälen Quartier in der Stadt, seine Soldateska, etwa 3.000 Mann, hausen zwei Monate lang in Bregenz und plündern systematisch die Häuser aus – täglich fahren mit Beute voll beladene Wagen über den Rhein, auf den Märkten jenseits des Flusses bekommen die rauen Kriegsmänner gutes Geld für den geraubten Hausrat, der in manchen Fällen von den geflüchteten Eigentümern selbst wieder zurückgekauft wird; Wrangel lässt sie gewähren. Erst am 6. März 1647 werden die Schweden die devastierte Stadt verlassen, nicht ohne vorher noch das Schloss auf dem Gebhardsberg zu sprengen und die Schanzen auf dem Pfänder zu zerstören.

5. Januar 1942

Tod im Gaswagen

Etwa 130 Kilometer östlich von Posen *(Poznań)* liegt das Dorf *Chełmno nad Nerem*, das die Deutschen „Kulmhof" nennen. Hier, im Landkreis Warthbrücken im Reichsgau Wartheland, haben sie einen, wie sie meinen, guten Platz zum Massenmord durch „irgendein schnellwirkendes Mittel" gefunden.

Für die geplante Vernichtungsstätte werden im Dorf *Kulmhof* ein unbewohntes Gutshaus, „Schloss" genannt, nebst Park und Kornspeicher sowie Teile einer angrenzenden Gärtnerei gepachtet; das „Schlossgelände" schirmt man mit einem Bretterzaun ab; ein Großteil der Dorfbewohner wird vertrieben, im November 1941 errichtet man die notwendigen Lagereinrichtungen. Am 8. Dezember 1941 kann das „Sonderkommando Kulmhof", es sind dies etwa 15 SS- und Sipo-Männer unter dem Befehl von SS-Hauptsturmführer Herbert Lange, mit der Ermordung von Juden aus den benachbarten Amtsbezirken beginnen; getötet wird in einem großen „Gaswagen", in den Motorabgase geleitet werden.

Die Ermordung der burgenländischen Sinti und Roma in Kulmhof

Wenig später sterben hier erstmals auch Österreicherinnen und Österreicher: Am 5. Januar 1942 trifft der erste „Transport" von burgenländischen Roma und Sinti aus dem Ghetto Litzmannstadt in Kulmhof ein; bis zum 12. Januar 1942 folgen drei weitere „Transporte". Insgesamt werden innerhalb dieser einen Woche gegen 5.000 Roma ermordet – es sind jene Menschen, die zwischen 5. und 9. November 1941 ins Ghetto Litzmannstadt deportiert und dort unter katastophalen Verhältnissen im „Zigeunerlager" untergebracht worden sind – es gibt keine sanitären Einrichtungen und auch keine Möglichkeit zu kochen.

Unter den Ermordeten sind viele Kinder. Die Männer des Sonderkommandos Kulmhof erhalten Lohnzuschläge: täglich zwischen 10 und 13 Reichsmark, je nach Dienstrang – sie verdienen damit mehr als das Doppelte des normalen Lohns.

„Wir erinnern uns": Gedächtnisstätte für die Opfer des Vernichtungslagers Kulmhof (Chełmno).

6. Januar 1453

Urkundenfälschung bekommt Rechtscharakter

Kaiser Friedrich III. lädt zu diesem feierlichen Akt hochrangige Gäste in seine Wiener Neustädter Residenz, sie alle sollen Zeugen dieses für das Haus Österreich so bedeutsamen Vorgangs werden: Kardinal Nicolaus Cusanus und der Nuntius Aeneas Silvius Piccolomini, sein ehemaliger Sekretär, sind ebenso erschienen wie Friedrichs Bruder Albrecht IV., Herzog Wilhelm von Sachsen, Markgraf Albrecht von Brandenburg und zwei Pfalzgrafen bei Rhein sowie die kaiserlichen Räte und Träger der Hofämter. Jetzt endlich soll durch das Oberhaupt des Reiches bestätigt werden, was Friedrichs Großonkel Herzog Rudolf IV. so verwegen hatte fälschen lassen: jene „Freiheitsbriefe“, die die Sonderstellung der habsburgischen Dynastie festschreiben, vor allem auch das „Kernstück“ dieser Fälschungen, das *Privilegium maius*, eine angeblich von Kaiser Friedrich Barbarossa ausgestellte Urkunde. Zu diesen bestätigten Privilegien zählen die Erblichkeit des Lehens, Steuerfreiheit, das Recht auf Tragen der Königskrone, kein Zwang zu einer Dienstleistung gegenüber dem Reich, keine Pflicht zum Besuch der Reichstage, oberste Lehenshoheit über alle österreichischen Güter, oberste Gerichtshoheit des Landesherren, die Unteilbarkeit der habsburgischen Länder und der Titel „Erzherzog“, den Friedrich allerdings ausdrücklich nur auf die steirische Linie der Habsburger bezogen wissen will. Und allein die steirischen Erzherzöge erhalten weitere zusätzliche Rechte, so werden sie ermächtigt, neue Steuern, Zölle und Mautgebühren einzuführen, und sie dürfen Wappen verleihen und akademische Titel zuerkennen – eine Vorgangsweise, die ein praktisches politisches Ziel hat: Friedrich will damit sein Mündel Ladislaus Postumus und Siegmund von Tirol, der inzwischen der Vormundschaft entwachsen ist, ausschalten.

Bestätigung des „Privilegium maius“

Großzügig wird jedes einzelne Privileg bestätigt, ja, man findet auch nichts dabei, angebliche Urkunden von Julius Caesar und Kaiser Nero, die Rudolf IV. in ein Diplom Kaiser Heinrichs IV. hatte „inserieren“ lassen, zu bestätigen.

Eine geschickte Fälschung: das „Privilegium maius“, mit dem sich Rudolf IV. grundlegende Rechte für sein Haus und die österreichischen Länder sicherte. Titelseite des für Kaiser Maximilian I. angefertigten Exemplars. Haus-, Hof- und Staatsarchiv.

7. Januar 1943

Vielleicht wird auch euer Hitler in Steinhof, aber innerhalb der Mauer landen

Herbert Eichholzer, geboren 1903 in Graz, ist einer der begabtesten jungen Architekten der Ersten Republik und ein politisch engagierter Mann. 1932 wird er Mitglied des Republikanischen Schutzbunds und nimmt an den Februarkämpfen teil, 1937 arbeitet er für die Vaterländische Front und nach seiner Flucht tritt er im Exil der KPÖ bei. Er ist in Februar und März 1938 einer jener aufrechten Österreicher, die aktiv dem „Anschluss" entgegenarbeiten – als Mitglied der „Sozialen Arbeitergemeinschaft" verteilt er Flugblätter zur von Schuschnigg angekündigten Volksabstimmung, die für ein freies Österreich eintreten. Nach dem „Anschluss" flieht Eichholzer nach Triest, dann geht er nach Paris, wo er unter dem Decknamen „Karl Hase" Umschulungen und Hilfe für Flüchtlinge aus Österreich organisiert.

Nach einem Aufenthalt in der Türkei bei Clemens Holzmeister kehrt Eichholzer im April 1940 nach Graz zurück – die Gestapo hat ihm eine Rückreiseerlaubnis erteilt, da er vorgibt, sich von nun an nur nationalsozialistisch betätigen zu wollen. Auf der Rückreise lernt er einen österreichischen Kommunisten kennen, der ihm den Auftrag gibt, einen Grenzverkehr nach Zagreb einzurichten. Der Kontakt zwischen dem Auslandsapparat der KPÖ und den einzelnen KPÖ-Gruppen soll dadurch verbessert werden. Doch das ist dem Architekten, der in Paris bei Le Corbusier ein Praktikum absolviert hat, zu wenig: Er beschließt, sich freiwillig zur Wehrmacht zu melden, um auch hier politisch tätig werden zu können. Unmittelbar nach seiner Einberufung am 18. Oktober 1940 beginnt er mit dem Verfassen und Verteilen regimekritischer Flugzettel; der Widerstandsgruppe gehören neben ihm noch Karl Drews, Josef Neuhold, Franz Weiß und andere an. Man nimmt sich kein Blatt vor den Mund – in einem Flugblatt, das die Euthanasie anprangert, heißt es: „Vielleicht wird auch euer Hitler, den ihr vor März 1938 in Vorausahnung schon auf die Außenseite der Feldhofmauer gemalt habt, in Steinhof, aber innerhalb der Mauer landen. (…) Kein anständiger Mensch kann mehr in dieser Partei bleiben, die kaltblütig und überlegt kranke und alte Leute mordet."

Die Hinrichtung von Herbert Eichholzer

Am 7. Februar 1941 wird Herbert Eichholzer verhaftet; am 9. September 1942 verurteilt man ihn wie Drews, Neuhold und Weiß wegen „Hochverrat" zum Tode. Ein Gnadengesuch wird abgelehnt, das Urteil am 7. Januar 1943 im Wiener Landesgericht vollstreckt.

Seit 1992 wird von der Stadt Graz und der Technischen Universität Graz alle zwei Jahre der „Herbert-Eichholzer-Förderungspreis" vergeben, der an die „verantwortungsbewusste Auseinandersetzung des Architekten mit den Strömungen seiner Zeit" erinnern und diese fortführen soll.

8. Januar 482

Iduum Januariarum die … quievit in domino

Im Kloster von *Favianis*, dem heutigen Mautern an der Donau, bereitet sich Severin von Noricum auf den Tod vor. Es ist Mitternacht, als der Heilige, der seit drei Tagen einen leichten Schmerz in der Seite spürt, seine Brüder zu sich kommen lässt. Er sagt ihnen nochmals, was mit seinem Leichnam zu geschehen habe, und wendet sich dann mit „eindringlichen und wunderbaren Worten“ an sie, anschließend tauscht er mit jedem einzelnen der Mönche einen Kuss und empfängt das heilige Abendmahl. Severin bittet sie, nicht um ihn zu weinen, dann „machte er mit ausggestreckter Hand über seinen ganzen Körper das Kreuzeszeichen und forderte sie auf, einen Psalm zu singen. Als sie vor übermäßiger Trauer zögerten, stimmte er selbst den Psalm an und sang: ‚Lobet den Herrn in seinen Heiligtümern … alles, was atmet, lobe den Herrn‘“ – mit diesem Vers auf den Lippen stirbt der Heilige.

Der Tod des heiligen Severin

Seine Mitbrüder tun, wie ihnen geheißen worden ist. Nach der Beisetzung fertigen sie einen hölzernen Sarg an, in dem die sterblichen Überreste Severins bei der Übersiedlung des Konvents nach dem Süden, die er vorausgesagt hat, mitgenommen werden sollen. Als 488, sechs Jahre später, auf Befehl des Skiren Odoaker der Abzug der romanischen Bevölkerung aus dem Land an der Donau Wirklichkeit wird und die Prophezeiung sich erfüllt, öffnen sie das Grab und finden den „ganzen Körper vollkommen erhalten“ vor.

Mit dem Tod des heiligen Severin, dessen Sterben uns in der *Vita Sancti Severini* des Eugippius überliefert ist, neigt sich die Herrschaft Westroms in Noricum dem Ende zu. Eindringlich zeigt die Schrift des Eugippius, der die Entfernung der Provinzialbevölkerung als Mitglied des Klosters von Favianis selbst miterlebt, wie Severin, ein Mann vornehmer italienischer Abstammung, allein durch seine Autorität als Seelsorger, durch sein diplomatisches Geschick im Umgang mit den Germanenfürsten und durch seine soziale Fürsorge über knapp drei Jahrzehnte hinweg – er kommt 453 nach dem Tod des Hunnenkönigs Attila an die Donaugrenze – das Schicksal der Provinz bestimmt, auch über den Untergang des Reiches 476 hinaus.

Die Gebeine des heiligen Severin von Noricum ruhen seit 1807 in der Pfarrkirche von Frattamaggiore nördlich von Neapel.

Der Leichnam Severins wird von der 488 aus Ufernoricum abziehenden Bevölkerung mit in die neue Heimat genommen.

9. Januar 1945

Wisset, dass ich mein Leben gern für die Heimat hingebe

Er ist der Erste, der aus der Widerstandsgruppe um Kaplan Heinrich Maier *(siehe 22. März)* und Semperit-Generaldirektor Franz Josef Messner *(siehe 23. April)* der Gestapo in die Hände fällt: Am 25. Februar 1944 wird der 1916 in Mals in Südtirol geborene und in Kramsach aufgewachsene Forstingenieur Walter Caldonazzi in Wien verhaftet. Die „Selbständigmachung Österreichs zum Schaden des Deutschen Reiches" wird man ihm in der Anklageschrift vorwerfen, gemeint sind damit das Verteilen von Flugblättern und die Besorgung von fiebererregenden Medikamenten für Wehrpflichtige, die dem Dienst für „Führer" und Vaterland entkommen wollen. Vor allem aber geht es den Gestapobeamten darum, in den Verhören mit ihm mehr über Arbeitsweise und Kontaktpersonen der Gruppe zu erfahren, bereitet man doch den entscheidenden Schlag gegen Maier und Messner vor.

1184 Hinrichtungen in der NS-Zeit: der Gedenkraum im Wiener Landesgericht.

Die Hinrichtung Walter Caldonazzis

Am 28. Oktober 1944 wird Walter Caldonazzi gemeinsam mit seinen Mitstreitern zum Tode verurteilt und wartet von nun an in der Zelle E44 auf die Hinrichtung. Am 1. Januar 1945 schreibt er an seine Familie und seine Braut Hedi Kapeller: „Meine Tage und Stunden sind bereits gezählt, wisset, daß ich mein Leben gerne für die Heimat hingebe, obwohl mich der Gedanke an meine Hedi und Hertha so manche bittere Träne kostete. Ihr wißt, ich war immer ein Gegner des Krieges, immer ein Feind des geistlosen preußischen Militarismus. Macht mir keine Vorwürfe, bitte, mir war dieser scheußliche Tod vorgezeichnet, ich trage mein Los voll treu ergeben als treuer Christ. Eine Freude hätte ich, das heißt Bitte: Bringt mir am schönsten Platz der Welt, wie es mir schien, am Almkranz auf der Praa-Alm ein Marterl an, mit der Bitte um Gebet und den Worten ‚O Land Tirol, mein einzig Glück, dir sei geweiht mein letzter Blick!'"

Walter Caldonazzi, der „unentwegte Österreicher" und engagierte Burschenschafter – er ist seit seiner Gymnasialzeit bei der Kufsteiner MKV-Verbindung „Cimbria" und seit 1937 Mitglied der Wiener „Amelungia" –, der für die Monarchie als Staatsform wirbt, ist ein tief religiöser Mensch und tritt mit dem Ruf „Es lebe Christus der König!" den Weg zum Schafott an; er stirbt um 18.04 Uhr.

Gedenktafeln in Kufstein und Kramsach sowie auf der Praa-Alm und der Walter-Caldonazzi-Platz in Wien-Hietzing, auf dem 2008 ein Gedenkstein enthüllt wird, erinnern an den Tiroler Widerstandskämpfer.

10. Januar 1884

Kampf mit allen Mitteln

Am Abend des 10. Januar 1884 geht die Nachricht wie ein Lauffeuer durch Wien: Im „Apothekerhaus" in der Mariahilfer Straße 55 sei der Wechselstubenbesitzer Heinrich Eisert überfallen und durch einen Axthieb gegen den Kopf schwer verwundet und verstümmelt worden; sein elfjähriger Sohn Rudolf sei getötet, der neunjährige Heinrich ebenfalls schwer verletzt worden, die 65-jährige Caroline Baier, die Französischlehrerin der beiden Kinder, habe ebenfalls eine Verwundung erlitten; ein großer Teil der Wertgegenstände in der Wechselstube sei verschwunden.

Die Täter, so kann man bereits am nächsten Morgen in den Blättern der Hauptstadt lesen, seien zwei Männer gewesen, einer davon groß und schlank „mit schwarzem Haar und ebensolchem Backenbart"; das „grauenvolle Verbrechen", so erkennen die Ermittler der Polizei schnell, trägt die Handschrift der beiden „Anarchisten" Anton Kammerer und Hermann Stellmacher, die wenig später wieder töten: Am 25. Januar 1884 wird der Polizeiagent Ferdinand Blöch auf offener Straße erschossen; Heinrich Eisert erliegt am 22. Januar seiner schweren Verletzung, Sohn Heinrich stirbt vier Tage später. Bereits am 15. Dezember 1883 hatten Kammerer und Stellmacher in Floridsdorf den Polizeibeamten Franz Hlubek erschossen. Nach den Morden tauchen jeweils Flugblätter auf, in denen den „Ordnungskanaillen vom Schottenring" der „Kampf mit allen Mitteln" angesagt wird – Wasser auf die Mühle der Regierung Taaffe, die nun glaubt, scharf gegen die radikalen Exponenten der Ar-

Anton Kammerer versucht, sich bei seiner Verhaftung den Weg freizuschießen.

beiterbewegung vorgehen zu können: Am 30. Januar 1884 verhängt die Regierung Eduard Taaffe über die Sädte Wien, Wiener Neustadt und Korneuburg den Ausnahmezustand; bis zum 17. Februar 1884 werden 238 Personen wegen „anarchistischer Umtriebe" aus Österreich-Ungarn ausgewiesen; Prozesse wegen Hochverrats, „Geheimbündelei" oder der Verbreitung verbotener Druckschriften sind an der Tagesordnung; am 25. Juni 1888 wird vom Abgeordnetenhaus im Reichsrat ein „Sozialistengesetz" mit zweijähriger Geltungsdauer verabschiedet, das starke Einschränkungen des Versammlungsrechts sowie die strenge Überwachung des Vereinswesens und der „sozialistischen" Presse vorsieht.

Die Anarchistenmorde

Kammerer und Stellmacher werden am 28. Februar 1884 verhaftet, unter Ausschluss der Öffentlichkeit und der Presse (!) werden beide zum Tode verurteilt und hingerichtet: Stellmacher am 8. August 1884 im Landesgericht, Kammerer, der 1882 vom Infanterieregiment Nr. 84 desertierte, in der Alser Kaserne.

11. Januar 1954

Der weiße Tod hat uns heimgesucht

Der Schnee lässt im Winter 1953/54 in Vorarlberg ungewöhnlich lange auf sich warten. Zu den Weihnachtsfeiertagen wirbeln zwar einige Flocken durch die Täler, von einer richtigen Winterlandschaft aber zeigt sich weit und breit keine Spur. Das ändert sich plötzlich am 9. Januar: Es beginnt in großen Flocken stark zu schneien. Die Schneehöhe wächst rasch, innerhalb von 24 Stunden fallen bei Temperaturen von minus fünf bis minus sieben Grad bis zu 1,7 Meter Neuschnee; der starke Wind führt oberhalb der Baumgrenze zu enormen Schneeverfrachtungen, dazu kommt, dass der lockere Neuschnee mit dem kompakt gefrorenen Altschnee keine Verbindung eingehen kann – die Lawinengefahr steigt im ganzen Land dramatisch.

In der Nacht vom 10. auf den 11. Januar schneit es noch immer, viele Verkehrsverbindungen sind bereits unterbrochen, zahlreiche Orte von der Außenwelt abgeschnitten und auch per Telefon nicht mehr erreichbar. Es beginnt eine unheimliche Serie schwerer Lawinenabgänge mit dem Zentrum Großes Walsertal: So verschüttet um sechs Uhr früh in Sonntag-Boden eine Lawine fünf Bauernhöfe und eine Sennerei, sechs Tote sind zu beklagen; kurz nach zehn Uhr zerstört im Gemeindegebiet von Blons eine Lawine, die sich vom Hohen Falv löst, 26 bäuerliche Anwesen, sechs Alphütten und drei Seilbahnstationen, 77 Menschen werden verschüttet, 27 können nur mehr tot geborgen werden. Um 12.45 Uhr fordert ein Lawinenabgang in Bartholomäberg-Lutt vier Tote, um 13.30 Uhr tötet eine Lawine in St. Gerold drei Menschen. Um 19 Uhr abends löst sich von den Hängen des Mont Calv eine Lawine und rast auf den Ortskern von Blons zu – zehn Bauernhöfe, vierzehn Ställe, eine Sennerei und drei Seilbahnstationen werden von ihr mitgerissen, darunter auch zwei Gebäude, in denen die Opfer der ersten Lawine des Tages versorgt worden sind. Von den 40 verschütteten Menschen sterben 21. Um 19.30 Uhr zerstört eine Lawine in Hittisau im Bregenzer Wald den Bauernhof der Familie Lipburger, sieben Menschen finden den Tod; um 20.45 Uhr fordert eine Lawine vom „Ruha Egg" in Bartholomäberg 19 Menschenleben.

Die Lawinenkatastrophe 1954 in Vorarlberg

Erst am nächsten Tag wird das ganze Ausmaß der Zerstörungen sichtbar; es beginnt ein Großeinsatz der Hilfsorganisationen, zahlreiche Freiwillige aus dem In- und Ausland kommen in die Katastrophengebiete, wo die Überlebenden mit bloßen Händen nach ihren verschütteten Angehörigen suchen; erstmals werden auch Hubschrauber eingesetzt.

Die *Vorarlberger Nachrichten* klagen über das „ungeheure Leid", das mit der Katastrophe über das Land gekommen ist: „Der weiße Tod hat uns heimgesucht, und die Heimstätten friedlicher Menschen, Haus und Hof mitgerissen und vielen Bewohnern ein kaltes Grab bereitet. … Wir neigen uns in Ehrfurcht vor den Bahren der bereits Geborgenen und beten um das Leben jener, die noch unter dem weißen Leichentuch begraben sind."

12. Januar 1782

Auch Klöster müssen „nützlich" sein …

Es ist ein wahrer Paukenschlag im Rahmen der josephinischen Reformen. Ein kaiserliches Dekret verfügt die Aufhebung kontemplativer Ordenshäuser, der gesellschaftliche Nutzen wird dabei zum entscheidenden Kriterium: Wer sich nicht dem Unterricht in Schulen, der Krankenbetreuung und der praktischen Seelsorge widmet, hat in Josephs Augen keinen „Wert" für den Staat und ist „unnütz"; dazu kommt, dass ihm die Klöster als „Quellen des Aberglaubens" und des „religiösen Fanatismus" gelten. Von 915 Klöstern, 780 Männer- und 135 Frauenklöstern, bleiben im deutschsprachigen Teil der Monarchie einschließlich Böhmen, Mähren und Galizien 388 erhalten. Die Dotation des „Religionsfonds", in dem die Vermögen der Klöster zusammengeführt werden, steigt auf 35 Millionen Gulden; die Gebäude versucht man sinnvoll für die Allgemeinheit zu nützen.

Das Hofdekret über die Klosteraufhebungen

Abgewickelt werden die Klosteraufhebungen von einer „Geistlichen Hofkommission", zu deren umfangreichen Aufgaben auch die Gründung neuer Pfarren gehört – damit soll eine bessere seelsorgerliche Betreuung der Gläubigen gewährleistet sein.
Die Kirche reagiert auf diese spektakuläre Aktion mit der Reise von Papst Pius VI. im Frühjahr 1782 nach Wien; in den Gesprächen mit dem Heiligen Vater bleibt Joseph II. allerdings im Wesentlichen bei seinen Entscheidungen. Das emotionslose Urteil des Kaisers: „Unsere Verhandlungen haben schließlich zu nichts geführt."

Kaiser Joseph II. bleibt in den Gesprächen mit Pius VI. bei seinem Reformkurs: der Papst beim Besuch der Michaelerkirche in Wien. Gouache von Anton C. Kaliauer, 1782.

13. Januar 1787

Die Todesstrafe ist erstmals abgeschafft

Mit Patent vom 13. Januar 1787 wird von Joseph II. das *Allgemeine Gesetzbuch über Verbrechen und derselben Bestrafung*, ausgearbeitet von der „Kompilationshofkommission" der Obersten Justizstelle, verkündet und tritt noch am selben Tag in Kraft. Das neue Strafgesetzbuch löst die umstrittene *Constitutio Criminalis Thereesiana* aus dem Jahre 1768 ab und setzt zukunftsweisende Maßstäbe: Erstmals wird in den habsburgischen Erblanden die Todesstrafe im ordentlichen Strafverfahren abgeschafft, vorgesehen bleibt sie nur mehr für Verfahren vor dem Standgericht, also in der Militärgerichtsbarkeit. Endgültig abgeschafft sind nunmehr auch alle Verstümmelungsstrafen wie das Ohrenabschneiden, das man einst so gerne bei den widerspenstigen Bauern angewandt hatte. Ausdrücklich wird noch einmal die Folter als Instrument zur Wahrheitsfindung verworfen; „Ketzerei", „Zauberei" und „Hexerei" sind keine Verbrechen mehr.

Das Josephinische Strafgesetz

Joseph, der Nützlichkeitsfanatiker und aufgeklärte Despot, setzt auf Verurteilungen zu schwerer, der Allgemeinheit dienender Arbeit; eine dieser neuen Sonderstrafen, die als Äquivalent für die Todesstrafe dienen, ist die Verurteilung zum „Schiffsziehen" im Osten des Reiches, einer Strafe von bizarrer Härte, die an die Galeeren alter Zeit erinnert. Das Ziehen der Schiffe entlang der Flüsse Save, Kulpa, Donau, Drau und Theiß kommt einem Todesurteil gleich: Nur wenige der Unglücklichen, die zu dieser qualvollen Sklavenarbeit auf den sumpfigen Treppelwegen verurteilt werden, überleben die unmenschlichen Bedingungen länger als zwei Jahre. Penibel wie immer überwacht Joseph genau die Durchführung seiner Anordnungen und zeigt sich taub gegen alle Vorhaltungen, die die Inhumanität dieser Strafe anprangern. Auch sonst bleibt so manches inhumane Element im Kanon der Strafen bestehen: das Brandmarken mit glühendem Eisen, das Stehen am Pranger und die Prügelstrafe sowie „langwierige" Gefängnisstrafen bis zu hundert (!) Jahren. „Verbrecher" erhalten ihren Status weiterhin in den Körper eingebrannt und eingebleut, werden so vor der Gesellschaft als „Ausgestoßene" gebrandmarkt. Josephs Neffe Franz II./I. wird mit dem „Kriminalpatent" vom 2. Januar 1795 die Todesstrafe für das Delikt „Hochverrat" wieder einführen.

14. Januar 1528

Kreuzzug gegen die *verdambte Ketzerey*

Seine Lehre birgt Explosivstoff und fordert weltliche und kirchliche Obrigkeit gleichermaßen heraus: Für jeden echten Christen, so verkündet der Täufer-Apostel Leonhard Schiemer, sei der Verzicht auf privates Eigentum selbstverständlich, ebenso der Verzicht auf Gewalt. Und nur der „innere Mensch" sei fähig, das unmittelbare Wort Gottes zu hören, jenes Wort Gottes, das den Menschen zur opferbereiten Nachfolge Christi veranlasse. Das Leiden wird von ihm zur mystischen Erfahrung schlechthin erklärt und theologisch begründet: Christus selbst leide in den Gläubigen an dieser Welt.

Der Täufer Leonhard Schiemer

Leonhard Schiemer, geboren in Vöcklabruck, das Geburtsdatum ist unbekannt, erlernt zunächst das Schneiderhandwerk, will dann Priester werden und tritt schließlich ins Barfüßerkloster in Judenburg ein, das er angeblich nach sechs Jahren „fluchtartig" verlässt. Er geht nach Nürnberg, arbeitet wieder als Schneider und knüpft hier erstmals Kontakte zur Täuferbewegung, die ihn veranlassen, nach Nikolsburg *(Mikulov)* in Mähren zu ziehen. Hier lernt er die Täufergemeinde Balthasar Hubmaiers kennen, dann übersiedelt er nach Wien, wo er sich zu Pfingsten 1527 von Oswald Glait taufen lässt und als Mitglied der Wiener Täuferkirche von Hans Hut seine missionarische Tätigkeit beginnt. Im August 1527 nimmt Leonhard Schiemer an der Augsburger Märtyrersynode teil und wird von dort als „Sendbote" nach Tirol gesandt; er wählt Rattenberg als Standort für seine Tätigkeit. Das kleine Städtchen, erst seit dem Kölner Schiedsspruch von 1504 bei Österreich, beherbergt eine kleine Täufergemeinde, die ihn sofort zu ihrem Bischof wählt.

Inzwischen hat jedoch Ferdinand I., der Bruder Karls V., bereits seinen „Kreuzzug" gegen die *verdambte Ketzerey* begonnen, unablässig fordert der junge Habsburger von seinen Beamten hartes Durchgreifen, ja, er verlangt Todesurteile für die *widertauffer*, wo diese für Milde und Nachsicht stimmen. So sind auch Leonhard Schiemer nur wenige Wochen vergönnt, in denen er durch seine Predigten neue Anhänger gewinnen kann; er wird verhaftet und eingekerkert, während seiner Untersuchungshaft arbeitet er an der Abfassung neuer „Sendschreiben" an die Gläubigen. Anfang Januar 1528 unternimmt er einen Fluchtversuch, der jedoch scheitert, er wird dem Scharfrichter übergeben und nach Folterungen am 14. Januar in Rattenberg enthauptet.

Einige der von einem mystischen Grundton getragenen Kirchenlieder Leonhard Schiemers haben bis heute im Liedgut der „Hutterischen Brüder" überlebt; der Verfolgung und dem Martyrium der Täufer setzt er in einem berührenden Klagelied ein Denkmal. Darin heißt es:

Man hat sie an die bäum gehenkt,
erwürgt und zerhawen,
Heimlich und öffentlich ertrenckt,
vil Weiber und jungfrawn.
Die haben frey
Ohn alle schew
Der warhait zeugnuss geben,
dass Jesus Christ die warhait ist (...)

Bis 1540 werden in Rattenberg weitere 70 Täuferinnen und Täufer für ihren Glauben sterben.

15. Januar 1851

Besonnenheit, Unparteilichkeit und Mäßigung

Der Verhandlungsbeginn ist für 9.30 Uhr angesetzt. Vor Gericht steht die 19-jährige, „nett" gekleidete Dienstmagd Cäcilia Hunger, angeklagt wegen des „Verbrechens der Brandlegung sowie der Übertretung des Diebstahls und der Veruntreuung". Am 28. September 1850 habe sie, so die Anklageschrift, im Hause ihres Dienstherren Daniel Oberbauer, Gumpendorf Nr. 532, gegen sieben Uhr abends mehrere brennende Zündhölzchen auf den Strohsack und die Kotzen eines Betts am Dachboden geworfen; in dem durch den Brand entstandenen Tumult habe sie dann die Brieftasche des Daniel Oberbauer mit 21 Gulden entwendet. Nach einer Anzeige ihres Dienstherrn beim Bezirkskommissariat Mariahilf sei sie arretiert und bis zum heutigen Tage „in Untersuchung" gehalten worden. Das Feuer habe keinen großen Schaden angerichtet.

Der erste öffentliche Schwurgerichtsprozess

Ein alltäglicher Fall und dennoch ein Meilenstein in der Geschichte der Rechtsprechung in Österreich: Erstmals entscheiden Geschworene über „schuldig" und „nicht schuldig", ein Anlass, der viel Prominenz in den Gerichtssaal gelockt hat: Justizminister Anton von Schmerling und Unterstaatssekretär von Stelzhammer sind anwesend; der Präsident des Schwurgerichtshofes, Oberlandesgerichtsrat Dr. Josef Edler von Würth, leitet die Verhandlung. In seiner „würdevollen Ansprache" betont von Würth, dass die Geschworenen dazu berufen seien, eines „der einflussreichsten Rechte des Staatsbürgers auszuüben", es sei dies eine Reform, „in der sich die größte Achtung und Anerkennung der freien Persönlichkeit des Einzelnen wie die Gleichheit Aller vor dem Gesetze" ausspreche, die Geschworenen – es sind nur Männer – ermahnt er zu „Besonnenheit, Unparteilichkeit und Mäßigung".

Im Verhör, das der Vorsitzende mit Cäcilia Hunger dann anstellt, zeigt sich die Angeklagte reumütig, als Motiv für ihre Tat nennt sie die „Sehnsucht nach ihrer Heimat, um ihren Vater wieder zu sehen"; ihr Verteidiger, ein gewisser Dr. Dierl, weist darauf hin, dass die „Absicht der Angeklagten bloß auf Diebstahl und nicht auf Brandlegung" gerichtet gewesen sei, laut Meinung der Sachverständigen sei es auch zu keinem „hellen Brande" gekommen. Das offene Geständnis der jugendlichen „Verbrecherin" hat im Publikum tiefen Eindruck gemacht, das Gericht formuliert nun vier Fragen an die Geschworenen, die sie zu beurteilen haben. Nach 45-minütiger Beratung beantworten die Geschworenen alle Fragen mit „schuldig", bei Punkt 1, der Brandlegung, erkennen sie, in Überschreitung ihrer Kompetenz, wie der Vorsitzende kritisch anmerkt, auf „schuldig mit mildernden Umständen" – im Bemessen des Strafausmaßes zeigen die honorigen Herren des Gerichts wenig Fingerspitzengefühl: Cäcilia Hunger wird zu drei Jahren (!) schwerem Kerker, dem vom Staatsanwalt geforderten Minimum, verurteilt; die Sitzung schließt um vier Uhr nachmittags.

16. Januar 1980

In Arosa sind es 62

Wieder einmal ist die Elite des Damenskirennsports im kleinen Schweizer Ort Arosa in Graubünden zu Gast. Wenige Wochen vor den Olympischen Spielen in Lake Placid geht es für die Läuferinnen um letzte Standortbestimmungen – auch für die Königin des Weltcups im letzten Jahrzehnt, Annemarie Moser-Pröll. Zwölf Jahre sind seit ihrem denkwürdigen Debüt in der Weltcupabfahrt von Bad Gastein am 17. Januar 1968 vergangen, als das Mädchen vom Bergbauernhof auf vereister Piste nach Stürzen mit 30 Sekunden Rückstand auf ihre Teamkollegin Olga Pall 78. und Letzte geworden war; inzwischen stehen 61 Siege zu Buche und sechs Erfolge im Gesamtweltcup sowie vier Weltmeistertitel: Die Letzte von einst ist zur Größten geworden, daran hatte auch eine Unterbrechung ihrer Karriere vom März 1975 bis zum Dezember 1976 nichts ändern können.

Annemarie Moser-Prölls letzter Weltcupsieg

Im ÖSV-Team ist „die Pröll" die unumschränkte Nummer eins, es gibt niemanden, der ihr in diesem Weltcup- und Olympiawinter 1979/80 auch nur annähernd Konkurrenz machen könnte. Auch im Riesentorlauf, der an diesem 16. Januar am Programm steht, ist sie noch immer stärkste Österreicherin, auch wenn ihr letzter Sieg in dieser Disziplin nun schon fast zwei Jahre zurückliegt – herausgefahren am 17. März 1978 in Arosa. Das Rennen wird geprägt vom Zweikampf Hanni Wenzels mit der Schweizerin Marie-Therese Nadig, in dem die Liechtensteinerin, die in dieser Saison auch den Gesamtweltcup für sich entscheiden wird, mit 29 Hundertsteln Vorsprung die Oberhand behält. Dritte am Siegespodest ist die Französin Perrine Pelen. Annemarie Moser-Pröll reicht ein solider Lauf für den siebenten Platz und ihren 62. und letzten Weltcupsieg: Sie gewinnt mit 10.61 Punkten klar die Kombinationswertung vor Hanni Wenzel (34.84) und Teamkollegin Ingrid Eberle (50.39).

Am 25. Januar wird die Skikönigin aus Kleinarl im Slalom von St. Gervais hinter Perrine Pelen Zweite und steht ein letzets Mal bei einem Weltcuprennen am Siegespodest; dann geht es zu den Olympischen Spielen nach Lake Placid. Ein allerletzter „herrlicher Sieg" (Serge Lang) wartet hier am 17. Februar 1980 auf der Piste am Whiteface Mountain noch auf sie: die Goldmedaille in der Abfahrt.

Auf der Fahrt zum letzten großen Sieg: Annemarie Moser-Pröll gewinnt Gold in Lake Placid 1980.

17. Januar 1837

Das Stück selbst hat keinen andern Fehler als den, dass es gegeben wurde

Im Theater an der Wien steht eine Benefizvorstellung für den „beliebten Komiker und Bühnendichter, Hrn. Nestroy“ *(Theaterzeitung)* auf dem Programm. Angekündigt ist eine neue „Localposse mit Gesang“, der monströse Titel des Stücks, zu dem Adolf Müller die Musik beisteuert: *Eine Wohnung ist zu vermieten in der Stadt, eine Wohnung ist zu verlassen in der Vorstadt, eine Wohnung mit Garten ist zu haben in Hietzing.*

Das Haus ist an diesem Abend „übervoll“, so dass manche Zuschauer im Parterre über die Schranken des Orchesters steigen müssen, um zu ihren Sperrsitzen zu gelangen. Nestroy selbst, der *Beneficiant*, spielt die Hauptrolle, den selbstgefälligen Herrn von Gundlhuber, einen Rentier; sein kongenialer Partner Wenzel Scholz (1787–1857) gibt den Hausmeister Cajetan Balsam. Das Stück basiert auf dem „komischen Gemälde in fünf Rahmen“ *Wohnungen zu vermiethen!* des Berliner Autors Louis Angely, was Nestroy in der Ankündigung jedoch verschweigt.

Provozierte sein Publikum: Johann Nestroy. Lithographie von August Prinzhofer, 1846.

Skandal im Theater an der Wien

Die Stimmung im Publikum ist zu Beginn der Aufführung noch ausgezeichnet und der erste Akt entwickelt sich zunächst „in seinem Gange ungestört“, ja, man vernimmt sogar „Applaus und Vorrufe“, doch schon während des zweiten Akts setzt heftiges Zischen ein, schließlich werden die „Zeichen des Missfallens so laut und ununterbrochen, dass man von dem zweiten und dritten Akte nur Bruchstücke entnehmen konnte, und das Stück in eigentlicher Bedeutung gar nicht zu Ende gespielt ward. Somit ist denn auch kein Detail über den Inhalt zu erfassen gewesen.“ *(Der Telegraph)* Der Abend wird zu einem Fiasko, wie es Nestroy noch nicht erlebt hat; seine „ziemlich vorlaute Bemerkung“ am Schluss des Stückes, dass es „im Theater, wie in jedem Hause, Parteyen“ geben müsse, bringt die Kritiker erst recht gegen ihn auf. „Das Stück selbst hat keinen andern Fehler als den, dass es gegeben wurde“, ätzt Moritz Gottlieb Saphir im *Humorist*, die *Wiener Zeitschrift für Kunst, Literatur, Theater und Mode* spricht von einem „sinn- und witzlosen Machwerk“.

Die vernichtende Kritik bewirkt, dass das Stück nur mehr zweimal wiederholt wird und vom Spielplan verschwindet – die moderne Kritik sieht dagegen in dieser Posse Nestroys durchaus ein „Schlüsselstück des Nestroyschen Œuvres“ (W. E. Yates), sein scharfer satirischer Angriff auf das Wiener Spießbürgertum sei vom kleinbürgerlichen Publikum missverstanden worden.

18. Januar 1871

Nicht ohne Schmerz der Erinnerung

Es ist eine pompöse Inszenierung: Preußische Feldregimenter marschieren mit ihren Fahnen vor Schloss Versailles auf, Musikzüge, ein Altar ist im Spiegelsaal von Versailles errichtet worden – Preußens König Wilhelm I. wird zum „Deutschen Kaiser" proklamiert. Österreich ist damit endgültig „draußen" aus Deutschland, die „kleindeutsche Lösung" fix, eine Realität, mit der viele Österreicher in der Folge nicht zurechtkommen. Entsprechend die Kommentare in den österreichischen Zeitungen: „Wir Österreicher", so heißt es im Leitartikel der *Neuen Freien Presse* vom 20. Januar 1871, „sehen nicht ohne Schmerz der Erinnerung an vergangene Herrlichkeit den Triumph Preußens"; man fragt nach den Ursachen der „wunderbaren Expansionskraft" Preußens und wie es nur kommen konnte, dass Österreich, das „mit seinem Leibe so oft Deutschland gedeckt, mit seiner Brust so oft die gegen Deutschland gerichteten Pfeile aufgefangen, so tausendfältig sein theuerstes Herzblut für Deutschland hingegeben" habe, nun als der „ewige eigennützige Minderer Deutschlands" hingestellt werde und der Hohenzollernstaat als dessen „einziger Schutz und Schirm" erscheine.

Kaiserproklamation in Versailles

Und es beginnt die Suche nach den Schuldigen und nach Argumenten, die zeigen sollen, dass „wir Österreicher" doch die „besseren Deutschen" sind: da ist die „deutschösterreichische Poesie", da ist das Hofburgtheater, von Joseph II. als „deutsches Nationaltheater" gegründet, und da sind österreichische Denker, die beigetragen haben zum „Tempel deutscher Geistesgröße". Es entwickelt sich jenes Dilemma, das bis 1938 seine Wirkkraft entfalten wird: Als die preußisch-faschistische Staatsgewalt zum endgültigen Schlag gegen Österreich ausholt, weigert sich Bundeskanzler Kurt Schuschnigg, den Schießbefehl zu erteilen – er wolle das Blut der „deutschen Brüder" nicht vergießen.

Der Triumph Preußens: die Proklamation des Deutschen Kaiserreiches. Gemälde von Anton von Werner, Friedrichsruh, Bismarck-Museum.

19. Januar 1858

Lauter Helden

Das Begräbnis von Feldmarschall Radetzky

Kaiser Franz Joseph persönlich ist nach Kleinwetzdorf gekommen, um dem toten Helden die letzte Ehre zu erweisen. „Dem Willen des Allmächtigen hat es gefallen", so sagte er in einem Armeebefehl am Vortag, „den ältesten Veteranen meiner Armee, ihren sieggekrönten Führer, meinen treuesten Diener, den Feldmarschall Grafen Radetzky aus diesem Leben abzuberufen." Dem prunkvollen Leichenzug durch die Wiener Innenstadt zum Stephansdom und der feierlichen Einsegnung des Leichnams folgt nun eine schlichte Zeremonie inmitten der sanften Kuppen des Weinviertels.

Am Abend hat man den Sarg mit einem „Separattrain" nach Stockerau gebracht und von hier weiter auf einem Wagen zur Kapelle von Schloss Kleinwetzdorf, seit 1832 die Residenz des Armeelieferanten Joseph Gottfried Pargfrieder (1787–1863). Reich geworden durch Lebensmittel-, Schuh und Stofflieferungen an die kaiserliche Armee, lässt Pargfrieder 1849 im Schlosspark die „Gedenkstätte Heldenberg" errichten, 1854 kann er mit dem Leichnam des Feldmarschalls Maximilian Freiherr von Wimpffen einen ersten „Helden" in seiner Ruhmeshalle begrüßen. Pargfrieder, der sich gerne als illegitimer Sohn Kaiser Josephs II. ausgibt, ist Nutznießer eines kleinen Lasters der beiden tapferen Militärs: Er hat für Wimpffen und Radetzky die hohen Spielschulden beglichen und sich dafür die testamentarische Verfügung erbeten, sie nach Ableben auf dem Heldenberg bestatten zu dürfen.

Das Grabmal Feldmarschall Radetzkys in der Gruft am Heldenberg.

Nur wenige Menschen folgen dem Sarg Radetzkys, auf dem sein Marschallstab und die Insignien des Goldnen Vlieses liegen: der Kaiser, die einzigen noch lebenden Kinder des Toten, Friederike und Theodor, und der Kammerdiener Karl. Entlang der „Heldenallee" stehen „zu tausenden die Bauern", zusammengeströmt aus der Umgebung, um einen Blick auf den 27-jährigen Monarchen zu erhaschen. Sie knien nieder, als der Trauerzug sie passiert; Pargfrieder selbst nimmt als „Hausherr" die Leiche bei der Säulenhalle in Empfang; gemeinsam mit dem Kaiser begleitet er den Sarg über vierundzwanzig Stufen hinunter in die Gruft zu der Nische, in der Radetzky, der Sieger von Custozza und Novara, zur ewigen Ruhe gebettet wird – fünf Jahre später wird es Pargfrieder selbst sein, der im rotgeblümten seidenen Schlafrock seinen Einzug in die Gruft hält.

20. Januar 1942

Töten und Eliminieren und Vernichten ...

Berlin, Am Großen Wannsee 56–58. Das wenige Monate zuvor eröffnete Gästehaus der SS, verwaltet von der von Sicherheitspolizeichef SS-Obergruppenführer Reinhard Heydrich errichteten Stiftung „Nordhav“, bietet jeden Komfort: „vollkommen neu eingerichtete Besucherzimmer, Geselligkeitsräume wie Musikzimmer, Spielzimmer, große Halle und Wintergarten, Terrasse zum Wannsee, Zentralheizung und fl. Wasser“. Die Übernachtung einschließlich Frühstück ist in dem ehemals dem Kaufmann Friedrich Minoux gehörenden Haus für „auswärtige SS-Führer von Sicherheitspolizei und SD“ für fünf Reichsmark mehr als wohlfeil; wer nicht selbst mit dem Wagen ankommt, kann sich jederzeit vom Bahnhof Wannsee abholen lassen, ein Anruf unter der Nummer 80 57 60 genügt.

Die Wannseekonferenz

An diesem Januartag geht es im repräsentativen Esszimmer der Villa hoch her, auf Einladung von Reinhard Heydrich hat sich ein illustrer Kreis von fünfzehn Herren aus diversen Reichsministerien und SS-Dienststellen eingefunden, die alle etwas mitzureden haben, wenn es darum geht, wie auf der Einladung so präzise formuliert, die „Endlösung der Judenfrage“ zu erörtern. Den Vorsitz bei der für 12 Uhr angesetzten „Konferenz“, die ursprünglich schon am 9. Dezember 1941 hätte stattfinden sollen, führt Heydrich selbst, auch ein „Ostmärker“ sitzt mit am Tisch und lässt sich kein Wort von dem entgehen, was die Chefs so diskutieren – muss er doch das Protokoll führen: Adolf Eichmann, der Leiter des „für Juden- und Räumungsangelegenheiten“ zuständigen Referats IV B4 beim Reichssicherheitshauptamt, der auch die Vorlagen für die heutigen Wortmeldungen Heydrichs verfasst hat. Eichmann, Jahrgang 1906, aus Linz stammend und seit 1932 NSDAP- und SS-Mitglied, gilt im Kreis der SS-Führer als der Spezialist für alle „organisatorischen“ Abläufe in den „Judenangelegenheiten“; durchdrungen von einer unbedingten „Ideologie der Sachlichkeit“ (Julia Schulze Wessel), hat er sich im Herbst 1941 eingehend über die Möglichkeiten zum industriellen Massenmord informiert und das in Bau befindliche Vernichtungslager Bełżec sowie die „Gaswagenstation“ Chelmno (Kulm) besucht, Letztere während des laufenden „Vernichtungsbetriebes“, eine Inspektion im Vernichtungslager Auschwitz-Birkenau ist geplant. In seinem einleitenden Vortrag teilt Heydrich seine „Bestallung zum Beauftragten für die Vorbereitung der Endlösung der europäischen Judenfrage“ durch Hermann Göring mit und betont, dass nun an die Stelle der Auswanderung eine „weitere Lösungsmöglichkeit“ getreten sei, selbstverständlich nach „entsprechender vorheriger Genehmigung durch den Führer“: die Evakuierung nach Osten zum „Arbeitseinsatz“, wobei eine „natürliche Verminderung“ anfallen würde, der „allfällig endlich verbleibende Restbestand“ werde dann „entsprechend behandelt werden müssen“. Von dieser „Endlösung“ betroffen wären über elf Millionen Juden, darunter auch, wie eine dem Protokoll beigefügte Statistik ausweisen wird, immer noch 43.700 aus der „Ostmark“. Keinen Zweifel lässt Heydrich über seine

Am Großen Wannsee 56–58: Die „Endlösung“ ist beschlossene Sache.

Kompetenz in dieser Angelegenheit: Die „Federführung bei der Bearbeitung der Endlösung der Judenfrage“ liege „zentral“ beim Reichsführer-SS und dem Chef der Sicherheitspolizei, wichtig sei aber auch die „Parallelisierung der Linienführung“ mit den weiteren „Zentralinstanzen“. In „sehr unverblümten Worten“ wird dann „von Töten und Eliminieren und Vernichten“ (Adolf Eichmann) gesprochen, die Ordonnanzen der Herren reichen Kognak, die Stimmung ist entspannt und Reinhard Heydrich erreicht sein Besprechungsziel: Wilhelm Stuckart, der Staatssekretär des Innenministeriums, der für die Zwangssterilisierung aller Juden eintritt, und dessen Kollegen aus den anderen Ministerien geben „fröhlich“ ihre Zustimmung zu den geplanten „Lösungsmöglichkeiten“ und sagen entsprechende Unterstützung zu. „Jedermann“, so wird Eichmann später aussagen, „war froh, sich an der Endlösung der Judenfrage zu beteiligen.“

Nach etwa eineinhalb Stunden ist die „Konferenz“ zu Ende; Heydrich, Eichmann und SS-Gruppenführer Heinrich Müller, der Chef der Gestapo, trinken am wärmenden Kamin des Nachbarraums noch einen Kognak, „nicht um zu fachsimpeln, sondern uns nach den langen, anstrengenden Stunden der Ruhe hinzugeben“, dann geht es zurück in die Stadt. Eichmann hat sein Büro in der Kurfürstenstraße 116; hier arbeitet er, penibel wie immer, sein fünfzehnseitiges Protokoll der Besprechung am Wannsee aus, das in 30 Ausfertigungen am 26. Februar 1942 den Teilnehmern zugesandt wird, um sie für die erste „Nachfolgebesprechung“ im Büro Eichmanns am 6. März 1942 zu instruieren – ein Dokument der Menschenverachtung, das seinesgleichen sucht.

21. Januar 1750

Von deren Spatzen-Commissarii

Auf den Haussperling *(Passer domesticus L.)* wurde seit jeher Jagd gemacht. Das kleine Tierchen gilt zwar nicht gerade als Leckerbissen, in den barocken Kochbüchern finden sich dennoch Rezepte für seine Zubereitung: *Nimm ein höltzernes Fäßlein, darnach du viel Vögel hast, und legs voll an, saltz es, daß sie recht im Saltz seyn, leg ein wenig gestossene Wachholder-Beeren darzwischen, gieß ein mittelmäßigen Eßig daran, daß über die Vögel gehet, und vermach es.*

Doch nun, beeinflusst vom „Nützlichkeitsdenken" der Aufklärung, hält es Regentin Maria Theresia für an der Zeit, einen wahren „Vernichtungsfeldzug" (Georg Wacha) gegen die „listigen, diebischen und gefräßigen Tiere" zu beginnen. Da man ihnen die Schuld am Rückgang der Getreideernten zuschiebt – sie würden *das Körnl mit dem Schnabel gleichsam ausdreschen und so die ganze Ähre leer machen* –, erlässt sie 1749 nach preußischem Vorbild, wo die planmäßige Sperlingsbekämpfung bereits 1744 mit einem Edikt Friedrichs II. beginnt, erste Verordnungen betreffend den Kampf gegen die Spatzen. In einem kaiserlich-königlichen Patent vom 7. August 1749 für Niederösterreich verlangt sie eine genaue Prüfung der *Modalitäten wegen Ausrottung deren Spatzen* und bittet um entsprechende Vorschläge; wohl gestützt auf diese Erkenntnisse verfügt sie am 21. Januar 1750 für das Land Kärnten ein „Spatzenpatent", mit dem sie im ganzen Land neun eigene *Spatzen-Commissarii* einsetzt. Die verantwortungsvolle Aufgabe der kaiserlichen Beamten: Sie müssen die Köpfe der getöteten Spatzen abliefern, wobei anhand einer amtlichen Liste überprüft wird, ob auch die vorgeschriebene Tötungsquote erreicht worden ist. Die Anzahl der zu tötenden Vögel richtet sich jeweils nach der Größe des Besitzes des Ablieferers; die Spatzenköpfe werden unter behördlicher Aufsicht verbrannt. Gelingt es einem *Spatzen-Commissarius* nicht, die vorgeschriebene Menge an Spatzenköpfen vorzuweisen, muss er eine Gebühr entrichten. Bis 1777 kann man diese *Spatzen-Commissarii* in Kärnten nachweisen.

Das Spatzenpatent

Die Zahl der Vögel, die in den habsburgischen Ländern getötet werden, ist hoch; genaue Zahlen sind etwa aus dem Land ob der Enns überliefert, wo etwa in der Herrschaft Steyr im Jahr 1751 insgesamt 510 Spatzenköpfe abgeliefert werden.

22. Januar 1806

Ich kenne kein anderes Glück, als das Glück dieser Völker

Wenige Wochen nach Austerlitz (*siehe 2. Dezember*). Napoleon und seine *Grande Armée* sind abgezogen, Mitte Januar 1806 kehrt Kaiser Franz I. zusammen mit Johann Philipp Graf Stadion (1763–1824), seit Weihnachten neuer Leiter der Staatskanzlei, aus dem „Exil" im ungarischen Holics zurück nach Wien. Nach der Unterzeichnung des bitteren Friedens von Pressburg am 26. Dezember 1805, der dem Habsburgerreich den Verlust von Tirol und Vorarlberg sowie von Vorderösterreich, Venetien, Istrien und Dalmatien gebracht hat, sind Reformen dringend notwendig. Kaiser Franz ist zwar nicht unbedingt ein Mann von großer Tatkraft, doch er hört auf seinen Kanzler, den Grafen Stadion. Und dieser rät ihm, sich mit einer Proklamation an das Volk zu wenden; Stadion arbeitet wohl auch am Text mit, der einige für Habsburg ungewohnte Töne anschlägt. In der Stunde der Not ist Franz auch bereit, „alle Volksklassen mitwirken" zu lassen – was immer das auch heißen mag:

„Ich kenne kein anderes Glück, als das Glück dieser Völker, keinen höheren Ruhm als Vater dieser Völker zu seyn, die an Biedersinn, an fester und unerschütterlicher Treue, die an reiner Liebe zu ihrem Monarchen und ihrem Vaterlande keiner Nazion (sic!) Europas nachstehen. Sie haben durch schöneren Nazional-Charakter selbst dem Feinde eine unwillkürliche Achtung abgezwungen … Die Wunden, welche der Krieg schlug, sind tief … Die Staatsverwaltung hat mehr als jemals große und schwere Pflichten zu erfüllen; sie wird sie erfüllen, aber sie hat auch mehr als jemals die höchsten Rechte auf die Mitwirkung aller Volksklassen … Durch das wechselseitige Band des Vertrauens und der innigsten Liebe mit meinen Unterthanen verbunden, werde ich nur dann erst glauben, meinem Herzen als Fürst und Vater genug gethan zu haben, wenn Österreichs Flor fest gegründet, wenn vergessen ist, was seine Bürger litten und nur das Andenken an meine Opfer, an ihre Treue und an ihre hohe unerschütterliche Vaterlandsliebe noch lebt."

Kaiser Franz II. proklamiert innere Erneuerung

Große Worte und große Versprechungen, die allerdings nicht so schnell verwirklicht werden können; Stadion gibt immerhin die Richtung vor: Straffung der Wiener Zentralverwaltung, Förderung der Entwicklung in den Provinzen und Errichtung einer „Nationalmiliz", wie dies auch von Erzherzog Carl gefordert wird. Man will Napoleon in einem Entscheidungskampf gegenübertreten …

23. Januar 1977

Mord und Millionen

Ein herrlicher Tag wölbt sich über den Indischen Ozean. Ein leichter Wind weht aus Nordost, das Meer weist kaum Wellengang auf. Da Sonntag ist, haben die Matrosen auf dem Massengutfrachter „Lucona“ dienstfrei; das Schiff, das zu Mittag die Position 8.50° nördliche Breite, 70,30° östliche Länge erreicht, fährt mit automatischer Kurssteuerung und hält auf die Südspitze der Insel Minicoy zu. Ziel der „Lucona“ ist Hongkong, die Ladung: eine angeblich 212 Millionen Schilling (= etwa 15,4 Millionen Euro) teure Uranerzaufbereitungsanlage, die im italienischen Chioggia im Auftrag der Schweizer Firma Zapata AG verladen worden ist – tatsächlich handelt es sich um Schrott. Persönlich anwesend bei den Verladungsarbeiten ist der Drahtzieher dieses Geschäfts, der Prokurist der Wiener Hofzuckerbäckerei Demel, Udo Proksch (1934–2001), Gründer des *Clubs 45* und umtriebiger Netzwerker. Zusammen mit seinem Komplizen, dem deutschen Staatsbürger Hans Peter Daimler, hat Proksch dafür gesorgt, dass die Fracht der „Lucona“ bei der Bundesländer-Versicherung auf diesen vorgetäuschten Wert versichert worden ist; mit an Bord werden in Chioggia auch Sprengstoff und ein entsprechender Zündmechanismus geschmuggelt …

Der Lucona-Skandal

Um 14 Uhr verlässt Kapitän Jacob Puister aus Holland das Steuerhaus und legt sich schlafen; seine Frau Adriana, genannt „Janette“, nimmt auf der Brücke ein Sonnenbad; das Steuer übernimmt der 1. Offizier Jacobus Nicolaas „Joop“ van Beckum. Als dieser um 16 Uhr in den Kartenraum geht, um die Position zu bestimmen, zerreißen plötzlich zwei gewaltige Explosionen die Stille – Vorder- und Mittelschiff sind schwer beschädigt, das Leck so riesig, dass die „Lucona“ bereits nach einer Minute zu sinken beginnt. Der Kapitän, seine Frau, der 1. Offizier und weitere drei Besatzungsmitglieder können im letzten Moment über Bord springen und sich in ein Dingey retten; sechs Menschen sterben.

Der so raffiniert eingefädelte Coup scheitert: Die Bundesländer-Versicherung schöpft Verdacht und zahlt die Versicherungssumme nicht aus; die Ermittlungen gegen Proksch stocken jedoch, da seine Freunde in eder Politik ihn jahrleang abschirmen. Erst die peniblen Aufdeckungsarbeiten der Journalisten Gerald Freihofner und Hans Pretterebner – 1987 erscheint dessen Bestseller *Der Fall Lucona* – führen zur Einsetzung eines Untersuchungsausschusses und zur Verhaftung von Proksch und Daimler; ein Tauchroboter spürt das Wrack der „Lucona“ auf. 1992 wird Udo Proksch wegen sechsfachen Mordes zu lebenslanger Freiheitsstrafe verurteilt; er stirbt 2001 in der Haftanstalt Graz-Karlau.

Riss bei seinem Untergang sechs Menschen mit in den Tod: der Frachter Lucona.

24. Januar 1948

Ich habe nur mit Rücksicht auf meine Familie mitgewirkt an der Ermordung von 3 Millionen Menschen

Das Montelupich-Gefängnis in Krakau. Ursprünglich als Kaserne für die k. u. k. Armee Ende des 19. Jahrhunderts erbaut, wird das düstere Gebäude am nördlichen Rand des Stadtzentrums 1905 Sitz eines Militärgerichts, bald darauf adaptiert man es auch als Gefängnis. Während der deutschen Besatzungszeit dient es der Gestapo als „Sicherheitspolizeigefängnis", Mord und Folter sind an der Tagesordnung; auch Oskar Schindler, mit Hilfe von „Schindlers Liste" der Retter von 1.000 Juden aus dem KZ Płaszów, wird hier zweimal kurz festgehalten. Nun jedoch ist für die Polen der Tag der „Abrechnung" gekommen: Gleich 21 Hinrichtungen stehen an diesem Wintertag des Jahres 1948 an: 19 SS-Männer und zwei Frauen finden sich auf der Todesliste, alle in den Krakauer Auschwitzprozessen zum Tode verurteilt. Unter den 21 Delinquenten sind auch ein Österreicher und eine Österreicherin: Maximilian Grabner, der Leiter der Politischen Abteilung im KZ Auschwitz, genannt der „Herrgott von Auschwitz", und Maria Mandl, genannt „die Bestie", die als „Arbeitsdienstführerin" von August 1943 bis Januar 1944 gemeinsam mit dem „Schutzhaftlagerführer" Franz Hößler im Frauenlager Auschwitz über Leben und Tod bestimmt hat.

Der „Herrgott von Auschwitz" und die „Bestie"

Maria Mandl, 1912 als Tochter eines Schuhmachermeisters im oberösterreichischen Münzkirchen geboren, beginnt ihre „Karriere" als Aufseherin im Oktober 1938 im KZ Lichtenburg; am 15. Mai 1939 wird sie „Kommandoführerin" im KZ Ravensbrück und beeindruckt die vorgesetzten SS-Stellen durch die grausame Misshandlung von inhaftierten Frauen. Anfang Oktober 1942 wird sie ins KZ Auschwitz-Birkenau versetzt, wo sie ein wahres Schreckensregiment errichtet. Da sie Musik liebt, fördert sie das Mädchenorchester von Auschwitz, in dem Alma Rosé, die Nichte Gustav Mahlers, als Dirigentin mitwirkt.

Maximilian Grabner, 1905 in Wien geboren, verdient sich in den 1920er Jahren seinen Lebensunterhalt noch als Holzfäller; 1932 tritt er der NSDAP bei, 1938 der SS und wird 1940 nach Auschwitz versetzt. Sein „Aufgabenbereich": das Verhören und Foltern von Häftlingen und die berüchtigten „Bunkerentleerungen", bei denen Häftlinge willkürlich erschossen werden – Grabner entwickelt dabei eine Mordlust, die selbst der SS unheimlich wird: Er wird am 1. Dezember 1943 von seiner Funktion entbunden und von SS-Richter Konrad Morgen wegen Korruption und der Erschießung von 2.000 Häftlingen ohne Exekutionsbefehl angeklagt. Der Prozess der SS gegen ihn verläuft im Sande; nach Kriegsende wird Grabner in der Nähe von Wien verhaftet. Bei einer Gegenüberstellung mit dem ehemaligen KZ-Häftling Hermann Langbein meint er: „Ich habe nur mit Rücksicht auf meine Familie mitgewirkt an der Ermordung von 3 Millionen Menschen."

25. Januar 1348

Es war wie am jüngsten Tag

Es ist zwischen 15 und 16 Uhr, Vesperzeit, ein Wintertag „bei hell scheinender Sonne". In der Villacher Domkirche feiern etwa 500 Gläubige mit einem Nachmittagsgottesdienst das Fest Pauli Bekehrung, als sich plötzlich der Himmel mit „finsterem Gewölk" überzieht und die Erde zu beben beginnt. Der Hauptstoß dauert etwa zwei Minuten – lang genug, um das Gotteshaus in den Grundfesten zu erschüttern und einstürzen zu lassen; alle Besucher der Messe kommen ums Leben, ganz Villach liegt in Trümmern. Auf dem Hauptplatz „bricht Wasser in solcher Menge auf", dass es scheint, „als ob ein Fluss die Fläche erfüllt hätte", in den zerstörten Häusern wütet eine Feuersbrunst und zerstört „allen Besitz"; zudem fallen „viele starke Burgen in sich zusammen: Federaun, Kellerberg, Hollenburg und andere Festen, die man gar nicht nennen kann".

Der Bergsturz am Dobratsch

Gleichzeitig „zerspaltet" sich „der Berg vor dem Gesichte gegenüber Mitternacht", der Dobratsch. 150 Millionen Kubikmeter Fels stürzen von der südöstlichen Flanke des Berges ins Gailtal und verschütten, wie es in einem alten Bericht heißt, „17 Dörfer, 3 Gschlösser und 9 Gotteshäuser"; das herabgestürzte Gesteinsmaterial bewirkt, dass die Gail aufgestaut wird und ein etwa drei Kilometer langer See entsteht, „Häuser und Dörfer, Güter und Leute" ertrinken darin. Nach einigen Tagen durchbricht die Gail die Gesteinsmassen und überflutet nun das Land flussabwärts, wieder ertrinken zahlreiche Menschen – insgesamt, so schätzt man, fordert die Katastrophe an die 10.000 Menschenleben.

Viele glauben das Ende der Welt für gekommen, setzt doch danach auch in anderen Teilen Kärntens im Gefolge der schweren Pestepidemie dieses Unglücksjahres ein „großes jämmerliches Sterben" ein, in welchem „kaum der vierte Teil der Menschen" übrig bleibt: *Es seind gächling junge und alte, gesund und frölich mit selzamen reden gestorben, auf allen strassen hat man tote cörper ligen funden.* Dazu „regnet es auch Blut" und etliche Flüsse färben sich „rotfarb wie Blut, sonderlich die Gurcken, Drau und die Glan" – für die Menschen ein Zeichen für Umkehr und Buße, die Geißlerzüge finden immer mehr Zulauf. Und als man in Wolfsberg angeblich „blutige Hostien" findet, richten sich Wut und Hass wieder einmal gegen die Juden – im September 1349 kommt es in Niederösterreich zu Pogromen.

150 Millionen Kubikmeter Fels stürzen zu Tal: der Bergsturz am Dobratsch.

26. Januar 1699

Der Frieden von Mitternacht

Knapp nach Mitternacht, als die Sterne nach Meinung der türkischen Unterhändler am günstigsten stehen, wird im hölzernen Konferenzhaus nahe den Ruinen von Karlowitz *(Sremki Karlovce)* der Schlusspunkt hinter einen beinahe 16 Jahre lang währenden Krieg gesetzt: Rami Mohammed, der Reis Effendi der Hohen Pforte, akzeptiert mit Siegel und Unterschrift die harten Bedingungen des Kaisers und seiner Verbündeten, es sind dies Polen, die Republik Venedig, der Kirchenstaat und Russland.

Der Friede von Karlowitz

Der „Große Türkenkrieg", von Großwesir Kara Mustafa und Sultan Mehmed IV. vom Zaun gebrochen, ist zu Ende. Nach dem glorreichen Sieg vor den Toren Wiens am 12. September 1683 hat dieser die kaiserlichen Heere immer weiter nach Osten geführt, am 2. September 1686 ist die ungarische Hauptstadt Ofen (Buda) gefallen, 1688 erobert Kurfürst Max Emanuel von Bayern ein erstes Mal Belgrad für den Kaiser und schließlich ist es der neue Oberbefehlshaber über die Armeen Habsburgs in Ungarn, Prinz Eugen von Savoyen, der am 11. September 1697 bei Zenta einen vernichtenden Schlag gegen die Streitkräfte der Hohen Pforte unter Sultan Mustafa II. und Großwesir Elmas Mohammed Pascha führt. Was man Schlacht für Schlacht dem türkischen „Erbfeind" abgerungen hat, wird nun im „Frieden von Mitternacht" vertraglich festgeschrieben: Die Habsburgermonarchie erhält den größten Teil Ungarns mit Siebenbürgen sowie Teile Sloweniens und Kroatiens zugesprochen; die Halbinsel Peloponnes *(Morea)* sowie Teile Dalmatiens und der Herzegowina fallen an die *Serenissima*. Die Gefahr eines türkischen Angriffs, jene Bedrohung, die jahrhundertelang die Politik des Reichs und der Habsburgerherrscher bestimmt hat, ist damit für immer geschwunden, das Osmanische Reich auf den Balkan zurückgeworfen. Im Juli 1683 hat Kaiser Leopold I. vor dem auf Wien vorrückenden Riesenheer Kara Mustafas noch kläglich Reißaus genommen, jetzt sieht er sich und sein Haus auf einem neuen Höhepunkt der Macht; seine siegreichen Heerführer, allen voran Markgraf Ludwig Wilhelm von Baden, der „Türkenlouis", und Prinz Eugen von Savoyen, werden als Helden gefeiert.

Der „Konferenzsaal" in Karlowitz. Stich eines unbekannten holländischen Meisters.

27. Januar 1945

Das Erinnern darf nicht aufhören

Im Herbst 1941 wird in Auschwitz erstmals Cyanwasserstoffgas zur Tötung von Menschen eingesetzt; erste Opfer sind vor allem sowjetische Kriegsgefangene. Am 26. März 1942 trifft der erste „Sammeltransport" mit Juden ein. Noch arbeitsfähige Menschen werden von SS-Ärzten „selektiert", die übrigen, vor allem alte Menschen und Kinder, schickt man sofort „ins Gas". Insgesamt werden im KZ Auschwitz-Birkenau etwa 1,35 Millionen Juden ermordet, weiters etwa 20.000 Roma und Sinti, 11.700 sowjetische Kriegsgefangene sowie 83.000 Menschen aus politischen und anderen Gründen.

Trostloser Ort des Grauens: das Vernichtungslager Auschwitz im Januar 1945.

Hinter diesen Opferzahlen verbirgt sich die Ermordung Tausender Österreicherinnen und Österreicher. So fährt der am 17. Juli 1942 vom Aspangbahnhof abgehende „32. Transport" mit ungefähr 1.000 Menschen direkt nach Auschwitz; 212 Frauen werden als Häftlinge ins Lager eingewiesen, die übrigen vermutlich ermordet. Zahlreiche österreichische Opfer gelangen aus anderen Lagern in die schlesische Vernichtungsstätte: Mehr als 4.100 Österreicher werden von Theresienstadt, ca. 500 Personen in Einzeltransporten hierher gebracht. Weiters werden mehr als 3.700 österreichische Juden aus französischen Lagern, ca. 350 aus Italien und etwa 260 aus den Niederlanden nach Auschwitz transportiert. Auch aus anderen Ländern werden Menschen mit österreichischer Staatsbürgerschaft hierher verschleppt; ihre genaue Zahl kann nicht mehr festgestellt werden.

Vor dem Eintreffen der Roten Armee versuchen die Nazis die Spuren zu verwischen: Ab November 1944 demontiert man die Krematorien; die Häftlinge werden auf „Todesmärschen" Richtung Westen getrieben. Als die ersten Rotgardisten am 27. Januar 1945 das Lagergelände erreichen, befinden sich hier nur noch etwa 7.500 Häftlinge.

Der Internationale Holocaust-Gedenktag

Im November 2005 beschließt die Generalversammlung der UNO, den Tag der Befreiung von Auschwitz als „Internationalen Holocaust-Gedenktag" zu begehen. Bereits 1996 entscheidet man sich in Deutschland dafür, diesen Tag als nationalen Gedenktag zu feiern. Am 19. Januar 1996 erklärt Bundespräsident Roman Herzog vor dem Deutschen Bundestag: „Zunächst darf das Erinnern nicht aufhören; denn ohne Erinnerung gibt es weder Überwindung des Bösen noch Lehren für die Zukunft. Und zum andern zielt die kollektive Verantwortung genau auf die Verwirklichung dieser Lehren, die immer wieder auf dasselbe hinauslaufen: Demokratie, Rechtsstaat, Menschenrechte, Würde des Menschen."

28. Januar 1828

Ein Meisterwerk der Kammermusik wird uraufgeführt

Gastgeber Joseph von Spaun (1788–1865), wohlbestallter 3. Assessor bei der allgemeinen Hofkammer, ist mit Franz Schubert seit den gemeinsamen Studienzeiten an der Universität Wien befreundet. Immer wieder hat er den aufstrebenden Komponisten mit finanziellen Zuwendungen unterstützt und mit Angehörigen der Wiener Gesellschaft, mit Künstlern und Schriftstellern wie Leopold Kupelwieser, Moritz von Schwind, Johann Mayrhofer und Franz von Schober bekannt gemacht. An diesem Abend hat Spaun, der es später bis zum Leiter der Lotteriendirektion und des Generalhoftaxamtes bringen wird, zu einer Privataufführung in seiner geräumigen Wohnung in den sogenannten „Klepperställen", heute das Haus Teinfaltstraße 8/8A, geladen. Drei Tage vor seinem 31. Geburtstag ist Schubert bester Laune; die zahlreich erschienenen Freunde und Gäste, es sind etwa 50, verbringen mit ihm zusammen einen anregenden Abend: Höhepunkt ist die Uraufführung seiner neuen Komposition, eines Klaviertrios in B-Dur, dem man später die Opuszahl 99 beifügen wird. Gespielt wird von seinen Freunden Ignaz Schuppanzigh (Violine), Joseph Lincke (Violoncello) und Carl Maria von Bocklet (Klavier); die drei Musiker haben bereits wenige Wochen zuvor, am Stephanitag 1827, bei einer Veranstaltung des Musikvereins sein Klaviertrio in Es-Dur zur Aufführung gebracht. Das Stück, eines der großen Meisterwerke der Kammermusik, findet bei den Zuhörern begeisterte Aufnahme.

Die letzte Schubertiade

Der Abend wird zu einem vollen Erfolg; es wird gesungen und rezitiert, gescherzt und diskutiert – noch ahnt niemand, dass es die letzte „Schubertiade" sein wird …

Acht Jahre später, 1836, erscheint Schuberts Klaviertrio erstmals im Druck; von Robert Schumann ist dazu folgender Ausspruch überliefert: „Ein Blick auf das Trio und das erbärmliche Menschenreich flieht zurück und die Welt glänzt wieder frisch."

Schubertiade bei Joseph von Spaun. Kolorierter Holzstich nach einem Gemälde von Hans Temple.

29. Januar 1943

Und so kamen wir alle auf Viehwaggons …

Bei der Kriminalpolizeileitstelle Wien trifft ein Schnellbrief des Reichskriminalpolizeiamts (RPKA) von Berlin ein. Gerüchte schwirren schon seit einigen Wochen herum, doch nun haben die Beamten den berüchtigten Befehl Heinrich Himmlers vom 16. Dezember 1942, bekannt als „Auschwitz-Erlass", schwarz auf weiß vor sich: „Zigeunermischlinge, Rom-Zigeuner und nicht deutschblütige Angehörige zigeunerischer Sippen balkanischer Herkunft" sind nach „bestimmten Richtlinien auszuwählen und in einer Aktion von wenigen Wochen in ein Konzentrationslager einzuweisen. Dieser Personenkreis wird im nachstehenden kurz als ‚zigeunerische Person' bezeichnet. Die Einweisung erfolgt ohne Rücksicht auf den Mischlingsgrad familienweise in das Konzentrationslager Auschwitz."

Der Auschwitz-Erlass

Dieser zusammenfassenden knappen Anweisung folgen detaillierte Durchführungsbestimmungen, ausgenommen von der Deportation sollen „reinrassige Sinte- und Lalleri-Zigeuner" bleiben, aber auch „zigeunerische Personen, die mit Deutschblütigen rechtsgültig verheiratet sind" sowie „sozial angepasst lebende zigeunerische Personen, die bereits vor der allgemeinen Zigeunererfassung in fester Arbeit standen und feste Wohnungen hatten" – Bestimmungen, die in ihrer Monstrosität Himmlers Ringen mit dem Thema „Zigeuner" und seinen Rassenwahn spiegeln: Die Verfolgung soll – hier macht sich der Einfluss des „Zigeunerforschers" Robert Ritter auf Himmler deutlich bemerkbar – den „Mischlingen" gelten, von denen Ritter so wenig hält: Wer nicht in ein KZ eingewiesen wird, sei daher zur „Unfruchtbarmachung" angehalten, das gelte für alle Personen über zwölf Jahre. Die Profitmöglichkeiten werden dabei nicht vergessen: Das Eigentum der Deportierten, so Himmler, sei in „geeigneter Weise" sicherzustellen, mitnehmen dürfen sie allenfalls Wäsche zum täglichen Bedarf und „verderblichen Mundvorrat", die Ausweispapiere sind ihnen abzunehmen und bei den zuständigen Polizeistellen zu hinterlegen.

Unmittelbar nach Erhalt des Schnellbriefs beginnt die Kriminalpolizeileitstelle Wien mit den Vorbereitungen zur Deportation, man versucht die Vorgaben Himmlers buchstabengetreu umzusetzen; ist man sich über die „rassische Einordnung" eines „Zigeuners" nicht im Klaren, fordert man Gutachten von der Forschungsstelle Robert Ritters an. Insgesamt sind es acht Transporte, die im Frühjahr 1943 2.348 österreichische Zigeuner ins Auschwitzer „Zigeunerfamilienlager" bringen; darunter sind auch Häftlinge aus den Lagern in Lackenbach und Salzburg. Kathi Horwath, die Tochter eines Spenglers aus Oberwart, die in Auschwitz ihre Mutter und zwei Geschwister verliert, erinnert sich später: „Und so kamen wir alle auf Viehwaggons, je 50 Personen, darauf stand ‚Auschwitz'. Fast ohne Aufenthalt fuhren wir, drei Tage und Nächte, wir litten Hunger und Durst …"

Im August 1944 wird das Auschwitzer Familienlager aufgelöst, wer nicht mehr arbeitsfähig ist, wird in die Gaskammer geschickt, so sterben allein in der Nacht vom 2. auf den 3. August 1944 2.897 Männer, Frauen und Kinder.

30. Januar 1889

Ich gehe ruhig in den Tod, …

Das Jagdschloss der Habsburger in Mayerling im Wienerwald, 29. Januar 1889, etwa 22 Uhr. Kronprinz Rudolf, der am Abend noch mit seinen Freunden Josef Graf Hoyos und Prinz Philipp von Coburg soupiert hat, zieht sich mit der 17-jährigen Mary Vetsera in sein Schlafzimmer zurück; Kammerdiener Loschek, der im Nebenzimmer schläft, erhält strengste Anweisung, niemanden vorzulassen. Nur er weiß Bescheid über die Anwesenheit des Mädchens. Er hört, wie er später aussagt, die beiden die ganze Nacht über in ernstem Ton sprechen, kann aber nichts verstehen. Folgt man der gängigen Version des Mayerling-Dramas, so nützen Mary und Rudolf die letzten Stunden zum Verfassen von Abschiedsbriefen, die man später im Zimmer der Toten findet. Rudolf schreibt insgesamt sechs Abschiedsbriefe: an seine Frau Stephanie, an seine Schwester Marie Valerie, an seine Mutter Kaiserin Elisabeth, an Loschek, an den Sektionschef Szögyeny und an den Prior von Heiligenkreuz. Nur wenige Zeilen sind es, mit denen Rudolf von seiner Frau Abschied nimmt: „Liebe Stephanie! Du bist von meiner Gegenwart und Plage befreit. Werde glücklich auf Deine Art. Sei gut für die arme Kleine, die das einzige ist, was von mir übrig bleibt. Allen Bekannten, besonders Bombelles, Spindler, Latour, Szögyeny, Gisela, Leopold etc. etc. sage meine letzten Grüße. Ich gehe ruhig in den Tod, der allein meinen guten Namen retten kann. Dich herzlichst umarmend, Dein Dich liebender Rudolf.“ Auf einen Brief an seinen Vater, den Kaiser, verzichtet Rudolf; angeblich, so erzählt später Marie Festetics, die Hofdame Kaiserin Elisabeths, habe er im Abschiedsbrief an seine Mutter festgehalten, dass er es nicht wage, an seinen Vater zu schreiben. Und wörtlich habe es dann geheißen: „Ich weiß sehr gut, dass ich nicht würdig war, sein Sohn zu sein.“

Die Tragödie von Mayerling

Mary Vetsera richtet ihre vier Abschiedsbriefe an ihre Mutter und ihre Geschwister Hanna und Feri sowie an Marie Larisch. An ihre Mutter schreibt sie: „Liebe Mutter! Verzeiht mir, was ich getan; ich konnte der Liebe nicht widerstehen. In Übereinstimmung mit ihm will ich neben ihm am Friedhof von Alland begraben sein. Ich bin glücklicher im Tode als im Leben. Deine Mary.“

Am frühen Morgen des 30. Januar, es ist 6.10 Uhr, erscheint der Kronprinz, vollständig angezogen, bei Loschek und befiehlt ihm, einspannen zu lassen. Der Kammerdiener eilt in den Hof, hört aber plötzlich zwei „Detonationen“. Er läuft zurück ins Haus, findet das Schlafzimmer Rudolfs jedoch versperrt vor: „Was nun machen, ich holte sofort Graf Hoyos, und mit einem Hammer bewaffnet, schlug ich die Türfüllung ein, so dass ich gerade mit der Hand hineinkonnte, um die Tür von innen aufzusperren. Welch grauenhafter Anblick – Rudolf lag entseelt auf seinem Bette angezogen, Mary Vetsera ebenfalls auf ihrem Bette vollständig angekleidet. Rudolfs Armeerevolver lag neben ihm. Beide hatten sich überhaupt nicht schlafen gelegt. Beiden hing der Kopf herunter. Gleich beim ersten Anblick konnte man sehen, dass Rudolf zuerst Mary Vetsera erschossen hatte und dann sich selbst entleibte.“

Auf dem Nachtkästchen findet Loschek den an ihn gerichteten Abschiedsbrief vor: „Lieber Loschek! Holen Sie einen Geistlichen und lassen Sie uns in einem gemeinsamen Grabe in Heiligenkreuz beisetzen. Die Pretiosen meiner teuren Mary nebst Brief von ihr überbringen Sie der Mutter Marys. Ich danke Ihnen für Ihre jederzeit so treuen und aufopferungsvollen Dienste während der vielen Jahre, welche Sie bei mir dienten. Den Brief an meine Frau lassen Sie ihr auf kürzestem Wege zukommen. Rudolf."

Graf Hoyos übernimmt es, nach Wien zu fahren und die kaiserliche Familie zu informieren; Loschek wird beauftragt, den Hofarzt Widerhofer in das Jagdschloss zu rufen. Philipp von Coburg bleibt am „Tatort" zurück, um die Toten bis zum Eintreffen des Arztes und der Hofbeamten zu schützen. Hoyos und Loschek lassen sich von Bratfisch nach Baden bringen, wo der Kammerdiener auf Dr. Widerhofer wartet, während der Graf einen Eilzug aus Triest anhalten lässt und mit diesem nach Wien weiterfährt. Knapp nach 10 Uhr trifft Hoyos in der Hofburg ein, der Erste, der von ihm informiert wird, ist Graf Bombelles, der Obersthofmeister des Kronprinzen. Gemeinsam spricht man dann mit Baron Nopcsa, dem Obersthofmeister der Kaiserin, anschließend mit dem Grafen Paar, dem Generaladjutanten des Kaisers. Über die Hofdame Ida Ferenczy will man Kaiserin Elisabeth informieren, legt sich dafür aber eine neue Version der Ereignisse zurecht: Mary Vetsera hätte Rudolf vergiftet.

Elisabeth fällt die Aufgabe zu, Franz Joseph die Todesnachricht zu überbringen, auch er wird zunächst in dem Glauben

Das Grab Mary Vetseras in Heiligenkreuz.

gelassen, dass Mary Rudolf ermordet hätte ...

In Mayerling ist inzwischen Dr. Widerhofer eingetroffen, der eindeutig feststellt, dass Mary den Kronprinzen nicht ermordet haben kann. Er versorgt den toten Rudolf mit einem Notverband um den Kopf und bereitet die Leiche für den Abtransport nach Wien vor; die „zweite Leiche", die der Wiener Hof am liebsten heimlich verschwinden lassen möchte, versteckt man unter Kleidern.

Während seine Geliebte am 1. Februar heimlich auf dem Friedhof in Heiligenkreuz beerdigt wird, warten auf den toten Thronfolger die Aufbahrung in der Hofburg und ein festliches Begräbnis in der Kapuzinergruft, das nur dadurch möglich wird, dass man Rudolf für zum Zeitpunkt des Selbstmordes „geistig umnachtet" erklärt.

31. Januar 1956

Tonei, lass tuschn, der Duvillard wartet nicht!

Olympische Winterspiele in Cortina d'Ampezzo 1956. Als zweiter Alpinbewerb der Herren steht der Slalom am Programm. Die eisige Piste ist schlecht präpariert, man befürchtet ein Startnummernrennen. Respekt flößt den Läufern vor allem der Steilhang unmittelbar nach dem Start ein – blankes Eis, darunter Fels.

Der Start zum 1. Durchgang erfolgt pünktlich um 10:30 Uhr. Zuvor noch ein peinlicher Moment: Als die österreichische Technikertruppe am Startgelände in 1748 m Höhe eintrifft, bemerkt man plötzlich, dass man die Startnummern im Hotel „Croce bianca" vergessen hat. Die Startrichter verteilen freie Nummern an die vier ÖSV-Läufer; ihre vorgesehenen Startplätze dürfen sie behalten – Toni Sailer bekommt die Nummer 135.

Das Rennen beginnt so gar nicht nach dem Geschmack der rot-weiß-roten Fans: Nach Stürzen von Josl Rieder und Anderl Molterer sowie einem verbremsten Lauf von Othmar Schneider ruhen alle Hoffnungen auf Toni Sailer, der sich auch durch die Ausfälle in seiner totalen Konzentration nicht beirren lässt: Elegant zieht er seine Schwünge, die Anzeigetafel weist für ihn schließlich Bestzeit aus: 1:27,3, knappe drei Sekunden Vorsprung. Aber noch ist die Konkurrenz nicht geschlagen: Adrien Duvillard aus Megève fährt trotz eines Absitzers 1:27,5, der Amerikaner Brooks Dodge 1:27,5 – Spannung für den von Trainer Fred Rößner ausgesteckten 2. Lauf ist garantiert. Wieder studiert Sailer den Kurs genau, wieder legt er sich seinen „Plan" für die diesmal 92 Tore zurecht.

Slalom-Gold für Toni Sailer in Cortina

Die Hektik vor dem Start ist groß, Fred Rößner befiehlt: „Tonei, lass tuschn, der Duvillard wartet nicht!" – und Toni gehorcht: Sailer lässt es wieder so richtig „tuschen". Die Bestzeit hält zu diesem Zeitpunkt der Japaner Chiharu Igaya mit1:48,5 – Sailer, dem es auf dem Eis immer wieder die Ski verschlägt, behält die Nerven: Er erzielt mit 1:47,4 wieder die schnellste Zeit, das bedeutet klare Gesamtbestzeit. Dann die beiden schärfsten Konkurrenten: Adrien Duvillard riskiert zu viel und stürzt im Steilhang; US-Boy Brooks Dodge fährt „auf Leben und Tod", kommt jedoch bei weitem nicht an Sailers Zeit heran – das ist die zweite Goldene für Sailer bei diesen Spielen, eine dritte im Abfahrtslauf am 3. Februar 1956 wird noch folgen – das Land, das auf dem Weg ist, eine Nation zu werden, hat seinen ersten großen Schihelden gefunden ...

Toni Sailer unterwegs zur zweiten Goldmedaille.

Februar

1. Februar 1945

Niemand darf gefangen werden, alle sind sofort umzulegen!

Das Thermometer in dieser Nacht vom 1. auf den 2. Februar 1945 zeigt acht Grad unter null. Im Block 20, dem „Todesblock" des KZ Mauthausen, bereiten sich etwa 500 „K-Häftlinge", vor allem kriegsgefangene Offiziere der Roten Armee, auf den Ausbruch vor. Alle wissen: Es besteht nur eine kleine Chance zu überleben – bleiben sie jedoch im Block, so ist ihnen der Tod gewiss; die Lebenserwartung hier beträgt nur wenige Wochen. Für den Angriff auf die zwei Wachtürme haben die Häftlinge Steine, Kohlenstücke, Holzschuhe und Feuerlöscher vorbereitet; mit feuchten Bettdecken und Kleidungsstücken der 75 kranken Mithäftlinge, die im Block zurückbleiben, wollen sie den elektrischen Zaun kurzschließen, der zusammen mit einer 2,5 Meter hohen Steinmauer den „Todesblock" vom übrigen Lager trennt. Wenige Minuten vor dem Ausbruch hält ein russischer General eine Ansprache: „Im letzten Kampf werden viele von uns oder alle fallen."

Um 1 Uhr früh beginnt die verzweifelte Aktion: Zunächst erdrosselt man den Blockältesten und seine Stubendienstleute, dann bildet man zwei Kampftrupps, der erste greift die Wachtürme an, der zweite sorgt für den Kurzschluss und das Ausgehen des Lichts im Lager. Tatsächlich gelingt es der ersten Gruppe, den östlichsten Wachturm zu erobern; mit dem hier befindlichen Maschinengewehr schalten sie auch den SS-Posten auf dem nächsten Turm aus. 419 Häftlinge können die Mauer und das Lagerareal überwinden und erreichen freies Gelände, vielen fehlt jedoch die Kraft, um weiter in die Wälder zu fliehen, sie werden rasch wieder aufgegriffen und so wie die Kranken im Block 20 sofort getötet. Eine Großfahndung nach „500 Schwerverbrechern" wird eingeleitet; neben der SS beteiligen sich auch Einheiten der Wehrmacht, des Volkssturms und Hitlerjugendgruppen sowie zahlreiche Mühlviertler an der „Treibjagd" auf die Geflohenen; der Befehl lautet: „Sie müssen sofort unschädlich gemacht werden. Niemand darf gefangen werden, alle sind sofort umzulegen!"

Die „Mühlviertler Hasenjagd"

Johann Kohut, Kommandant des Gendarmeriepostens Schwertberg, vermerkt nach Kriegsende in seiner Chronik: „Ein großes Morden begann, ein richtiges Blutbad. Der Schneematsch färbte sich rot mit Blut der Erschossenen." Es sind wohl nur elf entflohene Häftlinge, die überleben, unter ihnen Michael Rjabschtinskij und sein Freund Nikolaj Zemkalo, die von der Familie Langthaler auf ihrem Bauernhof im Dorf Winden bei Schwertberg bis Kriegsende versteckt werden. Die Bäuerin Maria Langthaler, die selbst fünf Söhne bei der Wehrmacht hat, rechtfertigt später ihr Tun: „Der Herrgott ist für die ganze Welt, nicht nur für die Deutschen."

2. Februar 1478

Die pawren machten ainen pundt

Den Kärntner Bauern reicht es endgültig: Schon wieder will Kaiser Friedrich III. die Steuerlast erhöhen – für jeden „Agleier“ (= Pfennig aus Aquileia) Steuerschuld will sein Verwalter nun zwei neue Pfennige einheben, sie sind aber höchstens bereit, *drey helbling*, also drei Halbpfennige, für den „Agleier“ zu geben. Vorwand für die 1469 einsetzenden Erhöhungen der Abgabenlast sind die Türkeneinfälle – erstmals plündert und mordet eine türkische Streifschar im September 1473 in Kärnten – und gerade das schürt die Wut der Bauern, denn die für ihr gutes Geld angeworbenen Söldner schützen vielfach nur die Grundherren auf ihren Burgen. Da die vorgesehenen Sperren und Bollwerke nur unzureichend oder gar nicht mit Truppen besetzt werden, sind sie und ihre Familien schutzlos den „Rennern und Brennern“ ausgeliefert. So hat etwa der Kaiser im Kloster Millstatt mit großem Pomp eine „Filiale“ des St.-Georgs-Ritterordens ins Leben gerufen, die tapferen Ritter ziehen es aber vor, hinter den sicheren Klostermauern zu verweilen. Zu Maria Lichtmess 1476 beschließen die Bauern deshalb, zur Selbsthilfe zu greifen – der Chronist Jakob Unrest, ab 1466 Pfarrer in St. Martin am Techelsberg, berichtet in seiner *Österreichischen Chronik* über diese Vorkommnisse: *Indem besambten (versammelten) sich die pawren an die 40 und machten ainen pundt. Und der obrist was ein pawr, genannt Peter Wunderlich. Derselb pundt wuechs in kuertz als ain klains wasser von ainem grossen Wolckhenpruch.*

Aufstand in Kärnten

Friedrich III. hat zwar *kayn gevallen* an dem Aufstand, unternimmt jedoch wie gewohnt nichts und schickt nur einen Brief, in dem er bei Todesstrafe verbietet, diesem Bund beizutreten – *die pawren verachten das schreyben gantz mit spottlichen worten*. Peter Wunderlich, dem Anführer des „Bundes“, gelingt es, eine kleine Streitmacht von etwa 3.000 Bauern zu sammeln, mit der er am 25. Juni 1478 auf der „Goggauer Wiese“ bei Coccau in der Nähe von Tarvis einer türkischen Reiterschar entgegentritt. Der Großteil der Bauern verliert jedoch angesichts des bevorstehenden Kampfes den Mut und flieht, die verbleibenden, etwa 600 Mann, werden von Türken umzingelt und getötet oder gefangen genommen.

Die verheerende Niederlage auf der Goggauer Wiese bedeutet auch das Ende des Bundes; die obersten *pundtleut* fallen schließlich in die Hände der kaiserlichen Häscher und werden hingerichtet; Peter Wunderlich, der bei Gmünd gefangen genommen wird, findet ein schreckliches Ende: Er wird beim Schloss Litzlhof in Lendorf durch Vierteilen bei lebendigem Leib gerichtet.

Die Peter-Wunderlich-Straßen in Klagenfurt und Spittal erinnern heute noch an den unglücklichen Bauernführer.

Bauern beim Schneiden des Korns mit der Sichel.

3. Februar 1943

Es war die Hölle auf Erden

Die letzten Einheiten des XI. Armeekorps der Wehrmacht stellen im Nordkessel den Kampf ein; um 8.40 Uhr wird ein letzter Funkspruch an General Hube bei der Heeresgruppe „Don" abgesetzt: „XI. AK. hat mit seinen 6 Divisionen in schwerstem Kampf bis zum letzten Mann seine Pflicht getan. Es lebe der Führer! Es lebe Deutschland!"
Die Schlacht von Stalingrad, die seit dem 13. September 1942 tobte, ist zu Ende, die Wehrmacht hat eine katastrophale Niederlage erlitten, der Mythos ihrer Unbesiegbarkeit ist endgültig zerstört. Etwa 110.000 überlebende Soldaten der Wehrmacht und verbündeter Truppen geraten in Gefangenschaft, unter ihnen viele Österreicher. Von den ursprünglich etwa 230.000 Soldaten der Wehrmacht im Kessel sind 50.000 aus der „Ostmark", die vor allem bei der 44. und der 297. Infanteriedivision sowie bei der 100. Jäger-Division für den „Führer" kämpfen und sterben. Nur 1.200 österreichische Stalingrad-Kämpfer werden nach dem Krieg aus sowjetischer Gefangenschaft zurückkehren.

Kapitulation in Stalingrad

Bereits am 22. Jänner 1943 hatte Generaloberst Paulus in einem Funkspruch an Hitler um die Genehmigung zur Kapitulation gebeten. Darin hatte er kurz die verzweifelte Lage zusammengefasst: „44., 76., 100., 305., 384. Infanteriedivision vernichtet, Front infolge starker Einbrüche vielseitig aufgerissen. Stützpunkte und Deckungsmöglichkeiten nur noch im Stadtgebiet. Weitere Verteidigung sinnlos. Zusammenbruch unvermeidbar. Armee erbittet, um noch vorhandene Menschenleben zu retten, sofortige Kapitulationsgenehmigung." Das Leben seiner Soldaten ist jedoch für Hitler kein Argument – er lehnt ab: „Kapitulation ausgeschlossen! Die Armee erfüllt damit ihre historische Aufgabe, den Aufbau einer neuen Front beiderseits Rostow zu ermöglichen, Kampf bis zur letzten Patrone!"
Tag für Tag, Stunde für Stunde hatte sich sich die Lage im Kessel verschlimmert. Mit dem Aussetzen der Versorgungsflüge war die Verpflegung der Truppen völlig zusammengebrochen; jede Einheit lebte von ihren letzten eisernen Reserven. Es gab kein Verbandsmaterial und keine Medikamente mehr, in den als Notfeldlazarette eingerichteten Schulen, alle überfüllt mit Schwerverwundeten, fehlte es an Ärzten; die Toten wurden an den Außenseiten der Gebäude einfach aufgeschichtet. General Walther von Seydlitz-Kurzbach, Kommandeur des LI. Armeekorps, wird später in seinen Erinnerungen vermerken: „Unvorstellbar, was hier das Auge sah: Es war die Hölle auf Erden!"
Der 25. Jänner bringt noch einmal eine Kampfpause, doch am nächsten Tag macht die Rote Armee ernst: Geschütze fahren auf, belegen die Stellungen mit Trommelfeuer, Panzer und Infanterie greifen in breiter Front an; am 26. Jänner wird der Kessel in drei Teile zerschlagen. Tausende sterben täglich, doch Friedrich Paulus lehnt eine Gesamtkapitulation ab und überlässt es seinen Kommandeuren, den Kampf einzustellen – er will nun zumindest formal dem Durchhaltebefehl Hitlers gehorchen. Am 31. Jänner geht Paulus, von Hitler noch rasch zum Gene-

ralfeldmarschall ernannt, zusammen mit dem Armeestab in Gefangenschaft; vom Nordkessel, so Hitler in einem Funkspruch an das XI. Armeekorps am 1. Februar um 17.25 Uhr, erwarte er sich, dass er sich „bis zum Letzten" halte – apokalyptischer Wahnsinn, so ganz nach dem Geschmack des „Führers": Zwei Tage später, am 3. Februar, wird die zynische Verklärung des „Heldenkampfs" um Stalingrad zum „größten Heldenlied der deutschen Geschichte" beginnen, sinnloses Sterben wird umgedeutet zur „historisch europäischen Mission".

Den Autoren österreichischer Schulbücher ist Stalingrad heute kaum mehr eine Erwähnung wert; in einigen dürren Zeilen wird über den Untergang der „deutschen" 6. Armee berichtet, die Schlacht als angeblicher Wendepunkt des Krieges und Symbol der Niederlage herausgehoben. Vergessen und verdrängt wird, dass es vor allem auch österreichische Soldaten waren, die die Fehler Hitlers und seiner Generäle mit dem Leben bezahlen mussten. Das Sprechen über die Tragödie fällt offenbar schwer, ja, es scheint nicht opportun zu sein – zu groß ist die Angst, in bedenkliche alte „Erinnerungsmuster" zu verfallen. Die Mythisierung Stalingrads durch das NS-Regime wirkt so noch immer nach.

Eine „eiskalte Wüste des Wahnsinns" (Franz Dopf): Am 3. Februar 1943 meldet das Oberkommando der Wehrmacht: „Sie starben, damit wir leben."

4. Februar 1995

Die tödliche Sprengfalle der BBA

Es ist knapp vor Mitternacht. Vier Männer der Oberwarter Romasiedlung, der 40-jährige Josef Simon und seine jüngeren Freunde Peter Sarközi (27) sowie Karl (22) und Erwin Horvath (18), befinden sich noch auf einem kleinen Rundgang. Da entdecken sie auf einer Kreuzung, etwa 250 Meter von der Siedlung entfernt, ein merkwürdiges „Ding", etwas, das aussieht wie ein Verkehrszeichen. Als sie näher treten, erkennen sie, dass das vermeintliche Verkehrszeichen keines ist: Aus einem Kunststoffsockel ragt ein etwa 1,20 m hohes Rohr empor, an dem eine Tafel befestigt ist: „Roma zurück nach Indien", steht da zu lesen.

Das Rohrbomben-Attentat von Oberwart

Eine rassistische Schmähung, die sie nicht dulden können – sie versuchen das Rohr mit dem Kunststoffsockel hochzuheben und von der Kreuzung zu entfernen. In diesem Moment löst ein Zündmechanismus aus, der im oberen Drittel des Rohres befindliche Sprengstoff – 150 Gramm gedämmtes Nitroglycerin – explodiert, die Splitter töten die vier Männer auf der Stelle. Der Knall der Explosion wird zwar von den Bewohnern der Romasiedlung gehört, die vier verstümmelten Leichen werden aber erst am Morgen gefunden. Das Entsetzen über die Morde ist im Lande groß.

Die polizeilichen Ermittlungen können bald einen Zusammenhang mit den Briefbomben herstellen, die seit 1993 von einer mysteriösen „Bajuwarischen Befreiungsarmee" (BBA) verschickt werden, u. a. auch an den Wiener Bürgermeister Helmut Zilk, der am 5. Dezember 1993 an der linken Hand schwer verletzt wird: Es ist der gleiche Sprengstoff. Über den oder die Täter tappt die Polizei jedoch lange im Dunkeln, dann ist es eine Routinekontrolle, die endlich zur Festnahme eines Verdächtigen führt: Am 1. Oktober 1997 stoppen Gendarmeriebeamte den Wagen des aus Gralla in der Südsteiermark stammenden Franz Fuchs – anstatt seine Papiere zu zeigen, zündet Fuchs, der sich entlarvt glaubt, eine Rohrbombe, die Explosion reißt ihm beide Unterarme weg, zwei Beamte werden verletzt. Am 2. Februar 1999 beginnt am Grazer Landesgericht der Prozess gegen Franz Fuchs, der mit dem lauten Schreien von Hasstiraden gegen Staat, Justiz und „Ausländer" auf sich aufmerksam machen will und daraufhin durch Richter Heinz Fuhrmann von den Verhandlungen ausgeschlossen wird. Weitere Indizien haben inzwischen seine Täterschaft beim Oberwarter Attentat erhärtet – so kann nachgewiesen werden, dass das beim Bombenbau verwendete Wasser aus der Gegend von Gralla stammt. Ein Geschworenensenat verurteilt ihn wegen vierfachen Mordes zu lebenslanger Haft und Einweisung in eine Anstalt für geistig abnorme Rechtsbrecher – am 26. Februar 2000 begeht Franz Fuchs in der Justizanstalt Graz-Karlau Selbstmord.

So wirr das Geschichts- und Weltbild des Franz Fuchs auch sein mögen – in manchen Versatzstücken spiegelt es in erschreckender Weise Gedankengut wider, das noch immer in manchen Köpfen präsent ist. Franz Fuchs mag als Einzeltäter gehandelt haben, seine Parolen sind leider so manchen Österreichern nicht völlig fremd …

5. Februar 1976

Ja der Franz, der kanns!

Die Situation im ÖSV-Abfahrtsteam vor den Olympischen Spielen in Innsbruck 1976 ist nicht einfach: Die Niederlage von Grenoble gegen Jean-Claude Killy und die „Schmach“ von Sapporo, bedingt durch den Ausschluss von Karl Schranz, sind noch in bester Erinnerung – die Last des Siegenmüssens liegt nun auf einem Mann: auf Franz Klammer, dem „Teufelsbuam“ aus Mooswald in Kärnten, der die letzten beiden Saisonen im Weltcup dominiert hat. Startzeit am Patscherkofel ist 12:30 Uhr und alle wollen dabei sein, wenn der Franz „es macht“. Titelverteidiger Bernhard Russi, der Sieger vom Mont Eniwa in Sapporo 1972, legt mit Startnummer 3 eine beinahe fehlerlose Fahrt hin: 1:46,06 lautet die neue Bestzeit, eine Marke, an der die nachfolgenden Läufer klar scheitern: Mit Nummer 12 startet Österreichs Nachwuchshoffnung Anton „Jimmy“ Steiner. Als für den 17-jährigen Draufgänger die beste Zwischenzeit gemeldet wird, scheint Russis Führung erstmals gefährdet – doch dann stürzt Steiner knapp vor dem Ziel, eine mögliche Medaille in Sichtweite. Auf den zweiten Platz schiebt sich der Südtiroler Herbert Plank, aber auch er liegt deutlich hinter Russi zurück.

Olympiagold für Franz Klammer

Alle rot-weiß-roten Hoffnungen ruhen nun auf der Startnummer 15, Franz Klammer. Er kennt die Zeit von Russi und schwört sich, eine 1:45er-Zeit zu fahren. Gleich der erste Streckenabschnitt gelingt dem Kärntner jedoch nicht optimal und die erste Zwischenzeit weist dies auch unbarmherzig aus: 19 Hundertstel Rückstand auf Russi, 3 Hundertstel auf Herbert Plank: Die Zuschauer halten entsetzt den Atem an, als Klammer beim dritten Tor im „Ochsenschlag“, einem Rechtsschwung, zu direkt fährt und beim darauf folgenden Sprung nur mit wildem Rudern der Arme einen Sturz vermeiden kann. Er muss querstellen, verliert neuerlich Zeit. In diesem Moment scheint die Goldmedaille bereits verloren, doch Franz Klammer behält die Nerven: Er wählt im unteren Streckenabschnitt eine neue Linie, fährt zwei Kurven höher an und „sticht“ dann, das höhere Tempo perfekt mitnehmend, Richtung Ziel hinunter – ORF-Reporter Edi Finger zählt die Sekunden laut mit, es ist ein unbeschreiblicher Moment der Spannung, dann der erlösende Schrei: „1:42, 1:43, 1:44, 1:45 – jawohl! Bestzeit!“ Franz Klammer schaut nur ins Publikum, sieht die Menschen jubeln und weiß in diesem Augenblick, dass er gewonnen hat – mit ihm triumphieren „wir Österreicher“.

Ja der Franz, der kanns!

Freitag, 6. Februar 1976/Nr. 5634, S 3,-

Wien 19, Muthgasse 2, Telefon 36 52 50

Neue Kronen Zeitung

Heute 11 Seiten Olympia-EXTRA

Gestern, um 12.47 Uhr, da fiel ganz Österreich ein riesiger Stein vom Herzen. Und mit dem strahlenden Franz Klammer, dessen Superkarriere nun durch Gold gekrönt wird, jubelten alle: „Ja, der Franz, der kann's!“ Chauvinismus hin oder her – er kann's halt wirklich!

SCHAU ZU Fernseh-Woche

Goldener-Hobel-Küchenaktion

6. Februar 1942

Wir hatten uns selbst selektiert

In den späten Abendstunden herrscht am Aspangbahnhof wieder einmal hektische Betriebsamkeit: Der „16. Transport" wird verladen, Fahrziel des „Sonderzugs" ist das „Reichsjudenghetto" Riga. Die Gestapobeamten sorgen dafür, dass alles ruhig und konzentriert abläuft: 1.003 Menschen, alle aus Wien, besteigen die Waggons dritter Klasse, unter ihnen 23 Kinder, die unter zehn Jahre alt sind, die Frauen und drei Männer, die älter als achtzig sind, das Durchschnittsalter der Deportierten: 54 Jahre. Es ist nach den Zügen vom 3. Dezember 1941 (1.001 Deportierte) sowie vom 11. Januar (1.000 Deportierte) und 26. Januar 1942 (1.201 Deportierte) bereits der vierte „Transport" von Wien nach Riga. Kommandiert wird der „Transport" dieses Mal von Eichmanns Mitarbeiter Alois Brunner selbst, der besonders einen der deportierten Juden an Bord im Visier hat: den ehemaligen Bankier und Börsenspekulanten Siegmund Bosel, der es durch seine Verwicklung in den Postsparkassenskandal des Jahres 1926 zu zweifelhaftem Ruhm gebracht hat. Bosel, der inzwischen einen Großteil seines Vermögens verloren hat und 1938 ohnmächtig zusehen muss, wie die Nazis das Mobiliar seiner Villa in der Gloriettegasse 15 im Dorotheum zwangsversteigern, wird das Ziel der „Reise" nicht erreichen: In der zweiten Nacht, der Zug befindet sich irgendwo in Polen, lässt ihn Brunner an den Einstiegsstufen des ersten Waggons, gleich nach der Lokomotive, anketten und beginnt, ihn „auf unflätige Weise" zu beschimpfen, nach etwa einer Stunde erschießt Brunner den Wehrlosen. Zur „Ohrenzeugin" des Mordes wird auch die 14-jährige Gertrude Hirschhorn, die zusammen mit ihrer 11-jährigen Schwester Rita und ihren Eltern in einem Abteil des ersten Waggons untergebracht ist …

Deportation nach Riga

Am 10. Februar erreicht der Zug die Station Skirotava in Riga, es herrscht klirrende Kälte – 42 Grad unter null. Das Ghetto, so erklärt ihnen der „zum Empfang" angetretene SS-Obersturmführer Gerhard Maywald, sei sechs Kilometer entfernt, für alle, die nicht zu Fuß gehen möchten, habe man einige Autobusse bereitgestellt. Etwa 700 der aus Wien angekommenen Juden stellen sich daraufhin bei den Autobussen an, die anderen, darunter auch die Familie Hirschhorn, wählen den Fußmarsch zum, Ghetto. Ihre Leidensgenossen werden sie nie mehr sehen: Die 700 werden direkt zum Exekutionsplatz in den Bikernieki-Wald gefahren und dort erschossen; einer der „Autobusse" ist ein Gaswagen, in dem die Opfer mit Auspuffgasen erstickt werden. „Wir hatten uns selbst selektiert", wird Gertrude Hirschhorn, die zusammen mit ihrer Schwester und ihrer Mutter das Ghetto in Riga überlebt, in ihren Erinnerungen – sie erscheinen unter ihrem späteren Namen Gertrude Schneider – feststellen. Die Rote Armee befreit sie, die dem Tode nahe ist, aus einem Außenlager des KZ Stutthof bei Danzig; am 1. Juni 1945 kommen die drei Frauen am Südostbahnhof in Wien an – doch hier empfängt man sie keineswegs mit offenen Armen. – „Wegen der Behandlung, die uns in Wien zuteil wurde", beschließen sie 1947, in die USA zu emigrieren.

7. Februar 1968

Ein Augenblick für innere Einkehr

Plenarsitzung des Nationalrats im Parlament. Am Rednerpult steht der SPÖ-Abgeordnete Dr. Christian Broda (1916–1987), ehemals Justizminister im dritten Kabinett von Julius Raab und zukünftiger Justizminister in den Alleinregierungen Bruno Kreiskys. „Die Entfernung des überflüssigen Wortes ‚Todesstrafe' aus unserer Verfassung und Rechtsordnung", sagt Broda, „ist ein Augenblick für innere Einkehr." Es ist zwar nur ein schlichter Satz, der vom Nationalrat beschlossen wird: „Der Artikel 85 des Bundes-Verfassungsgesetzes hat nunmehr zu lauten: ‚Die Todesstrafe ist abgeschafft'" – mit seiner Aufforderung zum Innehalten und Besinnen unterstreicht Broda, der schon 1965 eine entsprechende Gesetzesänderung vorgeschlagen hat, die Bedeutung dieses Beschlusses jedoch völlig zu Recht. Die Zweite Republik holt damit endlich nach, was sie schon längst hätte tun müssen. Die Todesstrafe, so das klare Bekenntnis, das hinter dem Artikel 85 B-VG steht, hat in der modernen österreichischen Demokratie nichts mehr verloren. Gelebte Praxis wird in Recht gegossen, liegt die letzte Verhängung und Vollstreckung der Todesstrafe nach österreichischem Recht doch schon 18 Jahre zurück: Am 24. März 1950 wurde im Wiener Landesgericht der zweifache Raubmörder Johann Trnka gehängt; wenig später, am 24. Mai 1950, schaffte der Nationalrat die Todesstrafe im ordentlichen Strafverfahren ab; es blieb allerdings die – sehr theoretische – Möglichkeit eines Todesurteils im standgerichtlichen Verfahren. 100 Todesurteile waren bis zu diesem Zeitpunkt in der Zweiten Republik ausgesprochen worden, 46 Menschen durch Hinrichtung gestorben, davon 30 nach Urteilen der Volksgerichte aufgrund des Kriegsverbrecher- und NS-Verbotsgesetzes.

Die Abschaffung der Todesstrafe

Gestützt auf diesen „Grundkonsens der Zweiten Republik", engagiert sich Broda weiter: 1978 legt er der Justizministerkonferenz des Europarates ein Memorandum vor, in dem er vorschlägt, die Frage nach der Abschaffung der Todesstrafe in das Arbeitsprogramm des Europarates aufzunehmen – er stößt damit eine Entwicklung an, die im 6. Zusatzprotokoll zur Europäischen Menschenrechtskonvention, unterzeichnet am 28. April 1983 in Straßburg, ihren Abschluss findet. Der Artikel 1 des 6. Zusatzprotokolls lautet: „Die Todesstrafe ist abgeschafft. Niemand darf zu dieser Strafe verurteilt oder hingerichtet werden."

Ein engagierter Gegner der Todesstrafe: Justizminister Christian Broda im Jahre 1963.

8. Februar 1972

Caesar mag es so ergangen sein, oder Nero

Bei den Olympischen Winterspielen in Sapporo 1972 will Karl Schranz, Österreichs Schiheld dieser Jahre, der Gesamtweltcupsieger 1969 und 1970, endlich Abfahrtsgold holen. Doch da ist sein „Intimfeind“, der greise IOC-Präsident Avery Brundage, der auf den Amateurstatus der Olympia-Starter pocht. Nach seiner Ankunft in Tokyo gibt Schranz „schonungslose“ Interviews, Brundage, so seine Argumentation, habe die Entwicklungen im Spitzensport „einfach verschlafen“ – ein provokanter Ton, der im IOC auf wenig Verständnis stößt: Am 31. Januar 1972 wird Gold-Hoffnung Schranz durch die Vollversammlung des IOC mit 28:14 Stimmen wegen „Missachtung des Geistes der olympischen Tradition“ von den Spielen ausgeschlossen.

Der Schranz-Rummel

Heftige rot-weiß-rote Emotionen sind die Folge: Unterrichtsminister Fred Sinowatz schickt ein Telegramm nach Sapporo, in dem er das ÖOC auffordert, „schärfstens“ gegen den Ausschluss von Schranz zu protestieren, sollte dieser aufrecht bleiben, so empfehle er einen Rückzug der Alpinen von den Olympiabewerben. Aussichtsreiche Läuferinnen und Läufer wie die große Goldfavoritin Annemarie Pröll sind gegen eine Abreise; in einer Erklärung vom 1. Februar 1972 sagt Schranz schließlich: „Ich als Einzelperson möchte nicht der Anlass sein, dass Österreich als Skiland von diesen Spielen ausgeschlossen bleibt.“ Die Skikollegen bleiben daraufhin trotz dieser „Riesenschweinerei“ in Japan – Schranz packt jedoch die Koffer.

Zu Hause plant man für den „Ski-Märtyrer“ den großen Empfang. Bundeskanzler Bruno Kreisky sieht sich eins mit der wütenden Schination und dem ORF, der auf Anweisung von Generalintendant Gerd Bacher gekonnt Regie führt: Zehntausende sind am 8. Februar 1972 auf den Beinen, um ihren Ski-Volkshelden zu empfangen, die Fahrt im offenen Wagen vom Flughafen in Schwechat bis zum Bundeskanzleramt am Ballhausplatz wird zu einem einzigartigen Triumphzug, der am Balkon des Kanzleramts zu einem beinahe beängstigenden Finale kulminiert: „Wie hypnotisiert vom Anblick der Massen, fühl' ich mich für einige Augenblicke geradezu wie ein Volkstribun, wie ein Imperator. Caesar mag es so ergangen sein, oder Nero“, wird Schranz später in seiner Autobiografie erzählen. Am 12. Februar 1972 verkündet er in einem offenen Brief an ÖSV-Präsident Karl-Heinz Klee seinen Rücktritt.

Großer Empfang für den „Ski-Märtyrer“: Karl Schranz am Heldenplatz.

9. Februar 1939

Schlag' tot, schlag' tot!

Im KZ Mauthausen, seit August 1938 in Betrieb – die ersten 300 Häftlinge sind am 8. August aus dem KZ Dachau angekommen –, steht eine Änderung bevor: Lagerkommandant Albert Sauer, der ehemalige Tischler aus Misdroy in Pommern, soll wegen „Nachlässigkeit und zu großer Milde" abgelöst werden. Der Nachfolger steht schon bereit: Es ist der Münchner Nazi SS-Obersturmführer Franz Ziereis, der Ausbildner der SS-Totenkopfstandarte III Thüringen. Theodor Eicke, der Inspekteur der Konzentrationslager, hält große Stücke auf den 1905 geborenen Ausbildner und Ziereis wird ihn nicht enttäuschen: Bis Ende 1938 sind über 1.000 Häftlinge nach Mauthausen eingewiesen worden, doch nun, im Frühjahr 1939, steigen die Häftlingszahlen rasch weiter. Es kommen die politischen Gegner der Nazis aus dem Sudetenland, dann erstmals auch als „asozial" diskriminierte „Zigeuner" aus dem Burgenland und erste jüdische Häftlinge. Und mit den Siegen Hitlers auf dem Kontinent ab dem Herbst 1939 wird Mauthausen zum Sammelbecken für Opfer des Nazi-Terrors aus ganz Europa: Polnische Intellektuelle und sowjetische Kriegsgefangene, republikanisch gesinnte Spanier und holländische Juden, Angehörige von insgesamt 30 Nationen, sehen sich Tag für Tag mit der Unmenschlichkeit, der Brutalität und dem Sadismus der Schergen Hitlers konfrontiert. In der Nazi-Bürokratie wird Mauthausen die Kategorie „Lagerstufe III" zugewiesen, das heißt, hier werden Menschen in „Schutzhaft" genommen, deren Rückkehr in die Gesellschaft „unerwünscht" ist; offiziell sind dies „schwerbelastete, unverbesserliche, auch gleichzeitig kriminell vorbestrafte und asoziale, das heißt kaum noch erziehbare Schutzhäftlinge", tatsächlich aber befinden sich 93 Prozent der Insassen auf Grund ihrer nationalen, rassischen, religiösen Zugehörigkeit oder ihrer politischen Orientierung im Lager.

Franz Ziereis wird Lagerkommandant im KZ Mauthausen

Franz Ziereis, der 1942 auch Betriebsdirektor der Granitwerke Mauthausen wird und in der SS-Hierarchie bis zum SS-Standartenführer aufsteigt, verantwortet als Lagerkommandant von Mauthausen und seinen Nebenlagern die Ermordung von etwa 105.000 Menschen. Über seinem Schreibtisch hängt eingerahmt sein Wahlspruch:

Ein Pfui dem Mann,
der nicht schlagen kann.
Noch lebt das Gebot:
Schlag' tot, schlag' tot!

Zwei Tage vor der Befreiung Mauthausens, am 3. Mai 1945, flieht Ziereis mit seiner Frau zu einer Jagdhütte am Pyhrn; am 22. Mai wird er von US-Soldaten aufgestöbert und bei einem Fluchtversuch schwer verwundet: In seiner „Beichte" am Totenbett spricht er von 4.000 Häftlingen, die er persönlich getötet hätte. Am 25. Mai 1945 erliegt Franz Ziereis seinen Verletzungen.

10. Februar 1920

Von kommunistischen Elementen aufgehetzt

Vielfach ist das Thema „Hunger" bereits aus unserer Wahrnehmung verschwunden. Zu Unrecht, wenn man genauer hinblickt: So kommt es am Höhepunkt der Nahrungsmittelkrise nach dem Ersten Weltkrieg in ganz Österreich zu Plünderungen und Unruhen. So auch im steirischen Leoben, wo am 10. Februar 1920 Donawitzer Arbeiter in das Gebäude des „Bezirkswirtschaftsamtes" eindringen und die zusätzliche Ausgabe von Mehl und Lebensmitteln fordern. Als die Beamten dieser Forderung nicht nachkommen und die Klagen der Arbeiter über die schlechte Ernährungslage nicht ernst nehmen, eskaliert die Situation: Die Arbeiter erhalten Unterstützung von „kommunistischen" Demonstranten; es kommt zu blutigen Zusammenstößen mit der Gendarmerie. Die erschreckende Bilanz: fünf Tote und 45 Verletzte.

Der Vorfall sorgt in der ganzen Steiermark für großes Aufsehen und heizt das Gemüt der ausgehungerten Bevölkerung weiter an. Offiziell werden – man ist versucht zu sagen: wie gewohnt – die Kommunisten als Schuldige angeprangert: „Von kommunistischen Elementen aufgehetzt, rotteten sich heute Nachmittag zahlreiche, vorwiegend aus der Umgebung der Stadt erschienene Personen, Männer, Frauen und halbwüchsige Burschen, in Leoben zusammen und zogen vor das Gebäude des Bezirkswirtschaftsamtes, dessen Eingang bereits von Gendarmerie bewacht war", teilt der *Steiermärkische Landespressedienst* über den Vorfall mit.

Hungerunruhen

Der Bürgermeister von Leoben versucht die Stimmung zu beruhigen: „Der Bürgermeister von Leoben erließ an die Bevölkerung von Leoben einen Aufruf, worin darauf hingewiesen wird, dass die Gemeindevertretung alles Menschenmögliche getan habe, um Lebensmittel herbeizuschaffen.

Sie werde auch fernerhin ihre Pflicht erfüllen und der Bürgermeister hoffe, dass die Bemühungen wenigstens insofern einen Erfolg haben werden, als es gelingen werde, der Bevölkerung über die schwere Zeit hinwegzuhelfen. Die Bevölkerung wird aufgefordert, alles zu unterlassen, was zu weiteren Ruhestörungen führen könnte", zitiert ihn die *Arbeiter-Zeitung* am nächsten Tag. Sofort nach diesem Zwischenfall werden alle Funktionäre der großen Parteien und Gewerkschaften zu einer Versammlung gebeten, um die Lage zu besprechen und Lösungen zu finden.

Es brodelt jedoch nicht nur in der Steiermark zu dieser Zeit. Auch in Oberösterreich und Wien kommt es zu heftigen Hungerunruhen, die im Winter 1920/1921 ihren Höhepunkt erreichen: Hotels, Restaurants und Cafés, in denen sich, wie man glaubt, vorwiegend die „Reichen" aufhalten, werden geplündert und demoliert. Auch das berühmte Café Sacher bekommt die Auswirkungen der Hunger- und Teuerungsunruhen zu spüren: Fenster werden eingeschlagen, die „Randalierer" können nur mit Mühe im Zaum gehalten werden.

11. Februar 1918

Ich wollte den Frieden, ich bereue es nicht

Österreich-Ungarns Natur-Kriegshafen Cattaro *(Kotor)* an der Südspitze Dalmatiens, Stützpunkt der k. u. k. Kriegsmarine. Es ist 6 Uhr 50 am Morgen. An der Friedhofsmauer der Stadt stehen vier Männer: der Bootsmannmaat Franz Rasch von der Küstenflugstation Kumbor, der Deckmatrose 1. Klasse Anton Grabar vom Panzerkreuzer „SMS St. Georg" und die beiden Geschützmeister Jerko Sisgoric von der „St. Georg" und Mate Bernicevic von der „SMS Gäa" – alle vier vom Standgericht des k. u. k. Kriegshafengerichts Cattaro des „Verbrechens der Empörung nach § 157 M. St. G." für schuldig befunden und zum Tode durch Erschießen verurteilt. Die vier sühnen als „Rädelsführer" stellvertretend für ihre Kameraden: Etwa 6.000 Matrosen auf 40 Schiffen haben sich an der Meuterei vom 1. Februar beteiligt, ausgelöst durch unerträgliche Missstände auf den untätig in der Bucht liegenden Stahlkolossen: Die Matrosen hungerten, von den Offizieren um einen Teil ihrer Menage betrogen, gequält mit harten Strafen für jede kleinste Verfehlung; nur selten gab es die Erlaubnis zum Landgang oder gar Heimaturlaub. Die Nachrichten von den Aufständen der russischen Soldaten und Matrosen und dem Streik in den Wiener Neustädter Daimler-Motorenwerken hat auch sie, die „Gedemütigten und Getretenen" (Julius Braunthal), zum Widerstand bewogen. Vor dem Standgericht beweist vor allem der aus dem mährischen

Ausgangspunkt der Revolte:
der Panzerkreuzer „SMS St. Georg".

Prerau *(Přerov)* stammende Arbeiter Franz Rasch Mut und bekennt sich offen zu seinem Tun: „Ich wüsste nicht, welche mildernde Umstände ich für mich geltend machen könnte. Ich wollte den Frieden, ich bereue es nicht. Ich wusste, dass es mich das Leben kosten würde. Aber schließlich sterbe ich dann für meine eigene und nicht für eine fremde Sache [...]" Ein Gnadengesuch, das der zivile Verteidiger der Verurteilten an Kaiser Karl richtet, bleibt unbeantwortet.

Der Matrosenaufstand in Cattaro

Vor den vier Männern nimmt das Erschießungskommando Aufstellung; Franz Rasch lehnt die ihm angebotene Augenbinde ab, seine letzten Worte sind: „O, dass so viel Blut fließen muss!" – dann krachen die Schüsse ...

Eine Gedenktafel in der Festung Kotor, heute Montenegro, erinnert an die Hingerichteten.

12. Februar 1934

Bürgerkrieg in Österreich

Das traditionsreiche Café Central im Palais Ferstel in der Wiener Herrengasse. General a. D. Theodor Körner, der Vorsitzende des Bundesrates, genießt an diesem Montagmorgen wie jeden Tag seinen Kaffee, als plötzlich ein Schutzbündler ins Lokal stürzt und meldet: „In Linz wird geschossen. Die Polizei lässt eine Waffenbeschlagnahme durchführen und der Schutzbund wehrt sich dagegen.“ Körner, der 1930 aus dem Schutzbund ausgetreten und ein scharfer Kritiker des „Pseudomilitärs“ ist, eilt daraufhin ins Parlament und bespricht sich mit seinem Parteifreund Adol Schärf; dann sucht er Bundespräsident Wilhelm Miklas in der Hofburg auf. Der Bundespräsident zeigt sich besorgt über die Lage, meint aber: „Ich kann gar nichts machen. Dollfuß sagt mir nichts, selbst wenn ich um Auskunft oder Orientierung ersuche. Er weist mich direkt ab.“ Miklas verweist Körner an den niederösterreichischen Landeshauptmann Alfred Reither, vor dem Dollfuß noch „einigen Respekt“ habe. Inzwischen hat jedoch der sozialdemokratische Landeshauptmann-Stellvertreter Oskar Helmer bereits vergeblich versucht, Reither zu konkreten Taten zu überreden.

Die Februarkämpfe

Der „Aufmarschplan“ des Schutzbundes sieht für Wien einen „Sturmangriff“ aus den Gemeindebauten auf die Innenstadt vor, wobei auch die Regierungsgebäude besetzt werden sollen. Der sozialdemokratische Parteivorstand zögert jedoch und wartet zu, Parteichef Otto Bauer will erst losschlagen, nachdem die Regierung das Feuer eröffnet hat. Als man sich um 11.30 Uhr endlich entschließt, den Generalstreik zu proklamieren, ist es zu spät, denn nun haben Dollfuß und Major Fey, der am Vortag bei einer Heimwehr-Übung mit dem Ausspruch „Wir werden morgen an die Arbeit gehen und … ganze Arbeit leisten!“ provoziert hat, die Initiative bereits an sich gerissen. Der Generalstreik wird kaum befolgt und entfaltet keine Wirkung, einzig der Strom kann abgeschaltet werden. Die Initiative bleibt auf Seiten der Regierung, der Schutzbund sieht sich von Beginn an in der Defensive. Die Innenstadt wird von Polizei und Bundesheer abgeriegelt; unterstützt von Heimwehreinheiten geht die Exekutive gegen die Schutzbund-Stellungen in den Gemeindebauten vor; auch leichte Artillerie wird mit ausdrücklicher Zustimmung des Kanzlers zum Einsatz gebracht. In den Bundesländern sind inzwischen Kämpfe ausgebrochen, in Steyr, St. Pölten, Weiz, Eggenberg bei Graz, Kapfenberg, Bruck an der Mur, Wörgl und anderen Orten kommt es zu blutigen Auseinandersetzungen.

Die Kämpfer des Schutzbundes wehren sich mit dem Mut der Verzweiflung, stehen jedoch auf verlorenem Posten, da die Verbindung zwischen den einzelnen Gruppen bald unterbrochen ist. Bereits in der Nacht zum 13. Februar wird von den Regierungseinheiten der Ahornhof am Wienerberg in Favoriten umstellt, in dem die „Kampfleitung“ des Schutzbundes ihren Sitz hat; die Arbeiter im Goethehof in Kaisermühlen, im Karl-Marx-Hof in Heiligenstadt oder im Reumannhof in Margareten müssen nach zähem Widerstand der Übermacht weichen. Zu schweren Kämpfen kommt es noch am 13. Februar beim Schlingerhof in Floridsdorf, wo das Bundesheer zwei Panzer einsetzt, um die Barrikade der Arbeiter auf der Brünner Straße zu durchbrechen. Nach Artilleriebeschuss fällt der Schlingerhof am Nachmittag in die Hände des Heeres, das nicht verhindern kann oder will, dass ein LKW mit gefangenen Schutzbündlern von Angehörigen der Heimwehr unter Feuer genommen wird – mehrere Arbeiter werden erschossen.

Im Morgengrauen des 13. November flieht Otto Bauer in die Tschechoslowakei; die letzten Schutzbündler ergeben sich am 15. Februar; an diesem Tag verlässt auch der durch Granatsplitter verletzte Schutzbundobmann Julius Deutsch das Land. Nach offiziellen Angaben haben die „Februarkämpfe“ 314 Tote, davon 196 Schutzbündler, und über 800 Verletzte gefordert, tatsächlich liegen die Opferzahlen wohl bei über 1.000 Toten.

Engelbert Dollfuß sieht die Stunde gekommen, um mit den verhassten „Roten“ ein für allemal abzurechnen: Neun Schutzbündler werden von Standgerichten zum Tode verurteilt und hingerichtet, unter ihnen Koloman Wallisch (siehe 19. Februar), Georg Weissel, der Wachkommandant der Wiener Berufsfeuerwehr, und Karl Münichreiter, der Schutzbundkommandant von Wien. Die Sozialdemokratische Partei und die Gewerkschaften

Die Innenstadt ist abgeriegelt: Soldaten des Bundesheeres auf der Ringstraße gegenüber dem Café Heinrichshof, Höhe Wiener Staatsoper.

sowie alle sozialdmokratischen Arbeiterorganisationen werden verboten; alles, was an die Verdienste der Sozialdemokratie erinnern könnte, wird getilgt: Kruckenkreuzfahnen verhüllen das Republikdenkmal an der Wiener Ringstraße, später ersetzt man die Büsten von Hanusch, Adler und Reumann durch Bilder von Fey, Dollfuß und Starhemberg. In Wien werden die Schulreformen von Otto Glöckel zurückgenommen, ebenso die von Hugo Breitner eingeführten Steuern und Abgaben, das bahnbrechende soziale Wohnbauprogramm wird eingestellt; die Bibliotheken werden von „gefährlichem Schrifttum“ gesäubert. Und nicht zuletzt nimmt nun auch die Diskriminierung jüdischer Mitbürger im „Ständestaat“ immer drastischere Formen an: Jüdische Ärztinnen und Ärzte werden aus dem Dienst entlassen, jüdische Beamte werden zwangspensioniert, mit allen Mitteln versucht man die Juden aus dem kulturellen und wirtschaftlichen Leben zu verdrängen.

13. Februar 1998

Ich seh ja alles verkehrt!

Herrenabfahrt bei den Olympischen Spielen in Nagano 1998. Über dem *Olympic Course I* von Happo One, dem Schauplatz der alpinen Wettkämpfe, scheint endlich wieder die Sonne. Das letzte Training hat vor sechs Tagen stattgefunden, inzwischen haben sich jedoch die Bedingungen auf der 3289 m langen Piste völlig geändert – es ist deutlich schneller geworden. Österreichs Skistar Hermann Maier, den blonden Kraftlackel aus Flachau, kümmert das wenig, er will gewinnen. Mit der niedrigen Nummer vier drückt er vom Start weg aufs Tempo, nach einer ersten harmlosen Gleitpassage und dem „Alpen-Jump“ kommt nach etwa 17 Fahrsekunden eine lang gezogene Rechtskurve, die der „Herminator“ auf einer möglichst engen Linie ansteuert. Er gibt Druck, um die Kurve „zuzumachen“ – da passiert's: Er streift mit dem Schischuh den Schnee, der Außenski rutscht weg, Maier drückt dagegen, eine „Trampolinwirkung“ ist die Folge: Genau auf der Kante hebt er ab, rudert mit den Händen, um den Körperschwerpunkt noch einmal nach vorne zu bringen, doch es ist zu spät: „Ich liege schräg in der Luft, da sehe ich unter mir das Richtungstor. Umlegen! Noch ist nix passiert. Ich bin schon öfter so schräg in der Luft gelegen und wieder auf den Füßen aufgekommen. Okay, das Tor krieg ich nicht mehr. Dafür lande ich ordentlich. Ich lass' also dem Körper in der Luft Zeit. Mit Gewalt geht da nichts. Ich beobachte alles von oben und will meine Landung dem Gelände anpassen. Ich glaube noch immer an ein Happy End und denk' mir: ‚Wenn ich weiterflieg, fallen die Ski durch die Schwerkraft wieder nach unten, und dann fahr ich wieder.‘ (…) Da wird mir auf einmal bewusst: ‚Wahnsinn, jetzt schau ich schon senkrecht nach unten. Ich seh ja alles verkehrt!‘

Hermann Maiers Sturz in Nagano

Nach 1,7 Sekunden in der Luft kracht Hermann Maier mit Schlüsselbein und Schulter in den Schnee, durchschlägt zwei Fangzäune und bleibt nach einigen Purzelbäumen kopfüber im Tiefschnee stecken. Aufatmen bei den Fans zu Hause, als er sich aufrappelt und in die Fernsehkamera winkt; ÖSV-Teamarzt Toni Wicker, ist der erste Helfer, der sich durch den Schnee zu ihm durchkämpft, und plötzlich steht auch noch der Fotograf Carl Yarbrough von *Sports Illustrated* neben Maier und freut sich über seinen *Great Shot!*

Drei Tage später, am 16. Februar 1998, gewinnt Hermann Maier, der mit diesem Sturz endgültig zum Medienstar und „Außerirdischen“ (Heinz Prüller) wird, auf dem *Olympic Course I* die Goldmedaille im Super-G, es ist die erste für Österreich in dieser Disziplin.

Ein Bild, das um die Welt geht: Hermann Maiers Sturz in Nagano 1998.

14. Februar 1943

Um dich herum aber stöhnt der Mensch

Unter ihrem Mädchennamen Jelinek ist sie so wie der um drei Jahre jüngere Bruno Kreisky Mitglied im Vorstand der „Sozialistischen Arbeiterjugend" und nach dem Februar 1934 zusammen mit ihrem Mann Hans Kunke Mitglied des Zentralkomitees der „Revolutionären Sozialistischen Jugend": Stefanie „Steffi" Kunke, umgekommen in Auschwitz, ist heute vergessen, Bruno Kreisky wurde Bundeskanzler und zu einem „großen Österreicher".

Leben und Sterben der Sozialistin Stefanie Kunke

Aus Wien-Mauer stammend, Jahrgang 1908, arbeitet Stefanie Kunke als städtische Hilfslehrerin an der Mädchen-Volks- und Hauptschule in der Feldmühlgasse 26 im 13. Wiener Gemeindebezirk. Zusammen mit ihrem Mann organisiert sie die Landesleitung der RSJ. Ihre Tätigkeit bleibt bei den Polizeistellen des Schuschnigg-Staates nicht lange unbemerkt: 1936 verhaftet man das Ehepaar. Stefanie Kunke wird am 8. Juli 1936 zu sieben Monaten Gefängnis verurteilt, Hans zu 18 Monaten – in der Urteilbegründung wird ihnen das Verteilen „illegaler sozialdemokratischer Schriften" vorgeworfen.

Das Amnestiegesetz bringt ihnen zwar die Freiheit, doch dann erfolgt der „Anschluss" und die Gestapo braucht nicht lange, um sich auf die Spur der beiden zu setzen: Am 20. Mai 1938 werden sie wegen Betätigung für die „Revolutionären Sozialisten" wieder verhaftet; Hans Kunke wird nach Buchenwald verschleppt und dort am 31. Oktober 1940 erschossen; Stefanie Kunke weist man zunächst ins Frauen-KZ Lichtenburg in Sachsen ein, dann kommt sie nach Ravensbrück und von dort schließlich nach Auschwitz. Die genauen Umstände ihres Todes in Auschwitz am 14. Februar 1943 sind unbekannt, wahrscheinlich stirbt sie an Typhus. Eine Urne mit ihrer Asche gelangt nach Wien und wird am 30. März 1943 am Hietzinger Friedhof beigesetzt. Nach „heldenhaftem Ringen" sei sie „fern der Heimat gestorben", lässt ihre Tante Flora Jelinek am Partezettel vermerken.

In Ravensbrück erinnert heute ein Gedenkraum an Stefanie Kunke, in Wien-Mauer würdigte die Stadt Wien den Opfergang des Ehepaars Kunke mit der Kunkegasse.

15. Februar 1763

Ehrliche Eintracht und vollkommene Freundschaft

Im Herbst 1762, nach über sechs Jahren Krieg gegen Friedrich II., sind die Truppen Habsburgs am Ende ihrer Kräfte angelangt, die Ressourcen des Reichs erschöpft, die letzten Schlachten gegen die Preußen gehen allesamt verloren, die bisherigen Verbündeten Russland, Schweden und Frankreich gehen bereits eigene Wege. Maria Theresia befürchtet, wie sie in einem Brief an Staatskanzler Fürst Kaunitz schreibt, den „Ruin der Armee", jeden Tag verschlechtere sich die Lage, all das mache sie „zittern"; unterstützt wird sie von Feldmarschall Graf Daun, der offen auf Friedensverhandlungen drängt, da „nach obwaltenden Umständen sehr zu besorgen, daß die Armee nicht einmal den Winter hindurch erhalten sein wird". Das Kriegsziel, die Rückgewinnung Schlesiens, kann trotz aller Opfer, darüber gibt es keine Illusionen, nicht mehr erreicht werden. Über 300.000 Soldaten sind dafür in den Tod gegangen.

Der Friede von Hubertusburg

Durch Vermittlung des sächsischen Kronprinzen Friedrich Christian wird am 24. November 1762 ein Waffenstillstand mit Preußen geschlossen, am 30. Dezember beginnen im Jagdschloss Hubertusburg bei Wermsdorf in Sachsen die Friedensverhandlungen. Als Unterhändler schickt Maria Theresia den Hofrat Heinrich Gabriel von Collenbach nach Sachsen, einen braven Beamten, dem nichts anderes übrig bleibt, als dem wenig ruhmvollen „Remisfrieden" auf Grundlage der Friedensschlüsse von Breslau 1742 und Dresden 1745 zuzustimmen: Schlesien sowie die Grafschaft und Festung Glatz bleiben bei Preußen, dafür sichert Friedrich II. in einem geheimen Zusatzartikel seine Kurstimme bei der Kaiserwahl Erzherzog Joseph, dem Sohn Maria Theresias, zu und verpflichtet sich, die habsburgische Erbfolge im Herzogtum Modena zu unterstützen.

Im Artikel 1 der Friedensbestimmungen heißt es: *Es wird fortan ein unverletzlicher, beständiger Friede, ebenso ehrliche Eintracht und vollkommene Freundschaft herrschen zwischen ihrer Majestät der Kaiserin, Apostolischen Königin von Ungarn, Königin von Böhmen einerseits und Seiner Majestät dem König von Preußen andererseits, ihre Erben und Nachkommen sowie ihre Staaten und Untertanen eingeschlossen. Folglich werden die beiden hohen vertragschließenden Parteien künftig nicht gestatten, daß sich irgendeine Feindseligkeit, heimlich oder öffentlich, mittelbar oder unmittelbar, ereignet. Sie werden nichts, unter welchem Vorwand es auch immer sein möge, vornehmen, was dem anderen zum Schaden gereicht. Vielmehr werden sie ihre größte Aufmerksamkeit dahin richten, ihre Freundschaft und ihr gegenseitiges Einvernehmen zu bewahren, und alles vermeiden, was in Zukunft die glücklich wiederhergestellte Eintracht stören könnte. Sie werden danach trachten, sich gegenseitig bei jeder Gelegenheit zu Ehre, Nutzen und Vorteil zu dienen.*

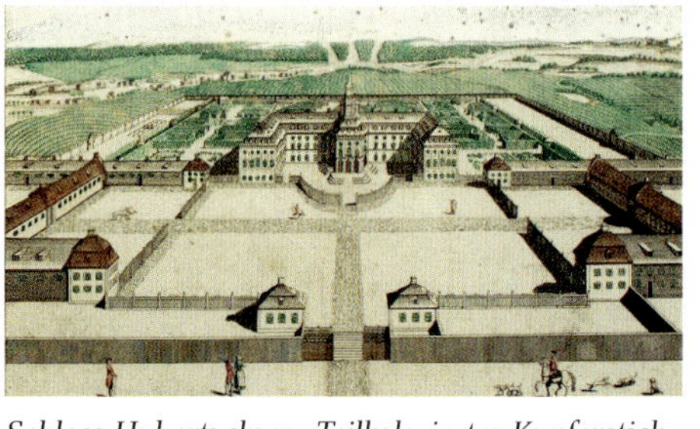

Schloss Hubertusburg. Teilkolorierter Kupferstich von Gottlieb F. Riedel. Foto: H.-P. Haack.

16. Februar 1893

Emanzipation vom Korsett

Konservativ-reaktionär denkenden Kritikern sind sie ein Dorn im Auge: die sportlich-elegant gekleideten Frauen im Sattel schnittiger Bicycles, die sich so selbstbewusst dem Rausch von Freiheit und Geschwindigkeit hingeben. Beim munteren „Pedalieren" schütteln die Damen alles ab, was sie bisher beengt hat: den Mief des alten bürgerlichen Frauenbildes, vor allem aber das Korsett. Es empfehle sich, so das von der Redaktion der *Wiener Mode* herausgegebene *Vademecum für Radfahrerinnen*, dem „Radfahren ohne Corsett zu huldigen", ein „Leibchen oder ein Büstenhalter" würden es auch tun und die „wohlthätigen Wirkungen" des Radfahrens nicht behindern.

Die passende Kleidung ist wichtig: Sonntagsausflug mit dem Rad, um 1900.

Gleichgesinnte Frauen schließen sich zusammen und empfinden dies durchaus als Akt der Emanzipation: Am 16. Februar 1893 findet im Gasthof „Zum goldenen Steinbock" in der Jakominigasse 59 die Gründungsversammlung des *Grazer Damen-Bicycle-Clubs* (*GDBC*) statt. Es ist der zweite Frauenradfahrverein im deutschen Sprachraum, erst ein Jahr später erfolgt in Wien die Gründung des *Ersten Wiener Bicycle-Clubs*. Zur Vorsitzenden wird Elise Steininger gewählt, die zusammen mit Vicenza Wenderich die Idee zu diesem *Frauenclub* hat. Das Amt der „Fahrmeisterin" übernimmt Louise Sorg, die Tochter eines Fahrradhändlers – sie ist für alle fahrtechnischen Belange zuständig: vom Fahrunterricht für Neueintretende bis zur Gestaltung von sogenannten „Clubpartien". Besonders wichtig für die Damen ist die einheitliche Klubkleidung: Ein „Fahrdress" mit Strohhut und ein „Galadress" mit Schirmmütze werden beschlossen – die Schirmmütze ist der letzte Schrei und für ewig gestrige Männer eine echte Provokation.

Der Grazer Damen-Bicycle-Club

Im ersten Vereinsjahr, so die stolze Klubstatistik, werden insgesamt 8.700 Kilometer auf fünf *Clubpartien* und Tourenfahrten bewältigt; im zweiten Vereinsjahr kann der Damen-Bicycle-Club immerhin auf 27 Frauen verweisen, die ihm angehören, darunter auch die Malerin Sidonie Baltl und die 1852 geborene Adelige Josa Matzner, Edle von Heilwerth, die bald darauf nach Berlin übersiedelt und hier 1897 das „Damensportblatt" *Die Radlerin* gründet, das sich zum „unerreicht dastehenden tonangebenden Weltblatte" des Damenradsports emporschwingen wird.

17. Februar 1980

Ich hatte das Gefühl, vor Freude zerspringen zu wollen

Für Skisprung-Star Toni Innauer ist es die zweite Chance, Olympiagold zu holen. Bei den Spielen in Innsbruck 1976, mit siebzehn Jahren, hatte er gegen seinen Teamkameraden Karl Schnabl verloren, „nur" Silber gewonnen und sich „als einziges Opfer in einer wogenden Masse von Tätern" gefühlt. Jetzt, vier Jahre später, will er „noch einmal einen Matchball haben und ihn spielen, ohne mir nachher etwas vorwerfen zu müssen".

Der Wettkampf auf der kleinen Schanze im Intervale-Komplex von Lake Placid ist für 13 Uhr Ortszeit angesetzt. Das Thermometer zeigt minus 14 Grad, es ist wärmer geworden, der Wind weht aus West mit etwa 16 Stundenkilometern. Innauer hat am Vortag das interne Qualfikationsspringen des ÖSV-Teams gewonnen und ist für den ersten Wertungsdurchgang zuversichtlich: „Ich fühlte mich sauwohl, locker und happy", wird er später in seinem Buch *Der kritische Punkt* über den ersten Sprung schreiben, der ihm hervorragend gelingt:

Der Olympiasieg Toni Innauers in Lake Placid

Höchstnoten für Toni Innauer: Der Vorarlberger gewinnt auf der Normalschanze überlegen Gold.

89 Meter werden für ihn angezeigt – die Führung nach dem ersten Durchgang. In der Pause erinnert sich der 21-Jährige an die bitteren Stunden von Innbruck, er weiß, dass er es dieses Mal besser machen kann. Tatsächlich gelingt ihm der zweite Sprung genauso gut wie der erste: „Geist, Wille und Körper paßten zusammen." Wieder erwischt der Vorarlberger den Absprung perfekt, wieder landet er mit einem perfekten Telemark: „Ich hatte das Gefühl, vor Freude zerspringen zu wollen, und gleichzeitig riesige Angst, daß sie verkürzen werden."

Doch an diesem Tag gibt es niemanden im Springerzirkus, der mit Toni Innauer mithalten könnte. Höchstweite mit 89 und 90 m in beiden Durchgängen, dazu entsprechend hohe Haltungsnoten bedeuten am Ende 266,3 Punkte und 17,1 Punkte Vorsprung auf die beiden ex aequo Zweitplatzierten Manfred Deckert aus der DDR und Hirokazu Yagi aus Japan. DDR-Sportkommentator Klaus Ullrich meint zur Leistung des Österreichers: „Wäre es nur um den Olympiasieg gegangen, hätte man Innauer nach Boxerregeln in diesem Augenblick durchaus zum Sieger durch Abbruch wegen sportlicher Überlegenheit erklären können."

In der Stunde seines großen Sieges denkt Toni Innauer an den Mann, der ihn auf dem Weg zum Erfolg entscheidend begleitet hat: „Oben stand ganz verloren Baldur Preiml mit seinen roten Fäustlingen. Ich winkte ihm zu. Er blieb unbewegt stehen und schaute mich an. Ich wollte ihm in die Arme fallen, dann sah ich erst, daß er weinte."

18. Februar 1608

Ein teuflischer, schrecklicher, unedler Fasching

Es ist Faschingsmontag, doch in Krumau *(Cesky Krumlov)* ist niemandem zum Lachen zumute, als die Schreckensnachricht aus dem Schloss sich in der Stadt verbreitet. Der Täter trägt einen pompösen Namen: Don Julius Caesar d'Austria, der älteste uneheliche Sohn Kaiser Rudolfs II. und seiner Geliebten Katharina Strada, geboren 1584 oder 1586. Der kaiserliche Vater hat ihm eine sorgfältige Erziehung und Ausbildung zuteil werden lassen und ihm als Residenz im Jahre 1605 das Schloss in Krumau zugewiesen, das er wenige Jahre zuvor Peter Vok, dem letzten Rosenberger, abgekauft hat. Den Sommer 1606 hat der Prinz – zeigt schließlich auch er eine besondere Leidenschaft für mechanische Uhren – auf Wunsch des Vaters im niederösterreichischen Kartäuserkloster Gaming verbracht, dann kehrte Don Julius nach Krumau zurück, wo er wohl schon 1607 Margarete Pichler, die Tochter des Baders Sigmund Pichler und der Lucie Pichlerová, kennenlernte. Mit Zustimmung der Eltern zieht das Mädchen in die ehemalige rosenbergische Residenz und lebt mit dem jungen Habsburgerspross zusammen, schon bald werden aber die dunklen Seiten des offenbar an Schizophrenie leidenden Prinzen sichtbar: Es kommt zu einem Gewaltexzess, Don Julius verprügelt Margarete, verletzt sie durch Messerstiche und wirft sie schließlich, „schrecklich verhenkert und verstochen", aus dem Schlossfenster. Das Mädchen hat Glück, fällt auf einen Misthaufen und überlebt den „Fenstersturz". Als der Vater Margaretes es ablehnt, sie nach ihrer Wiederherstellung neuerlich zu ihm zu bringen, lässt Don Julius den Bader ins Gefängnis werfen und droht ihm mit dem Galgen; nach fünf Wochen Haft ihres Gatten gibt schließlich die Mutter nach und führt ihre Tochter doch ins Schloss. Es ist Faschingssonntag – bereits am nächsten Tag kommt es zur Tragödie: In einem Wutanfall verletzt Don Julius einen Diener, der gerade noch fliehen kann, und erschlägt dann seine Geliebte, die er verstümmelt und zerstückelt, die Leichenteile verteilt er im Schloss.

Die Mordtat des Don Julius d'Austria

Das Entsetzen in den europäischen Herrscherhäusern über die Tat des „grausamen Tyrannen" ist groß, Kaiser Rudolf II. verhängt über seinen Sohn lebenslange Haft im Krumauer Schloss. Don Julius, dessen Geisteskrankheit rasch voranschreitet und der in „Schmutz und Unordnung" versinkt, stirbt am 25. Juni 1609; der Kommentar des Chronisten Václav Brezan: „Das Teufelein hat ihn erwürgt!"

Der Schauplatz des Fenstersturzes: das Schloss in Krumau.

19. Februar 1934

Weil ich ehrlich für die Arbeiter kämpfte ...

Für Kanzler Engelbert Dollfuß ist es *die* Erfolgsmeldung im Kampf gegen die „Aufständischen“: Am 18. Februar kann der Nachrichtensprecher der RAVAG vermelden, dass der gesuchte Sozialist Koloman Wallisch, Führer der Schutzbundkämpfer in der Obersteiermark, auf den ein Kopfgeld von 5.000 Schilling ausgesetzt gewesen wäre, mit seiner Frau Paula auf der Flucht von Leoben nach Admont von der Polizei angehalten und festgenommen worden sei. Am nächsten Tag, dem 19. Februar, steht Koloman Wallisch zusammen mit dem Bezirkskommandanten des Schutzbundes Hubert Ruhs vor dem Standgericht. Die Anklage lautet auf „Aufruhr“ nach Paragraf 73 Strafgesetzbuch. Der Staatsanwalt, den es wenig kümmert, dass er einen ehemaligen Abgeordneten zum Nationalrat vor sich hat, nennt Wallisch in seiner Anklagerede „den bösen Geist von Obersteiermark“ und behauptet, dass Wallisch den Putsch von langer Hand vorbereitet habe. In seinem Schlussplädoyer, aus dem unverhüllt der Geist des Faschismus weht, fordert er den Schuldspruch, denn die „ganze Figur des Wallisch“ sei nicht nur ein Name, sondern „ein Programm“. Und: „Wallisch ist eine Eiterbeule am gesunden Volkskörper der Obersteiermark und diese muss ausgeschnitten werden, um den Volkskörper wieder gesund zu machen.“ Dann darf Koloman Wallisch seine Verteidigungsrede halten. Noch einmal skizziert der Arbeiterführer in wenigen Sätzen die Entwicklung seit der „Selbstausschaltung“ des Parlaments bis hin zum Verbot des Schutzbundes und zur offenen Bewaffnung der Heimwehr. Eindringlich weist er auf das Elend der Arbeitslosen hin, das diesen „Aufschrei der Massen“ unvermeidlich gemacht habe. Und er gibt sich keiner Illusion über sein Schicksal hin, weiß, dass er das auserkorene Opfer des Dollfuß-Regimes ist: „Ich weiß genau, dass ich verurteilt werden muss. Ich bettle nicht um Gnade und über den 19. Februar 1934 wird die Weltgeschichte, wird die Arbeiterschaft urteilen! Dieser Tag wird allerdings nicht in Ehrenlettern in der Geschichte der Leobener Justiz eingetragen sein. ... Ich habe mein ganzes Leben der Arbeiterschaft gewidmet, ihr zu dienen, und zwar mit Erfolg, war mein Ideal. Weil ich ehrlich für die Arbeiter kämpfte und mit Erfolg mit ihnen tätig war, darum ist der Hass der Gegner so groß!“

Der Tod des Koloman Wallisch

Während die Verhandlung noch andauert, wird man am Wiener Ballhausplatz schon ungeduldig. Bundeskanzler Engelbert Dollfuß kann angeblich das Todesurteil gegen Wallisch kaum abwarten – um sieben Uhr abends lässt er schließlich telefonisch beim Leobener Gericht anfragen, warum die Verhandlung gegen den Sozialistenführer so lange dauere und er noch nicht zum Tode verurteilt sei. Das Gericht beeilt sich und muss auch nicht lange beraten, es geht schon längst nicht mehr um Gerechtigkeit – das Todesurteil ist gleichsam ein Auftrag des offiziellen Österreich an die Richter. Um 20.30 Uhr wird das Urteil verkündet: Es lautet auf Todesstrafe für beide Angeklagte. Im Publikum wird Zustimmung laut – man freut sich offen. Ruhs bittet um Gnade; Wallisch lehnt dies ab, sein Verteidiger ver-

Koloman Wallisch wartet im Gefängnishof von Leoben auf seine Hinrichtung.

sucht es der Form halber dennoch telefonisch in Wien, wie zu erwarten ohne Erfolg. Wallisch bleibt gefasst, eine letzte Bitte bringt er noch vor: Er möchte eine Verlängerung der Frist bis zur Hinrichtung um drei Stunden und dies wird ihm auch gewährt.

Die letzten Minuten seines Lebens verbringt Konrad Wallisch im Hof des Gefangenenhauses. Exakt um 23 Uhr 40 wird er zur Hinrichtung geführt. Der Holzhof wird von Scheinwerfern beleuchtet; eine Abteilung des Bundesheers ist angetreten. Da sich in Leoben niemand gefunden hat, der bereit gewesen wäre, den Galgen aufzustellen, zwingt man Häftlinge zu dieser Arbeit. Ein Loch wird gegraben, das Todesgerüst darin fixiert. Als Henker amtiert ein Fleischhauer aus Wien namens Spitzer; schon am Nachmittag hat er in den Leobener Wirtshäusern damit angegeben, dass er „den Wallisch" hängen werde. Von ihren Zellenfenstern aus können die gefangenen Schutzbündler sehen, wie Koloman Wallisch mit festem Schritt unter die Schlinge tritt. Als der Henker sie ihm um den Hals legt, ruft er aus: „Es lebe die Sozialdemokratie! Hoch! Freiheit!"

Als der Leichnam in den Sarg gelegt wird, kann sich Spitzer, der Henker, einen höhnischen Kommentar nicht verkneifen. Eine Verbeugung vor dem Toten machend, feixt er: „Herr Wallisch, bei Ihnen war es mir ein ganz besonderes Vergnügen!" Noch in der Nacht wird der Leichnam auf den Leobener Zentralfriedhof gebracht und begraben, die Spuren verwischt. Man befürchtet einen Märtyrerkult, niemand soll die Stelle kennen, doch einige Arbeiter haben die nächtliche Szene beobachtet; bereits am nächsten Morgen liegt deshalb ein Kranz auf der Grabstätte. Angehörige der Heimwehr lassen ihn wegbringen, doch gleich liegen wieder neue Blumen auf dem Grab. Daraufhin setzt man Paula Wallisch unter Druck – sie solle den Leichnam ihres Mannes einäschern lassen. Die Witwe lehnt ab. So tragen die Arbeiter weiterhin *ihre Liebe und ihre Racheschwüre zum heiligen Grab* des Märtyrers. „Der Hass der Besitzenden, der Hass der Reaktionäre, der ihn viele Jahre verfolgte, hatte sein Ziel erreicht." Erst im Jahre 2008 erhält der hingerichtete Arbeiterführer sein Denkmal: Am Leobener Koloman-Wallisch-Platz wird ein 4 Meter hohes und 1,5 Meter breites Monument des Leobener Künstlers Herbert Lerchegger aufgestellt.

20. Februar 1810

So leicht khombt mir das Sterben vor ...

Mantua, die alte österreichische Festung in der Lombardei, nunmehr unter französischer Herrschaft. Seit 5. Februar sitzt im Al-Vaso-Turm am sogenannten „Mühlendamm" bei der Porta Nuova ein prominenter Gefangener: der Sandwirt Andreas Hofer, durch Verrat des Grubhofbauern Franz Raffl auf der Pfandleralm in die Hände der Franzosen gefallen. Napoleon Bonaparte, der die Niederlagen am Bergisel nicht verwinden kann, will das Blut des Tiroler Freiheitshelden fließen sehen und seine Offiziere sind willfährig: In der Nacht vom 19. auf den 20. Februar 1810 wird Andreas Hofer von einem französischen Kriegsgericht im Palazzo des Grafen von Arco-Chieppio Ardizzoni zum Tode verurteilt; die Exekution für 11 Uhr angesetzt. Die „Schuld" des Sandwirts: Er habe nach der Proklamation vom 12. November 1809, die ja die Begnadigung aller Anführer der „Rebellen" vorsah, noch einmal zu den Waffen gegriffen, sei damit wortbrüchig geworden und habe damit für sich jede Schonung verwirkt. Hofers Verantwortung, dass er von seinen Kampfgefährten unter Androhung des Todes „umgedreht" worden sei, findet kein Gehör; sein Pflichtverteidiger Gioacchino Basevi kann in dieser Farce eines Gerichtsverfahrens nichts mehr für ihn tun. In Wien hat zwar Kaiser Franz I. am 12. Februar Staatskanzler Metternich angewiesen, „alle tunliche Verwendung" für die Befreiung und Rettung Hofers zu unternehmen; da man Napoleon jedoch so knapp vor der Hochzeit mit Erzherzogin Marie-Louise nicht „wehtun" will, verschleppt man geschickt die Angelegenheit und informiert zu spät den österreichischen Botschafter in Paris, den Fürsten Schwarzenberg; auch Erzherzog Johann, an den Hofer einen letzten Hilferuf gerichtet hat, „vergisst" einfach seinen Tiroler Mitstreiter – die beiden Habsburger opfern ihn für das Staatsinteresse.

Die Erschießung Andreas Hofers

Andreas Hofer zeigt sich bei der Verkündung des Urteils ruhig und gefasst; seinen letzten Brief schreibt er an den ehemaligen Schützenmajor Josef Pühler in Neumarkt, darin nimmt er Abschied von seiner Familie und schließt mit den Worten: *Ade meine schnede Welt, so leicht khombt mir das Sterben vor, das mir die Augen nass werden, geschrieben um 5 Uhr in der freue, Und um 11 Uhr Reiss ich mit der Hilfe aller heilig zu gott.*

Um 10.45 Uhr treffen die Grenadiere des Exekutionskommandos im Gefängnis ein. „Fest und aufrecht, wie der Tapfere sich stets gezeigt" (Egmont Fehleisen), begleitet von seinem Beichtvater Propst Giovanni Manifesti, tritt Hofer aus seiner Zelle. In den Händen hält er ein mit Blumen geschmücktes Kruzifix. Er bittet noch, seinem Mitgefangenen und Sekretär Kajetan Sweth etwas Geld – sechs italienische Scudi – und ein paar Zeilen schicken zu dürfen, was ihm auch gestattet wird: Auf einen Zettel notiert er: *Lieber Kajetan, empfange das letzte Vermögen, das ich habe. Lebe wohl und bete für mich.* Abgelehnt wird dagegen seine Bitte, nochmals seine inhaftierten Landsleute sehen zu dürfen. Vor dem Gefängnis übergibt Hofer, so erzählt es sein Biograf Fehleisen, seinem Beichtvater noch einen 500-Gulden-Bancozettel, den dieser den gefangenen Tirolern übergeben soll, sie mögen, so seine Bitte, für seine Seelenruhe beten. Der Weg führt an den Zellen der gefangenen Landsleute vorbei; viele knien nieder und bitten um seinen Segen oder strecken ihm auch nur die gefesselten Hände entgegen.

Nachdem sie auf der Bastei der Porta Ceresa angekommen sind, bilden die Grenadiere ein Viereck; in der Mitte nimmt Andreas Hofer Aufstellung. Das Todesurteil wird noch einmal verlesen. Er weigert sich niederzuknien, auch die angebotene Augenbinde weist er entschieden zurück – er sieht den sechs Soldaten, die nun ihre Gewehre auf ihn anlegen, in die Augen und kommandiert selbst: „Gebt Feuer!" Nach den ersten sechs Schüssen sinkt er nur auf die Knie, auch nach weiteren sechs Schüssen lebt er noch immer; der kommandierende Offizier, ein Luxemburger namens Michel Eiffes, tötet ihn schließlich mit einem Gnadenschuss aus nächster Nähe.

Der Leichnam Hofers wird auf dem Friedhof der Kirche San Michele in Mantua beerdigt; in der Nacht zum 10. Jänner 1823 exhumieren Tiroler Kaiserjäger aus Bozen die sterblichen Überreste und bringen sie nach Innsbruck, wo sie in der Hofkirche beigesetzt werden – Kaiser Franz I. reagiert mit strenger Bestrafung der an dieser „Aktion" beteiligten Offiziere und Soldaten. Das Lied *Zu Mantua in Banden* (Text: Julius Mosen/Musik: Leopold Knebelsberger), das die Hinrichtung beschreibt und Hofer zu einem deutschen (!) Nationalhelden stilisiert, wird 1948 zur offiziellen Hymne des Landes Tirol erklärt; bis heute scheint diese eigentümliche deutschnationale „Färbung" der Landeshymne niemanden zu stören.

Napoleon selbst ordnete die rasche Hinrichtung an: der „Märtyrertod" Andreas Hofers in Mantua.

21. Februar 1384

Um allzeit den Glauben zu mehren

Als Papst Urban V. am 18. Juni 1365 in Avignon die Errichtung des *studium generale* in Wien bestätigt und die aufstrebende habsburgische Residenz damit in die Reihe der Universitätsstädte Europas tritt, haftet diesem Gründungsakt ein schwerer Schönheitsfehler an: Die *Alma Mater Rudolphina* hat keine theologische Fakultät zugesprochen bekommen – das Wichtigste fehlt also, die neue Universität in Wien ist unvollständig, wohl ein Schachzug Kaiser Karls IV. aus dem Hause Luxemburg, der die 1348 gegründete Universität Prag vor der unliebsamen Wiener Konkurrenz schützen will.

Gründung der theologischen Fakultät an der Universität Wien

Es ist nun Herzog Albrecht III. (1349/1350–1395), einer der jüngeren Brüder Rudolf „des Stifters", aufgrund seiner eigenwilligen Haartracht besser bekannt als „Albrecht mit dem Zopf" , der im Jänner 1384 bei Papst Urban VI. in dieser Causa vorstellig wird: Der Pontifex möge doch auch für Wien eine theologische Fakultät zulassen. Urban VI., der im Gegenzug auf die Unterstützung der Habsburger angewiesen ist, kommt der Bitte aus Wien rasch nach: Am 21. Februar 1384 unterzeichnet er in Neapel eine Bulle, in dem er die Gründung von 1365 bestätigt und zusätzlich die Errichtung einer theologischen Fakultät bewilligt. Durch Vermittlung seines Kanzlers, des Bischofs Berthold von Wehingen, gelingt es Herzog Albrecht III., zwei angesehene Universitätslehrer für die neue Wiener Fakultät zu gewinnen: den Hessen Heinrich Heimbuche von Langenstein (1325–1397) und den aus Niedersachsen stammenden Heinrich Totting von Oyta (ca. 1330–1397). Heinrich von Langenstein, ein treuer Parteigänger Urbans VI., der bis 1382 den Lehrstuhl für Philosophie an der Sorbonne innehatte, zeichnet sich, dem Vorbild Paris folgend, als Reformator der Wiener Universität aus; beinahe noch mehr als die Theologie interessieren ihn jedoch Mathematik und Astronomie, so veröffentlicht er 1386 eine Studie *Quaestio de cometa*, in der er sich scharf gegen den Aberglauben der Astrologen ausspricht. Sein Freund Heinrich Totting von Oyta, auch er Lehrer an der Sorbonne und einst während einer Professur in Prag der „Ketzerei" verdächtigt, gilt als mitreißender Prediger; beide „Gründungsprofessoren" der Wiener theologischen Fakultät treten für ein Konzil ein, das die dringend anstehende Reform der Kirche in die Wege leiten soll; beide sind sie im Stephansdom begraben.

22. Februar 1795

Damnatur!!

Aufgerüttelt von den Ereignissen im revolutionären Frankreich, reagieren Kaiser Franz II. und seine Polizeibeamten mit dem Versuch einer totalen Überwachung aller publizistischen Äußerungen: Das Hofdekret betreffend die *Zensurs Vorschrift*, später allgemein bekannt als *General-Zensur-Verordnung*, enthält eine erschöpfende Aufstellung aller Zensurregelungen der damaligen Zeit und wird zur Grundlage der Zensurpraxis in den folgenden Jahrzehnten – kein Buchdrucker und kein Buchhändler soll sich mehr an den bestehenden Gesetzen „vorbeischleichen" können, wie es in der Präambel heißt.

Die General-Zensur-Verordnung

So sieht die neue *Verordnung in Censurssachen* vor, dass Buchhändler, die ein verbotenes Buch ohne eigenen Erlaubnisschein des *General-Direktoriums* verkaufen, eine Strafe von 50 Gulden pro verkauftem Exemplar zu bezahlen haben, im Wiederholungsfall droht ihnen neben dieser Geldstrafe auch der Verlust der Gewerbeberechtigung. Und für die Buchdrucker und damit für die Verlage gilt, dass sie nicht *das Mindeste* in Druck legen dürfen, *ohne zuvor das Manuscript in einer leserlichen Schrift und richtig paginiert, auch mit einem weiß gelassenen Rande versehen beim Revisionsamte eingereicht, und die Zulassung vom Zensurdepartement erhalten zu haben.* Unterlässt es ein Buchdrucker, das *Imprimatur* einzuholen, drohen drakonische Strafen: Die gesamte Auflage des Druckwerkes wird konfisziert und *eingestampfet*, der *Übertreter* verliert sein Gewerbe und muss für jedes in Umlauf gebrachte Exemplar 50 Gulden Strafe zahlen, verfügt er über dieses Geld nicht, wird er *mit Arrest und am Leibe gestrafet* – dabei gilt: ein Tag Arrest für jeden Gulden!

Das Misstrauen der Zensoren ist so groß, dass auch jedes zum Nachdruck vorgesehene Buch wieder bei ihnen eingereicht und mit dem *Reimprimatur* versehen werden muss, ja, selbst für Kupferstiche, Landkarten und *Rissen von Städten, Festungen, Gränzen, Küsten etc.* ist die Zensurbewilligung einzuholen. Und noch eine Schikane: Wer Verzeichnisse von verkäuflichen Büchern den Zeitungen beilegen möchte, muss auch diese in zwei gleichlautenden Handschriften beim Bücherrevisionsamt einreichen. Streicht der Zensor ein Buch, muss ihm die Liste vor Drucklegung noch einmal vorgelegt werden. Auch alle importierten Bücher müssen selbstverständlich die Zensur passieren und unerlaubtes Publizieren im Ausland steht unter Strafe – für kritische Geister bleibt nur die Flucht.

Dass damit ein harter Schlag gegen die Bildung seiner „Untertanen" geführt wird, scheint Franz II. nicht zu stören, noch gilt der mündige Bürger wenig, das Duckmäusertum viel. Für die Zensoren bedeutet die *Zensurs Vorschrift* Schwerarbeit: Nicht nur die eingelangten Manuskripte werden beurteilt, man sichtet auch noch einmal die Werke, die unter Joseph II. und Leopold II. erschienen sind – diese *Rezensurierung*, geleitet von Regierungsrat Johann Bernhard Fölsch, führt dazu, dass etwa 2.500 Bücher nachträglich verboten werden. Insgesamt werden bis zu 40.000 Titel auf den österreichischen Verbotslisten stehen, das *Damnatur!* wird zu einem Signum der Epoche.

23. Februar 1989

Der Tod von Sozialminister Alfred Dallinger

Es ist 9:36 Uhr, als in Wien-Schwechat eine zweimotorige Gulfstream Aero Commander 90 der „Rheintalflug" startet. Mit an Bord sind neun Passagiere, darunter Sozialminister und ÖGB-Vizepräsident Alfred Dallinger sowie Richard Wonka, der Zentralsekretär der GPA. Die beiden Gewerkschafter sind auf dem Weg nach Bregenz zu einer Sitzung der sozialistischen Fraktion der GPA. Es herrscht gutes Flugwetter, pilotiert wird die Maschine von Brigitte Seebacher, der Chefin der „Rheintalflug"; ihr Kopilot ist Johann Rainer. Beide sind äußerst erfahrene Leute.

Zielort ist Hohenems, geplante Ankunftszeit: 10.30 Uhr. Da über dem Bodensee eine dichte Nebeldecke liegt, entscheidet sich Brigitte Seebacher dafür, den schweizerischen Flugplatz St.Gallen-Altenrhein anzufliegen. Die Maschine befindet sich bereits im Landeanflug auf Altenrhein, als sie plötzlich vom Radarschirm des Towers verschwindet. Rätselraten – um die Mittagszeit, als man einige Trümmer im Wasser entdeckt, wird klar:

Tragisches Ende am Bodensee: Sozialminister Alfred Dallinger.

Die Gulfstream Aero Commander 90 ist in den See gestürzt. Am Abend orten schließlich die Suchmannschaften den Flugzeugrumpf mitten im Bodensee, der an der Absturzstelle 76 Meter tief ist. Zwei Tage später kann das Wrack mit den elf Toten geborgen werden.

Die Unfallursache ist bis heute nicht geklärt. Brigitte Seebacher war mit dem Luftraum über dem Bodensee gut vertraut, ein Pilotenfehler kann dennoch nicht ganz ausgeschlossen werden. Genaue Untersuchungen des Wracks an der TU Zürich bringen keine Gewissheit – möglicherweise zeigte der Höhenmesser eine falsche Flughöhe an.

Absturz über dem Bodensee

Die Nachricht vom Tod Alfred Dallingers erschüttert ganz Österreich. Seit 1974 ist der 1926 geborene Wiener Abgeordneter im Nationalrat, 1980 wird er von Bruno Kreisky in die Regierung berufen und gilt allgemein als kämpferischer Gewerkschafter, als die treibende Kraft am linken Flügel der SPÖ. Visionen wie die Einführung einer „Maschinensteuer", einer Wertschöpfungsabgabe zur Sicherung des Sozialversicherungssystems, oder die 35-Stunden-Woche kann er allerdings nicht verwirklichen. In einem Nachruf würdigt Manfred Scheuch, der frühere Chefredakteur der *Arbeiter-Zeitung*, die Verdienste des verunglückten Bundesministers für Soziales. „In Dallinger war die Ungeduld eines heißen Herzens verbunden mit dem Sinn für das Mögliche und Machbare."

Ein Wohnheim für Behinderte, das seinen Namen trägt, und der Alfred-Dallinger-Platz im 3. Wiener Gemeindebezirk erinnern an ihn.

24. Februar 1938

Rot-weiß-rot bis in den Tod!

Bezugspreis monatlich mit Zustellung S 3·50
Preis der Einzelnummer . 20 g
Sonntagsausgabe . . . . 30 g
Schriftleitung, Verwaltung, Druck und Verlaud: Linz, Spittelwiese 5
Telephon-Nr.: 7067 und 7068
Erscheint täglich nachmittags
Sonn- u. Feiertage ausgenommen
Anzeigenannahme für Oberösterr.: Linz, Spittelwiese 5. Telephon 7067.
Auswärtige Anzeigenaufträge durch „Globus" Plakatierungs- u. Reklame-Gesellschaft m. b. H. Wien, 3. Bezirk, Wegergasse 5. Fernr. U 19-500 Serie

Tagblatt

Organ
für die Interessen des werktätigen Volkes

Eigener gewerkschaftlicher und sozialpolitischer Nachrichten-Dienst!

V. d. d.

Die als „Eigenbericht" bezeichneten Beiträge entstammen dem gewerkschaftlichen und sozialpolitischen Sondernachrichtendienst des „Tagblattes" der sich auch auf die „Soziale Arbeitsgemeinschaft" im Rahmen der V. F. erstreckt

Nummer 46 | Freitag, 25. Februar 1938 | 42. Jahrgang

Tagesordnung: Oesterreich!

Die große Rede des Kanzlers vor dem Bundestag

In entscheidender und ernster Stunde hat sich der Bundestag in diesem Saal, dem Sitzungssaal des Abgeordnetenhauses der alten Monarchie, versammelt, in dem im Verlauf des letzten halben Jahrhunderts

Der Kampf um die Unabhängigkeit ist sinnvoll, wenn es gelingt, dem deutschen Volk in Oesterreich in allen seinen Schichten die Wege zu Glück und Wohlstand, zu Brot und freiem Le-

Grundhaltung, aus Blut- und Erdverbundenheit und aus dem Glauben an eine unsterbliche Seele.

Das wird der Gelehrte, der Wissenschaftler, der Künstler begreifen und analy-

seres Volkes in allen seinen sozialen Schichten und Ständen.

Dieser gemeinsamen Front der Oesterreicher zu dienen, sie zu verwirklichen, sie zu erhalten, ist der Inbegriff des Zieles und

In den Zeitungen wird die Rede Schuschniggs ausführlich zitiert.

Bundeskanzler Kurt von Schuschnigg, von Hitler beim Treffen am Berghof am 12. Februar 1938 schwer gedemütigt, durch brutale Drohungen in die Enge getrieben und zur Unterzeichnung des „Berchtesgadner Abkommens" gezwungen, das den Nazis praktisch freies Spiel gibt, kämpft verzweifelt um den Erhalt der Souveränität Österreichs. In einer zweistündigen Rede vor dem zu einer außerordentlichen Sitzung einberufenen Bundestag rechtfertigt er sein Vorgehen am Obersalzberg.

Die Sitzung ist für 19 Uhr angesetzt. Schuschnigg wird von den Abgeordneten mit stürmischem Applaus begrüßt; er trägt die Uniform eines „Frontführers" und ist durch den „triumphalen Empfang sichtlich bewegt". Seine Darlegungen, die, wie die *Neue Freie Presse* schreibt, ein „flammendes Bekenntnis zum freien, deutschen, christlichen Österreich" werden, offenbaren jedoch noch einmal das tragische Dilemma, in das dieser Mann verstrickt ist: Noch immer ist er verfangen in der Vorstellung, Österreich habe eine „deutsche Mission" zu erfüllen, noch immer spricht er vom „deutschen Volk in Österreich", das ein „wertvoller Teil" des „gesamten deutschen Volkes" sei, und vom „deutschen Österreicher", obwohl er genau damit den Nazis in die Hände arbeitet. Noch immer beharrt Schuschnigg auf einem Idealbild österreichischer Kultur, das sich aus dem „vollendeten Zusammenklang klassisch-humanistischer, nationaldeutscher und christlich-abendländischer Elemente" ergäbe, und bemerkt nicht, dass er im Vergleich mit den handfesten Blut-und-Boden-Parolen der Nazis längst auf verlorenem Posten steht. Und auch jetzt noch rückt er keinen Millimeter von der Maiverfassung 1934 ab – die neue Regierung mit dem Nazi Arthur Seyß-Inquart als Innen- und Sicherheitsminister „verkauft" er als „Konzentration aller positiven Kräfte", noch immer will er keine Parteien dulden, sondern beschwört die „einige, geschlossene Front unseres Volkes in allen seinen sozialen Schichten und Ständen". Berchtesgaden, so Schuschnigg in seltsamer Verkennung der Realität, sei daher, wie er „in Übereinstimmung mit dem Reichskanzler und Führer des Deutschen Reiches" hoffe, „ein Markstein des Friedens". Schuschnigg gelingt es, die Abgeordneten in seinen Bann zu ziehen: Als er seine Rede mit dem pathetischen Ruf: „Rot-weiß-rot bis in den Tod!", schließt, entlädt sich, so die *Reichspost*, ein „Orkan unbeschreiblicher Begeisterung und genzenloser Freude", die „kraftvollen Führerworte" würden neue Hoffnun geben. Kampfstimmung, von der zwei Wochen später kaum mehr etwas zu spüren sein wird *(siehe 11. März)*.

Die Rede Schuschniggs vor dem Bundestag

25. Februar 1634

Der Kaiser lässt seinen Feldherren töten

Anno Domini 1634. In Mitteleuropa herrscht Krieg, es sind jene furchtbaren und endlosen Kämpfe, die später unter dem Begriff „Dreißigjähriger Krieg“ zusammengefasst werden. Die Sache des Kaisers in Wien steht nicht schlecht, doch nun ist im Lager Habsburgs ein erbitterter Machtkampf ausgebrochen: Ferdinand II. misstraut seinem mächtigen Generalissimus Herzog Albrecht von Wallenstein, bestärkt durch die Einflüsterungen seiner Berater kommt er zur Überzeugung, dass sein Feldherr ungehorsam sei, ja: ein „Hochverräter“ – und das könne unter keinen Umständen geduldet werden. Wallenstein müsse abgesetzt werden.

Die Ermordung Wallensteins

Das Fass zum Überlaufen bringt ein Bericht des kaiserlichen Generals Octavio Piccolomini, des Vertrauten Wallensteins, der „Sensationelles“ enthüllt: Wallenstein wolle seine Armee mit den Feinden vereinigen, die Erblande erobern und sich des Kaisers bemächtigen. Ja, so die blühende Fantasie Piccolominis, Wallenstein wolle zur Neuordnung Europas schreiten, und zwar ohne die Habsburger, er selbst möchte König von Böhmen werden. Daraufhin erlässt Ferdinand ein streng geheimes Patent, mit dem Wallensteins Unterführer Gallas, Piccolomini, Rudolf Graf Colloredo und Johann von Aldringen als „Exekutoren“ ermächtigt werden, mit Gewalt gegen ihn vorzugehen – wenn nötig auch, ihn zu ermorden.

Piccolomini übernimmt es, jene Männer zu finden, die bereit sind, Wallenstein, der krank ist und sich in Eger *(Cheb)* aufhält, zu töten. Unter den Obristen, die er für die Verschwörung gegen ihren Feldherren gewinnen kann, scheint ihm der irische Katholik Walter Butler der richtige „Regisseur“ für die *Extinguierung* Wallensteins und seiner Getreuen zu sein, dazu kommen John Gordon, der Festungskommandant von Eger, und dessen Stellvertreter, der Oberstwachtmeister Walter Leslie. Dieser ist es auch, der die Initiative ergreift: „Töten wir die Verräter!“, lautet die Devise, die Leslie ausgibt und mit der er sich auch durchsetzt. Zur Unterstützung werden zwei Kompanien der Butler'schen Dragoner herangezogen, dreißig zuverlässige Leute unter dem Befehl von Oberstwachtmeister Robert Geraldin; dessen Stellvertreter ist ein Hauptmann Walter Deveroux. Zunächst, so beschließt man, müsse man die Getreuen Wallensteins ausschalten und hat dafür bald auch einen heimtückischen Plan: Gordon lädt Feldmarschall Ilow, die Grafen Trčka und Kinsky sowie Rittmeister Niemann für den Abend des 25. Februar 1634 zu einem Fastnachtsschmaus zu sich auf der Burg ein. Nachdem sich die vier Männer an der reich gedeckten Tafel niedergelassen und ihre Waffen abgelegt haben, fällt man über sie her – die vier Männer haben keine Chance und werden ermordet.

Gordon, Butler und Leslie, noch im Blutrausch, beschließen, keine weitere Zeit zu verlieren und auch Wallenstein sofort zu töten. Walter Butler stellt ein Mordkommando aus sechs Dragonern zusammen; er selbst wird sie begleiten. Es ist zwischen 20 und 21 Uhr, als die sechs Dragoner, angeführt von Hauptmann Deveroux, in das Haus, in dem sich Wallen-

Der kranke Generalissimus ist seinen Mördern hilflos ausgeliefert: Hauptmann Deveroux führt den tödlichen Stoß. Gemälde von unbekanntem Künstler. Heeresgeschichtliches Museum, Wien.

stein einquartiert hat, eindringen. Oberst Butler bleibt vor dem Gebäude und beobachtet das Fenster von Wallensteins Schlafzimmer. Brennende Kienspäne in den Händen, stürzen die Soldaten die Treppe hinauf in den ersten Stock, verletzen den Mundschenk des Herzogs, der sich ihnen entgegenstellt, am Arm, wenden sich zu den Gemächern Wallensteins und stoßen im Vorzimmer seinen Kammerherrn nieder, der verzweifelt versucht sie aufzuhalten.

Die Tür zum Krankenzimmer ist verriegelt, für die Attentäter jedoch kein Hindernis. Die Männer brechen sie auf, drängen in den Raum, Deveroux brüllt den Herzog an: „Oh, Ihr verräterischer Schelm! Gott selbst kommt jetzo Rache nehmen ob Eurer gottlosen Pläne und Verrätereien. Von dieser Hand empfanget Euren Lohn und verdiente Strafe!“ Wallenstein, im leinenen Nachthemd, schafft es von seinem Bett noch zum Tisch in der Mitte des Zimmers, versucht um Gnade zu bitten, doch da stößt ihm Deveroux bereits die Hellebarde in die Brust, reißt die Waffe nach oben, zerfetzt Lunge und Hauptschlagader, nach wenigen Sekunden ist der Oberbefehlshaber der habsburgischen Armeen tot.

Der Leichnam wird in einen roten Teppich gewickelt, dann schleift man ihn die Treppe hinunter, wirft ihn vor dem Haus auf einen Leiterwagen und bringt ihn zur Burg, wo er neben den anderen Ermordeten seinen Platz findet. Walter Butler schreibt selbst einen Brief an den Kaiser, befürchtet er doch, dass man in Wien seine „Verdienste“ nicht richtig einzuschätzen weiß. Doch Ferdinand, tief erleichtert über das Gelingen der „Exekution“, wird sich nicht lumpen lassen …

26. Februar 1861

Auf dem Weg zur konstitutionellen Monarchie

Das Februarpatent

Der junge Kaiser Franz Joseph ist kein Freund der Verfassung. So erklärt er im Ministerrat vom 29. Juni 1860, „keine Beschränkung der monarchischen Gewalt durch eine Verfassung zu gestatten und lieber allen Stürmen entgegentreten zu wollen". Starke Worte, die jedoch rasch überholt sind. Die schwierige Lage der Monarchie nach der Katastrophe von Solferino *(siehe 24. Juni)* zwingt ihn zu einem Umdenken, der Weg zur konstitutionellen Monarchie zeichnet sich immer deutlicher ab. Am 20. Oktober 1860 erlässt er das „Oktoberdiplom", das als „beständig unwiderrufliches Staatsgrundgesetz" die Einheit des Reiches sichern soll und einen „Reichsrat" vorsieht, der für die Staatsfinanzen, Zölle, Verkehr und Militärwesen zuständig sein soll; für Ungarn soll die alte ständische Verfassung aus der Zeit vor 1848 in Kraft treten, neue „Landesordnungen" sollen für die anderen Königreiche und Provinzen gelten – ein Kompromiss, der schnell auf heftige Kritik stößt. Franz Joseph beauftragt daher den großdeutschen Liberalen Anton Ritter von Schmerling (1805–1893) mit der Ausarbeitung einer neuen „Verfassung". Auch Schmerling hält am zentralistischen Grundgedanken fest, erstmals wird jedoch für den Reichsrat ein Zweikammernsystem festgeschrieben: Das „Herrenhaus" besteht aus erblichen oder ernannten Mitgliedern, das „Abgeordnetenhaus" wird dagegen durch die direkte Wahl der einzelnen Landtage bestellt, wobei das sogenannte „Kurienwahlrecht" gilt: Großgrundbesitzer, Handels- und Gewerbekammern, Städte und Märkte sowie die Landgemeinden wählen jeweils ihre Vertrter; wahlberechtigt ist nur der direkt Steuer zahlende Bürger. Vorgesehen sind 343 Abgeordnete, davon allein 120 für die ungarischen Länder – sie sollen mit dem „engeren Reichsrat" der österreichischen Reichshälfte über wichtige gemeinsame Interessen entscheiden.

Am 26. Februar 1861 wird die neue Verfassung publiziert; rasch zeigen sich ihre Schwächen: Die von Schmerling vernachlässigten Tschechen protestieren prompt gegen die vorgesehene Mandatsverteilung, verlassen den Reichsrat und bleiben ihm 17 Jahre lang fern. Aber auch die Ungarn, Kroaten und Italiener boykottieren den Reichsrat, der so ein „Rumpfparlament" darstellt.

Wir Franz Joseph der Erste,
von Gottes Gnaden Kaiser von Oesterreich;
König von Hungarn und Böhmen, König der Lombardei und Venedigs, von Dalmatien, Kroatien, Slawonien, Galizien, Lodomerien und Illirien, König von Jerusalem etc.; Erzherzog von Oesterreich; Großherzog von Toscana und Krakau; Herzog von Lothringen, von Salzburg, Steyer, Kärnthen, Krain und der Bukowina; Großfürst von Siebenbürgen; Markgraf von Mähren; Herzog von Ober- und Nieder-Schlesien, von Modena, Parma, Piacenza und Guastalla, von Auschwitz und Zator, von Teschen, Friaul, Ragusa und Zara; gefürsteter Graf von Habsburg und Tirol, von Kyburg, Görz

Eine neue Verfassung für den österreichischen Kaiserstaat: das Februarpatent (Titelseite).

27. Februar 1597

Blutbad in den Weinbergen

Anno Domini 1597 entfällt in Niederösterreich der Fasching. Im Most- und Waldviertel haben sich die Bauern gegen die Grundherren erhoben; Landesherr Erzherzog Matthias verbietet daher alle „Lustbarkeiten“ und rüstet zum Kampf gegen seine widerspenstigen „Untertanen“, die es wagen, wegen drückender Abgaben zu den Waffen zu greifen. Er befiehlt die Rekrutierung eines Söldnerheers, das Kommando über die etwa 3.000 Mann starke Truppe überträgt er dem berüchtigten böhmischen Heerführer Wenzel Morakhsy, der mit dem Titel „Generalobrist der niederösterreichischen Stände“ ausgestattet wird und am 10. Februar 1597 – die Aufständischen, unter denen sich auch viele Handwerker befinden, haben zwei Tage zuvor unter ihrem „Oberhauptmann“ Hans Markgraber Ybbs an der Donau erobert und rücken gegen Melk vor – den Auftrag erhält, vom Sammelpunkt Leitzersdorf aus mit seiner Truppe in Richtung Krems zur „Strafexpedition“ gegen die aufsässigen Bauern aufzubrechen. Die Männer Morakhsys sind kampferprobte Landsknechte, eine „Elitetruppe“, gegen die zu bestehen den schlecht bewaffneten und unerfahrenen „Rebellen“ unmöglich ist. Die Anführer der „Bauernhaufen“ wissen, dass ihnen damit ein Kampf auf Leben und Tod droht, viele ihrer Gefolgsleute ziehen es daher vor, sich rechtzeitig in Sicherheit zu bringen, andere vertrauen den sehr geschickten Unterhändlern des Erzherzogs, die all jenen Straffreiheit zusichern, die die Waffen niederlegen und friedlich nach Hause zurückkehren würden.

Bauernaufstand in Niederösterreich

Nicht so die aufständischen Waldviertler, die von Andreas Schrembser, einem 75-jährigen (!) Bauern aus Dobersberg, und einem Schmied namens Angerer geführt werden – man will, so der Plan, die Söldner in der Nähe von Langenlois zum Kampf stellen. Als man am 27. Februar erfährt, dass in Hadersdorf eine Abteilung Reiter Morakhsys eingetroffen ist, zögern sie daher nicht und greifen an: Es gelingt ihnen, die Söldner zu überraschen; 15 Soldaten werden getötet, die Bauern erbeuten 40 Pferde und zahlreiche Waffen. Der Jubel über den „Sieg“ währt jedoch nur kurz: Einige Reiter, die dem Überfall entkommen sind, benachrichtigen die Hauptabteilung von Morakhsys Kavallerie und diese nimmt nun blutige Rache für den Tod ihrer Kameraden: Die Bauern werden noch am selben Tag bei Straß im Straßertale gestellt und vernichtend geschlagen, etwa 200 Aufständische verlieren in dem Blutbad ihr Leben, die Überlebenden, unter ihnen auch Schrembser und Angerer, fliehen in die Weinberge; wer verdächtig ist, mit den „Rebellen“ zusammenzuarbeiten, wird kurzerhand am nächsten Baum gehängt oder man schneidet ihm Nase und Ohren ab; Straß und mehrere Dörfer werden von den Reitern Morakhsys niedergebrannt.

Schrembser und Angerer versuchen zwar, den Kampf wieder aufzunehmen, und erlassen noch einmal ein „Aufgebot“, ein Vorstoß auf Krems scheitert jedoch, ebenso der Versuch Markgrabers, St. Pölten zu erobern. Der Aufstand bricht Anfang April 1597 zusammen. Wenzel Morakhsy und seine Henker ziehen in der Folge eine blutige Spur durch das Land.

28. Februar 1785

Hinrichtung von Horea und Cloşca in Alba Iulia

Er heißt eigentlich Vasile Ursu Nicolae, die Menschen in den Tälern des westkarpatischen Apuseni-Gebirges nennen ihn jedoch nur „Horea“ oder „Horia“. Er ist um 1740 im abgelegenen Dorf Albac geboren, Zimmermann und ursprünglich leibeigener Bauer gewesen, hat sich jedoch freikaufen können. Horea zimmert hölzerne Kirchen für die Siebenbürgener Dörfer und ist auch ansonsten ein wacher Geist, sogar beim Kaiser in Wien, so munkelt man, soll er schon gewesen sein, um für die Sache der rumänischen Bauern ein Wort einzulegen; er glaubt aus tiefstem Herzen daran, dass der „Reformkaiser“ sie nicht im Stich lassen werde. Als Joseph II. im Sommer 1784 eine Militär-Konskription zur Aufstellung neuer Grenzregimenter durchführen lässt, sieht Horea seine Stunde gekommen: Er erklärt seinen Landsleuten, dass jeder, der sich zum Dienst beim Militär melde, von der verhassten Leibeigenschaft – deren Aufhebung hatte Joseph ja schon 1781 verkündet – befreit sein werde und noch dazu ein Stück Land bekomme.

Der Horea-Aufstand

Die Beamten, die in Alba Iulia die Konskriptionslisten führen, sind zunächst schockiert – es dauert eine Weile, bis sie begreifen, dass sie die Bauern zurück auf ihre Höfe schicken müssen. Doch nun hat die Landbevölkerung bereits Unruhe erfasst: Die rumänischen Bauern halten sich für frei und verweigern den ungarischen Adeligen die Robot; Horea und zwei weitere Bauernführer, Gheorge Marcul, genannt Crişan, und Ion Orga, genannt Cloşca, rufen Versammlungen ein, schließlich kommt es Anfang November 1784 zum offenen Aufstand gegen die ungarischen Herren; Schlösser und Gutshöfe werden geplündert und in Brand gesteckt, zahlreiche Adelige ermordet – die Gutsherren rüsten daraufhin Banden aus, die auf eigene Faust gegen die Bauern Krieg führen, zahlreiche Gefangene werden hingerichtet. Die Aufständischen beweisen indes revolutionären Geist: Sie agieren mit gefälschten kaiserlichen Befehlen, die die Enteignung der Magnaten anordnen, ja, in seinem „Programm“ vom 11. November 1784 fordert Horea, dass „kein Adel mehr sein soll“ und ihre Besitzungen unter dem Volk verteilt werden sollen. Horea betont wieder, dass dies „in Gemäßheit eines erfolgenden Allerhöchsten kaiserlichen Befehls“ erfolgen müsse. In tragischer Verkennung ihrer Lage glauben Horea und seine Anhänger, mit diesen Forderungen den Willen des Kaisers auszuführen. Joseph II., der sehr wohl die „vielfältigen Bedrückungen“ der Gutsherren gegen die Bauern als Ursache des „Empörungsgeists“ erkennt, setzt nun Truppen gegen die Aufständischen ein, die in wenigen Wochen besiegt sind; Horea und Cloşca flüchten sich in die Wälder. Da 300 Dukaten Kopfgeld auf sie ausgesetzt sind, werden sie am 27. Dezember 1784 von Bauern aus Albac an die Häscher verraten; einen Monat später wird auch Crişan verhaftet.

Joseph II. kann seine Reformen in Siebenbürgen kaum durchsetzen, um die Bestrafung der gefangenen Bauern kümmert sich der Kaiser allerdings persönlich: 37 Todesurteile werden gefällt, 83 Aufständische kommen mit Gefängnisstrafen davon, 180 Bauern, die sich an den Plünderungen beteiligt haben, werden ausgepeitscht und anschließend freigelassen. Joseph II. zeigt guten Willen und begnadigt alle zum Tode Verurteilten mit Ausnahme von Horea, Cloşca und Crişan – an diesen „Bösewichtern", so befiehlt er, muss ein „einprägsames Beispiel" gegeben werden. Die Richter halten sich daran, auf die drei Bauernführer wartet, das 18. Jahrhundert neigt sich dem Ende zu, eine aus dem finsteren Mittelalter stammende Hinrichtungsmethode: Sie sollen gerädert und gevierteilt, ihre Körperteile zur Abschreckung an verschiedenen Orten öffentlich zur Schau gestellt werden. Crişan begeht aus Angst vor dieser Tortur im Gefängnis Selbstmord; Horea und Cloşca sterben am 28. Februar 1785 in Alba Iulia so, wie der Kaiser in Wien es will: bei lebendigem Leib mit dem schweren Rad in Stücke gehackt; sie sind noch nicht tot, als ihnen die Eingeweide herausgerissen werden. 2.500 Bauern, die man aus den Dörfern der Region zusammengetrieben hat, müssen zusehen, wie jene qualvoll zugrunde gehen, die ihnen noch vor wenigen Monaten die Befreiung aus der Leibeigenschaft verheißen haben. Joseph II. versucht in der Folge, die siebenbürgischen Bauern durch genaue schriftliche Festlegung ihrer Pflichten vor Willkür- und Racheakten des Adels zu schützen, so ordnet er etwa für das Komitat Zlatná, das Zentrum des Aufstands, die Herabsetzung der Handrobot an – die Großgrundbesitzer verstehen es allerdings, diese Anordnung zu verschleppen, bis zum Tode des Kaisers gibt es für die Bauern keine Erleichterung.

Ein „großes Trauerspiel", das Kaiser Joseph II. zu verantworten hat: die Hinrichtung der „Rebellen".

29. Februar 1964

Niemand überlebt

Der British-Eagle-Flug 802/6 startet um 12.04 Uhr in London Heathrow und ist auf dem Weg nach Innsbruck Kranebitten. Die Maschine hat 75 Passagiere und 8 Besatzungsmitglieder an Bord. Noch ahnt niemand, dass sich bald der schwerste Flugzeugabsturz der Geschichte in Österreichs Luftraum ereignen wird.

Bis Kempten erfolgt der Flug ohne Probleme, doch dort ändern die Piloten auf Grund der schlechten Sichtverhältnisse plötzlich ihren Flugplan.

Der Anflug auf Innsbruck soll im Sichtflug durchgeführt werden. Um 15:12 Uhr Ortszeit gibt es den letzten Kontakt mit der Flugsicherung Innsbruck. Zu dieser Zeit befindet sich die Maschine in einer Höhe von 3050 m – das letzte Lebenszeichen der Piloten.

Man vermutet, dass das Flugzeug innerhalb kurzer Zeit etwa 600 Meter Höhe verloren hat und genau unterhalb des Gipfels in 2600 m Seehöhe in die Flanke des Glungezer gekracht ist.

Der Aufprall löst eine ziemlich schwere Lawine aus, durch die große Teile der zerstörten Maschine in die Tiefe gerissen werden. Die Bergung der Todesopfer kann so erst am nächsten Tag nur mit Hilfe von Hubschraubern beginnen. Niemand der 83 Passagiere überlebt.

Der British-Eagle-Flug 802/6

Den 40 Alpingendarmen, die beauftragt werden, die Leichen zu finden, bietet sich ein furchtbares Schauspiel. Franz Ebler, Pilot eines der Rettungshubschrauber, berichtet: „Es ist grauenhaft. Die Szenerie könnte aus einem Gruselfilm stammen. Verbogene Trümmer, Kleidungsstücke, Leichenteile auf dem Schnee, und darüber, wie zum Hohn, strahlender Sonnenschein und blauer Himmel, schon seit Sonntag."

Unter den Toten ist eine einzige Österreicherin, ein junges Mädchen namens Rotraut Lackner, alle anderen sind britische Staatsbürger. Rotraut war in London bei einer Gastfamilie, um ihre Englischkenntnisse zu verbessern. Doch ihr starkes Heimweh treibt sie zurück in ihre Heimat, aber leider auch in den Tod.

„Ich hatte gleich ein ungutes Gefühl, als sich die Landung der Maschine verzögerte", erzählt Rotrauts Stiefvater Karl Dubsek.

Als Unfallursache gilt offiziell ein Pilotenfehler. Der Pilot, Edward Williams, gilt eigentlich als erfahren und vernünftig, der Vorwurf: Er soll die unter den gegebenen Wetterbedingungen vorgeschriebene Mindestflughöhe unterschritten haben. Am selben Tag fliegen auch eine Schweizer und eine österreichische Maschine diese Strecke; beiden ist es möglich, ohne Probleme zu landen. Es bleibt ein Rätsel, wieso Williams nicht vorausschauender handelte und es zu diesem Unglück kommen musste.

Schauplatz der Katastrophe: der Glungezer von Osten.

März

1. März 1970

Eine neue politische Ära

Zu Jahresbeginn 1970 herrscht in der SPÖ Aufbruchsstimmung. Ihr Spitzenkandidat Bruno Kreisky hat die Partei bereits 1968 auf die Devise „Leistung – Aufstieg – Sicherheit" eingeschworen und dieser „moderne" Kurs, der Fortschrittsoptimismus und Wirtschaftskompetenz ausstrahlt, trifft den Nerv der österreichischen Gesellschaft. Für die bevorstehende Nationalratswahl am 1. März 1970 fühlt man sich gut gerüstet; man will endlich aus der Opposition heraus, der Alleinregierung der ÖVP ein Ende setzen. Kreisky selbst hat den passenden Schlager als Wahlkampfmelodie ausgesucht: *When the Lights Go On Again* von Big-Band-Veteran Vaughn Monroe aus dem Jahre 1942. Auch sonst überlässt Kreisky nichts dem Zufall, er zieht Marketing- und Medienexperten zur Unterstützung heran: Das Wahlprogramm wird auf fünf griffige Slogans komprimiert: „Besser wohnen, Besser leben, Bessere Bildung, Besseres Gesundheitswesen, Bessere Justiz"; Kreiskys Vorgabe für die Gestaltung der Wahlplakate: „Wer da vorbeifährt, muss gleich wissen, dass nicht ein Kopfwaschmittel gemeint ist, sondern dass es um Politik geht. Dafür brauchen wir ganz kurze Texte, sonst nichts." Der Leitgedanke: „Eine gute Partei, auch für gute Zeiten."

Die Nationalratswahl 1970

Frühzeitig drängt Kreisky auch darauf, den Wählern ein detailliertes Regierungsprogramm vorzulegen, die Menschen, so seine Überlegung, sollen erkennen, dass „wir über fähige und fortschrittliche Leute" verfügen. Zu diesem Team gehört etwa Hertha Firnberg, die später die erste Wissenschaftsministerin Österreichs wird – sie leitet eine Gruppe, die ein umfassendes „Humanprogramm" mit neuen Strategien zur „Gesundheitspolitik und Umwelthygiene" erarbeitet. Zu diesem Team gehören aber auch junge Fachleute wie Hannes Androsch, der mit 32 Jahren das Amt des Finanzministers übernehmen wird, oder der erfahrene Justizexperte Christian Broda. Und erstmals in der österreichischen Wahlkampfgeschichte kommt es zu einem „Fernsehduell" der Spitzenkandidaten der Großparteien: Bruno Kreisky und Bundeskanzler Josef Klaus sitzen sich ohne Moderator gegenüber; es gibt noch keine festen Spielregeln. Kreisky, der geschickt immer wieder treffende Bonmots platzieren kann, geht aus dieser Konfrontation als klarer Sieger hervor. Überhaupt versteht es Kreisky ausgezeichnet, Journalisten in seine politische Arbeit einzubinden.

Einen Monat vor der Wahl, am 3. Februar 1970, reüssiert auch noch der von Kreisky bereits zur Seite gedrängte SPÖ-Klubobmann Bruno Pittermann mit einer Aussage zum Präsenzdienst: Im Falle einer SPÖ-Alleinregierung werde die Dienstzeit beim Bundesheer nur mehr sechs Monate betragen – der Wahlslogan lautet: „Sechs Monate sind genug!", und trifft bei der jungen Generation, die mit der langen Präsenzdienstzeit längst unzufrieden ist, auf offene Ohren. Insgesamt zeichnet sich schon vor der Wahl ab, dass die SPÖ mit diesem Programm verstärkt Wähler aus der oberen Bildungsschicht und aus dem gehobenen Mittelstand für sich gewinnen kann.

Die Wahl am 1. März 1970 bringt den Sozialdemokraten, wie Kreisky später in seinen Erinnerungen festhält, „einen bis dahin nicht vorstellbaren Erfolg und hat das Selbstbewusstsein der Partei in einem solchen Maße gestärkt, dass auch die vorsichtigsten Parteiführer fast ausnahmslos von Hochstimmung erfasst wurden". Der Wahlabend selbst wird für Bruno Kreisky zu einem unvergesslichen Triumphzug – der Mann, der einst für seine politische Überzeugung im Gefängnis gesessen hat und aus Österreich flüchten musste, der lange Jahre hindurch im zweiten Glied diente, sieht sich nun an der Spitze: Das Kanzleramt winkt. Das Wahlergebnis spiegelt die Leistung im Wahlkampf wider: Nicht weniger als 158.000 Stimmen sind von der ÖVP direkt zur SPÖ gewandert, die nun mit 81 Mandaten und 48,2 % der Stimmen die Mehrheit hat; die ÖVP ist von 85 auf 78 Mandate und 44,69 % der Stimmen zurückgefallen; die FPÖ erreicht nach einer Nachwahl in Wiener Bezirken sechs Mandate. Josef Klaus schließt noch am Wahlabend eine Zusammenarbeit mit der FPÖ aus und macht mit diesem Vorpreschen alle Optionen für die ÖVP zunichte.

Am 3. März 1970 demissioniert die Regierung Klaus, Bruno Kreisky wird von Bundespräsident Franz Jonas mit der Regierungsbildung beauftragt – der Beginn einer neuen politischen Ära in Österreich. Gegen den Rat vieler trifft Kreisky eine unpopuläre Entscheidung: Er setzt auf eine Minderheitsregierung, da er meint, dass die Wähler „einen eindeutigen Trend" zum Ausdruck gebracht hätten: Die Sozialdemokraten müssen regieren. Sollte dies vom Parlament verhindert werden, so müsse man eben eine „Nachentscheidung des Volkes" anstreben. 17 Monate später, bei der Wahl am 10. Oktober 1971, wird diese Einschätzung bestätigt: Die SPÖ erreicht mit 50,04 % der Stimmen die absolute Mehrheit; Bruno Kreisky wird bis 1983 Kanzler bleiben – der längstdienende der Zweiten Republik.

Eine neue politische Ära beginnt: Bruno Kreisky am Abend seines Wahlsieges.

2. März 1994

Österreichs Weg nach Europa ist frei!

Es ist die Nacht vom 1. zum 2. März 1994. Außenminister Alois Mock, erschöpft von einem 80-stündigen Verhandlungsmarathon, fliegt von Brüssel zurück nach Wien; für 10 Uhr ist im Parlament eine Sitzung des Nationalrats anberaumt; hier will er die Abgeordneten persönlich über die Verhandlungsergebnisse informieren. In den Redaktionen der österreichischen Tageszeitungen sind die Schlagzeilen für den kommenden Tag bereits formuliert – Alois Mock ist der „Held" des Tages *(Kurier)*, der „Mr. Europe" und „Verhandlungslöwe" *(Kronen Zeitung)*.

Der Abschluss der EU-Beitrittverhandlungen

Noch einmal lässt der Außenminister die turbulenten Stunden und Tage Revue passieren: Die Schlussrunde der EU-Beitrittsverhandlungen beginnt am 25. Februar 1994 im Rahmen eines Ministertreffens; alles läuft für die große österreichische Delegation – auch Finanzminister Ferdinand Lacina, Wirtschaftsminister Wolfgang Schüssel und Landwirtschaftsminister Franz Fischler sind in Brüssel – zunächst planmäßig, in der Nacht vom zweiten auf den dritten Verhandlungstag kommt es jedoch zu einer Krise, sogar die Abreise steht plötzlich zur Diskussion. Der kritische Punkt: Die Verhandler der EU verlangen, dass die Binnenmarktregeln für die österreichische Landwirtschaft sofort und ohne Übergangsregeln in Kraft treten sollen – eine Forderung, die so nie ausgesprochen worden war und auf die man auf österreichischer Seite nicht vorbereitet ist.

Alois Mock verlässt die Verhandlungen und holt sich neue Kraft bei einem Gebet in der Kirche Notre-Dame du Sablon im Zentrum Brüssels; den Ausweg aus der Sackgasse findet Landwirtschaftsminister Franz Fischler, der ein „Alternativkonzept" (Eichtinger/Wohnout) vorschlägt: Die österreichischen Bauern sollen für ihre Umweltleistungen Ausgleichszahlungen aus dem EU-Budget erhalten. Wie zu erwarten gewesen, wird das Thema „Transit" zum zweiten kniffligen Problem. Die Österreicher wollen den bestehenden Transitvertrag zwischen der EG und Österreich in die EU „mitnehmen", dagegen stemmt sich der französische Europaminister Alain Lamassoure – schließlich einigt man sich in den Abendstunden des 1. März auf eine Transitregelung, die vorsieht, dass der alte Vertrag noch maximal neun Jahre gültig bleibt. Kurz nach 22 Uhr ist es endgültig geschafft; Alois Mock kann im Sitzungssaal unter dem Jubel der Delegierten verkünden: „Österreichs Weg nach Europa ist frei!"

Applaus für Alois Mock nach den erfolgreichen EU-Beitrittsverhandlungen.

3. März 1918

Weder Krieg noch Frieden!

„Der Mann ist reines 17. Jahrhundert; er versteht die Zeit nicht, in der er lebt“, notiert Josef Redlich in seinem Tagebuch über Ottokar Graf Czernin, den Mann, der für Österreich-Ungarn die Friedensverhandlungen in Brest-Litowsk führt. Czernin, der die Demokratie für „Blödsinn“ hält und den Parlamentarismus ablehnt, sieht sich mit Männern konfrontiert, die von der Vision einer neuen Welt beseelt sind: den Bolschewiki Adolf Abramowitsch Joffe und Leo Trotzki. Der Aristokrat Czernin hält sie für Lügner: „Sie sprechen von Freiheit und Völkerversöhnung, von Friede und Eintracht, und dabei sollen sie die grausamsten Tyrannen sein, welche die Geschichte gekannt hat – sie rotten das Bürgertum einfach aus, und ihre Argumente sind Maschinengewehre und der Galgen.“ Die Delegation des Deutschen Reiches führt der Staatssekretär für Äußeres Richard von Kühlmann an, jene der Türkei Großwesir Talât Pascha. Obwohl selbst am Rande des Abgrunds, kennen die Mittelmächte kein Maß in ihren Forderungen, die Bedingungen, die den Vertretern der Sowjetregierung präsentiert werden, sind äußerst hart: Man müsse die Unabhängigkeit der Ukraine, Finnlands, Litauens und Polens anerkennen und die Selbständigkeit aller nichtrussischen Provinzen wie Kurlands, Livlands und Estlands akzeptieren. Als diese Forderungen in der Heimat bekannt werden, treten die Belegschaften zahlreicher Betriebe in den Streik, die Sowjets hoffen auf den Ausbruch der Revolution in deutschen und österreichischen Städten.

Der Frieden von Brest-Litowsk

Die Vertreter der beiden kaiserlichen Mächte können sich jedoch noch einmal durchsetzen: Am 9. Februar 1918 wird der bitter benötigte Sonderfriede mit der Ukraine geschlossen, dieser „Brotfriede“ soll vor allem die Getreidelieferungen aus der Ukraine sicherstellen. Als sich die Sowjetvertreter weiter bockig zeigen, stellen ihnen von Kühlmann und Czernin ein Ultimatum: Unterzeichnung des Friedensvertrages oder eine neue Offensive der Mittelmächte am allen Fronten – Leo Trotzki verlässt daraufhin Brest-Litowsk, sein wütender Kommentar: „Weder Krieg noch Frieden!“; neuerliche Protestkundgebungen in Österreich und Deutschland sind die Folge. Das k. u. Armeeoberkommando und die deutsche Oberste Heeresleitung zeigen sich wenig beeindruckt, der Vormarsch wird befohlen, am 1. März 1918 stehen deutsche Truppen in Kiew, k. u. k. Verbände erreichen den Kaukasus. Gegen die Mehrheit seiner Parteifreunde im Zentralkomitee der bolschewistischen Partei kann sich Lenin mit seinem Plädoyer für die Annahme des „Schandfriedens“ schließlich durchsetzen: Am 3. März 1918 wird in Brest-Litowsk der Friedensvertrag unterzeichnet; der Krieg im Osten ist zu Ende.

Deutsche Offiziere begrüßen Leo Trotzki am Bahnhof von Brest-Litowsk.

4. März 1933

Dollfuß setzt seinen autoritären Kurs durch

Schon 1932 wird in der Bundesregierung offen über die Beseitigung der Demokratie diskutiert. So wird Schuschnigg im Protokoll des Ministerrats vom 17. Juni 1932 unter dem Vorsitz von Engelbert Dollfuß mit der Wortmeldung erwähnt, „die Regierung stehe [...] vor der Entscheidung, ob sie es weiter verantworten könne, mit dem Parlament zu arbeiten, und ob der nächste Kabinettswechsel nicht gleichbedeutend mit der Ausschaltung des Parlaments sein müsste". Man wartet also auf eine günstige Gelegenheit – sie bietet sich am 4. März 1933: Ein Streit um die Auszahlung von Eisenbahnergehältern führt an diesem Tag zu einer folgenschweren Sitzung des Parlaments, in deren Verlauf alle drei Präsidenten des Nationalrats – Karl Renner (Sozialdemokraten), Rudolf Ramek (Christlichsoziale) und Sepp Straffner (Großdeutsche) – ihr Amt niederlegen; laut Geschäftsordnung ist das Parlament damit handlungsunfähig geworden. Bundeskanzler Engelbert Dollfuß, tiefgläubiger Katholik und überzeugter Antisemit, seit Mai 1932 als Regierungschef im Amt, hat freie Bahn und ist sofort entschlossen, diese unerwartete Chance mit allen Mitteln zu nützen. Erste Notverordnungen nach dem Ermächtigungsgesetz verraten seine Ambitionen zum Diktator: Die Versammlungs- und Pressefreiheit wird aufgehoben; einen Versuch der SDAP und der Großdeutschen, den Nationalrat wiederum einzuberufen, verhindert Dollfuß am 15. März 1933 durch den skrupellosen Einsatz von Kriminalpolizei, die den Sitzungssaal im Parlament räumt.

„Selbstausschaltung" des Parlaments

Ohnmächtig musste die Opposition zusehen, wie Dollfuß Schritt für Schritt demokratische Strukturen und die Machtpositionen seiner politischen Gegner zerstört: Am 31. März 1933 erklärt die Regierung den Republikanischen Schutzbund für aufgelöst, die traditionelle Maifeier der SDAP wird durch Militär verhindert, und am 26. Mai 1933 erfolgt das Verbot der Kommunistischen Partei. Am 20. Mai 1933 gründet das Regime die „Vaterländische Front" , in der alle „regierungstreuen" Kräfte eine überparteiliche Heimstatt finden sollen. Nicht mehr Parteien sollten die Träger politischer Willensbildung sein, sondern diese „Front" der Patrioten.

Die Sitze der sozialdemokratischen Abgeordneten bleiben leer, da man ihnen bereits das Mandat aberkannt hat: Die erste Sitzung des Parlaments nach der „Selbstausschaltung" am 30. April 1933 wird zur Farce.

5. März 1943

An euch denken ist mein täglich Sein

Der „Führer“ und Reichskanzler Adolf Hitler liebt Operettenmusik. Besonders heiß verehrt er Franz Lehárs Welterfolg *Die Lustige Witwe*, uraufgeführt am 30. Dezember 1905 im Theater an der Wien mit dem Juden Louis Treumann in der Rolle des Grafen Danilo und mit Mizzi Günther als Hanna Glawari – die beiden Darsteller werden über Nacht zu den neuen Stars der Wiener Operettenszene, die Kritik überschlägt sich vor Lob für Louis Treumann, vor allem seine Tanzeinlagen begeistern: „Er schleudert sich in den Tanz, wie einer, der von Gluthitze versengt ist“, schreibt einer der Beobachter der Premiere, und Alfred Polgar wird ihm später „ein schönes Tremolo in der Leistengegend“ bescheinigen, „das ihm besonders bei Liebeserklärungen zustatten kommt“. Jahrzehnte später wird Franz Lehár, der seinem ersten Danilo in Freundschaft verbunden bleibt, dem „Führer“ eine Taschenpartitur der *Lustigen Witwe* mit persönlicher Widmung schenken, auf dem Titelbild: Treumann als Danilo.

Schicksalsort Theresienstadt

Für den erfolgreichen Sänger und Schauspieler Louis Treumann, der 1872 in Wien als Sohn jüdischer Kaufleute geboren worden ist und eigentlich Alois Pollitzer heißt, verdüstert sich mit Hitlers Machtübernahme der Himmel, 1935 tritt er ein letztes Mal auf, dann gibt es für den alternden Star keine Rollen mehr. Er bleibt nach dem „Anschluss“ in Wien und gerät in die Fänge von Eichmanns „Zentralstelle für jüdische Auswanderung“: Eichmanns Helfer Alois Brunner lässt den inzwischen verarmten Schauspieler verhaften und in das Sammellager Sperlgasse bringen; auf

Mizzi Günther und Louis Treumann sind die Stars der Uraufführung 1905.

Intervention seines Bühnenkollegen Theo Lingen hin wird Treumann, der schwer krank ist, enthaftet, dann aber prompt wieder festgenommen. Einige Male kann Franz Lehár, der bestens über die geplanten „Transporte“ informiert wird, die Deportation seines alten Freundes noch verhindern, doch dann geht Lehár im Juli 1942 auf Tournee und es gibt keinen Fürsprecher mehr: Louis Treumann wird zusammen mit seiner Frau Stefanie am 28. Juli 1942 mit dem „34. Transport“ aus Wien in das „Altersghetto“ Theresienstadt deportiert. Einige Postkarten, gerichtet an seinen Freund Max Brod und „alle meine Lieben“, sind das letzte Lebenszeichen des Schauspielers. „An euch denken ist mein täglich Sein. Bleibt nur treu“, schreibt er nach dem Tod seiner „Steffi“, zwei Monate nach der Ankunft in Theresienstadt. Er selbst stirbt an „Entzehrung“, so die offizielle Todesursache, am 5. März 1943.

6. März 1629

Kaiser Ferdinand II. will sich sanieren

Der Dreißigjährige Krieg geht in sein zwölftes Jahr und am Hof in Wien nimmt er eine neue Wendung. Die Schreiber der kaiserlichen Kanzlei haben alle Hände voll zu tun: Nicht weniger als 500 Kopien des neuen Gesetzes sollen heimlich angefertigt und an alle Kreisobristen sowie wichtige Fürsten verschickt und dann gleichzeitig veröffentlicht werden – es ist ein wahrer Paukenschlag, mit dem Kaiser Ferdinand II. die Evangelischen weiter in die Enge treiben will. Gestützt auf die Kriegsmacht seines Generalissimus Albrecht von Wallenstein, sieht er sich nun stark genug, die seit dem Passauer Vertrag vom 2. August 1552 eingezogenen Güter der katholischen Kirche von den Protestanten zurückfordern zu können. Bestärkt in seinem Vorhaben wird der fromme Habsburger von seinem Beichtvater, dem Jesuitenpater Wilhelm Lamormaini (1570–1648), einem Bauernsohn aus den Ardennen, der Ferdinand geschickt auf einen gegenreformatorischen Kurs einschwört. Für Lamormaini ist Ferdinand „das besondere Werkzeug des Himmels zur Wiedereinsetzung der katholischen Kirche als Staatsreligion" (C. V. Wedgwood), ein gelehriger, lenkbarer Schüler, der nun glaubt, hart durchgreifen und den Augsburger Religionsfrieden nach seinem Gutdünken interpretieren zu können: Dessen Schutzbestimmungen, so die spitzfindige Auslegung durch das Edikt, sollen plötzlich nur mehr für die Augsburger Konfession gelten, nicht aber für alle anderen „Sekten", so etwa auch nicht für die Calvinisten; den katholischen Fürsten wird das Recht eingeräumt, ihre Untertanen zur katholischen Religion anzuhalten, wer sich weigert, kann ausgewiesen werden.

Das Restitutionsedikt

Tatsächlich geht es um Macht und Besitz: so um die Erzbistümer Bremen und das strategisch wichtige Magdeburg sowie über 500 Klöster, vor allem in Württemberg, Franken und Niedersachsen, die an die katholische Seite zurückfallen sollen; zahlreichen protestantischen Fürsten, die durch die Säkularisierungen des 16. Jahrhunderts reich geworden sind, drohen schwere Einbußen. Über die Durchsetzung des Edikts hat man sich jedoch in Wien schon eingehend Gedanken gemacht: Kaiserliche Kommissäre sollen die betroffenen Güter inspizieren, dann durch kaiserliches Militär besetzen lassen, anschließend werden katholische Administratoren eingesetzt – am Beispiel Magdeburg exerzieren dies Wallensteins Truppen vor; in der freien Reichsstadt Augsburg müssen 8.000 Bürger die Stadt verlassen.

So groß die Gier des Habsburgers, so verbittert die Stimmung auf protestantischer Seite, die vielfach das Vorgehen der Kommissäre machtlos akzeptieren muss. Und es schwindet die Aussicht auf Frieden: Das Restitutionsedikt bewirkt, dass der Schwedenkönig Gustav II. Adolf, der 1630 mit seiner Soldateska ins Reichsgebiet einfällt, von der protestantischen Bevölkerung als „Messias" begrüßt wird und der Krieg gegen den habsburgisch-katholischen Absolutismus eine neue, furchtbare Intensität gewinnt.

Das Restitutionsedikt wird schließlich 1648 im Westfälischen Frieden aufgehoben, als Norm der „Konfessionsstand" von 1624 verankert.

7. März 1714

Der Krieg um das spanische Erbe ist zu Ende

Prinz Eugen, der Mann, auf dessen Schultern nicht nur die Kriege des Habsburgerreiches, sondern in zunehmendem Maße auch dessen Diplomatie ruhen, will es sich nicht nehmen lassen, den Erfolg dieses Tages persönlich dem Kaiser mitzuteilen: Er schreibt einen Brief an Karl VI., den dritten Herrscher, dem er nun dient:

Durchlauchtigster Fürst etc
EW. Lbd. gebe hiermit die erfreuliche Nachricht, daß in der gestrigen Nacht oder vielmehr heut früh zwischen 2 und 4 Uhr der Friede zwischen Ihrer Kayserl. Majest., den Ständen des Reichs und der Cron Frankreich von mir und dem Marschall de Villars vorläuffig gezeichnet und durch Überbringern dieses den Grafen von Lamberg an Ihro Kayserl. Majest. geschicket worden. (…) So habe allein Ew. Lbd. hierzu wohlmeynend Glück wünschen und mit derselben mich darüber erfreuen sollen.

Länderschacher: Marschall Villars und Prinz Eugen ringen in Rastatt um die Friedensbestimmungen.

Der Friede von Rastatt

Ja, es besteht Grund zur Freude bei Eugen und seinem Kaiser: 13 Jahre Krieg sind endlich Vergangenheit, ein Krieg, in dem es zuletzt keine Erfolge mehr für die habsburgischen Fahnen gibt. Im Stich gelassen von den Verbündeten, die in Utrecht ihren Frieden mit dem „Sonnenkönig" bereits geschlossen haben, kann der Prinz den Truppen Ludwigs XIV. nur mehr hinhaltenden Widerstand leisten, die Festungen Landau und Freiburg im Breisgau gehen noch verloren. Seit dem 26. November 1713 verhandelt man daher in der badischen Festung Rastatt; das Ergebnis, von Eugen hartnäckig erkämpft, kann sich sehen lassen: Österreich erhält die Spanischen Niederlande, den festländischen Teil des Königreichs Neapel, das Herzogtum Mailand, die Insel Sardinien, das Herzogtum Mantua sowie die Festungen Breisach am Rhein und Freiburg im Breisgau. Der Wermutstropfen für Kaiser Karl VI.: Spanien und seine Kolonien sind de facto verloren, auch wenn ihm erspart bleibt, den Bourbonen Philipp V. ausdrücklich anerkennen zu müssen. Nicht akzeptiert wird von den französischen Unterhändlern ein Vorschlag Eugens, der später in der habsburgischen Politik noch einige Male auftauchen wird: der Tausch der Spanischen Niederlande gegen Bayern – Kurfürst Max Emanuel erhält sein Land zurück.

8. März 1921

Wer nicht kämpft, hat schon verloren!

Sankt Petersburg, der 23. Februar 1917, nach gregorianischer Zeitrechnung der 8. März. Arbeiterinnen und Arbeiter der Putilow-Werke legen die Arbeit nieder und gehen auf die Straße, um gegen die katastrophale Versorgung mit Lebensmitteln zu demonstrieren. Verzweifelte Frauen schließen sich mit ihren Männern und Kindern zusammen und rufen: „Gebt uns Brot, wir verhungern, wir brauchen Brot!" Um 14 Uhr sind es Frauen, die auch in der Fabrik „Ayvas" nach heftigen Diskussionen den Ausstand durchsetzen – der Auftakt zur Russischen Februarrevolution und zum Zusammenbruch der Zarenherrschaft.

Der Internationale Frauentag

1921, auf der „Zweiten Internationalen Frauenkonferenz" in Moskau, wird man sich an diese herausragende Rolle der Frauen in der Revolution erinnern – auf Vorschlag der bulgarischen Delegation wird der 8. März zum „Internationalen Frauentag" erklärt. In Deutschland und Österreich hat dieser jedoch bereits eine längere Vorgeschichte: Die deutschen Sozialistinnen Clara Zetkin und Käte Duncker sind die Ersten in Europa, die sich für einen Frauentag einsetzen; am 27. August 1910 wird auf der „Zweiten Internationalen Frauenkonferenz" in Kopenhagen darüber verhandelt; 100 Frauen aus 17 Nationen beschließen schließlich, diese Idee zu verwirklichen, und setzen den „Ersten Internationalen Frauentag für den 19. März 1911 fest. In Dänemark, Österreich-Ungarn, Deutschland und der Schweiz wird er mit Erfolg gefeiert (siehe 19. März). Das vorrangige Ziel der Frauen: das allgemeine, freie, gleiche und geheime Wahlrecht.

Nach dem Ersten Weltkrieg kommen neue moderne Themen wie die politische Gleichberechtigung und der Kampf um faire Löhne dazu.

„Wer kämpft, kann verlieren! Wer nicht kämpft, hat schon verloren!" – das ist das Motto der Frauen, wenn sie Jahr für Jahr am 8. März auf die Straße gehen, um für ihre Rechte einzutreten.

Einen Rückschlag erlebt der Weltfrauentag unter dem NS-Regime, das mit einem von revolutionärer Rhetorik geprägten Frauenbild nichts anfangen kann. Der Frauentag wird verboten, an seiner Stelle der „Muttertag" gefeiert, der sich dem NS-Weltbild harmonisch einfügen lässt. Das Feiern des Weltfrauentages gilt in dieser Zeit als Zeichen des Widerstandes.

Nach dem Zweiten Weltkrieg dauert es wieder einige Zeit, bis der Frauentag seine alte Bedeutung erreichen kann; mit der neuen Frauenbewegung der 1960er Jahre rückt er jedoch wieder verstärkt in den Blickpunkt der Öffentlichkeit – an Zielen, für die es zu kämpfen gilt, mangelt es auch zu Beginn des 21. Jahrhunderts nicht …

Der 100. Internationale Frauentag wird 2011 mit einem Aktionstag in Wien gefeiert.

9. März 1938

Wir wollen ein freies und deutsches Österreich!

Im Stadtsaal von Innsbruck warten die Funktionäre der „Vaterländischen Front" auf den Bundeskanzler und „Frontführer". Tosender Beifall bricht aus, als Kurt Schuschnigg von der Hofburg kommend den Saal betritt. Nach der Begrüßung durch Tirols Landeshauptmann Josef Schuhmacher setzt Marschmusik ein, die „Amtswalter" der Vaterländischen Front singen das Lied „Das ist mein Vaterland, das ist mein Österreich!"

Schuschnigg kündigt eine Volksabstimmung an

Dann tritt der Bundeskanzler ans Rednerpult. „Treuehuldigungen und Beifallsstürme" halten minutenlang an. Schließlich ergreift Schuschnigg das Wort, beginnt seine Rede mit „Liebe Landsleute! Kameraden der Front!" und erklärt, dass er heute keine Programmrede halten wolle, es gehe vielmehr darum; Klarheit über den zukünftigen Weg zu gewinnen. Bevor Schuschnigg zum entscheidenden Punkt kommt, fasst er seine Politik in den Grundzügen noch einmal zusammen: „Wir wollen ein freies und deutsches Österreich. Wir wollen ein unabhängiges und soziales Österreich. Wir wollen ein christliches und einiges Österreich! Wir wollen Brot und Frieden im Lande! Und wir wollen die Gleichberechtigung aller, die zu Volk und Heimat stehen!" Im Sinne dieser Politik habe er das Juliabkommen mit Hitlerdeutschland unterzeichnet, nun aber müsse er wissen, ob „die Sorge um Brot und Frieden das Volk in einer unüberwindlichen Front" zusammenführe. „Darum", so setzt er fort, „Landsleute und Österreicher, Männer und Frauen, rufe ich euch in dieser Stunde auf: Am nächsten Sonntag, den 13. März 1938, machen wir eine Volksabstimmung!"

Die versammelten VF-Männer antworten auf diese Ankündigung mit donnerndem Applaus, wieder setzt Musik ein, man stimmt „in ergreifender Weise", wie das *Tagblatt* berichtet, das Andreas-Hofer-Lied an; dann erst kommt der Bundeskanzler wieder zu Wort, er beschwört die Einigkeit des Landes über Parteigrenzen hinweg, um dann zum großen Schlussappell auszuholen: „ Bekennt Euch, wo immer ihr gestanden seid, zur Einigkeit! Männer und Frauen, von Tirol und Österreich, sagt Ja zu Tirol, sagt ja zu Österreich!"

Die Antwort ist ein Beifallssturm ohnegleichen, die „Wände des Stadtsaales zitterten" unter den Klängen der Bundeshymne ... und in der Osttiroler Gemeinde Innervillgraten, wo man vom „Anschluss" noch nichts weiß, findet am 13. März 1938 die Volksabstimmung tatsächlich statt: 95 % stimmen für Schuschnigg!

Bundeskanzler, Schuschnigg und Landeshauptmann Schuhmacher auf dem Weg zum Stadtsaal.

10. März 1528

O, salz' mich gut, salz' mich gut

Erzherzog Ferdinand, König von Böhmen, Kroatien und Ungarn, nennt ihn nur „Doctor Balthasar“: den Mann, der „durch seine Predigt und verführerische Lehre viel Unrath, Widerwillen, Aufruhr und Empörung“ in den habsburgischen Landen verbreitet und gleichsam zu seinem Intimfeind geworden ist – den Wiedertäufer Balthasar Hubmaier. Als der aus Friedberg bei Augsburg stammende „Ketzer“ in der mährischen Täuferhochburg Nikolsburg *(Mikulov)* immer mehr Anhänger um sich scharen kann, lässt ihn Ferdinand unter der Anschuldigung aufrührerischer Tätigkeit gemeinsam mit seiner Frau gefangen nehmen, nach Wien und anschließend auf die Burg Kreuzenstein bringen. Hier verfasst Hubmaier eine an Ferdinand gerichtete *Rechenschaft des Glaubens*, in der er in 27 Artikeln seine Überzeugung darlegt. Er zeigt sich dabei konziliant, in den wichtigen Punkten „Abendmahl“ und „Taufe“ findet er jedoch zu keiner klaren Distanzierung von seiner bisher verkündeten Lehre; auch eine zweite Schrift, die er am 29. Februar 1528 beendet und direkt an den König sendet, enthält diese geforderte *Revocation* nicht – nur ein klarer Widerruf könnte ihm noch das Leben retten.

Ferdinand, der angesichts der wachsenden Zahl an Wiedertäufern in seinen Landen höchst beunruhigt ist, drängt seine Beamten auf rasches *Brennen und Strafen*, auf theologische Diskussionen und Spitzfindigkeiten will er sich gar nicht erst einlassen. Balthasar Hubmaier wird deshalb wieder nach Wien gebracht und von einem „Ketzergericht“ unter Zuhilfename der Folter verhört; seine Frau spricht ihm dabei Mut zu. Da er das *Sacrament des Altars und die Kindertauff* weiterhin ablehnt, wird er *umb dies Missethat und verdammte Ketzereien* zum Tode am Scheiterhaufen verurteilt. Wie der Augenzeuge Stephan Sprügel, zu diesem Zeitpunkt Dekan der philosophischen Fakultät der Universität Wien, später berichten wird, spricht sich Balthasar Hubmaier auf dem Weg zum Richtplatz beim Stubentor selbst Trost zu, indem er immer wieder einzelne Bibelstellen vor sich hersagt. Vor dem Scheiterhaufen richtet er noch einmal das Wort an die zahlreichen Menschen, die gekommen sind, um ihn sterben zu sehen: „O, liebe Brüder, wenn ich jemanden beleidigt hätte, in Worten oder in Werken, so möge er mir um meines barmherzigen Gottes Willen verzeihen. Ich verzeihe auch all denen, die mir je ein Leid zugefügt.“ Die Schergen ziehen ihm die Kleider aus, binden ihm die Hände und Füße, heben ihn dann auf den Scheiterhaufen und fesseln ihn an den Pfahl. Als einer der Henkersknechte seinen langen Bart mit Schwefel und Pulver einreibt, meint er zu ihm: „O, salz' mich gut, salz' mich gut.“ Dann erhebt er sein Haupt und ruft: „O, liebe Brüder, bittet Gott, auf dass er mir Geduld verleihe in diesen meinen Leiden. Ich will im christlichen Glauben sterben.“ Dann zünden die Schergen den Holzstoß an.

Der Wiedertäufer Balthasar Hubmaier

Ferdinands „Kreuzzug“ geht weiter: Drei Tage später wird Hubmaiers Frau ertränkt, indem man sie mit einem Stein um den Hals von der großen Donaubrücke stürzt.

11. März 1938

Gott schütze Österreich!

In den österreichischen Morgenzeitungen wirbt man noch für die von Bundeskanzler Schuschnigg am 9. März in Innsbruck angekündigte Volksbefragung, die am 13. März stattfinden soll – Bekenntnisse zur Freiheit Österreichs, die nun bereits zu spät kommen.

Denn Hitler, durch das geplante Plebiszit Schuschniggs unter Zugzwang gekommen, will nicht länger zuwarten. Es ist knapp nach Mitternacht, als er die „Weisung Nr. 1" für das „Unternehmen Otto" – so der Deckname für den Einmarsch in Österreich – herausgibt; der Mobilmachungsbefehl für die 8. Armee ist bereits am Vorabend ergangen. Auch die deutschen Generäle werden vom Tempo der Ereignisse überrascht; noch rechnet man mit Gegenwehr der Österreicher, auch wenn der „Führer" einen „friedlichen Einmarsch" erwartet. Um sechs Uhr morgens beginnt in den bayerischen Bahnhöfen das Verladen der 1. Welle der deutschen Okkupationstruppen.

Das Unternehmen Otto

Im Bundeskanzleramt in Wien wird Schuschnigg inzwischen von Innenminister Seyß-Inquart und Minister ohne Portefeuille Edmund Glaise-Horstenau, der am Morgen aus Berlin mit einem Brief Hitlers eintrifft, immer stärker unter Druck gesetzt. Das Ziel der Nazis: Verschiebung bzw. Absage der Volksbefragung. Um 13 Uhr stellen die beiden Handlanger Berlins ein Ultimatum: Verschiebung der Volksbefragung oder Demissionierung bis 14 Uhr. Schuschnigg bittet daraufhin Bundespräsident Miklas zur Krisensitzung ins Kanzleramt; kurz nach 15 Uhr meldet sich telefonisch Hermann Göring aus Berlin bei Schuschnigg, seine unverblümte Botschaft: Schuschnigg genieße nicht mehr das Vertrauen der Reichsregierung, er solle bis 17.30 Uhr zurücktreten, Seyß-Inquart sein Nachfolger werden. Um 16 Uhr ist Schuschnigg „weichgeklopft" und bietet sein Rücktritt an; aus London und Paris, so viel zeichnet sich nun ab, ist keine Hilfe zu erwarten. Miklas weigert sich, Seyß-Inquart zum Bundeskanzler zu ernennen, und betraut Generaltruppeninspektor General Sigismund Schilhawsky mit der Führung des Heeres, die Kanzlerschaft lehnt Schilhawsky ab.

Um 19.30 Uhr erteilt Schuschnigg den Befehl, dass nicht gegen deutsche Truppen gekämpft werden dürfe, um 19.50 Uhr verabschiedet er sich im Rundfunk: „Der Herr Bundespräsident beauftragt mich, dem österreichischen Volk mitzuteilen, dass wir der Gewalt weichen. (...) So verabschiede ich mich in dieser Stunde von dem österreichischen Volke mit einem deutschen Wort und einem Herzenswunsch: Gott schütze Österreich!" *(siehe 12. März)*.

Das „Unternehmen Otto" hat begonnen: Die Grenzbalken werden entfernt.

12. März 1938

Und Adolf Hitler ist unser Führer!

Der „Anschluss" tritt mit einer glatten Lüge Hitlers in seine letzte Phase: Unmittelbar nach dem Rücktritt Schuschniggs, am Freitag, dem 11. März 1938 um 20.45 Uhr, erlässt Hitler „Weisung Nr. 2" für das „Unternehmen Otto". In Punkt 3 heißt es darin: „Zur Vermeidung weiteren Blutvergießens in österreichischen Städten wird der Vormarsch der deutschen Wehrmacht nach Österreich am 12. 3. bei Tagesanbruch nach Weisung Nr. 1 angetreten. Ich erwarte, dass die gesteckten Ziele unter Aufbietung aller Kräfte so rasch als möglich erreicht werden" – das angebliche „Blutvergießen" hat es jedoch nie gegeben.

Der „Anschluss"

Bundespräsident Miklas, der auch nach dem Rücktritt Schuschniggs den Nazis noch Widerstand leistet, ernennt schließlich Seyß-Inquart doch zum Bundeskanzler, die Nachricht darüber wird um 23.14 Uhr im Rundfunk gebracht – die „Machtübernahme" der Nazis beginnt: Auf dem Wiener Rathaus wird die Hakenkreuzfahne gehisst, Bürgermeister Richard Schmitz in seiner Wohnung verhaftet. Um Mitternacht ernennt Bundespräsident Miklas die von Seyß-Inquart vorgeschlagene Regierung; seine Bedingungen: „1. Vermeiden Sie Blutvergießen! 2. Stellen Sie die Ruhe und Ordnung wieder her! 3. Sichern Sie dem Land den Frieden!"

Um 2 Uhr verlässt Exkanzler Schuschnigg das Bundeskanzleramt, um 2.10 Uhr lässt Seyß-Inquart in Berlin anrufen und bittet, auf den Einmarsch der Wehrmacht zu verzichten – man weckt Hitler, doch der „Führer" bleibt bei seiner Entscheidung: Um 5.30 Uhr beginnen deutsche Truppen mit dem Überschreiten der Grenze; bereits um 5 Uhr treffen der Reichsführer SS Heinrich Himmler, SS-Führer Reinhard Heydrich und hohe Gestapo-Beamte am Flughafen Aspern in Wien ein – die deutschen Flugzeuge können ungestört landen. Um 9 Uhr beginnt auch die 2. Panzerdivision unter General Guderian mit dem Einmarsch; um 12 Uhr kommt Propagandaminister Joseph Goebbels ins Spiel und verliest im deutschen Rundfunk eine „Proklamation des Führers und Reichskanzlers"; geschickt wird der Einmarsch zur Hilfeleistung für die „Volksgenossen" umstilisiert: „Ich habe mich daher entschlossen, den Millionen Deutschen in Österreich nunmehr die Hilfe des Reiches zur Verfügung zu stellen. Seit heute morgen marschieren über alle Grenzen Deutsch-Österreichs die Soldaten der deutschen Wehrmacht."

Hitler selbst trifft um 12.30 Uhr beim Armeeoberkommando der 8. Armee in Mühldorf ein und startet dann in einem dreiachsigen offenen Mercedes-Geländewagen seine triumphale „Rückkehr in die Heimat" – um 16 Uhr erreicht der Tross des „Führers" Braunau am Inn, seine Geburtsstadt; die Bevölkerung jubelt Hitler, dem „Erlöser", zu, vergessen ist Österreich. Frenetischer Jubel wartet auch in Linz, der Stadt seiner Kindheit und Jugend, auf ihn, wo Hitler unter dem Läuten der Glocken gegen 19.30 Uhr eintrifft. Währen eine Vorausabteilung der Wehrmacht bereits die Stadtgrenze von Wien erreicht hat, ist für 20 Uhr eine Großkundgebung in Linz angesetzt: Hitler zeigt sich zusammen mit Bundeskanzler Seyß-Inquart, Heinrich Himmler und an-

deren Größen auf dem Balkon des Linzer Rathauses, seine von 60.000 bis 80.000 Menschen begeistert akklamierte Botschaft: „Das volksdeutsche Reich der Ordnung, des Friedens und der Freiheit der Völker ist unser Ziel und wir stehen an der Schwelle seines Anbruches, und Adolf Hitler ist sein Führer!"
Sein Nachtquartier bezieht Hitler im Linzer Hotel Weinzinger; im Kreis „alter Kämpfer" verspricht er noch, dass er die Patenschaft über die Stadt Linz übernehmen und eine neue Donaubrücke bauen würde. Am nächsten Morgen wird er hier das „Gesetz über die Wiedervereinigung Österreichs mit dem Deutschen Reich" formulieren lassen, dessen Text sofort nach Wien übermittelt wird. Das noch am gleichen Tag in der zweiten Kabinettssitzung der Regierung Seyß-Inquart beschlossene Bundesverfassungsgesetz – es ist der einzige Punkt der Tagesordnung – muss vom Bundeskanzler selbst beurkundet werden, da Bundespräsident Miklas sich weigert, das Gesetz zu unterschreiben, und zurücktritt.
Während sich Hitler von einer Welle der Begeisterung und Euphorie tragen lässt, haben seine Schergen bereits mit der Verhaftung politisch missliebiger Personen begonnen, gleichzeitig beginnen Übergriffe und Gewalttaten gegen jüdische Österreicherinnen und Österreicher. Der Dramatiker Carl Zuckmayer hat diesen Ausbruch von Hass und Gewalt eindrucksvoll beschrieben: „An diesem Abend (gemeint ist der 11. März – J.S.) brach die Hölle los. Die Unterwelt hatte ihre Pforten aufgetan und ihre niedrigsten, scheußlichsten, unreinsten Geister losgelassen. (…) Und alle Menschen verloren ihr Gesicht, glichen verzerrten Fratzen: die einen in Angst, die andren in Lüge, die andren in wildem hasserfülltem Triumph."
Die Siegermächte von 1918, die im Staatsvertrag von St. Germain ausdrücklich ein Verbot des „Anschlusses" hatten festschreiben lassen, sehen nun ungerührt zu, wie Hitler Österreich annektiert, ein müder Protest ist alles, zu dem man sich durchringen kann.

Kollektive „Erlösung": Steirische „Volksgenossen" umjubeln am 4. April 1938 in Graz den „Führer".

13. März 1848

Nieder mit ihnen, wer es redlich meint mit Österreich!

In Wien gärt es seit Monaten. „Hier herrscht eine trübe, unheimliche Stimmung in allen Kreisen", berichtet der sächsische Legationsrat Carl Friedrich Graf Vitzthum von Eckstädt: „Die Vorstädte sollen in sehr gereiztem Zustand sein. Der Bürgerstand befindet sich in offenbarer Gärung. Die unheilvollsten Gerüchte zirkulieren. Es ist, als wäre es darauf abgesehen, den Staat demnächst zum Bankrott zu zwingen." Es sind die Studenten der Wiener Universität, die den „lauten Freiheitsruf", der seit dem Ausbruch der Revolution in Paris am 24. Februar 1848 durch Europa geht, nicht mehr länger ignorieren wollen. Bereits am 12. März hat man Kaiser Ferdinand I. eine Petition übergeben, in der man die Freiheit der Presse und der Universität fordert, jetzt erwartet man eine rasche Antwort.

Die Märzrevolution 1848

Bereits knapp nach acht Uhr kommt es in der Aula der Universität in der Bäckerstraße zu einer Versammlung, eine Proklamation wird verlesen, in der Staatskanzler Metternich und Polizeichef Sedlnitzky des „Verbrechens" geziehen werden, die Forderung der Studenten: „Nieder mit ihnen, wer es redlich meint mit Österreich!" Man beschließt, zum Landhaus in der Herrengasse zu ziehen, wo eben die Stände tagen. Auf den Schultern von vier Studenten sitzend, ergreift Dr. Adolf Fischhof (1816–1893), ein junger Sekundararzt am Allgemeinen Krankenhaus, im Hof des Landhauses als erster Redner das Wort und spricht, wie Augenzeuge Joseph Schulz später berichtet, von Dingen, die „in Österreich nie gehört worden waren; er verlangte Pressfreiheit, Öffentlichkeit und Mündlichkeit des Gerichtsverfahrens, bürgerliche Gleichstellung der Religionen, kein Bündniß mit Russland und überhaupt alles, was seit Kurzem unsere deutschen Brüder mit mehr oder weniger Erfolg von ihren Duodez-Monarchen verlangt hatten." Fischhofs Forderungen werden von der dicht gedrängten Menge mit Jubel aufgenommen, „lang angesammelter Hass" macht sich nun Luft, es wird das Losungswort des Tages ausgegeben: „Alle für Einen, Einer für Alle."

Man reißt die hölzerne Winterbedeckung vom Brunnen im Hof runter und funktioniert sie zu einer Rednerbühne um, auf der der Student Max Goldner die deutsche Fassung der berühmten Rede von Lajos Kossuth im Pressburger Landtag vom 3. März vorliest – die leidenschaftlichen Ausführungen des ungarischen Revolutionärs beflügeln die Menge aufs Neue, jeder einzelne Satz wird mit Beifall aufgenommen, man bildet eine Deputation, die den versammelten Ständen diese Forderungen vortragen soll. Die Deputation wird auch vorgelassen, die Vertreter der Stände ziehen es angesichts des anhaltenden Tumultes vor dem Landhaus jedoch vor, sich in die Hofburg zurückzuziehen.

Ein Student der Jurisprudenz, ein gewisser Böhm, „eine trotzig-kühne Gestalt mit dunklem Gesicht und blitzenden Augen", betritt dann die improvisierte Rednerbühne und spricht erstmals offen den Wunsch aller aus: „Absetzung des allgemein verhassten Ministers!" – vergeblich sucht Graf Colloredo, der über ein Brett vom Balkon des ersten Stocks in den Hof gelotst wird, als Vertreter der Stände beschwichtigend dagegenzuhalten. Als sich das Gerücht verbreitet, dass ein Redner verhaftet worden wäre, beginnen einige Studenten die Fensterscheiben des Landhauses einzuschlagen; inzwischen ist aber auch bereits das Militär alarmiert: Kaiserliche Grenadiere umstellen gegen zwei Uhr nachmittags das Haupttor zum Landhaus und sperren den Zutritt, auch die Tore zur Inneren Stadt und die Aufgänge zu den Basteien werden abgeriegelt und mit „starken Militärmassen" besetzt. Die Erzherzöge Wilhelm und Albrecht zeigen sich bei den Truppen, die sich am Platz Am Hof konzentrieren. Vor dem Landhaus, wo sich den Studenten inzwischen auch zahlreiche bürgerliche Demonstranten angeschlossen haben, eskaliert die Situation: Die Grenadiere eröffnen das Feuer auf die unbewaffnete Menge – fünf Tote sind zu beklagen. Auch in den Vorstädten bricht nun der Aufstand los: Arbeiter stürmen das „Verzehrsteueramt" an der Mariahilfer Linie und brennen es nieder; das Polizeikommissariat Sechshaus und das Amtshaus Braunhirschengrund werden zerstört.

Um 17 Uhr treffen die Studenten wieder in der Universität zusammen; eine neue, zündende Parole wird von den Rednern ausgegeben: Man müsse sich bewaffnen und das Zeughaus stürmen. Dann endlich die ersehnte Nachricht vom Hof: Ferdinand verspricht, ein Comitee einzusetzen, „welches alle Reformen vornehmen wird, die im Geiste der Zeit liegen" – ein kompromissbereiter Ton, der jedoch vielen zu wenig ist. Jubel bricht jedoch aus, als sich gegen 21 Uhr wie ein Lauffeuer die Nachricht vom Rücktritt Metternichs verbreitet. Unter dem Beifall der Menge und „beständigem Fraternisieren mit den Bürgern" marschieren die Studenten über den Judenplatz zum Zeughaus, wo nun tatsächlich Waffen ausgegeben werden, dann geht's „zum Patrouillieren" in die Stadt und in die Vorstädte: Aus der „spontanen Volksbewegung" des Vormittags (Wolfgang Häusler) ist eine Revolution geworden, ein Tag, so Joseph Schulz, der „allein umstürzen sollte, was Jahrhunderte gebaut".

Die Opfer des Tages, die sogenannten „Märzgefallenen", werden am 17. März in einem Massengrab auf dem Schmelzer Friedhof bestattet, katholische, evangelische und jüdische Geistliche segnen die Toten ein. Ein Gedenkstein im heutigen Märzpark erinnert an die ersten Toten der Revolution von 1848.

Verteilung von Waffen an die revolutionären Wiener Studenten. Lithographie von Ferdinand Hofbauer.

14. März 1848

Die Maschinen sind daran schuld, wir kommen sie zu zerstören

In den Wiener Vorstädten dauern die Unruhen in der Nacht vom 13. zum 14. März weiter an; am frühen Morgen nehmen sie an Intensität wieder zu, Hauptziel der revolutionären Arbeiter sind nun die Fabriken, genauer, die Maschinen in den Fabriken, denen man die Schuld an der misslichen sozialen Lage gibt. Unter anderem werden die Appreturfabrik Zappert, die Branntweinfabrik Friedmann und die Druckfabriken Granichstaedten und Weiß zerstört: Auguste Zimmermann, die Tochter eines Tapetenfabrikanten, notiert in ihrem Tagebuch: „Ansehnliche Summen Geldes, die den Bösewichtern angeboten wurden, verschmähten sie, mit wildem Geschrei erstürmten sie die Fabrik, zerschlugen und verbrannten die Maschinen, zerhämmerten die Dampfkessel, warfen die Waren zerrissen aus den Fenstern." Während in der Inneren Stadt „Nationalgarde" und „Akademische Legion" für Ruhe sorgen und Ausschreitungen verhindern, bitten Fabrikanten und „Besitzbürger" den Hof um den Einsatz von Militär. Der Forderung wird nachgegeben, in der Kirchengasse in Reindorf (heute: Reindorfgasse, 15. Bezirk) kommt es zu einem blutigen Zusammenstoß: Eine Abteilung Infanterie eröffnet das Feuer und geht mit aufgepflanztem Bajonett gegen den revoltierenden „Pöbel" vor – ein Blutbad mit 19 Toten und 300 Verwundeten ist die Folge.

Der Sturm auf die Maschinen greift schließlich über Wien hinaus, vor allem im Osten und Süden der Hauptstadt, so in Schwechat, Himberg, Perchtoldsdorf und Mödling, werden Fabriken demoliert.

Erinnerung an die „Märzgefallenen" im Wiener Straßennetz.

Als in Mödling der Bürgermeister den „Maschinenstürmern" entgegentreten will, bekommt er von deren Anführer zur Antwort: „Seit sechs Wochen haben wir keine Arbeit und kein Brot; die Maschinen sind daran schuld, wir kommen sie zu zerstören."

In seiner wütenden Attacke gegen die Maschinen bleibt das Proletariat allerdings allein auf sich gestellt; Bürgertum und Studenten unterstützen das Militär; Professor Anton Hye, einer der Wortführer am 13. März und später Justizminister, spricht am 22. März von der „Bewältigung verbrecherischer Frevler und Rotten, welche die erhabenen Errungenschaften der großen Woche zur Aufwiegelung, Plünderung, Mord und Brand schänden wollten". Eine gemeinsame „Kampffront" aus bürgerlichen Kräften und der Arbeiterschaft, so zeigt sich damit schon kurz nach dem Beginn der Revolution, wird es nicht geben, auch wenn sich manch aufrechte Demokraten daür einsetzen.

Der Maschinensturm

15. März 1938

Ein Festtag mit dem „Führer"

Während für viele Österreicher das Leiden im Staat des „Führers" inzwischen schon begonnen hat, die Gestapo erste Verhaftungen vornimmt und manchen doch noch im letzten Augenblick die Flucht gelingt, zieht es die anderen an diesem Dienstag, dem 15. März 1938, zum Heldenplatz in Wien. Sie wollen ihren Messias sehen, von dem sie glauben, dass er sie von allem Übel erlösen würde. Auf dem Platz, der an die glanzvollen Waffentaten der Monarchie erinnert, im Schatten der habsburgischen Feldherren Prinz Eugen und Erzherzog Carl wollen sie sich Hoffnung holen für die Zukunft. Es sind Hunderttausende, die in Richtung Heldenplatz ziehen, Straßen und Gassen füllen, auf Bäume klettern, um einen Blick auf IHN zu erhaschen, den Mann, der sie in seinen Bann zieht, dessen „historische Tat" es zu feiern gilt.

Hitler am Heldenplatz

Die „Anschluss"-Kundgebung ist für 10 Uhr angesetzt, doch schon um 7 Uhr früh säumen die Menschen die Ringstraße vom Hotel Imperial bis zum Heldenplatz. Autobusse treffen ein; die Belegschaften von Firmen, Gruppen und Vereine sammeln sich zur „Defilierung vor dem Führer"; vor der Votivkirche nehmen 28.000 Hitlerjungen und BDM-Mädchen in Sechserreihen Aufstellung und marschieren zum Heldenplatz. – Unverhüllt zeigt sich das erschreckende Ausmaß der bereits vorhandenen Durchdringung der österreichischen Gesellschaft mit NS-Gedankengut.

Die Musikkapellen der Wehrmacht und der Polizei beziehen vor der „Neuen Burg" mit klingendem Spiel ihre Positionen; hektisch bereiten Techniker alles für die Rundfunkübertragung vor, nicht weniger als 25 Übertragungswagen des Reichsautozugs „Deutschland" sind vorgefahren – das Spektakel soll live in die Haushalte „Großdeutschlands" geliefert werden. Strahlender Sonnenschein liegt über dem Heldenplatz – „richtiges Hitler-Wetter".

Vor dem Hotel Imperial, in dem der „Führer" einquartiert ist, halten Posten der „Leibstandarte Adolf Hitler" Wache; aus den Lautsprechern, die man an den Bäumen montiert hat, tönen Kinderstimmen, sie skandieren: „Ein Volk, ein Reich, ein Führer!" Ex-Bundeskanzler Arthur Seyß-Inquart ist als Partner für den Auftritt Hitlers vorgesehen und darf ihn deshalb vom Hotel abholen. Der „Führer" überprüft noch den Text Seyß-Inquarts, dann besteigen die Herren und ihre Entourage die wartenden Autos. Kurz nach 11 Uhr vormittags trifft die Wagenkolonne beim Äußeren Burgtor ein und

Mit der großen Geste des Triumphs: die Ankunft Hitlers am Heldenplatz.

Hitler nimmt hier den Gruß der SA, der SS, der Hitlerjugend und des Bundes deutscher Mädel entgegen. Dann steigen er und seine Begleiter die Stufen zum schmiedeeisernen Tor in die „Neue Burg" hinauf und treten auf den Balkon zum Mikrofon. Seyß-Inquart beginnt seinen vorbereiteten Text zu sprechen: „Mein Führer! Als letztes oberstes Organ des Bundesstaates Österreich melde ich dem Führer und Reichskanzler den Vollzug des gesetzmäßigen Beschlusses nach dem Willen des deutschen Volkes und seines Führers. Österreich ist ein Land des deutschen Reiches." Tosender Applaus von den Hunderttausenden, dann kann Seyß-Inquart fortsetzen: „Dem deutschen Volk und der ganzen Welt verkünde ich, dass Adolf Hitler als Führer und Reichskanzler zur Stunde in die Burg der alten Reichshauptstadt, der Hüterin der Krone des Reichs, eingezogen ist. Wonach Jahrhunderte deutscher Geschichte gerungen haben, wofür ungezählte Millionen der besten Deutschen geblutet haben und gestorben sind, was in heißem Ringen letztes Ziel, was in bitterster Stunde letzter Trost war – heute ist es vollendet: Die Ostmark ist heimgekehrt." Wieder antwortet stürmischer Beifall, Sprechchöre branden auf: „Wir danken unserem Führer!" Seyß-Inquart kommt zu seinem großen Finale: „Mein Führer! Die Kräfte aller Generationen des deutschen Volkes sind in Ihrem Wollen zusammengeballt, und Sie, mein Führer, schufen das Werk für alle Generationen der deutschen Zukunft. Heute grüßen alle Deutschen aus der Ewigkeit den Führer als den Vollender, heute grüßt der Führer das neue, ewige Deutschland [...] Mein Führer! Wie

Kollektive „Erlösung": Jubel um den „Führer".

immer der Weg führt, wir folgen nach! Heil mein Führer!"

Hitler ist bestens vorbereitet. „Deutsche! Männer und Frauen!", sagt er und signalisiert: Die Begriffe „Österreicher" und „Österreich" gibt es nicht mehr. Und konsequent vermeidet er sie in seiner Rede, so gut es geht: „In wenigen Tagen hat sich innerhalb der deutschen Volksgemeinschaft eine Umwälzung vollzogen, die wir heute wohl in ihrem Umfange sehen, deren Bedeutung aber erst spätere Geschlechter ganz ermessen werden. [...] Ich proklamiere nunmehr für dieses Land seine neue Mission. Sie entspricht dem Gebot, das einst die deutschen Siedler aus allen Gauen des Altreiches hierher berufen hat. Die älteste Ostmark des deutschen Volkes soll von jetzt an das jüngste Bollwerk der deutschen Nation und damit des Deutschen Reiches sein." Tosender Applaus unterbricht Hitler, der Gedanke vom „Bollwerk" kommt gut an. Und Hitler zögert nicht, ihn weiter auszuführen: „Dies Land ist deutsch, es hat seine Mission begriffen, es wird diese erfüllen, und es soll an Treue zur großen deutschen Volksgemeinschaft von niemandem jemals überboten werden. Unsere Aufgabe aber wird es nun sein, durch Arbeit, Fleiß und gemeinsames Einstehen und Zusammenstehen die großen sozialen, kulturellen und wirtschaftlichen Aufgaben zu lösen, vor allem aber Österreich immer mehr zu einer Trutzburg nationalsozialistischer Gesinnung und nationalsozialistischer Willenskraft zu entwickeln und auszubauen." Die Menge tobt, begeisterte „Sieg Heil!"-Rufe sind die Antwort auf diesen geschickt formulierten Appell; Hitler muss warten, bis der Jubel etwas abebbt, dann setzt er mit einem Dank an die Parteifunktionäre fort, um schließlich zur Botschaft des Tages zu kommen: „Ich kann somit in dieser Stunde dem deutschen Volk die größte Vollzugsmeldung meines Lebens abstatten. Als Führer und Kanzler der deutschen Nation und des Deutschen Reiches melde ich vor der deutschen Geschichte nunmehr den Eintritt meiner Heimat in das Deutsche Reich" – Augenblicke des Schweigens, dann hebt er die rechte Hand zum Gruß. Der Applaus der Menge bricht los, in den tosenden Beifall mischen sich Jubelrufe und Sprechchöre. Hitler setzt den Schlusspunkt: „Deutschland und sein neues Glied, die Nationalsozialistische Partei und die Wehrmacht unseres Reiches – Sieg Heil!" Auf dem Heldenplatz zu seinen Füßen erreicht die Hysterie einen neuen Höhepunkt; wie im Rausch genießen die Menschen die Illusion von neuer Macht und Stärke. Sie glauben tatsächlich, wie Augenzeuge G. E. R. Gedye schreibt, dass „mit der Ankunft des kleinen Mannes in der braunen Uniform" das „Tausendjährige Reich" angebrochen sei, und erleben „in einem unbeschreiblichen Aufschwung des Nationalgefühls", wie die *Neue Freie Presse* am Tag danach resümiert, eine „Wiedergeburt", ein „Bekenntnis der Treue und Liebe zum Führer, wie es erschütternder und erhebender undenkbar ist".

Die „größte Vollzugsmeldung meines Lebens": Der nationale Rausch ist am Höhepunkt.

16. März 1936

Gebt uns Freiheit, dann könnt ihr unsere Fäuste haben!

Er soll so etwas wie eine letzte Abrechnung des „Ständestaat"-Regimes mit den Sozialdemokraten werden: der „Große Sozialistenprozess" im Frühjahr 1936. Nicht weniger als 28 Angeklagte, also praktisch die gesamte Führungsriege der Revolutionären Sozialisten, stehen vor Gericht; die Anklage lautet auf „Hochverrat", ein Delikt, auf das im schlimmsten Fall die Todesstrafe stehen kann. Auf der Anklagebank sitzen unter anderen Karl Hans Sailer und Maria Emhart als Hauptangeklagte, weiters Franz Rauscher, Roman Felleis, Otto Probst, Anton Proksch, Josef Wacke, Bruno Kreisky und Franz Jonas; ihnen allen wird die illegale Teilnahme an der „Brünner Reichskonferenz" Ende Dezember 1934 vorgeworfen. Angeklagt sind aber auch zwei Kommunisten: Franz Honner, der spätere Staatssekretär für Inneres, und Friedl Fürnberg, der langjährige Zentralsekretär der KPÖ. Wie Bruno Kreisky später in seinen Erinnerungen meint, ein taktisches Manöver, mit dem man die Revolutionären Sozialisten als „Krypto-Kommunisten" denunzieren wollte.

Der Große Sozialistenprozess

Den Vorsitz führt Oberlandesgerichtsrat Dr. Alois Osio, ein Mann mit Erfahrung in „politischen" Prozessen und bekannt für seine strengen Urteile – die Nazis werden sich dafür grausam rächen: 1939 wird Alois Osio im KZ Dachau vom berüchtigten SS-Stabsführer Franz Voggesberger ermordet. Verteidiger von Karl Hans Sailer und auch von Bruno Kreisky ist der jüdische Anwalt und Schriftsteller Heinrich Steinitz (1879–1942), der seine Verteidigungslinie konsequent darauf abstellt, dass sich die Ziele der Sozialdemokraten seit dem Hainfelder Parteitag 1889 nicht verändert hätten, von „Hochverrat" könne daher nicht gesprochen werden. So wie Richter Osio verschleppt die Gestapo auch Heinrich Steinitz nach dem „Anschluss" nach Dachau; im Oktober 1942 wird er in Auschwitz ermordet.

Bereits der erste Verhandlungstag zeigt, dass die Angeklagten bestens vorbereitet sind und in ihren Verteidigungsreden das Forum, das man ihnen bietet, zu nützen wissen – die internationalen Beobachter sind beeindruckt. „Menschlich großartig", so das spätere Urteil Kreiskys, sei vor allem die Rede Maria Emharts gewesen; die „kämpferischste", die „uns alle begeisterte", habe dagegen sein Freund Roman Felleis (1903–1944), mit ihm zusammen Gründer der „Revolutionären Sozialistischen Jugend", gehalten. Felleis, der 1944 im KZ Buchenwald ums Leben kommt, weist unmissverständlich darauf hin, dass die Arbeiter bereit seien, gegen die Bedrohung durch den Nationalsozialismus zu kämpfen, sein Fazit: „Gebt uns Freiheit, dann könnt ihr unsere Fäuste haben!"

Aufgrund des großen internationalen Interesses, das der Prozess findet, fallen die Urteile schließlich relativ mild aus; das Schuschnigg-Regime folgt hier wohl einer Empfehlung Kardinal Innitzers, der davor warnt, die Arbeiterschaft weiter in die Enge zu treiben. Das „längste und ergreifendste" Schlussplädoyer vom 24. März 1933 hält Heinrich Steinitz. Die Urteile unter anderem: Bruno Kreisky wird zu zwölf Monate Kerker verurteilt, Karl Hans Sailer zu zwanzig Monaten, Maria Emhart zu achtzehn Monaten.

17. März 1942

Niemand wurde so gequält wie sie

Ihr Mann Otto Leichter kann mit einem gefälschten Pass im März 1938 in die Schweiz flüchten, die Söhne Heinz und Franz, 16 und 8 Jahre alt, gelingt es, mithilfe einer befreundeten Familie und der ehemaligen Hausgehilfin außer Landes zu bringen, für Käthe Leichter selbst kommt die Hilfe zu spät: Sie wird Opfer eines Spitzels. Der Journalist Hans Pav, ehemals in der Sportredaktion der *Arbeiter-Zeitung* tätig, verrät sie so wie andere Funktionäre der Revolutionären Sozialisten an die Gestapo – am 30. Mai 1938 wird Käthe Leichter verhaftet und zunächst ins Polizeigefängnis, die „Liesl" in der Roßau, gebracht, dann ins Gefängnis des Wiener Landesgerichts überstellt. Im Jänner 1940 deportiert man sie in das KZ Ravensbrück.

Sonderbehandlung „14f13"

Als im März 1940 ihre Parteifreundin Rosa Jochmann (1901–1994) in Ravensbrück eingeliefert wird, setzt sie sich dafür ein, dass diese zur „Blockältesten" ernannt wird. Jochmann, die das KZ überlebt, schreibt 1945 über Käthe Leichter: „Genossin Leichter war die Seele ihres Blockes und uns ‚Politischen' die Lehrerin, die sie draußen gewesen war. Die Juden waren alle auf einem Block untergebracht, 500 im Jahre 1940, niemand wurde so gequält wie sie […]"

Käthe Leichter ist gewohnt zu kämpfen: Geboren 1895 in Wien als Tochter des Rechtsanwaltes Josef Pick und seiner Frau Lotte, versucht man sie nach dem Besuch des „Beamtentöchter-Lyzeums" am Studium zu hindern – die 18-Jährige klagt und erzwingt die Zulassung zum Studium; ab 1914 studiert sie an der Universität Wien Staatswissenschaften, daneben arbeitet sie als Erzieherin im Döblinger Proletarierviertel „Krim". Und sie engagiert sich in der pazifistischen Bewegung; die Folge ist ein Einreiseverbot für Deutschland, dennoch gelingt es ihr, 1918 mit einer Sondergenehmigung bei Max Weber in Heidelberg zu promovieren. Nach dem Krieg wird sie Mitarbeiterin Otto Bauers in der Staatskommission für Sozialisierung; 1925 beginnt sie mit dem Aufbau des Frauenreferats in der Arbeiterkammer Wien und profiliert sich durch ihre sozialwissenschaftliche Arbeit, 1927 erscheint ihre Studie *Frauenarbeit und Arbeiterinnenschutz in Österreich*. Nach dem Verbot der Sozialdemokratischen Partei gehört sie dem Schulungsausschuss der Revolutionären Sozialisten an; ihr Haus in Mauer wird zu einem beliebten Treffpunkt.

Nach dem Stopp der Aktion T 4 erhält die Tötungsanstalt in Bernburg an der Saale den Auftrag, „in nächster Zeit KL-Angehörige zu bearbeiten"; unter den 1.400 jüdischen Frauen, die im Rahmen der „Aktion 14f13" im Frühjahr 1942 in der Gaskammer von Bernburg sterben, ist am 17. März auch Käthe Leichter.

Die Aufschlüsselung des Codes „14f13": Laut SS-Einheitsaktenplan steht die Ziffer „14" für „Inspekteur der Konzentrationslager", der Buchstabe „f" für „Todesfälle" und die Ziffer „13" für die Todesart – die „13" ist der „Vergasung" zugeordnet.

18. März 1938

… und Heil Hitler!

Kardinal Theodor Innitzer, der Sohn eines Fabriksarbeiters in Neugeschrei in Nordböhmen, unterschätzt die Perfidie der Nazis. Am Nachmittag des 15. März 1938 hat er dem „Führer“ im Hotel Imperial einen Besuch abgestattet und diesem versichert, dass die Katholiken Österreichs sich loyal verhalten würden. Hitler, nach seinem pompösen Auftritt am Heldenplatz (siehe 15. März) in bester Stimmung, hatte sich mit dieser Erklärung zufrieden gezeigt und gemeint: „Wenn sich hier in Österreich eine gute Zusammenarbeit ergibt, kann sich dieser religiöse Frühling auch auf das Altreich auswirken.“

Am nächsten Tag will Innitzer den Inhalt der Unterredung mit Hitler in einem kurzen Hirtenbrief veröffentlichen, Zeitungen und Rundfunk bringen seine Erklärung jedoch nicht; als er sich darüber bei Josef Bürckel, dem „Reichskommissar für die Wiedervereinigung“ beschwert und gleichzeitig für den 18. März eine außerordentliche Bischofskonferenz nach Wien einberuft, nützt Bürckel die Chance zur Überrumpelung: Er schickt einen „Sonderbeauftragten“ zu den Bischöfen, der ihnen den Entwurf zu einer „Feierlichen Erklärung“ zur Unterschrift vorlegt – der Coup gelingt: Nach einigen geringfügigen Änderungen unterzeichnen die Bischöfe tatsächlich diesen Text, in dem sie eine klare Empfehlung für die Nazis abgeben. So heißt es im letzten Absatz: „Am Tage der Volksabstimmung ist es für uns Bischöfe selbstverständliche nationale Pflicht, uns als Deutsche zum Deutschen Reich zu bekennen, und wir erwarten auch von allen gläubigen Christen, dass sie wissen, was sie ihrem Volke schuldig sind.“

Das Bekenntnis der Erzbischöfe und Bischöfe zu „Großdeutschland“

Das 8 Groschen Kleine Blatt

Tschechoslowakei 40 Heller — Ungarn 8 Fillér — Jugoslawien 1·50 Dinar — Italien 40 Centesimi

Nr. 86 — Wien, Montag, 28. März 1938 — 12. Jahrg.

Österreichs Bischöfe bejahen den Nationalsozialismus.

In allen katholischen Kirchen Deutschösterreichs wurden am Sonntag folgende Erklärungen der österreichischen Bischöfe zur Verlesung gebracht:

1. Vorwort zur feierlichen Erklärung der österreichischen Bischöfe in Sachen der Volksabstimmung!

Nach eingehenden Beratungen haben wir Bischöfe Österreichs angesichts der großen geschichtlichen Stunden, die Österreichs Volk erlebt, und im Bewußtsein, daß in unseren Tagen die tausendjährige Sehnsucht unseres Volkes nach Einigung in einem großen Reich der Deutschen ihre Erfüllung findet, uns entschlossen, nachfolgenden Aufruf an alle unsere Gläubigen zu richten.

Wir können dies um so unbesorgter tun, als uns der Beauftragte des Führers für die Volksabstimmung in Österreich, Gauleiter Bürckel, die aufrichtige Linie seiner Politik bekanntgab, die unter dem Motto stehen soll: „Gebt Gott, was Gottes ist, und dem Kaiser, was des Kaisers ist.“

Wien, am 21. März 1938.

Für die Wiener Kirchenprovinz:
† Theodor Kardinal Innitzer, Erzbischof m. p.

Für die Salzburger Kirchenprovinz:
† Sigismund Waitz, Fürsterzbischof.

2. Feierliche Erklärung.

Aus innerster Überzeugung und mit freiem Willen erklären wir unterzeichneten Bischöfe der österreichischen Kirchenprovinzen anläßlich der großen geschichtlichen Geschehnisse in Deutschösterreich:

Wir erkennen freudig an, daß die nationalsozialistische Bewegung auf dem Gebiet des völkischen und wirtschaftlichen Aufbaues sowie der Sozialpolitik für das Deutsche Reich und Volk und namentlich für die ärmsten Schichten des Volkes Hervorragendes geleistet hat und leistet. Wir sind auch der Überzeugung, daß durch das Wirken der nationalsozialistischen Bewegung die Gefahr des alles zerstörenden gottlosen Bolschewismus abgewehrt wurde. Die Bischöfe begleiten dieses Wirken für die Zukunft mit ihren besten Segenswünschen und werden auch die Gläubigen in diesem Sinn ermahnen.

Am Tage der Volksabstimmung ist es für uns Bischöfe selbstverständliche nationale Pflicht, uns als Deutsche zum Deutschen Reich zu bekennen, und wir erwarten auch von allen gläubigen Christen, daß sie wissen, was sie ihrem Volke schuldig sind.

Wien, am 18. März 1938.

Die Erzbischöfe und Bischöfe Österreichs.

*

Mit Freude und aufrichtiger Genugtuung nimmt das ganze deutsche Volk von dieser Erklärung Kenntnis. Sie ist geeignet, einen Schlußstrich hinter die Vergangenheit zu ziehen. Sie beweist, daß in dieser für das ganze deutsche Volk und seine Zukunft so ereignisreichen Zeit auch die katholische Kirche den Weg zum neuen Staat finden will. Der Nationalsozialismus, der das unverrückbare Ziel der Einigung aller Deutschen verfolgt, wird glücklich sein, auch auf diesem Gebiet den Hader und damit die Zerrissenheit unseres Volkes beenden zu können. So wird vielleicht zum erstenmal in unserer Geschichte am 10. April 1938 die ganze deutsche Volksgemeinschaft ohne Rücksicht auf Stämme, Länder, Klassen und Konfessionen geschlossen zur Wahlurne treten und vorbehaltlos ihr „Ja“ aussprechen.

Der Übergang zur Markwährung.

Preisaufrundungen verboten.

Der Beauftragte des Führers für die Volksabstimmung in Österreich Gauleiter Josef Bürckel ordnet an: Um jede Unklarheit bei der Umstellung der Preise von Reichsmark auf Schilling auszuschließen, wird mitgeteilt, daß Gauleiter Bürckel folgende grundlegende Anordnung getroffen hat:

1. Bei der Auszeichnung der Preise in Geschäften, Läden, Hotels, Gasthäusern in Reichsmark ist auf jeden Fall auch der Schillingpreis aufzuführen;

die Preisbezeichnung hat also in beiden Währungen nebeneinander zu erfolgen.

Die Bezahlung kann während der Übergangszeit in Reichsmark oder in Schilling erfolgen. Die Umrechnung erfolgt zum gesetzlichen Umrechnungskurs 1 Reichsmark = 1·50 Schilling.

Eine Aufrundung ist verboten.

Soweit sich bei der Umrechnung Bruchteile eines Pfennigs ergeben, ergehen für Lebensmittel des täglichen Bedarfes besondere Anweisungen.

2. Jede Erhöhung der bisherigen Preise in Schilling ist verboten.

Gegen die Preistreiber wird unnachsichtlich vorgegangen, sie sind mir sofort zu melden. Im Bedarfsfall werden weitere Bestimmungen über die Preisfestsetzung erfolgen.

Besuch bei der österreichischen Legion.

Essen, 27. März. Stabschef Lutze und Obergruppenführer Reschny besuchten die Lager Dorsten und Bocholt der österreichischen Legion. Der Stabschef hielt an die versammelten Legionäre eine Ansprache, in der er den Sieg der nationalsozialistischen Idee auf deutschösterreichischem Boden feierte. Bevor die Kameraden der österreichischen Legion in ihre Heimat zurückkehren, wolle er ihnen noch einmal danken für ihren Glauben und ihre Haltung.

Nicht als Verfemte kommen die Männer der Österreichischen Legion in ihre Heimat zurück, sondern als Sieger.

Er erwarte von jedem einzelnen Legionär, daß er in seiner Heimat dazu beitrage, die Idee des Nationalsozialismus zu vertiefen.

Die „Feierliche Erklärung“ wird in allen Zeitungen ausführlich kommentiert.

Am 21. März unterschreibt Innitzer auf Drängen Bürckels schließlich auch die Präambel und einen ebenfalls vorgefertigten Begleitbrief an den „Herrn Gauleiter“, wobei er handschriftlich hinzufügt: „und Heil Hitler!“ Am 27. März, zwei Wochen vor der Volksabstimmung, wird die Erklärung der Bischöfe von den Kanzeln verkündet, Zeitungen und Zeitschriften bringen sie in Faksimile, dann werden auch noch Plakate damit gedruckt – die „Feierliche Erklärung“ wird in den Händen der Nazis zu einem wirksamen Propagandainstrument.

19. März 1911

Wir fordern unser Stimmrecht, weil wir Frauen und Mütter sind!

Für die reaktionäre antisemitische *Reichspost* ist es nur eine „sozialdemokratische Suffragetts-Demonstration", bei der sich einmal mehr die „Allianz zwischen Judenliberalismus und den Sozialdemokraten" erweise: der Erste Internationale Frauentag am 19. März 1911, ausgerufen von der Zweiten Internationalen Sozialistischen Frauenkonferenz. Die *Neue Freie Presse* und andere Wiener Blätter berichten dagegen unter dem Stichwort „Frauenwahlrechtstag" und verschweigen nicht, dass dieser neue Aktionstag, der auch in Deutschland, Dänemark und der Schweiz begangen wird, in Österreich gewaltigen Anklang findet und Tausende Frauen in zahlreichen Städten des Landes auf die Straße führt. Gefordert wird von den Demonstrantinnen vor allem die Einführung des allgemeinen und geheimen Wahlrechts, wichtige Themen sind aber auch Mutterschutz, 8-Stunden-Tag, gleicher Lohn für gleiche Arbeit und Straffreiheit für Abtreibungen.

Erster Internationaler Frauentag

Die Wiener Festveranstaltung findet unter dem Vorsitz von Frauenrechtlerin Therese Schlesinger (1863–1940) im großen „Blumensaal" der k. k. Wiener Gartenbaugesellschaft (heute Parkring 12) statt; der Andrang ist gewaltig, schon vor Beginn sind alle Plätze besetzt, die Frauen stehen bis auf die Ringstraße hinaus. Eröffnet wird die Versammlung mit dem eigens für diesen Anlass komponierten „Frauenstimmrechtslied"; nach Viktor Adler, der den Frauen wortreich versichert, dass er immer für ihre Rechte kämpfen werde, kommt Adelheid Popp, die „Führerin der sozialdemokratischen Frauenbewegung" *(Neue Freie Presse)*, zu Wort. Ohne lange Umschweife präsentiert die resolute Kämpferin ihr Anliegen: „An einem Tage wie dem heutigen ist es nicht mehr nötig, zu sagen, dass für die Frauen das Wahlrecht eine Notwendigkeit ist. Sie wissen es, und die anderen, die noch immer lächeln, die werden es sich bald abgewöhnen müssen. [...] Wir wollen ins Parlament einziehen, um dort zu sagen, dass unsere Kinder zu wenig Brot und Licht zum Leben haben, und um dort zu sagen, dass, wenn Frau und Mann zusammen Tag und Tag ehrlich arbeiten, ihre Kinder noch immer nicht leben können. Wir fordern also deshalb unser Stimmrecht, weil wir Fauen und Mütter sind! Wir wollen unsere Stimme erheben für unser Wohl und das Wohl unserer Kinder!"

Eine Resolution im Sinne dieser Forderungen wird angenommen, dann formiert sich ein Demonstrationszug, etwa 15.000 Frauen marschieren auf der Ringstraße vom Schwarzenbergplatz Richtung Dr.-Karl-Lueger-Platz" (heute Rathausplatz), unter ihnen, wie die *Neue Freie Presse* bemerkt, auch viele Teilnehmerinnen aus dem bürgerlichen Lager. Wieder spricht Adelheid Popp, die den Frauentag in einer längeren Rede „als geschichtliches Wahrzeichen der Monarchie" würdigt; ihre Parteifreunde Wilhelm Ellenbogen, Jakob Reumann und Therese Schlesinger betonen in kurzen Stellungnahmen, dass dieser Tag im Kampf um das Frauenwahlrecht „wohl der erste, doch lange nicht der letzte" gewesen sei.

20. März 1893

Pferde unnötig!

Es beginnt schon zu dunkeln, als sich von Rorschach kommend ein seltsames Gefährt der Vorarlberger Hauptstadt nähert: eine Kutsche ohne Pferde, mit drei Rädern, knatternd und ratternd, eine Wolke aus Benzingestank hinter sich lassend. Um neun Uhr morgens sind die beiden Männer am „Kutschbock“, der Marinemaler Eugen Zardetti (1849–1926) und der Monteur Matthias Bender, ein enger Mitarbeiter des Mannheimer Automobilpioniers Carl Benz, vom Hotel Helvetia in Kreuzlingen abgefahren, bestaunt von einer Masse Volk; nach häufigem *Zünder wechseln* und *einigen Schnellfahrtpartien* erreichen sie endlich ihr Ziel, die elegante Villa Mirador am Ölrain in Bregenz. Übernommen hat Zardetti den dreirädrigen Benz-Patent-Motorwagen mit der Fabrikationsnummer 24 am Vortag in Konstanz, vor allem auf den Steigungen haben er und Bender ihre liebe Not – das Gefährt bleibt, wie Zardetti in seinem 2003 aufgefundenen „Motorwagen-Tagebuch“ notiert, *oft stecken*.

Das erste Automobil in Österreich

Eugen Zardetti mit Frau und Sohn auf seinem 4 PS starken Benz-Motorwagen.

Der Benz-Motorwagen Zardettis ist das erste industriell gefertigte Automobil in Österreich; seine motorische Stärke beläuft sich, wie Zardetti 1911 in einem Bericht an das *Neue Wiener Tagblatt* schreiben wird, auf immerhin vier *Pferdekräfte*, eine Geschwindigkeit von 30 bis 35 *Kilometer(n) per Stunde* könne damit erreicht werden. Matthias Bender bleibt noch acht Tage in Bregenz und bringt Zardetti das Fahren bei; täglich zwei bis drei Stunden wird geübt, die Bevölkerung ganzer Dörfer ist auf den Beinen, wenn der „Motorwagen“ vorbeiknattert. Und die *Vorarlberger Landeszeitung* druckt einen ersten „fachmännischen“ Kommentar zu dieser Sensation ab: „Eine Droschke mit Benzinbetrieb ist seit einigen Tagen hier und befindet sich im Privatbesitz des Herrn Eugen v. Zardetti. Das Gefährt ist in der Konstruktion der eleganten Chaise gleich; der Wagen ruht jedoch vorn nur auf einem Rad, welches wie beim Veloziped behufs Direktion des Fahrzeuges nach links und rechts drehbar ist. Die Zündung des Benzinmotors wird durch Elektrizität bewirkt. Die Fortbewegung des Wagens ist eine gleichmäßige, ruhige und kann zu sehr großer Schnelligkeit gesteigert werden. Diese Neuheit übt einen eigentümlichen Reiz aus: Pferde unnötig, kein Scheuwerden der Rosse, kein Geschirr etc., Vorteile, die noch sehr ins Gewicht fallen werden, wenn solche Fahrzeuge erst billiger sind.“

1898 lässt Zardetti sein dreirädriges Fahrzeug in ein vierrädriges umbauen, nach seinem Tod 1926 wird es dem Technischen Museum in Wien übergeben.

21. März 1849

In Deinem Lager ist Österreich

Zu seinem Namenstag am 19. März 1849 hat der 82-jährige Feldmarschall Josef Wenzel Radetzky von Radetz von Erherzogin Sophie ein sehr persönliches Geschenk erhalten: einen Doppeladler aus Silber, der in seinen Fängen ein Miniaturbild Kaiser Franz Josephs hält, und ein von Sophie selbst verfasstes Gedicht:

Der Du gedeckt den Kaiseraar,
Du Gottes starker Heldenschild,
O wird der Mutter Dank gewahr,
In ihres Herrn und Sohnes Bild.

Der Platz Am Hof mit dem Radetzky-Denkmal, das sich heute am Stubenring befindet.

Wenige Tage zuvor, am 12. März 1849, hat König Karl Albert von Sardinien den Waffenstillstand von Vigevano gekündigt; Radetzky, dem nach seinen Siegen im Jahr zuvor Franz Grillparzer begeistert zugerufen hatte: „In Deinem Lager ist Österreich“, muss für seinen Kaiser noch einmal in den Krieg ziehen. Einem Korrespondenten der *Augsburger Allgemeinen Zeitung* diktiert er selbstbewusst in die Feder: „Gelobt wollen wir nicht sein, wo wir's nicht verdienen. Aber meine braven Offiziere und Soldaten werden Ihnen schon was Schönes zeigen.“

Radetzky siegt bei Mortara

Der alte Radetzky hält nichts von Zaudern und Taktieren und zieht sich nicht, wie die Piemontesen vermuten, auf das Festungsviereck Mantua–Peschiera del Garda–Verona–Legnago zurück, sondern überschreitet bei Pavia den Grenzfluss Ticino und greift die Hauptmacht Karl Alberts in der Flanke an. Am Nachmittag des 21. März stößt die Vorhut des 2. österreichischen Korps bei Mortara auf die Stellungen der 1. piemontesischen Division; um sechs Uhr abends beginnt der „denkwürdige“ Angriff der Division Erzherzog Albrecht: Die Truppen gehen in vier Kolonnen vor, um sieben Uhr gelingt es der Kolonne von Oberst Benedek, in Mortara einzudringen, um halb acht Uhr stürmen die Männer von General Kolowrat das Kloster San Albino. Ein Gegenangriff der Piemontesen wird durch die Verwegenheit Benedeks abgewiesen: Er rückt in der anbrechenden Dunkelheit dem überlegenen Feind auf fünfzig Schritt entgegen und fordert die Waffenstreckung – die überraschten Piemontesen ergeben sich tatsächlich, 2.000 Mann gehen in Gefangenschaft.

Zwei Tage später kann Radetzky bei Novara die zahlenmäßig deutlich überlegene piemontesische Hauptarmee unter ihrem polnischen Oberbefehlshaber Wojciech Chrzanowski entscheidend schlagen – nach fünf Tagen ist der Feldzug entschieden, noch am selben Tag dankt König Karl Albert ab und geht ins Exil nach Portugal; der „einzig dastehende Erfolg der kaiserlichen Waffen“ wird von den reaktionären Kräften in ganz Europa gefeiert.

22. März 1915

Przemysl heute 7 vorm. ... preisgegeben

Der gewaltige Festungskomplex von Przemysl ist der ganze Stolz der k. u. k. Heeresleitung: ein 45 Kilometer langer Festungsgürtel rund um die Stadt am San mit insgesamt 38 Forts, die untereinander mit Wällen verbunden sind, bestückt mit knapp 1.000 Geschützen. Seit dem Zusammenbruch der österreichischen Front in Galizien in der Schlacht von Lemberg im September 1914 liegt Przemysl im Rücken der russischen Linien; ein erster Belagerungsversuch durch die Dritte Russische Armee unter General Radko Dmitrijew kann noch einmal abgewiesen werden, doch Anfang November 1914 wird die Festung neuerlich eingeschlossen, diesmal von der Elften Russischen Armee, befehligt von General Andrej Seliwanow. Etwa 130.000 k. u. k. Soldaten verteidigen diese letzte Bastion der österreichischen Verteidigungslinie in Galizien; ihr Kommandeur ist Feldmarschalleutnant Hermann Kusmanek von Burgneustädten (1860–1934).

Die Festungsanlagen von Przemysl nach der Kapitulation der k. u. k. Truppen.

Die Kapitulation der Festung Przemysl

Die Russen verzichten auf verlustreiche Frontalangriffe und setzen auf das „Aushungern" der Festung, in der sich auch noch etwa 30.000 Zivilisten aufhalten. Kusmaneks Taktik ist es, die Belagerer immer wieder durch lokale „Aktionen" zu „beschäftigen", um möglichst viele Feindkräfte zu binden. Anfang Dezember wird das Fleisch knapp, man beginnt die ersten Pferde zu schlachten, bis Ende des Jahres sind es rund 10.000 Tiere, die der Versorgung geopfert werden. Die zunächst noch berechtigte Hoffnung, dass Przemysl entsetzt werden könne, schwindet allmählich – die 3. k. u. k. Armee bleibt 50 Kilometer vor der Zitadelle am San liegen.

Ein Ausbruchsversuch der Österreicher am 18. Dezember 1914 scheitert, im Süden werden die k. u. k. Truppen durch eine neuerliche russische Offensive Ende Dezember 1914 in die Karpaten zurückgedrängt; der Gegenschlag der Mittelmächte wird trotz verzweifelter Anstrengungen zu einem Misserfolg – Przemysl kann nicht mehr erreicht werden. Die Versorgungslage in der Festung wird immer dramatischer: Dem Brot wird 20 Prozent Birkenmehl beigemengt, Pferdefett zum Kochen herangezogen. Ein letzter Ausbruchsversuch am 17. März muss abgebrochen werden, am Morgen des 22. März 1915 sendet Kusmanek seinen letzten Funkspruch: „Przemysl heute 7 vorm. ohne Verhandlungen mit dem Feind nach Sprengung sämtlicher Objekte und Materialien preisgegeben." Kusmanek und 120.000 k. u. k. Soldaten gehen in russische Gefangenschaft.

23. März 1919

Nach siebenhundert Jahren …

Am 15. März 1919 erhält Oberst Sir Thomas Cunninghame, der britische Militärrepräsentant bei der gemeinsamen Entente-Mission in Wien, ein Telegramm aus London: „Höchst wünschenswert, den Kaiser aus Österreich ohne Verzögerung herauszuschaffen. Alle notwendigen Schritte sind zu unternehmen, um Abreise zu beschleunigen.“ Zwei Tage später geht ein ähnliches Telegramm des britischen Kriegsministers auch an *Lieutenant-Colonel* Edward Lisle Strutt (1874–1948), den mit Sondervollmachten ausgestatteten Verbindungsoffizier, der sich seit 27. Februar bei der kaiserlichen Familie in Schloss Eckartsau im Marchfeld aufhält. Strutt, der in Innsbruck studiert hat und auch Deutsch spricht, hat Lebensmittel und dringend benötigte Medikamente mitgebracht, zwischen Kaiser Karl und dem katholischen Offizier von den *Royal Scots Guards* entwickelt sich rasch ein enges Vertrauensverhältnis. Karl stimmt dem Vorschlag Strutts, in die Schweiz auszureisen, zu, will Österreich allerdings nur gemeinsam mit seiner Familie verlassen. Staatskanzler Karl Renner wiederum will die Erlaubnis zur Ausreise an die formelle Abdankung des Kaisers knüpfen, zieht diese Forderung aber zurück, als Strutt mit der Einstellung der Lebensmittelzüge nach Österreich droht – der letzte Habsburgerherrscher verlässt das Land als Kaiser.

Kaiser Karl verlässt Österreich

Um 10 Uhr wird in der Kapelle des Schlosses Eckartsau von Bischof Ernst Seydl, dem letzten Hof- und Burgpfarrer, noch die Messe gelesen, Karls siebenjähriger Sohn Otto ministriert; nach dem Segen wird die Kaiserhymne „Gott erhalte“ angestimmt. „Alle weinten“, notiert Strutt in seinem Tagebuch.

Um 18.55 Uhr trifft die kaiserliche Wagenkolonne am Bahnhof in Kopfstetten ein; etwa 2.000 Menschen haben sich versammelt. „Alle waren vollkommen still und viele, wie ich sehen konnte, hatten Tränen in den Augen“, so Strutts Schilderungen. Kaiser Karl trägt die Uniform eines k. u. k. Feldmarschalls; zusammen mit Kaiserin Zita schüttelt er verwundeten österreichischen Soldaten, die zu seiner Abreise gekommen sind, die Hände, dann besteigt das Kaiserpaar den Salonwagen, Karl lehnt sich aus dem Fenster und sagt: „Meine Freunde, auf Wiedersehen!“

Um 19.05 Uhr setzt sich der Hofzug langsam in Bewegung. Oberstleutnant Strutt vermerkt in seinem Tagebuch: „Während der Abfahrt war in der Menge ein leises Stöhnen zu hören. Ich begab mich zu den Majestäten und führte sie in den mittleren Salonwagen. ‚Nach siebenhundert Jahren‘, sagte der Kaiser traurig zu mir.“

Eine letzte Fahrt mit dem Hofzug: Kaiser Karl auf dem Weg ins Schweizer Exil.

24. März 1986

Ich habe nur meine Pflicht getan

Es ist ein Tag, der die Emotionen in der österreichischen Bevölkerung hochgehen lässt. Am Jüdischen Weltkongress (JWC), der seit dem 23. März tagt, wird der österreichische Präsidentschaftskandidat Kurt Waldheim als „Kriegsverbrecher" bezeichnet.

Kurt Waldheim, von 1972 bis 1981 als Generalsekretär der UNO ein weltweit angesehener Diplomat, hat in seinem autobiografischen Buch *Im Glaspalast der Weltpolitik* seine Tätigkeit in der Wehrmacht verschwiegen, nun sieht er sich mit Vorwürfen konfrontiert, denen er anfangs hilflos gegenübersteht – er habe, so seine Verantwortung, nur seine „Pflicht" getan.

Die Waldheim-Affäre

Die „Enthüllungen" beginnen am 3. März 1986 in der Zeitschrift *profil* mit der Veröffentlichung seiner Wehrstammkarte; in den folgenden Wochen werden von *profil* weitere Details publiziert; vor allem seine Tätigkeit als Ordonnanzoffizier in der Abteilung für Feindaufklärung des Oberkommandos der Heeresgruppe E wird bekannt. Dazu mengen sich bald spekulative Behauptungen: Er soll, so die Anschuldigung, zwischen 1942 und 1945 an Kriegsverbrechen auf dem Balkan, bei Säuberungsaktionen gegen Partisanen und bei Deportationen griechischer Juden beteiligt gewesen sein. Sollte Waldheim zum Präsidenten gewählt werden, so droht der Jüdische Weltkongress, müssten „alle Österreicher weltweit die Konsequenzen" tragen. Außerdem beantragt der JWC erfolgreich, dass man Waldheim auf die „US-Watchlist" setzt, was einem Einreiseverbot in die USA gleichkommt.

Die Österreicher solidarisieren sich mit Kurt Waldheim und so kann er trotz der schweren Anschuldigungen am 8. Juni 1986 die Stichwahl zum Amt des Bundespräsidenten gegen den SPÖ-Kandidaten Kurt Steyrer für sich entscheiden. Nach seinem Amtsantritt als Bundespräsident setzt die österreichische Regierung im Juni 1987 eine internationale Historiker-Kommission ein, um Waldheims Kriegsvergangenheit endgültig zu klären. Die Experten kommen im Februar 1988 schließlich zu folgendem Ergebnis:

„5. (…) Auch wenn sein persönlicher Einfluss auf den Entscheidungsprozess der obersten Führung (im Südosten) einerseits von seinen Widersachern etwas überbewertet worden ist und andererseits von seinen Verteidigern allzu sehr herabgemindert wurde, war Waldheim doch (…) einer der besonders gut orientierten Stabsangehörigen. (…)

6. b) Waldheim ist zugute zu halten, dass ihm für einen Widerstand gegen das Unrecht nur äußerst bescheidene Möglichkeiten offenstanden. (…) Für einen jungen Stabsangehörigen (…) waren die praktischen Möglichkeiten des Gegenhandelns sehr gering und hätten mit aller Wahrscheinlichkeit kaum zu einem greifbaren Ergebnis geführt. (…)"

Trotz dieses entlastenden „Urteils" bleibt Bundespräsident Kurt Waldheim in den nächsten Jahren außenpolitisch weitgehend isoliert und wird während seiner Amtszeit nur zu wenigen Staatsbesuchen eingeladen.

Die Waldheim-Affäre hinterlässt in Österreich deutliche Spuren: In ihrem Gefolge beginnt eine verstärkte, längst notwendige Auseinandersetzung mit der NS-Zeit in Österreich.

25. März 1945

„Geh'n ma Juden erschießen!"

Es ist die Nacht zum Palmsonntag 1945. Auf Schloss Rechnitz hat die Besitzerin des Anwesens, Gräfin Margit Batthyány-Thyssen, zur Party geladen, ein fröhliches „Kameradschaftsfest" steht auf dem Programm. Eine Musikkapelle spielt auf, man tanzt und lacht; der Alkohol fließt in Strömen, man unterhält sich bestens. Unter den Gästen ist der 1911 in Wien geborene Gestapobeamte Franz Podezin, der Ortsgruppenleiter von Rechnitz, der den Unterabschnitt Rechnitz I beim Bau des „Südostwalls" leitet und auch die örtliche Nazi-Elite ist fast vollzählig vertreten. Gegen 23 Uhr wartet Franz Podezin mit einer Idee auf, wie man sich noch besser amüsieren könnte: „Geh'n ma Jud'n erschießen!" – ein Vorschlag, der bei fünfzehn Gästen auf lautstarke Zustimmung stößt. Man versorgt sich in der Waffenkammer des Schlosses mit Gewehren und Munition, die Opfer hat Podezin bereits „organisiert": 180 völlig erschöpfte, teils kranke und an Erfrierungen an Armen und Beinen leidende ungarische Juden, die für den Arbeitseinsatz am „Südostwall" zu schwach und deshalb zum Bahnhof Rechnitz zurückgeschickt worden sind. Podezin hat einen Lkw bestellt, der die fast verhungerten Menschen etappenweise abholen und zum sogenannten „Kreuzstadel" bringen soll, einer Scheune, die etwa 15 Gehminuten vom Schloss entfernt ist und auf halbem Weg zwischen Bahnhof und Ort liegt.

Das Massaker von Rechnitz

Als man beim Kreuzstadel eintrifft, wartet hier schon der mit den ersten 25 Juden

Gehörte zum ehemaligen Meierhof des Gutes Batthyány: der „Kreuzstadl" in Rechnitz.

„beladene“ Lkw. Man befiehlt den Todgeweihten von der Ladefläche zu steigen. Sie sind bereits so entkräftet, dass sie sich gegenseitig beim Aufstehen helfen müssen. Während der Lkw sofort zum Bahnhof Rechnitz zurückfährt, um die nächsten 25 Opfer heranzukarren, müssen sich die Juden „in der Nacht und der noch immerhin winterlichen Kälte auf einer Wiese nackt ausziehen, zu einem Graben gehen und sich dortselbst niederknien“. Dann beginnen die Partygäste mit dem Töten – sie schießen den Opfern in den Kopf. Insgesamt sind es sieben „Ladungen“, die antransportiert werden; etwa drei Stunden dauert das Blutvergießen; nach Aussagen von Zeugen wird anschließend im Schloss bis in die Morgenstunden weiterfeiert.

Gedenkstätte für alle Opfer des Südostwallbaus: der Kreuzstadl. Foto: Robert Bouchal.

Achtzehn Juden hat man verschont; sie müssen am Morgen ihre toten Landsleute begraben; ihre Kleidungsstücke, Mäntel, Schuhe, Röcke, Hemden und sogar die Unterhosen werden mit dem Lkw ins Schloss gebracht. Die „Totengräber“ treibt man in den Kreuzstadel, wo sie unter strenger Bewachung den Tag verbringen; zwei Juden sterben während des Tages an Entkräftung; in der Nacht vom 24. auf den 25. März 1945, den Palmsonntag, werden auch die letzten Überlebenden ermordet.

Der Kronzeuge des Massakers, Karl Muhr, der Waffenmeister des Schlosses, wird ein Jahr später durch Genickschuss getötet, weitere Morde der „Nazifeme“ folgen. Die Ermittlungen der österreichischen Behörden verlaufen schleppend und so kann Franz Podezin, gegen den von der Gendarmerie Oberwart im September 1945 Anzeige erstattet wird, seinen Vorsprung nützen: Unterstützt von der Gräfin Batthyány gelingt ihm die Flucht in die Schweiz, später taucht er in Kiel unter. Vermutlich im Mai 1963 verlässt er Kiel; über Kopenhagen oder auch die Schweiz flüchtet er nach Spanien und von dort nach Südafrika. Hier verliert sich seine Spur …

Der Kreuzstadel in Rechnitz, betreut von der Rechnitzer Flüchtlings- und Gedenkinitiative (RE.F.U.G.I.U.S.), ist zu einem beeindruckenden Symbol des Gedenkens an den Holocaust geworden. Alljährlich am Palmsonntag findet beim Kreuzstadel eine Gedenkveranstaltung statt.

26. März 1627

Gnadenhalber enthauptet und gevierteilt

Am 19. November 1626 ist bei Wolfsegg der letzte Widerstand der aufständischen Bauern durch die Truppen Pappenheims gebrochen worden; jene Bauernführer, die überlebt haben, werden nun zur Exekution geführt. Es sind acht „Hauptleute", auf die am Linzer Hauptplatz der Henker wartet: „Oberhauptmann" Achaz Wiellinger von der Au, der Herr von Schloss Hinterndobl in Dorf an der Pram und Besitzer des Wasserschlosses Aistersheim, stammt aus niederem Adel, ihm wird daher die „Gnade" zuteil, als Erster enthauptet zu werden. Ihm folgt der Steyrer Stadtrichter Wolf Madlseder, ein überzeugter Protestant, der die Aufständischen in Rechtsfragen beraten hat. Madlseder wird zunächst – als Sühne für das Verfassen eines Beschwerdebriefs – die rechte Hand abgehauen, dann wird er enthauptet und gevierteilt; den Kopf bringt man nach Steyr und stellt ihn hier vor dem Rathaus zur Schau, die vier Körperteile werden auf Spieße gesetckt und an den Landstraßen um Linz aufgestellt. Regina Madlseder, die Witwe des Hingerichteten, die verzweifelt um ihren Besitz kämpft, erhält erst am 22. September 1628 die kaiserliche Erlaubnis, den Kopf und die „Viertel" ihres Mannes einzusammeln.

Strafgericht gegen die „Bauernrebellen"

Der Nächste auf dem Blutgerüst ist Hans Hausleitner, der Pfleger von Parz und Landgerichtsverwalter von Grieskirchen, ihm folgen Hans Vischer, Balthasar Mayr, Tobias Angerholzer, der *Obristleutnant* der Bauern im Hausruckviertel, und Kilian Haizenauer von Losenstein; als Letzter wird der Stadtschreiber Georg Hoffmann aus Steyregg enthauptet. Der Steyrer Advokat Dr. Lazarus Holzmüller ist bereits zuvor – wohl an den Folgen der Folter – im Kerker verstorben

Damit ist jedoch der Gerechtigkeit aus Sicht Kaiser Ferdinands II. nicht Genüge getan: Am 23. April 1627 steht am Linzer Hauptplatz der nächste Hinrichtungstermin an: Zehn weitere „Bauernrebellen" werden exekutiert, und am 12. August müssen noch zwei Männer ihren Nacken vor dem Schwert des Freimanns beugen: der Bürger Hofmann aus Steyr und der Bauer Sandperger aus Eferding. Zahlreiche gefangene Aufständische werden zur Zwangsarbeit in den Wiener Stadtgräben verurteilt, ihre Frauen und Kinder des Landes verwiesen.

Am 13. Juni 1627 erlässt Ferdinand II. zwar einen „Generalpardon", nimmt davon aber die „Rädelsführer" ausdrücklich aus. So kommt es, dass am 7. Juli 1628 in Gmunden noch zwei weitere Bauernführer „gnadenhalber" enthauptet werden: der „Hauptmann" Sebastian Fux und der Corporal Georg Seidl vulgo „Paurn-Ösel". Zum Exempel, Abscheu und Vermeidung solcher Laster werden auch ihre Köpfe auf Spieße gesteckt und öffentlich zur Schau gestellt: der Kopf des Fux nächst dem Gmundner Rathaus, jener des Paurn-Ösel in der „Bauernschanze auf dem Kogl".

27. März 1810

Sire, Sie sehen sehr viel besser aus als Ihr Porträt!

Als Kind und heranwachsendes Mädchen verabscheut Marie-Louise Napoleon; „Antichrist" nennt sie den Emporkömmling, dem es gelingt, ihren Vater Kaiser Franz I. und dessen Generäle immer wieder aufs Neue militärisch zu demütigen. Doch als das große „Heiratsprojekt" Außenminister Metternichs an Sie herangetragen wird, das den Zwist zwischen Habsburg und dem Korsen für immer beenden soll, sagt sie nicht nein – da ist der Kitzel, mit 19 Jahren die Frau des mächtigsten Mannes der Welt zu werden, und da ist die Staatsräson, der sie sich als habsburgische Prinzessin verpflichtet fühlt: Sie ist bereit sich zu „opfern".

Napoleons erste Begegnung mit Marie-Louise

Am 9. März 1810 unterzeichnen Marschall Berthier und die Minister Trautmannsdorff und Metternich in Wien den Ehevertrag; die stolze Mitgift Marie-Louises: vierhunderttausend Francs in bar und weitere vierhunderttausend Francs in Schmuckstücken; der künftige Herr Gemahl revanchiert sich mit zweihunderttausend Talern in Geschenken und Juwelen sowie mit einem Leibgedinge von fünfhunderttausend Francs. Bei der „Fernhochzeit" am 11. März ist es Onkel Erzherzog Carl, der Sieger von Aspern, der Napoleon vertritt, zwei Tage später reist Marie-Louise mit einem Gefolge von etwa 300 Personen, verteilt auf 83 Wägen, aus Wien ab. Am 15. März wird sie an der Grenze in Braunau von Caroline Murat, der Königin von Neapel, begrüßt; für den 28. März ist die erste Begegnung mit Napoleon in der Nähe von Compiègne vorgesehen, doch der Kaiser ist ungeduldig und fährt ihr am 27. in Begleitung von König Murat bis Courcelles entgegen. Es regnet in Strömen; Napoleon ist zu früh dran und sucht Schutz unter dem Kirchenportal; als die Kutsche Marie-Louises in Sichtweite kommt, läuft er auf sie zu, reißt den Schlag auf und umarmt seine Frau. Die 19-Jährige, etwas überrascht von diesem stürmischen Empfang, findet dennoch zu einer schlagfertigen Antwort: „Sire, Sie sehen sehr viel besser aus als Ihr Porträt!"

Um zehn Uhr am Abend treffen die beiden in Compiègne ein, wo Napoleon die zukünftige neue Kaiserin seiner Familie und den hohen Würdenträgern Frankreichs vorstellt, dann zieht er sich mit Marie-Louise in seine Räumlichkeiten zurück. Hier soll es zu folgendem Dialog gekommen sein: Napoleon fragt Marie-Louise: „Welche Instruktionen haben Sie von Ihren Eltern erhalten?" Marie-Louise antwortet: „Sobald Sie mit Kaiser Napoleon alleine sind, hat man mir gesagt, gehorchen Sie ihm in allem, was er verlangen könnte, Sie gehören dann voll und ganz ihm." Napoleon, so die Überlieferung, nimmt sie beim Wort und folgt ihr in ihr Schlafzimmer; am nächsten Morgen lässt er sich das Frühstück ans Bett seiner Frau servieren.

28. März 1958

Ein Symbol des Wiederaufbaus

Noch liegt der Schnee auf den Bergen rund um den Lünersee, doch das hält niemand auf. Alle kommen, an der Spitze Landeshauptmann Ulrich Ilg, um das große Ereignis für das Bundesland Vorarlberg zu feiern: Nach vierjähriger Bauzeit kann das beeindruckende Lünerseewerk der Illwerke AG eröffnet werden. Es ist nicht nur die Gewinnung von lebenswichtiger Energie, um die es hier geht: Der Bau des Kraftwerks ist für die Menschen Vorarlbergs zum Symbol des Wiederaufbaus geworden, ein Prestigeprojekt, das die Schäden und Beschädigungen durch die NS-Herrschaft vergessen lassen soll, das in eine friedliche und wirtschaftlich stabile Zukunft weist.

Die Eröffnung des Lünerseewerks

Die technischen Daten können sich sehen lassen: Zum Zeitpunkt der Inbetriebnahme ist das Pumpspeicherwerk am Ufer des 2 km langen und 1970 m hoch gelegenen Lünersees das größte Österreichs sowie das leistungsstärkste der Welt und nützt die Kraft der Wassermengen am Fuße der Schesaplana. Seit 1958 steht es dauerhaft mit fünf Maschinengruppen in Betrieb und ist wegen des großen Speichervolumens des Lünersees das ganze Jahr über ein verlässlicher Lieferant von Elektrizität. Bis heute hat das Kraftwerk am Lünersee mit einer maximalen Dauerleistung von 232 Megawatt nichts von seiner Bedeutung verloren.

An dieser Stelle darf nicht vergessen werden, dass die Illwerke AG bei ihren Kraftwerksbauten in der NS-Zeit auch Zwangsarbeiter einsetzte. Eine Gedenktafel auf der Bielerhöhe, einst von den Nazis als „Deutschlands höchste Baustelle" gepriesen, erinnert daran: „Die Würde des Menschen ist unteilbar. Wir gedenken aller Männer und Frauen, die auf den Baustellen der Vorarlberger Illwerke AG ums Leben gekommen sind. Unter ihnen waren von 1939 an auch Zwangsarbeiter und Kriegsgefangene aus vielen Ländern Europas."

Blick über die Werksanlagen und Staubecken des Lünerseewerks.

29. März 1899

K. u. k. Ritualmord-Hysterie

Anezka Hruzová ist 19 Jahre alt und lebt im zum Bezirk Deutschbrod gehörenden Dorf Klein Wiesnitz *(Malá Veznice)* in Ostböhmen; das aus einer katholischen Familie stammende Mädchen ist bereits verlobt, in Kürze soll die Hochzeit stattfinden. Ihren Unterhalt verdient Anezka als Lehrmädchen in einer Schneiderei im knapp vier Kilometer entfernten Nachbarort Polná. Wie immer verlässt sie am späten Nachmittag ihren Arbeitsplatz, um in ihr Elternhaus zurückzukehren – dort kommt sie jedoch nicht an, das ganze Dorf ist über ihr spurloses Verschwinden in Aufregung. Drei Tage später, am Karsamstag 1899, wird in einem Waldstück zwischen Klein Wiesnitz und Polná von Blumen pflückenden Kindern ihre Leiche gefunden, jemand hat dem Mädchen die Kehle durchgeschnitten, die Kleidung ist zerrissen, neben der Toten liegen ein blutbefleckter Stein und die Schnur, mit der der Täter die Leiche vom Tatort in das Waldversteck gezogen hat. Anzeichen auf ein Sexualdelikt fehlen, auffallend jedoch sind die geringen Blutspuren – ein Indiz, das zusammen mit der Tatsache, dass der Mord in der Karwoche geschehen ist, in der Bevölkerung das Gerücht aufkommen lässt, es handle sich um einen Ritualmord, der Täter müsse daher Jude sein, er habe dem „jungfräulichen Christenmädchen" das Blut im Hinblick auf das Pessach-Fest „abgezapft".

Der Fall Leopold Hilsner

Der Dorfgendarm glaubt zunächst an einen Konflikt in der Familie Hruza und verdächtigt den Bruder der Toten, doch dann gerät plötzlich der 23-jährige jüdische Herumtreiber und Gelegenheitsarbeiter Leopold Hilsner, den zwei Zeugen in der Nähe des Tatortes in Gesellschaft zweier weiterer Männer gesehen haben wollen, ins Visier der Ermittlungen. Da Hilsner, der eine Schusterlehre absolviert hat, kein hieb- und stichfestes Alibi vorweisen kann, wird er verhaftet und wegen Mordes angeklagt; für die Öffentlichkeit und auch für den Staatsanwalt steht er von vornherein als „Ritualmörder" fest; in Polná kommt es zu schweren Ausschreitungen gegen jüdische Geschäfte. Genährt wird der Judenhass nicht zuletzt von zwei antisemitischen Wiener Tageszeitungen, der *Deutschen Zeitung* und dem *Deutschen Volksblatt*, das seinen Redakteur Hans Arnold Schwer (1856–1931) als Berichterstatter nach Polná entsandt hat. Schwer, ein berüchtigter Antisemit, der nichtsdestotrotz 1919 als „Bürger der Stadt Wien" ausgezeichnet wird, sorgt in Zusammenarbeit mit Kollegen aus Prag, Berlin, München und Wien dafür, dass der Fall zu einem Medienthema in ganz Europa wird; er und seine Journalistenkollegen stellen im Rahmen eines „Untersuchungsausschusses" sogar eigene Ermittlungen an; die Ergebnisse werden konsequent in Richtung Ritualmordthese „gebürstet".

Im September 1899 beginnt vor einem Schwurgericht in Kuttenberg *(Kutná Hora)* der Prozess gegen Hilsner; der einzige angebliche Beweis für seine Schuld sind Flecken auf seiner Hose, laut Gutachten von „Experten" Blutflecken, die Hilsner auszuwaschen versucht hätte. Durch heftige antisemitische Angriffe zeichnet sich insbesondere Dr. Karel Baxa, der Anwalt der Mutter der Ermordeten, aus. Und auch

für die zwölf Geschworenen gibt es keine Zweifel: Am 16. September 1899 wird Leopold Hilsner wegen Mordes an Anezka Hruzová zum Tode durch den Strang verurteilt. Klare Worte der Kritik an der Prozessführung findet nur die *Neue Freie Presse* am folgenden Tag: „Dass eine Geschworenenbank, ein Gerichtshof, eine ganze Stadt und ihre Umgebung förmlich in der Hypnose, die von einer aus finsterster Zeit stammenden Legende ausgeht, urtheilen, das ist beschämend für unsere Zeit, für unsere Bildung und Civilisation."
Nun erhält Hilsner aber prominente Unterstützung: Der tschechischnationale Philosoph und Politiker Tomás Garrigue Masaryk, der spätere erste Präsident der Tschechoslowakei, scheut sich nicht, der allgemeinen Ritualmord-Hysterie entgegenzutreten – eine Entscheidung, mit der er nicht nur den Hass aller k. u. k. Antisemiten auf sich zieht, sondern schwere berufliche Nachteile in Kauf nimmt, verliert er dadurch doch seine Professur an der Universität Prag. Durch den Hinweis auf grobe Verfahrensmängel in seiner Schrift *Die Nothwendigkeit der Revision des Polnaer Processes* erreicht Masaryk immerhin, dass das Kassationsgericht in Wien das Urteil aufhebt und der Prozess in Pisek wiederholt wird; nun wird Hilsner aber auch noch eines zweiten Mädchenmordes beschuldigt – im Wald zwischen Klein Wiesnitz und Polná ist die Leiche einer 1898 verschwundenen 17-Jährigen gefunden worden. Wegen nunmehr schon zweifachen Mordes wird Hilsner am 14. November 1900 neuerlich zum Tode verurteilt; der Kaiser, inzwischen von Paris und Berlin unter Druck gesetzt, zeigt sich jedoch „gnädig": Franz Joseph begnadigt den angeblichen „Ritualmörder" zu lebenslanger Freiheitsstrafe. Eine Amnestie Kaiser Karls im September 1918 verhilft Hilsner schließlich wieder zur Freiheit, das Urteil wird jedoch nicht annulliert. Hilsner stirbt 1928 in Wien.

Die Stelle, an der der Leichnam der ermordeten Anezka Hruzovà aufgefunden wurde.

Erst 1961 gesteht Anezkas Bruder Johann Hruza, dass er das Mädchen ermordet hätte, das Motiv: Er hätte seiner Schwester die Mitgift nicht ausbezahlen wollen.
Der Fall Hilsner, der einzige Prozess, in dem es zu einer Verurteilung aufgrund der Ritualmord-Hysterie kommt, gerät jedoch nie ganz in Vergessenheit, auch nicht in Österreich: 2008 entschließt sich die Republik zumindest zur „symbolischen" Rehabilitierung des unschuldig Verurteilten; in Anwesenheit von Justizministerin Maria Berger wird am Grab Hilsners auf dem Wiener Zentralfriedhof eine kleine Feier abgehalten. Die endgültige Rehabilitierung des Justizopfers Leopold Hilsner steht allerdings noch aus …

30. März 1943

Den Berg hinan gehe ich gern

„Schwester Resoluta", wie ihre Mitschwestern im Orden der Franziskanerinnen von der christlichen Liebe die lebensfrohe, energische Frau nennen, wird Opfer einer Denunziation am Städtischen Krankenhaus Mödling. Der neue SS-Chefarzt Lambert Stumfohl, ein Mann von beschränkten medizinischen Fähigkeiten, kann die erfahrene Operationsschwester, die ihn auf so manches Versäumnis hinweist, nicht ausstehen und so kommt ihm ein Vorfall am 8. Dezember 1942 gerade recht: Schwester Restituta, mit bürgerlichem Namen Helene Kafka und 1894 in Husovice bei Brünn geboren, hat von einer „weltlichen" Kollegin einen Liedtext bekommen, der sich mit deutlichen Worten gegen das „braune Sklavenreich" richtet – ihr gefällt das aufmüpfige Lied und sie bittet die Kanzleiangestellte Margarete Smola, eine Schreibmaschinenabschrift nebst Durchschlag herzustellen. Um ungestört zu sein, begeben sich die Frauen – zwei Krankenschwestern schließen sich an – zur Röntgenabteilung, werden aber dort von einer Angestellten belauscht, die sofort Dr. Stumfohl informiert, der das für den Durchschlag verwendete Karbonpapier „beschlagnahmt" und Maria Restituta Kafka kurzerhand anzeigt.

Sr. Maria Restituta Kafka

Am 18. Februar 1942 wird sie im Operationssaal von Gestapobeamten verhaftet; bei den Verhören bleibt sie standhaft und verrät ihre Kolleginnen nicht. Da der Volksgerichtshof entschlossen ist, das „hetzerische Treiben klerikaler Kreise in öffentlicher Form zu brandmarken", wird Maria Restituta Kafka am 29. Oktober 1942 wegen „Feindbegünstigung und Vorbereitung zum Hochverrat" vom Volksgerichtshof zum Tod verurteilt. Vorsitzender des Gerichts ist Senatspräsident Dr. Kurt Albrecht (1885–1962), seit 1932 NSDAP-Mitglied, als Vertreter des „Oberreichsanwalts" fungiert ein Staatsanwalt Friedrich – die Herren haben kein Problem damit, die Frau für ein derart lächerliches „Vergehen" in den Tod zu schicken.

Aus der Todeszelle im Wiener Landesgericht schreibt sie zwei Tage vor ihrer Hinrichtung am 30. März 1943 noch an die Generalvikarin der Hartmannsschwestern: „Nun, wie lange ich noch in diesen Mauern bleiben muss? Wohl keine Sekunde länger als es mein himmlischer Vater bestimmt und dies genügt. Den Berg hinan gehe ich gern, denn von dort ist es nicht mehr weit in die ewige Heimat."

Am 21. Juni 1998 wird Schwester Maria Restituta Kafka von Papst Johannes Paul II. in Wien seliggesprochen. Ihr liturgischer Gedenktag ist der 29. Oktober, der Tag der Verkündigung des Todesurteils.

Im Gedenken an Schwester Maria Restituta Kafka: Büste von Alfred Hrdlicka in der Barbarakapelle im Stephansdom.

31. März 1958

Neue Flügel in diesem Frühling

Flughafen Wien-Schwechat; es ist ein sonniger Frühlingstag. Erstmals steht eine Maschine der Austrian Airlines zum Einsteigen bereit – der Flug nach London via Zürich mit der Nummer OS 201 wird zur Premiere für die neue österreichische Luftfahrtgesellschaft. Ein Sprecher der *Austria Wochenschau* verkündet begeistert in einem Bericht vom 4. April 1958: „Regelmäßig werden von jetzt an die Flugzeuge mit den rot-weiß-roten Seitensteuern über den Kontinent fliegen. Nehmen wir's symbolisch, dass wir in diesem Frühling neue Flügel bekommen."

Der erste Flug der AUA

Die zahlreichen Ehrengäste werden zur Gangway geleitet, Fotos werden geschossen, dann rollt die Maschine in Startposition – um 8.30 Uhr hebt die Vickers Viscount 779 D zum Jungfernflug der AUA ab, eines von vier viermotorigen Propellerflugzeugen dieses Typs, die man vom norwegischen Flugunternehmen Fred Olsen Flyselskap A/S gechartert hat, um den Linienflugbetrieb mit der britischen Hauptstadt aufnehmen zu können.

Voraussetzung dafür war die Wiedererlangung der Hoheit über den eigenen Luftraum durch den Staatsvertrag; in der Folge werden zwei Luftverkehrsgesellschaften gegründet, die „Air Austria" und die „Austrian Airways", keine der beiden Gesellschaften bringt jedoch jemals ein Flugzeug in die Luft; am 4. April 1957 werden die beiden Unternehmen fusioniert, am 30. September 1957 wird schließlich die „Austrian Airlines AG" gegründet; das Grundkapital: 60 Millionen Schilling.

Für die Betreuung an Bord der für 48 Passagiere zugelassenen Maschine sind an diesem 31. März 1958 die Stewardess Maria Hackl und zwei weitere Kolleginnen verantwortlich. In einem Interview mit Kurt Hofmann für die Zeitung *Der Standard* am 4. Mai 2008 erzählt sie interessante Details, etwa dass der Flugkapitän ein Norweger gewesen sei, da die AUA noch nicht über so viele eigene erfahrene Flugkapitäne verfügt habe. Die Ausübung des Berufs Stewardess bei der neuen AUA sei an strenge Bedingungen gebunden gewesen. So mussten die Flugbegleiterinnen Fremdsprachenkenntnisse in zwei Sprachen mitbringen, durften nicht verheiratet sein, durften keine Kinder haben und mussten ihre langen Haare unter kurzen Perücken verstecken. Bei der Auswahl der Bewerberinnen habe man darauf geachtet, dass aus jedem Bundesland ein Mäd-

Prominenter Fluggast: Bundeskanzler Raab verabschiedet sich vor einem Flug nach Rom, 1958.

chen mit dabei ist; die Ausbildnerin, eine Frau Poppe, sei von der SAS zur Verfügung gestellt worden. 17 Mädchen hätten dann diesen ersten Ausbildungskurs für AUA-Stewardessen in Februar und März 1958 absolviert.

Nach dem Start geht es für die AUA rasch aufwärts: Noch im Laufe des Jahres 1958 werden neben London auch die Destinationen Frankfurt, Zürich, Stuttgart, Paris, Rom und Warschau in den Flugplan aufgenommen. Zwei Jahre später, nach dem Auslaufen des Mietvertrages mit Fred Olsen, wird man am 1. März 1960 die ersten eigenen Maschinen in den Dienst stellen können: sechs Vickers Viscount 837. Die neuen Flugzeuge dieses Typs bieten bis zu 71 Passagieren Platz, die maximale Reisegeschwindigkeit beträgt 522 km/h, die Reichweite liegt bei 3.000 km. Das erste Düsenflugzeug, eine Sud Aviation Caravelle, wird von der AUA 1963 geordert; ab 1971 wird auf die Douglas DC-9-32, das „Arbeitspferd der Kurz- und Mittelstrecke", umgestellt; ab Mai 1980 kommen die ersten MC Donnell Douglas MD 80 zum Einsatz.

Im September 1960 muss die AUA mit dem Absturz der „Joseph Haydn" bei Moskau *(siehe 26. September)* den einzigen Unfall ihrer Geschichte mit Todesopfern hinnehmen. Als *der National Carrier* Österreichs wird die AUA, die 1985 erstmals über zwei Millionen Passagiere jährlich befördert und am 3. September 2009 von der deutschen Lufthansa übernommen wird, zu einem weltweit bekannten rot-weiß-roten Statussymbol.

April

1. April 1938

Nach Dachau! Ins Konzentrationslager!

Im Polizeigefangenenhaus an der Elisabethpromenade in Wien-Alsergrund (heute: Roßauer Lände) herrscht hektische Betriebsamkeit: Immer wieder werden Namen von Häftlingen aufgerufen, die von Himmler mit Erlass vom 18. März 1938 neu errichtete Gestapoleitstelle in Wien hat die Namenslisten für einen ersten „Transport" zusammengestellt. Die aufgerufenen Häftlinge werden im Unklaren daüber gelassen, wohin es gehen soll, manche meinen sogar hoffnungsvoll, dass man sie aus der Haft entlassen würde. Glück hat der sozialistische Jugendfunktionär Bruno Kreisky: Auch sein Name wird genannt, dann vergisst man jedoch im „allgemeinen Durcheinander" auf ihn; ein Sicherheitswachebeamter, der Kreisky gut gesinnt ist, sorgt schließlich dafür, dass er nicht neuerlich für den Transport eingeteilt wird.

Der „Prominententransport"

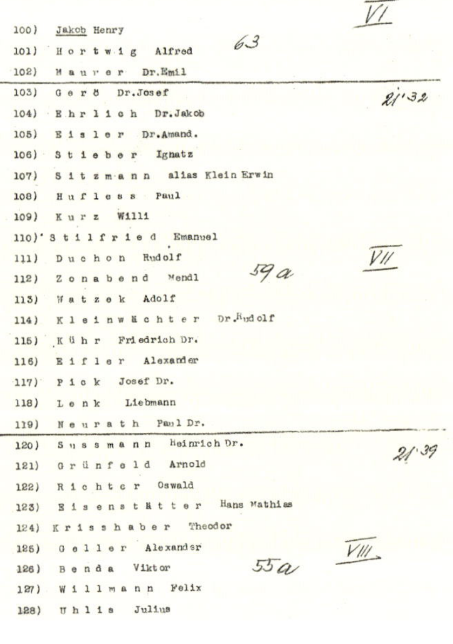

VI
100) Jakob Henry
101) H o r t w i g Alfred 63
102) M a u r e r Dr.Emil
103) G e r ö Dr.Josef 21'32
104) E h r l i c h Dr.Jakob
105) E i s l e r Dr.Amand.
106) S t i e b e r Ignatz
107) S i t z m a n n alias Klein Erwin
108) H u f l e s s Paul
109) K u r z Willi
110) S t i l f r i e d Emanuel
111) D u c h o n Rudolf VII
112) Z o n a b e n d Mendl 59a
113) W a t z e k Adolf
114) K l e i n w ä c h t e r Dr.Rudolf
115) K ü h r Friedrich Dr.
116) E i f l e r Alexander
117) P i c k Josef Dr.
118) L e n k Liebmann
119) N e u r a t h Paul Dr.
120) S u s s m a n n Heinrich Dr. 21'39
121) G r ü n f e l d Arnold
122) R i c h t e r Oswald
123) E i s e n s t ä t t e r Hans Mathias
124) K r i s s h a b e r Theodor
125) G e l l e r Alexander VIII
126) B e n d a Viktor 55a
127) W i l l m a n n Felix
128) U h l i s Julius

Die Häftlinge werden in neun „Zellenwagen" untergebracht, dann geht es über die Ringstraße Richtung Westbahnhof. „Der Abtransport", so der Gestapo-Bericht, „hinterließ bei allen SWB (Sicherheitsbeamten) einen gewissen psychischen Eindruck, hervorgerufen durch das Dabeisein der eigenen ehemaligen hohen und höchsten Vorgesetzten." Als die Wagen in die Mariahilfer Straße einbiegen, schreit plötzlich einer der Gefangenen, wie der aus Wieselburg stammende Journalist Maximilian Reich bezeugt, „mit Wahnsinnstimme: ‚Nach Dachau! Ins Konzentrationslager!'"

Am Abend verlässt der Zug den Westbahnhof, am Morgen des 2. April 1938 wird er in Dachau eintreffen. Unter den 150 Häftlingen an Bord sind prominente Vertreter des „Ständestaates", Funktionäre der „Vaterländischen Front", hohe Beamte, Gewerkschafter, Monarchisten, ehemalige Heimwehrführer, Sozialisten, Kommunisten, Künstler und Juden wie Dr. Desider Friedmann, der Präsident der Israelitischen Kultusgemeinde Wien, der im Oktober 1944 gemeinsam mit seiner Frau Ella in Auschwitz ermordet werden wird. Überleben werden dagegen Leopold Figl und Alfons Gorbach, die späteren Bundeskanzler, oder ÖVP-Mitbegründer Fritz Bock, andere wie der Dollfuß-Berater Robert Hecht, der Sozialdemokrat Robert Danneberg, der Schutzbund-Stabschef Alexander Eifler, der Operettenlibrettist Fritz Löhner-Beda (*siehe 4. Dezember*) oder der Kabarettist Fritz Grünbaum werden in den Lagern der Nazis zugrunde gehen.

2. April 1897

Muthige und siegreiche Vorkämpferin um Erweiterung der Frauenrechte

Im Festsaal der Universität Wien hat an diesem Freitag sich zahlreiches Publikum eingefunden, steht doch eine außergewöhnliche Promotionsfeier an: Neben 32 männlichen Kandidaten wird erstmals in Österreich-Ungarn auch eine Frau zum Doktor der gesamten Heilkunde promovieren. Im schlichten schwarzen Kleid, einen Strauß rote Rosen in den Händen, wartet sie zwischen ihren männlichen Kollegen auf den großen Augenblick: Gabriele Possanner von Ehrenthal.

Rektor Leo Reinisch, der bekannte Ägyptologe und Afrikanist, begrüßt die Festgäste, in seiner Ansprache würdigt er die „große Energie und Intelligenz", mit der sich „Fräulein von Possanner" ihren Doktorgrad erkämpft habe, und beglückwünscht sie „als muthige und siegreiche Vorkämpferin um Erweiterung der Frauenrechte", das „gesamte Volk" würde dadurch auf ein „höheres intellektuelles und moralisches Niveau" emporgehoben.

Als Gabriele Possanners Name aufgerufen wird, bricht der gesamte Saal in lauten Jubel aus, vereinzelt ist aber auch störendes Zischen zu hören – noch immer gibt es Ewiggestrige. Die Ärztin lässt sich nicht beirren: Laut und deutlich spricht sie ihr „Spondeo!"; nach der Feier sagt eine ihrer Freundinnen zu ihr: „Du hast heute eine Schlacht gewonnen und dir den Lorbeer verdient."

Die erste Promotion einer Frau in Österreich

Tatsächlich ist es ein langer Weg, den die ehrgeizige 37-Jährige bis zu diesem Erfolg zurückgelegt hat: 1860 als Tochter eines Sektionschefs im Finanzministerium geboren, beschließt sie nach ihrer Matura in Wien, die sie als Externistin abgelegt hat, in Zürich Medizin zu studieren. Dort werden Frauen bereits seit 1864 zum Studium zugelassen. 1893 besteht sie in Zürich ihre Medizinische Fachprüfung mit vorwiegend „sehr guten" Resultaten.

Doch Gabriele von Possanner will in ihrer Heimat als Ärztin wirken. Sie stellt daher einen Antrag auf Nostrifikation ihres Schweizer Doktordiploms und richtet sogar ein Gesuch an Kaiser Franz Joseph, jedoch ohne Ergebnis. 1896 tritt schließlich eine Verordnung in Kraft, die erstmals die Nostrifikation von ausländischen Doktordiplomen möglich macht. Gabriele Possanner sucht daraufhin beim Dekanat der medizinischen Fakultät darum an und bekommt eine positive Antwort – allerdings mit der Auflage, dass die Baronin alle theoretischen und praktischen Prüfungen und die Rigorosen in Österreich noch einmal ablegt.

Ihre Praxis als praktische Ärztin eröffnet Gabriele Possanner in der Günthergasse 2 im 9. Bezirk; eine Gedenktafel an ihrem Wohnhaus Alser Straße 26 und die Possannergasse in Wien-Hietzing erinnern an sie.

3. April 1897

Der Zeit ihre Kunst. Der Kunst ihre Freiheit

Gustav Klimt und seine Freunde wollen sich mit dem biederen, konservativen Kunstbegriff ihrer Standesvertretung, des 1861 gegründeten Künstlerhauses, nicht mehr abfinden. Eine Gruppe von „Revoluzzern" findet sich zusammen, in einer Sitzung am 3. April 1897 beschließt man endgültig, eigene Wege zu gehen: 19 Mitglieder des Künstlerhauses, neben Klimt sind darunter auch Koloman Moser, Joseph Maria Olbrich, Max Kurzweil, Josef Engelhart, Ernst Stöhr und Wilhelm List, gründen eine neue „Vereinigung der bildenden Künstler Österreichs", der sie nach dem Vorbild der „Münchner Secession" den Namen „Wiener Secession" geben.

Die Gründung der Wiener Secession

„Ver sacrum", die Zeitschrift der Wiener Secession, vom Januar 1898.

Von der enormen Schaffenskraft und Dynamik dieser neuen Künstlergemeinschaft können sich die Zeitgenossen sehr bald selbst überzeugen: Nach Plänen des Architekten Joseph Maria Olbrich wird 1898 das Secessionsgebäude errichtet, das in seiner Ausgestaltung die künstlerischen Leitgedanken der Vereinigung umsetzt. Ihr prägnantes Motto findet sie in der Formel: „Der Zeit ihre Kunst. Der Kunst ihre Freiheit", das sie über dem Eingangsbereich des markanten kubischen Baus anbringen lässt. Das benötigte Kapital wird einerseits von Mäzenen zur Verfügung gestellt, allen voran vom Industriellen Karl Wittgenstein, andererseits durch den Erlös einer ersten Ausstellung in der k. k. Gartenbaugesellschaft gewonnen.

Heute ist das Secessionsgebäude eines der bekanntesten Wahrzeichen Wiens, zur Zeit seiner Erbauung erntet es jedoch zunächst viel Hohn und Spott: Von einem „Tempel der anarchischen Kunstbewegung" ist da die Rede oder von einem „Krematorium", die kunstvolle Kuppel aus vergoldeten Lorbeerblättern wird als „Krauthappl" verunglimpft.

Gustav Klimt ist von 1897 bis 1899 erster Präsident der Wiener Secession und liefert auch die Entwürfe für die kunstvollen Metalltüren des Gebäudes. Bereits im Januar 1898 erscheint das erste Heft der Zeitschrift *Ver Sacrum*, des „Organs der Vereinigung der bildenden Künstler Österreichs", das durch seine sorgfältige künstlerische Gestaltung und seine kunsttheoretischen Beiträge großen Einfluss auf die österreichische Kunstszene um 1900 nimmt.

4. April 1945

Damit Gotha leben kann, muss ich sterben!

Es ist 10.10 Uhr, als die Sirenen zu heulen beginnen – ein fünf Minuten langer Dauerton, das bedeutet: Feindalarm! Die 2. US-Panzerdivision und amerikanische Infanterie beziehen ihre Bereitstellungen zum Angriff auf Gotha, das einem „Führerbefehl" zufolge ohne Rücksicht auf Verluste verteidigt werden soll. „Kampfkommandant" in Gotha ist der 1897 in Graz geborene ehemalige k. u. k. Offizier Josef Ritter von Gadolla, der nach dem Ersten Weltkrieg bei der steirischen Volkswehr und beim österreichischen Bundesheer gedient hat. Gadolla berät sich in seinem Gefechtsstand im Ostturm von Schloss Friedenstein mit seinen Abschnittskommandanten, eines ist bald klar – eine Verteidigung der Stadt ist aussichtslos, in den Stellungen liegen unerfahrene Volkssturmmänner, die vorhandenen SS-Einheiten und Flak-Mannschaften sind zu schwach. Als sich auch der Verteidigungsausschuss der Stadt in einer Krisensitzung zur Empfehlung durchringt, die Stadt zu übergeben, handelt Gadolla: Er befiehlt den noch in der Stadt verbliebenen Wehrmachtsangehörigen, sich auf die Linie Arnstadt – Erfurt zurückzuziehen und lässt auf einigen öffentlichen Gebäuden weiße Fahnen hissen; um 16 Uhr bricht er gemeinsam mit Georg-Heinrich Sandrock von der Gothaer Stadtverwaltung mit dem Auto zu den Amerikanern auf, wird aber noch in der Stadt von SS-Leuten gestoppt – sie drohen, ihn zu erschießen, wenn er versuche weiterzufahren. Gadolla kehrt um, gibt aber nicht auf: Nach dem Entfernen der weißen Fahnen durch die SS liegt die Stadt wieder unter dem Artilleriefeuer der Amerikaner, er lässt daher erneut die weißen Fahnen hissen und begibt sich zwischen 19 und 20 Uhr auf eine zweite Parlamentärfahrt, diesmal begleitet vom Gothaer Stadtbaurat Adolf Müller-Kirchenbauer. Sie glauben sich schon fast am Ziel, als sie bei Boilstädt von Soldaten des motorisierten Flak-Bataillons 59 aufgehalten werden. Sie werden als „Verräter" beschimpft und mit vorgehaltener Pistole zum Aussteigen gezwungen. Die Flak-Soldaten reißen die Achselstücke von Gadollas Uniform; nach Rückfrage bei der Wehrmachtskommandantur erhalten sie Befehl, die beiden Parlamentäre nach Weimar zu überführen; bei einem Zusammenstoß mit einem Lkw erleidet Gadolla tiefe Schnittwunden im Gesicht und muss im Lazarett Arnstadt versorgt werden.

Die Rettung Gothas durch Josef Ritter von Gadolla

Am 4. April, um 14 Uhr, tritt in Weimar das Standgericht der Wehrmachtskommandantur zusammen. Gadolla erklärt, dass er alles „als Idealist" getan habe, „um die Stadt nicht ganz dem Verfall und Tod zu übergeben", die Richter bleiben jedoch erbarmungslos – Josef Ritter von Gadolla wird „zum Tode und zum Verlust der Wehrwürdigkeit" verurteilt und am nächsten Morgen auf dem Gelände der Mackensen-Kaserne am Ettersberg erschossen. Der Pfarrvikar Leo Schramm, der Gadolla zur Exekution begleitet, hat die letzten Worte Gadollas überliefert: „Damit Gotha leben kann, muss ich sterben!"

Gedenktafeln in Schloss Friedenstein und in der Friedenstein-Kaserne in Gotha sowie auf dem Flughafen Graz-Thalerhof erinnern an die Opfertat Gadollas.

5. April 1874

Glücklich ist, wer vergisst, was doch nicht zu ändern ist

Es ist Ostersonntag. Die Vorstellungen in den Wiener Theatern werden durchwegs zu *wohlthätigen Zwecken* veranstaltet: In der Hofoper spielt man Meyerbeers *Afrikanerin* für den Pensionfonds des Hauses, im Josefstädter Theater gibt man das ländliche Volksstück *Die Ramsauer* von Karl Elmar für den Wiener allgemeinen Versorgungsfonds und am Carl-Theater hat man die Operette *La Fille de Madame Angot* von Charles Lecocq zugunsten des Leopoldstädter Kinderspitals auf den Spielplan gesetzt. Wegen der Folgen des „Gründerkrachs" *(siehe 9. Mai)* hat man im Theater an der Wien die zum Besten der Franz-Joseph-Stiftung für Kleingewerbetreibende auf dem Programm stehende Uraufführung schon mehrmals verschieben müssen, doch nun ist es so weit: *Die Fledermaus*, die neue Operette von Johann Strauß nach einem Libretto von Karl Haffner und Richard Genée, erlebt ihre Weltpremiere. Es dirigiert der „Walzerkönig" selbst, die Rosalinde singt Wiens Operettenkönigin Marie Geistinger (1833–1903), den Gabriel von Eisenstein verkörpert Jani Szika (1844–1916). „Rauschender Beifall", so die *Neue Freie Presse* in ihrem Bericht, empfängt den Komponisten, als er selbst am Dirigentenpult erscheint; bereits die Ouvertüre wird mehrfach durch „Applaussalven" unterbrochen, der Anfang des ersten Finales, ebenso der Csárdás und der Kusswalzer im zweiten Akt müssen von Marie Geistinger, die von „hinreißender Verve" ist, wiederholt werden; den ganzen Abend über befindet sich das Pubikum in *animirter Stimmung*; Strauß muss *zahllosemale* auf die Bühne, um für die Hervorrufe zu danken. Das Resümee der *Neuen Freien Presse*: „Die Fledermaus hat einen ausgesprochenen Erfolg errungen, an welche Alle ihren Antheil haben; den größten der Componist, den allergeringsten die beiden Librettisten" – ein ungerechtes Urteil, angesichts der Tatsache, dass Richard Genée große Teile des Stücks instrumentiert hat.

Die Uraufführung der „Fledermaus"

Bis 1888 wird die *Fledermaus*, die „beste soziologische Studie der Ringstraßengesellschaft und des Weltausstellungstaumels" (Karlheinz Roschitz), am Theater an der Wien noch 199-mal zur Aufführung gebracht; wie kein anderes Stück trifft sie das Lebensgefühl der Zeit nach dem großen Krach; in seinem Trinklied bringt dieses der Gesangslehrer Alfred auf den Punkt: „Glücklich ist, wer vergisst, was doch nicht zu ändern ist."

Karikatur zur Uraufführung der „Fledermaus" in der „Bombe", 12. April 1874.

6. April 1945

NS-Blutbad in der Strafanstalt

Unter den etwa 1.800 Häftlingen der Strafanstalt Stein herrscht am Morgen beste Stimmung. Anstaltsleiter Dr. Franz Kodré hat sie aus den Zellen holen lassen und ihnen mitgeteilt, dass alle, auch die „Politischen", freigelassen würden. Man beginnt mit der Ausgabe der Kleidersäcke an die Gefangenen; um Ruhe und Ordnung aufrechtzuerhalten, werden an zuverlässige Häftlinge sogar Gewehre ausgegeben. Im Laufe des Vormittags können Hunderte Häftlinge die Strafanstalt verlassen.

Das Massaker in Stein und die Kremser Hasenjagd

Nicht einverstanden mit dem Vorgehen Kodrés sind allerdings die fanatischen Nazis unter den Aufsehern und sie haben nun eine perfide Idee: Am späten Vormittag erhält Anton Wilthum, der Kreisleiter von Krems, einen Telefonanruf von einem der Aufseher: in der Strafanstalt Stein sei es zu einer „Revolte" gekommen – Wilthum reagiert sofort und alarmiert Schutzpolizei, Volkssturm, die Wehrmachts-Garnison und die Waffen-SS. Von einem Aufstand ist zwar nichts zu bemerken, das hindert die SS-Männer jedoch nicht, die Straßen zur Strafanstalt zu sperren und gegen die verbliebenen Häftlinge vorzugehen, die in die Innenhöfe flüchten und die Tore verriegeln. Die Nazi-Aufseher werfen jedoch Handgranaten zwischen die Häftlinge und öffnen die Zugänge; Angehörige der Waffen-SS und der Wehrmacht feuern daraufhin auf die wehrlos sich zusammendrängenden Opfer. Dann beginnt man die Trakte zu durchsuchen und tötet auch die hier versteckten Häftlinge. Kreisleiter Wilthum befiehlt schließlich auch Dr. Kodré, den Verwaltungsinspektor Johann Lang und zwei Aufseher wegen „Landesverrats" zu erschießen; der Kremser Oberbürgermeister Franz Retter nimmt an der Exekution Kodrés und der drei Beamten durch Soldaten der Wehrmacht persönlich teil. Innerhalb weniger Stunden werden auf dem Gelände der Strafanstalt 229 Menschen ermordet.

Motorisierte „Greifkommandos" der Waffen-SS suchen inzwischen die Umgebung nach den entlassenen Häftlingen ab, unterstützt werden sie von Volkssturmtrupps und Gendarmeriebeamten, ja, sogar von Schülern der NAPOLA im Stift Göttweig und von Zivilpersonen – es beginnt die „Kremser Hasenjagd". Da die Häftlinge keine Ahnung von den Vorfällen in der Strafanstalt haben und noch die Häftlingskleidung tragen, werden sie zur leichten Beute und an Ort und Stelle erschossen. 61 Häftlinge werden in Hadersdorf am Kamp interniert; am nächsten Tag müssen sie am Gemeindefriedhof ihr eigenes Grab schaufeln und werden dann erschossen. Insgesamt finden etwa 550–650 Häftlinge den Tod.

Im Sommer 1946 werden der Kremser Volkssturmkommandant Leo Pilz und 14 Aufseher vor dem Volksgericht Wien angeklagt; Kreisleiter Wilthum begeht Selbstmord. Im „Stein-Prozess" werden Pilz sowie die Aufseher Alois Baumgartner, Anton Pomassl, Franz Heinisch und Eduard Ambrosch zum Tode verurteilt und hingerichtet, fünf weitere Aufseher erhalten lebenslängliche Freiheitsstrafen; die Mörder von der Waffen-SS und der Wehrmacht bleiben allerdings unbehelligt …

7. April 1945

Diese Hunde und Schweine ...

Todesmarsch durch die Steiermark: Etwa 5.000 erschöpfte, halb verhungerte, kranke ungarische Jüdinnen und Juden schleppen sich, kilometerweit auseinandergezogen, die Straße hinauf zur Passhöhe am Präbichl. Am 4. April hat dieser große „Transport“, dem mehrere Hundert Frauen angehören, geleitet von drei Gestapo-Beamten, Graz verlassen, inzwischen sind bereits zahlreiche Menschen an Erschöpfung gestorben oder von den Begleitmannschaften erschossen worden. Kurz vor der Passhöhe, nahe der Glaslkurve, hält der Zug; Essen wird ausgegeben, dann lässt man wieder in Dreierreihen antreten, jeweils zwei Marschfähige müssen einen „fußmaroden“ Schicksalsgenossen unterstützen. Nach dem Abzählen übernehmen 40 Mann des Eisenerzer Volkssturms die Begleitung, eine Gruppe von „besonders gesinnungstreuen“ SA-Männern, die in Eisenerz als „Alarmkompanie“ fungieren und unter dem Kommando eines gewissen Anton Eberl stehen. Bereits am Vortag sind die Männer von Ludwig Krenn, dem Kommandanten des Eisenerzer Volkssturm-Bataillons, zu dem die „Alarmkompanie“ gehört, über ihren Einsatz instruiert worden: „Die ‚Alarmkompanie‘ wurde angewiesen, morgen am Präbichl einen Judentransport zu übernehmen. Diese Hunde und Schweine verdienen alle, erschossen zu werden. Wenn unter euch ein Feigling ist, muss er sich sofort stellen, denn morgen ist es zu spät. Wenn sich morgen jemand feig verhält, werde ich ihn persönlich erledigen.“

Massenmord am Präbichl

Kaum hat sich der „Transport“ wieder in Bewegung gesetzt, eröffnet ein Teil der Eisenerzer Volkssturmmänner, die für diese „Aktion“ auch Maschinenpistolen ausgefasst haben, das Feuer auf die marschierenden Juden, Chaos bricht aus, wer noch die Kraft dazu hat, versucht zu flüchten, doch die Mörder sind schneller, töten jeden, der ihnen vor den Lauf kommt. Der Volkssturmmann Johann Auer wird Zeuge, wie sein Kumpan Franz Taucher brutal einen Juden „umlegt“: „Am Straßenrand saß ein alter Mann, neben ihm stand Taucher: ‚Schieß ihn nieder!‘, befahl er mir. ‚Warum schießt denn du nicht?‘, fragte ich entsetzt. ‚Mein Gewehr ist kaputt! Frag net lang, sondern schieß, du feiger Hund! Wenn mei Gewehr net hin wär, würde ich dich und den Juden erschießen!‘ Dann warf er mir sein zerschlagenes Gewehr vor die Füße, nahm mir meines weg und schoss auf den alten Mann.“

Erst nach einer halben Stunde gelingt es dem Leiter des Transports, einem Grazer Gestapo-Beamten und SS-Mann, die Einstellung des Massakers zu erreichen – über 200 Menschen sind inzwischen dem Blutbad zum Opfer gefallen.

Auf Anweisung der Grazer Gestapo wird Ludwig Krenn als Anstifter des Gemetzels verhaftet, nach Intervention des Leobener Kreisleiters Otto Christandl jedoch nach wenigen Stunden wieder freigelassen, seine Alarmkompanie darf weiterhin „Judentransporte“ begleiten.

Das Verbrechen bleibt jedoch nicht ungesühnt: 14 Mittäter des Massakers am Präbichl können auf Anweisung der britischen Besatzungsmacht noch 1945 festgenommen werden; 1946 werden sie in Graz vor ein britisches Militärgericht gestellt. Auf der Anklagebank sitzen der ehemalige Leobener Kreisleiter Otto Christandl sowie die ehemaligen Volkssturmmänner Anton Eberl, Ludwig Krenn, Karl Etzinger, Ernst Feistl, Johann Gatterbauer, Anton Hebenstreit, Anton Hirner, Michael Leonhardsberger, Max Mitter, Rudolf Mitterböck, Rudolf Piermann, Karl Schelch, Emmerich Schnabl, Adolf Schumann, Franz Taucher, Ludwig Wurm und Fritz Wolf. Richter Glyn Jones, eigens für diesen Prozess aus London angereist, und die Ankläger Theodore Turner und G. W. Treddwell verfolgen unbeirrbar eine strenge Linie, bewegende Zeugenaussagen unterstützen sie darin – wie etwa jene des Überlebenden Géza Czecsi, der bei einer Gegenüberstellung die Angeklagten Piermann, Krenn und Mitterböck wiedererkennt und auf die Frage der Verteidigung, ob er sich denn nach so langer Zeit nicht irren könne, antwortet: „Nein! Wenn ich auch viel von diesem Jahr vergessen haben mag, das Bild vom Präbichl, den blutigroten Schnee, die Berge von Sterbenden und Leichen vergesse ich nie. Und auch nicht die Gesichter der Mörder, die mit Gewehren und Maschinenpistolen in einen endlos scheinenden Zug hilfloser Menschen hineinschossen!"

Zehn Angeklagte – Otto Christandl, Anton Eberl, Ludwig Krenn, Ludwig Wurm, Franz Taucher, Emmerich Schnabel, Anton Hirner, Rudolf Mitterböck, Ernst Feistl und Fritz Wolf – werden zum Tod verurteilt, drei Angeklagte zu zehn Jahren und einer zu sechs Monaten Haft. Erst über ein halbes Jahrhundert später setzt man am Präbichl ein Zeichen der Erinnerung: Am 17. Juni 2004 wird auf der Passhöhe eine Gedenkstätte enthüllt.

Die Gedenkstätte am Präbichl, entworfen von Schülern der Hauptschule I in Eisenerz.

8. April 1945

Biedermann, Raschke und Huth bezahlen mit dem Tod

Es tobt die „Schlacht um Wien". Major Carl Szokoll, der eine führende Position im Stab Rudolf von Bünaus, des Kampfkommandanten von Wien, einnimmt, ruft am 5. April die „Operation Radetzky" aus: Nach dem Erreichen der Stadtgrenzen durch die Rote Armee sollen die Kampfgruppen des Widerstands gemeinsam mit den „österreichischen" Wehrmachtseinheiten die öffentlichen Gebäude wie Postämter, Bahnhöfe und die Telefonzentrale besetzen; die Zerstörung von Brücken und anderen wichtigen Bauwerken müsse verhindert werden; im Rundfunk soll die „Wiedergeburt" Österreichs verkündet werden. Als Stunde X ist Mitternacht vorgesehen. Eine der Widerstandsgruppen, es sind Angehörige der Wehrmachtsstreife, ist damit beauftragt, den Sender am Bisamberg in Besitz zu nehmen, geführt wird sie von Major Karl Biedermann, dem Chef der Heeresstreife. Biedermann wird jedoch durch einen Untergebenen verraten und verhaftet und in der Stadtkommandantur „intensiv" verhört – schließlich spricht er über die Pläne der Verschwörer; den beiden Offizieren Oberleutnant Rudolf Raschke und Leutnant Adolf Huth gelingt es noch – im Wissen, dass sie damit ihr eigenes Leben opfern –, die einzelnen Widerstandsgruppen zu warnen, ehe auch sie verhaftet werden.

Operation Radetzky misslingt

Alle drei werden vor ein Standgericht aus Wehrmachtsoffizieren gestellt und im „Schnellverfahren" zum Tod verurteilt. Man bringt sie nach Floridsdorf und sperrt sie zunächst in einem Schulgebäude ein; ein Sonderkommando der SS übernimmt die Hinrichtung; Karl Biedermann, Rudolf Raschke und Adolf Huth werden am 8. April 1945 am Floridsdorfer Spitz öffentlich gehängt; eine Abteilung Volkssturmmänner wird zum „Zuschauen" abkommandiert – es sind 15- und 16-jährige Buben, die Zeugen der kaltblütigen Morde werden. Den Hingerichteten hängt die SS Schilder mit der Aufschrift „Ich habe mit den Bolschewiken paktiert" um.

Die Biedermann-Huth-Raschke-Kaserne in Wien-Penzing erinnert an die drei unglücklichen Widerstandskämpfer.

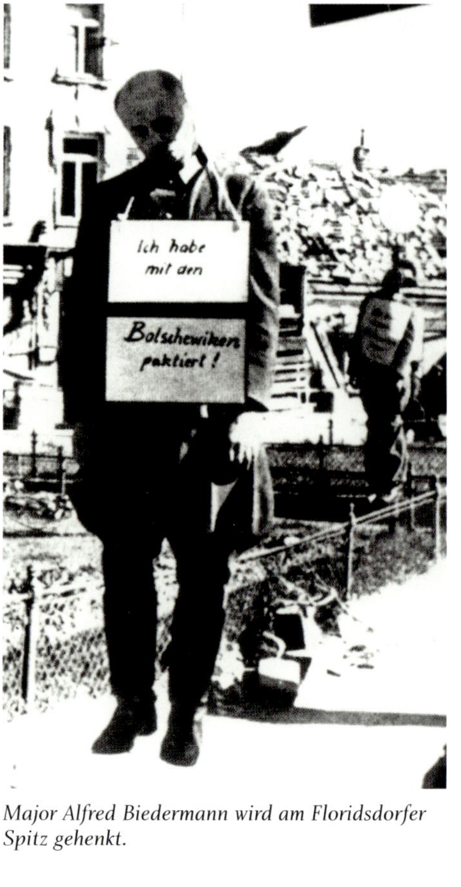

Major Alfred Biedermann wird am Floridsdorfer Spitz gehenkt.

9. April 1942

Im Vorzimmer des Todes

Am Aspangbahnhof wird der „17. Transport" verladen. 998 Menschen besteigen den Zug nach Izbica. Jeder Deportierte darf einen Koffer mit Kleidung, Bettwäsche und Waschzeug mitnehmen sowie 80 Reichsmark in bar, im Handgepäck darf sich Proviant für fünf Tage befinden. Man hat ihnen vorgetäuscht, dass sie in Izbica Arbeit in diversen Industrieunternehmen finden würden. Das fünfzehn Mann starke „Transportkommando" wird von einem „Revierleutnant" des „Reserve Polizeibataillons zur besonderen Verwendung Wien" kommandiert.

Deportation nach Izbica

Izbica im „Generalgouvernement", 57 Kilometer südöstlich von Lublin, dem Hauptquartier Odilo Globocniks, gelegen, eine Gründung der zweiten Hälfte des 18. Jahrhunderts, ist ein „Durchgangsghetto" für die Vernichtungsstätten Sobibór und Bełżec, ein Städtchen mit etwa 6.000 Einwohnern, mit überwiegend aus Holz gebauten Häusern und einigen Brunnen – ein typisches osteuropäisches „Schtetl". Bis Mitte der 1930er-Jahre gibt es hier keinen elektrischen Strom, noch immer fehlt eine Kanalisation, die Straßen sind nicht gepflastert, was dazu führt, dass sie sich bei Regen in ein Schlammmeer verwandeln. Da Izbica zum Zeitpunkt der Okkupation Polens durch die Wehrmacht einen Bevölkerungsanteil von über 90 Prozent orthodoxer Juden aufweist, wird es von den Nazis kurzerhand zur Gänze in ein Ghetto umgewandelt – da muss nicht einmal ein Stacheldrahtzaun errichtet werden, es genügen Ausgangssperren, um die Menschen am Verlassen ihrer Quartiere zu hindern. Dass die hier eintreffenden „Auslandsjuden" aus Wien und den Großstädten des „Altreichs" einen wahren Kulturschock erleiden, kümmert die Nazis wenig; der Salzburger Hermannn Höfle (1911 – 1962), „Judenreferent" Globocniks und Stabschef der „Aktion Reinhardt", besucht im Frühjahr 1942 Izbica und findet alles ganz in Ordnung, weiß er doch, dass die im Augenblick herrschende heillose Überbevölkerung des „Schtetls" nur von kurzer Dauer sein wird: Mitte März 1942 hat mit der Räumung der Ghettos in Lemberg *(Lwów)* und Lublin die fabrikmäßige Tötung der Juden im Generalgouvernement begonnen.

Kommandant des Ghettos ist der 27-jährige SS-Hauptsturmführer Kurt Engels, 1915 in Köln geboren, sein Stellvertreter der aus Odessa stammende, zwei Jahre jüngere SS-Unterscharführer Ludwig Klemm. Die beiden jungen Nazis begehen zahlreiche Morde, auch auf offener Straße; eine Zeitzeugin, die Polin Janina Kic, damals 16 Jahre alt, erinnert sich: „Engels war gut gebaut, und wenn er Leute ermordete, lachte er. Es machte ihm Spaß. Ich erinnere mich, wie er mit seinem Motorrad durch Izbica fuhr und mit sich selbst sprach. Er war blond und hatte blaue Augen. In Izbica war er allein. Er brachte keine Familie mit und niemand hörte davon, dass er eine Frau oder Verlobte hatte. Die Juden hatten schreckliche Angst vor Engels. Wenn er kam, flüchteten sie von der Straße. Ich erinnere mich, wie Engels eine Mutter mit ihrem vierjährigen Kind auf der Straße erschoss. Einfach so, zum Spaß."

Fabriken gibt es in Izbica keine und Arbeit nur für einige wenige, etwa im nahe

Ein typisches „Schtetl": die Lubelskastraße in Izbica. Foto von Max Kirnberger, DHM, Berlin.

gelegenen Arbeitslager in Augustówka oder auf den Feldern der umliegenden Gutshöfe. Zusammengedrängt in Kammern und Kellern – in manchen Räumen leben bis zu 20 Personen – blickt man hungernd einer ungewissen Zukunft entgegen – einmal am Tag wird von der „Volksküche" ein halber Liter „Suppe" ausgegeben, bestehend aus Wasser und einigen Kartoffeln, wer geschickt ist und Glück hat, kann mitunter auch von den polnischen Bauern der Umgebung Lebensmittel eintauschen oder kaufen, die Preise am Schwarzmarkt sind allerdings hoch, für einen 2-Kilo-Laib Brot zahlt man etwa 24 bis 28 Zloty. Und wer kein Geld mehr hat, verkauft sich selbst – die Prostitution blüht. Immer wieder kommt es zu Konflikten zwischen den einheimischen und den „ausländischen" Juden, unter denen manche noch immer bereit sind, mit der SS zusammenzuarbeiten und Spitzeldienste zu leisten. In der zerstörten Synagoge des Orts hat man ein improvisiertes Spital eingerichtet; Ärzte, die in Wien an modernen Kliniken gearbeitet haben, operieren nun auf einem Küchentisch. Im Juni reißt schließlich auch der Kontakt zur Heimat vollständig ab – nach einer Verordnung des „Reichssicherheitshauptamts" dürfen Deportierte keine Postkarten oder Briefe mehr schreiben. Einzig über private Verbindungen ist es manchen noch möglich, Kontakt zu halten, so gelingt es einigen Juden, Verbindung mit der Wiener Caritas aufzunehmen.

Es ist ein verzweifelter Kampf ums Überleben, den die Mörder Globocniks abrupt und gnadenlos beenden. Die nach Izbica deportierten Juden aus Wien – drei weitere „Transporte" folgen am 12. und 15. Mai sowie am 5. Juni 1942 – werden am 8. Juni und 15. Oktober 1942 von Izbica in das Vernichtungslager Bełżec gebracht; es gibt keine Überlebenden.

10. April 1938

Hell und jauchzend klingt es allenthalben: Ja, Ja, Ja!

Es soll „Großdeutschlands stolzester Tag“ werden, alles ist vorbereitet für die „heilige Wahl“ an diesem „Tag des Bekenntnisses“. Am Vorabend hat der „Führer“ nach seiner Rede in der Nordwestbahnhalle, selbst tief bewegt von der „Größe des Augenblicks“, Abschied von Wien genommen, nun gilt es seine Tat vom 11. März durch ein „Ja“ zu würdigen. Noch einmal trommeln die gleich geschalteten Zeitungen das „Ja dem Führer, ja dem Reich!“, noch einmal überschlägt man sich in Lobeshymnen für den „Befreier“ Adolf Hitler, der „allein mit der Glut seines Herzens und der Kraft seines Glaubens“, wie Hans Zogelmann in der *Volks-Zeitung* schreibt, das „deutsche Volk“ zur „stolzesten Höhe seiner Geschichte“ geführt habe. 75 Millionen im „Altreich“ und in den „Gauen der Ostmark“ sind aufgerufen, zu den Urnen zu gehen. Die suggestive Frage, die ihnen auf dem Stimmzettel gestellt wird, lautet: „Bist Du mit der am 13. März 1938 vollzogenen Wiedervereinigung Österreichs mit dem Deutschen Reich einverstanden und stimmst Du für die Liste unseres Führers Adolf Hitler?“

Volksabstimmung über „Großdeutschland“

Um 17 Uhr ist Wahlschluss, dann wird gezählt. Um 21 Uhr beginnt im Konzerthaussaal in Wien die große Feier zur Verkündung des Wahlergebnisses, es spielt der Musikzug des Infanteriebataillons 40, der Wiener Männergesangsverein singt.

Um 23.25 Uhr ist es so weit: Gauleiter Josef Bürckel und Reichsstatthalter Seyß-Inquart erscheinen auf der Bühne und verkünden dem „deutschen Volk den überwältigenden Sieg des Einheitsgedankens in Österreich“: „Von 4,284.795 Männern und Frauen, die zur Wahlurne gingen, erklärten 4,273.887, das sind 99,75 Prozent: Wir sind Deutsche und gehören für alle Ewigkeit nur Deutschland und seinem Führer!“ Hitler, der über eine Rundfunkleitung aus der Reichskanzlei in Berlin zugeschaltet ist, erklärt daraufhin: „Für mich ist diese Stunde die stolzeste meines Lebens.“

Während die Anwesenden im Konzerthaus auf Hitlers Ansprache mit stürmischen „Heil!“-Rufen antworten, ist bereits ein Mordkommando der Gestapo unterwegs, das auserwählte Opfer: Schuschniggs Staatssekretär für Landesverteidigung, General der Infanterie Wilhelm Zehner *(siehe 11. April)*.

11. April 1938

Es liegt Selbstmord aus unbekanntem Motive vor

General der Infanterie Wilhelm Zehner, von Dollfuß im Juli 1934 zum Staatssekretär für Landesverteidigung ernannt, ist Hitler ein Dorn im Auge. Zehner ist es, der 1934 *(siehe 25. Juli)* am Ballhausplatz gegen die Nazi-Putschisten vorgeht und in den Jahren darauf die Modernisierung des Bundesheeres entscheidend vorantreibt – bereits am 15. März erlässt Hitler daher eine „Führerweisung", in der er die Absetzung des aus Bistritz in Siebenbürgen stammenden Generals fordert. Zehner, der mit Schuschnigg am 11. März von seinem Amt zurücktritt, ist zu diesem Zeitpunkt bereits Pensionist. Die Nazis vergessen aber keineswegs auf ihn …

Auf den Straßen wird noch das Ergebnis der Volksabstimmung gefeiert, Wilhelm Zehner und seine Frau Maria haben sich bereits zu Bett begeben. Da läutet es wenige Minuten nach Mitternacht an der Wohnungstür. Steffy Forster, die Haushälterin, blickt durch das Guckloch, draußen stehen drei oder vier Männer „in Straßenkleidung", einer sagt „im barschen Tone": „Aufmachen oder wir kommen gewaltsam in die Wohnung hinein!" Inzwischen ist auch General Zehner aufgestanden und bittet Steffy, die Herren hereinzulassen. Nun geht alles sehr rasch: Einmal in der Wohnung, drängen die Gestapoleute Zehner ins Badezimmer und von dort ins Schlafzimmer; was dann passiert, wird Witwe Maria Zehner 1951, als der Fall neu aufgerollt wird, folgendermaßen darstellen: „Ich wollte zu meinem Gatten, doch hinderte mich der zweite Fremde daran. Schließlich gelang es mir, meinem Gatten und dem ersten Fremden in das Herrenzimmer zu folgen. Doch sie waren in den anschließenden Salon gegangen. Ich stürzte in den Salon und schaltete die Lusterbeleuchtung ein. In diesem Augenblick hörte ich eine Schussdetonation und sah meinen Mann, der gestanden ist, nach rückwärts umfallen. Der Fremde stand neben ihm, hatte eine Pistole in der Hand, nahm die Hand meines Gatten und versuchte, ihm die Pistole in die Hand zu drücken. Dies gelang ihm jedoch nicht, und die Hand meines Gatten fiel hinunter, ebenso die Pistole. Ich bekam beim Fortgehen des Fremden einen Herzanfall (…)" Der diensthabende Arzt Dr. Hainzl vom „Rettungs- und Krankenbeförderungsdienst der Stadt Wien", der wenig später eintrifft, protokolliert den Tod des Generals, wohl auf Geheiß eines der Gestapobeamten, eines gewissen Junker, vermerkt Hainzl: „Es liegt Selbstmord aus unbekanntem Motive vor." Die Leiche bleibt in der Obhut der Gestapo. Maria Zehner unterschreibt einen Revers, dass es sich um Selbstmord gehandelt hätte.

1951 wird der Tod Wilhelm Zehners neu aufgerollt. Die beiden angeklagten ehemaligen Gestapobeamten Junker und Mösslacher kommen jedoch frei, ihnen kann der Mord nicht bewiesen werden.

Das Ende von Staatssekretär Wilhelm Zehner

12. April 1923

Die Sozialdemokratie zeigt sich kämpferisch

Jetzt hat auch die Sozialdemokratie ihren paramilitärischen Kampftrupp: Innenminister Dr. Felix Frank bewilligt die Gründung des Republikanischen Schutzbundes, der paramilitärischen Organisation der Sozialdemokratischen Partei. Geleitet wird die neue „Wehrformation" der Arbeiterschaft von Obmann Julius Deutsch (1884–1968), dem ehemaligen Staatssekretär für Heerwesen; zu seinen wichtigsten Mitarbeitern zählen Weltkriegsveteran General Theodor Körner und der Heeresoffizier Alexander Eifler, der die Funktion eines „Generalstabschefs" der Truppe übernimmt.

Gründung des Republikanischen Schutzbundes

Vorläufer des Schutzbundes sind die bereits 1922 gegründeten Arbeiterwehren. Die Organisation hat ihren Sitz in Wien und ist vor allem in Wien und in den Industriegebieten Oberösterreichs, Niederösterreichs, Kärntens und der Steiermark vertreten. Die einheitlich uniformierten Verbände sind in Kompanien, Bataillonen und Regimentern organisiert. Sie sind zwar nur mit Infanteriewaffen ausgerüstet, sollen aber dennoch eine proletarische Gegenkraft zu dem von den Christlichsozialen beherrschten Bundesheer sowie zu den rechten, meist offen faschistischen Heimwehrverbänden darstellen.

Mit der Aufstellung des Republikanischen Schutzbundes, der 1928 bereits 80.000 Mitglieder zählt, besitzt die Sozialdemokratie ein militärisches Instrument für den Eventualfall Bürgerkrieg; das Blutbad vor dem Justizpalast 1927 *(siehe 15. Juli)* kann aber nicht verhindert werden, vielfach verzettelt man sich im Kleinkrieg auf der Straße.

Bei „Kampfkundgebungen" und „Marschübungen" demonstriert man Stärke; der Schutzbund wird zu einem beachtlichen Machtfaktor, dem Dollfuß entschieden entgegentritt: Am 31. März 1933 wird die Organisation behördlich aufgelöst, bleibt jedoch in der Illegalität weiter bestehen, teils unter dem Mantel halblegaler „Ordnergruppen".

Nach der Niederlage des Schutzbundes in den Februarkämpfen 1934 werden zahlreiche Mitglieder verhaftet, viele gehen ins Exil, vor allem in die Tschechoslowakei und in die Sowjetunion, wo sie später zum Teil den „Säuberungsaktionen" Josef Stalins zum Opfer fallen; andere schließen sich den illegalen „Revolutionären Sozialisten Österreichs" (RSÖ) oder der ebenfalls illegalen „Kommunistischen Partei Österreichs" (KPÖ) an. Insgesamt werden mehr als 200 Angehörige des Schutzbundes während der Februarkämpfe getötet. Einige führende Mitglieder, darunter Koloman Wallisch, Karl Münichreiter und Georg Weissel, werden standrechtlich hingerichtet *(siehe 12. Februar)*; mehrere Hundert Schutzbündler werden in Anhaltelagern, etwa in Wöllersdorf, inhaftiert. Ex-Obmann Julius Deutsch geht nach Spanien und kämpft in den Reihen der Internationalen Brigaden gegen General Franco.

13. April 1945

Mit Panzerfäusten gegen Frauen und Kinder

Es ist gegen drei Uhr morgens, als sich auf der Straße von Lunz am See kommend ein Auto dem „Judenlager" in Göstling an der Ybbs nähert. Es hält in der Nähe der drei Holzbaracken unterhalb des Gasthofes Kirchberger, in denen seit Ende Mai 1944 Juden ungarischer Staatsangehörigkeit untergebracht sind; diese Nacht, so hatten die Insassen gehofft, würde ihre letzte in Göstling sein, ist doch vom Arbeitsamt Amstetten eine Weisung ergangen, sie am Morgen des 13. April per Bahn nach Amstetten zu bringen, von dort sollen sie in einem Sammeltransport zusammen mit anderen ungarischen Juden weiter nach Westen geschafft werden.

Das SS-Blutbad in Göstling an der Ybbs

Aus dem Auto steigen acht schwer bewaffnete SS-Männer, angeführt von einem SS-Untersturmführer. Es sind Angehörige einer Werfereinheit, die in Lunz am See stationiert ist; der Wagen gehört dem HJ-Führer Ernst Burian, dem „Standortältesten" der drei „Wehrertüchtigungslager" der Hitlerjugend in Lunz. Irgendwie haben die SS-Männer vom geplanten Abtransport der ungarischen Juden Wind bekommen und beschlossen, das Lager davor zu „liquidieren" – es gebe da einen Befehl Himmlers, wonach Juden, die sich im Kampfgebiet befinden und eine Gefahr für die kämpfende Truppe darstellen würden, „liquidiert" werden müssten. Die SS-Männer haben zwar nicht die Absicht, im Kampf gegen die Rote Armee den Heldentod zu sterben, gegen unbewaffnete Zivilisten reicht der Mut aber noch aus: Sie wecken die Leiterin des Lagers, Margarethe Görisch, und fordern sie auf, innerhalb von drei Minuten zusammen mit ihrer kleinen Tochter Irma das Lager zu verlassen, da es „liquidiert" werden würde. Während sich die Frau einen Mantel über das Nachthemd zieht, ihre Tochter weckt und ohne Gepäck mit dem Kind in die Nacht hinaus flüchtet, beginnen die SS-Männer das Lager zu umstellen, dann zünden sie die Baracken an; bald werden Schreie des Entsetzens und der Verzweiflung laut. Wer den Flammen entkommen will, läuft direkt in das Maschinenpistolenfeuer der SS-Mörder, die auch Panzerfäuste und Handgranaten mitgebracht haben. Alle Insassen des Lagers kommen ums Leben, insgesamt 76 Männer, Frauen und Kinder. Henni Schiffmann, das älteste Opfer unter den Frauen, ist 86; Jenö Nemeth, das älteste männliche Opfer ist 78 Jahre alt; 14 Kinder sind unter 14 Jahre alt.

Das SS-„Liquidierungskommando" kehrt in aller Ruhe nach Lunz zurück, der Untersturmführer wird am nächsten Tag von einem Obersturmführer als Kommandeur der Werfereinheit abgelöst – und dieser hat schon eine nächste „Aktion" im Auge: Ein „Judentransport" soll in der Gegend von Scheibbs unterwegs sein … *(siehe dazu den 15. April)*

Ein Obelisk auf dem Friedhof in Göstling, auf dem die Namen der Opfer verzeichnet sind, erinnert heute an dieses Blutbad der SS; die Namen der Täter wurden nie bekannt, niemand wollte sich an sie erinnern können.

14. April 1919

Woodrow Wilson wird sich selbst untreu

US-Präsident Woodrow Wilson, der „Schiedsrichter der Welt", gibt seine neueste Entscheidung bekannt: Südtirol muss an Italien abgetreten werden. Seit den Novembertagen hält Italien das Gebiet bis zum Brenner besetzt; die Annexion ist eigentlich nur mehr eine formale Sache. Würde man jedoch das berühmte 14-Punkte-Programm Wilsons über das Selbstbestimmungsrecht der Nationalitäten auch in diesem Fall zur Anwendung bringen, so müsste das deutschsprachige Südtirol bei Österreich bleiben.

Südtirol muss abgetreten werden

Doch da gelten andere Kriterien: Die Entente ist Italien für den Kriegseintritt anno 1915 noch etwas schuldig und jetzt ist eben Zahltag. Neben Südtirol hat man Rom noch das Trentino, das Kanaltal, Dalmatien, Triest, Istrien und die vorgelagerten Inseln versprochen. Da Franzosen und Russen die Italiener nun schon um einen wesentlichen Teil der Kriegsbeute geprellt haben, will man ihnen nicht auch noch das versprochene Südtirol wegnehmen.

Trotzdem ist Wilson sich noch nicht sicher, wie er in dieser Angelegenheit entscheiden soll. Seine schwankende Haltung beruht vor allem darauf, dass er die Zustimmung der Italiener für die Völkerbundidee benötigt, andererseits möchte er ihre Gebietsansprüche im Osten zu Ungunsten Jugoslawiens eindämmen.

Also entschließt er sich auf Anraten Frankreichs und Großbritanniens dazu, die österreichischen Interessen in Südtirol zu opfern, um Italien gegenüber Jugoslawien etwas milder zu stimmen. Damit besiegelt er das „Schicksal" Südtirols.

Die Tiroler hingegen nehmen diese Entscheidung nicht so einfach hin und wollen die Teilung des Landes verhindern. Der Tiroler Landtag spricht von einer „Verstümmelung des Landes" und fordert sofort den „Anschluss" an Deutschland, da man glaubt, so die Einheit des Landes wahren zu können.

Doch der Beschluss ist nicht mehr rückgängig zu machen und muss vollzogen werden. Wilson folgt damit vor allem den französischen Idealvorstellungen für die neu aufgeteilten Gebiete. Frankreich will Jugoslawien als Gegengewicht zu Italien sehen; Südtirol hingegen hat für Paris keinen strategischen Wert und muss daher an Italien abgetreten werden. Sofort nach dem Anschluss an Italien wird mit einer verstärkten Italianisierung der deutschsprachigen Bevölkerung begonnen, um die österreichische Vergangenheit so effizient wie möglich auszulöschen.

Der „Kampf um Tirol" ist verloren: Südtirol muss an Italien abgetreten werden.

15. April 1945

Diesmal ging alles viel schöner

Scheibbs, am frühen Morgen. In der „Banndienststelle" der Hitlerjugend bespricht HJ-Bannführer Josef Kernstock mit dem „Standortältesten" der drei „Wehrertüchtigungslager" in Lunz am See Ernst Burian, dem SD-Mann Josef Höblinger, den HJ-Führern Alois Maurer und Johann Grubmayer sowie jenem SS-„Liquidierungskommando", das bereits für den Massenmord in Göstling am 13. April *(siehe dort)* verantwortlich war, die „Aktion" des Tages. Nach einem fröhlichen Saufgelage in der Nacht haben Kernstock und seine Männer Lust auf neue Untaten:

Das Massaker in der Schliefau

Ein „Judentransport" mit etwa 100 ungarischen Juden, vor allem Frauen und Kinder, der unterwegs nach dem Westen ist, soll „liquidiert" werden, wieder einmal beruft man sich auf den angeblichen Befehl Himmlers, alle Juden im frontnahen Gebiet zu töten. Kernstock weiß, dass er sich auf Burian verlassen kann: Der aus einer sudetendeutschen Familie stammende HJ-Mann aus Gänserndorf, Jahrgang 1919, ist überzeugter Nationalsozialist, kämpfte in der 44. Infanteriedivision und wurde auf dem Frankreichfeldzug durch einen Granateinschlag verschüttet, seitdem leidet er an epilepsieähnlichen Anfällen. Als „Tapferkeitsoffizier" wurde er 1941 zum Leutnant befördert, seit September 1944 unterstehen in Lunz am See etwa 500 Hitlerjungen seiner Aufsicht. Burian ist fanatischer Nazi und klammert sich noch immer an die Hoffnung auf den „Endsieg". „Verloren ist noch nichts, solange noch ein Fleckerl da ist!", verkündet er jedem, der es hören will, und fantasiert davon, sich mit seinen Hitlerjungen den Russen entgegenwerfen zu wollen. Die unternehmungslustigen HJ-Männer und die SS-Leute sind sich rasch einig, gemeinsam bricht man per Lkw, Pkw und Motorrad Richtung Randegg auf; hier trifft man sich mit dem Bürgermeister und mit örtlichen Parteifunktionären, auch die Gendarmerie wird informiert – Widerspruch gegen die geplante „Aktion" gibt es offenbar keinen; die Randegger Volkssturmmänner werden angehalten, am Vormittag ein Übungsschießen abzuhalten.

Die „Judenkolonne" ist inzwischen auf dem Marktplatz in Randegg eingetroffen; der SS-Obersturmführer veranlasst zunächst, dass den völlig erschöpften Menschen das Gepäck abgenommen wird, es soll, so seine Lüge, später mit Fuhrwerken nach Steinakirchen am Forst gebracht werden; die Juden selbst würden auf Bauernhäusern in der Umgebung Randeggs untergebracht werden; eine Information, die bei den Unglücklichen wieder etwas Hoffnung keimen lässt.

Dann heißt die SS-Begleitmannschaft die Juden wieder in Marschformation Aufstellung nehmen – inzwischen ist man sich halbwegs einig geworden, wo „es" geschehen soll: Die Kolonne wählt die Straße in den nahen Schliefaugraben; den Marschierenden voraus knattert der SS-Obersturmführer mit seinem Motorrad, am Sozius sitzt Ernst Burian, der mit dem SS-Mann schon ganz ein Herz und eine Seele ist; dahinter folgen in zwei Autos die Männer des SS-Mordkommandos. Entlang des Schliefaubaches geht es hinein in dieses schmale Nebental der Kleinen Erlauf, ein düsterer Zug in diesem ansonsten so friedlichen Mostviertler Bauernland, in dem bereits der Frühling seinen Einzug gehalten hat. Man passiert das Dorf Schliefau und hält sich am Ortsende nach der Brücke über den Bach rechts auf einen Weg, der zu einer steil abfallenden Wiese führt – ein idealer Ort für die Mörder: Die Wiese grenzt an den Schliefaubach, dessen jenseitiges Ufer so steil ist, dass jeder Fluchtversuch unmöglich scheint, der hintere Teil der Wiese wird durch einen mit Buschwerk bewachsenen Zaun begrenzt. Auf Befehl der SS-Wachmannschaft machen die Opfer hier halt, man fordert sie auf, im nahen Gebüsch Reisig zu sammeln; einige Kinder beginnen Frühlingsblumen zu pflücken. Was die Unglücklichen nicht ahnen: Bereits vor ihrem Eintreffen auf der Wiese haben einige SS-Männer gut getarnt auf der Anhöhe Maschinengewehre in Stellung gebracht.

Hitlerjunge Grubmayer erhält vom SS-Obersturmführer den Befehl, mit dem Motorrad nach Reinsberg zu fahren und im dort gelegenen „Wehrertüchtigungslager“ einige Hitlerjungen anzufordern – sie sollen das Verbrennen der Leichen übernehmen. Kernstock, Burian und Höblinger sperren den Weg ab, der zur Wiese führt, jede Flucht wird damit unmöglich; dann bedeutet man den Opfern, dass sie sich mit dem Gesicht zum Bach eng zusammensetzen sollen – mit einem Schuss aus seiner Pistole gibt der SS-Obersturmführer das verabredete Zeichen: Die MG-Schützen auf der Anhöhe eröffnen das Feuer auf die völlig Über-

Ein idyllischer Platz im Mostviertel und ein Ort für Mörder: der Schauplatz des Massakers.

raschten, wer nach den Maschinengewehrsalven noch lebt, wird von den SS-Männern durch „Fangschuss" getötet – nach wenigen Minuten lebt von den 100 Menschen auf der Wiese niemand mehr. Die Leichen werden mit dem von den Opfern noch selbst zusammengetragenen Reisig bedeckt und in Brand gesteckt, die Hitlerjungen aus Reinsberg begraben schließlich, was verkohlt übrig geblieben ist.

Als die Mörder nach Randegg zurückkehren, entdecken sie dort auf dem Marktplatz weitere zehn Juden, die so geschwächt waren, dass sie der Kolonne nicht folgen hatten können – sie werden auf einen Lkw geladen, in den Schliefaugraben gebracht und ebenfalls ermordet. Einer der MG-Schützen, ein bayrischer SS-Mann, genehmigt sich nach getaner „Arbeit" im nahen Anwesen des Landwirts Johann Pöchhacker ein Krügel Most und berichtet dabei dem Hausherrn, dass diesmal alles viel „schöner" gegangen sei als etwa in Göstling, wo man auf die flüchtenden Juden wie auf Hasen hätte schießen müssen. Das gemütliche Mittagessen nehmen die Mörder in Wieselburg ein; Ernst Burian besorgt wie versprochen dem SS-Kommando auch noch billiges Benzin.

Die Inschrift spricht nicht ganz korrekt von „KZ-Opfern" und nicht von jüdischen Zwangsarbeitern, Frauen und Kindern: der Gedenkstein im Schliefaugraben bei Randegg.

Die Namen des SS-Obersturmführers und seiner Schergen sind bis heute unbekannt geblieben; sie werden für ihre Verbrechen in Göstling und Randegg nie zur Rechenschaft gezogen. Wohl aber der HJ-Führer Ernst Burian, der noch am 8. Mai 1945 in den Mord am Lunzer Villenbesitzer Rudolf Obendorfer verwickelt ist und nach dem Krieg als Hilfsarbeiter in Steyr unterzutauchen versucht. Am 19. Juni 1948 wird er, angeklagt wegen Mitschuld am Verbrechen des vielfachen Meuchelmordes und wegen Mitschuld am Verbrechen des bestellten Mordes, zu lebenslangem schwerem Kerker, verschärft durch „einsame Absperrung in dunkler Zelle an jedem 15. April", verurteilt. Bereits 1957 geht Burian nach einer Amnestie frei und lebt von nun an unbehelligt als freier Mann. Sein Mordkumpan Josef Höblinger wird erst 1961 angeklagt, aus „Mangel an Beweisen" stellt man das Verfahren nach wenigen Wochen ein – jetzt ist die Zeit gekommen, in der sich niemand mehr erinnern will. Erst einer Initiative der Pfarre und der Hauptschule Randegg ist es zu verdanken, dass am Schauplatz des Massakers ein schlichter Gedenkstein gesetzt werden kann …

16. April 1809

Erzherzog Johann feiert einen miltärischen Erfolg

Die Kriegspartei am Wiener Hof hat sich endgültig durchgesetzt. Am 8. Februar 1809 spricht sich die Ministerkonferenz erstmals für einen Angriffskrieg gegen Napoleon aus; geplant wird ein Zweifrontenkrieg: Erzherzog Carl soll die Westarmee in Bayern zum Sieg führen, der 27-jährige Erzherzog Johann die Südarmee in Oberitalien kommandieren. Man hofft, so den Korsen, der noch in Spanien weilt, überraschen zu können. Johann, anno 1800 bei Hohenlinden von den Franzosen schwer geschlagen, widmet sich voll Tatkraft der neuen Aufgabe: Am 10. April 1809 überschreitet er mit etwa 40.000 Mann und Landwehrverbänden bei Pontebba die Grenze, gleichzeitig bricht Feldmarschallleutnant Johann Gabriel von Chasteler mit 14.000 Mann zur „Befreiung" Tirols auf – die bayerischen und französischen Besatzungstruppen können tatsächlich überrumpelt werden, nach vier Tagen ist Tirol in österreichischen Händen.

Im Süden stößt Erherzog Johann zunächst nur auf geringen Widerstand. Die Österreicher gehen über den Tagliamento, besetzen am 12. April Udine und rücken bis Pordenone vor, hier treffen sie auf den Feind; kommandiert werden die Franzosen von Napoleons Stiefsohn, Vizekönig Eugène Beauharnais, der am 16. April „mit ganzer Macht" den Angriff auf die österreichischen Stellungen bei Porcia eröffnet. Von beiden Seiten wird, wie *Streffleurs militärische Zeitung* zu berichten weiß, der Kampf „mit beispielloser Anstrengung, aber abwechselndem Erfolge" geführt; durch den Einsatz der Kavalleriebrigaden des 9. Korps, die „zum Einhauen" nach vorne beordert werden und in „wiederholten muthigen Angriffen" den Feind „über den Haufen" werfen können, kann die Attacke des Vizekönigs abgewehrt werden. Feldmarschallleutnant Graf Ignaz Gyulai, der das 9. Korps befehligt, erkennt, dass die Franzosen ihren linken Flügel bei Sacile zu sehr geschwächt haben, und lässt nun den Ort mit Billigung Johanns durch General Marziani angreifen – „ein günstiger Erfolg krönt dieses Unternehmen":

Der Sieg von Sacile

Sacile wird von Marziani erobert, die Franzosen treten „in Unordnung" den Rückzug an, 3.666 Mann gehen in österreichische Gefangenschaft, darunter auch ein General. Auch die österreichischen Verluste sind enorm hoch: Etwa 6.000 Mann sind gefallen oder verwundet.

Heftige Regenfälle machen eine Verfolgung des geschlagenen Gegners unmöglich, alle Brücken im Kampfgebiet sind von den Franzosen zerstört worden. Eugène Beauharnais kann seine Armee wieder sammeln; in Wien wird Erzherzog Johann als Held gefeiert. Der Feldzug entwickelt sich weiter günstig, Ende April stehen die Österreicher vor Verona – doch dann kommt die Hiobsbotschaft aus Wien: Erzherzog Carl ist im Westen geschlagen und auf dem Rückzug, es droht die neuerliche Besetzung Wiens *(siehe 21. Mai)*. Johann entschließt sich – obwohl aus der Hauptstadt kaum klare Befehle eintreffen – zum Rückzug.

17. April 1916

In diesem Augenblick spaltete sich der Berg

Dolomitenfront 1916. Seit fünf Uhr morgens liegen die österreichischen Stellungen auf dem Gipfel des Col di Lana (2462 Meter) unter dem Trommelfeuer der italienischen Artillerie; die Männer der 6. Kompanie des 2. Kaiserjägerregiments suchen Zuflucht in der großen Kaverne der „Gipfelstellung". Die „6er" unter Oberleutnant Anton von Tschurtschenthaler haben in der Nacht ihre Kameraden von der 5. Kompanie abgelöst – mit einem mulmigen Gefühl im Bauch: Man weiß nur allzu gut, dass die Italiener einen Minenstollen im Berg vorantreiben; eine Gegenmine, die man am 5. April gesprengt hat, zeigte jedoch keine Wirkung, man war zu weit weg vom italienischen Stollen. Was die Kaiserjäger nicht wissen: Der italienische Minengang, errichtet unter der Leitung des Pionierleutnants Gelasio Caetani, ist bereits seit 12. April fertig. 105 Meter lang ist er mit allen Abzweigungen; die Sprengladungen sind bereits angebracht: fünf Tonnen Sprenggelatine, dazu je 100 Rollen Schießbaumwolle und je 100 Sprengkapseln; die Minenkammern sind durch Sandsäcke und Eisenträger verdämmt – all dies etwa zehn Meter unter den Stellungen der Kaiserjäger.

Die Sprengung des Col di Lana

Um 21.35 Uhr stellt die italienische Artillerie das Feuer ein; um 22 Uhr ist die Telefonverbindung zum Bataillonskommando wieder hergestellt und Tschurtschenthaler kann seinem Vorgesetzten, Hauptmann Erich von Gasteiger, einen Lagebericht durchgeben – er fordert Verstärkung und Material an. Um 22.30 Uhr wird plötzlich Alarm geschlagen: Italienische Infanteristen würden sich kriechend nähern – Tschurtschenthaler informiert sofort Hauptmann Gasteiger und befiehlt zwei Zügen, in den Gräben zu bleiben, die anderen Männer dürfen zurück in die Kaverne. Plötzlich blenden italienische Scheinwerfer auf, die Minuten verrinnen. Um Punkt 23.35 Uhr drückt Caetani wie befohlen die Taste des Sprengapparates; gleichzeitig eröffnet auch die feindliche Artillerie wieder das Feuer, der Gipfel des Col di Lana verwandelt sich in ein Inferno. Tschurtschenthaler überlebt die Sprengung in einer Kaverne; in seinen Erinnerungen notiert er später über den Augenblick der Explosion: „In diesem Augenblick spaltete sich der Berg. Die Insassen der Kaverne wurden gleichsam von ihren Sitzen und Lagern gerissen, der Berg erzitterte, als wollte er in sich zusammenstürzen. Gleichzeitig setzten sich unendliche Schuttmassen in Bewegung, sie polterten, rollten und rieselten, als hätte man eine Unzahl von Schotterfuhren über den Berg geschüttet. Lawinenartig wälzte sich das Geschiebe über die kurz vorher geräumte Telefonkaverne und verbarrikadierte den Eingang zur großen Kaverne, hinter dem an die achtzig Menschen auf Gnade und Verderb eingeschlossen waren […]"

Nur fünf Minuten nach der Sprengung ist die „Gipfelstellung" in italienischer Hand – oder das, was von ihr geblieben ist: ein Krater. Über 100 Soldaten sind tot, der Rest geht in die Gefangenschaft. Im offiziellen Bericht des k. u. k. Generalstabes zur Lage am italienischen Kriegsschauplatz heißt es denn auch nur lakonisch: „Der Gipfel des Col di Lana ist im Besitze des Feindes."

18. April 1521

Kein Widerruf

Kaiser Karl V. hält Reichstag in Worms. Noch einmal gibt er Dr. Martin Luther, dem Unbeugsamen, Gelegenheit, seine Überzeugungen ausführlich darzulegen. Gegen 16 Uhr wird der „Ketzer" in die Pfalz geführt, das Gedränge in dem nicht allzu großen Raum ist noch größer als am Vortag, alle wollen Luther sehen, kein Wort von ihm überhören.

Martin Luther vor Kaiser Karl V.

Zwei Stunden später wird der kaiserliche Sessel hereingebracht, Karl V. erscheint und beginnt die „Anhörung". Ob er widerrufen wolle, fragt der Habsburger Luther. Dieser antwortet, dass er keinen Grund dafür sehe, er wolle sich jedoch gern „weisen" lassen, wenn ihm jemand einen Irrtum nachweisen könne, denn das stünde einem Christen wohl an. Er würde die falschen Schriften dann als Erster ins Feuer werfen. Da es aber keinen Beweis für einen Irrtum gebe, könne er auch nicht widerrufen.

Noch einmal versuchen die anwesenden Theologen, unter ihnen auch Dr. Johannes Eck, von Luther später zu „Dreck" umbenannt und als „Sau von Ingolstadt" beschimpft, eine klare Antwort zu bekommen, der Ton wird schärfer: „Keine Disputationen über Glaubensartikel, die du unbedingt zu glauben verpflichtet bist, kannst du erwarten. Antworte vielmehr offen und unzweideutig, ohne Hintergedanken, ehrlich, ob du widerrufst oder nicht!"

Martin Luther bleibt bei seiner Linie: Ohne Beweise für einen Irrtum kein Widerruf. Anders könne er nicht – Amen!

Der junge Kaiser hat genug gehört, er lässt den „Ketzer" zurück zu seinem Gasthof führen. Am nächsten Tag wird er den Fürsten des Reiches sein eigenes „Wormser Credo" präsentieren: Es sei seine Aufgabe, den wahren Glauben um alles in der Welt zu schützen und seine Einheit zu garantieren, einen Häretiker wie Luther könne er daher nicht mehr weiter dulden – die Konsequenz: Über den starrsinnigen Mönch aus Wittenberg wird die Reichsacht verhängt, das betreffende Edikt vor dem Reichstag verlesen. Es lässt an Deutlichkeit nichts zu wünschen übrig. Seine Lehre, so heißt es da, sei eine „stinkende Pfütze", seine Predigt müsse man als „Anstiftung zur Rebellion" werten. Jeder, der diesen „Ketzer" nicht fängt und ausliefert, falls er ihm begegnet, werde selbst bedroht.

Luther wird daraufhin von Kurfürst Friedrich von Sachsen auf die Wartburg in Sicherheit gebracht, die Stimme der Reformation kann nicht mehr zum Schweigen gebracht werden.

Der „Ketzer" vor dem Kaiser am Reichstag in Worms. Gemälde von Anton von Werner, 1877.

19. April 1713

Auch die Töchter des Kaisers sind erbberechtigt

Der feierliche Akt ist für 10 Uhr in der *Geheimben Rathsstuben* in der Wiener Hofburg anberaumt: Kaiser Karl VI. hat sich entschlossen, mit dem neuen „Hausgesetz" der Dynastie an die Öffentlichkeit zu gehen. Um Punkt 10 Uhr tritt der immer noch kinderlose Herrscher an den *kayserlichen Tisch* unter den Baldachin der Geheimen Ratsstube, dann dürfen auch die Geheimen Räte eintreten, an ihrer Spitze Prinz Eugen von Savoyen, Hofkriegsrats-Präsident und der mächtigste Mann des Reiches, und die wichtigsten Berater und Minister des Kaisers wie Hofkammerpräsident Gundaker Thomas Graf Starhemberg, Reichsvizekanzler Friedrich Karl Graf Schönborn und der ungarische Kanzler Graf Nikolaus Illesházy. Nachdem jeder Würdenträger *an seinem ohrt stehend gebliben*, ergreift der Kaiser das Wort: *Ursach und Zweckh solcher Berueffung* sei es, den versammelten Herren *gewisse disposition, ordnung und pacta Successoria* kundzutun, die er bereits in einem geheimen Familienvertrag mit seinem Vater Kaiser Leopold I. und seinem Bruder Joseph (I.) am 12. September 1703 in der kaiserlichen Sommerresidenz „Favorita" beschworen habe. Da die Mehrzahl der Zeugen von damals schon tot sein würden, bitte er nun den Hofkanzler Graf Johann Friedrich von Seilern um Verlesung der Urkunden zu diesem Familienpakt.

Aus dem Mund des Hofkanzlers erfahren die führenden Männer des Reiches nun, dass Leopold und Joseph die spanische Krone an Karl unter der Bedingung abgetreten hätten, eine einheitliche Norm für die Thronfolge innerhalb des Hauses Habsburg anzuerkennen. Ferner sei man übereingekommen, dass neben dieser neuen Norm auch alle älteren Bestimmungen – etwa die testamentarischen Verfügungen Kaiser Ferdinands II. – in Kraft bleiben würden, sofern sie den neuen Regeln nicht zuwiderlaufen. Der Kaiser selbst führt dann weiter aus, dass ein *ewiges pactum mutuae Successionis* errichtet worden sei, eine Thronfolgeregelung bezüglich *Josephinischer und Carolinischer Linie*, die absichere, dass die habsburgischen *Erb-König-Reichen und Landen* unteilbar und untrennbar zu verbleiben haben; bei Aussterben des direkten habsburgischen Mannesstammes sollten daher auch die Töchter des Kaisers und ihre *ehelichen descendenten*, in zweiter Linie auch die Töchter seines verstorbenen Bruders Joseph I. und deren Nachkommen und in weiterer Folge auch übrige weibliche Nachkommen des Hauses Habsburg erbberechtigt sein.

Die „Pragmatische Sanktion"

Karl VI. beendet seine Erklärung mit dem Befehl an seine Geheimen Räte und Minister, *solche pacta und Verordnung vollkommentlich* zu beobachten, zu erhalten und *zuverthättigen*, von ihrer Schweigepflicht seien sie von nun an entbunden. Die Mitschrift wird von Hofsekretär Georg Friedrich von Schickh notariell beglaubigt und publiziert; als „Pragmatische Sanktion" wird das zähe Ringen um die Anerkennung dieses „Staatsgrundgesetzes" die Innen- und Außenpolitik Karls VI. in den nächsten Jahrzehnten bestimmen. Russland (1726), Preußen (1726), Großbritannien (1731) und schließlich auch Frankreich (1735) können zur Anerkennung bewogen werden.

20. April 1889

In einem Städtchen an der Grenze

Karsamstag 1889. Seit dem Selbstmord des Kronprinzen in Mayerling sind knapp drei Monate vergangen. Die kaiserliche Familie hat sich nach Ischl zurückgezogen. Der Kaiser, Erzherzogin Marie Valerie und ihr Verlobter Erzherzog Franz Salvator nehmen am Abend an der Auferstehungsfeier in der Ischler Pfarrkirche teil, die von Hof- und Burgpfarrer Laurenz Mayer geleitet wird. Tausende Menschen sind bei der Feier anwesend, „welche sich dadurch ungemein imposant" gestaltet *(Neue Freie Presse)*. Kaiserin Elisabeth bleibt der Messe fern, sie wird am Osterdienstag gemeinsam mit Marie Valerie zu einem dreiwöchigen Kuraufenthalt nach Wiesbaden aufbrechen. Kronprinzessin Stephanie, die Witwe Rudolfs, verbringt Ostern auf Schloss Miramare; in Wien findet die Auferstehungsprozession im Stephansdom ohne Kardinal Ganglbauer statt, der sich bei einem Sturz über einige Stiegenstufen leichte Verletzungen an der Hand zugezogen hat. Das Wetter, so versichern die Zeitungen, werde sich zu Ostern bessern, es werde vorwiegend heiter sein und wärmer als in den letzten Tagen; Sorgen macht man sich in Wien an diesem Karsamstag nur über den angedrohten Streik der Tramwaykutscher, die noch immer der Meinung sind, dass ein Gulden und 66 Kreuzer Lohn für ihren sechzehnstündigen Arbeitstag zu wenig seien.

In einem Zimmer ihrer Mietwohnung im Braugasthaus Dafner in Braunau am Inn, Vorstadt 291, liegt die 29-jährige Klara Hitler, geborene Pölzl, Ehefrau des k. k. Zollbeamten Alois Hitler, in den Wehen. Es ist bereits ihr viertes Kind, das sie gebären wird; Gustav und Ida haben das Kleinkindalter jedoch nicht überlebt, Otto ist bereits bei der Geburt gestorben. Um 17.30 Uhr ist es so weit: Klara Hitler wird von einem Sohn entbunden, der auf den Namen „Adolf" getauft wird. Die junge Mutter, durch den Tod der ersten drei Kinder schwer geprüft, wird den Kleinen besonders verhätscheln: Der 1882 geborene Halbbruder Alois, ein Sohn Alois Hitlers aus seiner zweiten Ehe mit Franziska Matzelsberger, wird, von Eifersucht geplagt, darüber berichten: „Er wurde vom frühen Morgen bis in die späte Nacht verwöhnt, und die Stiefkinder mußten sich endlose Geschichten anhören, wie wunderbar Adolf war." Die ersten drei Jahre seines Lebens wird der junge Adolf hier verbringen, dann übersiedelt die Familie nach Passau.

Hitlers Geburtstag

Mahnstein vor dem Geburtshaus Hitlers in Braunau am Inn, errichtet 1989.

21. April 1770

Seien Sie gut zu dem französischen Volk!

Ein 14-jähriges Mädchen ist zum Spielball der europäischen Politik geworden. Maria Antonia Josepha Johanna, Erzherzogin von Österreich, geboren am 2. November 1755, das 15. Kind Maria Theresias, ist auserkoren, die Gattin des französischen Dauphins zu werden. Am 19. April hat in der Augustinerkirche die Vermählung *per procurationem* mit dem Bourbonen stattgefunden; in den Monaten und Wochen zuvor wird das fröhliche, lebenslustige Mädchen von ihrer Mutter gequält: Es muss im Schlafzimmer Maria Theresias schlafen, Erzieher und Lehrer versuchen ihr alles beizubringen, was eine zukünftige Herrscherin von Frankreich können muss. Für den Unterricht in Französisch ist ein gewisser Abbé de Vermond zuständig, der aus Paris nach Wien gerufen worden ist. Der gute Abbé tut sich schwer mit der Zerstreutheit der Erzherzogin, rühmt jedoch auch „Güte, Heiterkeit und Liebenswürdigkeit dieses bezaubenden Gesichtchens".

Abschied von Maria Antonia

Maria Antonia hat keinen Begriff von dem, was sie in Versailles erwartet; einzig zwei Porträts des um vierzehn Monate älteren Dauphins hat man ihr gezeigt, von Gefühlen keine Spur. Der Abschied von der Mutter und den Geschwistern fällt ihr daher schwer – auch wenn sie noch mit einer „Besonderen Verhaltungsvorschrift" beglückt wird, in der ihr Maria Theresia rät, auf niemanden zu hören und vor allem nicht neugierig zu sein, Briefe aus Wien solle sie nach dem Lesen zerreißen, über Familienangelegenheiten nur mit Zurückhaltung sprechen. Als sie angesichts des bevorstehenden Aufbruchs zu weinen beginnt, gibt ihr die Mutter noch einen letzten Rat: „Seien Sie gut zu dem französischen Volk, damit man sagen kann, ich hätte ihm einen Engel geschickt!"

Erzherzogin Maria Antonia am Spinett. Gemälde von Franz Xaver Wagenschön, 1769.

Der imposante Brautzug führt die Erzherzogin über München, Augsburg und Freiburg im Breisgau an die französische Grenze. Hier, auf einer unbewohnten Rheininsel vor Straßburg, findet die „Übergabe" statt: Die 14-Jährige muss sich von ihrer österreichischen Entourage trennen, dann folgt noch ein seltsames Verwandlungsritual: Sie muss sich nackt ausziehen und französische Kleider anlegen – ihre österreichische Vergangenheit symbolisch abstreifend, wird aus Maria Antonia die Dauphine Marie Antoinette. 1774 wird sie als Königin mit ihrem Gatten Ludwig XVI. den Thron Frankreichs besteigen, am 16. Oktober 1793 die Stufen hinauf zur Guillotine auf der Place de la Concorde.

22. April 1854

Sein Liebesgefühl ist auf das höchste gesteigert

Die Ankunft Sisis in Wien

Ganz Wien ist auf den Beinen, es geht hinaus nach Nußdorf – alle wollen die schöne junge Braut Franz Josephs sehen, die zukünftige Kaiserin, von der man sich schon so viel erzählt. Bis hinauf zum Gipfel des Leopoldsberges stehen dicht gedrängt die Menschen, Franz Joseph selbst wartet am Landungssteg, hinter ihm sind die Würdenträger des Reiches versammelt; sein „Liebesgefühl", so schwärmt Biograf Conte Corti, „ist auf das höchste gesteigert".

Um 17.15 Uhr legt der aus Linz kommende Dampfer endlich an, der junge Monarch stürzt vor und begrüßt als Erster seine Braut, indem er sie küsst und in die Arme nimmt. Elisabeth löst sich verlegen aus seiner Umarmung, verneigt sich anmutig vor der Kaiserinmutter und küsst dann die Hand Sophies – Tausende Menschen dahinter applaudieren.

Unter dem Jubel der Bevölkerung geht es im Wagen nach Schönbrunn; der Weg dahin ist ein einziges Fahnen- und Blumenmeer, hinter dem Brautpaar sitzen Sisis zukünftige Schwiegermutter und ihr Vater Herzog Max Joseph in Bayern. In Schönbrunn werden sie bereits beim Eingang von sämtlichen Erzherzogen und den Mitgliedern von Elisabeths zukünftigem Hofstaat empfangen.

Auf dem mit Blumen geschmückten Absatz der Freitreppe wird das Brautpaar von den Erzherzoginnen begrüßt und die junge Herzogin noch einmal nach allen Seiten hin vorgestellt. Schließlich geleitet man sie in die Große Galerie, wo ihr Franz Joseph seine Hochzeitsgeschenke, eine Diamantkrone und eine prachtvolle Brosche, überreicht. Von der Kaiserinwitwe Karoline Auguste werden ihr mit einer herzlichen Umarmung die Geschenke von Exkaiser Ferdinand und die Diamantgirlande für den Sternkreuzorden übergeben. Überwältigt von all der Pracht ruft Elisabeth, so die Überlieferung, laut: „Viel, viel zu schön!" und drückt gerührt Franz Josephs Hand.

Am nächsten Tage hält Sisi Einzug in der Residenz: Über die neu erbaute Elisabethbrücke fährt die Wagenkolonne zur Hofburg; es beginnen die letzten Vorbereitungen für die Hochzeit. Am 24. April 1854, bei strahlendem Sonnenschein, geben sich Kaiser Franz Joseph und Elisabeth in der Augustinerkirche das Jawort. Die Festlichkeiten dauern noch bis 30. April an und finden ihren Abschluss mit einem großen Ball in den Redoutensälen der Hofburg.

Ein Volksfest für ganz Wien: die Ankunft der Kaiserbraut Elisabeth. Lithographie von Josef Edlbacher, 1854.

23. April 1945

Tod im Gaskeller von Mauthausen

Bis zur Befreiung durch die Amerikaner sind es nur mehr zwölf Tage, doch noch herrschen im Konzentrationslager Mauthausen die SS-Mörder. Um 15 Uhr befiehlt Lagerkommandant SS-Standartenführer Franz Ziereis die „sofortige Verbringung“ von 40 Häftlingen in den Gaskeller. Unter diesen ist auch Franz Josef Messner, der ehemalige Generaldirektor und Vorstandsvorsitzende der Semperit AG. Messner, 1896 in Brixlegg, Tirol, geboren, hat der Widerstandsgruppe um Kaplan Heinrich Maier und seinen Tiroler Landsmann Walter Caldonazzi *(siehe 9. Jänner)* angehört und dem amerikanischen Geheimdienst OSS *(Office of Strategic Services)* unter dem Decknamen „Cassia“ umfassende Informationen über Treibstoffdepots, Munitions- und Waffenfabriken geliefert. Messner nützt dabei seine ausgezeichneten Kontakte zu führenden Männern der Wirtschaft und seine Mobilität als Firmenchef; unterstützt wird er in seinen Aktivitäten von seiner Mitarbeiterin und Geliebten, der 1914 geborenen Konzertpianistin Barbara Issakides, die so wie er eine umfangreiche Reisetätigkeit entwickelt. Verbindungsmann Messners in Istanbul ist Semperit-Mitarbeiter Franz Josef Riediger mit dem OSS-Codenamen „Stock“, in Bern und Zürich hat er direkten Kontakt zu Allen Welsh Dulles, dem Leiter der Schweizer OSS-Außenstelle. Zum Verhängnis werden Messner wiederholte Denunziationen durch seinen Mitarbeiter Sigismund Romen und die Bespitzelung durch den tschechischen V-Mann und Dreifachagenten Bedrich Laufer.

Die Ermordung von Franz Josef Messner

Als der Semperit-Generaldirektor im März 1944 nach Budapest reist, um hier einen Sender der Alliierten und einen größeren Geldbetrag zu übernehmen, schlägt die Gestapo zu: Am 29. März 1944 wird Messner verhaftet, seine Wiener Villa in der Hasenauerstraße 61 von der Gestapo beschlagnahmt und zur Unterbringung gefangen genommener alliierter Agenten genutzt.

Mit acht weiteren Angehörigen der Widerstandsgruppe „Maier-Messner-Caldonazzi“ wird Franz Josef Messner am 28. Oktober 1944 vom Volksgerichtshof in Wien zum Tode verurteilt. Ein Befreiungsversuch durch seine Sekretärin Evelyn Wagner, die im November 1944 zu diesem Zweck drei Deserteure anheuert, scheitert kläglich; Messner bleibt jedoch nicht in einer Todeszelle, sondern wird mit den späteren österreichischen Ministern Felix Hurdes und Lois Weinberger nach Mauthausen gebracht.

Laut Augenzeugenberichten ist es Kommandant Ziereis persönlich, der an diesem Nachmittag den Zyklon-B-Brocken in das Gaseinfüllungsgerät gibt; die Leichen der 40 Opfer werden in der folgenden Nacht im Krematorium verbrannt.

24. April 1921

Mit Volldampf zu Deutschland!

Sie haben am Bergisel unter Andreas Hofer gegen Bayern und Franzosen gekämpft und in den Bergen Südtirols unter der Fahne des Kaisers gegen die Italiener, nun wollen sie sich ihr demokratisches Recht auf „Selbstbestimmung" nicht nehmen lassen und haben „einer ganzen Welt das Recht abgetrotzt, den Willen des Landes über seine staatliche Zugehörigkeit entschlossen und eindrucksvoll festzulegen": Eine Volksabstimmung ist angesetzt, die Frage, über die abgestimmt wird, lautet: „Wird der Anschluss an das Deutsche Reich gefordert?"

Sonderzüge mit Stimmberechtigten aus Wien, München und Bregenz treffen schon am Vortag in Innsbruck ein, die Lokomotiven sind mit Tannengrün und Fähnchen geschmückt, zum Empfang gibt es heißen Tee, Weißbrot und Würste sowie den Quartierzettel für die Übernachtung. Landeshauptmann Josef Schraffl (1855–1922) und sein Stellvertreter Dr. Franz Stumpf (1876–1935) begrüßen die Ankömmlinge. In einer zündenden Rede am Bregenzer Bahnhof hat der Vorarlberger Landesrat Franz Natter (1869–1930) den „willensstarken" Tirolern und Tirolerinnen die Bedeutung des Plebiszits erklärt: „Ein Schicksalstag bricht an. Nicht nur für Tirol. Für uns alle, für ganz Deutschösterreich. Denn was morgen in Tirol geschieht, ist Vorbild und Ansporn für Hunderttausende von deutschen Brüdern und deutschen Schwestern, die alle dasselbe heiße Sehnen im Herzen tragen: ein Volk, ein Reich."

Innsbruck steht im Zeichen der Volksabstimmung, die ganze Stadt ist beflaggt, über der Annasäule in der Maria-Theresien-Straße hat man eine Tafel angebracht, darauf liest man in großen Lettern: „Heim ins Reich!" Eine „Riesenkundgebung" auf dem Platz vor dem Stadttheater endet am Vortag mit dem Absingen des Andreas-Hofer-Lieds, ein „nicht endenwollender Zug" bewegt sich anschließend durch die Stadt, „Von der Ostsee bis Salurn!" oder „Mit Volldampf zu Deutschland!" lauten die Parolen auf den mitgeführten Tafeln. Am Abend des 23. April finden in Innsbruck weitere fünf Kundgebungen statt, vor dem „Alpenland" spricht der großdeutsche Nationalratsabgeordnete Sepp Straffner (1875–1952).

Volksabstimmung in Tirol

Am Abstimmungstag „hat sich der Himmel aufgeklärt, Sonnenschein liegt über den Tiroler Landen, nur von den schneebedeckten Bergspitzen und Wänden hängen Schleier". Junge Mädchen verkaufen „Erinnerungszeichen", Blumen und Postkarten zugunsten der „Tirolerspende", ein besonders findiger Geschäftsmann hat eine Briefmarke mit der Aufschrift „24. April 1921" und dem Tiroler Adler drucken lassen. Die Beteiligung an der Volksabstimmung ist hoch; in Innsbruck werden Alte und Kranke auf Tragbahren in die Wahllokale gebracht, sie alle „wollen nicht fehlen, wo es um das Schicksal der Heimat geht".

Das Ergebnis ist „ein glänzender Sieg des großdeutschen Gedankens" *(Vorarlberger Tagblatt)*, ein „Bekenntnis zur Freiheit und zum Deutschtum" und eine „bedeutsame Warnung an die Entente" *(Neue Freie Presse)*: Etwa 98 Prozent der Tiroler, die ihre Stimme abgegeben haben, sind für den „Anschluss", in Innsbruck stehen

„Bekenntnis zur Freiheit und zum Deutschtum“: Demonstrationszug in Innsbruck.

33.081 Ja-Stimmen nur 476 Nein-Stimmen gegenüber, in Schwaz lautet das Verhältnis 10.457 zu 56, in Kufstein 18.352 zu 135 – eine klare Willensäußerung und eine politische Demonstration, die es der Regierung in Wien unter Bundeskanzler Michael Mayr nicht leichter macht, untersagt doch der Staatsvertrag von Saint-Germain im Artikel 88 ausdrücklich ein Aufgeben der Unabhängigkeit Österreichs. Eine nächste Volksabstimmung in Salzburg am 29. Mai 1921, die 99,5 Prozent Zustimmung für den „Anschluss“ bringt, verschärft die Lage weiter: Die alliierten Beobachter reagieren nun mit der unmissverständlichen Drohung, im Falle weiterer Anschluss-Debatten die wirtschaftlichen Hilfsmaßnahmen einzustellen. Es ist dieser Druck der Alliierten, der die junge Republik trotz der enormen inneren „Fliehkräfte“ noch auf Kurs hält; Bundeskanzler Michael Mayer ist diesem Druck jedoch nicht gewachsen – als auch noch die Steiermark die Absicht kundtut, eine Volksabstimmung durchzuführen, tritt er am 1. Juni 1921 zurück.

25. April 1945

Massaker am Peršmanhof

Etwa 150 Partisanen lagern an diesem Frühlingstag beim Peršmanhof, der von der Bauernfamilie Sadovnik bewirtschaftet wird. Seit 1941 ist das im Gemeindegebiet von Bad Eisenkappel gelegene Anwesen ein wichtiger Stützpunkt des Untergrundkampfes gegen Wehrmacht und SS; hier, inmitten slowenisch sprechender Bevölkerung, fühlt man sich einigermaßen sicher. Die antifaschistischen Kämpfer ahnen nicht, dass sie durch eine private Anzeige verraten worden sind und dass das im Untergang befindliche NS-Regime noch einmal zuschlägt. Soldaten der 4. Kompanie des I. Bataillons des SS- und Polizeiregiments 13, spezialisiert auf „Bandenbekämpfung“, wie es im Jargon der Nazis heißt, haben sich in Bad Eisenkappel auf den Weg zum Peršmanhof gemacht. Dort angekommen, eröffnen die SS-Männer auf die überraschten Partisanen das Feuer, die sich daraufhin zurückziehen. Auch die Spezialeinheit der Deutschen scheint nach diesem „Sieg“ wieder abzuziehen, doch dann kehren plötzlich einige „Polizisten“ zum Hof zurück und fallen über dessen unbewaffnete Bewohner her: Sie töten elf Menschen: vier Erwachsene und sieben Kinder, Angehörige der Familien Sadovnik und Kogoj, darunter den Bauern Luka Sadovnik und dessen Frau Ana Sadovnik. Zwei Töchter der Bauernfamilie überleben das Blutbad schwer verletzt, ein Neffe hat Glück und bleibt unverletzt.

Das Massaker am Peršmanhof

Die Mörder rauben noch den Hof aus, stecken Wohnhaus und Wirtschaftsgebäude in Brand und verschwinden dann spurlos – als 1946 der Volksgerichtshof mit Ermittlungen zum Massaker beginnt, stößt er auf eine Mauer des Schweigens. Niemand will die Männer des SS-Polizeiregiments gekannt haben. 1949 stellt man schließlich die Nachforschungen ein, die Täter bleiben unbekannt.

Zwei Jahrzehnte später, am 25. April 1965, findet am Peršmanhof eine erste Gedenkfeier statt; eine Gedenktafel in slowenischer Sprache wird aufgestellt. 1982 richtet der „Verband der Kärntner Partisanen“ in einem Teil des neu aufgebauten Wohnhauses das „Museum Gedenkstätte Peršmanhof“, heute das „Museum des antifschistischen Widerstandes in Kärnten“, ein; seither gibt es auch alljährlich eine Gedenkfeier für die Ermordeten.

Stand ursprünglich in Völkermarkt und wurde 1953 von unbekannten Tätern gesprengt: Denkmal des antifaschistischen Widerstandes vor dem Peršmanhof.

26. April 1952

Friede sei in Freiheit

Im ganzen Land herrscht Feierstimmung: Die Pummerin, die „Stimme Österreichs", zerbrochen während des verheerenden Brandes des Stephansdoms am 12. April 1945, kehrt zurück. 14 Jahre, nachdem man den „Führer" auf dem Weg nach Wien begeistert begrüßt hat, feiert man nun die 20.130 kg schwere Glocke. Der Sender Rot-Weiß-Rot berichtet im Rundfunk; „die Menschen", so dokumentiert die Austria Wochenschau, „kommen aus ihren Städtchen und Dörfern und jubeln der Glocke zu. Sie fährt durch die frühlingshafte Landschaft und ist Sinnbild einer neuen glücklichen Zukunft unseres Landes."

Am 25. April 1952 bricht der Konvoi in Linz auf. Die von Werkmeister Ing. Karl Geiß (auch Geisz) in der „Oberösterreichischen Glocken- und Metallgießerei" in St. Florian am 5. September 1951 neu gegossene Riesenglocke ist auf einen Tieflader verladen worden, zwei LKWs dienen als Zugmaschinen. Ein erster Halt wird an der Zonengrenze gemacht; der sowjetische Stadtkommandant von St. Valentin ist anwesend, die russischen Soldaten zeigen sich von ihrer freundlichsten Seite und lassen den Transport ohne Kontrollen passieren. Über Amstetten geht es weiter nach St. Pölten, wo übernachtet wird; erste Station am nächsten Morgen ist Gablitz im Wienerwald. Hier, in der „Grenzpfarre" der Erzdiözese Wien, wird die Pummerin an den Dompfarrer von St. Stephan übergeben, ein wahres Volksfest begleitet die feierliche Zeremonie. Nach einem Triumphzug durch die Straßen Wiens trifft der Konvoi um 16 Uhr am Stephansplatz ein; Bundespräsident Theodor Körner und Bundeskanzler Leopold Figl sind erschienen, Kardinal Innitzer weiht die neue Glocke der „Königin Maria". Da der Nordturm noch nicht fertig restauriert ist, findet sie ihren provisorischen Platz an einem stählernen Glockenstuhl im Hof der Dombauhütte. In der Nacht zum 27. April, um 2.40 Uhr, „testet" man den Anschlag des Klöppels; während des Festgottesdienstes zur Eröffnung des wiederaufgebauten Chores verkünden ihre mächtigen Schläge an diesem Tag die große Botschaft für alle Österreicher: Friede sei in Freiheit.

Die Rückkehr der Pummerin

Rückkehr eines Symbols: Triumphfahrt der Pummerin von St. Florian nach Wien.

27. April 1945

Zu Gast bei Marschall Tolbuchin

Karl Renner lebt während des Krieges zurückgezogen in seinem Haus in Gloggnitz, doch nun rückt der inzwischen 75-Jährige wieder in den Mittelpunkt. Auf Befehl von Moskau lässt ihn Marschall Tolbuchin am 21. April nach Wien holen und betraut ihn mit der Bildung einer neuen Regierung. Die Kommunisten um Ernst Fischer und Johann Koplenig sind darüber wenig erfreut – sie tragen Renner nach, dass er sich 1938 für den „Anschluss" ausgesprochen hat –, müssen sich jedoch dem Beschluss aus Moskau beugen. In einer Villa in der Wenzgasse in Hietzing führt der alte Sozialdemokrat nun die Regierungsgespräche, sein Vorschlag: eine große Koalitionsregierung, in der alle drei Parteien – SPÖ, ÖVP und KPÖ – vertreten sind. Bald ist man sich einig: Renner wird „Staatskanzler", ihm beigegeben werden drei Staatssekretäre, die gemeinsam das Amt des Vizekanzlers ausüben: Adolf Schärf (SPÖ), Johann Koplenig (KPÖ) und Leopold Figl (ÖVP). Das wichtigste Ministeramt, jenes des Innenministers, geht an den Kommunisten Franz Honner, sein Parteifreund Ernst Fischer wird Staatssekretär für „Volksaufklärung, für Unterricht und Erziehung und für Kultusangelegenheiten"; streng achtet Renner bei der Ämtervergabe auf den Proporz.

Die Anerkennung der „provisorischen österreichischen Staatsregierung"

Am 27. April ist es dann so weit: Renner kann Marschall Tolbuchin seine Regierung präsentieren. Dieser bestätigt den Vorschlag ohne Umschweife, dann werden die Herren der neuen Regierung zu einem opulenten Mittagessen im Hauptquartier Tolbuchins in einer Villa im 19. Bezirk eingeladen – Wodka und Kaviar fehlen ebensowenig wie Fisch- und Fleischspeisen, das Festmahl dauert von 13 bis 17 Uhr. Und dem Raucher Karl Renner gelingt es angeblich sogar, eine Schachtel Zigarren an sich zu bringen. Sein Argument, das er den verdutzten Militärs präsentiert, ist ein Karl-Marx-Zitat: „Die Expropriateure müssen expropriiert werden."

Zur ersten Amtshandlung der neuen Regierung wird das Verfassen der Unabhängigkeitserklärung, deren wichtigste Artikel lauten:

„Art. I.: Die demokratische Republik Österreich ist wiederhergestellt und im Geiste der Verfassung von 1920 einzurichten.

Art. II.: Der im Jahre 1938 dem österreichischen Volke aufgezwungene Anschluss ist null und nichtig."

Der Text der Proklamation über die „Wiederherstellung der Republik Österreich" wird am 29. April in der neu gegründeten Zeitung *Neues Österreich* – Chefredakteur ist Staatssekretär Ernst Fischer – publiziert; schneller aber noch ist die Mundpropaganda: Die Nachricht von der Regierungsbildung und der Wiederherstellung der Republik geht wie ein Lauffeuer durch die Stadt.

28. April 1945

Schimäre „Alpenfestung"

In Wien hat sich bereits eine neue österreichische Regierung gebildet, in Tirol baut man nördlich von Reutte, am Fernpass, in der Scharnitzer Klause und am Zirler Berg sowie bei Kufstein noch einige Panzersperren; von der „Alpenfestung", die so vollmundig von der NS-Propaganda beschworen worden ist, ist nichts zu bemerken. Allein der „Führer" in seinem unterirdischen Bunker in Berlin fantasiert noch davon: Am 24. April 1945 hat er Generalfeldmarschall Ferdinand Schörner den Befehl über die gesamte „Alpenfestung" übertragen, General Valentin Feurstein, Generalinspekteur der Tiroler Standschützen, hat die Aufgabe, die Zugänge an der Nordgrenze Tirols zu verteidigen. Am 29. April, einen Tag vor seinem Selbstmord, ernennt Hitler Gauleiter Franz Hofer zum „Reichsverteidigungskommissar" der „Alpenfestung".
Die Gebirgseingänge können jedoch nicht mehr wirksam zur Verteidigung eingerichtet werden; bereits am 28. April, um etwa 19.30 Uhr, überschreitet die I-Kompanie des 114. Infanterieregiments der 44. US-Infanteriedivision bei Steinach die Tiroler Grenze; hinter ihr rollen die ersten US-Panzer auf österreichisches Gebiet – es gibt keinen Widerstand, die schwachen deutschen Kräfte ziehen sich zurück.

US-Truppen erreichen Tirol

Ein Bericht der 44. US-Infanteridivision fasst die Stimmung dieses Tages zusammen: „Während des 28. Aprils wurde die vollständige Demoralisierung des Feindes zunehmend bemerkbar. Es wurden so viele Kriegsgefangene gemacht, dass es unmöglich wurde, genügend Wachen abzustellen, um sie zurückzuführen. Sie marschierten meist gebrochen und vollständig demoralisiert die Straßen entlang nach hinten, in geschlossenen Kolonnen, die von ihren eigenen Offizieren und Unteroffizieren geführt wurden. Ebenso überfluteten wahre Ströme von Flüchtlingen die Straßen, unter ihnen Frauen und Kinder sowie viele Männer, die noch die gestreiften Anzüge der Konzentrationslager trugen." (Zitiert nach Manfried Rauchensteiner) Zur wichtigsten Waffengattung, so der Bericht weiter, seien nun die Pioniere geworden, da immer wieder gesprengte Brücken und Straßensperren den Vormarsch behindern würden.
Wenige Tage später, am 6. Mai 1945, wird in ganz Tirol Waffenruhe einkehren, der Krieg ist auch im Westen Österreichs vorbei. Gauleiter Franz Hofer wird an diesem Tag von den Amerikanern in Hall verhaftet und in einem Lager interniert, 1948 gelingt ihm die Flucht nach Deutschland, wo er sich unter falschem Namen eine neue Existenz aufbaut …

29. April 1945

Verzagt nicht, fasset wieder Mut!

Auszüge aus der Regierungserklärung der Provisorischen Staatsregierung: der „Stein der Republik“ am Helmut-Zilk-Platz in Wien.

Es hat sich in der Stadt bereits herumgesprochen: Heute wird die Provisorische Staatsregierung das Parlament wieder „in Besitz nehmen“; Tausende kommen zum Rathausplatz und zur Ringstraße, auch wenn noch keine Straßenbahn fährt; sie jubeln Karl Renner, Theodor Körner, Adolf Schärf, Leopold Figl , Ernst Fischer und den anderen Regierungsmitgliedern zu, als sie vom Rathaus zum Parlament gehen, getragen von der Euphorie dieses Tages, der einen Neuanfang in Frieden und Freiheit verheißt.

Sechsundzwanzig Jahre und einige Monate sind seit dem denkwürdigen 12. November 1918 vergangen – nun steht Karl Renner wieder auf der Rampe des Parlaments. Heute fallen jedoch keine Schüsse und keine roten Fahnen werden gehisst, sondern die Wiener applaudieren; Stadtkommandant General Blagodatow begrüßt ihn in seiner Eigenschaft als Hausherr des Parlaments. Der 75-jährige Renner, umgeben von sowjetischen Militärs, schwenkt seinen Hut, dann betritt er mit der Regierung das Parlamentsgebäude, das noch die Spuren des Krieges zeigt: Mehrere Bombentreffer haben es schwer beschädigt.

Die Proklamation der Unabhängigkeit

Im großen Sitzungssaal des ehemaligen Abgeordnetenhauses des Reichsrats, Zuhörer sind die Regierung und Sowjetsoldaten, verliest Karl Renner dann die Proklamation über die Wiedererrichtung der selbständigen demokratischen Republik Österreich. Er schließt mit einem großen Appell: „Verzagt nicht! Fasset wieder Mut! Schließt Euch zusammen zur Wiederaufrichtung Eures freien Gemeinwesens und zum Wiederaufbau Eurer Wirtschaft! Vertagt allen Streit der Weltanschauungen, bis das große Werk gelungen ist! Und folgt in diesem Geiste willig Eurer Regierung! Es lebe das österreichische Volk, es lebe die Republik Österreich!“ Noch hat der neue Staat keine Hymne, nach dem Verlesen der Proklamation wird daher vor dem Parlament von einer Musikkapelle der Donauwalzer gespielt, die Menschen beginnen auf der Ringstraße zu tanzen.

Es ist dieser 29. April aber auch ein Tag, an dem in Mauthausen noch immer die SS herrscht und in vielen Teilen Österreichs noch gekämpft wird …

30. April 1671

Enthauptung im Wiener Rathaus

Es ist eine Tragödie, die europaweit Aufsehen erregt: Kaiser Leopold I. rechnet mit seinen Gegnern, den mächtigen ungarischen Adeligen, ab. Blicken wir kurz zurück: Nach dem glorreichen Sieg der kaiserlichen Truppen unter Raimund Graf Montecuccoli über die Türken bei Mogersdorf *(siehe 1. August)* hatten die ungarischen Stände auf eine erfolgreiche Fortsetzung des Krieges gehofft – umso größer ist die Enttäuschung, als der Kaiser im Frieden von Vasvár den Status quo der „Vorkriegszeit" bestätigt. Die repressive Politik des Wiener Hofs lässt im Hochadel, aber auch unter den Kirchenfürsten des Landes Hass und Wut auf Kaiser Leopold I. wachsen; der Abfall von Habsburg wird leidenschaftlich diskutiert; man schließt sich in einer „Verschwörung" zusammen, deren führende Köpfe Ferenc Wesselényi, der Palatin von Ungarn, Péter Zrinyi, der Banus von Kroatien, Franz Frangepan, Markgraf des Küstenlandes, und der Vizepalatin Ferenc Nádasdy sind. Neben Kontakten zur Hohen Pforte setzten die Magnaten ihre Hoffnungen vor allem auf Ludwig XIV. von Frankreich. Ihr konspiratives Treiben bleibt jedoch den kaiserlichen Spitzeln und Geheimagenten nicht verborgen. Leopold I. befiehlt die Festnahme der „Rebellen"; Sondergerichte sprechen die Grafen Zrinyi, Frangepan und Nádasdy schuldig, das Urteil lautet auf Einziehung der Güter und Verlust des Hauptes sowie der rechten Hand; am 25. April 1671 werden die Todesurteile bestätigt, der 30. April wird als Hinrichtungstag festgesetzt. Während Zrinyi und Frangepan in Wiener Neustadt exekutiert werden, setzt man die Enthauptung des „Hochverräters" Nádasdy für neun Uhr morgens in der Bürgerstube des Wiener Rathauses an. Zwei Gnadengesuche des Magnaten, der elffacher Vater ist, lehnt der Kaiser ab, einzig das Abhauen der rechten Hand wird erlassen. Stadtrichter Georg Moser lässt in der Bürgerstube einen Leinenstuhl für den Delinquenten sowie einen kleinen Altar aufstellen und den Boden rundherum mit schwarzen Tüchern ausschlagen – Nádasdy, der kurz vor neun Uhr in den Raum gebracht wird, will die Hinrichtung sitzend erleiden. Nach dem Verlesen des Urteils darf der „Hochverräter" vor dem Altar niederknien und ein Gebet sprechen, dann zerbricht Georg Moser nach altem Brauch den Stab und wirft ihn Nádasdy vor die Füße. Angeblich schlägt der Scharfrichter so wuchtig zu, dass der Körper aufrecht im Stuhl sitzen bleibt, während der Kopf des unglücklichen Magnaten über die schwarzen Tücher kollert.

Die „Magnatenverschwörung"

Enthauptung von Peter Zrinyi, Banus von Kroatien, und des Grafen Franz Frangepani.

Mai

1. Mai 1890

Der Tag der Arbeiter

Die Sorgen bei Erich Graf Kielmannsegg, dem Statthalter von Niederösterreich, vor diesem 1. Mai 1890, der auf einen Donnerstag fällt, sind groß: Er befürchtet Unruhen und Ausschreitungen; bereits am 4. April hat er die Vorgangsweise der Sozialdemokraten, die für den 1. Mai eine generelle Arbeitsruhe propagieren, für ungesetzlich erklärt, dann hat jedoch die Wiener Polizeidirektion nachgegeben und die angesuchten Versammlungen genehmigt.

Um sechs Uhr morgens rücken die für den Sicherheitsdienst im Prater vorgesehenen Militäreinheiten aus den Kasernen; wenig später machen sich auch die Arbeiter und Handwerker auf den Weg – nicht zu den meist gesperrten Fabriken und Betrieben, sondern zu den für heute angesetzten Veranstaltungen. Gegen neun Uhr fährt der Kaiser von Schönbrunn über die Mariahilfer Straße zur Hofburg, die Arbeiter unterwegs zu ihren Treffpunkten grüßen ihn „ehrfurchtsvoll", es fällt kein böses Wort, man achtet darauf, den „Tag der Arbeiter" nicht zu „entheiligen". Überall in den Vorstädten und Vororten wird getagt und gefeiert: Die Schlossergesellen treffen sich in der Volkshalle, in den Hernalser Brauhaussälen versammeln sich die Mitglieder des Arbeitervereins „Apollo", der Arbeiter-Bildungsverein lädt in Tökes Etablissement „Neue Welt" in Hernals, der Fachverein der Schuhmacher hat das Gasthaus „Zur Bretze" in Neulerchenfeld zum Treffpunkt erkoren, die Gewerkschaft der Bäcker begeht den „heiligen" Tag in der Jaroschauer Bierhalle und der Unterstützungsverein der Hafner in Zobels Bierhalle in Fünfhaus (heute das Amtshaus für den 15. Bezirk). Zahlreiche Teilnehmer sind mit Maiglöckchen oder einem grünen Zweig auf dem Hut geschmückt, die Versammlungen, bei denen die Forderungen der Arbeiter referiert werden, enden mit Hochrufen auf den 1. Mai und mit dem Absingen des Arbeiterliedes.

Die erste Maikundgebung

Dann folgt der vergnügliche Teil des Tages: Gemeinsam zieht man in den Prater, auf der Sophienbrücke (heute Rotundenbrücke) hat man einen Ordnerdienst eingerichtet, um die hier eintreffenden Massen – etwa 200.000 Menschen sind unterwegs – bewältigen zu können. Besonders beliebt sind die Gaststätten im „Wurstelprater", die Buchdrucker und Schriftgießer lassen sich etwa im „Schweizerhaus" nieder und imponieren durch ihre Gesangskünste, sind doch viele von ihnen beim „Gutenbergbund" oder beim Arbeitergesangsverein.

„Es war wirklich ein Feiertag, kein Mißklang, keine Ausschreitung hat ihn gestört", wird am nächsten Morgen *Das Vaterland* resümieren und in der *Neuen Freien Presse* ist man „von ehrlicher Hochachtung erfüllt" vor „dem Ernste, mit dem die Massen der Arbeiter ihrer gemeinsamen Sache sich hingeben." Die Arbeitsruhe am 1. Mai wandert allmählich in die Kollektivverträge ein; am 25. April 1919 wird der 1. Mai zum Staatsfeiertag erklärt.

2. Mai 1945

Das Massaker im Hofamt Priel

Eine stürmische Regennacht hat sich über das Land an der Donau gesenkt. In den drei ehemaligen Baracken der Rhein-Main-Donau AG im Gebiet der Gemeinde Hofamt Priel, die vor wenigen Tagen von der Gendarmerie in Persenbeug zum „Judenauffanglager" umfunktioniert worden sind, haben sich die Insassen bereits zur Ruhe begeben: weit über 200 erschöpfte, ausgehungerte Menschen, ungarische Jüdinnen und Juden, Männer, Frauen und Kinder auf dem Weg Richtung Mauthausen. Es ist etwa 22.30 Uhr, als plötzlich zwei Autos bei den Baracken halten, acht bis zehn Angehörige der Waffen-SS steigen aus und beginnen die Insassen zu wecken; zuerst müssen die Männer, dann die Frauen Aufstellung nehmen, angeblich geht es zu einem weiteren Arbeitseinsatz. Die SS-Männer teilen drei Gruppen ein; es ist nach 23 Uhr, als die erste Gruppe aufbricht: Voran fahren die beiden Pkw, dahinter folgen die Juden, ihre Bündel auf dem Rücken; die SS-Soldaten haben sich zum Schutz gegen den starken Regen Zeltbahnen über die Uniformen gezogen. Es geht die Straße Richtung Grein entlang zum sogenannten Priel, einem Höhenrücken, der zum Donauufer hin nicht sehr steil abfällt und einige tiefe Gräben aufweist. Die Kolonne passiert den Hof des Karl Brandstetter und macht kurz darauf halt; Brandstetter, der noch nicht schläft, beobachtet durch das Guckloch seiner Haustür, was nun passiert: Im Scheinwerferlicht der Autos eröffnen die Uniformierten das Feuer auf die wehrlosen Menschen – zuerst erfolgt eine Salve aus einem Maschinengewehr, dann töten sie die noch Lebenden gezielt mit Kopfschüssen aus ihren Karabinern und Pistolen. Johann Neulinger, ein Nachbar Brandstetters, der etwa 200 Meter weiter wohnt und durch die Schüsse und Todesschreie der Opfer aufgescheucht wird, beobachtet die Mordszene ebenfalls – er sieht, wie die SS-Männer die Toten mit Benzin überschütten und sie anzünden, dann geht er nach Hause – und schweigt vorerst einmal über das Gesehene.

Das Massaker im Hofamt Priel

Um durch die Schüsse nicht weitere unliebsame Augenzeugen anzulocken, brechen einige SS-Männer, es ist inzwischen Mitternacht, zu den umliegenden Höfen auf und erzählen dort, dass eine Übung der SS mit Probeschießen stattfinden würde, man möge auch die bei ihnen einquartierten Angehörigen der Wehrmacht darüber informieren; ihre Kumpane holen inzwischen die zweite Gruppe aus dem Barackenlager. Diesmal geht es zu einem Graben, der einige hundert Meter östlich vom Haus Karl Brandstetters liegt; die dritte Gruppe schließlich wird 150 Meter weiter ermordet. Da in den Baracken die Nichtmarschfähigen zurückgeblieben sind, kehrt das SS-Mordkommando noch einmal zurück und erschießt die in ihren Betten sitzenden oder liegenden Menschen; Yaakow Schwartz, ein elfjähriger Junge, überlebt, da er sich unter dem Stroh seiner Pritsche versteckt und unentdeckt bleibt, zwei Kranke, Jenö Kalmár und Regina Solt, werden von einem der SS-Männer überraschenderweise verschont. Und auch bei der dritten Gruppe draußen im Graben gibt es drei Überlebende: Regina Varga aus Szolnok, die von den Schüssen der Mörder an Kopf, Hand und Schulter getroffen worden ist, hat sich tot gestellt; Marton Rosenthal aus Orosháza ist am Rücken verletzt, er wird von einem jungen Mann, der eine Schusswunde am Bein hat, aus dem brennenden Leichenhaufen gezogen. Glück haben auch Dr. Henrik Weisz aus Mezőtúr im Komitat Szolnok, seine Frau Olga und seine Schwester Szeréna – sie schlafen in dieser Nacht in einem kleinen Haus unweit der Baracken und hören nicht einmal die Schüsse; Paula Precz-Weisz, die Schwester von Henrik Weisz, und ihre fünf Kinder Lilli, Éva, Erszébet, Béla und György sind unter den Toten dieser Nacht.

Die Mörder – mehr als 200 Menschen sind tot – verschwinden gegen 4 Uhr früh; gegen 10 Uhr begibt sich Klemens Markus, ein aus Wien geflüchteter Privatangestellter, mit seiner Kamera hinaus zu den Gräben und fotografiert die Opfer: Mit den Fotos will er „der ganzen Welt dokumentieren, wie unschuldige Männer, Frauen und Kinder von SS-Soldaten abgeschlachtet wurden“, wird er später erklären. Schließlich inspiziert auch Revierinspektor Franz Winkler vom Gendarmerieposten Persenbeug die Tatorte und vernimmt die Überlebenden; er achtet in seinen „Vernehmungsniederschriften“ vorerst einmal darauf, dass die Gendarmerie Persenbeug in keinerlei Verdacht gerät, fürchtet man doch Sanktionen von Seiten der sich nähernden Roten Armee. Beim Eintreffen der ungarischen Jüdinnen und Juden hatte Persenbeugs Nazi-Bürgermeister Josef Maier diesen die Ausfolgung von Stroh und Lebensmittelkarten verweigert, doch plötzlich ist sogar Hilfe möglich: Die verletzten Überlebenden werden mit dem Rettungswagen des Roten Kreuzes ins Spital nach Melk gebracht.

Die Toten in den Gräben des Priel, so erzählt Klemens Markus später vor Gericht, „brennen die ganze Nacht bis zum nächsten Tag am Nachmittag“. Revierinspektor Franz Winkler ermittelt weiter; eine Liste mit den Namen von 214 Ermordeten kann erstellt werden. Die Opfer werden am 5. Mai in einem Massengrab beerdigt. Von den Tätern fehlt allerdings jede Spur und niemand von den Nazi-Funktionären will etwas vom Mordplan gewusst haben. Der einzige konkrete Hinweis: Die SS-Soldaten sollen mit ihren Autos aus der Richtung Ysper – Altenmarkt gekommen sein; auf jeden Fall mussten sie, darauf verweist die gute Ortskenntnis des Mordkommandos, Unterstützung durch lokale Helfer gehabt haben. Wenige Tage später ein Ereignis, das einen Zusammenhang mit dem Massaker vermuten lässt: Engelbert Duchkowitsch, der Kommandant des Gendarmeriepostens Persenbeug, erschießt am 10. Mai 1945 seine Frau und seine drei Kinder, dann begeht er Selbstmord. Die Behörden nehmen noch einige Anläufe, um die Morde im Hofamt Priel aufzuklären – vergeblich. 1963 werden die Ermittlungen endgültig eingestellt …

Die Aufstellung eines Gedenksteins – es ist dies die Initiative eines jüdischen Überlebenden des Holocausts – stößt im Hofamt Priel und in Persenbeug auf große Widerstände, erst nach Vermittlung des Melker Bezirkshauptmanns Hademar Lechner kann ein „naturbelassener Granitstein mit Gedenktafel“ errichtet und im Herbst 1993 eingeweiht werden.

3. Mai 1893

Zwölf Stunden tägliche Arbeitszeit sind zu viel

Die „über der Ostsee gelegene Barometer-Depression", so die Wettermeldung der *Neuen Freien Presse* zum Tag, „entfernt sich in nordöstlicher Richtung, während ein neues Minimum im Nordwesten erschienen ist. Das Maximum hat sich über Central-Europa gezogen und verursacht in Österreich-Ungarn zumeist heiteres und trockenes Wetter." Kaiser Franz Joseph trifft zu einem mehrtägigen Aufenthalt in Budapest ein, am K. k. Hof-Burgtheater gibt man Franz Nissels Schauspiel *Die Zauberin aus Stein* mit Charlotte Wolter in der Titelrolle und die Finanzwelt blickt nach London, wo die *Bank of England* über eine Erhöhung des Zinsfußes brütet. Und in der Appretur-Anstalt Heller in Wien-Gumpendorf gärt es unter den 300 Arbeiterinnen. Am Vortag hat Fabrikschef Heller die 17-jährige Amalie Ryba, die resolute und wortgewandte Tochter eines Schlossers, entlassen, weil sie es gewagt hat, beflügelt von den Eindrücken der Feiern zum 1. Mai, in der Jausenpause unter den Kolleginnen Stimmung für höheren Lohn und kürzere Arbeitszeit zu machen – gearbeitet wird von sechs Uhr früh bis sieben Uhr abends für einen Hungerlohn von durchschnittlich 7 Kronen pro Woche. Entschlossen zum Kampf trägt eine Deputation der Arbeiterinnen in der 9-Uhr-Pause ihre Forderungen – eine Reduzierung der Arbeitszeit auf zehn Stunden täglich, eine Erhöhung des Wochenlohns auf 8 Kronen und die Wiedereinstellung Amalie Rybas – im *Comptoir* Hellers vor; als dieser zwar nicht grundsätzlich ablehnt, aber um Bedenkzeit bis 15. Mai bittet, verlassen sie geschlossen die Fabrik – der erste Streik von Arbeiterinnen in der Geschichte der österreichischen Arbeiterbewegung hat begonnen.

Der Streik der Siebenhundert

Am Nachmittag versammeln sich die streikenden Frauen auf der Ferdinandswiese in Meidling; eine der Wortführerinnen ist die 23-jährige Adelheid Popp, rasch wird man sich auch über die Strategie einig: Um dem Streik Nachdruck verleihen zu können, ist es notwendig, auch die Arbeiterinnen anderer Betriebe zum Mitmachen zu animieren. So versucht man am nächsten Tag, die Belegschaft der benachbarten Wiehler'schen Fabrik für den *Streik* zu gewinnen, einer etwa 40 Mann starken Polizeiwache gelingt es jedoch, die Frauen zu zerstreuen, es kommt zu Verhaftungen, auch Joseph Kunze, der Präsident des Arbeiterbildungsvereines, wird arretiert. Die Streikbewegung ist jedoch nicht mehr aufzuhalten: Bald sind es die Arbeiterinnen von insgesamt drei Appreturfabriken, die gemeinsam für bessere Bedingungen kämpfen: 700 Frauen, die trotz aller Anfeindungen durch Presse – man unterstellt „geschickt geleitete Agitation von außen" – und Behörden solidarisch an ihrem Ziel festhalten. Nach dreiwöchigem Ringen werden ihre Forderungen tatsächlich angenommen: Verkürzung der täglichen Arbeitszeit auf zehn Stunden, 8 Kronen Wochenlohn, die Wiedereinstellung von Amalie Ryba – und am 1. Mai ist in Zukunft für sie arbeitsfrei.

Amalie Ryba (1876–1952) wird als Amalie Seidel 1919 für die Sozialdemokraten als Abgeordnete in den Nationalrat einziehen; der Amalie-Seidel-Weg in Wien-Meidling erinnert an sie.

4. Mai 1597

Niedergewürgt oder aufgehenckt

In St. Pölten tagt das Kriegsgericht des Generalobristen Wenzel Morakhsy über die Anführer der aufständischen Niederösterreicher. In den Augen von Erzherzog Matthias sind alle „Rebellen" allein durch die Teilnahme am Aufstand „meineidig" geworden und haben damit ihr Leben verwirkt; in einer Mitteilung an die kaiserlichen Kommissäre vom 28. März 1597 verlangt der in seinem Stolz als Landesherr zutiefst gekränkte Habsburger, dass die Aufständischen *niedergewürgt oder aufgehenckht* werden sollen, am besten, so befiehlt er am 5. April dem Generalobristen, zur Abschreckung gleich vor Ort. Um Satisfaktion zu bekommen, schreckt Matthias vor nichts zurück: Könne man der Rädelsführer nicht habhaft werden, dann, so sein Vorschlag, wäre es vielleicht möglich, sie durch gedungene Mörder töten zu lassen!

Strafgericht gegen die aufständische Bevölkerung

Die Männer, die vor ihren Richtern stehen, sind alle in den letzten Tagen gefoltert und eindringlich verhört worden, sie wissen, dass sie keine Gnade zu erwarten haben. Für ihre Forderungen, die zum Aufstand geführt haben, interessiert sich niemand mehr. So werden Georg Lanndtskhnecht, Georg Fuchs, Simon Feyertag, Simon Spätl, Hans Gasner und Christoph Thautermann zum Tode verurteilt, die Urteile sollen, ausgenommen die Exekutionen Gasners und Thautermanns, am nächsten Tag auf der „Bauernschanze" vor der Stadt vollstreckt werden.

Georg Lanndtskhnecht, Untertan der Herrschaft Lilienfeld und Oberster Wachtmeister des Bauernführers Markgraber, wird geköpft; Georg Fuchs, der aus Sölling bei Purgstall stammt und zum engsten Kreis um Markgraber gehörte, wird bei lebendigem Leib gepfählt; Simon Spätl wird durch Hängen *an einen paumb vom leben zum todt* gerichtet. Hans Gasner, der Untertan des Klosters Gaming ist, wird am 6. Juni 1597 vor Scheibbs durch *Hängen an einen Baum* hingerichtet; Christoph Thautermann, der als Hauptmann einige hundert Bauern geführt hat, wird am 12. Mai in Tulbing gehenkt.

Der Gipfel der Grausamkeit wird mit dem Urteil gegen den Müller Simon Feyertag aus Eschenau an der Traisen erreicht: Da er bei einer Zusammenkunft der „Rebellen" ausgerufen haben soll, dass er dem Kaiser nicht allein „in den Augapfel", sondern auch „ins Herz greifen" würde, schneidet ihm der Henker das Herz bei lebendigem Leib aus der Brust und schlägt es ihm auf das *verräterische Maul*, der Leichnam wird zerstückelt, die einzelnen Teile stellt man gut sichtbar an vier unterschiedlichen *weegstrassen* zur Schau …

Über die gefangenen Bauern bricht ein grausames Strafgericht herein. Kolorierter Holzschnitt, 1597.

5. Mai 1945

Das Ende des Leids und des Horrors

Das KZ Mauthausen und seine Nebenlager sind die letzten Orte des Nazi-Grauens, die von alliierten Truppen befreit werden. Am 28. April 1945 mordet die SS ein letztes Mal in der Gaskammer, am 3. Mai findet die letzte Erschießung von „Geheimnisträgern“ statt, dann verlässt die SS-Wachmannschaft das Lager, die Bewachung wird einer Einheit der Wiener Feuerschutzpolizei anvertraut. Die Häftlinge selbst bilden Komitees, um sich auf die Befreiung vorzubereiten, und man organisiert Waffen, hat man doch Angst, dass die SS zurückkommen könnte, um alle zu ermorden. Der Spanier Mariano Constante fertigt mit seinen Landsleuten ein 20 Meter langes Transparent an: „Die spanischen Antifaschisten begrüßen die Befreiungstruppen.“

Das Ende des Grauens: Soldaten der 3. US-Armee werden von überlebenden Häftlingen begrüßt.

Es ist kurz nach 14 Uhr, als zwei US-Panzerspähwagen der 11. Panzerdivision der 3. US-Armee und ein Jeep beim Kontrollpunkt an der äußeren Umzäunung des Lagers ankommen. Unter den Häftlingen macht sich Euphorie breit. Die Männer im Jeep, unter ihnen Louis Häfliger, der Delegierte des Internationalen Roten Kreuzes, steigen aus, heben den Balken in die Höhe und fahren bis auf den freien Platz vor dem Tor zu den Garagen. Kommandant des Panzerspähtrupps ist *Staff Sergeant* Albert J. Kosiek. Er erinnert sich später an das Eintreffen in Mauthausen: „Wir gelangten zu einem großen Tor in der Steinmauer und ein Deutscher öffnete es. Ich ging voran und wurde mit dem spektakulärsten Beifall empfangen, der mir je zuteil geworden ist. Auf der Innenseite des Tores hatten sich Hunderte Häftlinge versammelt, und als ich nun hereinkam, waren sie so glücklich, einen amerikanischen Soldaten zu sehen, dass sie alle auf einmal begannen zu rufen, zu schreien und zu weinen. Für diese Menschen bedeutete mein Erscheinen das Ende des Leids und des Horrors, der sie umgab.“

Die Befreiung von Mauthausen

Trotz heftiger Proteste der Häftlinge rückt Kosiek befehlsgemäß mit seinen Männern wieder ab; Feuergefechte mit versprengter SS kosten am 6. Mai noch einen spanischen Häftling das Leben. Erst am 7. Mai besetzen Einheiten der 11. Panzerdivision endgültig das Lager.

Mit Entschließung des Parlaments vom 11. November 1997 wird der 5. Mai zum „Gedenktag gegen Gewalt und Rassismus“ erklärt; neben dem Staatsfeiertag am 1. Mai und dem Nationalfeiertag am 26. Oktober ist der 5. Mai damit der dritte nationale Feiertag. Jedes Jahr findet am ersten Sonntag nach dem 5. Mai in Mauthausen die „Befreiungsfeier“ statt.

6. Mai 1945

Letzte Illusionen

Gauleiter August Eigruber, Jahrgang 1907, verdankt den Nazis eine atemberaubende Karriere: Aus dem Arbeitermilieu stammend, tritt der Absolvent der Eisen- und Stahlfachschule in seiner Heimatstadt Steyr mit 19 Jahren der NSDAP bei, 10 Jahre später, 1936, ist er illegaler „Gaugeschäftsführer" des „Gaues Oberösterreich", am 12. März steht er neben Hitler am Balkon des Linzer Landhauses und wird Landeshauptmann, 1940 ernennt ihn der „Führer" zum „Reichsstatthalter für den Gau Oberdonau" und 1942 zum „Reichsverteidigungskommissar"; 1943 steigt er in den Rang eines SS-Obergruppenführers auf. Der einfache Feinschmied und Mechaniker von einst sitzt nun im Vorstand der Steyr-Daimler-Puch AG und der Reichswerke Hermann Göring, er hat als Reichsverteidigungskommissar Befehlsgewalt über alle Nazi-Dienststellen in seinem „Reich", zu dem auch das KZ Mauthausen und die Tötungsanstalt Schloss Hartheim zählen. Gauleiter Eigruber, der noch Mitte April den Befehl zur Ermordung bekannter Regimegegner aus Wels in Mauthausen gegeben hat, fällt es schwer, sich von dieser Machtfülle zu trennen, und so versucht er an diesem 6. Mai seinen eigenen Weg zu gehen. Am Vormittag ist er noch in Graz bei einer Besprechung mit Feldmarschall Kesselring, dem „Oberbefehlshaber Süd", und hochrangigen Militärs, der Eindruck, den er dort gewinnt, bestärkt ihn wohl in seinem Vorhaben. Auf der Rückfahrt aus Graz beauftragt er einige Mitarbeiter, Kontakt mit den Amerikanern aufzunehmen und sie zu Kapitulationsgesprächen nach Windischgarsten einzuladen. Seine „Emissäre" treffen bei Kirchdorf an der Krems auf die *Task Force Smythe* der 80. US-Infanteriedivision und prompt kommt es zu einem Gespräch zwischen Eigruber und General Smythe, der Vorschlag des Gauleiters: „Oberdonau" werde vor den Amerikanern kapitulieren, dafür solle man aber den deutschen Truppen die Weiterführung des Kampfes gegen die Rote Armee erlauben. Als Smythe dieses seltsame „Angebot" ablehnt und die bedingungslose Kapitulation verlangt, bittet sich Eigruber vier Stunden Bedenkzeit aus, er wolle Rücksprache mit Generaloberst Lothar Rendulic, dem Oberbefehlshaber der Heeresgruppe Süd, halten. Rendulic ist jedoch an klare Befehle von Dönitz gebunden, die Einzelverhandlungen mit den Alliierten verbieten, und muss absagen – für Eigruber ist damit auch das letzte Spiel verloren gegangen: Er zieht es vor, nach Süden in die Berge zu gehen; erst im Juni 1945 werden die US-Geheimdienstorganisationen CIC und OSS seine Spur aufnehmen können; am 28. Mai 1947 wird er in Landsberg an der Lech hingerichtet.

Das seltsame „Angebot" des Gauleiters August Eigruber

Ein Bild aus besseren Tagen: August Eigruber (links) im Gespräch mit Hermann Göring, 1938.

7. Mai 1824

Freude, schöner Götterfunken, Tochter aus Elysium

Eine kleine Denkschrift von Musikern, Verlegern und Musikfreunden im Winter 1823/24 hat es möglich gemacht: Ludwig van Beethoven gibt nach langen Jahren wiederum die Zustimmung zu einem Konzert. „Entziehen Sie dem öffentlichen Genusse, entziehen Sie dem bedrängten Sinne für Großes und Vollendetes nicht länger die Aufführung der jüngsten Meisterwerke Ihrer Hand (…) Wir wissen, daß in dem Kranze Ihrer herrlichen noch unerreichten Sinfonien eine neue Blume glänzt", hatten seine Verehrer an ihn appelliert – mit Erfolg: Beethoven ist bewegt vom Enthusiasmus des Publikums. Die Uraufführung seiner neuen Sinfonie wird für 7. Mai 1824 im Kärntnertortheater festgesetzt; die besten Kräfte des Hauses wirken mit: Die Solistenrollen übernehmen Henriette Sontag (Sopran), Caroline Unger (Alt), Anton Haitzinger (Tenor) und Joseph Seipelt (Bariton), am Dirigentenpult steht der Komponist und Kapellmeister Michael Umlauf (1741–1842).

Die Uraufführung von Beethovens 9. Sinfonie

Das Konzert beginnt mit der Ouvertüre zu *Die Weihe des Hauses* op. 124, dann folgen Kyrie, Credo und Agnus aus der *Missa solemnis* op. 123, die Teile der Messe werden als „Hymnen" angekündigt, da sie eigentlich nur in kirchlichem Rahmen aufgeführt werden dürfen. Nach der Pause erklingt dann erstmals die 9. Sinfonie op. 125; Beethoven selbst steht neben Michael Umlauf auf der Bühne und leitet mit diesem im Finalsatz die Sänger – völlig taub gworden, muss der 53-jährige Komponist den Künstlern die Worte vom Munde ablesen. Auch den jubelnden Schlussbeifall hört er nicht – da ist es die junge Caroline Unger, die ihn am Arm nimmt und auf den Applaus aufmerksam macht; Beethoven verbeugt sich dankend.

Der Zuschauerraum des Kärntnertortheaters. Kolorierter Kupferstich von Tranquillo Mollo.

Am 23. Mai 1824 wird das Konzert mit leicht geändertem Programm im Großen Redoutensaal der Hofburg wiederholt; da die Einahmen daraus jedoch eher enttäuschend sind, äußert Beethoven den Verdacht, dass man ihn betrogen habe, und spart nicht mit Grobheiten gegen seine Umgebung; es bleibt bei den beiden Aufführungen. Fast ein Jahr später, am 21. März 1825, wird die 9. Sinfonie in London gegeben; es beginnt ihr Siegeszug um die Welt, auch wenn manche Kritiker sich nicht mit der Verwendung von Singstimmen in einer Sinfonie anfreunden können. Beethovens Vertonung von Schillers Ode *An die Freude* wird zur Hymne der Humanität und des Friedens; 1985 wird sie als Hymne der Europäischen Gemeinschaft angenommen, schon seit 1972 ist sie die offizielle Hymne des Europarats. Und auch Michael Jackson, *the King of Pop*, schätzt die Gewalt dieser Musik – er verwendet Teile des vierten Satzes für seinen Hit *Will you be there* …

8. Mai 1945

Der „Tag der Befreiung“

Als um 24 Uhr die bedingungslose Kapitulation des Deutschen Reiches in Kraft tritt, rücken Truppen der Roten Armee über die Ries kampflos in Graz ein; bereits am Vormittag haben britische Einheiten, über den Plöckenpass kommend, mit knappem Vorsprung auf jugoslawische Truppen Klagenfurt erreicht und an der Ennsbrücke bei Enns wird es am Abend des 9. Mai ein Treffen von General Walton H. Walker von der 3. US-Armee mit Generalleutnant Nikolaj I. Birjukow, dem Kommandanten des XX. sowjetischen Garde-Schützenkorps, geben. An anderen Orten wird bis zur letzten Stunde gekämpft: im Dunkelsteinerwald etwa und im Gebiet der Triesting, wo deutsche Verbände eingeschlossen sind. Im Westen Österreichs haben die Einheiten der Wehrmacht bereits am 2. Mai kapituliert, viele, die ihr Schicksal eng mit der Herrschaft der Nazis verknüpft haben, fliehen oder begehen Selbstmord, unter ihnen auch Josef Weinheber, von Hitler auf die Liste der „Gottbegnadeten“ gesetzt, der seinem Leben am 8. April 1945 mit einer Überdosis Morphium ein Ende setzt. Vor allem in den von den Sowjets besetzten Gebieten regiert die blanke Angst vor Plünderungen und Vergewaltigungen, Tausende Frauen werden Opfer sexueller Übergriffe, allein in St. Pölten werden sich 2.400 vergewaltigte Frauen und Mädchen bei den Gesundheitsbehörden melden.

Der Krieg ist zu Ende

EXTRA THE STARS AND STRIPES EXTRA

VICTORY

Nazis Reveal Surrender To Western Allies, Russia

The unconditional surrender of Germany to the Western Allies and Soviet Russia was announced by the German high command yesterday morning.

The official announcements from the Allied governments are expected to come simultaneously from Washington, London and Moscow today.

The British Ministry of Information, proclaiming that today would be 'Victory in Europe Day,' said Prime Minister Churchill would make 'an official announcement' at 3 PM.

President Truman said he had agreed with the British and Russian governments that no surrender proclamation would be made 'until simultaneous announcements could be made by the three governments.'

King George VI of England sent Gen. Eisenhower a cablegram last night congratulating him and his armies on the 'complete and crushing victory' in Europe.

The Associated Press broke the news of the surrender in a story from Rheims, France, that the Allies had announced Germany's surrender

Nazis Still Fight Reds At Prague

Prayer, Tears, Laughter –The World Celebrates

Die US-Army feiert den Sieg in Europa: Ausgabe von „Stars and Stripes“ vom 8. Mai 1945.

Der 8. Mai 1945, später gefeiert als „Tag der Befreiung“ und *Victory in Europe Day*, ist vielfach noch ein Tag der Angst, der Verzweiflung und des Entsetzens, es ist ein Tag des Krieges. Für viele bringt er Gefangenschaft oder Tod, so werden etwa in Kärnten Menschen von den „Tito-Partisanen“ verschleppt und ermordet.

Die Erinnerung an den 8. Mai 1945, der „gefühlte“ Tag einer Niederlage, der Okkupation durch fremde Truppen, hat deshalb in Österreich keine Tradition. Er wurde nie zum Feiertag erklärt wie in Tschechien und der Slowakei, obwohl er sich von seiner Symbolkraft wie kein anderer Tag dafür anbieten würde. Es gilt der Appell, den der deutsche Bundespräsident Richard von Weizsäcker in seiner Rede zum 8. Mai 1985 vor dem Deutschen Bundestag formulierte: „Der 8. Mai ist für uns vor allem ein Tag der Erinnerung an das, was Menschen erleiden mussten. Er ist zugleich ein Tag des Nachdenkens über den Gang unserer Geschichte. Je ehrlicher wir ihn begehen, desto freier sind wir, uns seinen Folgen verantwortlich zu stellen.“

9. Mai 1873

Des Schwindels Glück und Ende

Eine Woche ist seit der Eröffnung der Weltausstellung in Wien vergangen. An der Börse am Schottenring herrscht „ungeheure Aufregung“, ja, Panik: Am Morgen sind zahlreiche neue *Falliments* bekannt geworden, darunter auch die Insolvenz des Bankhauses Mayersberg & Russo am Kohlmarkt. Eine *unerhörte Deroute* setzt ein, die Kurse vieler Unternehmen, vor Beginn der Weltausstellung noch im stetigen Steigen begriffen, fallen nun dramatisch. Ein „Schlachten war's und keine Schlacht zu nennen“, wird *Das Vaterland* am nächsten Tag unter dem Titel „Des Schwindels Glück und Ende“ kommentieren, „nicht bloße Baisse mehr, sondern vollständiger Abgang von verläßlichen Notierungen“. Die im Vorfeld der großen Schau erzeugte Spekulationsblase ist geplatzt; die Folgen sind katastrophal: Um 10.15 Uhr werden *Geschäft und Arrangement* vom Generalsekretär der Börse sistiert; auf Verlangen der Börsenbesucher wird die Abwicklung der laufenden Geschäfte *unter Haftung der directen Hände* nach 11 Uhr schließlich wieder aufgenommen; für 11.30 Uhr beruft die Börsenkammer eine Sitzung ein. Im großen Saal des Hauses findet *ad hoc* eine Versammlung statt, in der der Beschluss gefasst wird, eine Deputation zur Creditanstalt mit dem Ansuchen um Sistierung der *Executionen und Reductionen* zu entsenden. Um 13 Uhr wird der Handel endgültig ausgesetzt, die Börse polizeilich geschlossen. Um 19 Uhr treffen sich Bankiers und Direktoren führender Unternehmen zur Krisenbesprechung; unter Vorsitz von Baron Moritz Wodianer werden Vorschläge zur Bewältigung der Lage diskutiert; man einigt sich darauf, einen *Fonds perdu* von 30 Millionen Gulden zu schaffen, der von den einzelnen Bankhäusern bestückt wird, weiters sollen sich sämtliche Banken bereit erklären, während der nächsten vierzehn Tage keine Kredite zu kündigen und keine Zuschüsse zu fordern.

Der Börsenkrach am „Schwarzen Freitag“

Das Misstrauen der Anleger und Bankkunden, die nun ihr Geld abziehen, ist jedoch nicht mehr zu besänftigen, eine Wirtschaftskrise mit Produktionsrückgängen und steigender Arbeitslosigkeit ist die Folge, die Auswirkungen des Wiener Börsenkrachs ziehen auch viele andere europäische und amerikanische Börsenplätze in Mitleidenschaft. Die Regierung versucht mit einer 80-Millionen-Anleihe gegenzusteuern, dennoch überleben zahlreiche Banken und etwa die Hälfte der in den Jahren zuvor gegründeten Aktiengesellschaften die Krise nicht; Anleger, die ihr Vermögen verloren haben, begehen Selbstmord, so auch General Ludwig von Gablenz, der mit einer Tochter des Bankiers Denis Eskeles verheiratet ist – er erschießt sich am 28. Januar 1874 in Zürich; seine verzweifelte Bitte um Unterstützung wird von Generaladjutant Graf Bellegarde nicht an den Kaiser weitergegeben, da man diesen im Unklaren über das wahre Ausmaß der Spekulationsverluste – auch in Hofkreisen – halten will: Ludwig Viktor, der jüngste Bruder Franz Josephs, verliert 200.000 Gulden, eine Summe, die „Luziwuzi“ aber verkraften kann.

10. Mai 1944

Für 30.000 Reichsmark an die Gestapo verraten

In den Armesünderzellen im „B-Trakt" des Wiener Landesgerichts warten die Widerstandskämpfer Roman Karl Scholz, Dr. Karl Lederer, Dipl.-Ing. Alfred Miegl, Dr. Hans Zimmerl und Rudolf Wallner auf ihre Hinrichtung. Jeder trägt Ketten an den Füßen; ein Mittagessen, zwölf Zigaretten, ein Blatt Papier und ein Bleistift zum Schreiben eines Abschiedsbriefes sind das Letzte, was sie erhalten haben. Um 17 Uhr kommt der evangelische Gefängnisgeistliche Johannes Riegler, der „Schutzengel aller Todeskandidaten", um letzten Trost zu spenden. Wie er später berichtet, habe Scholz den Sessel „ganz dicht an die Wand unterhalb der Oberlichte gerückt und sein Gesicht den Sonnenstrahlen zugewendet". Dann beginnen die Exekutionen. Um 17.48 Uhr stirbt Roman Karl Scholz, seine letzten Worte sind: „Für Christus und Österreich!"

Roman Karl Scholz und die „Freiheitsbewegung Österreich"

Mit dem Augustiner-Chorherren Roman Karl Scholz, geboren 1912 in Mährisch-Schönberg, Religionsprofessor am Realgymnsium in Klosterneuburg und Professor für Theologie und christliche Philosophie an der Ordenshochschule des Stiftes, stirbt der Gründer und „geistige Führer" (Floridus Röhrig) der ersten Widerstandsgruppe in Österreich, der „Deutschen Freiheitsbewegung", die im September 1939 in „Österreichische Freiheitsbewegung" und 1940 in „Freiheitsbewegung Österreich" umbenannt wird. Die Gruppe, der meist junge Leute angehören, lehnt Gewalt ab; sie will durch Schulungen und Informationen den Mitbürgern die Augen über das wahre Wesen der NS-Diktatur öffnen. Insgesamt zählt die „ÖFB" etwa 300 Mitglieder; die Frauengruppe wird von Luise Kanitz geführt. Der Aufbau der Organisation ist gut durchdacht: Die kleinste Einheit ist die „Dreierschaft"; jedes Mitglied kennt daher nur zwei weitere Angehörige der Gruppe. Kontakte bestehen aber auch zur „Großösterreichischen Freiheitsbewegung" (GÖFB) des Rechtsanwalts Dr. Jakob Kastelic (1897–1944) und dem „Österreichischen Kampfbund" (ÖK) des Juristen Dr. Karl Lederer (1909–1944). Als im Frühjahr 1940 Roman Karl Scholz angesichts der Erfolge Hitlers mit dem Gedanken spielt, die Widerstandsgruppe aufzulösen, ist es vor allem ein Mann, der auf die Weiterführung drängt: der Burgschauspieler Otto Hartmann (1904–1994). Scholz vertraut Hartmann, der über seinen Bühnenkollegen Fritz Lehmann Zugang zur ÖFB gefunden hat und sich durch die Anwerbung neuer Mitglieder auszeichnet, völlig; bei allen wichtigen Geheimgesprächen mit den Gruppen von Kastelic und Lederer ist auch er dabei. Was Scholz nicht weiß: Hartmann ist Informant der Gestapo, der er präzise alle Namen und Details liefert – prompt schlägt diese am 22. Juli 1940 zu und verhaftet die führenden Männer der drei Widerstandsgruppen; insgesamt fallen den Mördern vom Morzinplatz durch die Denunziation Hartmanns etwa 200 Menschen in die Hände, zwölf von ihnen werden hingerichtet. Die Gestapo lässt sich diesen „Erfolg" etwas kosten: Hartmann erhät für seinen Verrat 30.000 Reichsmark Belohnung.

11. Mai 1924

Ein kleines Biedermeiersträußchen

Der erste Muttertag

Michael Hainisch (1858–1940) ist seit 1920 österreichischer Bundespräsident und ein in allen politischen Lagern anerkannter Mann. Man schätzt die Verdienste des parteilosen Sozial- und Wirtschaftspolitikers um die Volksbildung und rühmt seine Erfolge als Landwirt – legendär die rekordverdächtigen Milchleistungen der Zuchtkuh „Bella", erzielt auf seinem Mustergut bei Spital am Semmering. Er ist Mitbegründer der „Deutschen Turnerschaft" und man weiß, dass er mit der Großdeutschen Volkspartei sympathisiert und sich in seiner Freizeit als Dialektlyriker versucht. So stößt sein Vorschlag, doch auch in Österreich den „Muttertag" einzuführen und jeweils am 2. Sonntag im Mai zu begehen, auf allgemeine Zustimmung. Hainisch greift damit eine Idee seiner Mutter Marianne Hainisch (1839–1936) auf, die gemeinsam mit dem Österreichischen Pfadfinderbund das Muttertags-Projekt unterstützt. Ein Jahr zuvor, am 13. Mai 1923, hat man im Deutschen Reich, tatkräftig gefördert vom „Verband Deutscher Blumengeschäftsinhaber", erstmals einen Muttertag gefeiert; in den USA ist er seit dem *Memorial Mother's Day Meeting*, das die Methodistin Anna Marie Jarvis (1864–1948) zum Gedenken an ihre tote Mutter in Grafton, West Virginia, veranstaltet hat, und dem ersten offiziellen *Mother's Day* 1908 längst etabliert; 1914 erlässt der US-Kongress die *Joint Resolution Designating the Second Sunday in May as Mother's Day* und erklärt damit den Muttertag zu einem nationalen Feiertag. Das Paradoxe: Während die erfahrene Frauenrechtlerin Hainisch, inzwischen 85 Jahre alt geworden, für die Einführung des Muttertags auch in Österreich eintritt, ist Pionierin Anna Marie Jarvis, erbost über die massive Kommerzialisierung „ihres Tages", bereits wieder dagegen: Wegen Störung einer Muttertagsveranstaltung (!) muss sie 1923 sogar kurz ins Gefängnis; im Kampf gegen den von ihr kreierten Feiertag der Mütter wird sie ihr ganzes Familienerbe verlieren.

Bundespräsident Michael Hainisch fühlt sich an diesem ersten Muttertag tief dem ursprünglichen Geist verpflichtet und belässt es, so die Überlieferung, bei einer symbolischen Geste – das Staatsoberhaupt schenkt seiner Mutter ein kleines Biedermeiersträußchen. Der Marianne-Hainisch-Hof in Wien, Ecke Petrusgasse/Landstraßer Hauptstraße, erinnert an die Pionierin der österreichischen Frauenbewegung.

Initiatorin Marianne Hainisch spricht im Rundfunk zum ersten Muttertag am 11. Mai 1924.

12. Mai 1636

Der letzte Kampf des Propheten Martin Laimbauer

Eigentlich heißt er Martin Aichinger, nach seinem Hof, dem Laimbauerngut in Steining in der Herrschaft Luftenberg bei Steyreck, von dem er nach dem Bauernkrieg von 1626 vertrieben worden ist, nennt man ihn nur den „Laimbauern". Gott-Vater selbst, so verkündet Martin Aichinger allen, die es hören wollen, habe ihm den Auftrag gegeben, die nach der Niederlage gegen Bayern und Kaiserliche rekatholisierten Landsleute wieder zum Protestantismus zu bekehren. Der Prophet und seine Getreuen glauben fest an die Hilfe des Himmels: Kaiser Friedrich Barbarossa werde an der Spitze eines 60.000 Mann starken Heeres erscheinen und für sie in den Kampf ziehen.

Das Blutbad auf dem Frankenberg

Im späten Frühjahr 1636 spitzt sich die Lage zu: Der Laimbauer, der von seinen „arglistigen, betrügerischen und gleißnerischen Prophezeiungen" nicht lassen will, hat eine beträchtliche Anhängerschar um sich gesammelt und sorgt im unteren Mühlviertel für Unruhe; Johann Ludwig Graf Kuefstein, der *Vicedom* des Landes ob der Enns, und Graf Kaspar von Starhemberg, der Kommandant der landständischen Truppen, sehen sich gezwungen, ein bewaffnetes Aufgebot gegen den rebellischen „Bauernhaufen", der von Tag zu Tag mehr Zulauf hat, ins Feld zu stellen. Am Pfingstmontag, dem 12. Mai 1636, ziehen sich der Laimbauer und seine Schar auf den Frankenberg bei Mauthausen zurück; hier, in einem verfallenen Dorf mit Kirche, erwarten sie den Angriff der Mannschaften Starhembergs. Es entwickelt sich ein erbitterter Kampf, in dem der Laimbauer und die Seinen, geschickt den Schutz durch die Häuser ausnützend, die Angreifer immer wieder zurückschlagen können; Starhemberg selbst trägt Verwundungen durch einen Hellebardenstoß und eine Flintenkugel davon, sein Sekretär wird erschossen. Angesichts des drohenden Misserfolgs gibt Graf Kuefstein den Befehl zum Anzünden der Häuser – der Laimbauer muss sich mit seiner Schar in die Kirche zurückziehen, die bald ebenfalls in Brand steht. Es kommt zu einem blutigen Gemetzel, bei dem „in der allergrößten Zahl Frauen, junge Dienstmägde, Bauerstöchter und Kinder", die sich erbittert zur Wehr setzen, getötet werden, ein „Geschehnis, wie es in der heimischen Geschichte seinesgleichen gesucht werden muss" (Franz Wilflingseder). Der Laimbauer wird mit seiner Frau gefangen genommen und am nächsten Tag im Triumph nach Linz geführt. *(siehe 20. Juni)*

Der letzte Überrest der Kirche am Frankenberg. Foto: Rudolf A. Haunschmied.

13. Mai 1779

Kartoffelkrieg und Zwetschkenrummel

Es ist ein Krieg ohne Schlacht, der in der schlesischen Herzogsstadt Teschen, seit dem Zusammenbruch der Monarchie zweigeteilt zwischen Polen (Cieszyn) und Tschechien (Cesky Tesín), sein Ende findet. Noch einmal hat Preußens alternder König Friedrich II. im Sommer 1778 dem Habsburgerreich den Krieg erklärt, getrieben von der Sorge, Maria Theresias Sohn Kaiser Joseph II. könne mit seinen Anspruch auf das Königreich Bayern, ausgelöst durch den Tod von Kurfürst Maximilian III. Joseph, des letzten Vertreters der Bayerischen Linie des Hauses Wittelsbach, erfolgreich sein. Mit etwa 150.000 Mann, unterstützt von 21.000 sächsischen Soldaten, marschiert er in Böhmen ein, doch die alte, tollkühne Angriffslust aus den Tagen von Rossbach und Leuthen *(siehe 5. Dezember)* ist dahin, jetzt begnügt er sich damit, auf die geschickten Manöver der kaiserlichen Feldherren Franz Moritz von Lacy und Gideon Ernst von Laudon eine entsprechende Antwort zu finden. Die Verluste sind dennoch hoch, bedingt nicht zuletzt durch das Ausbrechen der Ruhr im Lager der Preußen. So mancher Streiter zieht es daher vor, auf den Kartoffeläckern Nordböhmens nach den kräftigenden Knollen zu graben; auf der Gegenseite begnügen sich die Kaiserlichen im Herbst 1778 mit dem Plündern der vielen Obstbäume – „Kartoffelkrieg" und „Zwetschkenrummel" werden zu gängigen Synonymen für diesen „Bayerischen Erbfolgekrieg", der in eine seltsame Pattstellung mündet: Keine der beiden Kriegsparteien will einen entscheidenden Waffengang riskieren.

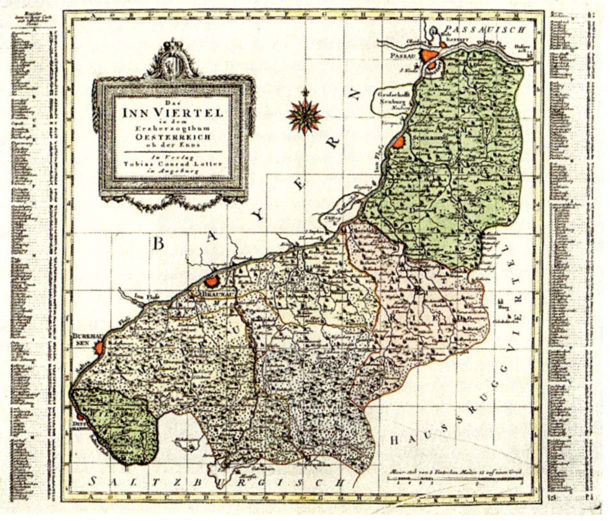

Die an die Habsburgermonarchie abgetretenen bayerischen Gebiete östlich des Inn. Karte aus dem Jahr 1779, gedruckt in Augsburg.

Der Friede von Teschen

Russische Diplomaten vermitteln schließlich einen Waffenstillstand und die Aufnahme von Friedensverhandlungen, die, begünstigt durch Maria Theresia, die den von Joseph und Staatskanzler Kaunitz aus Machtgier provozierten Krieg ablehnt, in Teschen ihren Abschluss finden: Die bayerischen Gebiete des Rentamtes Burghausen östlich des Inns fallen an die Habsburgermonarchie, die im Gegenzug die preußischen Ansprüche auf die Markgraftümer Brandenburg-Anhalt und Brandenburg-Bayreuth anerkennt; König in München wird Karl Theodor von der Pfalz. Das neu erworbene Gebiet wird dem Land ob der Enns angeschlossen und zunächst als „Fünftes Viertel" bezeichnet; erst nach der Zusammenlegung von Mühlviertel und Machlandviertel bürgert sich die Bezeichnung „Innviertel" ein.

14. Mai 1869

Zwei Jahre länger in die Schule gehen

Einer der klügsten Köpfe der Monarchie, Unterrichtsminister Leopold Hasner, Ritter von Artha (1818–1891), setzt sich mit dem von ihm eingebrachten Gesetzesentwurf im Reichsrat gegen heftige Proteste der Bischöfe durch: Die achtjährige interkonfessionelle, staatliche Volksschule wird Gesetz, die Schulpflicht damit um zwei Jahre verlängert. Als Alternative dazu kann nach fünf Jahren Volksschule eine dreijährige „Bürgerschule" besucht werden, die ihren Lehrplan speziell auf die Erfordernisse kaufmännischer und handwerklicher Berufe auslegt, eine Möglichkeit, die auch von Mädchen genützt werden kann; der Lehrplan in Mädchen-Bürgerschulen bleibt allerdings dem traditionellen Frauenbild verhaftet: weniger Arithmetik und Geometrie, mehr Handarbeiten.

Das neue Schulgesetz entzieht der Kirche die „Bildungsaufsicht", das heißt, die Bildung seiner Bürger liegt von nun an endgültig in der Verantwortung des Staates, weiters legt es auch eine neue Höchstzahl von Schülern pro Klasse vor: In Zukunft sind maximal nur mehr 80 (!) Schüler pro Klasse erlaubt – nicht zuletzt eine Konsequenz, die man aufgrund der noch immer viel zu hohen Analphabetenrate zieht. So wird von manchen Kritikern auch die Katastrophe von Königgrätz der mangelnden Bildung vieler k. u. k. Soldaten angelastet.

Dem promovierten Juristen Hasner, der aus Prag stammt, sich der Hegel'schen Schule verpflichtet sieht und seit 1851 an der Universität seiner Heimatstadt als Professor für politische Wissenschaften lehrt, ist bereits ein Jahr zuvor, 1868, ein wichtiger Schritt in Richtung modernes Bildungssystem gelungen: Im zweiten der drei Kirchengesetze vom 25. Mai 1868 wird die Unabhängigkeit des Unterrichts von Kirchen und Religionsgemeinschaften festgeschrieben. Die religiös-sittliche Erziehung der Schüler stellt Hasner jedoch nicht grundsätzlich infrage, sie bleibt als Pflichtfach „Religionsunterricht" nach Konfessionen geschieden am Stundenplan. Und Bildung ist nicht länger ein Privileg der Männer: 1868 wird die erste Mittelschule für Mädchen eröffnet; ab 1872 können sie auch maturieren, sind jedoch nicht zu einem Hochschulstudium berechtigt. Das erste Mädchengymnasium wird 1892 gegründet; ab 1901 dürfen Maturantinnen auch studieren – allerdings vorerst nur an den medizinischen und philosophischen Fakultäten.

Das Reichsvolksschulgesetz

Setzt die Verlängerung der Schulpflicht um zwei Jahre durch: Unterrichtsminister Leopold Hasner, Ritter von Artha.

15. Mai 1955

Mit Freude rufen wir aus: Österreich ist frei!

Die Verhandlungen zum Staatsvertrag werden seit 1947 geführt, allerdings zunächst ohne sichtbaren Erfolg; die Vertragsentwürfe der westlichen Alliierten scheitern immer wieder am Widerstand der Sowjetunion – der Kalte Krieg führt zu einer Verhärtung der Fronten. Erst nach dem Tod Josef Stalins 1953 und der Machtübernahme durch Chruschtschow kommen die Gespräche wieder in Gang; der Durchbruch wird schließlich bei Verhandlungen in Moskau vom 12. bis 15. April 1955 erzielt: Bundeskanzler Julius Raab, Außenminister Leopold Figl, Vizekanzler Adolf Schärf und Staatssekretär Bruno Kreisky gelingt es, eine Vereinbarung auszuhandeln, die den „raschesten" Abschluss des Staatsvertrags vorsieht. Im abschließenden „Moskauer Memorandum" wird erklärt, dass Österreich ein neutraler Staat sein solle, dessen „Unversehrtheit und Unverletzlichkeit" von den Siegermächten garantiert würde.

Der Österreichische Staatsvertrag

Nach einer vorbereitenden Konferenz der alliierten Botschafter vom 2. bis 12. Mai 1955 und einigen letzten Änderungen treten am 14. Mai die Außenminister Dulles, Macmillan, Pinay, Molotow und Figl zu einer „Schlussbesprechung" zusammen. Der Hauptpunkt dieser Außenministerkonferenz: die Garantie der österreichischen Neutralität durch die vier Großmächte. Doch Leopold Figl hat für seine Kollegen noch einen überraschenden Wunsch bereit: Er beantragt die Streichung der sogenannten „Mitschuldklausel" aus der Präambel des Staatsvertrags, jenes Passus, der festschreibt, dass sich Österreich „nach der Annexion als Bestandteil Hitlerdeutschlands am Krieg gegen die alliierten und assoziierten Mächte und gegen andere Vereinte Nationen beteiligte" und daher „einer gewissen aus dieser Beteiligung am Krieg hervorgehenden Verantwortung nicht entgehen kann". Figl erhält die Chance, seinen Antrag in einer Rede zu begründen und trifft geschickt den richtigen Ton. Er lehnt die Mitschuld Österreichs ab und verweist auf die Leiden des österreichischen Volkes, auf den Widerstand gegen den Nationalsozialismus und auf die schweren Verfolgungen durch das Terror-Regime. Die vier Außenminister sind sich rasch einig: Die Mitschuldklausel wird gestrichen.

Am 15. Mai 1955, um Punkt 11 Uhr 30, setzt der sowjetische Außenminister Mo-

Leopold Figl mit den Außenministern und Bundeskanzler Julius Raab. Titelseite der „Großen Österreich Illustrierten" vom 21. Mai 1955.

lotow im Marmorsaal des Schlosses Belvedere als Erster seine Unterschrift unter den „Staatsvertrag betreffend die Wiederherstellung eines unabhängigen und demokratischen Österreich", dann unterzeichnen Englands Außenminister Macmillan, US-Außenminister Dulles, Frankreichs Außenminister Pinay und schließlich Leopold Figl. Nach der Unterschrift wird gesiegelt, und zwar in umgekehrter Reihenfolge.

Jeder Außenminister hat Redezeit zugebilligt bekommen, als Erster ergreift Molotow das Wort und betont die besondere Bedeutung der Zeremonie für die „Entspannung der internationalen Beziehungen". Macmillan versichert, dass sich Österreich auf die „treue Freundschaft des britischen Volkes" verlassen könne, und der Amerikaner Dulles meint, dass Österreich mit diesem Vertrag wieder seinen Platz unter den freien Völkern einnehmen werde. Frankreichs Pinay sieht im Staatsvertrag die Möglichkeit, den „Geist des Misstrauens" zu überwinden. Dann ist Leopold Figl an die Reihe gekommen.

Sichtlich bewegt, kaum der Tränen Herr werdend, bringt er die Gefühle dieses Tages auf den Punkt: „Ein 17 Jahre dauernder dornenvoller Weg der Unfreiheit ist beendet. Die Opfer, die Österreichs Volk im Glauben an seine Zukunft gebracht hat, haben nun ihre Früchte getragen. Wir haben zehn Jahre auf diesen Tag gewartet [...] Ich bin der festen Überzeugung, dass dieses Vertragsinstrument den Ausgangspunkt einer neuen und glücklichen Epoche darstellen wird, die sich künftig unter dem Zeichen einer Politik der Neutralität und Unabhängigkeit gegenüber allen Staaten entwickeln wird. Österreichs Volk jubelt heute, dankt für die Freiheit. Österreichs Volk geht aber auch mit dem festen Vorsatz der Pflichterfüllung für die ganze Welt an die Arbeit. Wenn nun die Glocken von ganz Österreich, vom Bodensee bis zum Neusiedler See, von der Thaya bis zu den Karawanken läuten, dann läuten sie eine neue Zeit für Österreich ein. Österreich wird nunmehr als freier, souveräner Staat seinen Platz in der großen Familie der Völker einnehmen und in aktiver Mitarbeit in den weltumfassenden Vertragsorganisationen alles daran setzen, um seinen Beitrag für die internationale Verständigung und den Frieden zu leisten. Mit dem Dank an den Allmächtigen wollen wir die Unterschrift setzen, und mit Freude rufen wir aus: Österreich ist frei!"

Gemeinsam mit den Außenministern und Botschaftern der Signatarstaaten, begleitet von Bundeskanzler Julius Raab und Vizekanzler Adolf Schärf, tritt Figl nun auf den Balkon des Schlosses, schlägt die Seite mit den Siegeln auf und hält den Staatsvertrag in die Höhe – der Jubel von Tausenden, die gekommen sind, um diesen historischen Moment zu erleben, brandet auf und gleichzeitig beginnen in ganz Österreich die Glocken zu läuten. Es ist dieser Tag, der sich ins Gedächtnis der Österreicherinnen und Österreicher brennt und ihr politisches Selbstverständnis in den folgenden Jahrzehnten bestimmt.

Am 7. Juni 1955 wird der Staatsvertrag vom Nationalrat ratifiziert; im Sommer 1955 beginnt der Abzug der Besatzungstruppen, die letzten sowjetischen Soldaten verlassen am 19. September Österreich, eine letzte britische Einheit überschreitet am 25. Oktober die Grenze.

16. Mai 1931

Wir hätten heute mit unserem Team jede Mannschaft der Welt geschlagen

Es ist ein strahlend schöner Tag, ein prächtiges Fußballfest kündigt sich an. Kaum jemand denkt in diesem Moment daran, dass zur gleichen Zeit eine österreichische Delegation unter Führung von Vizekanzler Schober beim Völkerbund in Genf darum kämpft, die Folgen der Creditanstalt-Krise in den Griff zu bekommen, und die Zahl der Arbeitslosen auf knapp 400.000 gestiegen ist – jetzt zählt nur die Vorfreude auf das große Spiel. Die von Verbandskapitän Hugo Meisl unter dem Druck der Sportjournalisten als „Schmieranski-Team" vorgestellte Aufstellung hat längst die Runde gemacht: Im Tor spielt der fesche WAC-Keeper Rudi Hiden, in der Verteidigung stehen mit Roman Schramseis von Rapid und dem 33-jährigen Josef „Pepi" Blum von der Vienna bewährte Kräfte; Georg „Schurl" Braun vom WAC, Rapid-Centerhalf Josef „Pepi" Smistik und Karl Gall von der Austria hat Meisl für die Läuferreihe nominiert; im Angriff setzt er gleich auf zwei Debütanten: Karl Zischek von Wacker Wien spielt auf der Position des rechten Außenstürmers, Fritz Gschweidl Rechtsverbinder; der 19-jährige Admiraner Adolf „Adi" Vogl kommt als Linksaußen zum Einsatz und ersetzt den verletzten Ex-Rapidler Johann „Hansi" Horvath, Vogls Klubkollege Anton „Toni" Schall, der Torschützenkönig der Saison 1930/31, spielt Linksverbinder und als Mittelstürmer feiert Matthias Sindelar sein so sehnsüchtig erwartetes Comeback.

Die Geburt des Wunderteams

Auf der Hohen Warte drängen sich Autos, Motorräder und Fußgänger im bunten Gewirr, die Eisverkäufer freuen sich über beste Umsätze, Agioteure versuchen ihre restlichen Karten zu verkaufen. Etwa 40.000 Zuschauer versammeln sich in der Naturarena, etwas weniger, als der ÖFB kalkuliert hat. Das Spiel ist für 17.45 Uhr angesetzt, Schiedsrichter ist Paul Ruoff aus der Schweiz. Dass die Schotten nach Streitigkeiten zwischen dem Verband und der schottischen Liga ohne Spieler von den Glasgow Rangers, von Celtic Glasgow und Motherwell – den ersten drei der *Scottish League Division One* 1930/1931 – auskommen müssen, interessiert im weiten Rund der Hohen Warte niemanden, allgemein ist man der Meinung, dass die Schotten ihre stärkste Elf zu diesem Prestigeduell nach Wien gebracht haben. Die Gäste von der Insel spielen mit John Jackson von Par-

Der „Papierene": Wunderteam-Mittelstürmer Matthias Sindelar in Aktion.

tick Thistle im Tor, vor ihm agieren Kapitän Daniel Blair (Clyde) und Joseph Nibloe (Kilmarnock) als Verteidiger, auf den Läuferpositionen kämpfen *Right Half* Colin McNab (Dundee), George Walker (St. Mirren) und Debütant James McDougall von Liverpool; die schottische Sturmreihe bilden Rechtsaußen Andrew Love von Aberdeen, Debütant James Robertson von Dundee, Mittelstürmer James Paterson von Cowdenbeath, *Left Inside Forward* Jimmy Easson, ein weiterer Neuling vom englischen Erstdivisionär Portsmouth, und Linksaußen „Dangerous Dan" Daniel Liddle vom Absteiger East Fife, auch er Debütant.

Die von Paul Ruoff mit etwas Verspätung angepfiffene Partie sieht sofort die Österreicher im Vorteil. Eine Cornerserie gleich in den ersten Minuten bleibt ohne zählbaren Erfolg, einen „formidablen" ersten Schuss von Sindelar kann Jackson noch abwehren, doch in der 27. Minute ist es so weit: Linksaußen Adi Vogl ist plötzlich auf und davon, sein Pass zur Mitte wird von Schall übernommen, der wuchtig schießt – es steht 1:0 für Österreich, ein „Jubelschrei aus vielen tausenden Kehlen" brandet durch die Arena.

Nur drei Minuten später fällt schon das 2: 0: Gschweidl spielt mit einem Täuschungsmanöver Rechtsaußen Zischek geschickt frei und der Debütant vollendet kaltblütig. Bis zur Pause drängen die Österreicher weiter auf das schottische Gehäuse, es bleibt aber beim 2:0.

Die zweite Halbzeit: In der 4. Minute schickt Sindelar Sturmpartner Schall „auf die Reise", der Goalgetter spielt auf seinen frei stehenden Admira-Kollegen Vogl ab und dieser schießt trocken ein – auch der zweite Debütant hat damit getroffen. Jetzt spielen die Schotten endlich entschlossener nach vorne, die Österreicher antworten mit dem 4:0: Fritz Gschweidl passt auf Adi Vogl und dieser flankt von der Torlinie auf Zischek, der unhaltbar ins Netz knallt. In der 34. Minute fällt dann der letzte und schönste Treffer des Spiels, „schottische Schule, vorgeführt von den Österreichern" *(Sport-Tagblatt)*: „Zuerst kommen Zischek und Gschweidl über den halben Platz vor, ohne dass ein Gegner nur die geringste Chance gehabt hätte, den Ball zu berühren, dann knapp vor dem Tor ein wohlberechneter Pass zur Mitte und Sindelar schiebt im Fluge ein" – 5:0 der unglaubliche Spielstand, die erste Niederlage von „Lehrmeister" Schottland gegen eine Mannschaft vom Kontinent ist perfekt.

In der Presse bejubelt man den „Ehrentag des österreichischen Fußballes" *(Neue Freie Presse)* und auch die ÖFB-Führung ist in unbändiger Feierstimmung. „Es war Österreichs größter Sieg in einem Länderspiel", sagt Josef Gerö, Präsident des Wiener Fußballverbands, und auch Hugo Meisl zeigt sich begeistert von den Spielern: „Ich glaube, wir hätten mit unserem Team heute jede Mannschaft der Welt geschlagen", erklärt er den Reportern.

Das Spiel gegen Schottland wird in der österreichischen Fußball-Öffentlichkeit bald als Beginn einer neuen Ära gelten, als Geburtsstunde des „Wunderteams". Willy Meisl, Hugo Meisls jüngerer Bruder und einst selbst Tormann bei den Amateuren und um ein Haar sogar Nationalspieler, stellt später fest: „Das war der Triumph, der eine der großen Mannschaften der Fußballgeschichte schuf."

17. Mai 1626

Es mueß sein!

Der kleine Ort Lembach im Mühlkreis im oberen Mühlviertel ist erst 1612 von Kaiser Matthias zum „vollkommenen Markt“ erhoben worden. Adam von Herberstorff, der Statthalter Herzog Maximilians I. von Bayern im Land ob der Enns, hat eine Besatzung von 25 Landsknechten in den Ort gelegt; ein Teil von ihnen hat es sich an diesem warmen Maisonntag im „Habach“, dem Wirtshaus des Ortes, gemütlich gemacht. Da fällt den bereits etwas angeheiterten Zechbrüdern das kräftige Pferd eines vorbeikommenden Bauern ins Auge – sie beschließen, das Ross zu „requirieren“. Es kommt zum Streit mit dem Landsmann, der jedoch unverhofft Hilfe bekommt: In Lembach sind gerade zahlreiche Wallfahrer eingetroffen, die sich nun zusammenschließen und über die Bayern herfallen: Sechs Landsknechte werden erschlagen, die anderen suchen ihr Heil in der Flucht.

Der Oberösterreichische Bauernkrieg

Ursprünglich hatten der „Oberhauptmann“ Stefan Fadinger und sein Schwager, der Wirt Christoph Zeller, beide aus St. Agatha im Hausruckviertel, erst zwei Wochen später losschlagen wollen, doch nun nützt man die Gelegenheit und erlässt sofort das Aufgebot zum Aufstand. Das Datum hat auch symbolische Kraft: Genau ein Jahr ist es her, dass man die 17 Opfer des Blutgerichts vom Haushamer Feld, die *ohn urtl und recht* exekutiert wurden, vom Strick geschnitten und auf Holzspieße gesteckt hat – eine Allee der Toten entlang der Straße von Vöcklamarkt nach Salzburg sollte zur Abschreckung der Lebenden dienen. Das grausame Vorgehen Herberstorffs hat jedoch genau das Gegenteil des Beabsichtigten bewirkt: Der Hass, der den bayerischen Besatzern nun entgegenschlägt, ist größer denn je zuvor; es beginnt der offene Kampf des oberösterreichischen „gemeinen Mannes“ – neben den Bauern beteiligen sich auch zahlreiche Markt- und Stadtbürger an der Rebellion – gegen „Bayerns Joch und Tyrannei“. Die Schar der in die „Lembacher Affäre“ verwickelten Bauern wächst rasch, sie zieht über Sarleinsbach nach Rohrbach, schließlich stößt auch Christoph Zeller zu ihr. Am 21. Mai 1626 gelingt es dem Wirt, die Streitmacht Adam von Herberstorffs, etwa 1.000 Landsknechte und 100 Reiter, bei Peuerbach in eine Falle zu locken und vernichtend zu schlagen. Der Statthalter entkommt dem Tod nur mit knapper Not und flüchtet nach Linz. *Es mueß sein!* – mit dieser Devise Fadingers gehen die Bauern in den Kampf um den Glauben und ihre Rechte.

Der Anlass zum oberösterreichischen Bauernkrieg: das „Frankenburger Würfelspiel“ am 15. Mai 1625 auf dem Haushamer Feld bei Vöcklamarkt. 36 Männer würfeln um ihr Leben, 17 werden hingerichtet.

18. Mai 1930

Wir verwerfen den westlichen demokratischen Parlamentarismus …

In Korneuburg tagt die Generalversammlung des „Heimatschutzverbandes Niederösterreich". Die Diskussion unter den Delegierten ist lebhaft, ja, hitzig, es kommt zu tumultartigen Auseinandersetzungen – das ist der Augenblick, in dem Heimwehr-„Bundesführer" Richard Steidle (1881–1940) glaubt, seinen großen Coup landen zu können: Mit einem Hornsignal bringt er die überraschten Diskutanten zum Schweigen, dann ergreift er das Wort, zieht einen Zettel aus der Tasche und liest jenes „Gelöbnis" vor, auf das er nun die Anwesenden einschwören möchte.

Der Korneuburger Eid

Steidle, Gründer und „Landesführer" der „Tiroler Heimatwehr", hasst die Sozialdemokraten ebenso wie die Nationalsozialisten, er verabscheut den Parlamentarismus und will mit seinem „Programm", das Walter Heinrich, der Generalsekretär der „Bundesführung der Heimwehr" und Schüler des „Ständestaat"-Theoretikers Othmar Spann, entworfen hat, endlich für klare Fronten sorgen – die Heimwehren sollen sich auf einen offen faschistischen Kurs festlegen. Die Schlüsselsätze:

„Wir wollen Österreich von Grund aus erneuern! Wir wollen den Volksstaat der Heimatwehren."

„Wir wollen nach der Macht im Staate greifen und zum Wohle des gesamten Volkes Staat und Wirtschaft neu ordnen."

„Wir verwerfen den westlichen demokratischen Parlamentarismus und den Parteienstaat. Wir wollen an seine Stelle die Selbstverwaltung der Stände setzen und eine starke Staatsführung, die nicht aus Parteivertretern, sondern aus den führenden Personen der großen Stände und den fähigsten und bewährtesten Männern unserer Volksbewegung gebildet wird."

„Wir kämpfen gegen die Zersetzung unseres Volkes durch den marxistischen Klassenkampf und durch die liberal-kapitalistische Wirtschaftsgestaltung."

„Jeder Kamerad fühle und bekenne sich als Träger der neuen deutschen Staatsgesinnung; er sei bereit, Gut und Blut einzusetzen, er kenne die drei Gewalten. Den Gottesglauben, seinen eigenen harten Willen, das Wort seiner Führer."

Steidles Kalkül scheint aufzugehen: Die Delegierten antworten mit stürmischem Beifall und in diesen Momenten der allgemeinen Euphorie kann sich Julius Raab, der „Landesführer" des „Heimatschutzverbandes Niederösterreich", nicht mehr drücken: Der spätere Bundeskanzler der Zweiten Republik legt vor Steidle den „Eid" ab, dann folgen die übrigen Delegierten seinem Beispiel, darunter auch christlichsoziale und großdeutsche Abgeordnete zum Nationalrat (!).

Dass die geforderte „Erneuerung" Österreichs und das Bekenntnis zur „neuen deutschen Staatsgesinnung" in seltsamer Diskrepanz zueinander stehen, scheint Richard Steidle nicht weiter zu stören, ist diese Verwirrung doch nicht nur für die rechten Recken der Zeit kennzeichnend. Die Nazis, die er 1933 als Sicherheitsdirektor Tirols verfolgen lässt, rächen sich: Nach dem „Anschluss" wird er verhaftet und ins KZ Buchenwald gebracht, wo er am 30. August 1940 bei einem von der SS provozierten „Fluchtversuch" erschossen wird.

19. Mai 1902

Eine Partei des Kampfes und des Radicalismus

Das österreichische *Landes-Comité* des „Verbandes Zion" hat zu seinem zweiten „Parteitag" in die südgalizische Stadt Bielitz *(Bielsko-Biała)* am Fuß der Kleinen Beskiden geladen. Im mit zionistischen Fahnen und Emblemen geschmückten Saal des Hotels „Schwarzer Adler" haben die 95 Delegierten, nach Landsmannschaften gruppiert, wieder ihre Plätze eingenommen, auf den Galerien drängen sich Hunderte Gäste. Es herrscht erwartungsvolle Stille, steht doch das Hauptreferat dieses zweiten Verhandlungstages, der „Glanz- und Höhepunkt", auf der Tagesordnung: Gesinnungsgenosse Egon Lederer aus Wien spricht über die „Stellung zu den nichtzionistischen Parteien".

Der II. österreichische Zionistentag

Nachdem Lederer einige „kritische Leitsätze" über die Bedeutung der Zionisten innerhalb der „Judenheit" aufgestellt hat, wendet er sich der Auseinandersetzung mit „all jenen Gruppen" zu, die für „Bestrebungen des eigenen Stammes überhaupt noch die Energie aufbringen": den jüdischen Notstandsvereinen, den „confessionell-repräsentativen und den politisch-staatsbürgerlichen Organisationen". Lederer kritisiert die Arbeit der „B'nei B'rith"-Logen und wendet sich dann dem „Jüdischen Volksverein" in Wien zu. Sein großer Vorwurf an den „Volksverein": Man mache sich hier über die „greifbarste Gegenwart" hinaus keine Gedanken über die „nothwendigste Voraussetzung für die Gesundung unseres Volkes" und das sei nun einmal die „rechtlich gesicherte Heimstätte" Palästina. Besonders verstimmt zeigt sich Lederer über die Tatsache, dass der „Jüdische Volksverein" es auch nicht der Mühe wert finde, das „zionistische Streben" zu unterstützen. Die Zionisten, so Lederers Schlussappell nach 75-minütiger Redezeit, müssten jedoch „eine Partei des Kampfes und des Radicalismus bleiben, wenn sie siegen und zum Ziele kommen wollen".

Lederers Referat wird mit stürmischem Beifall begrüßt, „fast einmütig" sprechen sich die Delegierten für die von ihm vorgegebene „Kampflosung" aus; der galizische Zionist Leon Reich regt die Drucklegung des Vortrags an. Der „Parteitag" wird mit einem „geselligen Ausflug" in den „Zigeunerwald" bei Bielitz beschlossen, am Abend trifft man sich im Restaurant Langer in der Bahnstraße noch zu einem gemütlichen „Abschiedsabend".

20. Mai 1942

Fünf Tage im Todeszug

Am Aspangbahnhof in Wien wird der „22. Transport" verladen; der Reichsbahn-Sonderzug „Da 203" steht bereit. Es ist Mittwochabend; etwa 1.000 Jüdinnen und Juden steigen in die Waggons. Eigentlich ist die „Fahrt" nach Minsk schon eine Woche früher vorgesehen gewesen, aus unbekannten Gründen ist der Sonderzug „Da 202" jedoch ausgefallen.

Am Abend des 22. Mai erreicht der „Transport" Wolkowysk Hauptbahnof; hier, an der „Schnittstelle" (Alfred Gottwaldt/Diana Schulle) zwischen der Reichsbahndirektion Königsberg und der Haupteisenbahndirektion Mitte in Minsk, werden die Deportierten aus dem Zug geholt und in Viehwaggons umgeladen, dann geht es über Baranowitza (Baranawitschy) weiter Richtung Minsk. Am Abend des 23. Mai läuft der Güterzug im Bahnhof der weißrussischen Stadt Kojdanow ein. Es ist Samstag, die Pfingstfeiertage stehen bevor, und so lässt man den Zug mit 1.000 Menschen an Bord einfach stehen – zwei Tage und zwei Nächte ohne Essen und Trinken.

Die Deportationen nach Mały Trostinec

Erst in der Nacht zum Dienstag, dem 26. Mai, rollt der „Transport" in den Güterbahnof Minsk. Als die schweren Eisentüren der Viehwaggons geöffnet werden, sind zahlreiche Menschen bereits tot, zugrunde gegangen an Hunger, Durst und Hitze. Jene, die dieses Grauen einer über fünftägigen Bahnfahrt überlebt haben, werden unmittelbar nach ihrer Ankunft im Kiefernwäldchen von Mały Trostinec (siehe 14. September) ermordet; niemand überlebt. SS-Unterscharführer Arlt vom II. Zug der Waffen-SS in Mały Trostinec vermerkt in seinem „Tätigkeitsbericht": „Am 26. Mai traf ein Transport mit Juden aus dem Reich in Minsk ein und wurde gleich zu der oben erwähnten Grube (Arlt bezieht sich auf eine neue, am 13. Mai 1942 gegrabene „Grube" – J.S.) gebracht. Dazu wurde die Waffen-SS wieder an der Grube eingesetzt."

Am nächsten Tag, dem 27. Mai 1942, es ist wieder Mittwoch, wird am Aspangbahnhof der „23. Transport" verladen; der Reichsbahn-Sonderzug trägt die Zugnummer „Da 204"; 981 Jüdinnen und Juden steigen in die Waggons. SS-Unterscharführer Arlt notiert am 16. Juni: „Am 28. und 29. Mai wurde eine weitere Grube ausgehoben. (…) Am 1. Juni traf wieder ein Transport mit Juden hier ein."

Am 2. Juni wird in Wien der „24. Transport" verladen, Sonderzug „Da 205" mit 999 Menschen an Bord …

Ausgangspunkt für die Deportationszüge: der Aspangbahnhof in Wien-Landstraße.

21. Mai 1809

Siegen oder sterben!

Es ist ein Pfingstsonntag über dem südlichen Marchfeld und den Donauauen, wie man sich ihn schöner nicht wünschen könnte: strahlende Frühsommersonne, überall blüht die Vegetation. Wenn da nicht der Marschtritt der Kolonnen wäre, das Blitzen der Waffen und Kürasse, das Schnauben der Pferde, laute Flüche und Kommandos, Trompeten und Trommeln, die zum Gang in den Tod rufen …

Napoleon ist ungeduldig, vor wenigen Tagen, am 12. Mai, hat Wien kapituliert, nun will er so rasch wie möglich das linke Donauufer gewinnen und die österreichische Hauptarmee unter Erzherzog Carl zur Schlacht stellen. Er befiehlt daher den Brückenschlag über den Strom, als Ausgangspunkt dafür wählen seine *Pontonniers* eine Stelle knapp westlich der Mündung der Schwechat, von hier hat man den kürzesten Weg, etwa 450 Meter, zum „Schneiderhaufen“, einer Sandbank vor der Lobauinsel, die in der Folge mit einer zweiten, 225 Meter langen Brückenverbindung erreicht werden soll. Von der Lobauinsel bis zum linken Ufer sind es dann noch etwa 130 Meter, die es zu überwinden gilt. Am Nachmittag des 20. Mai ist die Brücke fertig, es beginnt der Übergang der *Grande Armée* über die Hochwasser führende Donau, zusammen mit seinen Marschällen betritt Napoleon als Erster die wacklige Brücke, gefolgt von einem Teil der Garde und den Divisionen Marschall André Massénas. Das riskante Abenteuer des Korsen entwickelt sich zunächst planmäßig: Die österreichischen Vorposten am linken Ufer werden aus ihren Stellungen vertrieben, am Abend können die Franzosen die Dörfer Aspern und Eßling besetzen, erst mit der Dunkelheit kommt ihr Vormarsch zum Stehen.

Der 1. Tag der Schlacht bei Aspern

Erzherzog Carl will wie immer nichts überstürzen, er weiß, dass dieser neuerliche Waffengang mit Napoleon nach den verheerenden Schlappen des April 1809 um keinen Preis verloren gehen darf. In seinem Armeebefehl, der am Morgen des 21. Mai verlesen wird, spiegelt sich der enorme Druck, dem er selbst ausgesetzt ist: Der Ausgang der bevorstehenden Schlacht entscheide „wahrscheinlich über das Schicksal der Monarchie und über das Los jedes einzelnen. Zwischen ewiger Schande und unsterblichem Ruhm bleibt keine andere Wahl. Ich zähle auf die Tapferkeit der Armee, auf das Beispiel und den Unternehmungsgeist ihrer Anführer. Große Belohnungen oder große Strafen werden dem Resultate dieser Schlacht folgen.“

Die Entscheidung zur Schlacht fällt schließlich im Kriegsrat der Österreicher, sie lautet: Angriff auf die Franzosen in Aspern und Eßling. Kurz nach 10 Uhr ist die Befehlsausgabe zu Ende, fünf Infanteriekolonnen und eine Kavallerieeinheit, insgesamt etwa 80.000 Mann, setzen sich in Bewegung; Napoleon verfügt zu diesem Zeitpunkt nur über 26.000 Mann und 40 Geschütze, die bereits die Lobaubrücke passiert haben. Einen Spezialauftrag vergibt Erzherzog Carl an den Generalstabshauptmann Freiherr von Magdeburg, der sich freiwillig zu einem Unternehmen gegen die Brücke der Franzosen meldet: Gemeinsam mit sechs *Pontonniers*, einem Offizier und einigen Helfern vom 5. Wie-

ner Freiwilligenbataillon soll er brennende Schiffe und Flöße gegen die Brücke steuern und diese so zerstören – tatsächlich werden ihre Brander den Franzosen in der kommenden Nacht schwer zu schaffen machen.
Als die Nachricht vom Anmarsch der Österreicher eintrifft, denkt Napoleon im ersten Augenblick an Rückzug, doch seine Generäle bewegen ihn dazu, die Schlacht anzunehmen, Aspern und Eßling seien gut zu verteidigen. Napoleon gibt nach und betraut Masséna mit der Verteidigung Asperns, Marschall Jean Lannes soll Eßling halten, die wenigen Geschütze werden zwischen den beiden Marschällen aufgeteilt, den Raum zwischen Aspern und Eßling decken zwei Kavalleriedivisionen unter Marschall Jean-Baptiste Bessières. Um drei Uhr Nachmittag können die Österreicher unter Generalmajor Armand von Nordmann erstmals bis zur Kirche von Aspern vordringen, doch dann wirft sie Masséna wieder zurück, auch die zweite und dritte Attacke auf Aspern an diesem Tag scheitern und Eßling kann von Lannes erfolgreich verteidigt werden – hier erweist sich der große Schüttkasten als uneinnehmbares Bollwerk.
Erzherzog Carl nimmt nun die Dinge selbst in die Hand. Sein Befehl lautet unmissverständlich: Aspern muss um jeden Preis genommen werden! Die Brigade von Generalmajor Theodor Freiherr von Wacquant wird mit dem Angriff betraut; in drei Treffen gegliedert rücken die Männer der beiden Infanterieregimenter Vogelsang Nr. 47 und Erzherzog Rainer Nr. 11 vor, zu Pferd ihnen voran kommandiert Wacquant: „Mit ganzer Front marschieren! Hoch lebe Kaiser Franz! Siegen oder sterben!" – eine Tollkühnheit des Kommandeurs, die nur knapp nicht mit dem „Heldentod" endet. Sein Pferd wird Wacquant unter dem Leib zusammengeschossen, in letzter Sekunde können ihn seine eigenen Leute vor den losstürmenden Franzosen in Sicherheit bringen.
Ähnlich energisch treibt Erzherzog Carl das 2. Bataillon der Erzherzog-Rainer-Infanterie an, das die Friedhofsmauer vor sich hat: Mit dem Ruf „Fürs Vaterland! Mutig vorwärts!" schickt er die Soldaten ins Feuer, und sie enttäuschen ihn nicht: Der Friedhof und die Kirche werden wieder erobert; Schritt für Schritt kämpft man sich in den Ort vor. Der Wucht dieser massierten Attacken können die Franzosen nicht mehr standhalten, sie treten den Rückzug an. Ein letzter Gegenangriff der Franzosen scheitert – Napoleon muss Aspern für die Nacht den Österreichern überlassen, kann sich aber am rechten Flügel Eßling behaupten. Der ehrgeizige Korse, in die Enge getrieben wie ein verwundeter Löwe, will sich noch lange nicht geschlagen geben und sinnt auf Offensive …

Der Kampf um Friedhof und Kirche in Aspern.

22. Mai 1809

Napoleon ist erstmals besiegt

Napoleon hat seine Zuversicht nicht verloren. Noch besitzt er alle Möglichkeiten für einen entscheidenden Gegenschlag. In seinem Zelt in der Mühlau gilt daher die erste Sorge dem Heranführen frischer Truppen. Hauptmann Magdeburg ist es zwar am Abend gelungen, mit einem Salzschiff die große Brücke wieder zu unterbrechen, doch die französischen Pioniere haben trotz eines weiteren Ansteigens der Donau den Übergang rasch wieder passierbar gemacht. Bis drei Uhr früh rücken ununterbrochen die Kolonnen über den Strom: Napoleon stehen nun etwa 38.000 Mann mehr zur Verfügung als am Vortag, also doppelt so viele. Inzwischen hat er auch den Schlachtplan für den neuen Tag festgelegt: Sein Ziel ist es, mit einem massierten Angriff auf das österreichische Zentrum dieses zu durchbrechen und so die Entscheidung herbeizuführen. Zunächst müssen dafür jedoch die Flanken abgesichert, vor allem jedoch Aspern wieder erobert werden – eine Aufgabe für den alten Haudegen Masséna: Nach schweren Kämpfen ist Aspern um sieben Uhr früh wieder in französischer Hand. Gleichzeitig gelingt es Lannes, die Österreicher auf Groß-Enzersdorf zurückzudrängen – die Voraussetzungen für den großen Schlag sind damit geschaffen. Als vom rechten Donauufer auch noch die Nachricht eintrifft, dass mit dem Armeekorps Davout weitere Verstärkung angekommen sei, zögert Napoleon nicht: Lannes erhält Befehl, das österreichische Zentrums anzugreifen.

Der 2. Tag der Schlacht bei Aspern

Erzherzog Carl wartet inzwischen noch ab; er will Gewissheit haben, was Napoleon tatsächlich vorhat.

Eingehüllt in dichte weiße Nebelschwaden, formieren sich die französischen Regimenter zum Angriff; unter der Wucht der Attacke beginnen die Österreicher nach rückwärts zu weichen, noch hält aber die Front, vor allem auch, weil die österreichische Artillerie den Franzosen schwere Verluste zufügen kann. Als nach einer Stunde blutigen Ringens der Durchbruch noch immer nicht geglückt ist, schickt Lannes nun auch die letzten Kavalleriereserven ins Feuer – die Schlacht steht auf Messers Schneide: Der Anblick der heranstürmenden feindlichen Reitermassen löst bei einem Teil der österreichischen Kavallerie Panik aus; sie sucht Schutz hinter der eigenen Infanterie, aber auch diese beginnt nun zu wanken; das 1. Bataillon des Regiments Zach wendet sich bereits zur Flucht – der Durchbruch der Franzosen scheint nur mehr eine Frage der Zeit.

In diesem kritischen Moment, da seine Armee der Niederlage ins Auge sieht, ist es Erzherzog Carl, der durch seinen persönlichen Einsatz den Zusammenbruch verhindert. Er stellt sich den flüchtenden Infanteristen des Regiments Zach entgegen, sammelt sie um ihren Fahnenträger und kann sie zum Weiterkämpfen bewegen. Sein Beispiel gibt den österreichischen Reihen neuen Halt; die Kavallerie wagt einen Gegenangriff; die Schlacht kommt zum Stehen.

Marschall Lannes schickt seinen Adjutanten zu Napoleon und bittet dringend um Verstärkung. Gleichzeitig mit diesem, es ist neun Uhr morgens, trifft auch ein Ordonnanzoffizier aus der Lobau beim Kaiser ein – seine Hiobsbotschaft: Die große Brücke sei durch eine brennende Schiffsmühle so schwer getroffen, dass eine Instandsetzung zwei Tage dauern werde. Napoleon, in diesen Tagen des Öfteren Hasardeur, entscheidet sich dafür, nicht weiter zu riskieren – ohne gesicherten Nachschub an Truppen und Munition kann die Offensive nicht durchgehalten werden. Er befiehlt Lannes zunächst stehen zu bleiben, um elf Uhr ordnet er den Rückzug des französischen Zentrums an. Erzherzog Carl ist überrascht; als er etwa um zehn Uhr den Grund für den Rückzug des Feindes erfährt, lässt er sofort weiter angreifen; gleichzeitig verstärkt die österreichische Artillerie von allen Seiten ihr Feuer.

Noch will es Napoleon nicht wahrhaben, doch erstmals, nach einer langen Reihe glänzender Siege, neigt sich das Schlachtenglück einem Gegner zu. Aber gerade in diesem Augenblick höchster Bedrängnis, da es um das nackte Überleben der *Grande Armée* geht, zeigen er und seine Soldaten außergewöhnlichen Widerstandsgeist. Die Stellungen im Marchfeld sollen bis zum Einbruch der Dunkelheit gehalten werden. Kirche und Friedhof von Aspern fallen jedoch nach erbittertem Kampf in die Hände der Österreicher, Eßling kann unter Aufbietung der letzten Reserven behauptet werden – damit ist der Rückzug gesichert.

Der siegreiche Feldherr: Erzherzog Carl bei Aspern. Gemälde von Johann Peter Krafft.

Allmählich kommt die Schlacht zum Erliegen; gegen vier Uhr nachmittags stellt die Artillerie auf beiden Seiten endgültig das Feuer ein; inzwischen schleppen sich bereits lange Kolonnen von französischen Verwundeten über die Brücke in die Lobau. Der Rückmarsch dauert bis vier Uhr früh. Als letzter Soldat der *Grande Armée* geht um fünf Uhr früh Masséna über die Brücke, dann lässt er sie abreißen. Napoleon hat bereits am Abend in einem Boot den Stadtler Arm übersetzt und übernachtet in der Lobau.

Kaiser Franz und seine Begleitung haben mit Spannung das Schlachtgeschehen vom Bisamberg aus verfolgt; der Jubel über den Rückzug Napoleons ist groß. In einem Dankschreiben an seinen „lieben Herrn Bruder" spricht Franz vom „schönsten Augenblick" seines Lebens und feiert Erzherzog Carl überschwänglich als „Retter des Vaterlandes", dem es vorbehalten gewesen sei, das „fünfzehnjährige Waffenglück des stolzen Gegners zuerst zu unterbrechen".

23. Mai 1618

Die „böhmische Methode“

Die Zerstörung einer evangelischen Kirche im erzgebirgischen Städtchen Klostergrab *(Hrob)* durch die Katholiken des Orts ist der Auslöser: Die protestantischen Stände Böhmens proben den Aufstand, wollen sich nicht länger ihre im „Majestätsbrief“ vom 9. Juli 1609 zugesicherten Rechte vorenthalten lassen. Es ist gegen neun Uhr morgens, als der etwa 200 Mann starke Zug der „Rebellen“, an ihrer Spitze Heinrich Matthias Graf von Thurn, vor der Prager Burg auf dem Hradschin eintrifft. Das Unternehmen ist wohlgeplant, bereits am Vortag hat man beschlossen, dass einige Vertreter des verhassten habsburgischen Königs Ferdinand durch „Auswerfung“ aus dem Fenster sterben müssen – eine „Methode“, die in Böhmen Tradition hat. Im Sitzungssaal der Statthalter, dem Wladyslaw-Saal, stehen den Eindringlingen schließlich fünf Männer gegenüber: der königliche Statthalter Jaroslav Borsita Graf von Martinitz, der Oberstlandrichter Wilhelm Slavata, Oberstburggraf Adam von Sternberg, der Grandprior des Malteserordens Diepold von Lobkowitz und der Sekretär der Kanzlei, Philipp Fabricius. Es kommt zu einem hitzigen Wortgefecht, Martinitz und Slavata werden in einer Art Schauprozess zu „Verletzern“ des Majestätsbriefs und „Feinden des Gemeinwohls“ erklärt, die Exekution des Urteils soll sofort erfolgen. Adam von Sternberg und Diepold von Lobkowitz werden aus dem Raum gedrängt, dann stürzen sich fünf Mann, „vier vom Herrenstand und eine Ritterperson“, auf den Grafen Martinitz und ziehen den sich heftig Wehrenden in Richtung Fenster. Martinitz bittet noch um einen Beichtvater, die „Rebellen“ wollen ihm diese letzte Gnade jedoch nicht mehr zugestehen. Verzweifelt beginnt der Statthalter zu beten, da heben ihn die fünf Männer schon hoch und werfen ihn „samt Rapier und Dolch doch ohne Hut“ aus dem Fenster, hinunter in den etwa 15 Meter tiefer liegenden Burggraben – einige fromme Leute, die Augenzeugen des Vorfalls werden, berichten später, dass sie die „allerseligste Jungfrau Maria“ gesehen hätten, die den Statthalter „mit ihrem Mantel in den Lüften erhalten und auf die Erde getragen“ habe: Martinitz bleibt „trotz seines schweren Leibes“ wie durch ein Wunder unverletzt, Reisigbündel sollen seinen Aufprall gedämpft haben.

Der Prager Fenstersturz

„Mit zum Himmel erhobenen Händen, um Gott und seiner Barmherzigkeit willen“, fleht auch Wilhelm Slavata um einen Beichtvater, vergebens, auch er wird in die Tiefe gestürzt und schließlich wirft man auch noch den Sekretär aus dem Fenster. Slavata trägt eine leichte Kopfwunde davon, Fabricius bleibt unverletzt, einige Schüsse, die ihnen die „Rebellen“ aus dem Fenster nachsenden, verfehlen ihr Ziel, nur Martinitz wird von drei Kugeln gestreift – allen dreien gelingt es jedoch, sich ins nahe gelegene Haus des Oberstkanzlers Lobkowitz zu retten. Der Bruch der protestantischen Böhmen mit König Ferdinand ist endgültig: Eine provisorische Regierung von dreißig Direktoren wird eingesetzt, ein Heer unter der Führung des Grafen Matthias von Thurn aufgestellt. Mit dem Feldzug dieser Armee gegen den König in Wien beginnt der Dreißigjährige Krieg.

24. Mai 1719

Die Bauern greifen zur Selbsthilfe

Kaiser Karl VI., der im Januar 1712 aus Spanien kommend in Wien eintrifft, ist ein leidenschaftlicher Jäger. Gleich im ersten Jahr gelingt es ihm, auf einer Hetzjagd im Wienerwald einen kapitalen Eber mit einem Gewicht von 230 kg zu erlegen; der imposante Jagderfolg wird vom kaiserlichen Kammermaler Philipp Ferdinand de Hamilton dokumentiert; Karl VI. selbst lässt sich gern im eleganten Jagdkostüm porträtieren, die Jagd ist, wie Zeitgenosse Johannes Basilius Küchelbecker schreibt, *derjenige Zeit-Vertreib, womit sich Kayserliche Majestät am meisten divertiren.* Ärger machen bei diesem Vergnügen nur die Bauern, die über Flurschäden durch zu hohen Wildbestand klagen oder gar zur Selbsthilfe greifen und in den kaiserlichen Jagdgebieten zu wildern beginnen. Dann ist es Aufgabe des Oberstjägermeisters einzugreifen: Erwischt er einen Wilderer, so kann er frei über diesen verfügen; die Strafen sind drakonisch.

Jagdaufstand in Oberösterreich

Die Not der Bauern ist jedoch so groß, dass sie sich auch von den kaiserlichen Jagd- und Forstbeamten nicht immer einschüchtern lassen. Bereits 1704 sind es die Bauern im Bereich der Herrschaft Enns, die sich gegen die Willkür in den kaiserlichen Forsten zur Wehr setzen. Die Anführer werden verhaftet und zur Eisenarbeit in den Wiener Stadtgräben verurteilt. In Steyregg kommt es zu einem Tumult, als etwa 300 Bauern vor dem Schloss erscheinen und den Pfleger zwingen, verhaftete Bauernführer freizulassen. Für viele von ihnen bedeutet das ebenfalls Zwangsarbeit.

1716 bricht in Oberösterreich neuerlich ein „Jagdaufstand" aus, der rasch um sich greift und sich gegen den Überbestand in den kaiserlichen Wildgehegen richtet. Nachdem man der „Rädelsführer" in diesem „Jagdkrieg" endlich habhaft werden kann, verurteilt man sie zum Tode. Am 24. Mai 1719 soll das Urteil am Linzer Hauptplatz vollstreckt werden. Nun erlaubt man sich einen perfiden Spaß: Als die Bauern zur Hinrichtung bereitstehen und voll Todesangst auf den Scharfrichter warten, verkündet man ihnen die „Begnadigung" zur Zwangsarbeit an der türkischen Grenze oder auf den Galeeren.

Kaiser Karl VI. im Jagdkostüm. Gemälde von unbekanntem Meister, um 1725.

25. Mai 1913

In wenigen Stunden werde ich tot sein

Der Schalter für postlagernde Briefe im Postamt am Fleischmarkt in Wien am Abend des 24. Mai 1913. Ein eleganter Herr in Uniform, Ende der Vierzig, Schnurrbartträger, fragt nach Briefen, die für ihn unter dem Kennwort „Opernball-13“ eingetroffen seien. Der Schalterbeamte hat erstaunlich schnell ein Kuvert in der Hand, aufgegeben in Berlin, adressiert an einen gewissen Nikon Nizetas. Der Mann vor ihm nickt zufrieden, füllt routiniert den Abholschein aus und übernimmt den Brief, zusammen mit dem Aufgabeschein, den er ebenso wie die Kopie des Abholscheins achtlos in den nächsten Abfallkübel wirft. Er ahnt nicht, dass er damit in eine tödliche Falle getappt ist: Der Brief ist eine Fälschung der k. u. k. Spionageabwehr, des österreichischen Evidenzbüros, aufgegeben vom deutschen Nachrichtendienst in Berlin. Zum Verhängnis ist dem Empfänger geworden, dass er den „echten“ postlagernden Brief zu lange nicht abholte und dieser an das Aufgabepostamt Eydtkuhnen in Ostpreußen zurückging, wo man ihn öffnete und neben 6.000,- Kronen Bargeld auch verdächtige Adressen fand, was die Postverwaltung veranlasste, den merkwürdigen Brief an den Nachrichtendienst in Berlin weiterzuleiten. Dieser informierte sofort das Evidenzbüro in Wien. Major Maximilian Ronge, der Leiter des Evidenzbüros, hatte dann die Idee mit dem gefälschten Brief, der Originalbrief war für einen neuerlichen Einsatz nicht mehr zu gebrauchen.

Der Selbstmord Alfred Redls

Der Schalter wird bereits überwacht, zwei Beamte des Evidenzbüros, durch einen elektrischen Klingelton verständigt, heften sich an die Fersen des eleganten Herren, sehen aber nur mehr, wie er in ein Taxi steigt. Sie merken sich die Nummer des Taxis und haben Glück: Das Fahrzeug kehrt auf seinen Standplatz zurück, bereitwillig gibt der Lenker über das Ziel seiner letzten Fahrt Auskunft: Der Herr habe sich zum Hotel Klomser in der Herrengasse 19 chauffieren lassen. Auf dem Rücksitz des Wagens entdecken die Agenten das braune Futteral eines Taschenmessers; der Taxilenker meint, dass dies eben der letzte Fahrgast verloren haben muss.

Die beiden Beamten fahren mit demselben Taxi zum Hotel Klomser und sprechen hier zunächst mit dem Portier: Wer denn zuletzt im Hotel angekommen sei, wollen sie wissen. Die Antwort kommt schnell: der Herr Oberst Redl aus Prag. Für die Männer vom Evidenzbüro eine Antwort, die sie kaum glauben können, doch die Zweifel schwinden rasch: Der Taxilenker erkennt Redl wieder, als dieser die Treppe herunterkommt und ins Foyer tritt. Redl legt seinen Zimmerschlüssel auf den Tisch des Portiers, der ihn dann

mit der Frage überrascht: „Haben Herr Oberst das Futteral Ihres Taschenmessers verloren?"
„Ja", antwortet Redl und will schon fragen, wo es denn gefunden worden sei, als ihm einfällt, dass er damit den Geldbrief am Hauptpostamt aufgeschnitten hat, gleichzeitig bemerkt er einen der Beamten. Egon Erwin Kisch, der „rasende Reporter", schildert in *Der Fall des Generalstabschefs Redl* eindrucksvoll diesen Augenblick: „Oberst Redl ist ganz blaß. Er weiß: In wenigen Stunden werde ich tot sein."
Die beiden Beamten lassen den Obersten ungehindert gehen; während einer versucht, ihm zu folgen, informiert sein Kollege Geheimdienstchef August Urbanski von Ostromiecz, dieser zieht Generalstabschef Franz Conrad von Hötzendorf ins Vertrauen. „Die Offiziere der Kundschaftergruppe", so Egon Erwin Kisch, „sind in beispielloser Erregung. Ihr Vorgesetzter, ihr Lehrer, ihr Vorbild, ihr Ratgeber ist es, um den es sich handelt."
Redl, der weiß, dass er verfolgt wird, zieht einige belastende Aufgabescheine aus der Tasche, zerreißt sie und wirft sie in der Passage zur Freyung auf den Boden – der Agent sammelt sie ein und lässt sie ins Evidenzbüro bringen; schnell hat man die Bestätigung: Es handelt sich um Sendungen an dem Evidenzbüro bekannte Spionageadressen. Oberst Redl, daran besteht nun kein Zweifel mehr, ist der lang gesuchte Verräter. Doch wie gegen ihn vorgehen?
Ohne den Kaiser zu informieren, beschließen Conrad von Hötzendorf, Ronge und Urbanski eine, wie sie glauben, diskrete und „angemessene" Lösung des Falls: Nach Mitternacht, um 0.30 Uhr, klopfen Ronge, Urbanski und zwei Offiziere des Evidenzbüros an die Tür von Zimmer 1 im Hotel Klomser, es ist Redls Zimmer: „Er erhebt sich wankend, Leichenfarbe im Gesicht. ‚Ich weiß, weshalb die Herren kommen', bringt er langsam heraus. ‚Ich habe mein Leben verwirkt, und bin eben im Begriffe, Abschiedsbriefe zu schreiben.'"
Urbanski fragt ihn nach Komplizen, Redl sagt, dass er keine Komplizen gehabt hätte, er hätte die Spionage nur zwei Jahre lang betrieben, alle Unterlagen dazu würde man in seiner Prager Dienstwohnung finden. Die Geheimdienstleute geben sich damit zufrieden, die letzte Frage lautet: „Eine Schusswaffe haben Sie, Herr Redl?"
Als Redl verneint, wird ihm angeboten, sich eine Waffe aussuchen zu dürfen – der enttarnte Spion, dem seine Homosexualität zum Verhängnis geworden ist, entscheidet sich für einen Revolver. Da keiner der Herren einen Revolver bei sich trägt, fährt Urbanski in sein Büro auf dem Platz Am Hof, um seinen Browning zu holen, „zur Sicherheit" bringt er auch noch Gift mit.
Die vier Männer verlassen das Zimmer und warten Ecke Herrengasse/Bankgasse auf den Schuss – allerdings vergeblich. Als man um 5.30 Uhr Nachschau in seinem Zimmer halten lässt, wird Redl tot aufgefunden: Selbstmord durch einen Schuss in den Mund …

26. Mai 1991

Schubumkehr hat ausgelöst!

Flug NG 004 von Hongkong über Bangkok nach Wien, knapp sechs Minuten nach dem Start auf dem Flughafen Bangkok – Don Mueang um 23.02 Uhr Ortszeit. Die zweistrahlige Boeing 767-300ER „Mozart" der Lauda Air, erst seit 18 Monaten im Einsatz, ist noch im Steigflug, als Kapitän Thomas John Welch und sein Kopilot Josef Thurner das Aufleuchten der Kontrollleuchte „REV ISLN" bemerken, ein Warnsignal, das auf die bevorstehende Auslösung der Schubumkehr hindeuten könnte. Die beiden erfahrenen Piloten erörtern etwa vier Minuten lang die Situation; um sichergehen zu können, dass keine Gefahr droht, sieht Josef Thurner im Handbuch der Boeing nach, hier heißt es aber, dass auf diese Anzeige nicht reagiert werden muss. Da die Kontrollleuchte auch noch selbstständig erlischt, atmen die beiden beruhigt auf. Doch plötzlich, fünfzehn Minuten nach dem Start, flackert „REV ISLN" wieder auf.

Der Absturz der „Mozart"

Kopilot Josef Thurner reagiert mit „Scheiße!" und liest aus der Checkliste vor: „Weitere Systemfehler können Auslösung [der Schubumkehr, Anm.] verursachen."

Kapitän Welch antwortet noch: „Okay, es geht an und aus", in diesem Moment löst am linken Triebwerk der Boeing bei einer Geschwindigkeit von 0,78 Mach tatsächlich die Schubumkehr aus – die Folgen sind katastrophal: Der Schubverlust auf der linken Seite bewirkt einen Strömungsabriss, die Maschine dreht sich auf den Rücken und geht aus 24.700 Fuß Höhe, etwa 7.500 Metern, in den extremen Sturzflug über, Leitwerk und Tragflächen reißen ab, dann, in etwa 3.000 Metern Höhe, zerbricht der Flugzeugrumpf in vier Teile. Die beiden Piloten haben, wie auch Niki Lauda später bestätigt, keine Chance. Der *Voice-Recorder* hält ihre letzten Worte fest:

Kopilot Thurner: „Schubumkehr hat ausgelöst!"

Kapitän Welch: „Jesus Christus!"

Kopilot Thurner: „Wo sind wir jetzt?"

Kapitän Welch: „Verdammt!" – – –

Die zehn Besatzungsmitglieder und alle Passagiere sind sofort tot. 223 Menschen, unter ihnen die Innsbrucker Wirtschaftswissenschaftler Clemens August Andreae und Michael Lehmann sowie 87 weitere Österreicher, kommen bei dem Absturz ums Leben, es ist das schwerste Unglück in der Geschichte der österreichischen Luftfahrt. Die Ursache für das Auslösen der Schubumkehr konnte nicht eindeutig ermittelt werden, der Verdacht der Untersuchungskommission richtete sich auf ein fehlerhaftes hydraulisches Absperrventil; Boeing rüstet daraufhin die Triebwerke der Boeing 767 mit neuen Absperrventilen aus. Eine Gedenkstätte in der thailändischen Provinz Suphanburi erinnert an die Katastrophe.

Die Gedenkstätte für den Lauda-Air-Flug 004.

27. Mai 1932

Wir werden es den Nazis zeigen!

Im Gasthof „Goldener Bär" in der Schneeburggasse 31 in Hötting bei Innsbruck herrscht dichtes Gedränge; die Stimmung ist explosiv. Für 20 Uhr ist eine Versammlung der „NSDAP-Hitlerbewegung Westgau" angekündigt, Parteigenosse Theo Stadler aus Salzburg will zum Thema „Gebt Arbeit statt Almosen!" sprechen. Die Veranstaltung ist bei der Bezirkshauptmannschaft Innsbruck ordnungsgemäß angemeldet und allgemein zugänglich. Für die Sozialdemokraten Höttings stellt bereits die Wahl des Lokals eine Provokation dar, ist doch der „Goldene Bär" traditionell Schauplatz eigener Veranstaltungen – sie rufen daher die „Abeiterschaft von Hötting" zu einer Demonstration gegen den „Hakenkreuzfaschismus" auf; die Losung für die „Aktion": Man müsse es den Nazis zeigen! Etwa 100 Sozialdemokraten, darunter Mitglieder des Schutzbundes, und an die 50 Kommunisten, viele von ihnen mit Haselnussstöcken bewaffnet, „besetzen" bereits vor Beginn zwei Drittel des Saals, die Nazis sind mit etwa 120 Mann präsent. Der Gendarmerieposten Hötting ist auf Weisung der Landesregierung auf 40 Mann verstärkt worden.

Höttinger Saalschlacht

Als knapp vor 20 Uhr die SA in den Saal einmarschiert, sind die miteinander verfeindeten Parteien nicht mehr zu halten: „Biergläser, Tisch- und Sesselfüße flogen durch die Luft, Messer wurden gezückt und alsbald krachten die Fenster auseinander. Menschen wurden durch die Luft ins Freie befördert." Vom Hof und vom Gastgarten aus werden mehrere Schüsse durch die Fenster abgegeben, im Saal tobt die „Schlacht" – erst als Gendarmen mit gefälltem Bajonett in den „Goldenen Bären" eindringen, gelingt es, die Kämpfenden zu trennen. Die Nationalsozialisten dürfen im Gasthof bleiben, die „Roten" und „Marxisten" werden von den Gendarmen hinausgedrängt. Die „Verluste": insgesamt 38 zum Teil schwer verletzte Männer, der 56-jährige Fleischhauergeselle und SA-Mann Sylvester Fink stirbt an den Folgen von Messerstichen und Tritten in den Unterleib.

Der Abtransport der Verletzten durch die Sanitätswagen der Freiwilligen Rettungsgesellschaft Innsbruck gestaltet sich schwierig, denn aufgebrachte Demonstranten bewerfen sie mit Steinen und Bierflaschen, man beschuldigt die Sanitäter, heimlich Nationalsozialisten wegzubringen. Erst durch den Einsatz von Militär, das nach 22 Uhr in Hötting eintrifft, kann die Ruhe allmählich wieder hergestellt werden. Gegen 23 Uhr fordert die Chirurgische Klinik Innsbruck Polizeiassistenz an, die Verletzten würden im Spital noch „weiterkämpfen".

Während die *Volkszeitung* die Schuld an den Vorfällen den „aus Deutschland nach Tirol importierten Strolchen im braunen Hitlerhemd" gibt, wird das Begräbnis des „Märtyrers" Sylvester Fink von den Nazis groß inszeniert: Die Hitler-Jugend verteilt Partezettel mit der Aufschrift „Gestern von feiger roter Horde ermordet", aus München trifft eine 80 Mann starke Abteilung ein und auch die Tiroler Heimatwehr und die waffenstudentischen Korporationen der Universität Innsbruck sind vertreten. Bei den Gemeinderatswahlen im September 1932 werden die Nazis deutliche Stimmengewinne feiern …

28. Mai 1919

Als das Nebelhorn um Hilfe rief …

In der Kärntner Frage hält sich US-Präsident Woodrow Wilson für sehr kompetent. Am 27. Mai 1919 doziert er im Obersten Rat der Pariser Konferenz über die „ethnische Linie", die das Klagenfurter Becken in einen nördlichen und südlichen Teil spalte, der südliche, mehrheitlich von Slowenen bewohnte Teil sei jedoch wirtschaftlich untrennbar mit dem nördlichen verbunden, nur ein Plebiszit könne wohl eine sinnvolle Lösung bringen – eine Feststellung, die den jugoslawischen Delegierten in Paris wenig gefällt.

Die Offensive der SHS-Truppen in Kärnten

Während in Paris heftig diskutiert wird, will der SHS-Staat lieber vollendete Tatsachen schaffen: Am nächsten Tag, dem 28. Mai 1919, um vier Uhr morgens, treten jugoslawische Truppen im Raum Eisenkappel–Unterdrauburg zum Angriff an. Eingesetzt werden unter dem Befehl von General Krsta Smiljanić 22 Bataillone Infanterie, 4 Schwadronen Kavallerie und 20 Batterien mit 80 Geschützen, die Zahl der Gewehre: 10.200. Auf Kärntner Seite verfügt man gerade einmal über 1.790 Gewehre, dazu kommen Heimwehrverbände in der Stärke von 6.600 Mann. Angesichts der erdrückenden feindlichen Übermacht gibt Landesbefehlshaber Ludwig Hülgerth bereits am Nachmittag den Befehl zum Rückzug über die Drau und den Freibach. Um Zeit zu gewinnen, sprengt man die Brücken über die Drau; um 10 Uhr ertönt das Nebelhorn von Ferlach, sein „schauriger" Hilferuf ist im ganzen Rosental zu hören; zahlreiche Bewohner der Region verlassen ihre Häuser und Wohnungen und flüchten nach Norden. Die SHS-Soldaten lassen sich nicht aufhalten: Am 3. Juni besetzen sie Völkermarkt, am 6. Juni Klagenfurt; bereits zuvor haben sich die Kärntner Landesregierung und die Kärntner Landesversammlung über Villach nach Spittal an der Drau ins „Exil" zurückgezogen. Ein „Befehl" aus Paris, der am 31. Mai und dann wieder am 7. Juni an die Regierungen in Belgrad und Wien ergeht und zur Räumung des Klagenfurter Beckens von Truppen auffordert, wird von den Jugoslawen nicht zur Kenntnis genommen, das sei nur der Versuch, den SHS-Staat um Kärnten zu betrügen – Wilson, Lloyd George & Co. lassen sich prompt beeindrucken und lösen den Kärntner Abschnitt aus dem Vertragsentwurf, den sie der österreichischen Friedensdelegation unter Karl Renner an 2. Juni überreichen, heraus. Die Entscheidung über die Grenzen Kärntens bleibt offen …

Preis in den Trafiken 10 h **Grazer** Preis in den Trafiken 10 h

Mittags-Zeitung.

Schriftleitung und Verwaltung: Graz, Volksgartenstraße Nr. 12. – Fernsprecher Nr. 0350.

Nummer 126. Freitag, den 30. Mai 1919. 6. Jahrgang.

Von den Kämpfen in Kärnten.

Die rheinische Republik.

Privat-Depeschen der Grazer Mittags-Zeitung.

teilt. Endlich ermöglichen im Vertrage enthaltene Vorsichtsmaßregeln, wie die gegenüber Deutschland getroffenen, sich dessen zu vergewissern, daß Oesterreich seine Handelsluftfahrzeuge nicht in eine Kriegsluftflotte umwandeln wird.

Meuterei englischer Truppen.

Berlin, 29. Das „Berliner Tageblatt" meldet aus Zürich: Wie das Bureau Europa Preß erfährt, ist bei den letzten Kämpfen in Afghanistan ein Teil der britischen Truppen zu den Afghanen über-

29. Mai 1809

Der Triumph des Andreas Hofer

Verstärkt durch frische Kräfte aus dem Oberinntal, um die 1.400 Mann, die von seinem Mitstreiter Martin Teimer herangeführt werden, wagt Andreas Hofer neuerlich den Angriff auf die Besatzungstruppen. In zwei Kolonnen stoßen die Tiroler, etwa 14.000 Mann, am Morgen des 29. Mai gegen den Bergisel vor; unterstützt werden sie von 1.270 Infanteristen der österreichischen Armee, 87 Reitern und sechs Geschützen unter dem Kommando von Oberstleutnant von Ertl. Wieder wogt der Kampf bis zum Abend, wieder zeichnet sich keine Entscheidung ab, auch wenn die Männer Hofers einige Vorteile erringen. Doch nun haben die Tiroler Glück: General Deroy, der Angst um seine Rückzugslinie ins Unterinntal hat und Innsbruck nicht um jeden Preis halten will, verlässt der Mut und er befiehlt noch am Abend den Abzug. Unbemerkt von den Mannen Hofers ziehen sich seine Soldaten in der Nacht zurück, umwickeln Wagenräder und die Hufe der Pferde, um ja keinen Lärm zu machen. Erst am nächsten Morgen bemerken die braven Freiheitskämpfer, dass ihnen der Feind abhanden gekommen ist – an den Lagerfeuern wird Siegesjubel laut. Andreas Hofer ordnet zwar die Verfolgung der Division Deroy an, die Bayern sind jedoch schneller und gelangen unbehelligt über die Grenze.

Die dritte Schlacht am Bergisel

Am selben Tag verspricht Kaiser Franz im *Wolkersdorfer Handbillett* seiner „treuen Grafschaft Tyrol", dass „sie nie mehr von dem Körper des Österreichischen Kaiserstaates soll getrennt werden" und dass er keinen anderen Frieden unterzeichnen werde als den, der „dieses Land an Meine Monarchie unauflöslich knüpft". Euphorisch verspricht der Kaiser noch, dass sich sein „lieber Herr Bruder" Erzherzog Johann nach Tirol begeben werde, um hier als „Anführer und Schützer Meiner treuen Tyroler" alle Gefahren von der Grenze Tirols zu bannen – große Worte, die entsprechend großen Jubel auslösen, sich aber bald als leere Versprechungen herausstellen werden.

Für Andres Hofer sind es Tage des Triumphs: Er zieht am 30. Mai als „Befreier" in Innsbruck ein; mit zahlreichen Festlichkeiten feiert man in den folgenden Tagen den Erfolg. Zur Siegesstimmung tragen nicht zuletzt auch die erfreulichen Nachrichten vom Kriegsschauplatz im Osten bei. Am 4. Juni treffen die offiziellen Meldungen über den Sieg Erzherzog Carls über Napoleons *Grande Armée* bei Aspern ein …

Der Held Tirols: Andreas Hofer am Bergisel.

30. Mai 1984

Wir wollen diesem Lande Hoffnung geben …

Auf der alten Burg in Hainburg haben sich etwa 3.000 Naturschützer versammelt. Sie wollen einen Schwur ablegen. Burgschauspieler Frank Hoffmann spricht die Schwurtexte vor:

„Wir versprechen, dass wir nicht locker lassen werden, bis die Hainburger Auen gerettet sind." Alle: „Wir versprechen."

„Wir versprechen: In diesem Lande müssen endlich Nationalparks errichtet werden, in den Auen der Donau, March, Thaya und überall, wo es gilt, Naturschönheit zu bewahren." Alle: „Wir versprechen."

„Wir versprechen: Es geht nicht nur um Hainburg. Wir wollen in das ganze Land hinausgehen und das ganze Land aufwecken. Wir wollen eine Wende in der Umwelt- und Energiepolitik." Alle: „Wir versprechen."

„Wir versprechen: Wir werden nicht locker lassen, bis die letzten Reste von Natur- und Kulturlandschaft gesichert sind." Alle: „Wir versprechen."

„Wir versprechen: Wir wollen für die Lebensrechte der bedrohten Tiere und Pflanzen kämpfen, sie sind unsre Brüder und Schwestern, Teil der Schöpfung wie wir." Alle: „Wir versprechen."

„Wir versprechen: Unsrere Wälder dürfen nicht sterben, Luft, Wasser, Boden nicht weiter vergiftet werden – wir wollen ein Sofortprogramm, gespeist aus den Milliarden, die für immer neue Großkraftwerke vergeudet werden." Alle: „Wir versprechen."

„Wir versprechen: Wir wollen ein intelligentes Energiekonzept, das die Naturzerstörung und Energieverschwendung beendet, die nötige Energie sichert und zehntausende Arbeitsplätze bringt." Alle: „Wir versprechen."

Legendär: Hainburg-Aktivist Günter Nenning erscheint als Hirsch verkleidet zur Pressekonferenz.

„Wir versprechen: Wir wollen diesem Lande Hoffnung geben, an Stelle grauer und fader Politik wollen wir lebendige, phantasievolle direkte Demokratie. Wir wollen unsre Nasen in unsere eigenen Angelegenheiten stecken." Alle: „Wir versprechen."

Der Schwur von Hainburg

„Wir versprechen: Dieses Land gehört unsern Kindern und Kindeskindern. Wir werden nicht zulassen, dass ihnen die Zukunft verbetoniert wird." Alle: „Wir versprechen."

„Wir versprechen: Wir werden das Konrad-Lorenz-Volksbegehren so lange fortsetzen, im Verein mit anderen demokratischen Mitteln, bis das große Ziel erreicht ist: Die Zerstörung unserer Heimat muss beendet werden." Alle: „Wir versprechen."

31. Mai 1961

Authentische Gesetzesinterpretation

Im Nationalrat steht eine Sondersitzung am Programm. Auf der Tagesordnung: ein dringlicher Antrag der SPÖ an Bundeskanzler Alfons Gorbach „betreffend die Wahrung der Rechtseinheit in Österreich". Hinter der sehr abstrakt klingenden Formulierung versteckt sich ein brisantes aktuelles Problem, das zur schweren Belastung für die Große Koalition geworden ist: Otto von Habsburg, amtlich Otto Habsburg-Lothringen (1912–2011), der Sohn des letzten Kaisers, möchte in Österreich einreisen; am 31. Mai 1961 hat er dazu offiziell eine „Loyalitätserklärung" abgegeben, in der er auf alle Herrschaftsansprüche verzichtet und sich „als getreuer Staatsbürger der Republik" bekannt hat. Da im Ministerrat über den Antrag Ottos keine Einigung erzielt werden kann, ruft der Habsburger den Verfassungsgerichtshof an, der sich jedoch für unzuständig erklärt, die Entscheidung über die Einreise sei eine politische Entscheidung. Daraufhin versucht es Otto beim Verwaltungsgerichtshof, der am 24. Mai 1963 überraschend zu einem anderen Spruch kommt: Die „Loyalitätserklärung" des Habsburgers sei ausreichend, die Landesverweisung daher aufzuheben.

Die Habsburg-Krise

Demonstrationen gegen den Habsburger und sogar Streiks sind die Folge; die Sondersitzung im Nationalrat richtet sich gegen die Rechtsunsicherheit, die durch die beiden Höchstgerichte ausgelöst worden ist. Der erste Sprecher, der SPÖ-Abgeordnete Robert Uhlir (1900–1982), begründet den Antrag mit dem Hinweis auf die „ernsteste Situation, in der sich der österreichische Staat seit seinem Wiedererstehen im Jahr 1945" befinde. Das Haus Habsburg-Lothringen habe einen „wirtschaftlichen und gesellschaftlichen Trümmerhaufen" hinterlassen und sei daher zu Recht des Landes verwiesen worden. In der Bevölkerung gebe es kein Verständnis für „Rechtskniffe und Rechtsschliche", es müsse daher eine „authentische Gesetzesinterpretation" durch den Nationalrat erfolgen. Bundeskanzler Gorbach verteidigt sich in seiner Replik damit, dass die Bundesregierung die „Loyalitätserklärung" bereits am 13. und 21. Juni 1961 als „nicht ausreichend" erkannt und damit abgelehnt habe. Die konsquente Anti-Habsburg-Linie der SPÖ in der Debatte verstärkt Abgeordneter Karl Czernetz (1910–1978), der auf einen Brief Ottos an US-Präsident Truman vom 2. Juli 1945 verweist, in dem er diesem vorgeschlagen habe, die „selbsternannte provisorische Regierung" Renner nicht anzuerkennen – gegen „solche Umtriebe" müsse sich die Republik absichern.

Mit den Stimmen von SPÖ und FPÖ wird eine „Entschließung betreffend eine authentische Auslegung des Habsburgergesetzes" angenommen, die in ein neues Bundesverfassungsgesetz, veröffentlicht im Bundesgesetzblatt Nr. 172/1963, mündet: Die Habsburger bleiben des Landes verwiesen. Erst am 31. Oktober 1966 wird Otto von Habsburg erstmals in Österreich einreisen können, am 4. Mai 1972 wird ihm Bundeskanzler Bruno Kreisky die Hand schütteln.

Juni

1. Juni 1811

Die Streitsucht soll beschränkt werden

Der habsburgische Kaiserstaat befindet sich nach dem verlorenen Krieg von 1809 am Rande des Bankrotts, die Zahlung von 85 Millionen Francs Kriegsschuld an Frankreich hat die Situation weiter verschlimmert; das Elend in der Bevölkerung wächst. Doch dann hat Kaiser Franz I., dessen Wahlspruch lautet *Iustitia regnorum fundamentum*, doch noch seinen großen Auftritt: „Das in der Frage stehende Gesetzbuch hat den Titel: Allgemeines bürgerliches Gesetzbuch für die gesamten deutschen Erbländer der österreichischen Monarchie, zu führen“, verkündet er am 1. Juni 1811 und weiß zu diesem Zeitpunkt wohl selbst noch nicht die Bedeutung dieses Werks, das am 1. Januar 1812 in Kraft tritt, richtig einzuschätzen – tatsächlich bildet es bis heute die Grundlage des österreichischen Zivilrechtssystems.

Verfasser des ABGB, das sein großes Vorbild in Frankreichs *Code Napoléon* hat, ist der Wiener Universitätsprofessor und Hofrat bei der Obersten Justizstelle Franz von Zeiller (1751–1828).

Das ABGB

Für seine Arbeit zieht er die Vorläuferwerke des letzten Jahrhunderts heran: den *Codex Theresianus* aus dem Jahre 1766 ebenso wie das *Josephinische Gesetzbuch* von 1786/87, vor allem aber das vom Juristen und Rechtsphilosophen Karl Anton von Martini (1726–1800) geschaffene *Westgalizische Gesetzbuch*, das ab 1797 im kurz zuvor von der Habsburgermonarchie besetzten Westgalizien eingesetzt wird. In einem Kommentar zum 1502 Paragraphen umfassenden ABGB, den Zeiller ebenfalls 1811 veröffentlicht, verdeutlicht er seine Erwartungen an diesen „einheimischen allgemeinen Civil-Codex“: Der Bürger soll über „seine und seiner Mitbürger Rechte und Rechtspflichten belehrt, die Streitsucht beschränkt, und die Willkür für immer aus den Gerichtshöfen verbannt“ werden. Ferner soll „die Gerechtigkeit der einzelnen Vorschriften durch ihre Begründung einleuchtender“ gemacht werden und die „Anwendung derselben durch eine nähere Anleitung“ erleichtert.

Allgemeines
bürgerliches Gesetzbuch
für die
gesammten deutschen Erbländer
der
Oesterreichischen Monarchie.
I. Theil.

Wien.
Aus der k. k. Hof- und Staats-Druckerey.
1811.

Ein Meilenstein der österreichischen Rechtsgeschichte: das „Allgemeine bürgerliche Gesetzbuch“.

Das ABGB ist ein Jahrhundertwerk im wahrsten Sinne des Wortes: Erst 1914, 1915 und 1916 wird mit drei Teilnovellen eingegriffen, die nächsten Reformen erfolgen dann in den 1970er-Jahren, vor allem im Familienrecht.

2. Juni 1882

Nicht liberal, nicht klerikal, sondern national und antisemitisch

Das Linzer Programm

Lautstark, charismatisch, rücksichtslos, grob, populär: Das ist Georg Ritter von Schönerer, der „Volkstribun“ und Bismarck-Verehrer, der in Österreich für „das deutsche Volk“ kämpft. 1873 wird er als 31-Jähriger für die deutsche Fortschrittspartei in den Reichsrat gewählt, 1876 tritt er aus der Partei aus und setzt nun ganz auf eine deutschnationale und antihabsburgische Politik. Seine Parole lautet: „Volksrecht bricht Staatsrecht!“, bald sammeln sich um ihn junge, begabte Männer wie Viktor Adler, Engelbert Pernerstorfer, Heinrich Friedjung und Karl Lueger, der spätere Wiener Bürgermeister. Zusammen mit ihnen erarbeitet er ab 1880 das „Linzer Programm“, ein „deutschnationales Grundsatzpapier“ (Brigitte Hamann), das, gegliedert in elf Abschnitte mit insgesamt 33 Punkten, einen engen Anschluss der deutschsprachigen Länder der Monarchie an das Deutsche Reich fordert, gleichzeitig soll die Zahl der „Polen und Juden“ durch Ausgliederung Galiziens und der Bukowina gesenkt werden, Ungarn nur mehr durch eine Personalunion mit Cisleithanien verbunden sein. Vorgeschlagen wird aber auch eine Reihe von sozialpolitischen Maßnahmen wie die Beschränkung der Frauen- und Kinderarbeit oder die Einführung einer Alters- und Unfallversicherung und es wird das allgemeine und gleiche Wahlrecht verlangt – allerdings unter dem Schutz einer sicheren deutschen Mehrheit.

Im Mai 1882 mobilisiert Schönerer erstmals in großem Stil gegen die Juden, Anlass ist eine Flüchtlingswelle russischer Juden, die vor Pogromen im Zarenreich flüchten; der Reichsrat lehnt jedoch seine Forderung nach einer Beschränkung der Zuwanderung ab. Schönerer, der auch mit einer Unterschriftenliste scheitert, geht nun daran, die von ihm geführte „Bewegung“ zu institutionalisieren: Am 2. Juni 1882 gründet er den „Deutschnationalen Verein“, am 1. September 1882 wird das „Linzer Programm“ als „Parteiprogramm“ der Deutschnationalen präsentiert. Antiklerikale, vor allem aber antisemitische Parolen treten in den Vordergrund – am 18. Februar kann man erstmals auf einem Plakat lesen: „Juden ist der Zutritt verboten!“

1885 wird man dem „Linzer Programm“ noch einen zwölften Abschnitt hinzufügen: „Zur Durchführung der angestrebten Reformen ist die Beseitigung des jüdischen Einflusses auf allen Gebieten des öffentlichen Lebens unerlässlich.“

Bismarck wacht über sie: Georg von Schönerer und seine Anhänger. Zeitgenössische Karikatur.

3. Juni 1934

Österreich hat sich tot gestürmt

Selbst Bundeskanzler Engelbert Dollfuß fiebert mit: Nach Siegen gegen Frankreich und Ungarn steht das Team um Sindelar & Co. im Halbfinale der Weltmeisterschaft 1934 und trifft auf Gastgeber Italien.

Anpfiff ist um 16.30 Uhr; es ist für die Jahreszeit relativ kühl; der Rasen des San-Siro-Stadions ist mit Sägemehl bestreut worden, ein Platzregen am Nachmittag hat zahlreiche Pfützen hinterlassen. Geleitet wird das Match vom schwedischen Schiedsrichter Ivan Eklind, der tags zuvor von Mussolini persönlich auf dieses Match „eingestimmt" worden ist.

Das WM-Halbfinale gegen Italien 1934

Kapitän der Österreicher ist Rapidlegende Josef Smistik, die Italiener werden von Tormann Gianpiero Combi aufs Feld geführt. In den ersten Spielminuten passiert wenig, dann zeigt Sindelar ein schönes Solo, kann aber im letzten Moment gestoppt werden. Es folgt die verhängnisvolle 18. Minute: Raimundo Orsi, der klar im Abseits steht, erhält den Ball und schießt, Schiedsrichter Eklinds Pfeife bleibt stumm – Platzer kann abwehren und wirft sich nach dem wegrollenden Ball, in diesem Moment wird er aber bereits von drei italienischen Stürmern bedrängt. Giuseppe Meazza springt dem österreichischen Tormann in den Rücken, auch Guaita und Ferrari nehmen Platzer in „die Mangel", der dadurch den Ball nicht mehr erreichen kann; Guaita gelingt es, das Leder via Innenstange über die Torlinie zu bugsieren. Während Platzer noch benommen am Boden liegt, entscheidet Eklind ungerührt auf Tor – 1:0 für Italien. Erst gegen Ende der ersten Halbzeit kommen die Österreicher besser ins Spiel und legen nun ein „prächtiges Finish" *(Sport-Tagblatt)* hin – in der 40. Minute trifft Pepi Bican den Pfosten. Auch nach der Pause pfeift Referee Eklind konsequent für die Italiener: Als sich Sindelar mit einem herrlichen Dribbling in den Strafraum tankt und durch ein klares Foulspiel von den Beinen geholt wird, gibt der Schwede zum Erstaunen aller Beobachter keinen Elfmeter. Chance auf Chance wird vergeben – es bleibt beim 1:0 für die Italiener, die sich immer wieder mit brutalen Fouls bemerkbar machen, vor allem Sindelar wird von Monti, dem „rücksichtslosesten Spieler der Weltmeisterschaft", nach allen Regeln der Kunst „bearbeitet".

Der Jubel im Stadion nach dem Schlusspfiff ist ungeheuer, der Beifall für das „schöne Spiel" gilt auch den Österreichern. Der Beobachter des deutschen Fachblatts *Fußball* resümiert: „Österreich hat sich tot gestürmt – Italien müde gerackert in Abwehr."

Drei Italiener befördern Tormann Platzer und den Ball ins Tor: das 1:0 für die Gastgeber.

4. Juni 1916

So schlimm wird's schon nicht werden …

Beim Armeeoberkommando in Teschen *(Cieszyn)* herrscht Feierstimmung: Erzherzog Friedrich, nominell der Oberbefehlshaber der k. u. k. Armeen, begeht heute seinen 60. Geburtstag, sogar ein Fackelzug ist für den Abend geplant, da will man sich nicht durch alarmierende Meldungen von der Front allzu sehr beunruhigen lassen. Ja, man weiß schon seit dem März, dass die Russen etwas planen: Die Flugaufklärung hat von Truppenkonzentrationen berichtet und von der Massierung feindlicher Artillerie; die Beobachter in der vordersten Linie haben bemerkt, dass neue, vorgeschobene Gräben angelegt worden sind. Doch Generalstabschef Conrad von Hötzendorf widmet sich lieber der seit dem 15. Mai laufenden Offensive in Südtirol, der „Strafexpedition" gegen die Italiener, für die er sogar einige Divisionen und schwere Geschütze von der russischen Front abgezogen und nach Südtirol verlegt hat; die Ersatztruppen in der Etappe sind meist noch unerfahren im Kampf. Erst Ende Mai hat man sich dann doch Sorgen gemacht und den Ausbau der Stellungen befohlen – leider viel zu spät.

Conrad ist daher über die Nachricht von feindlichem Trommelfeuer entlang der gesamten Front der k. u. k. 4. Armee in Wolhynien nicht wirklich überrascht, doch im Laufe des Tages erkennt er, dass dieser Gegenschlag der Russen alles bisher Dagewesene in den Schatten stellt. Dazu kommt, dass mit General Alexei Brussilow ein Mann die russischen Operationen leitet, der auf neue taktische Mittel setzt, etwa den massierten Infanterieangriff an möglichst vielen Stellen der Front zugleich, der es den Österreichern unmöglich macht, den Einsatz der Reserven richtig zu koordinieren.

Russische Infanterie ist angetreten.
Foto von George H. Mewes.

Die Brussilow-Offensive

Die Katastrophe ist so rasch perfekt: Nach zwei Tagen, am 6. Juni bricht die Front der k. u. k. 4. Armee zusammen, die „Einbuchtung" beträgt bereits 75 Kilometer in der Tiefe und 20 Kilometer in der Breite; am 7. Juni wird Erzherzog Joseph Ferdinand seines Kommandos über die 4. Armee enthoben, sein Nachfolger wird Generaloberst Carl Ritter von Tersztyánszky von Nádas, auch er kann aber die Auflösung der Front nicht verhindern. – Nach sieben Tagen ist die 4. Armee von etwa 150.000 auf 27.000 Mann zusammengeschmolzen.

Bis zum 20. September 1916 werden die Verluste Österreich-Ungarns 616.000 Mann betragen, darunter 327.000 Mann Gefangene und Vermisste, das verbündete Deutsche Reich beklagt 148.000 Mann an Verlusten; den „Sieg" Alexei Brussilows bezahlt die Armee des Zaren mit Verlusten von etwa 1 Million Mann.

5. Juni 1939

Komm, Csigany – arbeit mir was vor!

Das NS-Regime geht erstmals gezielt gegen die „Zigeuner“ im Burgenland vor, nachdem man schon zuvor mit Nachdruck an der Stigmatisierung dieser Bevölkerungsgruppe gearbeitet hat. Bereits 1938 hat der NS-„Rassehygieniker“ Robert Ritter, Leiter der „rassehygienischen und bevölkerungsbiologischen Forschungsstelle“ in Berlin, in seiner Pseudo-Studie *Der nichtseßhafte Mensch. Ein Beitrag zur Neugestaltung der Raum- und Menschenordnung im Großdeutschen Reich* festgestellt: „Auch die rund 8.500 seßhaften Zigeuner des Burgenlandes entstammen einem derartigen Gemisch, das aus der Verbindung von Zigeunern mit den niedersten Elementen der verschiedensten Völker und Rassen des südwestlichen Asiens und des südöstlichen Europas entstanden ist. Die weit überwiegende Mehrzahl dieser sogenannten ‚Zigeuner‘ stellt nichts anderes als ein zigeunerisches Mischlingslumpenproletariat dar, das mit den echten Zigeunern kaum etwas gemein hat.“ Tobias Portschy, bis Mai 1938 Landeshauptmann des Burgenlandes und NSDAP-Mitglied seit 1931, hat in seiner Denkschrift *Die Zigeunerfrage* auch gleich praktische Vorschläge zur Hand: Zwangssterilisation und Zwangsarbeit für diese „Sendlinge des Orients“, ansonsten sei die „Reinheit des deutschen Blutes“ durch diese rasch wachsende Gruppe ernsthaft bedroht.

„Vorbeugende Maßnahme zur Bekämpfung der Zigeunerplage im Burgenland“

Zu harter Arbeit kann man also die „Zigeuner“ sehr wohl gebrauchen und so sollen nun auf Befehl von „Reichsführer SS“ Heinrich Himmler bis zu 2.000 „arbeitsscheue und in besonderem Maße asoziale Zigeuner und Zigeunermischlinge“ über 16 Jahren nach Dachau gebracht und hier in „polizeiliche Vorbeugungshaft“ genommen werden; 1.000 weibliche „Zigeuner“ vom 15. bis zum 50. Lebensjahr, ausgenommen stillende Mütter und Schwangere, will man ins Konzentrationslager Ravensbrück überstellen. Die „Aktion“ soll spätestens am 30. Juni abgeschlossen sein – die geplanten Zahlen werden aber nicht erreicht: 553 burgenländische „Zigeuner“ werden verhaftet und nach Dachau gebracht; am 29. Juni 1939 trifft ein Transport aus Wien mit 440 „Zigeunerinnen“ aus dem Burgenland sowie aus Wien und Niederösterreich in Ravensbrück ein. Die Wiener Ausgabe des *Völkischen Beobachters* begrüßt dieses Vorgehen und titelt ihren Bericht am 28. Juni zynisch mit „Komm, Csigany – arbeit mir was vor“.

Es ist der Beginn eines langen Leidensweges: Bei einem ersten Transport von „Zigeunerinnen“ von Ravensbrück nach Auschwitz im Oktober 1942 sind auch Frauen aus dem Burgenland dabei. Die in der Heimat Verbliebenen werden weiter schikaniert: Der Festsetzungserlass Reinhard Heydrichs vom 17. Oktober 1939 – inzwischen hat der Krieg begonnen – sieht vor, dass die „Zigeuner“ ihren augenblicklichen Aufenthaltsort nicht mehr verlassen dürfen, zwischen 25. und 27. Oktober findet eine groß angelegte Erfassung und Zählung statt, eine „Generallösung“ der „Zigeunerfrage“ kündigt sich an …

6. Juni 1778

Der Doppeladler weht über den Nikobaren …

Die kleine, etwa 188 km² große Nikobareninsel Camorta ist Schauplatz einer denkwürdigen Zeremonie: Mit Kreuzen unterzeichnen die „Häuptlinge“ der Inseln Katchal, Camorta, Trinket und Nancowry einen Zessionsvertrag mit Kapitän Bennet von der unter kaiserlicher Flagge segelnden Fregatte *Joseph und Theresia*. In diesem Vertrag verpflichten sie sich, die Interessen der österreichischen Herrscherin Maria Theresia in jeglicher Weise zu unterstützen und zu verteidigen. Dass die Nikobaren formell seit 1756 von Dänemark besetzt sind, stört die Ankömmlinge aus dem fernen Habsburgerreich wenig: Die dänische Flagge wird kurzerhand eingeholt, die kaiserliche gehisst. Dann geht man daran, für die „Besatzungstruppe“, stolze fünf Mann stark, und den „Residenten“, einen gewissen Gottfried Stahl, ein Haus mit einem kleinen Garten zu errichten. Eine Schanze wird angelegt, die man mit acht Geschützen vom Schiff bestückt. Drei anwesende dänische Herrnhuter Missionare sprechen ihre Glückwünsche aus: „Ganz besonders haben wir uns herzlich darüber gefreut, dass Ew. Excellenz gewillt sind, hier auf den Nikobaren ein Etablissement im Namen des Römischen Kaisers Joseph des Zweiten und der Kaiserin Maria Theresia anzulegen.“ Die „Kolonisten“ werden mit Lebensmitteln, Saatgut, Werkzeugen und einigen schwarzen Sklaven versehen, dann überlässt man sie ihrem Schicksal – die „Joseph und Theresia“, die vom englischen Kolonialunternehmer William Bolts (1740–1808) in London für diese Fahrt erworben und ausgerüstet worden ist, lichtet wieder den Anker. Kapitän Bennet segelt zurück an die indische Ostküste, wo er wieder mit seinem Auftraggeber Bolts zusammentrifft, der inzwischen an der Malabarküste einige Handelsfaktoreien gegründet und ein zweites Schiff, die „Graf Kollowrath“, erworben hat. Im Sommer 1779 führt Bolts die Expedition über die dänische Handelsniederlassung Tranquebar, deren Gouverneur gegen die Besetzung der vier Nikobareninseln protestiert, nach Kalkutta *(Kolkata)* – ein unglücklicher Schritt, denn nun wird man auch von britischer Seite auf die Aktivitäten des umtriebigen Unternehmers aufmerksam und geht gegen ihn vor, für kurze Zeit wird er sogar in Haft genommen. Im Jänner 1780 können jedoch die beiden kaiserlichen Schiffe den Hafen von Kalkutta verlassen, ein Jahr später erreicht man Cadiz, die große Fahrt des William Bolts ist damit vorbei.

Das Kolonialexperiment des William Bolt

Neue Expeditionspläne, die Bolts vorlegt, scheitern an der Finanzierung, Joseph II., nach dem Tod seiner Mutter nunmehr Alleinherrscher, hat wenig Lust, weiter Geld in exotische Abenteuer zu investieren, und noch weniger auf diplomatische Verwicklungen mit den Kolonialmächten. So bleibt die dringende Bitte des Residenten Gottfried Stahl, der noch 1778 einen Herrnhuter Missionar nach Wien schickt, um ärztliche Hilfe und neue Kolonisten ungehört – das Habsburgerreich „vergisst“ einfach seine Kolonie. Gottfried Stahl bleibt auf sich allein gestellt und stirbt 1783, die fünf Kolonisten verlassen 1785 an Bord des dänischen Schiffs *Dansborg* die Nikobaren.

7. Juni 1920

Maschinengewehre gegen unbewaffnete Demonstranten

Der Kirschenrummel

Es ist Montag, in Graz hat eine neue Marktwoche begonnen. Die Stimmung ist angespannt – das Jahr 1920 ist zwar ein reiches Obstjahr, dennoch sind die Preise auf den Märkten der steirischen Hauptstadt hoch, die Erbitterung in der Bevölkerung über den „Obstwucher" wächst von Tag zu Tag, bereits am Samstag zuvor ist es zu Demonstrationen gekommen. Die Händler am Bauernmarkt auf dem Kaiser-Josef-Platz stecken jedoch nicht zurück – sie bieten an diesem Montagmorgen das Kilogramm Kirschen mit 15 bis 16 Kronen an, ein Preis, den die einkaufenden Hausfrauen nicht mehr länger hinnehmen wollen:

Es kommt zu heftigen Auseinandersetzungen, schließlich werden die Marktstände „gestürmt" und zerstört, eine Weisung des Marktamts, die Kirschen um 2 bis 4 Kronen zu verkaufen, kommt zu spät, inzwischen ist die aufgebrachte Menge zum Jakominiplatz und zu anderen Marktplätzen weitergezogen, auch hier werden die Stände umgeworfen und Waren geplündert.

Als sich am Nachmittag der randalierenden Schar „allerlei fragwürdige Elemente" anschließen – immer öfter hört man antisemitische Parolen – reagiert die Exekutive mit Straßensperren, Maschinengewehre werden in Stellung gebracht. Eine Demonstration vor dem Parteihaus der Sozialdemokraten in der Hans-Resel-Gasse kann noch durch Wasserwerfer zerstreut werden, am Abend eskaliert jedoch die Lage: Am Murplatz, wo die Gendarmerie eine Straßensperre gegen die Murbrücke (heute Erzherzog-Johann-Brücke) hin errichtet hat, lässt der diensthabende Polizei-Inspektor das Feuer auf die Demonstranten eröffnen, 16 Tote und zahlreiche Verletzte sind die Folge.

Die angeblich „drohende Haltung" der Menge und „höhnische Zurufe" , so wird die *Arbeiter-Zeitung* in ihrem Kommentar zu den Vorfällen kritisch anmerken, seien aber „selbst für eine christlichsoziale Landesregierung noch kein ausreichender Anlaß" gewesen, um auf unbewaffnete Menschen das Feuer eröffnen zu lassen. Rittmeister Liechern, Kommandant der Gendarmerie in der Steiermark, dessen „reaktionäre Gesinnung wohlbekannt" sei, habe deshalb „schwere Blutschuld" auf sich geladen, ein „Verbrechen" begangen, das Sühne verlange. Ihre eigene Sicht der Dinge hat die *Deutsche Zeitung*, das Organ der faschistischen „Nationaldemokratischen Partei": Sie schiebt das Blutbad dem „schändlichen Treiben der landfremden jüdischen Händler" und der „Wiener Judenregierung" in die Schuhe.

Chaos in Graz: zerstörte Marktstände am Jakominiplatz; der Tramway-Verkehr ist eingestellt.

8. Juni 1942

Ihr geht jetzt baden!

Die Mordmaschine „Aktion Reinhardt“, organisiert vom Kärntner SS- und Polizeiführer Odilo Globocnik, kennt keine Pause und keine Gnade. Im „Durchgangsghetto“ Izbica, 57 km südöstlich von Lublin, wird wieder ein „Transport“ in das nahe Vernichtunglager Bełżec zuammengestellt, dieses Mal mit vielen österreichischen Jüdinnen und Juden.

Am Bahnhof von Bełżec werden sie von SS-Hauptscharführer Fritz Irrmann empfangen, der sie noch einmal über ihr wahres Schicksal zu täuschen versucht: „Ihr geht jetzt baden, nachher werdet ihr zur Arbeit geschickt.“ Die Männer werden sofort zu einem Gebäude mit der Aufschrift „Bade- und Inhalationsräume“ gebracht und müssen sich in einer Auskleidebaracke nackt ausziehen, dann treibt man sie durch einen 70 Meter langen, von Stacheldraht begrenzten Korridor, den sogenannten „Schlauch“, zu den Gaskammern – inzwischen schneidet man den Frauen in einer eigenen Baracke die Haare ab: Acht jüdische Friseure sind hier am Werk; es ist der furchtbare Augenblick, in dem die Frauen erkennen, dass ihnen der Tod bevorsteht – es kommt zu erschütternden Szenen.

Nach dem Abscheren der Haare werden sie zusammen mit den Kindern von einem Dutzend SS-Männern zum „Vernichtungsgebäude“ gebracht. Auch sie müssen sich nackt ausziehen und den „Schlauch“ zu den Gaskammern durchlaufen; Hilferufe, Schreie und Wehklagen der eingeschlossenen Opfer sind noch zehn bis fünfzehn Minuten lang zu hören. Die Maschine, die das tödliche Gas produziert, wird von einem jüdischen Taxifahrer aus Krakau namens Moniek bedient und läuft etwa zwanzig Minuten; SS-Hauptscharführer Lorenz Hackenholt wacht als Mechaniker über das Funktionieren des Geräts.

Tod in der Gaskammer von Bełżec

Wie Rudolf Reder, einer der drei bekannten Überlebenden von Bełżec, berichtet, werden die aufrecht stehenden Toten von einem jüdischen „Sonderkommando“ aus der Gaskammer geholt, jüdische Zahnärzte brechen ihnen die Goldzähne aus; die abgelegten Kleider werden nach Geld und Wertsachen durchsucht.

Es sind insgesamt vier „Transporte“, die von Izbica nach Bełżec geführt werden. Es gibt keine Überlebenden. Anfang Januar 1943 kann SS-Hauptsturmführer Hermann Höfle aus Salzburg, einer der wichtigsten Mitarbeiter Globocniks, der SS-Zentrale in Berlin melden, dass von März 1942 bis Dezember 1942 in Bełżec 434.508 Menschen getötet worden sind.

Erde deckt die Stätte des ehemaligen Vernichtungslagers in Bełżec.

9. Juni 1653

Der Casperl ist so einfältig nit

Zunächst nimmt die fantasievollen Geschichten des schwächlichen, etwa 20-jährigen Bauernknechts aus Matzelsdorf niemand ernst, als er jedoch herumzuerzählen beginnt, dass er beim Wettermachen auf der Millstätter Alpe dabei gewesen sei, lässt ihn das Landgericht Gmünd im April 1653 verhaften und in die „Keichn", den Kerker der Stadt, bringen. Schon beim *gütlichen Examen* und dann auch unter der Folter erzählt Kaspar Haintz alles, was man von ihm hören will: vom *Güss machen und Schauer führen*, vom *Reif-Streuen* und dem *Schneiben*, von den Zusammenkünften mit fünf Teufeln mit Krallen an den Händen und anderen „Zauberern". Wortreich denunziert er Menschen aus seiner Lebenswelt: die Sennerin Dorothe, die in *Zauberei gar erfahren wär*, und die beiden Witwen Stina und Barbara aus Lammersdorf, die bei den Treffen mit den *Teixeln* am „lustigsten" getanzt hätten. Der blühende Unsinn des 20-Jährigen, der offensichtlich psychisch krank ist, lässt bald auch die Gerichtsbeamten am Wahrheitsgehalt der Erzählungen zweifeln – selbst Drohungen können den Burschen jedoch nicht davon abbringen, weiter daraufloszufabulieren und sich immer tiefer im Gespinst seiner Erfindungen zu verstricken. Für das Herbeizaubern eines Regengusses benötige man etwa, so versucht er den Folterknechten glaubhaft zu machen, *alte Schuhfleck, Frischlingwolln, Birkenlaub und alte Schuechriem …*

Der Wettermacher von Matzelsdorf

Allgegenwärtiger Aberglauben: der „Wilde-Mann-Stein" in der Nähe von Matzelsdorf.

Kaspar Haintz redet sich um Kopf und Kragen. Während der Millstätter Hofrichter Stiegg die offensichtliche „Einfältigkeit" Kaspars in der Urteilsfindung berücksichtigen will, sieht Dr. Johannes Kletterhammer, der Richter der Herrschaft Gmünd, keinen Grund, an der Schuldfähigkeit des 20-Jährigen zu zweifeln. „Der Casperl", so meint er, „ist so einfältig nit, als wie man ihn dafür haltet. Hat die Aussag so ordentlich getan, als der Witzigste und Gescheiteste thuen kann." Damit ist das Erfolgshonorar Kletterhammers gesichert und Haintz kann *seiner verübten Zauberei* wegen und *in Vorsorge seiner armen Seel* zum Tode verurteilt werden; noch am Abend desselben Tages wird der kranke Fantast zur Richtstatt geführt und geköpft, der Leichnam verbrannt; die Prozess- und Haftkosten belaufen sich auf 190 Gulden und 7 Kreuzer.

10. Juni 1918

Die erste Feindfahrt ist die letzte

Gebaut auf der Danubius-Werft in Fiume, gilt die „SMS Szent István" als das modernste Schiff der k. u. k. Kriegsmarine. Erst knapp vor dem Krieg, am 17. Januar 1914, läuft es vom Stapel, der Einbau der Maschinen und Waffen erfolgt im Kriegshafen Pola, erst am 17. November 1915 kann das Großkampfschiff der „Tegetthoff"-Klasse in den Dienst gestellt werden. Die Geschütztürme kommen von Skoda in Pilsen, die Panzerplatten von den Witkowitzer Eisenwerken im mährischen Witkowitz *(Vitkowice)*. Die Flottenführung weiß jedoch mit der schwimmenden Festung wenig anzufangen – man lässt die „Szent István" im Hafen von Pola liegen, begnügt sich mit einigen Ausfahrten zum Probeschießen, am 15. Dezember 1916 besucht Kaiser Karl das Schiff, ein Jahr später kommt der deutsche Kaiser Wilhelm II. an Bord.

Der Untergang der „Szent István"

Im Februar 1918 wird Korvettenkapitän Nikolaus *(Miklós)* Horthy zum Flottenkommandanten ernannt, der ehrgeizige Ungar plant für den Sommer 1918 eine große Unternehmung: Er will die 1916 von den Alliierten errichtete Otranto-Sperre durchbrechen. Die Aktion wird als Heldenepos inszeniert: Er lädt ein Team des k. u. k. Kriegspressequartiers auf sein Flaggschiff, die „SMS Tegetthoff", ein und den Starreporter dieser Zeit, den Prager Egon Erwin Kisch; ein Filmteam steht für spektakuläre Aufnahmen bereit. Am 8. Juni 1918 verlassen die „Viribus Unitis" und die „Prinz Eugen" den Hafen von Pola, am Abend des nächsten Tages folgen die „Tegetthoff" und die „Szent István", die von Linienschiffskapitän Heinrich Seitz kommandiert wird. Da man die Hafenbarrikade zu spät passiert hat, lässt Seitz Höchstgeschwindigkeit fahren – die starke Rauchentwicklung bewirkt, dass zwei italienische Motortorpedoboote auf die „Szent István" aufmerksam werden. Sie können im Schutz der Dunkelheit den Geleitschutz durchbrechen und aus etwa 600 m Entfernung ihre Torpedos abfeuern – um 3.30 Uhr wird die „Szent István" von zwei Geschossen schwer getroffen. Horthy versucht das Schiff noch ins Schlepptau zu nehmen, doch die Schlagseite ist bereits zu stark; um 6.05 Uhr kentert sie, um 6.12 Uhr verschwindet sie unter der Wasseroberfläche; das Team auf der „Tegetthoff" filmt die dramatischen Momente. 89 Männer der Besatzung kommen ums Leben, das Unternehmen gegen die Otranto-Sperre wird abgebrochen.

Die „SMS Szent István" wenige Minuten vor dem Untergang.

11. Juni 1995

Das hält ewiger als ewig

Es ist das große Jahr Thomas Musters. Er kommt als auf Sand Ungeschlagener nach Paris; betreut von Freund und Coach Ronnie Leitgeb, schaltet er in den ersten Runden souverän den Franzosen Gerard Solves, dessen Landsmann Cédric Pioline, den Spanier Carlos Costa und Andrei Medvedev aus der Ukraine aus; im Viertelfinale besiegt er den Spanier Alberto Costa und im Halbfinale den Russen Jewgeni Kafelnikow. Gegner im Finale ist US-Boy Michael Chang, 1989 der jüngste French-Open-Sieger aller Zeiten. Am Finaltag zeigen sich dunkle Wolken über dem voll besetzten Tennis-Stadion. Um 15.20 Uhr erfolgt der erste Aufschlag. Michael Chang beginnt wie „eine Maschine, die auf 10.000 Touren rennt", er serviert variantenreich, hetzt Muster mit präzisen, druckvollen Bällen über den Platz und liegt bald 5:2 in Führung. Der Steirer ändert die Taktik, rückt näher zur Grundlinie auf und spielt die Bälle nun mit einer höheren Flugbahn möglichst lang – Chang lässt sich prompt irritieren, will weiter angreifen, kommt aber mit den hohen Bällen nicht zurecht und macht in diesem ersten Satz keinen Punkt mehr – Muster gewinnt den Durchgang noch mit 7:5. Chang verkraftet den Verlust des ersten Satzes nicht; der zweite Satz geht mit 6:2 klar an den Österreicher. Auch im dritten Satz behält Muster die Initiative, er bringt sein Service zum 5:4 durch und Chang schlägt damit bereits gegen den Matchverlust auf. Die Spannung im weiten Rund des Stadions wächst. Chang wirkt nervös, wieder funktioniert sein Aufschlagspiel nicht wie gewünscht, bei 15:40 hat Muster erstmals zwei Matchbälle. Er verschlägt den ersten; es folgt der zweite, die Matchuhr zeigt 17.22 Uhr: Chang serviert etwas zu brav, Muster hat mit dem Return keine Probleme. Es folgt ein kurzer Ballwechsel, Chang will seine Rückhand einsetzen, trifft jedoch den Ball schlecht und dieser landet im Out – der erste Sieg eines Österreichers bei einem Grand-Slam-Turnier ist perfekt.

Thomas Muster gewinnt die French Open

Der erste rot-weiß-rote Grand-Slam-Sieg: Thomas Muster mit dem „Coupe des Mousquetaires".

Das Podest wird aufgebaut, dann hält Muster den *Coupe des Mousquetaires* endlich in seinen Händen, unter dem Schriftzug „Roland Garros" wird man auch seinen Namen eingravieren: Thomas Muster 1995. Der 27-jährige Österreicher weiß, dass alles, was folgt, nur mehr Draufgabe sein kann, denn: „Das hält ewiger als ewig."

12. Juni 1994

Ein Geburtstagsgeschenk für Alois Mock

Als das Ergebnis der ersten „Testgemeinde" eintrifft, sitzt Außenminister Alois Mock zusammen mit Journalisten gerade im „Salettl" unweit seiner Wohnung im 19. Wiener Gemeindebezirk. Zwei Tage zuvor hat er seinen 60. Geburtstag mit einer Veranstaltung in der Wiener Hofburg gefeiert, das „einzige Geschenk", das er sich zu diesem Geburtstag wünscht, wie es sein Freund Erhard Busek formuliert hat, soll nun nachfolgen: das Ja der Österreicher zum EU-Beitritt.

Das EU-Referendum

Die Vorzeichen dafür, dass dieser Wunsch Alois Mocks in Erfüllung geht, stehen günstig: In einem „nationalen Schulterschluss" haben sich neben den beiden Regierungspartein SPÖ und ÖVP auch die Sozialpartner und zahlreiche gesellschaftliche Gruppierungen für einen Beitritt ausgesprochen, ja, sogar die österreichischen Bischöfe haben eine klare Empfehlung zum Ja abgegeben. Das starke Argument gegen einen Nicht-Beitritt – Österreich dürfe kein „Land zweiter Klasse" werden – zeigt Wirkung. Das „Testergebnis" aus Großhofen, der kleinsten Gemeinde Niederösterreichs im Bezirk Gänserndorf, bestätigt die optimistischen Prognosen der EU-Befürworter: 31 Ja-Stimmen, 20 Nein-Stimmen.

Am Abend geht Alois Mock mit seiner Frau, „umjubelt von begeisterten Anhängern", durch die Innenstadt zum Stephansdom, um hier bei einem Tedeum für den „guten Ausgang" (Eichtinger/Wohnout) zu danken; das Geburtstagsgeschenk ist ein klarer Erfolg geworden: 66,58 % der Österreicherinnen und Österreicher stimmen für den Beitritt zur Europäischen Union; die Wahlbeteiligung beträgt knapp 82 % – eine unerwartet hohe Zustimmung, das beste Ergebnis aller Kandidatenländer.

Freude über das Ergebnis: Wiens Bürgermeister Helmut Zilk inmitten feiernder EU-Befürworter.

13. Juni 1938

Asoziale dürfen sich nicht der Arbeit entziehen

Nach dem „Erfolg" der ersten Verhaftungswelle vom 21. bis zum 30. April 1938 läuft im Rahmen der Aktion „Arbeitsscheu Reich" (ASR) eine zweite Verhaftungswelle an. Als „arbeitsscheu" gelten ursprünglich Männer im arbeitsfähigen Alter, die zweimal einen ihnen angebotenen Arbeitsplatz abgelehnt oder nach kurzer Zeit aufgegeben haben.

Im Visier der Gestapo sind nun nichtsesshafte „Asoziale": Bettler, Landstreicher, Alkoholiker, Zigeuner, wandernde Handwerker, aber auch Zuhälter und „böswillige Unterhaltsverweigerer". Die Definition von „asozial" in einer „Durchführungsrichtlinie" der Reichskriminalpolizei vom April 1938: Eine Person ist „asozial", wenn sie „durch gemeinschaftswidriges, wenn auch nicht verbrecherisches Verhalten zeigt, daß sie sich nicht in die Gemeinschaft einfügen will", und „durch geringfügige, aber sich immer wiederholende Gesetzesübertretungen sich der in einem nationalsozialistischen Staat selbstverständlichen Ordnung nicht fügen" will. Auf persönlichen Wunsch des „Führers" ist diese „Zielgruppe" am 1. Juni 1938 noch ausgeweitet worden: Nun sollen auch Juden verhaftet werden, die als vorbestraft gelten und zu mindestens einem Monat Haft verurteilt worden sind.

Geplant wird „Arbeitsscheu Reich" von der Dienststelle „Vierjahresplan" im persönlichen Stab Heinrich Himmlers, die Durchführung obliegt der Gestapo und der Kriminalpolizei. In einem Schnellbrief an die „Kriminalpolizei-Leitstellen" sorgt Sicherheitspolizei-Chef Reinhard Heydrich für die entsprechende Motivation: Es sei nicht zu dulden, dass „asoziale Menschen sich der Arbeit entziehen und somit den Vierjahresplan sabotieren".

Die Juni-Aktion

Für die „Leitstellenbezirke" der Kriminalpolizei gibt es eine genaue Vorgabe: mindestens 200 „männliche arbeitsfähige Asoziale" pro Leitstellenbezirk sollen bis 16. Juni festgenommen werden – tatsächlich werden von 13. bis 18. Juni mehr als dreimal so viele Menschen – an die 10.000, darunter 2.300 jüdische Männer – verhaftet und in die Konzentrationslager Buchenwald, Dachau und Sachsenhausen verschleppt; oft reichen schon läppische bzw. weit zurückliegende Vergehen wie Verkehrsdelikte, um verhaftet zu werden. Bis August 1938 kommen allein in Buchenwald, bedingt durch die katastrophale Verpflegung – pro ASR-Häftling sind Tagesrationen von 300 g Brot und 750 ml Wassersuppe vorgesehen –, 150 Juden zu Tode. Von Teilen der Bevölkerung wird das Vorgehen der Nazis durchaus unterstützt, wieder einmal werden jüdische Geschäfte beschmiert.

14. Juni 1800

Napoleon bleibt das Schlachtenglück treu

Unter der Rubrik „Kriegsbegebenheiten" erfahren die Leser der *Wiener Zeitung* vom 28. Juni 1800 erstmals von den Kämpfen am 14. Juni um das Dorf Marengo südlich von Alessandria. Das Blatt referiert die Nachrichten des *Deutschmeisterischen* Majors Lang, der am 25. Juni in der Residenz eingetroffen ist, in gewohnt „vorsichtiger" Weise: „Den ganzen Tag wechselte unter der Fortsetzung der wüthendsten Anfälle das Waffenglück, und nur die Annäherung der Nacht machte dieser bey beyden Armeen ausgefallen blutigen Schlacht ein Ende, von welcher der General der Kavallerie v. Melas den gesammten Generalen, Stabs- und Oberoffiziers (...) das rühmlichste Zeugniß giebt." Noch ist keine Rede von einer Niederlage, auch wenn die hohen Verlustzahlen – „9096 Köpfe, 1493 Pferde, worunter die Bleßirten auf 5274 Köpfe, 683 Pferde sich belaufen" – genau angeführt werden. Kein Wort ist zu lesen über den feindlichen Feldherrn, den „Ersten Konsul" Napoleon Bonaparte, und kein Wort über die tatsächliche Tragik dieses Tages: dass sich der 71-jährige k. k. Oberbefehlshaber Michael Freiherr von Melas (1729–1806), im Siebenjährigen Krieg einst Adjutant von Feldmarschall Daun, nach der Eroberung von Marengo schon als Sieger fühlte und nach Alessandria zurückzog, während am Nachmittag auf dem Schlachtfeld französische Verstärkungen unter General Desaix eintrafen und das Blatt wendeten; dass die südlich des Flusses Bormida stehenden österreichischen Truppen abgeschnitten wurden und sich in wilder Flucht zu retten versuchten und beinahe die gesamte Artillerie verloren ging. Und was die Konsequenzen dieses blutigen Tages betrifft, so bleiben die Leser auf einen letzten Satz angewiesen: Von einer „Verabredung" zwischen Melas und dem Feind ist da die Rede, „nach welcher, bevor Feindseligkeiten wieder anfangen können, eine 10-tägige Aufkündung vorausgehen soll, und nach eben dieser Verabredung wird die ganze K. K. Armee am Po und Mincio aufgestellet" – für jene, die zwischen den Zeilen zu lesen vermögen, wird es wohl sichtbar: Der Krieg in Italien ist für die Habsburgermonarchie verloren.

Die Schlacht bei Marengo

Napoleon, der nur durch das entschlossene Eingreifen Desaixs, der in der Schlacht fällt, vor einer Niederlage bewahrt worden ist, speist am späten Abend noch ausgezeichnet: Sein Küchenchef Dunant serviert ihm die Kreation des Tages: *Poulet Marengo*, „Huhn Marengo".

Heldenlegende: Napoleon in der Schlacht von Marengo. Gemälde von unbekanntem Meister.

15. Juni 1246

Das Ende der babenbergischen Herrschaft

Herzog Friedrich II., genannt „der Streitbare", begeht seinen 35. Geburtstag. Zum Feiern bleibt allerdings keine Zeit, denn es gilt sich zur Schlacht zu rüsten. Wohl in der Nähe des heutigen Ebenfurth, in unmittelbarer Nähe der Leitha, steht man dem zahlenmäßig deutlich überlegenen Heer Bélas IV. von Ungarn gegenüber. Der Ungarnkönig wird unterstützt von seinem Schwiegersohn Rastislaw von Halics, der ihm russische Hilfstruppen zugeführt hat, und von kumanischen Reitern; das Kriegsziel Bélas: Er will sich rächen für die schmähliche Behandlung, die ihm während des „Mongolensturms" 1241 durch den Babenberger zuteil geworden ist – seine Notlage ausnützend, hat ihm Friedrich damals skrupellos die Verpfändung der Grenzgrafschaften Ödenburg *(Sopron)*, Wieselburg *(Moson)* und Lutzmannsburg *(Locsmand)* abgepresst; zu einer nennenswerten militärischen Hilfe gegen die Mongolen durch babenbergische Truppen kam es allerdings nicht.

Die Schlacht an der Leitha

Die Schlacht verläuft günstig für den Babenberger, wieder einmal bewährt sich seine von den Zeitgenossen gerühmte persönliche Tapferkeit; lobend erwähnen die Quellen auch den Kampfesmut seines Bannerträgers Heinrich von Liechtenstein. Der Feind erleidet große Verluste und beginnt sich zu Flucht zu wenden, da wird, so berichtet der steirische Minnesänger Ulrich von Liechtenstein in seinem *Frauendienst*, der Herzog unbemerkt im Rücken von einer Schar russischer Kämpfer angegriffen und getötet; andere Quellen sprechen davon, dass sich der Herzog in der Hitze des Gefechts zu weit vorgewagt hätte und sein Pferd von einem Pfeil tödlich getroffen worden sei, daraufhin habe man ihn umzingelt und erschlagen. Und es gibt auch Stimmen, die behaupten, dass Verrat ihm Spiel gewesen sei – Friedrich soll durch die Hand eigener Leute gefallen sein …

Der Legende nach wird der nackte Leichnam Friedrichs vom herzoglichen Schreiber gefunden, der Tote soll den Griff seines Schwertes noch immer fest umklammert haben. Am 24. Juni wird Friedrich, der kein Testament hinterlassen und auch keinerlei andere Verfügungen über sein Herzogtum getroffen hat, im Kapitelsaal des Klosters Heiligenkreuz bestattet; mit seinem Tod endet die Herrschaft der Babenberger, die 270 Jahre lang Österreich regiert haben – der Kaiser betrachtet die babenbergischen Länder nunmehr als „heimgefallene" Reichslehen.

Friedrich II. fällt im Kampf gegen die Ungarn. Detail vom Babenberger-Stammbaum.

16. Juni 1848

Kanonen gegen die Revolution

Seit Pfingstmontag, dem 12. Juni 1848, werden auch in Prag, der Goldenen Stadt, Barrikaden gebaut. Militärkommandant Fürst Alfred zu Windischgrätz (auch: Windisch-Graetz) hat auf Demonstranten – Arbeiter, Studenten, Nationalgardisten – schießen lassen; eine verirrte Kugel hat dabei seine Gattin Eleonore, eine geborene Prinzessin zu Schwarzenberg, getötet. Die Stadt befindet sich in Aufruhr, Gubernialpräsident Graf Leo Thun wird von den „Insurgenten“ im Clementinum festgenommen, die Forderung nach einer Loslösung der böhmischen und mährischen Länder von der Habsburgermonarchie wird immer lauter, eine „Hofkommission“, die aus Wien eintrifft, richtet wenig aus.

Windischgrätz zeigt jedoch von Beginn an Härte. Er lässt den Altstädter Ring und andere wichtige Plätze mit Truppen besetzen und auf der Kleinseite und am Hradschin Kanonen auffahren; strikt lehnt er es ab, Waffen an die Studenten auszufolgen. Am 16. Juni verhängt er den Belagerungszustand über Prag und kündigt der Deputation der Stadtverordneten an, dass sie sich bis zum 17. Juni mittags „unterwerfen“ müsste, ansonsten würde man mit Waffengewalt vorgehen. Als einer seiner Soldaten von den Aufständischen tödlich getroffen wird, gibt er Befehl, die Mühlen nächst der Kleinseite mit Haubitzgranaten zu beschießen; in der Nacht auf den 17. Juni lässt er die Beschießung auf die Alt- und Neustadt ausdehnen; wie ein Biograf rühmend vermerkt, verzichtet der

Revolution in Prag 1848:
Kämpfe beim Altstädter Brückenturm.

Commandirende allerdings darauf, den Granaten Brandsätze beizugeben. Die Kanonade tut ihre Wirkung: Am Morgen des 17. Juni „unterwirft“ sich die Stadt; die Barrikaden werden wieder abgetragen, die Waffen müssen abgeliefert werden, eine Untersuchungskommission wird eingesetzt, alle revolutionären Zirkel und Clubs werden geschlossen, die Nationalgarde aufgelöst: „Es gelang, die Ruhe wieder allerwärts herzustellen und den Gesetzen Achtung zu verschaffen.“

Der Prager Pfingstaufstand

Etwas anders sieht Beobachter Friedrich Engels die Ereignisse dieser Tage in Prag: In der *Neuen Rheinischen Zeitung* meint er: „Die österreichische Soldateska hat die Möglichkeit eines friedlichen Zusammenbleibens von Böhmen und Deutschland im tschechischen Blute erstickt.“

17. Juni 1932

Ein unheimliches Exemplar, das einem schaudern macht

Das „Schauspiel sondergleichen" *(Neue Freie Presse)* ist die Sensation des Tages: Vor dem Schöffensenat im Wiener Landesgericht beginnt unter dem Vorsitz von Oberlandesgerichtsrat Zeidler der Prozess gegen den Eisenbahnattentäter Sylvester Matuschka, eine „der interessantesten Verbrechergestalten der letzten Jahre" *(Die Neue Zeitung)*. Der 1892 in Csantavér bei Maria-Theresiopel (heute: Subotica) in der Vojvodina geborene Kaufmann, der 1918 als k. u. k. Oberleutnant abgerüstet hat und für seine Tapferkeit mehrfach ausgezeichnet worden ist, hat sich für zwei Eisenbahnanschläge, am 31. Dezember 1930 und am 30. Januar 1931, bei Maria Anzbach zu verantworten, die allerdings nur geringen Sachschaden verursacht haben, nicht jedoch für die Tat, die ihn „berühmt" gemacht hat: Am 13. September 1931 sprengt Matuschka bei der Ortschaft Biatorbágy westlich von Budapest eine Eisenbahnbrücke in die Luft; der Nachtschnellzug Budapest–Wien rast in den Abgrund, 24 Menschen kommen ums Leben.

Der Fall Sylvester Matuschka

Sensationsprozess: der Eisenbahn-Attentäter Sylvester Matuschka vor Gericht.

Matuschka, der seit 7. Oktober 1931 in Haft ist, die Anschläge – darunter auch das Attentat auf den Schnellzug Basel–Berlin bei Jüterbog am 8. August 1931 mit vier Schwerverletzten – gestanden hat und in einem psychiatrischen Gutachten als „sittlich schwer entarteter Verbrecher" bezeichnet wird, der eine Geisteskrankheit nur simuliere, sorgt im Gerichtssaal für turbulente Szenen, die Beobachter sind fasziniert und angewidert zugleich. Der Reporter der *Neuen Freien Presse* schwärmt geradezu vom „tollen" Auftritt Matuschkas: „Man muß sich ihn vor allem körperlich vorstellen, diesen von Haus aus wuchtigen, schweren Menschen, mit einer Stimme, die bald wie eine metallische Trompete dröhnt, dann wieder wie mit verhallenden Flötentönen fistelt. Ein stämmiger, unerhört vitaler Mann, aus dem es vor Kräften wie Flammen herausschlägt, und der dabei das Bild einer beklemmenden Verstörung bietet. (…) Ein unheimliches Exemplar, das einem schaudern macht."

Sylvester Matuschka wird von den Geschworenen für schuldig befunden und zu sechs Jahren schweren Kerkers verurteilt. Nach vier Jahren Strafverbüßung liefert Österreich Matuschka an Ungarn unter der Bedingung aus, dass er nicht hingerichtet werden dürfe. Das Todesurteil des ungarischen Gerichts wird deshalb in eine lebenslängliche Haftstrafe umgewandelt; die Spur des legendären Eisenbahnmörders, dem angeblich die Flucht aus dem Gefängnis in Vác gelingt, verliert sich in den Kriegswirren 1944/45 …

18. Juni 1757

Der Geburtstag der Monarchie

Seit Ende August 1756 liegt die Habsburgermonarchie mit Preußen im Krieg und bis jetzt hat man am Hof in Wien vergeblich auf eine Siegesmeldung gewartet. Der Gegner, König Friedrich II., scheint unbezwingbar. Am 6. Mai hat Prinz Karl von Lothringen die Schlacht von Prag verloren und wird nun in der böhmischen Hauptstadt belagert; Maria Theresias letzte Hoffnung ist die Entsatzarmee unter Feldmarschall Leopold Graf Daun, der von ihr ausdrücklich Befehl erhält, dem Feind entgegenzumarschieren und eine Schlacht zu wagen.

Die Schlacht bei Kolin

Westlich von Kolin bezieht Daun, der zusammen mit sächsischen Hilfstruppen etwa über 54.000 Mann verfügt, eine vorteilhafte Höhenstellung und erwartet hier den Angriff der Preußen. Und er hat Glück: Obwohl mit etwa 35.000 Mann zahlenmäßig deutlich unterlegen und über die Stellungen der Österreicher nicht ausreichend unterrichtet, wagt Friedrich II. tatsächlich den Waffengang. Um die Mittagszeit greifen die preußische Avantgarde und vier Infanterieregimenter „unter Trommelschlag und Musik" an, die Österreicher weichen zurück, ein preußischer Sieg zeichnet sich ab. Da bringt um 16 Uhr eine Attacke der sächsischen Chevauxlegers und des Dragonerregiments de Ligne in die linke Flanke der Preußen die Wende: Die bereits erschöpfte, unter hohen Verlusten leidende preußische Infanterie wird durchstoßen und nun auch auf der rechten Flanke von österreichischer Kavallerie angegriffen. Unter schweren Verlusten muss sich Friedrich II. zurückziehen; sein Reitergeneral Hans Joachim von Zieten verhindert, dass der linke Flügel der Preußen gänzlich vernichtet wird. Die Preußen haben an die 14.000 Tote und Verwundete zu beklagen, die Verluste auf österreichischer Seite betragen 8.114 Mann.

Der Preußenkönig, der bereits vom Vormarsch auf Wien geträumt hat, verlässt deprimiert das Schlachtfeld; die Belagerung von Prag muss aufgehoben werden. Der Nimbus der Unbezwingbarkeit Friedrichs in offener Feldschlacht ist dahin; die Botschaft von der *kompletten Viktori* Dauns löst in Wien einen wahren Begeisterungstaumel aus; im Stephansdom wird das *Te Deum* angestimmt und Maria Theresia stiftet zum Andenken an die Schlacht das Großkreuz des Militär-Maria-Theresia-Ordens – der 18. Juni wird zum Stiftungstag erklärt; Daun und sein Kavalleriegeneral Franz Leopold von Nádasdy werden die ersten Träger des Ordens. Am Jahrestag der Schlacht wird Maria Theresia einen Brief an Daun schreiben, den sie mit „Den 18. Juni, Geburtstag der Monarchie" datiert. Noch einmal drückt die Herrscherin darin dem Feldherren ihre Dankbarkeit aus: „Die Monarchie ist Ihm ihre Erhaltung schuldig und ich meine Existence und meine liebe und schöne Armee …"

19. Juni 1933

Der Pflicht für Volk und Vaterland getreu ...

Es ist Montag, kurz nach 17 Uhr und noch immer drückend heiß. In Doppelreihen marschieren 56 christlich-deutsche „Wehrturner" von einer Waffenübung in Egelsee zurück Richtung Krems. Mit etwas Abstand traben hinter ihnen zwei Reiter: Major Zotti, der Chef der Turner, und Major Otto Hotzy (1887–1953), der Kommandant des zum Infanterieregiment Nr. 6 gehörenden Kremser Pionierbataillons; hinter den beiden Offizieren folgt die Jungmännerkompanie der Kremser Pioniere. In bester Stimmung, immer wieder werden Lieder angestimmt, erreicht der Zug den Hohlweg im Alauntal, zum Stadttor in Stein sind es noch etwa 45 Minuten. Die Turner, die als Hilfspolizisten bei diversen Veranstaltungen des Regimes zum Einsatz kommen sollen, passieren eine S-Kurve und befinden sich nun an der engsten Stelle des Weges. Auf der einen Seite fällt die Straßenböschung steil zu einem Bach ab, auf der anderen Seite steigt das mit Bäumen und Buschwerk bewachsene Gelände steil an – und genau aus diesem Gebüsch werden den jungen Männern – sie sind zwischen 19 und 33 Jahren alt – plötzlich drei Handgranaten vor die Füße geworfen. Zwei der Granaten sind mit Draht aneinandergekoppelt, um die Sprengwirkung zu erhöhen, die dritte kann von einem der Turner geistesgegenwärtig noch erfasst und weggeschleudert werden, die beiden anderen explodieren jedoch inmitten der Gruppe. Die Sprengwirkung ist enorm: 30 Verletzte wälzen sich stöhnend in ihrem Blut, einigen haben die Splitter die Bauchdecke aufgerissen, einem Turner ist der Fuß zerschmettert worden; unter den Verletzten ist auch der Portier der Tabakfabrik Motzko, der zufällig an dieser Engstelle Blumen gepflückt hat.

Nazi-Terror im Alauntal

Nach einer ersten Schrecksekunde handeln die beiden Majore, die sich im Augenblick der Detonationen sofort von ihren Pferden geworfen haben: Sie befehlen den Unverletzten die Verfolgung der Täter aufzunehmen, von einem nahe gelegenen Gasthaus aus werden die Sanitätsautos der Kremser Freiwilligen Feuerwehr alarmiert; ein Militärarzt und ein Regierungskommissär der Bezirkshauptmannschaft treffen ein und kümmern sich um die rasche Versorgung der Verletzten, die mit Notverbänden in das Kremser Spital eingeliefert werden. Zwei Schwerverletzte erhalten noch am Abend die Sterbesakramente gespendet.

Die Suche nach den Tätern im Gelände – Blutspuren weisen darauf hin, dass einer von ihnen ebenfalls verletzt worden sein muss – bleibt zunächst erfolglos, doch aufgrund der genauen Personenbeschreibungen kann noch in der Nacht der 21-jährige Kremser Handelsangestellte Herbert Mosel, SA-Scharführer des „Pioniersturms" 7/49, verhaftet werden. Mosel ist durch Granatsplitter an Gesicht und Händen verletzt, er weiß, dass Leugnen zwecklos wäre, und gesteht. Die genauen Informationen über den Marsch der Turner durchs Alauntal will er von seinem Bruder Heinrich erhalten haben, der Wehrmann im Infanterieregiment Nr. 6 ist, die Handgranaten soll der Bruder im Gneixendorfer Pulvermagazin besorgt haben. Mosels Mittäter Adolf Weichselbaum, einem ehemaligen Zögling der

„Besserungsanstalt“ Eggenburg, gelingt es allerdings unterzutauchen, auch die Hintermänner des heimtückischen Anschlags ziehen es vor, ins „Reich“ ihres „Führers“ zu flüchten.

Für das Regime ist der Handgranatenüberfall letzter Anstoß zum Handeln: Noch am Abend tritt der Ministerrat zusammen, es wird das Verbot der NSDAP und all ihrer Organisationen beschlossen; Justiz- und Unterrichtsminister Kurt Schuschnigg hält dazu eine Rede im Radio, die Regierung, so beteuert er, werde im Kampf gegen den NS-Terror „ihre Pflicht erfüllen“. Das „schwerste Mordverbrechen seit dem Bestehen der Republik“, titelt am nächsten Tag die regimetreue *Reichspost*, die *Neue Freie Presse* spricht von einem „besonders grauenhaften Akt der Gewalttätigkeit“. Aufgrund der „derzeit zwischen Deutschland und Österreich bestehenden Spannung, die leider auch auf das sportliche Gebiet übergegriffen hat“, sagt der ÖFB das für 25. Juni 1933 geplante Länderspiel gegen Deutschland ab.

Die Sprengstoffanschläge der nunmehr illegalen Nazis gehen jedoch weiter; am 8. Juli wird daher die Todesstrafe wieder eingeführt, sie kann nun bereits bei bloßem Sprengstoffbesitz verhängt werden. Zwei Tage vorher, am 6. Juli, stirbt im Krankenhaus von Krems der 32-jährige Ybbsitzer Franz Blamoser an den schweren Lungenverletzungen, die er bei dem Überfall erlitten hat. Im Alauntal wird ein Gedenkstein errichtet: „Der Pflicht für Volk und Vaterland getreu, bluteten hier am 19. Juni 1933 dreißig christlich-deutsche Turner als Opfer eines Bombenanschlags. An den Wunden starb Franz Blamoser aus Ybbsitz.“ Nach dem „Anschluss“ 1938 wird der Gedenkstein von den Nazis entfernt: Bis heute findet sich im Alauntal kein Zeichen der Erinnerung …

Der Ort des Überfalls: Hohlweg im Alauntal bei Krems.

20. Juni 1636

Enthauptet mit vier Jahren

Es ist eine der dunkelsten und schrecklichsten Stunden in der Geschichte der österreichischen Gerichtsbarkeit; der Schauplatz für das düstere Spektakel ist der Hauptplatz in Linz. Martin Aichinger vulgo Laimbauer, der Mann, der von sich behauptet, von Gott persönlich den Auftrag erhalten zu haben, den Protestantismus im Land ob der Enns wiederaufzurichten, tritt vor den Henker, gemeinsam mit sechs Getreuen, die das Blutbad auf dem Frankenberg *(siehe 12. Mai)* überlebt haben, und seinem vierjährigen Sohn – auch er verurteilt zum Tod durch das Schwert und Vierteilung.

Die Hinrichtung des Laimbauern

Unter den Zuschauern auf dem Linzer Hauptplatz ist auch eine kleine Reisegesellschaft aus England, angeführt von *Ambassadour Extraordinary* Thomas Howard, dem 14. Earl of Arundel (1585–1646). In seiner Begleitung der böhmische Kupferstecher Wenzel Hollar und William Crowne, der Sekretär Lord Howards, der später in seinem Bericht über die Reise die Exekution des Laimbauern schildern wird. Nach der Audienz bei Kaiserin Eleonora Gonzaga geht es zur „Exekutionsbühne" vor dem Gasthaus neben der alten Post. Aichinger, der sich inzwischen „auf das Zureden der Jesuiten hin" wieder zur katholischen Religion bekehrt hat und sich damit das Vierteilen bei lebendigem Leib erspart, ist der Erste zur Hinrichtung. William Crowne berichtet: „Nachdem er auf das Schafott gebracht worden und sein Gesicht verhüllt war, hielten ihn zwei Männer am Block fest, und dann kam der Henker mit einem Paar rotglühenden Zangen, zwickte ihn an beiden Brüsten, heftete dann seine rechte Hand an den Richtblock und schlug sie ab. Darauf riss er sein Schwert von seiner Seite und schlug ihm den Kopf ab. Einer der Henkersknechte hob den Kopf sogleich auf und schrie in dessen Ohren: ‚Jesus! Jesus!'" Der Jesuit, der den Laimbauern auf die Bühne begleitet hat, bittet daraufhin die Zuschauer zum gemeinsamen Gebet für den Toten, dann geht es weiter mit dem Enthaupten und Vierteilen – bis hin zum kleinen Sohn des Laimbauern.

Gezwickt, enthauptet und gevierteilt: die Hinrichtung des Martin Aichinger. Zeichnung von Wenzel Hollar.

21. Juni 1978

I wer' narrisch!

Fußball-Weltmeisterschaft 1978 in Argentinien. Im Übergang von der Pampa zum Gran Chaco liegt *Córdoba de la Nueva Andalucía*, die zweitgrößte Stadt des Landes. Hier treffen die Nationalmannschaften von Deutschland und Österreich aufeinander, 24 Jahre nach dem blamablen 1:6-Debakel der Mannen um Hanappi und Happel gegen die Elf Sepp Herbergers bei der WM 1954.
In den Gruppenspielen haben die Österreicher Spanien durch Tore von Schachner und Krankl mit 2:1 und Schweden durch ein Elfmetertor von Krankl mit 1:0 besiegt, dann gegen Brasilien mit 0:1 verloren; in der Finalrunde gibt es bei der unnötig hohen 1:5-Niederlage gegen „Wödmasta" Happels Holländer und beim 0:1 gegen Italien nichts zu holen – der Abschied von der WM ist damit fix. Da jedoch Deutschland gegen die Niederlande nur ein 2:2-Unentschieden erreicht, gewinnt das letzte Spiel der Finalrunde doch noch an Brisanz – Österreich hat als Zünglein an der Waage die Chance, mit einem Sieg das deutsche Team mit nach Hause zu nehmen.
Die Aufstellungen der beiden Teams bergen kaum Überraschungen. DFB-Teamchef Helmut Schön setzt auf bewährte Kräfte: Im Tor spielt wie immer Sepp Maier, die Abwehrreihe bilden Manfred Kaltz, Kapitän Berti Vogts, Rolf Rüssmann und Bernhard Dietz, im Mittelfeld sollen Rainer Bonhof, Erich Beer und Bernd Hölzenbein das Spiel entwickeln; Tore erhofft man von den Angreifern Rüdiger Abramczik, Dieter Müller und Karl-Heinz Rummenigge. Bei Österreich beginnen: Koncilia im Tor; Obermayer, Sara, Pezzey und Strasser in der Verteidigung; Hickersberger, Prohaska, Kreuz und Krieger im Mittelfeld; den Zweimannsturm bilden die konterstarken Spitzen Krankl und Schachner.
47.000 Zuschauer verfolgen im Estadio Olímpico von Córdoba das Spiel, es ist das 428. einer ÖFB-Auswahl; Schiedsrichter ist Abraham Klein aus Israel, an den Linien assistieren Alojz Jarguz aus Polen und Antonio José da Silva Garrido aus Portugal. Die Österreicher spielen in weißen Hosen und roten Hemden, die Deutschen in den traditionellen schwarzen Hosen und weißen Hemden. Vom Anstoß weg entwickelt sich ein Spiel, in dem beide Seiten anfangs nicht allzu viel riskieren wollen, man spürt die Nervosität, zunächst scheint der noch regierende Weltmeister aber auf der Siegerstraße: In der 19. Minute erzielt Rummenigge nach einem schönen Angriffszug das 1:0 für Deutschland. Österreich hält ordentlich dagegen, Chancen gibt es jedoch kaum, Rüssmann, der kantige Blonde, hat Krankl sicher im Griff.

Österreich besiegt Deutschland in Córdoba

Zur Pause ersetzt Helmut Schön „Ete" Beer durch den den jungen Stuttgarter Hansi Müller, von dem man sich ein druckvolleres Spiel nach vorne erhofft. Inzwischen haben sich aber die „Rot-Weißen" gut auf ihren Gegner eingestellt, spielen sicher aus der Abwehr heraus und versuchen die sich bietenden Räume zu nützen. Eine Viertelstunde ist gespielt, als es tatsächlich mit dem Ausgleich klappt: FC-Brügge-Mann Edi Krieger bringt einen Stanglpass zur Mitte und hier steht

Sepp Maier streckt sich vergeblich – Hans Krankl erzielt das 2:1 für Österreich.

Berti Vogts, hart bedrängt von Schachner und Kreuz, und fälscht den Ball unglücklich ins eigene Tor ab – es steht 1:1. Die Akzente setzen nun Pezzey & Co: Nur sieben Minuten später ist wieder Krieger am Ball, sieht Krankl am Sechzehner und flankt präzise: Der Ball geht über Rüssmann hinweg, Krankl stoppt sich die Kugel kurz, schießt, bevor sie wieder den Boden berührt, mit dem linken Fuß und trifft genau ins lange Eck zum 2:1 für Österreich – ein Traumtor; Sepp Maier ist ohne Chance.

Nur zwei Minuten später: ein Missverständnis zwischen Prohaska und Koncilia, der glaubt, dass „Schneckerl" den Ball wegköpfeln würde. Prohaska vertraut jedoch auf die Fangkünste seines Tormanns und so ist der kleine Bernd Hölzenbein unbehindert Nutznießer der Situation: Per Kopf versenkt der Flügelspieler der Frankfurter Eintracht das Leder zum 2:2-Ausgleich. Koncilia schimpft „wie ein Rohrspatz", Prohaska „keppelt", wie er in seiner Autobiografie erzählt, zurück, doch das schadet dem Spiel der Österreicher nicht: Man spürt, dass sie dieses Spiel nicht verlieren und vielleicht auch noch gewinnen wollen. In der 88. Minute nimmt Krankl einen Querpass von Sara auf, geht an Rüssmann vorbei und dann auch an Manfred Kaltz, Rüssmann versucht nochmals nachzusetzen, kommt aber zu spät und Krankl jagt den Ball unter dem herausstürzenden Maier zum 3:2 ins Tor – ein Treffer, der bei den Spielern Freudentänze auf dem Rasen und bei den Fans in der Heimat kollektive Ekstase auslöst. Und auch ORF-Chefreporter Edi Finger ist außer sich vor Freude. Die entscheidenden Sekunden im O-Ton: „Und jetzt kann Sara sich noch einen aussichtslos scheinenden Ball einholen, Pass nach links herüber, es gibt Beifall für ihn, da kommt Krankl, vorbei diesmal an seinem Bewacher, ist im Strafraum – Schuss … Tooor, Tooor, Tooor, Tooor, Tooor, Tooor! I wer' narrisch! Krankl schießt ein – 3:2 für Österreich!"

Noch einmal versuchen die Deutschen zu kontern, werfen alles nach vor, doch die Österreicher spielen den Triumph geschickt nach Hause. Der Jubel in den österreichischen Zeitungen ist groß, die Heldentaten der rot-weiß-roten Elf werden entsprechend gewürdigt und auch Schadenfreude fehlt nicht: „Große Klappe zum Schweigen gebracht", heißt es etwa in der *Kronen-Zeitung*.

Mit den Jahren, die in die Fußball-Lande ziehen, wird der Glanz des Sieges von Córdoba immer heller strahlen. Denn aus den Siegern werden wieder Verlierer: Bei der Weltmeisterschaft 1982 in Spanien verliert Österreich in Gijón gegen Deutschland in einem wahren Skandalspiel mit 0:1.

22. Juni 1941

Der Krieg im Osten und ein Fußballwunder

Wer an diesem Sonntag früh aufsteht und seinen „Volksempfänger" einschaltet, erfährt es bereits um 5.30 Uhr: Der Angriff auf die Sowjetunion, versehen mit dem Decknamen „Unternehmen Barbarossa", hat begonnen. Propagandaminister Joseph Goebbels verliest über alle deutschen Sender eine „Proklamation des Führers an das deutsche Volk", in der eine dreiste Lüge zur Rechtfertigung für den Überfall herhalten muss – um die „drohende Gefahr aus dem Osten" abzuwenden, sei die Wehrmacht „mitten in den gewaltigen Aufmarsch der feindlichen Kräfte hineingestoßen".

Unternehmen Barbarossa

Drei Millionen deutsche Soldaten eröffnen um 3.15 Uhr entlang einer 2130 km langen Grenze den Angriff; „gegen zunächst nur schwachen Widerstand" des Feindes, wie das Oberkommando der Wehrmacht verkündet, gelingt es noch in den Morgenstunden, die Grenzverteidigung der Sowjets zu durchbrechen und vier bis fünf Kilometer tief vorzustoßen. Der „schnelle Feldzug" zur Vernichtung des „jüdischen Bolschewismus" und Gewinnung von „Lebensraum", wie ihn Hitler fantasiert, wird zum blutigsten, verlustreichsten Krieg der Geschichte werden und in den Untergang des Dritten Reiches münden.

Im Stakkato der jubelnden „Sondermeldungen" vom Frontgeschehen verschweigt man die Toten – unter ihnen ist an diesem ersten Tag auch einer der erfolgreichsten österreichischen Skirennläufer der 1930er-Jahre: der 29-jährige Wilhelm „Willi" Walch aus Stuben am Arlberg, Hahnenkamm- und Lauberhornsieger 1937, Vizeweltmeister im Slalom 1937 in Chamonix und – für das Deutsche Reich startend – Vizeweltmeister in der Kombination 1939 in Zakopane.

Dass an diesem Tag das große Finale um die „Großdeutsche Meisterschaft" im Fußball zwischen Schalke 04 und Rapid Wien auf dem Programm steht, interessiert Hitler und die Strategen der Wehrmacht wenig; das seit zwei Wochen ausverkaufte Spiel wird nach einigem Hin und Her wie geplant durchgeführt. Um vier Uhr nachmittags, bei brütender Sommerhitze, pfeift Schiedsrichter Adolf Reinhardt das „Spiel des Jahres" im Berliner Olympiastadion an; knapp 100.000 Zuschauer, unter ihnen auch viele Soldaten, sind gekommen, um diese mit Spannung erwartete Entscheidung mitzuerleben.

Trotz der Kriegsereignisse hat Rapid eine starke Mannschaft nach Berlin gebracht: Grün-Weiß spielt mit Raftl im Tor, weiters mit Stefan Wagner (Wagner 2) und Heribert Sperner in der Verteidigung; Franz „Zapferl" Wagner (Wagner 1), Leopold Gernhardt, der den verletzten Hans Hofstätter ersetzt, und Stefan Skoumal bilden die Läuferreihe, im Sturm agieren Wilhelm „Willy" Fitz, Georg Schors, Kapitän

Franz „Bimbo“ Binder sowie Hermann Dvoracek und Hans Pesser.
Schalke 04, der Traditionsverein aus Gelsenkirchen, fünffacher deutscher Meister und Titelverteidiger, setzt alle seine Stars ein: Im Tor steht wie immer Hans Klodt, vor ihm verteidigen die bewährten Abwehrrecken Hans Bornemann und Otto Schweisfurth; auf den Läuferpositionen spielen Bernhard Füller, Otto „Ötte“ Tibulski und Rudolf Gellesch; den Angriff bilden die Legenden Herbert „Budde“ Burdenski, Fritz Szepan, Hermann Eppenhoff, Ernst Kuzorra und Heinz Hinz.
Rapid hat Anstoß, erwischt jedoch einen katastrophalen Start und wird von den Schalkern von Beginn weg an die Wand gespielt; nach acht Minuten liegt man durch Tore von Hinz und Eppenhoff mit 0:2 im Rückstand. Die Hütteldorfer können sich auf den berühmten „Schalker Kreisel“ nur schwer einstellen, sie kämpfen zwar mit Herz, sind aber praktisch ohne Chance – siegesgewiss lässt Reichssportführer Von Tschammer und Osten in der Pause feinsten französischen Champagner für die Meisterfeier einkühlen.
Nach der Pause versucht Rapid mit dem Mut der Verzweiflung das Angriffsspiel zu forcieren, muss aber durch Eppenhoff auch noch das 0:3 hinnehmen. Rapid scheint am Boden, doch dann, in der 60. Minute, steht es plötzlich nur mehr 3:1, Schors kann nach Pass von Binder und einem Fehler von Gellesch einschießen. Noch kein Unglück aus Schalker Sicht, doch wenige Minuten später ist alles anders: Tibulski kann den durchrechenden Binder nur mit Einsatz der Hände stoppen, der Referee entscheidet auf Foulspiel und „Bimbo“ Binder trifft mit einem wuchtigen Freistoß aus 18 Metern zum 2:3 – auf den Rängen steigt die Spannung. Nur zwei Minuten später gibt es Elfmeter für Rapid! Wieder tritt Kapitän Binder an und auch diesmal lässt er Tormann Klodt keine Chance „3:3 für Rapid!“ meldet ein aufgeregter Radioreporter den Hörern nach Wien.
Bereits in der 71. Minute, nur 11 Minuten sind seit dem ersten Tor der Grün-Weißen vergangen, kann Rapid den entscheidenden Schlag landen: Der Ball wandert von Gernhardt über Skoumal und Schors zu Fitz; Schalkes Nationalspieler Gellesch foult Fitz, der Unparteiische entscheidet auf Freistoß für Rapid. Die Entfernung zum Tor beträgt etwa 25 Meter; wieder tritt „Bimbo“ Binder an – der Rapidler hat die Lücke erspäht, nimmt Maß und trifft genau in die linke obere Ecke, Klodt hat keine Abwehrchance. Schalke trifft durch Szepan noch einmal die Stange, es bleibt jedoch beim 4:3 für die Hütteldorfer. Der Jubel bei den Anhängern im Stadion ist nach diesem sensationellen Spielverlauf riesengroß, der Vater des Sieges, „Bimbo“ Binder, wird im Triumph vom Spielfeld getragen. Im *Kicker* wird man lesen können: „Rapid schuf ein Fußballwunder.“

„Bimbo“ Binder trifft ins Kreuzeck zum 4:3.

23. Juni 1915

Das blutige Ringen am „Schicksalsfluss“ beginnt …

In den Wiener Morgenblättern feiert man in Riesenlettern die Wiedereroberung Lembergs. Nach „hartem Kampfe“, so die Jubelberichte, habe die k. u. k. 2. Armee General Böhm-Ermollis am 22. Juni die Hauptstadt Galiziens zurückgewonnen. Patriotische Kundgebungen finden statt, man ist in Hochstimmung, der endgültige Sieg gegen Russland scheint in greifbarer Nähe.

Den Nachrichten vom neuen Kriegsschauplatz im Südwesten schenkt man dagegen wenig Beachtung. Das Königreich Italien hat der Monarchie am 23. Mai 1915 den Krieg erklärt, bereits Monate zuvor hatte man mit der Mobilmachung begonnen, im Juni sind nun über eine Million Soldaten gegen Österreich-Ungarn einsatzbereit, schon rein zahlenmäßig eine erdrückende Übermacht. Generalstabschef Graf Luigi Cadorna will angesichts dieser Überlegenheit den Krieg offensiv führen, sein erstes operatives Ziel: der Vorstoß über den Isonzo, in weiterer Folge soll dadurch die Eroberung von Triest, Laibach und Marburg möglich werden. Vier Wochen nach der Kriegserklärung sieht sich Cadorna gerüstet und befiehlt den Großangriff auf die österreichischen Stellungen: 225.000 Mann sind aufgeboten, um die k. u. k. Verteidiger, etwa 115.000 Mann stark, zu überrollen, zwei Angriffsziele vorgegeben: Die 3. italienische Armee soll zwischen Monfalcone und Sagrado zum Hochplateau von Doberdò vorstoßen, die 2. italienische Armee in Richtung Görz angreifen. Vorbereitet wird die Attacke durch schweres Artilleriefeuer, dann geht die italienische Infanterie vor – mit wenig Erfolg. In heftigen Kämpfen, die bis zum 5. Juli dauern, können die k. u. k. Truppen ihre Positionen behaupten, zeitweilige Geländeverluste werden in Gegenangriffen wettgemacht. Die Italiener verlieren etwa 15.000 Mann, die Österreicher 10.400; im k. u. k. Armeeoberkommando gratuliert man sich zum „Abwehrsieg“.

Die erste Isonzoschlacht

Stratege Conrad, dem der Kriegseintritt der italienischen „Schurken“ an der Seite der Entente noch immer schwer zu schaffen macht, denkt bereits an eine Gegenoffensive. Am 5. Juli meint er, nach Rache durstend: „Wenn wir nur vier Divisionen für einen Gegenstoß hätten, dann würden die Hunde bis zum Tagliamento laufen.“ Doch vorerst ist Cadorna am Zug: Am 17. Juli 1915 versucht er es mit einem neuerlichen Angriff auf die Karsthochfläche und auf Görz – auch er wird, allerdings unter schweren Verlusten, von den k. u. k. Truppen zurückgeschlagen, in insgesamt zwölf Schlachten wird der Isonzo zum „Schicksalsfluss“ des Weltkrieges …

Heftige Kämpfe auf dem Hochplateau von Doberdò.

24. Juni 1994

Viel Streit auf Korfu …

Von 1823 bis 1864 residierten hier die britischen Lordhochkommissare Korfus, später dann die griechische Königsfamilie, nun ist der von 1819 bis 1823 aus maltesischem Kalkstein erbaute Palast des heiligen Georg und des heiligen Michael Tagungsort des Europäischen Rats. Für die zwei Tage (24. und 25. Juni) hat man sich viel vorgenommen: Mit der Unterzeichnung der Beitrittsverträge Österreichs, Schwedens, Finnlands und Norwegens soll ein „neuer Markstein in der Geschichte der europäischen Integration" gesetzt werden. Die „beitretenden Staaten", so heißt es im offiziellen Tagungspapier des EU-Rats, „werden Mitglieder einer Europäischen Union, die sich nach dem Inkrafttreten des Vertrags über die Europäische Union in einer Phase dynamischer Entwicklung befindet und an die von vielen Seiten der Wunsch herangetragen wird, daß sie eine immer größere Rolle bei der Förderung von Sicherheit und Wohlstand auf unserem Kontinent und jenseits unseres Kontinents spielt. […] Das österreichische Volk hat bereits den Wunsch seiner Regierung bestätigt, an diesem einzigartigen Unternehmen mitzuwirken, bei dem unabhängige und souveräne Staaten frei entscheiden, einen Teil der eigenen Kompetenzen unter Respektierung von Geschichte, Kultur und Traditionen jedes einzelnen Landes gemeinsam wahrzunehmen."

Die Unterzeichnung des EU-Beitrittsvertrages

Im Lager der österreichischen Delegation ist jedoch längst nicht alles eitel Wonne. Bereits im Vorfeld der Unterzeichnungszeremonie hat man innerhalb der Koalitionspartner SPÖ und ÖVP auf „Mord und Brand" *(Kronen Zeitung)* gestritten. Da geht es etwa um die Frage, wer denn von österreichischer Seite den Vertrag unterzeichnen solle. Man einigt sich schließlich am 14. Juni auf ein „großkoalitionäres Gleichgewicht", das darin besteht, dass Bundeskanzler Franz Vranitzky, Außenminister Alois Mock sowie EU-Chefverhandler Manfred Scheich und Sektionsleiter Ulrich Stacher vom Bundeskanzleramt unterzeichnen. Diskutiert wird auch die Frage, wer in Hinkunft die österreichische EU-Politik koordinieren werde. Zu Wort meldet sich dazu auch der erfahrene Diplomat Franz Ceska, von 1982 bis 1988 Botschafter in Brüssel und nunmehr Generalsekretär der Industriellenvereinigung; er warnt die Regierung, den so positiven „Geist von Brüssel" nicht durch den „Kleingeist von Korfu" zu ersetzen.

Ebenfalls nach Korfu angereist ist Bundespräsident Thomas Klestil, er will damit seinen „Vertretungsanspruch nach außen" gelten machen und kündigt an, persönlich an der ersten Sitzung des EU-Rates teilnehmen zu wollen – zur Begründung dafür hat sich Klestil sogar das Gutachten eines Verfassungsexperten eingeholt. Bundeskanzler Vranitzky ist dagegen, der Bundespräsident, so seine Argumentation, sei an die Vorschläge der Regierung gebunden und daher im EU-Rat nicht handlungsfähig. Im „Kompromiss von Korfu" einigt man sich schließlich darauf, dass der Bundespräsident im EU-Rat Redezeit zugestanden bekommt. Dann droht auch noch ein diplomatischer Eklat: Klestil hat für das Abendessen der griechischen EU-Präsidentschaft keine Einladung erhalten, da Griechenlands Europa-Minister Theodoros Pangalos der Meinung ist, dass eine Teilnahme des Bundeskanzlers ausreichend sei – es ist Alois Mock, der das Schlimmste verhindert, auch Thomas Klestil darf schließlich an dem Essen teilnehmen.

Wohl kaum jemandem im Kreis der rot-weiß-roten Delegation ist bewusst, dass dieser 24. Juni ein österreichischer Schicksalstag mit Tradition ist: 135 Jahre zuvor, am 24. Juni 1859, müssen sich die Truppen Kaiser Franz Josephs, der sich höchstpersönlich am Kriegsschauplatz eingefunden hat, bei Solferino, südlich des Gardasees, den vereinigten, zahlenmäßig überlegenen Armeen Frankreichs und Sardiniens geschlagen geben. Es ist ein Gemetzel, das Tausende Tote fordert und für den 29-jährigen Kaiser bleibt es der einzige Versuch, sich als Kriegsheld zu profilieren. Die Konsequenz der Katastrophe: Im Frieden von Zürich am 10. November 1859 muss Österreich die Lombardei an Napoleon III. abtreten, der sie an Sardinien übergibt.

Bundeskanzler Franz Vranitzky und Außenminister Alois Mock bei der Unterzeichnung des EU-Beitrittsvertrages in der St.-Georgs-Kirche auf Korfu.

25. Juni 1741

Leben und Blut für unseren König!

Es ist eine der großen habsburgischen Legenden: Die zum „König" gekrönte Maria Theresia, bedrängt von Feinden und verzweifelt um ihr Erbe kämpfend, tritt mit ihrem erst wenige Monate alten Sohn Joseph auf dem Arm vor die ungarischen Stände und bittet sie um Hilfe. Gerührt von ihrer mütterlichen Erscheinung, geloben die Magyaren: *Vitam et sanguinem pro rege nostro Maria Theresia!* – „Leben und Blut für unseren König Maria Theresia!"

Diese Szene hat so nicht stattgefunden, die Krönungsfeierlichkeiten für die junge Herrscherin sind jedoch imposant genug.

Die Krönung Maria Theresias in Pressburg

Um acht Uhr morgens hält die Kutsche unmittelbar vor der Kathedrale des heiligen Martin; Maria Theresia, gekleidet in die Nationaltracht der Ungarn, begibt sich zum Thron vor dem Hauptaltar. Imrich Esterházy, der Erzbischof von Esztergom und Primas von Ungarn, leitet die traditionsreiche Zeremonie: Maria Theresia erhält den Mantel des heiligen Stephan um die Schultern gelegt und wird gegürtet mit dessen Schwert; in der rechten Hand hält sie das Zepter, in der linken den Apfel des Reichs. Als ihr Erzbischof Esterházy die Stephanskrone aufs Haupt setzt, ertönt der Hochruf der ungarischen Stände: *Vivat Domina et Rex Noster!* – „Es lebe unsere Herrin und unser König!"

Nach der Messe begibt sich Maria Theresia, noch immer im Krönungsmantel und die Reichsinsignien tragend, zur Franziskanerkirche; der Vorsteher der Königskammer verteilt Gold- und Silbermünzen an das Volk, der Weg zur Kirche ist mit Stoff in den ungarischen Farben ausgelegt – Letzterer wird anschließend zerteilt und an die Menschen verteilt. In der Franziskanerkirche schlägt Maria Theresia 45 Adelige zu „Rittern des Goldenen Sporns", dann geht es in der Kutsche vor die Stadtmauer von Pressburg, wo sie den Eid auf das Heilige Kreuz ablegt, den ihr Erzbischof Esterházy vorliest. Den Abschluss bildet der berühmte Ritt auf den Krönungshügel am Donauufer, aufgeschüttet aus Erde aus allen Komitaten Ungarns: Auf einem Rappen sitzend, schlägt die neue Königin Ungarns mit dem Schwert in die vier Himmelsrichtungen – sie ist bereit, das Land vor allen Feinden zu schützen.

Zu Mittag findet in der Burg das festliche Krönungsmahl statt; in der Vorstadt brät man einige Ochsen, der Wein fließt in Strömen. Das Krönungsgeschenk für Maria Theresia: 100.000 Golddukaten.

Die Krönung Maria Theresias im St.-Martins-Dom von Pressburg.

26. Juni 1954

Burschen, reißt's euch z'samm, des g'winn ma noch!

Fußball-Weltmeisterschaft 1954 in der Schweiz. Das ÖFB-Team zählt im Feld der 16 Finalisten zum Favoritenkreis, in den Gruppenspielen gewinnen Ocwirk & Co. gegen Schottland mit 1:0; die Tschechoslowakei wird mit 5:0 besiegt; nun wartet im Viertelfinale Gastgeber Schweiz. Zu Matchbeginn im Stade Olympique de la Pontaise in Lausanne zeigt das Thermometer 40 Grad. Punkt 17 Uhr pfeift der schottische Referee Edward Faultless die Partie an. Österreich setzt auf die erprobte Aufstellung: Kurt Schmied im Tor, die beiden Rapidler Hanappi und Happel sowie Leopold Barschandt vom Sportklub verteidigen, Kapitän Ernst Ocwirk und Karl Koller im Mittelfeld, Körner I, Wagner, Stojaspal, Probst und Körner II bilden die Stürmerreihe. Die Schweizer erwischen den besseren Start und führen durch ein Tor von Robert Ballaman und zwei Treffer von Huegi II rasch 3:0.

Was die Zuseher nicht wissen: Kurt Schmied erlebt das Match nach einem Sonnenstich nur mehr „wie durch einen Schleier"; bei den Spielern auf dem Feld ist von Resignation allerdings nichts zu spüren. „Burschen, reißt's euch z'samm, des g'winn ma noch!", muntert Rapidstürmer Robert Körner seine Kollegen auf und tatsächlich gelingt noch vor der Halbzeitpause die Wende: Ein Weitschuss von „Turl" Wagner bedeutet in der 25. Minute das 1:3, in der 28. Minute trifft Alfred Körner zum 2:3 und in der 30. Minute ist es wieder „Turl" Wagner, der den Ausgleich markiert. Wieder nur zwei Minuten später geht Österreich erstmals in Führung: 4:3 durch Ocwirk nach Zuspiel

Eine Stütze des Teams von 1954: Ernst Happel im Zweikampf mit einem Schweizer Stürmer.

von Probst und in der 34. Minute drückt Körner II eine Flanke zum 5:3 über die Linie. Die Schweizer geben sich jedoch nicht geschlagen, durch Ballaman verkürzen sie auf 5:4.

In der Halbzeitpause hat Teamarzt Dr. Jellinek alle Hände voll zu tun, um Schmied halbwegs wieder fit zu bekommen, getauscht werden kann nicht. Der Vienna-Tormann hat das Glück, dass sich Happel, Hanappi und Barschandt erfolgreich gegen die furiosen Angriffe der Eidgenossen stemmen. Aufatmen dann in der 54. Minute: Turl Wagner versenkt den Ball zum 6:4 in den Maschen des Schweizer Tors, allerdings aus abseitsverdächtiger Position. Wütende Proteste der Schweizer, es kommt zu Tumultszenen. Als Schmied einen haltbaren Schuss von Huegi II aus 18 Metern passieren lässt, steht es 6:5, das Stadion tobt. Dann die endgültige Entscheidung in diesem denkwürdigen WM-Spiel: 14 Minuten vor Schluss trifft Propst zum 7:5 – „es war das dramatischste Spiel unserer Laufbahn", meint Ernst Ocwirk später.

Die Hitzeschlacht von Lausanne

27. Juni 1989

Ein Stück Stacheldraht zur Erinnerung

Es ist die Idee von Alois Mocks Fotografen Bernard Holzner und entwickelt sich zu einem gut inszeniertes Medienspektakel, über das weltweit Zeitungen und Fernsehanstalten berichten; unvergesslich das Bild der beiden Außenminister Alois Mock und Gyula Horn, die symbolträchtig gemeinsam bei Klingenbach den Stacheldraht des den Grenzanlagen vorgelagerten Signalzauns kappen, der Europa über vier Jahrzehnte in zwei Welten geteilt hat. Die beiden Politiker dokumentieren damit einen Prozess, der schon im Gange ist – tatsächlich bauen die Ungarn schon seit dem 18. April 1989 die Grenzzäune zu Österreich ab, am 19. August 1989 werden einige hundert DDR-Bürger im Zuge des „Paneuropäischen Picknicks", begünstigt durch die Passivität der ungarischen Grenzsoldaten die Grenze überschreiten können: Der Eiserne Vorhang hat zu erodieren begonnen.

Der Fall des Eisernen Vorhangs

In seiner Autobiografie *Freiheit, die ich meine* (1991) erinnert sich Gyula Horn an diesen außergewöhnlichen Tag: „Nach dem Vortrag brach ich, zusammen mit meinem Kollegen Mock, zur ungarisch-österreichischen Grenze auf. Dort schnitten wir in Anwesenheit mehrerer hundert Medienvertreter aus Ost und West den Stacheldrahtzaun durch, der – der technischen Grenzsperre vorgelagert – gewissermaßen den Eisernen Vorhang symbolisierte. Es war der 27. Juni 1989. Später, nachdem die Szene dank dem Fernsehen in aller Welt zu sehen war, foppten mich Bekannte wiederholt, wie schwer es mir gefallen sei, mit der großen Blechschere den Draht zu durchtrennen. Die Wirklichkeit war viel simpler, als viele dachten: Ich bin mir fast sicher, dass man mir aus Jux eine besonders stumpfe Schere gegeben hatte, während sich mein Freund Mock mit seinem Werkzeug überhaupt nicht abplagen musste. Das Stückchen Stacheldraht, das ich schließlich doch herausschneiden konnte, hebe ich mir als Reliquie zeit meines Lebens auf." Von seinem Amtskollegen Alois Mock wird berichtet, dass er sich kleine Stacheldraht-Stücke portionieren ließ, die er später an seine politischen Freunde verschenkte.

Der Fall des Eisernen Vorhangs medial inszeniert: Alois Mock und Jiří Dienstbier durchschneiden am 17. Dezember 1989 den Stacheldraht an der österreichisch-tschechischen Grenze.

28. Juni 1914

Mir scheint, wir werden heute noch einige Kugerln bekommen

Im Rathaus von Sarajevo herrscht an diesem Sonntagvormittag beträchtliche Aufregung. Nach dem Scheitern des Attentats auf den Thronfolger diskutieren nun die Herren des erzherzoglichen Gefolges darüber, was zu tun sei, um ihn vor einem weiteren Anschlag zu schützen. Franz Ferdinand selbst meint sarkastisch zu Franz Graf Harrach, seinem Adjutanten: „Mir scheint, wir werden heute noch einige Kugerln bekommen." „Feige" sich im Rathaus zu verstecken, bis zu Hilfe gerufenes Militär ihn befreien könne, lehnt Franz Ferdinand kategorisch ab, dies umso mehr, als Oskar Potiorek auf die Frage, ob ein weiteres Attentat wahrscheinlich sei, versichert, dass nun nichts mehr geschehen würde. Der Feldzeugmeister, von der Situation völlig überfordert und besorgt um seine Karriere, schlägt vor, das Programm wie geplant durchzuziehen und mit dem Besuch des Museums fortzusetzen, auch Sarajevos Polizeichef Dr. Edmund Gerde plädiert dafür. Franz Ferdinand erklärt sich damit einverstanden, allerdings wolle er zuvor noch ins Militärspital zum durch einen Bombensplitter verletzten Erik von Merizzi, dem Flügeladjutanten Potioreks, fahren – ohne Sophie, die im Rathaus auf ihn warten möge. Doch Sophie lehnt dieses Ansinnen entschieden ab: „Solange der Erzherzog sich heute in der Öffentlichkeit zeigt, verlasse ich ihn nicht."

Das Attentat von Sarajevo

Man beschließt, zum Spital den Appelkai entlangzufahren und nicht den Weg über die Franz-Joseph-Straße und die Altstadt zu nehmen, dann bricht die Gesellschaft auf. Das Thronfolgerpaar steigt die Stufen des Rathauses hinunter und nimmt wieder Platz in der Gräf-&-Stift-Limousine, Sophie sitzt wieder zur Rechten Franz Ferdinands, Potiorek ihm gegenüber auf dem Klappsitz. Graf Harrach, überzeugt davon, dass noch ein Attentat versucht werden würde, weigert sich, im Wagen Platz zu nehmen, und stellt sich, seinen Körper als Schutzschild einsetzend, auf das Trittbrett neben den Thronfolger. Am Steuer sitzt wieder Harrachs Chauffeur Leopold Lojka. Leichtsinnig verzichtet man auf zusätzliche Sicherheitsmaßnahmen – Franz Ferdinand und seine Frau demonstrieren Mut.

Der Fahrzeugkonvoi setzt sich in Bewegung, voran wieder der Wagen von Polizeihauptmann Dr. Gerde. Man fährt den Appelkai zurück, doch anstatt weiter geradeaus zu fahren, biegt Gerdes Wagen auf der Höhe der Lateinerbrücke rechts in die Franz-Joseph-Straße ab, Lojka folgt ihm, ohne zu zögern. Als Potiorek merkt, dass die Route geändert worden ist, befiehlt er Lojka, auf den Appelkai zurückzukehren. Der Chauffeur bremst, er will den Rückwärtsgang einlegen und fährt deshalb rechts an den Gehsteig heran, für wenige Sekunden hält das Auto mit dem Erzherzog und Sophie, und genau an dieser Ecke steht zufällig noch immer Gavrilo Princip, dem sich so unverhofft doch die Gelegenheit bietet, seinen Mordplan in die Tat umzusetzen. Ein „sonderbares Gefühl" überkommt den jungen Bosnier, er hebt die Pistole, zögert noch kurz, als er sieht, dass Sophie auf der ihm näheren Seite sitzt, doch dann feuert er, „sehr aufgeregt", angeblich ohne zu zielen, knapp nacheinander zwei Schüsse ab. Die erste

Kugel durchschlägt die Tür des Wagens, verformt sich dabei zu einem scharfkantigen Geschoss und trifft Sophie in den Unterleib, das zweite Projektil bohrt sich in den Hals Franz Ferdinands, zerfetzt die Halsvene und verletzt auch noch die Luftröhre.

Im ersten Augenblick bemerkt niemand, dass die Schüsse tatsächlich getroffen haben. Zwei der Offiziere des Erzherzogs springen aus dem nachfolgenden Auto und werfen sich auf Princip, der rasch überwältigt ist, zuvor aber noch das Zyankali geschluckt und dann sich zu erschießen versucht hat. Potiorek gibt Chauffeur Lojka Anweisung, zu reversieren und über die Lateinerbrücke geradeaus zum Konak zu fahren. Da ist es Graf Harrach, der noch immer auf dem Trittbrett des Autos steht, der erkennt, dass Schreckliches passiert ist. Vor dem Untersuchungsrichter schildert er später die letzten Augenblicke im Leben des Thronfolgerpaars: „Während das Auto rasch reversierte, spritzte ein dünner Blutstrahl aus dem Mund Seiner Kaiserlichen Hoheit auf meine rechte Backe. Während ich mit einer Hand mein Taschentuch zog, um das Blut vom Munde des Erzherzogs abzuwischen, rief Ihre Hoheit: ‚Um Gottes willen! Was ist dir geschehen?' Worauf sie vom Sitze hinabsank, mit dem Gesichte zwischen den Knien des Erzherzogs. Ich ahnte gar nicht, dass sie getroffen wäre, und dachte, sie sei aus Schreck ohnmächtig geworden. Auf das sagte Seine Kaiserliche Hoheit: ‚Sopherl! Sopherl! Stirb mir nicht! Bleib für meine Kinder!' Auf das ergriff ich den Erzherzog beim Rockkragen, um das Vorsinken des Kopfes zu verhindern, und frug ihn: ‚Leiden Euer Kaiserliche Hohheit sehr?' Worauf er deutlich antwortete: ‚Es ist nichts.' Dann trat eine sehr kurze Pause ein, worauf ein heftiges Röcheln infolge des Verblutens eintrat, welches bei der Ankunft im Konak aufhörte."

Die blutige Uniform des Thronfolgers. Heeresgeschichtliches Museum.

Als Minuten später der Autokonvoi beim Konak eintrifft, ist Sophie bereits tot; Franz Ferdinand lebt zwar noch, aber alle Bemühungen der Helfer, den Blutstrom zu stillen, scheitern – der Thronfolger stirbt wenige Minuten später. Um 11 Uhr 15 beginnen für die Ermordeten die Totenglocken zu läuten.

Am frühen Nachmittag trifft die Nachricht von der Ermordung des Thronfolgerpaars in Bad Ischl ein. Als man sie Franz Joseph mitteilt, schließt dieser die Augen und sitzt einige Minuten still in seinem Sessel, äußert jedoch kein Wort der Trauer.

29. Juni 1755

Uns ist in alten mæren wunders vil geseit

Die Auffindung der Nibelungenhandschrift C

Den Beginn der *Aventure von den Nibelungen*, wie er in der Handschrift C überliefert ist, hat jeder Schüler im Ohr:

Uns ist in alten mæren wunders vil geseit.
von heleden lobebæren von grozer arebeit
von freude und hochgeciten von weinen
und klagen
von kuner recken striten muget ir nu
wunder horen sagen.

Man schreibt den 29. Juni 1755, als der aus Arbon in der Schweiz gebürtige Schriftsteller, Arzt und Philosoph Jacob Hermann Obereit (1725–1798) die Schlossbibliothek der Reichsgrafen von Hohenems besucht und hier auf das kostbare Pergament stößt. Er schreibt sofort seinem Freund, dem bekannten Schweizer Philologen Johann Jakob Bodmer, einen Brief und berichtet ihm von seinem Fund. Bodmer nimmt sich der Sache an, veröffentlicht 1757 in den *Freymüthigen Nachrichten* mehrere Auszüge aus der Handschrift, allerdings verschweigt er, dass Obereit die Handschrift gefunden hat, und gibt einen Oberamtmann von Wocher als Entdecker an – eine Lüge, die erst 130 Jahre später richtiggestellt werden kann.

Die relativ gut erhaltene Pergament-Handschrift, so zeigen genaue Untersuchungen später, ist etwa im zweiten Viertel des 13. Jahrhunderts im alemannisch-bairischen Raum in der Nähe von Vorarlberg und Südtirol entstanden und von einem einzigen Schreiber in besonders regelmäßiger Schrift geschrieben worden. Die Illustration ist aufwändig gestaltet: Darstelllungen von Helden und Drachen sollen die Phantasie des Lesers anregen. Zwei Spaltleisteninitialen mit roter Feder auf blauem Grund markieren den „Anfang“ der Schrift; den Schluss des Pergaments bildet die „Klage“, geschrieben in roter Farbe.

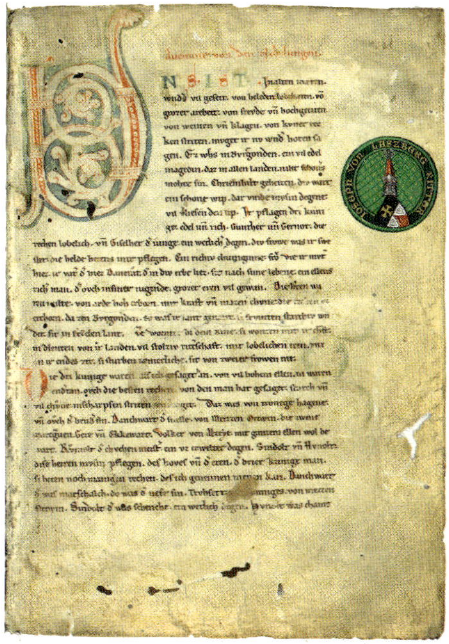

Die Titelseite der Nibelungenhandschrift C (Codex Donaueschingen 63) in der Badischen Landesbibliothek.

Die Nibelungenhandschrift C gehört zusammen mit der Handschrift A, die gegen Ende des 13. Jahrhunderts entstanden ist und in der Bayerischen Staatsbibliothek liegt, und der Handschrift B in der Stiftsbibliothek St. Gallen zum UNESCO-Weltdokumentenerbe. Die Handschrift C befindet sich heute unter der Signatur „Codex Donaueschingen 63“ in der Badischen Landesbibliothek in Karlsruhe.

30. Juni 1669

„Onkel Leopold" und die „jüdische Tücke"

Der Bischof von Neutra, Leopold Karl von Kollonitsch (1631–1707), später Kardinal und Primas von Ungarn, weiß, wie man sich bei den Wienern und bei der jungen Kaiserin Margarita Teresa beliebt macht: Man hetzt gegen die Juden in der „Judenstadt" am Unteren Werd. So hält er in Gegenwart des Hofes eine Predigt über das Bibelwort „Vertreibe diese Magd!", das Sara mit Bezug auf die ägyptische Sklavin Hagar zu ihrem Gatten Abraham spricht (1. Buch Mose 21,10), und fordert unverblümt die Vertreibung der Juden aus Wien. In der „Gretl", wie Kaiser Leopold I. seine spanische Frau und Nichte nennt, hat Kollonitsch, der die Juden fast noch mehr hasst als die ungarischen Protestanten, eine mächtige Verbündete: Margarita Teresa hat von der jüdischen Gemeinde während ihrer Schwangerschaft eine goldene Wiege als Geschenk erhalten und daraufhin prompt eine Fehlgeburt erlitten – nun ist die 18-Jährige von dem fixen Gedanken besessen, dass dies die Schuld der Juden sei, und setzt „Onkel" Leopold unter Druck. Der Kaiser zögert jedoch, er braucht die Juden als finanzkräftige Partner, auch wenn man ihnen von der Brunnenvergiftung bis zum Kindesraub so ziemlich alle Schandtaten unterstellt. Da sprechen der Bürgermeister und der *hochlöbliche* Rat der Stadt Wien bei ihm vor: Die Herren sind bereit, als Ersatz für die Abgaben der Juden jährlich 10.000 Gulden in die kaiserliche Kasse zu zahlen; ein kraftvolles Argument, dem sich auch der Zauderer Leopold nicht verschließen kann. Und so verkünden am 30. Juni 1669 kaiserliche Herolde in der ganzen Stadt, dass alle nicht mit „Haus- oder Kaufschatz angemessene Juden" Wien binnen einer Frist von zwei Wochen zu verlassen hätten. Am 14. Februar 1670 wird er diesen Befehl auf alle Juden ausdehnen.

Die Vertreibung der Juden aus Wien

Die jüdische Gemeinde versucht vergeblich, diesen Ausweisungsbefehl rückgängig zu machen – Leopold bleibt bei seinem Entschluss, die Juden müssen ihre Häuser und Wohnungen am Unteren Werd (heute Leopoldstadt) verlassen und die Liegenschaften zu Schleuderpreisen verkaufen; als „Wiener Verbannte" ziehen viele nach Preußen und Bayern, aber auch nach Polen, Mähren und Ungarn. Die Synagoge in der heutigen Großen Pfarrgasse wird in eine Kirche umgewandelt, bei der Einsegnung am 18. August 1670 ist der Kaiser selbst anwesend und er legt auch den Schlussstein, in dem eine Silbermünze deponiert wird. Die Inschrift: „Der sehr erhabene Kaiser Leopold von Österreich hat, nachdem er die jüdische Tücke vertrieben, den Namen Synagoge von diesem Hause ausgelöscht, die Räuberhöhle zum Tempel Gottes ausgestaltet und angeordnet, daß er dem Heiligen Leopold, dem Markgrafen und Schutzpatron Österreichs, nach katholischem Ritus geweiht werde. 1670." Die Predigt hält Bischof Kollonitsch, wieder zu einem Bibelwort aus dem 1. Buch Mose: „[…] und er verstieß Hagar."

Juli

1. Juli 1703

Eine tödliche Falle

Der große europäische Krieg um das spanische Erbe erfasst auch Tirol. Ein kleines, 310 Mann starkes bayerisch-französisches Streifkorps soll unter dem Befehl des Generalwachtmeisters Marquis de Novion ins obere Inntal vorstoßen und über Landeck Finstermünz erreichen. Das wollen die Tiroler verhindern und unter der Führung von Martin Sterzinger, dem Landpfleger von Laudegg und Siegmundsried, bereiten die Männer des Landsturms, insgesamt etwa 500 Mann, drei Kilometer nördlich von Prutz eine tödliche Falle vor: Der Übergang über den Inn, die Pontlatzer Brücke, wird teilweise demoliert; an den beiden Berghängen legt man Verhaue für die Scharfschützen an; man karrt Felsbrocken und Baumstämme zusammen und spannt Halteseile für die Lawinenfallen. Am linken Innufer lässt Sterzinger zwei Doppelhaken in Stellung bringen; 100 ausgewählte Scharfschützen verstecken sich in Schussweite oberhalb der Straße hinter Sträuchern und Bäumen.

Der Hinterhalt an der Pontlatzer Brücke

Der Marquis de Novion und seine Männer ahnen noch nichts von der Gefahr; am frühen Morgen des 1. Juli brechen sie in Marschordnung von Landeck aus auf, geschlossen bewegt sich das Streifkorps die schmale Bergstraße am linken Ufer des Inns entlang. Als schließlich die Pontlatzer Brücke in Sichtweite kommt, kann sich der Marquis de Novion, der auf jede Aufklärung verzichtet hat, doch eines mulmigen Gefühls nicht erwehren – ein Blick durch das Fernglas auf den abgedeckten Übergang genügt, um ihm die Gefahr bewusst zu machen. Er befiehlt den sofortigen Rückzug, doch es ist schon zu spät: An der Brücke wird im selben Moment das Zeichen zum Angriff gegeben; die Tiroler Scharfschützen eröffnen das Feuer, gleichzeitig kappen die Männer am Fließer Berg die Halteseile, donnernd stürzen die Steinlawinen zu Tal. Die Folgen sind furchtbar: Auf der schmalen Bergstraße sind die Soldaten des Marquis ohne jeden Schutz, bei dem verzweifelten Versuch, nach rückwärts zu entkommen, verkeilen sich Reiter und Infanterie, tote Pferde und tote Soldaten ineinander; in panischer Angst suchen viele ihr Heil in einem Sprung in den Inn, dessen reißendes Wasser ihnen zum Verhängnis wird. An eine Gegenwehr ist nicht zu denken; die rückwärtigen Mannschaften, die ihre Kameraden vor sich hilflos sterben sehen, suchen ihr Heil in der Flucht zurück.

Begleitet von etwa zwanzig Dragonern, gelingt es dem Marquis de Novion, weiter flussabwärts zu fliehen; an der Zamser Brücke ist aber auch für den französischen Generalwachtmeister die Flucht zu Ende: Er muss sich mit seinen letzten Getreuen den hier postierten Tiroler Schützen gefangen geben und wird auf Schloss Naudersberg arretiert. Kein einziger Mann des Streifkorps kann entkommen.

Die Nachricht vom „Sieg“ an der Pontlatzer Brücke verbreitet sich in Windeseile; in ganz Tirol wächst daraufhin die Entschlossenheit der Bevölkerung zum gewaltsamen Widerstand gegen die bayerische Besatzung; bereits im August 1703 muss Kurfürst Max Emanuel Tirol räumen.

2. Juli 1335

Das Volk wünschte sich Glück

Herzog Otto IV. (1301–1339), der jüngste Sohn von König Albrecht I., trägt den erstmals 1460 genannten Beinamen *iucundus*, „der Fröhliche", der Grund dafür ist wohl in der zeitgenössischen Schwankliteratur zu suchen: In *Neithart Fuchs* und *Der Pfarrer vom Kahlenberg* erscheint er als leutseliger, freigiebiger und heiterer Landesfürst. Seit 1330 regiert er gemeinsam mit seinem zeitweilig an Armen und Beinen gelähmten Bruder Albrecht „dem Weisen" das Herzogtum Österreich, 1335 weitet sich dieser Machtbereich noch deutlich aus: Nach dem Tod Herzog Heinrichs von Kärnten, des letzten Meinhardingers, gelingt es Otto und Albrecht, Kaiser Ludwig den Bayern bei einem Treffen in Linz davon zu überzeugen, dass es am besten sei, sie beide mit dem nunmehr „erledigten" Herzogtum Kärnten zu belehnen. Die starken Argumente der beiden Habsburger: Ihre Mutter sei eine Tochter Herzog Meinhards gewesen und sie daher die nächsten Verwandten des Verstorbenen, weiters stoße „jenes Land" an ihre eigenen Gebiete, Kärnten würde

Die Herzogeinsetzung in Kärnten. Illustration aus der „Österr. Chronik von den 95 Herrschaften".

dem Herzogtum Österreich daher „Schutz und Schirm" bieten. Ludwig der Bayer lässt sich überzeugen und belehnt die beiden Herzöge am 5. Mai 1335 in Linz mit Kärnten, Krain und Südtirol.

Die Kärntner fügen sich zwar dieser Entscheidung des Kaisers, verlangen aber, dass das „alte Herkommen" gewahrt bleiben müsse: Wer in Kärnten als Landesherr Lehen vergeben und zu Gericht sitzen will, muss in feierlicher Zeremonie auf dem Herzogsstuhl am Zollfeld und auf dem Fürstenstein bei Karnburg Platz nehmen. So reist Otto der Fröhliche mit seinem Gefolge nach Kärnten. In der „Kirche von Zoll" (Maria Saal) empfängt er am 2. Juli 1335 den Segen des Bischofs von Gurk, dann erfolgt auf dem Herzogsstuhl in slowenischer Sprache – Otto stößt sich in keiner Weise daran – die Inthronisation als Herzog von Kärnten. „Das Volk", so schreibt der Zisterzienserabt Johann von Viktring in seinem *Liber certarum historiarum*, „wünschte sich Glück, da es das Herkommen des Landes beobachtet sah, die Weltgeistlichen und Mönche murrten, weil sie zu den Kosten dieses Freudenfestes wider alles Gesetz und Recht an Zugtieren und Geld beteuert wurden." Im Gefolge Ottos wundert man sich über die „altertümlichen Sitten und Einrichtungen" der Kärntner und so manches Spott- und Witzwort fällt, der Herzog aber kehrt nach Wien zu seinem Bruder Albrecht zurück und „berichtete demselben voll Freuden von dem dienstwilligen Gehorsam, den er im Lande gefunden, und der Verehrung, die ihm dort entgegengebracht worden sei". Kärnten ist damit habsburgisch geworden und bleibt es.

Kärnten wird habsburgisch

3. Juli 1866

„Und die Hölle tut sich bei uns auf“

Bei den österreichischen Truppen nahe der nordböhmischen, am Oberlauf der Elbe gelegenen Festung Königgrätz *(Hradec Králové)*. Der Morgen des 3. Juli 1866 ist trüb und regnerisch; die Disposition des k. k. Armeekommandos für den Tag sieht vor, dass man den Angriff der Preußen zunächst in Abwehrstellung erwartet. Die Truppen unter den schwarz-gelben Bannern, etwa 197.000 Mann und 770 Geschütze – das größte habsburgische Heer, das sich je an einem Ort versammelt hat –, stehen in einem großen Bogen nordwestlich von Königgrätz, zwischen ihnen und der Festung die Elbe. Die angreifenden preußischen Streitkräfte zählen 221.000 Mann und 776 Geschütze.

Die Schlacht bei Königgrätz

Um acht Uhr morgens fallen die ersten Schüsse, bald darauf feuert die österreichische Artillerie aus allen Rohren. Im Brennpunkt des Kampfes steht am rechten Flügel der Österreicher ein kleines Waldstück westlich des Ortes Maslowed, der Swiebwald, der von den Preußen gegen verzweifelte und zahlenmäßig überlegene österreichische Angriffe des 4. und 2. Korps, die von Feldzeugmeister Benedek nicht angeordnet sind, hartnäckig verteidigt wird; schließlich behauptet sich auch hier das Zündnadelgewehr, der Hinterlader gegen den Vorderlader. Die Verluste der Österreicher sind schwer, allein das 4. Korps beklagt 121 gefallene oder verwundete Offiziere und 2.044 Mann. Dennoch steht die Schlacht bis zur Mittagszeit für die schwarz-gelben Waffen günstig, die Taktik, die Infanterie nicht blind in das Feuer der Zündnadelgewehre rennen zu lassen, sondern die Preußen in durch Holz und Gestrüpp geschützten Stellungen zu erwarten, bewährt sich; vor allem aber ist es die überlegene Feuerkraft der von Erzherzog Wilhelm gut postierten österreichischen Artillerie, die den Feind ins Wanken bringt – der Angriff der Preußen bleibt nach bescheidenen Geländegewinnen im Abwehrfeuer liegen. Benedek überlegt sogar einen Gegenangriff auf die 1. preußische Armee für 13 Uhr, gibt diesen Plan jedoch wieder auf. Angesichts der angespannten Lage sieht sich König Wilhelm, der von einer Anhöhe über der Bistritz aus mit dem Fernglas das Kampfgeschehen verfolgt, an seiner Seite Bismarck und Moltke, zu der Bemerkung genötigt: „Wir verlieren die Schlacht.“ Moltke jedoch zeigt jetzt, da der König schon nervös nach den Möglichkeiten des Rückzugs fragt, seine ganze Entschlossenheit: „Hier handelt es sich um Preußens ganze Zukunft, hier wird nicht zurückgegangen.“

Die entscheidende Wende bringt das Eingreifen der Kronprinzen-Armee – Benedek hat für diesen Fall zwar Reserven bereitgehalten, doch nun geht alles zu schnell: In einem überraschenden Vorstoß gelingt es dem Garderegiment des Kronprinzen, die Dörfer Chlum und Rozberic im Zentrum der österreichischen Stellungen zu nehmen, damit bricht auch der durch die Kämpfe im Swiebwald geschwächte rechte Flügel zusammen. In wütenden Gegenangriffen zur Wiedereroberung des Ortes dringen die k. u. k. Regimenter, unter ihnen auch die Wiener Hoch- und Deutschmeister, bis zur Kirche von Chlum vor, werden

Nur ein Mann überlebte: die „Batterie der Toten". Gemälde im Heeresgeschichtlichen Museum, Wien.

dann aber vom feindlichen Feuer wieder zurückgetrieben. Jetzt, da alles auf dem Spiel steht, zeigen die Truppen absolute Todesverachtung: Unter Trommelwirbel und den Klängen der Regimentsmärsche gehen sie vor, laufen direkt ins mörderische Feuer der Zündnadelgewehre. Der Dichter Detlev von Liliencron, eben erst zwanzig Jahre alt geworden, erinnert sich später in seiner Novelle *Eine Sommerschlacht* an dieses Blutbad: „Und die Hölle tut sich bei uns auf. Mit wundervollem Mut, mit prächtigem Vorwärts, weit die Offiziere voran, und wenn sie fallen, springen andere vor, so dringt's her gegen uns. Aber der Feind kann nichts machen gegen unser Blitzfeuer. Er muss zurück." Sinnloser Heroismus, der zu schrecklichen Verlusten führt: In 20 Minuten verliert das 1. Korps 279 Offiziere und 10.000 Mann an Gefallenen und Verwundeten. Die Anhöhe von Chlum kann trotz dieses „blutigen Opfergangs" nicht mehr zurückgewonnen werden.

Da die Einkesselung der österreichischen Truppen droht, gibt Benedek knapp vor 16 Uhr den Befehl zum Rückzug auf Königgrätz, der Kavallerie bleibt es vorbehalten, die nachstoßenden Preußen auf Distanz zu halten.

Die Schlacht ist verloren, die österreichischen Verluste schwer: 5.700 Tote, 7.500 Vermisste, etwa ebenso viele Verletzte und 22.000 Gefangene – damit ist nach wenigen Tagen auch der Krieg entschieden, „Königgrätz" wird zum Trauma der Habsburgermonarchie, wie kein anderes Ereignis bestimmt dieses Gemetzel die politische Ordnung Mitteleuropas vor dem Ersten Weltkrieg. Die Angehörigen der deutschen Nationalität in der Habsburgermonarchie sehen sich aus Deutschland vertrieben, mit Neid, aber auch mit geheimer Bewunderung blickt man auf das größere Deutschland im Norden: Königgrätz werden die Österreicher nicht mehr aus dem Kopf bringen, es bleibt der schwärende Stachel.

4. Juli 1953

Und dann stehe ich auf dem Gipfel

Der Innsbrucker Alpinist Hermann Buhl (1924–1957) befindet sich auf dem Rückweg von einem historischen Bergabenteuer. Vor einigen Stunden ist ihm im Alleingang die Erstbesteigung des 8125 m hohen Nanga Parbat im Westhimalaya gelungen. Ohne künstlichen Sauerstoff und ohne Genehmigung des Arztes Dr. Karl Maria Herrligkoffer, des Leiters der „Willy-Merkl-Gedächtnis-Expedition".

Der „Angriff" auf den gefürchteten Bergriesen, den einst die Nationalsozialisten zum „Schicksalsberg der Deutschen" erklärt hatten, beginnt am 2. Juli 1953. Nach einem Monsuneinbruch hat sich nun das Wetter gebessert, die Aussichten sind günstig. Zusammen mit seinen Bergkameraden Walter Frauenberger, Hans Ertl und Otto Kempter kämpft sich Buhl hoch; in einer Höhe von 6900 Metern wird am Abend das Lager V errichtet; in der Nacht vom 2. auf den 3. Juli trifft der Tiroler dann die folgenschwere Entscheidung: Er bricht gegen 2.30 Uhr allein zum Gipfelsturm auf, noch sind etwa 1300 Höhenmeter zu bewältigen. Mit letzter Kraft schafft er gegen 19 Uhr die letzten Schritte zum Gipfelsieg: „Und dann stehe ich auf dem Gipfel. 8.125 m hoch. Aus dem Anorak hole ich meinen Tiroler Wimpel hervor und binde ihn an den Pickelstiel", wird Buhl später über den größten Augenblick seines Lebens berichten. Als Beweis für seine Anwesenheit am Gipfel lässt er einen Eispickel und die pakistanische Flagge zurück.

Hermann Buhl am Nanga Parbat

Da es rasch dunkel wird, muss Buhl am Rückweg ohne geeignete Ausrüstung in fast 8000 Metern Höhe biwakieren, eine gefährliche Unternehmung, die ihn durch Erfrierungen zwei Zehen kosten wird; zeitweise schwebt er in einem Zustand der Apathie, Sinnestäuschungen suchen ihn heim. Nach 41 Stunden, die er allein am Berg verbracht hat, kehrt er erschöpft und völlig dehydriert ins Lager V zurück; am 7. Juli treffen die vier Bergsteiger wieder im Hauptlager ein.

Für diese alpinistische Großtat wird Hermann Buhl 1953 zum österreichischen „Sportler des Jahres" gewählt; seine Leistung am Nanga Parbat, mit der er zum Wegbereiter für die nachfolgende Generation österreichischer Alpinisten wird, wird zu einer der großen Mythen des Bergsteigens.

Bei dem Versuch, die 7654 m hohe Chogolisa *(Bride Peak)* im Kleinen Karakorum zu besteigen, stürzt Hermann Buhl am 27. Juni 1957 mit einer Schneewechte aus einer Höhe von 7.300 m in die Nordwand des Berges ab und ist seitdem verschollen; erst 1999 finden japanische Bergsteiger seinen Eispickel …

5. Juli 1809

1. Tag der Schlacht bei Wagram

Napoleon, in seiner Ehre als Schlachtenlenker tief gekränkt, will Rache für die Niederlage von Aspern. Vor allem aber sucht er die rasche Entscheidung – auch er weiß, dass mit einem Sieg über *Generalissimus* Carl Österreich in die Knie gezwungen werden kann. So überhastet er im Mai attackiert hat, so minutiös plant er nun den neuerlichen Angriff auf die Österreicher. Erzherzog Carl zögert angesichts der feindlichen Truppenkonzentration weiter, sich auf einen offensiven Feldzugsplan festzulegen; halbherzig richtet man sich auf die Defensive ein: Eine Kette von 16 Erdwerken wird zwischen Aspern und Groß-Enzersdorf aufgeworfen und mit Geschützen bestückt; alle verfügbaren Verstärkungen werden herangezogen. Die glänzende Ausgangslage der letzten Maitage ist dennoch längst verspielt: Aus der zahlenmäßigen Überlegenheit Carls bei Aspern ist nun eine deutliche Unterlegenheit geworden. Nur etwa 120.000 Mann kann der Erzherzog ins Feld stellen; Napoleon dagegen etwa 185.000, dazu kommt ein deutliches Übergewicht der französischen Artillerie.

Am 1. Juli verlegt Napoleon sein Hauptquartier in die Lobau; Schritt für Schritt beginnt der Angriffsplan abzulaufen: Am 4. Juli, es ist ein heißer, gewitterschwüler Sommertag, übersetzen 1.500 französische Elitesoldaten auf 20 Transportschiffen und acht Kanonenbooten von Kaiserebersdorf aus die Donau und landen im Hanselgrund südlich von Enzersdorf; nach nur einer Stunde sind die ersten Brückenköpfe freigekämpft; der Adjutant Marschall Massénas, Oberst Sainte Croix, hat inzwischen mit 2.500 Mann erfolgreich bei Schönau das linke Donauufer erreicht. Unter dem Schutz der angelandeten Infanterie wird sofort mit dem Bau der Brücken über den Stadlerarm begonnen; ein Übergang nach dem anderen wird fertig. Begünstigt wird das Unternehmen durch ein heftiges Gewitter, das am Abend über die Donauauen hereinbricht und den österreichischen Vorposten jede klare Orientierung unmöglich macht. Als Regen, Blitz und Donner schwächer werden, zerreißt plötzlich Kanonendonner die Dunkelheit: Um elf Uhr abends eröffnet die französische Artillerie in der Lobau ein Trommelfeuer auf den Raum Aspern – Essling – Enzersdorf; gedeckt durch diesen gewaltigen Feuerschirm, entwickelt sich der Aufmarsch Napoleons beinahe ungehindert die ganze Nacht über weiter.

Napoleons Gegenschlag beginnt

Am 5. Juli um drei Uhr früh haben 40.000 Mann die Brücken passiert; zu diesem Zeitpunkt hat Erzherzog Carl keine Möglichkeit mehr, den Übergang der Franzosen über die Donau entscheidend zu behindern; das Gesetz des Handelns liegt bei Napoleon. Während nun auch die Truppen der zweiten Linie – die italienische Armee von Vizekönig Eugène, die sächsischen Einheiten unter Bernadotte und die kaiserliche Garde – über die Donau gehen, zögern seine Marschälle keinen Augenblick und stoßen weiter vor; rasch zeigt sich, dass die Erdbefestigungen zwischen Aspern und Enzersdorf nicht verteidigt werden können, da Napoleon sie an den Flanken überflügelt.

Gut gewählte Verteidigungslinie der Österreicher: der Russbach.

Die Reiterei Massénas dringt bis Breitenlee vor; dahinter vollzieht sich der Aufmarsch der *Grande Armée*. Der schwache Widerstand verunsichert jedoch Napoleon, er stoppt daher um zehn Uhr vormittags den Vormarsch und versucht zunächst, ein klares Bild der Lage zu gewinnen – Aufklärer und Gefangenenaussagen lassen bald keinen Zweifel daran, dass Defensivstratege Carl ihn tatsächlich am Russbach erwartet; gegen Mittag befiehlt er das weitere Vordringen seiner Truppen. In glühender Mittagssonne, durch wogende Getreidefelder schieben sich die Franzosen vorwärts, beobachtet von Carl und seinen Generälen, die voll Ungeduld auf Befehle zur Konterattacke warten. Als die vorgehenden Regimenter Oudinots und Davouts in Reichweite der österreichischen Geschütze am Russbach sind, beginnen diese zu feuern; die französische Artillerie antwortet aus den Getreidefeldern heraus.

Am späten Nachmittag ist der Kontakt mit dem Feind hergestellt, doch noch immer ist sich Napoleon über Aufstellung und Absichten des Gegners nicht ganz im Klaren, und so befiehlt er gegen sieben Uhr abends einige Angriffe: Bernadotte soll Wagram einnehmen, Oudinot im Zentrum vorgehen und auch Vizekönig Eugène soll attackieren. Durch seinen persönlichen Einsatz kann Carl jedoch den bald drohenden Durchbruch der französischen Divisionen verhindern; selbst ein Streifschuss lässt ihn keinen Moment zögern. Es gelingt ihm, durch sein Erscheinen auf dem Schlachtfeld die sich bereits zur Flucht wendenden Regimenter zum Stehen und zum Gegenangriff zu bringen; schließlich werden die Franzosen zurückgeworfen – ein Verdienst vor allem der österreichischen Kavallerie.

Bei Einbruch der Dunkelheit hat inzwischen Bernadotte mit den sächsischen Truppen den Angriff auf Wagram begonnen. Den Sachsen gelingt es, Aderklaa zu besetzen und bis zu den Stellungen der österreichischen Batterien in Wagram vorzudringen; der Umstand, dass sie so wie die Österreicher weiße Uniformen tragen, wird ihnen nun allerdings zum Verhängnis: Sie geraten in der Dunkelheit zwischen zwei Feuer, da die nachrückenden französischen Reserven glauben, Österreicher vor sich zu haben. Unter den Sachsen bricht Panik aus, viele suchen mit dem Ruf *Tout est perdu!* („Alles ist verloren!") ihr Heil in der Flucht.

Auch am äußersten rechten Flügel erreicht Napoleon an diesem Abend wenig: Davouts Truppen müssen sich nach heftigen Kämpfen um Glinzendorf und Großhofen in ihre Ausgangsstellungen zurückziehen; die österreichischen Verteidiger zeigen einmal mehr ihre Entschlossenheit. Gegen 23 Uhr stellen die Geschütze auf beiden Seiten das Feuer ein; die Nacht gehört den Wachpatrouillen und Spähtrupps, den Klagen der Verwundeten, die verzweifelt um Hilfe bitten.

6. Juli 1809

2. Tag der Schlacht bei Wagram

In der Nacht über dem Schlachtfeld. Den Soldaten wird etwas Ruhe gegönnt; in den beiden Hauptquartieren arbeitet man jedoch an den Dispositionen für den kommenden Tag. Napoleon hat sein Lager in Raasdorf aufgeschlagen und findet sogar Zeit, um etwas zu schlafen. Erzherzog Carl, der mit seinem Stab in Wagram stationiert ist, denkt dagegen nicht an Schlaf und noch weniger an Essen. Der *Generalissimus*, gestärkt durch die Abwehrerfolge des Abends, will nun alles auf eine Karte setzen – sein Befehl, der um Mitternacht an die Korpskommandanten ergeht, lautet schließlich: Angriff um vier Uhr morgens! Mit der Abkehr von der bisherigen Defensivstrategie will er Napoleon überraschen, im Angriff auf allen Fronten glaubt er nun seine einzige Chance zu sehen, gegen die französische Übermacht bestehen zu können.

Napoleon siegt wieder einmal

Pünktlich um 4 Uhr treten das I. Korps unter Bellegarde und das IV. Korps unter Rosenberg zum Angriff an. Rosenberg hat mit Davout einen überlegenen Gegner vor sich und prompt kommt sein Vorstoß rasch zum Stehen – Davout führt seine Soldaten entschlossen zum Gegenangriff, noch ehe Napoleon, durch den Geschützdonner aus dem Schlaf gerissen, mit Verstärkungen bei ihm eintrifft. Die große Vision Carls von einem Offensivkampf ist damit bereits nach kurzer Zeit hinfällig geworden.

Das unglückliche Agieren des linken österreichischen Flügels und die Abwesenheit der Armee Erzherzog Johanns bringen Napoleon und Davout indes auf eine neue, für Carl gefährliche Idee: Sie planen nun, das Korps Rosenberg zu umfassen und zu vernichten und so einen entscheidenden Vorteil zu erringen.

Im Zentrum gerät inzwischen Aderklaa in den Brennpunkt der Kämpfe: Das Dorf wird von den Franzosen zwar nach erbittertem Kampf genommen, muss aber bald darauf wieder aufgegeben werden, da man zu schwach ist, um einem neuerlichen Angriff der österreichischen Grenadiere zu widerstehen. Doch Napoleon will den Ort unbedingt wieder zurückgewinnen und schickt mit der Division Molitor eine Elitetruppe Massènas in den Kampf. Ihr gelingt es tatsächlich, Aderklaa wieder einzunehmen.

Da das III. österreichische Korps unter Kolowrat und das VI. Korps unter Klenau ihre vorteilhafte Lage nicht ausnutzen und zwischen Aspern und Breitenlee bzw. bei Eßling stehen bleiben, geht nun Napoleon daran, seinen Plan vom frühen Morgen, die Umfassung von Carls linkem Flügel, in die Tat umzusetzen: Zwei Infanteriedivisionen Davouts vollziehen dazu einen Schwenk nach Osten, überschreiten den Russbach bei Leopoldsdorf im Marchfeld und greifen dann die Flanke des IV. österreichischen Armeekorps an; gleichzeitig gehen zwei weitere Divisionen frontal gegen Rosenbergs Linie vor. Unterstützt werden diese Elitetruppen Davouts von leichter und schwerer Kavallerie – eine gewaltige Massierung von Kräften, der Rosenberg und Erzherzog Carl, der persönlich hierher eilt und für einige Zeit das Gefecht leitet, nichts Entsprechendes entgegensetzen können. Noch hofft man auf das Eintreffen der Truppen Erzherzog Johanns; mit dem Mut der Verzweiflung wehrt man mehrere Sturmangriffe auf Markgrafneusiedl ab; um 11 Uhr wird die Lage an diesem Eckpfeiler der österreichischen Frontlinie jedoch kritisch: Im Kampf Mann gegen Mann, mit aufgepflanztem Bajonett, drängt die französische Übermacht die Österreicher zurück.

Im Zentrum holt Napoleon selbst zum großen Schlag aus: Durch die Zentrierung von 100 Geschützen in einem „Großen Block" bereitet er den Generalsturm vor – die Front der Österreicher soll „sturmreif" geschossen und dann durchbrochen werden. Der mörderische Geschosshagel der „Großen Batterie" lichtet zwar die österreichischen Reihen, doch die Soldaten Carls weichen nicht: Sowohl der Angriff der schweren Reiterei Bessières als auch wiederholte Infanterieangriffe werden aufgefangen, noch einmal

Das Blutbad von Wagram wird zur Moritat: Detail aus einem zeitgenössischen Bilderbogen.

erleiden auch die Franzosen schwere Verluste. Die Schlacht ist dennoch entschieden. Carl hat keine Reserven mehr, die er in den Kampf werfen kann, die zahlenmäßige Unterlegenheit der Österreicher wird nun zum großen Nachteil. Die Lage am linken Flügel ist bereits aussichtslos, das IV. Korps Rosenbergs schwer geschlagen; am rechten Flügel hat Masséna die Initiative ergriffen und drängt das VI. Korps Klenaus zurück. Als gegen 14 Uhr eine Nachricht Erzherzog Johanns aus Marchegg einlangt, in der dieser sein Eintreffen erst für den Abend ankündigt, ist auch die letzte Hoffnung auf eine Wendung der Dinge endgültig zerstört. Da mit einer Fortsetzung des Kampfes die Verluste nur noch größer würden, beschließt Carl, die Schlacht abzubrechen – um 15.30 Uhr gibt er den Befehl zum Rückzug in Richtung Bisamberg und Brünner Straße. Trotz großer Erschöpfung gelingt es, sich in geordneter Weise vom Feind zu lösen, zahlreiche Verwundete und ein Teil des Nachschubs, der das Tempo nicht halten kann, fallen allerdings in die Hände des Feindes.

Die Verluste auf beiden Seiten sind enorm: jeweils ca. 30.000 Mann an Toten und Verwundeten; etwa 7.000 österreichische Soldaten geraten in französische Gefangenschaft. Bis zu diesem Zeitpunkt ist die Schlacht von Wagram die größte und verlustreichste seit Beginn der napoleonischen Kriege.

Für Erzherzog Carl bedeutet Wagram das Ende seiner militärischen Karriere. Eine Woche später muss er, mittlerweile von den Franzosen bis Znaim abgedrängt, die harten Waffenstillstandsbedingungen Napoleons akzeptieren.

7. Juli 1683

Es kann bei guten Tagen ein jeder Kaiser sein!

Für Karl von Lothringen, den Befehlshaber der kaiserlichen Truppen, gibt es am Morgen des 7. Juli 1683 keinen Zweifel mehr: Großwesir Kara Mustafa rückt mit seinem Riesenheer gegen Wien vor. Da feindliche Einheiten bereits die Leitha überschritten haben, befiehlt er den raschen Rückzug, dennoch kann nicht verhindert werden, dass bei Regelsbrunn eine Train-Kolonne der kaiserlichen Kavallerie von Tataren überfallen wird. Etwa 300 Tote sind zu beklagen, unter den Schwerverwundeten ist auch Prinz Ludwig Julius von Savoyen, der Bruder des später so berühmten Prinzen Eugen; er ist mit seinem Pferd so unglücklich gestürzt, dass ihm der Sattelknauf den Brustkorb eingedrückt hat. Notdürftig verarztet, wird er nach Wien gebracht, erliegt hier aber seiner Verletzung.

Die Flucht Leopolds I. aus Wien

Es ist etwa zwei Uhr nachmittags, als die Nachricht von dem unglücklichen Gefecht in Wien eintrifft und geradezu hysterische Panik auslöst. Der Kaiser, so erklären seine Berater, dürfe sich keine *Viertelstundt* länger in Wien aufhalten, wolle er nicht von den Türken *eingespehrt* werden. Auch Leopold I., der sich tags zuvor bei Gießhübl noch sorglos auf Hirschjagd begeben hat, erkennt jetzt die Gefahr: Um sechs Uhr abends ruft er alle anwesenden geheimen Räte zu sich und will von ihnen wissen, ob er Wien verlassen solle – die Herren sind sich rasch einig: Der Kaiser müsse ohne *Zeitverliehrung* noch an diesem Abend abreisen, am sichersten sei wohl der Weg über die Brücke nach Korneuburg und weiter donauaufwärts nach Krems. Der Befehl zur Abreise löst in der Hofburg *unglaubliche Confusion* aus, Oberstallmeister Graf Harrach schafft es aber irgendwie, in der kurzen Zeit die Fuhrwerke und Hofwägen bereitzustellen; der Kaiser gibt inzwischen den Verteidigern der Stadt, Graf Ernst Rüdiger von Starhemberg und Graf Zdenko Kaplir, die letzten Instruktionen. Um acht Uhr abends besteigt der Kaiser die Kutsche, die Kaiserin lässt sich in der Sänfte tragen, mit ihr flüchten die Töchter Antonia und Elisabeth, der knapp fünfjährige Kronprinz Joseph und die Kaiserinwitwe Maria Eleonore; gedeckt wird der Zug von 200 Kürassieren, 100 Mann von der Stadtguardia hat man nach Korneuburg vorausgeschickt. Als die kaiserliche Wagenkolonne Langenzersdorf passiert, wird sie von *mit Röhren und Gewöhr* bewaffneten Bauern heftig beschimpft: „Es kann bei guten Tagen ein jeder Kaiser sein!", rufen sie Leopold zu, wütend darüber, dass man sie wieder einmal im Stich lässt und sie selbst sehen müssen, wie sie überleben. Immer wieder hatte Leopold betont, dass ihm die Sicherheit der Erblande über alles gehe – nun ist davon keine Rede mehr, das Land südlich der Donau wird den „Rennern und Brennern" schutzlos preisgegeben.

8. Juli 1991

Wir bekennen uns zu allen Daten unserer Geschichte …

Es ist nicht wegzuleugnen: Viele Österreicherinnen und Österreicher haben den „Anschluss" 1938 begrüßt, ja, viele haben aktiv daran mitgewirkt, haben ihn herbeigesehnt und herbeidemonstriert. Viele Österreicherinnen und Österreicher haben sich aktiv am Holocaust, am Massenmord an Behinderten und Kranken beteiligt, und viele haben einfach nur zugeschaut. Diese Mitverantwortung und Mitschuld der österreichischen Gesellschaft am Nazi-Terror ist eine historische Tatsache.

Die Erklärung zur Mitverantwortung Österreichs an den NS-Verbrechen

46 Jahre nach dem Ende des Zweiten Weltkriegs bekennt sich erstmals eine österreichische Bundesregierung zur Mitverantwortung Österreichs an den nationalsozialistischen Verbrechen. Vor dem Nationalrat erklärt Bundeskanzler Franz Vranitzky: „Wir bekennen uns zu allen Daten unserer Geschichte und zu den Taten aller Teile unseres Volkes, zu den guten wie zu den bösen; und so wie wir die guten für uns in Anspruch nehmen, haben wir uns für die bösen zu entschuldigen – bei den Überlebenden und bei den Nachkommen der Toten …"

Der Nazi-Ungeist lebt dennoch weiter: Simon Wiesenthal auf dem mit Hakenkreuzen beschmierten jüdischen Friedhof in Eisenstadt, Oktober 1992.

Die Übernahme von Mitverantwortung ist ein Schritt, der zweite ist die eingehende Auseinandersetzung mit dem „ideologischen Erbe" der NS-Zeit. Tatsächlich brodelt unter der sauberen Opfer-Mythos-Decke noch immer der Sumpf des NS-Weltbildes. Der Historiker Karl Stuhlpfarrer schrieb dazu 1999 in seiner Studie *Eigenheit und Fremde. Die österreichische Transformation der NS-Vergangenheit:* „Es besteht kein Zweifel, dass wesentliche Elemente der nationalsozialistischen Ideologie in der einen oder anderen Intensität in Österreich noch immer von kollektiver Bedeutung sind: Antisemitismus, Fremdenhass und autoritäre Persönlichkeitsstrukturen sind in Österreich nicht ausgestorben."

9. Juli 1386

Lieber mit Ehren sterben, als schändlich leben!

Ende des Jahres 1385 spitzt sich der schwelende Konflikt zwischen eidgenössischer und habsburgischer Partei zu, es ist eine Auseinandersetzung, die vor allem auch soziale Ursachen hat: hier die aufstrebenden Stadt- und Talkommunen, da die auf ihre alten Privilegien pochende Ritterschaft. Im Dezember 1385 ergreifen die Erben Wilhelm Tells die Initiative: Truppen der Stadt Zürich ziehen gegen Rapperswil und Luzerner Kriegsvolk plündert die österreichischen Ämter Rothenburg und Wollhusen. Am 22. Februar 1386 wird zwar ein Waffenstillstand geschlossen, beide Seiten rüsten jedoch für den entscheidenden Kampf.

Die Schlacht von Sempach

Herzog Leopold III., später mit dem Beinamen „der Gerechte" ausgezeichnet, sieht sich angesichts dieser bedenklichen Entwicklung gezwungen, selbst einzugreifen. Im April 1386 trifft er im Aargau ein; er hat seine Vasallen und Verbündeten um Hilfe angerufen und viele vornehme Herren stoßen zu seinem Heerbann, der sich bei Basel versammelt – ein stolzes Ritterheer, das durch seine bloße Präsenz die Eidgenossen einschüchtern soll. Als Leopold ihnen jedoch ein Angebot zur Güte macht – vierzig Jahre Frieden bei Rückgabe der Eroberungen –, lehnen diese ab und setzen ihre Angriffe fort.

Herzog Leopold sieht sich veranlasst zu handeln. Am Morgen des 9. Juli bricht er mit seinem Heer vom Städtchen Sursee gegen Sempach auf. Ein heißer Hochsommertag kündigt sich an; der Herzog, der an der Gicht leidet, hält sich bei der Hauptkolonne des Heeres auf. Da man auf Kundschafterdienste leichtsinnigerweise keinen besonderen Wert legt, ist man nicht wenig überrascht, als man sich bei der Verfolgung einiger feindlicher Kämpfer beim sogenannten „Meiersholz" plötzlich der eidgenössischen Hauptmacht gegenübersieht. Da das Meiersholz, ein nach Norden ansteigendes Hochplateau, durchzogen von Wald und Bächen mit zum Teil sumpfigem Gelände, für einen Angriff der schweren österreichischen Reiterei ungünstiges Terrain bietet, lässt Leopold seine Ritter absitzen und in zwei Treffen Aufstellung nehmen, dahinter postiert er das Fußvolk und den Tross; in geschlossener Formation und mit den langen Lanzen der Ritter will man die feindlichen Kämpfer auf Distanz halten. Der Vorteil eines wuchtigen berittenen Ansturms auf das feindliche Fußvolk ist damit dahin; da es bereits gegen Mittag geht, leiden die Männer in den Platten- und Kettenharnischen und unter den schweren Eisenhelmen an Hitze und Durst; die mit langen Sporen versehenen Schnabelschuhe schränken ihre Beweglichkeit ein.

Nach einem letzten Kriegsrat im Schatten des Waldes entschließen sich die Eidgenossen zum Angriff auf das habsburgische Heer und rücken in einem viereckigen Haufen aufgestellt, etwa 80 Mann breit und 25 Mann tief, ausgerüstet mit Streitäxten und Hellebarden, gegen die lanzenstarrende Front des Feindes vor.

Im österreichischen Lager ist man noch zuversichtlich. So meint angeblich Feldhauptmann Johann von Ochsenstein, bekannt für seine lose Zunge, zu Leopold: „Diese Bauern wollen wir Euch vor der Nacht gesotten oder gebraten ausliefern."

Tatsächlich können die Eidgenossen nach dem ersten Zusammenprall zurückgedrängt werden, Stephan von Silinen, der Anführer der Luzerner, fällt und erste Kämpfer ergreifen bereits die Flucht. Da ist es, so die Schweizer Heldenlegende, Arnold Winkelried von Unterwalden, der mit den legendären Worten „Ich will euch eine Gasse machen!“ eine Anzahl feindlicher Lanzen umfasst, sich in diese hineinstürzt und mit seinem Körper zu Boden zieht. Über den sterbenden Helden hinweg stürmen seine Kameraden in die dadurch geschaffene Lücke im „Lanzenwall“ und können nun gegen die schwerfälligen Ritter ihre Überlegenheit ausspielen. Schonungslos erschlagen sie ihre Gegner, es werden keine Gefangenen gemacht. Auch Feldhauptmann Johann von Ochsenstein fällt unter den Hieben der Streitäxte.

Arnold Winkelried „schafft eine Gasse“. Detail vom Riesengemälde im Rathausmuseum Sempach.

Leopold, den seine Freunde vergeblich bitten, sich in Sicherheit zu bringen, stürzt sich ins Schlachtgewühl und ruft seinen Kampfgefährten angeblich noch zu: „Ich will mit meinen Rittern und Knechten heute sterben und genesen, mit dem Meinen, auf dem Meinen und um das Meine; lieber mit Ehren sterben, als schändlich leben.“ Als er tödlich getroffen zu Boden sinkt, werfen sich seine Begleiter auf ihn, um ihn zu schützen, auch sie werden von den Schweizern erschlagen. Um acht Uhr abends stirbt Leopold III., erst 35 Jahre alt.

Die überlebenden Ritter wenden sich zur Flucht, um schneller laufen zu können, schneiden sich so manche noch die Schnäbel von den Schuhen; die österreichische Nachhut räumt das Feld fluchtartig. Auf dem Schlachtfeld liegen über 1.000 Tote des habsburgischen Heeres, unter ihnen etwa 700 Ritter.

Die Mehrzahl der habsburgischen Toten wird in einem Massengrab gleich auf dem Schlachtfeld bestattet; über diesem Grab wird später eine einfache Kapelle errichtet; ihr Hochaltar, so die Überlieferung, soll jene Stelle bezeichnet haben, an der Herzog Leopold den Tod fand. Die Leichname des gefallenen Herzogs und einiger seiner adligen Gefolgsleute werden ins Kloster Königsfelden überführt und dort bestattet.

Die Schlacht wird zum Mythos und gewinnt zentrale Bedeutung für den Aufstieg der jungen Eidgenossenschaft; der Tag von Sempach wird zum „Ehrentag“ der Nation.

10. Juli 1522

Erzherzog Ferdinand bricht die Macht der Stände

Auf dem Marktplatz von Wiener Neustadt beginnt der Prozess gegen die führenden Männer der ständischen Opposition. Um sieben Uhr morgens erscheint Erzherzog Ferdinand, begleitet von seinem Gefolge und dem Richterkollegium, und schreitet zur Tribüne, wo man für ihn einen mit Goldstoff überzogenen Thronsessel vorbereitet hat. Der 19-jährige Landesfürst ist seit Juni wieder in den österreichischen Erblanden und fest entschlossen, mit diesem „neuen Regiment" abzurechnen, das sich nach dem Tod seines Großvaters Maximilian erkühnt hat, die Regierungsgechäfte selbst zu übernehmen, zumindest bis zur Ankunft des neuen Herrschers. Ferdinand versteht zwar kaum ein Wort Deutsch, empfindet aber das Vorgehen der Wiener und niederösterreichischen Stände im Bewusstsein seines Gottesgnadentums als Akt des Aufruhrs; die Ständeführer ahnen nichts von diesen Rachegelüsten ihres neuen Herrn und sind dem Befehl, nach Wiener Neustadt zu kommen, bereitwillig gefolgt.

Das Wiener Neustädter Blutgericht

Nach einer kurzen Ansprache von Dr. Heinrich Winkelhofer, dem Kanzler von Württemberg, werden die zwölf Richter vereidigt – niederländische und süddeutsche Höflinge, die von der Situation in den Erblanden wenig Ahnung haben, dafür aber treu ergeben sind, unter ihnen Peter Bonomo, der Großkanzler des Erzherzogs, und Antoine de Croÿ, sein erster Kämmerer und erzherzoglicher Rat. Ferdinand kann sich sicher sein, dass dieses Kollegium so richtet, wie er es wünscht. Fortgesetzt wird, taktisch klug, mit einer fast dreistündigen Rede von Dr. Johann Schneidpöck, dem Kanzler des „alten Regimentes", der seinen Standpunkt ausführlich darlegen darf. Dr. Viktor Gampus, dem Verteidiger der Ständevertreter, bleibt nichts anderes übrig, als um Bedenkzeit bis zum nächsten Tag zu bitten – die Verhandlung wird daraufhin vertagt, Ferdinand zieht sich in die Burg zurück.

In der Verhandlung am 16. Juli wird der Antrag von Gampus, weitere schriftliche Beweismittel vorlegen zu dürfen, vom Gericht als „unnötig" abgelehnt; bereits am 23. Juli findet die Urteilsverkündigung statt; der Sekretär Hans Oder verliest die Urteile: Acht Ständeführer werden wegen widerrechtlicher Aufrichtung einer neuen Landesordnung, Beschlagnahmung von Kammergut und Ausübung des Blutbannes sowie der „Anmaßung", Münzen prägen zu lassen, zum Tode verurteilt; Viktor Gampus muss die Erblande für drei Jahre verlassen. Noch während Ferdinand wieder in seine Räumlichkeiten in der Burg zurückkehrt, nehmen seine Häscher die ersten Verhaftungen vor; am 9. August werden die Adeligen Michael von Eytzing und Hans von Puchheim auf dem Marktplatz enthauptet, am 11. August der Wiener Bürgermeister Dr. Martin Siebenbürger und die Ratsherren Hans Rinner, Friedrich Pietsch, Stephan Schlagindweit, Martin Flaschner und Hans Schwarz. Die Hinrichtungen sind dem gekränkten Ferdinand nicht genug: Am 16. August entzieht er der Stadt Wien, seiner künftigen Residenz, sämtliche Privilegien und Gewohnheitsrechte.

11. Juli 1936

Wir sind so deutsch, so selbstverständlich deutsch ...

Bundeskanzler Kurt Schuschnigg will sich diesen Triumph, wie er glaubt, nicht nehmen lassen: Für den Abend wird eine Sondersendung im Rundfunk angesetzt; Schuschnigg selbst präsentiert der österreichischen Bevölkerung die Ergebnisse der Verhandlungen mit dem deutschen Gesandten Franz von Papen. In der Tat, der Wortlaut des Übereinkommens mit dem Deutschen Reich, drei Jahre nach Verhängung der Tausend-Mark-Sperre und zwei Jahre nach dem Dollfuß-Mord, gibt Anlass zur Hoffnung: „1. Im Sinne der Feststellungen des Führers und Reichskanzlers vom 21. Mai 1935 anerkennt die deutsche Reichsregierung die volle Souveränität des Bundesstaates Österreich.

Das Juliabkommen

2. Jede der beiden Regierungen betrachtet die in dem anderen Lande bestehende innenpolitische Gestaltung, einschließlich der Frage des österreichischen Nationalsozialismus, als eine innere Angelegenheit des anderen Landes, auf die sie weder unmittelbar noch mittelbar Einwirkung nehmen wird.

3. Die österreichische Bundesregierung wird ihre Politik im allgemeinen wie insbesondere gegenüber dem Deutschen Reich stets auf jener grundsätzlichen Linie halten, die der Tatsache, dass Österreich sich als deutscher Staat bekennt, entspricht. [...]“

In seiner Rede „namens aller aufrechten und einsichtigen Österreicher“, die der Verlautbarung des Abkommens folgt, gibt Schuschnigg der „sicheren Hoffnung“ Ausdruck, dass „die Wiederkehr normaler freundnachbarlicher Beziehungen mit dem Deutschen Reich nicht nur den beiden deutschen Staaten und somit dem gesamten deutschen Volk zum Segen gereiche, sondern dass damit ein wertvoller Beitrag zur Sicherung des europäischen Friedens geleistet werde“, wieder einmal beschwört er die „Schicksalsverbundenheit“ mit Deutschland und nutzt dann die Gelegenheit, um für das „Dollfuß-Programm“, die Maiverfassung 1934 und die Vaterländische Front zu werben; hier hätten alle Österreicher die Möglichkeit, „auf dem Boden der Heimat den Interessen und der Zukunft des deutschen Volkstums zu dienen“, sie allein sei das „politische Tätigkeitsfeld für alle Österreicher“. Dass er mit dem „betont nationalen“ Nachrichtenoffizier Edmund Glaise-Horstenau und Dr. Guido Schmidt, dem Kabinettsvizedirektor von Bundespräsident Miklas, zwei Vertrauensleute der Nationalsozialisten in die Regierung holen muss, wird nur am Rande registriert.

Die Zeitungen jubeln jedenfalls über den „Weg der Normalisierung“, der nun beschritten würde. „Friede zwischen Österreich und Deutschland“ lautet die Schlagzeile im *Kleinen Blatt*, das die „zähe, zielbewusste und unbeirrbare Politik“ von Bundeskanzler Schuschnigg für diese Einigung mit Hitler verantwortlich macht. Er habe damit „einen wichtigen Beitrag zur Erhaltung des gesamteuropäischen Friedens“ und vor allem auch die Grundsätze von Engelbert Dollfuß verfolgt, der einst verkündet hatte: „Wir sind so deutsch, so selbstverständlich deutsch, dass es uns überflüssig vorkommt, dies eigens zu betonen. Wir wollen diesem deutschen Volk ehrlich und treu dienen.“

12. Juli 1916

So lachte der Fenriswolf, als die Welt in Flammen aufschlug …

Wie Schwerverbrecher in Ketten geschlossen, auf einem offenen Leiterwagen, haben die Österreicher ihre beiden prominenten Gefangenen ins Tal nach Trient gebracht: den Abgeordneten zum Reichsrat Dr. Cesare Battisti, die Symbolfigur des Trentiner Irredentismus, und seinen aus Pisino in Istrien stammenden Kameraden Dr. Fabio Filzi. „Alle an die Front – mit den Schwertern und mit den Herzen!", hatte Battisti, seit 1914 auch Abgeordneter im Tiroler Landtag, pathetisch in einer letzten Rede vor seiner Meldung als Kriegsfreiwilliger gerufen – nun will man ihm den „Verrat" heimzahlen.

Die Hinrichtung des Cesare Battisti

Um neun Uhr morgens tritt das Landwehrfeldgericht beim k. u. k. Militärstationskommando Trient in der *Stua della famea*, dem Refektorium der Höflinge, im ersten Stock des *Castello del Buonconsiglio* zusammen. Kommandant im Castello ist Oberst Josef Stiller, unter seiner schützenden Hand nimmt die Tragödie ihren Lauf. Ankläger des „Journalisten und gewesenen (sic!) Reichsrats- und Landtagsabgeordneten" ist k. k. Oberleutnant-Auditor Dr. Hans Bitschnau; zum Amtsverteidiger der Angeklagten hat man Oberleutnant Herbert Fischer bestellt; den Wunsch Battistis nach einem Verteidiger seines Vertrauens hat man abgelehnt. Verhandlungsleiter ist k. k. Oberleutnant-Auditor Dr. Karl Ißleib; das Feldgericht wird von k. u. k. Offizieren gebildet; Vorsitzender des Gerichts ist Karl Edler von Gratzy. Und auch Zeugen hat man aufgeboten: Oberleutnant Franz Schlums aus Leitmeritz und einige unmittelbar an der Gefangennahme Battistis beteiligte Soldaten – mehr als einige unwesentliche Details können die braven Krieger nicht beitragen. Nach der Einvernahme der Zeugen lässt der Vorsitzende durch den Militäranwalt die Standrechtsordnung vortragen; dann werden die Angeklagten zum Inhalt der Anklage befragt – Battisti und Filzi erklären, dass sie die Anklage verstanden hätten und schuldig (!) seien.

Oberleutnant Fischer versucht zwar zu Recht, die Kompetenz des Standgerichts anzuzweifeln, dringt damit aber nicht durch, auch der Hinweis auf mildernde Umstände wird nicht zur Kenntnis genommen. Hans Bitschnau steht auf dem Standpunkt, dass die Angeklagten einer Begnadigung „nicht würdig" seien, und auch Verhandlungsleiter Dr. Ißleib sieht sich keineswegs in der Lage, „die Angeklagten einer Begnadigung zu empfehlen". Der Tod der beiden „Hochverräter" ist beschlossene Sache; nach nur zwei Stunden Prozessdauer steht das Urteil „Tod durch den Strang" fest; niemand kümmert es, dass Battisti als Abgeordneter zum Reichsrat über parlamentarische Immunität verfügt. In der Begründung des Urteils ist von „Langjährigkeit der verräterischen Gesinnungsbetätigung" die Rede und vom „würdelosen Anschluss an einen auch vom moralischen Standpunkt aus verächtlichen Feind". Erschwerend komme weiters hinzu, dass er „ein Rädelsführer und zweifellos einer der Ursächer des Banditenüberfalls Italiens gegen die Monarchie" sei – der „Tatbestand des Urteilsspruches in subjektiver und objektiver Richtung" sei damit erwiesen.

„Ein Schandfleck, der in Äonen nicht untergehen wird" (Karl Kraus): das „Gruppenfoto" mit dem Henker Josef Lang.

Ihre letzten Stunden verbringen die beiden Verurteilten in winzigen weißgekalkten Zellen – einem wahren Schandfleck in diesem Paradies der Kunst und Lebenslust, hat man doch einfach eine Renaissance-Loggia im Garten des Castello vermauert. Bereits am Vormittag des 11. Juli – einen Tag vor der standgerichtlichen Verhandlung – hat man im Straflandesgericht Wien „über telephonisches Verlangen" des Militärkommandos Trient Scharfrichter-Legende Josef Lang „in Marsch gesetzt".

Überliefert sind die Worte, die Battisti an den Gefängniskaplan Posch richtet, der zu ihm in die Zelle kommt: „Ich habe lang genug gelebt und genug erreicht, um sagen zu können, dass ich mein Leben nicht vergeudet habe. Mit meinen 42 Jahren habe ich mehr erreicht als andere in einem langen Leben erreichen können."

Es ist 19.14 Uhr, als Scharfrichter Lang an der zum Teil von Felsen gebildeten „Nordwand" des alten Schlossparks mit der Exekution der beiden Verurteilten beginnt. Mit schwarzen Glacehandschuhen schreitet er zu einer der „interessantesten Hinrichtungen" seiner Karriere. Battisti ist als Erster an der Reihe: Die beiden Gehilfen lösen die Riemen von dem Verurteilten und heben ihn zum Galgen empor. Lang steht auf einer Treppe hinter dem Richtpflock und legt Battisti sofort eine kurze Doppelschnur um den Hals. Die Schnur, ein Produkt des Hofseilers in Wien, hat Lang aus der Hauptstadt mitgebracht, sie ist aus Hanf, „sehr weich und eingeseift". Das Ende der Hanfschnur wird an einem Haken am oberen Ende des Galgens befestigt. Auf einen Wink hin ziehen die Gehilfen an den Füßen des Verurteilten – ein jäher, plötzlicher Ruck; der Todeskampf Battistis beginnt.

Genau 13 Minuten nach Beginn der Hinrichtungen, um 19.27 Uhr, ist alles vorbei. Cesare Battisti und Fabio Filzi sind tot. Ihr Sterben hat einer der zusehenden österreichischen Offiziere in mehreren Fotografien festgehalten. Zum „Andenken" arrangiert er noch ein Schlussbild: Am Richtpflock hängt der tote Cesare Battisti, dahinter steht, feist und triumphierend feixend, Josef Lang, zufrieden mit seiner „Arbeit"; ebenso gut gelaunt grinsen die beiden Gehilfen Langs und die umstehenden Offiziere in die Kamera – „so lachte der Fenriswolf, als die Welt in Flammen aufschlug", wird Karl Kraus in seinem Weltkriegsdrama *Die letzten Tage der Menschheit* feststellen.

13. Juli 1999

Fünf Paragraphen für ein atomfreies Österreich

Der „Energieplan" der Regierung Bruno Kreisky sieht 1976 noch den Bau von drei Atomkraftwerken in Österreich vor. Die geplanten Standorte: das bereits seit 1972 im Bau befindliche Zwentendorf, St. Pantaleon-Erla bei Amstetten im westlichen Niederösterreich und St. Andrä in Kärnten. 23 Jahre später sind es fünf Paragraphen, die das Umdenken in der österreichischen Energie- und Umweltpolitik festschreiben: Das Atomsperrgesetz wird vom Nationalrat einstimmig am 13. 7. 1999 als „Bundesverfassungsgesetz für ein atomfreies Österreich" in den Verfassungsrang erhoben.

P. b. b. Verlagspostamt 1030 Wien WoGZ 213U

1161

BUNDESGESETZBLATT

FÜR DIE REPUBLIK ÖSTERREICH

Jahrgang 1999 **Ausgegeben am 13. August 1999** **Teil I**

149. Bundesverfassungsgesetz: Atomfreies Österreich
(NR: GP XX AB 2026 S. 179. BR: AB 6033 S. 657.)

149. Bundesverfassungsgesetz für ein atomfreies Österreich

Der Nationalrat hat beschlossen:

§ 1. In Österreich dürfen Atomwaffen nicht hergestellt, gelagert, transportiert, getestet oder verwendet werden. Einrichtungen für die Stationierung von Atomwaffen dürfen nicht geschaffen werden.

§ 2. Anlagen, die dem Zweck der Energiegewinnung durch Kernspaltung dienen, dürfen in Österreich nicht errichtet werden. Sofern derartige bereits bestehen, dürfen sie nicht in Betrieb genommen werden.

§ 3. Die Beförderung von spaltbarem Material auf österreichischem Staatsgebiet ist untersagt, sofern dem völkerrechtliche Verpflichtungen nicht entgegenstehen. Von diesem Verbot ausgenommen ist der Transport für Zwecke der ausschließlich friedlichen Nutzung, nicht jedoch für Zwecke der Energiegewinnung durch Kernspaltung und deren Entsorgung. Darüber hinaus sind keine Ausnahmegenehmigungen zu erteilen.

§ 4. Durch Gesetz ist sicherzustellen, daß Schäden, die in Österreich auf Grund eines nuklearen Unfalles eintreten, angemessen ausgeglichen werden und dieser Schadenersatz möglichst auch gegenüber ausländischen Schädigern durchgesetzt werden kann.

§ 5. Die Vollziehung dieses Bundesverfassungsgesetzes obliegt der Bundesregierung.

Klestil

Klima

14. Juli 1683

Und alsobald loderte allenthalben das Feuer des Kampfes und Streites auf

Den Verteidigern auf den Wällen Wiens bietet sich ein grandioses Schauspiel. Die Streitmacht Kara Mustafas, gefolgt von einem unübersehbaren Tross mit zahllosen Wägen, mit Pferden, Kamelen und Büffeln, umschließt die Stadt: von St. Marx bis zur Donau. Zuerst trifft der Rossschweif des Großwesirs ein, dann er selbst: *Dem Herkommen gemäß zu seiner Rechten und Linken die Sipahi und Silidahr sowie die Beglerbeg von Anatolien und Rumelien und vor ihm die zur Vorhut eingeteilten Paschas, so ritt er in wohlgeordnetem Zuge und langsamen Schrittes vor die Festung Wien.* Erste Aufgabe seines Gefolges ist es, einen Platz für die Zeltburg zu finden. Nachdem Kara Mustafa dort in einem rasch provisorisch aufgeschlagenen Zelt kurz geruht hat, besteigt er wieder seinen *edlen Renner*, um sich das Gelände anzusehen. In gemeinsamer Beratung mit den Truppenführern wird dann das Vorgehen Punkt für Punkt besprochen: das Anlegen der Laufgräben für die Sturmtruppen, die Position der Geschützstellungen und die Kommandos in den einzelnen Abschnitten. Wie offensichtlich seit längerem fix geplant, will man die Festung des *Giaurenkönigs* im Bereich Löwelbastei bis Burgbastei angreifen. Am linken Flügel werden Ahmed Pascha, der Beglerbeg von Jenö, Binamaz Halil Pascha, der Beglerbeg von Sivas, und Süleyman Aga, der Samuncubaşi (= „Hundewärter", Befehlshaber der 71. Janitscharenkompanie), kommandieren; am rechten Flügel der verwegene Kara Mehmed Pascha sowie Deli Bekir Pascha, der Beglerbeg von Aleppo, Ahmed Pascha, der Beglerbeg von Anatolien, und Mustafa Aga, der Zagarcibaşi (= „Rüdenwärter", Befehlshaber der 64. Janitscharenkompanie). Im Mittelabschnitt, der letztlich dem Großwesir selbst unterstellt ist und von wo aus der Burgravelin angegriffen werden soll, führt traditionsgemäß der Aga der Janitscharen der Hohen Pforte, Bekri Mustafa Pascha, das Kommando, ihm zur Seite stehen der Janitscharenpräfekt Celebi Ismail Aga und Küçük Hasan Pascha, der Beglerbeg von Rumelien. An alle Kommandeure ergeht der Befehl, unverzüglich mit dem Anlegen der Laufgräben zu beginnen; jedem der drei Kampfabschnitte werden fünf Kolumbrine- und 20 Sahigeschütze zugeteilt.

Beginn der Zweiten Türkenbelagerung

Nach altem Brauch wird ein Schreiben an die Stadt gerichtet, in dem sie zur Übergabe und zur Annahme des Islam aufgefordert wird, andernfalls drohe bei Eroberung der Tod durch das Schwert. Graf Starhemberg, der nüchterne Kriegsmann, würdigt die Epistel des Großwesirs nicht einmal einer Antwort – *und alsobald loderte allenthalben das Feuer des Kampfes und Streites auf [...]*

15. Juli 1927

Polizeipräsident Johann Schober lässt auf Demonstranten schießen

Am Sonntag, dem 30. Jänner 1927, kommt es im burgenländischen Ort Schattendorf zu einem folgenschweren Zwischenfall: Drei Frontkämpfer schießen mit Schrotladungen auf Schutzbündler, die Schüsse haben eine furchtbare Wirkung: Matthias Csmarits, ein arbeitsloser Kriegsinvalide, wird in Kopf und Nacken getroffen und ist sofort tot; der siebenjährige Schüler Josef Grössing, der dem Zug der Schutzbündler nachgelaufen ist, wird durch einen Herzschuss getötet.

Der Brand des Justizpalastes

Am 5. Juli 1927 beginnt im Wiener Landesgericht für Strafsachen II der Prozess gegen die Täter. Die Angeklagten bestreiten zwar nicht, die tödlichen Schüsse abgegeben zu haben, sie beharren jedoch darauf, dass sie nicht in der Absicht geschossen haben, zu töten oder zu verletzen. Das Urteil der Geschworenen am 14. Juli 1927 ist dennoch für viele überraschend: Freispruch!

Die Empörung in der Öffentlichkeit über das „Schandurteil" ist groß; in einem Leitartikel am 15. Juli in der *Arbeiter-Zeitung* beschimpft Chefredakteur Friedrich Austerlitz die Geschworenen wutentbrannt als „eidbrüchige Gesellen"; bereits in den Morgenstunden kommt es zu Demonstrationen, zu Mittag, etwa um 12.15 Uhr, wird der Justizpalast gestürmt, Akten werden aus den Fenstern geworfen; knapp eine Viertelstunde später wird eine erste Brandmeldung an die Feuerwehrzentrale durchgegeben. Die ankommenden Löschwagen werden jedoch durch die Menge behindert, Wasserschläuche werden zerschnitten; vergeblich versuchen Bürgermeister Karl Seitz und Schutzbundchef Julius Deutsch die aufgebrachte Menge zu beruhigen – da rücken auf Befehl des Wiener Polizeipräsidenten Johann Schober etwa 600 mit Infanteriegewehren bewaffnete Polizisten an; um etwa 14.30 Uhr eröffnen sie das Feuer auf die Demonstranten: 89 Todesopfer und 600 Schwerverletzte sind die Folge.

Das beispiellose Blutbad vor dem Justizpalast zerstört die Gesprächsbasis zwischen Wiener Landesregierung und Bundesregierung endgültig; Intellektuelle wie Karl Kraus fordern den Rücktritt des »Arbeitermörders« Schober, heftige Kritik wird an Bundeskanzler Seipel, dem »Prälaten ohne Milde«, geübt. Für den Schutzbund, aber auch für die Heimwehren wird das Massaker beim Justizpalast zu einem wichtigen Argument im Hinblick auf eine weitere Aufrüstung – die Demokratie hat eine gefährliche Schlagseite bekommen.

Zu Mittag dringen die Demonstranten in die Büros im Erdgeschoss und im ersten Stock ein.

16. Juli 1651

Ich war allzeit dem Hause Österreich treu

Sein Tod ist beschlossene Sache, der Prozess, der gegen ihn geführt wird, eine Farce: Er habe, so die Begründung des Urteils, in seiner Position als Hofkanzler „meineidig und treulos" gegen seine Herrin, Erzherzogin Claudia de Medici, und ihren Sohn Erherzog Ferdinand Karl gehandelt, mit schand- und spottlichen aufgesetzten Versen ihren guten Namen angetastet und damit die fürstliche Hoheit und Majestät beleidigt, weiters habe er den Fiskus geschädigt und erzherzogliche Bescheide hintangehalten und dadurch die Reputation der landesfürstlichen Hoheit beschädigt. Deshalb sei er „mit dem Schwerte vom Leben zum Tode zu richten, ihm zur Strafe und Anderen zum Exempel".

Der Prozess gegen den Tiroler Kanzler Wilhelm Biener

In Wirklichkeit hat sich der aus dem Städtchen Lauchheim in Baden-Württemberg stammende Wilhelm Biener stets als treuer Diener seiner habsburgischen Herren erwiesen: Seine Karriere beginnt unter Kaiser Ferdinand II. im Reichshofrat; als vorderösterreichischer Hofkanzler sorgt er später dafür, dass die landesfürstliche Macht weiter wächst. Er verscherzt es sich allerdings mit dem jungen Ferdinand Karl, der 1646 mit 18 Jahren die Regierungsgeschäfte übernimmt, als er dessen ausschweifenden Lebensstil kritisiert – ungeniert verprasst der junge Habsburger etwa die gewaltige Entschädigungssumme, die Frankreich für die Abtretung linksrheinischer Besitzungen zahlt. Unterstützung in seiner Ablehnung Bieners findet Ferdinand Karl bei den Tiroler Adeligen, die den Hofkanzler hassen, fordert er doch die Beschneidung ihrer Privilegien. Die Adeligen sind es auch, die Biener schließlich zu Fall bringen – er wird zwar vom Erzherzog „mit Gnaden" aus seinem Amt „verabschiedet", am 28. August 1650 jedoch verhaftet. Mit fadenscheinigen Argumenten konstruiert man die Anklage gegen ihn; die Fäden im „Prozessnetz" hält sein Intimfeind, Kammerpräsident Michael Schmaus, in Händen.

Als am 16. Juli 1651 der Dominikanerpater Albert Rottenbucher zu Biener in die Gefängniszelle kommt, um ihm die Beichte abznehmen und die „letzte Wegzehrung" zu reichen, findet er den zum Tod verurteilten Ex-Kanzler *wol getröstet, disponirt und in allem gottes willen ergeben vor*; nach dem Erhalt des Sterbesakraments lässt Biener seine Kleider an die Soldaten im Schloss verteilen. In seiner Ansprache vor der Hinrichtung im Schlosshof von Rattenberg am nächsten Tag wird er sagen: „Ich war allzeit dem Hause Österreich treu und auch mit meinem Blute bereit, ihm zu dienen. Es wird nie bewiesen werden, dass ich dem entgegen gelebt." Angeblich hat der Leiter der Exekution, ein Hauptmann Neuhaus, vom Erherzog die Anweisung erhalten, die Hinrichtung abzubrechen, sollte Biener um Gnade bitten – der Verurteilte bittet jedoch nur um Verzeihung und um Gnade für seine Frau und Kinder. Neuhaus lässt den Scharfrichter seines Amtes walten. Wie Augenzeugen berichten, ist der tödliche Streich „so gewaltig, dass nicht bloß das Haupt, sondern auch die emporgefalteten Hände vom Körper" getrennt werden.

17. Juli 1989

Wir lieben Österreich sehr, aber wir lieben Europa noch mehr

Alois Mock ist sich der Langwierigkeit des Verhandlungsprozesses bewusst, als er sagt: „Wenngleich eine harte Arbeit hinter uns lag, so war mir erst recht bewusst, dass die größere Arbeit noch vor uns lag. Dieser Tag in Brüssel [der 17. Juli 1989], das war, wie wenn eine Himalaya-Expedition ihr erstes Basislager erreicht.“

Die österreichischen Medien beurteilten die historische Überreichung des Beitrittsantrages am 17. Juli 1989 skeptisch. So schreibt der *Kurier*: „Was Außenminister Alois Mock als Erfolg sehen will, nämlich die Überreichung des österreichischen Antrags auf Aufnahme in die EG, war eher ein kleineres Fiasko. Die Feinde eines österreichischen EG-Beitritts haben die Gelegenheit benutzt, um Mock und damit Österreich in beleidigender Weise zu verstehen zu geben, daß bei manchen unser Antrag nicht willkommen ist. Das sagt noch nichts über die Chancen dieses Beitrittsantrags. Aber es beweist endgültig, daß Österreichs EG-Verhandler sich schon eine bessere Taktik zulegen müssen.“

Der EU-Beitrittsantrag

Damit spielte der *Kurier* auf die wohl überraschendste Reaktion auf den österreichischen EG-Beitrittsantrag an, die vom belgischen Außenminister Mark Eyskens kam, den Mock noch am selben Tag im Anschluss an die Überreichung des Beitrittsantrages in Brüssel getroffen hatte. Eyskens sagte vor Journalisten: „Wir lieben Österreich sehr, aber wir lieben Europa noch mehr!“, und dachte öffentlich darüber nach, ob man nicht mit der Sowjetunion in Verhandlungen über die österreichische Neutralität eintreten sollte, da seiner Meinung nach die Österreich auferlegte Neutralität ein Hindernis für den EG-Beitritt sei. Auch Alt-Bundeskanzler Bruno Kreisky kritisierte Eyskens wegen dieser Aussage heftig.

Das „Basislager“ auf dem Weg in die EU: Alois Mock überreicht Roland Dumas den EU-Beitrittsantrag.

18. Juli 1943

Selbst die SS schien über diesen Verlust erschüttert

Das Sammel- und Durchgangslager Drancy, 20 Kilometer nordöstlich von Paris. Seit dem 3. Juli 1943 bestimmt in der mit internierten Juden überfüllten *Cité la Muette* SS-Hauptsturmführer Alois Brunner über Leben und Tod. Für den 18. Juli hat man auf seine Weisung hin neuerlich einen „Transport“ nach Auschwitz-Birkenau zusammengestellt; auf der Deportationsliste steht auch der Name von Alma Rosé, der Nichte Gustav Mahlers.

Das Tragische: Die 1906 geborene Violinistin hatte sich schon in Sicherheit befunden. Am 24. März 1939 hatte sie Wien verlassen und nach England flüchten können; am 2. Mai 1939 war auch ihr Vater Arnold Rosé, der langjährige Leiter der Wiener Philharmoniker, nach London nachgekommen. Schon zuvor, im Juli 1938, war das von ihr 1932 gegründete Damenorchester „Die Wiener Walzermädeln“ von der Reichskulturkammer aufgelöst worden. Dann trifft Alma Rosé im November 1939, inzwischen ist der Krieg ausgebrochen, eine folgenschwere Entscheidung: Sie fliegt für ein Konzert nach Amsterdam, bleibt jedoch in den Niederlanden, wo sie prompt von der Besetzung des Landes durch die Nazis überrascht wird. Sie versucht unterzutauchen, gibt nur noch illegale Hauskonzerte und geht eine Scheinehe mit dem Ingenieur Constant August van Leeuwen Boomkamp ein. Als die Deportationen holländischer Juden beginnen, flieht sie nach Frankreich, wo sie im Dezember 1942 in Dijon der Besatzungspolizei in die Hände fällt und nach Drancy gebracht wird. Im November 1941 hatte Alma an ihren Bruder Alfred, der nach Kanada emigrieren konnte, geschrieben: „Wann, glaubst Du, wird es für uns ein Wiedersehen geben? Dieses Nichtleben kann man doch nie mehr nachholen.“

Die Deportation von Alma Rosé nach Auschwitz

In Auschwitz wird die Künstlerin von der Niederländerin Ima van Esso erkannt; anfangs spielt sie nur abends auf einer alten Geige für die anderen Häftlinge, schließlich wird sie jedoch von der „Bestie“, der gefürchteten Oberaufseherin Maria Mandl, dem „Mädchenorchester von Auschwitz“ als Leiterin zugeteilt. Alma Rosé formt trotz der grauenhaften Umstände ein Ensemble, das manchen Häftlingen wieder neuen Lebensmut gibt und ihnen hilft zu überleben. Gleichzeitig wird das Orchester Teil eines perversen Mordrituals: Alma Rosé und ihre Kolleginnen müssen auch beim Marsch von Häftlingen in die Gaskammer aufspielen.

Am 2. April 1944 leitet Alma Rosé zum letzten Mal das Orchester; sie stirbt am 4. April in Block 4 an den Folgen einer ungeklärten Erkrankung; Gerüchte sprechen von einer Vergiftung. Ihr Leichnam wird auf einem weißen Tuch aufgebahrt; „selbst die SS“, so schreibt Anita Lasker-Wallfisch, die Cellistin des Orchesters, in ihren Erinnerungen, „schien über diesen Verlust erschüttert“.

1969 wird ihr die Alma-Rosé-Gasse in Wien-Favoriten gewidmet; Arthur Miller gestaltet ihr Schicksal in seinem umstrittenen Stück *Playing for Time*, das 1980 auch verfilmt wird.

19. Juli 1720

Fürsterzbischof Franz Anton Harrach beweist „Milde“

Schloss Moosham im Lungau, Sitz eines Pfleggerichtes, wird im 17. und 18. Jahrhundert zum Schicksalsort für zahlreiche unschuldige Menschen. Angeklagt wegen Hexerei und Zauberei, werden sie hier gefangen gehalten, verhört, auf der Folter unmenschlichen Qualen ausgesetzt. Etwa 40 von ihnen werden zum Tode verurteilt und hingerichtet.

Eine Wolfspfote an die Stalltür genagelt, so der Aberglaube dieser Zeit, soll vor den gefürchteten „Werwölfen“ schützen, vor Menschen also, die sich mit Hilfe des Teufels in einen Wolf verwandelt haben und als reißende Ungeheuer durch die Lande ziehen. Als sich in den Jahren 1717 bis 1720 in Salzburg und der Steiermark die Verluste an Weidetieren durch Wolfsattacken dramatisch häufen, bricht in der Bevölkerung eine wahre Werwolf-Hysterie aus – und bald findet man auch Menschen, meist harmlose Bettler und Landstreicher, auf die diese abergläubisch-kranken Fantasien zu passen scheinen. 1717 werden der Bettler Philipp Ehmer und ein gewisser Ruepp Gell zum Tode verurteilt, weil sie, wie sie unter den Martern der Folter gestehen, angeblich vom Teufel eine schwarze Salbe erhalten haben, mit deren Hilfe sie sich in Werwölfe verwandeln können. Die beiden haben Glück: Die Todesurteile werden in eine Verschickung auf die Galeeren in Venedig umgewandelt – die Ablöse für die beiden „frischen“ Galeerensklaven kassiert das Erzbistum.

Der letzte Werwolf

Dann findet man eine neues Opfer: Der Landstreicher Simon Windt, auch unter dem Namen „Schenmayer“ bekannt, wird auf Schloss Moosham schwer gefoltert, prompt gesteht der Unglückliche seine angebliche Werwolf-Existenz und die damit verbundenen Angriffe auf Vieh und Wild. Das Geständnis lässt dem Pfleger keine Wahl mehr: Der Landstreicher wird zum Tode durch Verbrennen bei lebendigem Leib verurteilt. Franz Anton von Harrach, der Fürsterzbischof von Salzburg, bekannt für seinen „hohen Kunstsinn“, aber nicht unbedingt mit dem Geist der Aufklärung gesegnet, geruht gnädigst, das Urteil zu mildern und entscheidet auf Tod durch das Schwert mit anschließender Verbrennung – Simon Windt, der letzte „Werwolf“ in Österreichs Geschichte, lässt sich vor seiner Hinrichtung am 19. Juli 1720 auf der Richtstätte am Passeggen zwischen St. Andrä und Tamsweg für die erwiesene Gnade „in aller Untertänigkeit gehorsamst bedanken“ …

Schauplatz des letzten Werwolfprozesses: Schloss Moosham im Lungau.

20. Juli 1866

Hier kommen die Fischdampfer!

Das Kriegsjahr 1866. Während in Nikolsburg mit Bismarck bereits über den Waffenstillstand verhandelt wird, wird im Süden noch gekämpft. Seit drei Tagen liegen die Festungsanlagen auf der dalmatinischen Insel Lissa *(Vis)*, dem „Gibraltar der Adria", unter dem Beschuss der italienischen Flotte, kommandiert von Admiral Carlo Graf Persano. Die Lage der Besatzung ist bereits kritisch, zahlreiche Kanonen sind außer Gefecht gesetzt. Am frühen Morgen gibt Persano den Befehl zum Angriff auf den Hafen auf der Insel. Die zwölf Panzerschiffe Persanos nähern sich Lissa, als plötzlich der Aufklärer *RN Esploratore* feindliche Schiffe aus Nordwest meldet – die österreichische Flotte unter Konteradmiral Wilhelm Freiherr von Tegetthoff greift an. Persano zeigt sich darob wenig beunruhigt und meint zu seinen Offizieren: *Ecco i pescatori!* – „Hier kommen die Fischdampfer!"

Die Seeschlacht bei Lissa

Tegetthoff hat eine keilförmige Angriffsformation in drei Dreiecken gewählt: Die Spitze des ersten Dreiecks bilden die sieben Panzerschiffe der kaiserlichen Marine, die er selbst befehligt; dahinter folgen sechs Holzfregatten; die Nachhut bilden sieben Kanonenboote. Mit langem Taktieren will sich Draufgänger Tegetthoff erst gar nicht aufhalten; er befiehlt um 10.30 Uhr, die Geschwindigkeit zu erhöhen und: „Distanz schließen – den Feind rammen!" Mit seinem Flaggschiff *SMS Erzherzog Ferdinand Max* hält er auf das feindliche Panzerschiff *Palestro* zu und rammt es; an Bord der *Palestro* bricht Feuer aus und das Schiff muss sich aus der Schlacht zurückziehen. Inzwischen hat Tegetthoff schon ein neues Ziel im Visier: Er bemerkt, dass Persanos Flaggschiff *Rè d'Italia* Probleme mit dem Ruder hat, hält prompt darauf zu und rammt auch diesen Gegner mit voller Geschwindigkeit. Die *Rè d'Italia* sinkt innerhalb von wenigen Minuten; wie Tegetthoff später dem Armeekommando in Wien berichten wird, muss „jeder Versuch, die schwimmende Mannschaft des ‚Rè d'Italia' zu retten, leider aufgegeben werden", 381 italienische Matrosen ertrinken. Der Kampf ist damit schon entschieden – Admiral Persano, der knapp vor Beginn des Gefechts von der *Rè d'Italia* auf die *RN Affondatore* gewechselt ist, sorgt mit wechselnden Flaggensignalen nur mehr für Verwirrung bei seinen Kommandanten, die nicht wissen, dass er das Schiff gewechselt hat. Um 14 Uhr stellen beide Seiten das Feuer ein; um 14.30 Uhr sinkt die *Palestro* durch explodierende Munition und reißt 231 Mann in den Tod. Die italienische Flotte zieht sich nach Ancona zurück; trocken meldet Tegetthoff nach Wien: „Mein Zweck war hiermit erfüllt und Lissa vom Feinde entsetzt."

Die Rammtaktik ist erfolgreich: Tegetthoffs Sieg bei Lissa. Gemälde von Alexander Kircher.

21. Juli 976

Die „Mark im Osten“ bekommt einen neuen Herrn

Ein Streifen Land entlang der Donau, die „Mark im Osten“ *(marcha orientalis)*, bekommt einen neuen Herrn. Das Amt des Markgrafen ist vakant, da sich sein letzter Inhaber, ein gewisser Burkhard, am Aufstand Heinrichs des Zänkers von Bayern gegen Kaiser Otto II. beteiligt hat und seines Amtes enthoben worden ist. Es ist ein langjähriger, treuer Gefolgsmann des Kaisers, der nun die Nachfolge antritt: Otto II. überträgt die *marcha orientalis* einem *Marchio Liutpold*, der aus bayrischem Hochadel stammt und schon 962 bei der Kaiserkrönung in Rom zu seiner Umgebung gezählt hat. Residenz des neuen Markgrafen, der als „Leopold I.“ zum Begründer der Dynastie der Babenberger wird und dem der Geschichtsschreiber Ladislaus Sunthaym (um 1440–1512/13) später den Beinamen „der Erlauchte“ zuweist, ist Pöchlarn; 984, nach einem Sieg über ungarische Streifscharen, wird er sie nach Melk verlegen. Das Herrschaftsgebiet des Markgrafen ist noch bescheiden: Es reicht vom Erlabach östlich der Enns bis an den Wienerwald und vom Unterlauf von Krems und Kamp bis zu den Alpenbergen im Süden. Doch schon 991 gelingt im Bündnis mit Herzog Heinrich II., dem Zänker, ein neuerlicher Sieg gegen die Ungarn, das Gebiet zwischen Schwechat und Triesting wird erobert, die Grenze weiter nach Osten vorgeschoben. Tragisch das Ende Leopolds I.: Am 8. Juli 994 wird er vom Würzburger Bischof zusammen mit seinem Vetter Heinrich zu einem Turnier geladen, dabei trifft ihn ein Pfeil, der eigentlich Heinrich gegolten hat, und verwundet ihn tödlich; zwei

Markgraf Leopold I., „der Erlauchte“. Detail vom Babenberger-Stammbaum im Stift Klosterneuburg.

Tage später erliegt er dieser Verletzung. Nachfolger als Markgraf wird sein ältester Sohn Heinrich I., der von 994 bis 1018 die Geschicke des kleinen Landes im Osten des Reiches bestimmen wird …

Der erste Babenberger

Der Name „Babenberger“ für die von Leopold I. begründete Dynastie wird vom Geschichtsschreiber Otto von Freising (um 1112–1158) in seiner *Chronica sive Historia de duabus civitatibus* geprägt; Otto, ein Sohn Leopolds III., des Heiligen *(siehe 15. November)*, kennt Leopold I. nicht – er beginnt seine Geschichte der Familie mit Heinrich I.

Am 8. Februar 1863 wird Leopold I. durch kaiserliche Entschließung Franz Josephs in die Liste der „berühmtesten, zur immerwährenden Nacheiferung würdigen Kriegsfürsten und Feldherren Österreichs“ aufgenommen; eine lebensgroße Marmorstatue von Carl Kundmann in der Feldherrenhalle des Heeresgeschichtlichen Museums erinnert an den ersten Babenberger.

22. Juli 1515

Tu felix Austria nube!

Im Juli 1515 ist Wien Schauplatz eines besonderen dynastischen Spektakels: Kaiser Maximilian I., der „Letzte Ritter", lädt zur Hochzeit seiner Enkel. Das zwölftägige Fest verschlingt wahre Unsummen – etwa 200.000 Gulden. Das Geld ist jedoch hervorragend angelegt und wird dem Haus Habsburg reichlich Zinsen tragen. Der „Fürstentag" oder „Wiener Kongress" *(Congressus ac celeberrimi conventus)* versammelt drei gekrönte Häupter, Gesandte aus allen europäischen Ländern und den Hochadel des Heiligen Römischen Reiches; er ist Staatsbesuch, Vertragsabschluss und Doppelhochzeit in einem und stellt die entscheidenden Weichen für den Aufstieg des Habsburgerreiches zur Vormacht Mitteleuropas; es ist, wie Maximilian-Biograf Hermann Wiesflecker es nannte, die „Geburtsstunde der Monarchie".

Die Doppelhochzeit im Stephansdom

Die Doppelhochzeit setzt den Schlusspunkt hinter jahrzehntelange diplomatische Bemühungen Maximilians, die Macht des Hauses durch geschickte Eheverträge zu erweitern. Der erste große Coup gelingt dem „Letzten Ritter" schon 1496, als er seinen Sohn Philipp den Schönen an die spanische Infantin Johanna von Kastilien *(Juana I de Castilla)* verheiraten kann und seine Tochter Margarete 1497 deren Bruder, den spanischen Thronfolger Juan, ehelicht. Nun sieht Maximilian auch die Möglichkeit, im östlichen Mitteleuropa durch Ehebündnisse zu reüssieren. In den Mittelpunkt seiner Pläne rückt dabei die 1503 geborene Anna von Böhmen und Ungarn: Im März 1506 gelingt es ihm, die Zusage von Annas Vater Wladyslaw II. für eine Hochzeit mit einem Kaiserenkel zu gewinnen. Und als bekannt wird, dass Annas Mutter, die Französin Anne de Foix-Candale, wieder schwanger ist, packen Maximilian und seine Berater die Gelegenheit beim Schopf – das noch ungeborene Kind, der spätere Prinz Ludwig, wird Maximilians Enkelin Maria versprochen, die selbst noch kein Jahr alt ist.

Eine tragende Rolle im diplomatischen Vorgeplänkel spielen Matthäus Lang, der Leiter der Außenpolitik Maximilians, und vor allem der berühmte Humanist Johannes Cuspinian. Nach langwierigen Verhandlungen werden am 20. Mai 1515 in Pressburg die Ehepakte unterzeichnet; am 16. Juli 1515 empfängt Kaiser Maximilian auf dem sogenannten „Hartfeld" bei Trautmannsdorf in der Nähe von Bruck an der Leitha mit großem Pomp – die Kostüme des Hofstaats hat Albrecht Dürer entworfen – seine Vertragspartner. Die gegenseitige Begrüßung der Herrscher ist herzlich, einem glanzvollen Auftakt zu den Feierlichkeiten in der habsburgischen Residenz steht daher nichts mehr im Wege. Am 17. Juli 1515 ziehen die drei Souveräne bei Dauerregen und unter dem Jubel der Bevölkerung in Wien ein. Die Stimmung ist prächtig, denn ein Spektakel jagt das andere: Turniere, Theateraufführungen, Gastmähler und Ballfeste wechseln einander ab, der Lustbarkeiten ist kein Ende und auch die Politik kommt nicht zu kurz: Am 19. Juli findet in der Hofburg eine erste Konferenz der drei Herrscher und ihrer Räte statt; dem Prinzen Ludwig gegenüber setzt Maximilian noch eine besondere Geste: Er adoptiert ihn am 20. Juli an Sohnes statt und bestellt ihn zum „Generalvikar des Deutschen Reiches“ sowie zum Erben der Kaiserwürde – ein geschickter Schachzug, der dem Habsburger formal die Möglichkeit gibt, sich im Fall des Falles in die ungarischen Angelegenheiten einmischen zu können.

Zwei Tage steigt im Stephansdom das große Hochzeits-Schauspiel. Maximilian, 56 Jahre alt, tritt mit der zwölfjährigen Anna von Ungarn, der Schwester des späteren Königs von Böhmen und Ungarn, Ludwigs II., vor den Altar. Das zweite Paar bilden zwei Kinder: Ludwig selbst, gerade einmal neun Jahre alt, und Maximilians Enkelin Maria, auch sie erst neun Jahre alt. Wiens Bischof Georg Slatkonia zelebriert die Messe; die Hofmusikkapelle gestaltet die Musik zu einem großen *Te Deum* und an der Orgel brilliert der Organist Paul Hofhaimer, der dafür von Maximilian später zum Ritter geschlagen wird. Die feierliche Zeremonie im Dom hinterlässt einen tiefen Eindruck bei allen, die daran teilnehmen.

Das große Hochzeits-Schauspiel im Stephansdom. Darstellung von Anton Ziegler, 1838.

Zuvor hat ein Staatsakt in der Hofburg stattgefunden, bei dem Maximilian erklärt, dass er nur den „Platzhalter“ für einen seiner beiden Enkel abgebe; ob Karl oder Ferdinand der Gatte Annas sein werde, lässt man zu diesem Zeitpunkt noch bewusst offen – der Ehevertrag sieht jedoch ausdrücklich vor, dass innerhalb eines Jahres eine endgültige Entscheidung über den zukünftigen Gatten Annas fallen muss, ansonsten sei er verpflichtet, Anna selbst zur Frau zu nehmen.

Noch am selben Tag sorgt Maximilian dafür, dass auch Polens König Zygmunt I., der Onkel der beiden ungarischen Königskinder, für seine Bemühungen um das Zustandekommen der Doppelhochzeit nicht leer ausgeht: Er gibt Zygmunt die schriftliche Zusicherung, dass er sich im Reich für eine Anerkennung der polnischen Forderungen gegenüber dem Deutschen Ritterorden einsetzen werde.

An den endgültigen Formulierungen der Verträge feilen die Räte der drei Herrscher noch bis zum 28. Juli, an diesem Tag erfolgt die Unterfertigung und Besiegelung der Schriftsätze; die wichtigste Bestimmung: Jagiellonen und Habsburger sichern sich für den Fall, dass eine der beiden Dynastien aussterben sollte, die gegenseitige Thronfolge zu – eine Vertragsklausel, die Wladyslaw II. jedoch ohne Zustimmung der ungarischen Stände ausgehandelt hat, was später den Habsburgern noch so manche Sorgen bereiten wird *(siehe 29. August)*.

23. Juli 1914

C'est la guerre européenne!

Am Morgen des 23. Juli 1914 lässt sich Wladimir Freiherr Giesl von Gieslingen, der Gesandte Österreich-Ungarns in Belgrad, telefonisch mit dem serbischen Außenministerium verbinden. Er wünsche dem Ministerpräsidenten zwischen vier und fünf Uhr nachmittags eine wichtige Botschaft zu übergeben. Der Wunsch des Gesandten wird zur Kenntnis genommen, dann verlangt Giesl plötzlich eine Verschiebung des Termins auf 18 Uhr – eine Depesche aus Wien hält ihn dazu an: Man will warten, bis die französischen Diplomaten unter Führung von Staatspräsident Raymond Poincaré ihre zu gleicher Zeit stattfindenden Gespräche in St. Petersburg beendet haben und abgereist sind.

Übergabe des Ultimatums an Serbien

Preis 4 Heller

Die Neue Zeitung

Preis 4 Heller

Schriftleitung: Wien, III/2, Hetzgasse 8. Fernsprecher 3914. Unverlangt eingesendete Manuskripte usw. werden grundsätzlich, auch wenn Rückporto beiliegt, nicht zurückgeschickt. Verwaltung und Inseraten-Aufnahme: Wien, III/2, Hetzgasse 14. Fernsprecher 8761

Illustriertes unabhängiges Tagblatt.

Das Blatt erscheint täglich einmal um 6 Uhr morgens. Montag erfolgt die Ausgabe um 12 Uhr mittags.

Stadtbureau für „Kleine Anzeigen“ und Abonnements: Wien, I., Schulerstr. 7. Fernsprecher 6211. Abonnementspreis mit Zustellung ins Haus für Wien K 1.20; für die Provinz: per Monat K 1.80, per ... eine Nummer 6 Heller; für das Ausland um die Postdifferenz mehr.

Nr. 201 — Wien, Freitag, den 24. Juli 1914 — 7. Jahrgang.

Ein Ultimatum Oesterreich-Ungarns an Serbien.

Der k. u. k. Gesandte Baron Giesl hat Donnerstag abends in Belgrad die Note überreicht.

Die serbische Regierung wurde aufgefordert, bis längstens Samstag 6 Uhr abends die unzweideutige Erklärung abzugeben, daß sie sich bedingungslos allen Forderungen Oesterreich-Ungarns unterwirft.

Die strafgerichtliche Untersuchung gegen die Mörder des Thronfolgers Erzherzog Franz Ferdinand hat ergeben, daß serbische Offiziere, sowie Staatsbeamte und Grenzorgane an dem Attentate mitschuldig sind.

Wien, 23. Juli.

Der k. u. k. Gesandte in Belgrad hat heute nachmittags um 6 Uhr der königlich serbischen Regierung nachfolgende Note überreicht:

„Am 31. März 1909 hat der königlich serbische Gesandte am Wiener Hofe im Auftrage seiner Regierung der kaiserlichen und königlichen Regierung folgende Erklärung abgegeben:

„Serbien anerkennt, daß es durch die in ...

vom 28. Juni, daß der Mord von Sarajevo in Belgrad ausgeheckt wurde, daß die Mörder die Waffen und Bomben, mit denen sie ausgestattet waren, von serbischen Offizieren und Beamten erhielten, die der Narodna Odbrana angehörten, und daß schließlich die Beförderung der Verbrecher und deren Waffen nach Bosnien von leitenden serbischen Grenzorganen veranstaltet und durchgeführt wurde.

Die angeführten Ergebnisse der Untersuchung ...

Königreiches ganz ausdrücklich aufmerksam zu machen, daß sie künftighin mit äußerster Strenge gegen jene Personen vorgehen wird, die sich derartiger Handlungen schuldig machen sollten, Handlungen, denen vorzubeugen und die zu unterdrücken sie alle Anstrengungen machen wird.“

Diese Erklärung wird gleichzeitig zur Kenntnis der königlichen Armee durch einen ...

Als Giesl pünktlich im Regierungsgebäude eintrifft, ist Ministerpräsident Nikola Pašić nicht anwesend, sondern irgendwo am Land bei einer Wahlkampfveranstaltung; vertreten wird er durch Finanzminister Laza Paču, der sich jedoch weigert, das verhängnisvolle Dokument anzunehmen. Da Paču weder Deutsch noch Französisch spricht, wird Slavko Grvić, der Generalsekretär des Außenministeriums, als Dolmetscher beigezogen – mit wenig Erfolg jedoch: Giesl verliert schließlich die Geduld, knallt das Ultimatum auf den Tisch und verlässt mit den Worten „Machen Sie damit, was Sie wollen!“ den Raum.

Nach Giesls Abgang bricht Hektik aus, erst nach zwei Stunden können Paču und seine Beamten den Ministerpräsidenten am Telefon erreichen, Pašić kehrt mit dem Zug sofort nach Belgrad zurück, für fünf Uhr früh wird eine Sitzung des Kabinetts angesetzt – Eile tut Not, die Begehrnote Österreich-Ungarns ist mit 48 Stunden befristet und der Forderungskatalog Wiens hart – so hart, dass der souveräne Staat Serbien ihn nicht, wie verlangt, vorbehaltlos akzeptieren kann, ohne sein Gesicht zu verlieren.

Als Russlands Außenminister Sergej Sasonow am 24. Juli vom österreichischen Ultimatum erfährt, ruft er aus: „C'est la guerre européenne!“, und hält mit dieser Meinung auch dem österreichischen Botschafter gegenüber nicht hinter dem Berg: „Sie wollen Krieg gegen Serbien führen … Sie stecken Europa in Brand!“ Und in einem Brief an seine Frau Clementine meint Winston Churchill, zu diesem Zeitpunkt Erster Lord der britischen Admiralität: „Europa steht an der Schwelle eine großen Krieges. Das österreichische Ultimatum an Serbien ist das unverfrorenste Dokument dieser Art, das jemals geschrieben wurde.“

24. Juli 1941

Ein Jagdrevier für Hermann Göring

Das Polizeibataillon 322, hervorgegangen aus dem Polizei-Ausbildungsbataillon Wien Kagran und seit Anfang Juli 1941 im Osten im Einsatz, hat eine neue Aufgabe zugewiesen bekommen. Reichsjägermeister Hermann Göring wünscht sich die Schaffung eines mehrere hundert Quadratkilometer großen Jagdgeländes im berühmten Białowieża Forst, den er von Jagdausflügen mit Polens Präsident Mościcki bereits bestens kennt. Der stellvertretende Reichsjägermeister Ulrich Schärping instruiert Bataillonskommandeur Major Gottlieb Nagel: Sämtliche im Forst gelegenen Dörfer müssen von der Bevölkerung geräumt werden, die Häuser sind niederzubrennen, die Menschen über eine östlich des geplanten Jagdgebietes verlaufende Linie zu schaffen. Schärping begründet die „Aktion" damit, dass mögliche Stützpunkte und Schlupfwinkel für Partisanen verhindert werden müssten.

Das Polizeibataillon 322

Zwischen einem Drittel und der Hälfte der Mannschaften des Polizeibataillons 322 sind Österreicher, die Offiziere kommen aus dem „Altreich". Mit der Durchführung des „Auftrags" beginnt das Bataillon am 25. Juli; bis zum 31. Juli „evakuiert" es 34 Orte mit 6.446 Einwohnern. Die Polizisten haben Listen mit den Namen verdächtiger Personen erhalten – wer der Zusammenarbeit mit den Partisanen oder „kommunistischer Umtriebe" verdächtigt wird, soll, so der Befehl von SS-Sturmbannführer Major Nagel, erschossen werden. Besonders auszeichnen im Aufspüren von Kommunisten und „Bandenmitgliedern" kann sich die 3. Kompanie. So nehmen Angehörige dieser Einheit außerhalb von Bialowieza 16 Männer und eine Frau fest und bringen sie zu einer Lichtung im Wald in der Nähe des Ortes. Dort müssen sich, wie Wolfgang Curilla dokumentiert hat, „die Opfer mit dem Gesicht zur Erde in eine ausgehobene Grube legen" und werden dann von einem Exekutionskommando unter Leitung von Oberleutnant Rasche erschossen.

Während die 1. und 2. Kompanie des Bataillons am 4. August 1941 nach Baranowitschi in Weißrussland abkommandiert werden, bleibt die 3. Kompanie in Białowieża. Der neue „Auftrag": Vertreibung bzw. „Liquidierung" der Juden in der Region. Am 10. August 1941 kommte es zu einer ersten Mordaktion. 77 Juden im Alter von 16 bis 45 Jahren werden zu einer Sandgrube getrieben und erschossen; eine Woche später ermorden die Polizisten der 3. Kompanie in Narewka Mała 282 Männer im Alter zwischen 16 und 65 Jahren, 259 Frauen und 162 Kinder werden nach Kobryn verschleppt. Am 19. August beendet die 3. Kompanie ihre „Aktionen" im Raum Białowieża und folgt den anderen Teilen des Bataillons nach Baranowitschi.

Am 22. August 1941 wird das Polizeibataillon 322 in „III. Bataillon/Polizeiregiment Mitte" umbenannt und zieht unter diesem Namen im Rücken der Front weiter seine blutige Spur.

25. Juli 1934

Mord an Bundeskanzler Dollfuß

Bundeskanzler Engelbert Dollfuß ist an diesem Morgen gut gelaunt. Für 11 Uhr ist eine Sitzung des Ministerrats im Bundeskanzleramt angesetzt, die letzte vor der Sommerpause. Als er seine Wohnung in der Habsburgergasse 2 in der Wiener Innenstadt verlässt, begegnet er im Stiegenhaus seiner Privatsekretärin Alice Rüpel. Er reicht ihr zur Begrüßung die Hand und meint scherzend zu ihr, dass sie „nicht zu fleißig" sein solle – es sind die letzten Worte, die sie vom Kanzler hören wird.

Was Dollfuß nicht ahnt: Dieser letzte Ministerrat, der eigentlich schon am Vortag um 16 Uhr hätte stattfinden sollen und dann verschoben wurde, ist Ziel einer groß angelegten Verschwörung der illegalen Nationalsozialisten. Die Ausschaltung der Regierung soll die „Machtübernahme" im ganzen Land ermöglichen. Drahtzieher sind der 23-jährige Fridolin Glass, der Führer der SS-Standarte 89, der Wiener Rechtsanwalt Gustav Wächter sowie Rudolf Weydenhammer, der „Stabsleiter" der Landesleitung München, und Theo Habicht, der „Landesinspekteur" der NSDAP in Österreich. Warnungen vor einem Nazi-Putsch sind zwar durchgesickert, auch Vizekanzler Starhemberg und Emi Fey, der „Generalstaatskommissär für außerordentliche Sicherheitsmaßnahmen", haben davon erfahren; Gegenmaßnahmen sind allerdings ausgeblieben. Der Grundgedanke der Verschwörer: Die SS-Männer verkleiden sich in Bundesheer- und Polizeiuniformen und dringen in das Bundeskanzleramt ein; zweites Angriffsziel sind die Senderäume der RAVAG in der Johannesgasse. Als Nachfolger von Dollfuß ist Anton Rintelen, der ehemalige steirische Landeshauptmann, vorgesehen. Rintelen, nunmehr Gesandter in Rom, ist im Hotel Imperial abgestiegen und von den Nazis angewiesen worden, hier die Entwicklung der Dinge abzuwarten.

Der Juliputsch

Der Beginn der Ministerratssitzung wird auf zwölf Uhr mittags verschoben; genau zu diesem Zeitpunkt beginnt auch die „Aktion" der Putschisten: Ausgangspunkt ist die Turnhalle des Deutschen Turnerbundes in der Siebensterngasse im 7. Wiener Gemeindebezirk, wo sie die Uniformen, Waffen und Munition ausfassen; auf Lkws soll es dann zum Bundeskanzleramt gehen. Inzwischen sind sie jedoch bereits verraten worden: Der Revierinspektor Johann Dobler erzählt in einem Kaffeehaus Heimatschutz-Funktionären vom geplanten Putsch, diese benachrichtigen daraufhin Emil Fey, der um 12.15 Uhr die Ministerratssitzung unterbricht und Dollfuß informiert. Der Bundeskanzler reagiert sofort: Er hebt den Ministerrat auf und schickt die Ressortleiter in ihre Ministerien zurück, im Kanzleramt bleiben Fey, Generalmajor Wilhelm Zehner und Carl Karwinsky, der Staatssekretär für Landesverteidigung, zurück. Während Karwinsky den Polizeipräsidenten Eugen Seydel um sofortige Sicherung des Bundeskanzleramtes bittet, verlässt schließlich auch Zehner das Gebäude, um das Bundesheer zu alarmieren.

Es sind wenige Minuten, die Engelbert Dollfuß zum Verhängnis werden. Karwinsky gibt dem Sicherheitsdienst im Bundeskanzleramt die Anweisung, das Haupttor zu schließen – zu spät, denn knapp nach der Wachablöse um 12.50 Uhr sind die Lkws der Putschisten in den Hof gefahren, sie entwaffnen die Ehrenwache, die nur über ungeladene (!) Waffen verfügt, und stürmen in das Gebäude. Der Portier Eduard Hedvicek versucht, den Bundeskanzler noch über eine geheime Wendeltreppe, die zur Präsidentschaftskanzlei führt, in Sicherheit zu bringen, doch die Putschisten stellen den Kanzler im sogenannten „Eckzimmer"; der SS-Mann Otto Planetta feuert einen Schuss auf Dollfuß ab, dann fällt – wohl aus nächster Nähe – noch ein zweiter Schuss, der Dollfuß an der linken Halsseite trifft, das Rückenmark verletzt und in der rechten Achselhöhle wieder austritt – es ist diese Verletzung, die zum Tod des Kanzlers führt. Bis heute ist unklar, wer tatsächlich geschossen hat.

Vor dem Bundeskanzleramt sind inzwischen Polizeieinheiten eingetroffen, das Gebäude wird abgeriegelt, die Putschisten bleiben jedoch noch unbehelligt. Da sich im Haus kein Arzt findet und auch keine ärztliche Hilfe angefordert wird, bleibt die Verletzung unversorgt; Dollfuß, den man auf eine Couch gelegt hat, verblutet langsam, mit letzter Kraft bittet er Fey noch, Schuschnigg mit der Regierungsbildung zu beauftragen.

Dollfuß stirbt zwischen 16.45 und 17 Uhr. Im Gebäude der RAVAG haben inzwischen 15 Putschisten wie geplant um 13 Uhr die Senderäume besetzt und einen Mitarbeiter des Senders gezwungen, folgende Meldung zu verlesen: „Die Regierung Dollfuß ist zurückgetreten. Dr. Rintelen hat die Regierungsgeschäfte übernommen" – es ist dies das Signal zum Losschlagen für die Nazis in den Bundesländern, ein erster wichtiger Schritt ist jedoch bereits misslungen: Der in Kärnten weilende Bundespräsident Miklas entgeht der Verhaftung; er kann Schuschnigg mit der Fortführung der Geschäfte beauftragen. Nachdem man ihnen freies Geleit zur deutschen Grenze zugesichert hat, geben die Putschisten im Bundeskanzleramt um 19 Uhr auf; das RAVAG-Gebäude ist bereits am Nachmittag von Polizei gestürmt worden. Das Versprechen des freien Geleits wird allerdings von der Regierung nicht gehalten: Die Putschisten werden verhaftet, Otto Planetta und sein Komplize Franz Holzweber am 31. Juli hingerichtet; in den Bundesländern dauern die Kämpfe noch tagelang an. Und Anton Rintelen? – Er begeht einen Selbstmordversuch, wird verhaftet und wegen Hochverrat zu lebenslänglichem Kerker verurteilt.

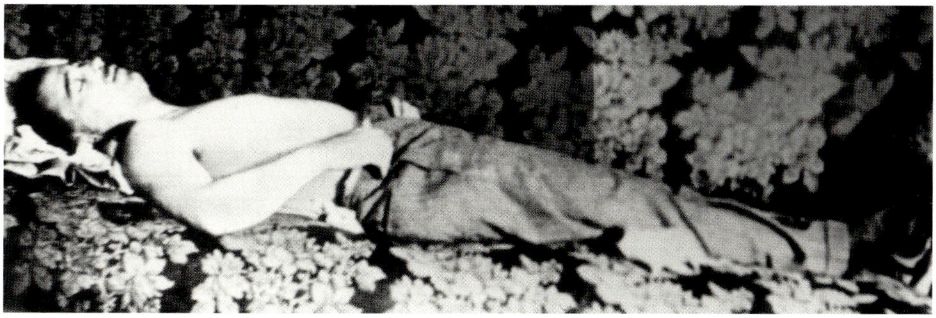

Hilflos verblutet: Bundeskanzler Engelbert Dollfuß stirbt an den Folgen seiner Verwundung.

26. Juli 1848

Der Dom der Freiheit soll sich …

Im Jahr der Revolution, 1848. Erzherzog Johann hat als Stellvertreter des abwesenden Kaisers am 22. Juli den konstituierenden Reichstag in der Winterreitschule in Wien eröffnet – es ist dies die erste frei gewählte Volksvertretung Österreichs. Der jüngste der 383 Abgeordneten, unter denen sich 94 Bauern befinden, ist der knapp 25-jährige Bauernsohn Hans Kudlich aus Österreichisch-Schlesien, der Mandatsträger des Bezirkes Bennisch im Troppauer Kreis; er sitzt auf der linken Seite des Saals, in der 3. Abteilung auf dem Sitz Nr. 85. Der politisch engagierte Student der Jurisprudenz – er ist am 13. März 1848 unter den Demonstranten vor dem niederösterreichischen Ständehaus und wird durch einen Bajonettstich an der Hand verwundet – weiß um die Situation der Bauern nur allzu gut Bescheid, ist sein Vater doch Sprecher der heimatlichen Bauernschaft gegenüber den Grundherren, und er ist entschlossen, diesem Relikt des Mittelalters und der Frühen Neuzeit den Kampf anzusagen. Die „Befreiung des Bauernstandes" ist jedoch bis zu diesem Tag kein Thema der Revolution; „Juden, Presse, Gewissen, Lehrer und Lernen – alles wurde emanzipiert, nur nicht der Bauer", wird Kudlich später über die Situation in diesen Revolutionstagen berichten.

Die 3. Sitzung des Hohen Hauses beginnt um 10 Uhr. Unter dem Punkt B der Tagesordnung, Anträge/7, ist der Antrag „des Herrn Abgeordneten Hans Kudlich wegen Aufhebung des Unterthansbandes" vorgesehen. Als der Antrag vorgelesen wird, braust von der linken Seite des Saals Beifall auf. Der knappe, explosive Text: „Von nun an ist das Untertänigkeitsverhältnis samt allen daraus entsprungenen Rechten und Pflichten aufgehoben; vorbehaltlich der Bestimmungen, ob und wie eine Entschädigung zu leisten sei." Hans Kudlich trifft damit den Nerv der Abgeordneten, das Hohe Haus ist sich rasch einig: Dieser Antrag muss vorrangig behandelt werden. Die Debatten über den „Kudlichschen Antrag" beginnen am 8. August 1848, eröffnet werden sie von Kudlich selbst, der in einer großen Rede seine Beweggründe eindrucksvoll darlegt:

Die „Befreiung" der Bauern

Es gelte die „Fesseln der Bauern" zu lösen, der „Dom der Freiheit soll sich über das ganze Land wölben, nicht nur über Wien", es gehe nicht zuletzt um das Vertrauen des Volkes und der Provinzen in den Reichstag; Kudlich schließt mit einem flammenden Appell an seine Kollegen: „Sprechen Sie ein Wort zu den armen Gebeugten, damit sie aus diesem Donnerschall wissen, was Freiheit ist. Sprechen Sie ein Wort, das nicht bloß ein Wort des Friedens sein soll, sondern ein Donnerwort in die Paläste der Großen, die noch immer auf unsere Schwäche und Unentschiedenheit hin lossündigen." Die Abgeordneten antworten mit lang anhaltendem Beifall.

Wochenlang wird heftig über das „sklavische Überbleibsel des Mittelalters" diskutiert, vor allem darüber, wie die Grundherren für den Verlust ihrer „Untertanen" zu entschädigen seien; schließlich wird der Antrag in abgewandelter Form von den Abgeordneten am 31. August in einer turbulenten Abstimmung angenommen und als Gesetz am 7. September 1848 in allen im Reichstag vertretenen Ländern kundgemacht – es ist das erste Gesetz in Österreich, das von einer frei gewählten Volksvertretung in einem parlamentarischen Verfahren beschlossen wird. Was die umstrittene „Entschädigung" für die Grundherren betrifft, so findet man schließlich eine gangbare Lösung: Von der kapitalisierten Summe der bäuerlichen Lasten wird ein Drittel abgezogen, ein Drittel muss der Bauer zahlen, ein Drittel ersetzt der Staat dem Grundherren; ohne Abzug werden nur Verpflichtungen an Kirchen und Schulen abgelöst, die Gebühren für Besitzveränderungen übernimmt der Staat.

Mit einem Fackelzug, zu dem Bauern aus allen Teilen der Monarchie nach Wien kommen, feiern die „dankbaren Landleute" am 24. September 1848 Kudlichs Erfolg. Nach der Eroberung der Hauptstadt durch die Truppen des Fürsten Windisch-Graetz muss dieser aus Wien fliehen und ins Exil nach Deutschland, später in die Schweiz und dann in die USA gehen. Für seine Verdienste um die Demokratie hat das neoabsolutistische Regime wenig übrig: Das *k.k. Landgericht in Wien* verurteilt den Revolutionär am 10. März 1854 „wegen Hochverrates" in Abwesenheit zum Tode durch den Strang, sein Auftreten im Reichstag als „Bauernbefreier" findet sich nicht unter den Anklagepunkten, wohl aber die Verstrickung des „gewesenen Abgeordneten am Österreichischen Reichstage" in die Oktoberrevolution.

Im Gedenken an den „Bauernbefreier": das im Jahr 2000 errichtete Kudlich-Denkmal in Waldkraiburg.

Und der Reichstag? Am 20. Jänner 1849, Franz Joseph ist seit wenigen Wochen Kaiser, wird das mittlerweile nach Kremsier übersiedelte Parlament durch einen Beschluss des Ministerrats aufgelöst; als die Abgeordneten am 7. März dennoch eine Sitzung abhalten wollen, werden sie von Militär gewaltsam daran gehindert.

27. Juli 1532

Nulla poena sine lege

Es ist ein bahnbrechender Fortschritt im Umgang mit Straftätern: Der Reichstag von Regensburg verabschiedet das erste allgemeine deutsche Strafgesetzbuch, gültig für das gesamte Heilige Römische Reich. Mit der *Constitutio Criminalis Carolina*, eingedeutscht als „Peinliche Halsgerichtsordnung Karls V." bezeichnet, wird erstmals versucht, einheitliche Regeln für die Rechtssprechung im Reich zu formulieren – bisher haben in den einzelnen Ländern die verschiedenen Landesrechte gegolten. Damit finden Reformbestrebungen ihr Ende, die 1496 auf dem Reichstag zu Lindau ihren Anfang genommen haben.

Die Constitutio Criminalis Carolina

Die „Peinliche Halsgerichtsordnung", aufgebaut nach römischen Rechtsgrundsätzen in 179 Artikeln, wird bald auch von der Kirche akzeptiert und regelt nunmehr genau das Verfahren beim Strafprozess und unterscheidet nach Delikten, wie Mord, Körperverletzung oder Diebstahl. Die Strafe für die einzelnen Delikte wird genau festgelegt – „Hexen" und „Zauberinnen" müssen z. B. den Tod durch Verbrennen erleiden.

Nur jemand, der ausdrücklich schuldig ist und sich zu dieser Schuld bekannt hat, darf verurteilt werden. Außerdem wird bereits ein Recht auf Notwehr zugestanden; die Frage nach der Zurechnungsfähigkeit von angeklagten Jugendlichen und Geisteskranken kann von einem Rat von Rechtsverständigen geklärt werden. Des Weiteren wird beim Abwägen des Strafmaßes zwischen vorsätzlicher Tötung (= Mord) und fahrlässiger Tötung (= Totschlag) unterschieden. Und grundsätzlich gilt: *Nulla poena sine lege,* das heißt: Bestraft kann nur ein Tatbestand werden, der schon zuvor schriftlich als strafwürdig festgelegt worden ist.

Eine besondere Stellung wird der Folter eingeräumt: Als Instrument zur Wahrheitsfindung wird sie generell anerkannt und ersetzt die auf Aberglauben basierenden mittelalterlichen Methoden wie etwa die „Gottesurteile". Die „peinliche Befragung" kann allerdings nur zum Einsatz gebracht werden, wenn ein dringender Tatverdacht gegeben ist und keine ausreichenden Zeugenaussagen vorliegen; Art und Dauer der Tortur bleiben dem Richter überlassen. Ziel der Folter ist das Geständnis – eine Praxis, die etwa in den „Hexenprozessen" des 16. und 17. Jahrhunderts zu furchtbaren Auswüchsen führt: Die vermeintlichen „Hexen" werden immer schrecklicheren Foltern unterzogen, bis sie „gestehen", was man von ihnen hören will.

Reichs peinlich Gerichts Ordnung. 14

Daß die Beichtvätter die Armen bekannter Warheit zu laugnen/ nicht weisen sollen.

Die Beichtvätter der Vbelthäter/ sollen sie nicht weisen/ was sie mit der warheit/ auff sich selbst oder andere Personen bekannt haben/ wider zu laugnen/ wann niemand gezimpt den Vbelthätern jre boßheit wider gemeinen nutz vñ frommen Leuthen zu nachtheil/ mit vnwarheit bedecken/ vnnd weiter vbel stercken zu helffen/ Wie im 31. Artickel/ anfahend: Item/ so ein vberwundner Mitthäter/ ꝛc. meldung beschicht. CIII.

Ein Vorred/ wie man Missethat peinlich straffen soll.

„Wie man Missethat peinlich straffen soll": Die „Constitutio criminalis Carolina" wird zum maßgeblichen Strafgesetzbuch der frühen Neuzeit.

28. Juli 1914

Ich kann nicht anders

Im Kurtheater von Bad Ischl spielt man an diesem Abend vor der Vorstellung die Volkshymne, die vom gesamten Publikum stehend angehört und mit stürmischen Hochrufen auf den Kaiser quittiert wird. Vor dem zweiten Akt stimmt die Kapelle „Heil dir im Siegerkranz" an, da nun auch die Hochrufe auf Wilhelm II. und das verbündete Deutsche Reich kein Ende nehmen wollen, wiederholt man die deutsche Hymne.

Kaiser Franz Joseph will den Krieg, zu dem er sich nun zusammen mit seinen Ministern entschlossen hat, zwar nicht, er akzeptiert ihn aber als eine Frage der Ehre: Für den Mord an einem Mitglied des Hauses Habsburg muss Sühne eingefordert werden. Und er zögert, weil er mit Kriegen keine gute Erfahrung gemacht hat. Fast alle Kriege, die die Monarchie in seiner Regierungszeit geführt hat, sind verloren gegangen. Dennoch will er diesem neuen Krieg, den zu führen er als seine Pflicht erkannt hat, nicht aus dem Wege gehen. Er erklärt sich daher mit der Kriegserklärung an Serbien einverstanden. Berchtolds letztlich entscheidendes Argument, das ihm beim Kaiser zum Durchbruch verhilft, ist eine überzeugend formulierte „Fehlinformation": Serbische Soldaten hätten bereits bei der Ortschaft Temes-Kubin (heute *Kovin*) gegenüber von Smederevo das Feuer auf österreichische Truppen eröffnet – tatsächlich haben Österreicher serbische Dampfer beschossen; von einem „Gefecht" kann keine Rede sein. Die Falschmeldung wird vorläufig dennoch in den Text der geplanten Kriegserklärung aufgenommen – als Termin für diesen letzten entscheidenden Schritt wird von Krobatin, Berchtold und dem Kaiser der 28. Juli festgelegt.

Die Kriegserklärung Österreich-Ungarns

Während Berchtold und Hoyos am 26. Juli nach Wien zurückkehren, dauern die Gespräche und Unterredungen des Kaisers in Ischl an. Am 27. Juli, um 3 Uhr nachmittags, trifft mit dem Zug aus Wien Freiherr von Giesl ein; auf dem Ischler Korso haben sich Hunderte von Sommergästen eingefunden, um „ihren" Mann in Belgrad zu begrüßen; nur wenig später erscheint er beim Kaiser zum Vortrag über die Lage in Serbien. Begleitet wird Giesl von seinem Militärattaché Major Otto Gellinek. Die beiden Diplomaten zeichnen ein Bild der serbischen Militärkraft, das ganz dem Wunschdenken der österreichischen Seite, aber nicht den Tatsachen entspricht: Serbien würde nach zwei, höchstens drei Wochen Krieg vollkommen am Ende sein. Major Gellinek, der angebliche Experte, versteigt sich zur seltsamen Behauptung, dass die serbische Armee „durchaus minderwertig, ja, geradezu elend" und ihre militärische Schlagkraft daher nicht ernst zu nehmen sei. Eine sträfliche Unterschätzung des Gegners, die auch von Generalstabschef Conrad geteilt wird und entscheidend zum Scheitern des Feldzugsplans beiträgt: Acht Armeekorps sollen Serbien und Montenegro so schnell wie möglich erobern, dann könne man die Truppen nach Galizien transportieren und hier gegen die Russen einsetzen – ein blauäugiger Plan, der nicht zuletzt auch die Wucht und Schnelligkeit des russischen Angriffs völlig unterschätzt und katastrophale Folgen haben wird. Während man in den europäischen Hauptstädten noch immer von „Lokalisierung" spricht, beginnen sich die russischen Truppen am 27. Juli an der galizischen Grenze bereits zu gruppieren. Den Verantwortlichen in Wien bleiben diese Truppenbewegungen der Russen nicht verborgen, allmählich wird klar, dass die Lage ernst ist. Konsequent setzt man am Ballhausplatz die nächsten Schritte: Zusammen mit einem „Immediatbericht" schickt Hoyos am 27. Juli den Entwurf für den endgültigen Wortlaut der Kriegserklärung nach Ischl. Im Begleitschreiben bittet man den Monarchen, diesen Entwurf zu genehmigen und die Absendung der Kriegserklärung bzw. ihre Veröffentlichung in Wien und Budapest für den 28. Juli zu gestatten. Franz Joseph zögert, verbringt noch eine Nacht der „Seelenkämpfe", am Morgen des 28. Juli will er jedoch nicht länger taktieren. Er unterschreibt die Kriegserklärung, die in französischer Sprache abgefasst ist und noch immer den Hinweis auf das angebliche Gefecht bei Temes-Kubin enthält, obwohl man ihn aufgrund der neuen Informationslage schon längst hätte entfernen können. Falls damit Franz Joseph die Unterschrift erleichtert werden soll, so geht diese Absicht auf – der Kaiser signiert ohne jeden Einwand. Und auf dem Immediatbericht vermerkt er: „Ich genehmige den beiliegenden Entwurf des Telegramms an das serbische Ministerium des Äußeren, welches die Kriegserklärung an Serbien enthält, und erteile Ihnen die erbetene Ermächtigung. Bad Ischl, am 28. Juli 1914."

Franz Joseph will es nicht bei der dürren Kriegserklärung an Serbien belassen. Er fühlt sich zur Rechenschaft gegenüber seinen „Untertanen" verpflichtet und so hat man für ihn im Außenministerium bereits mit dem Ultimatum an Serbien einen Kommentar zur Kriegserklärung vorbereitet: das berühmte Manifest „An meine Völker", das er im Entwurf bereits am 26. Juli genehmigt hat. Noch einmal betont er darin seine Friedensbereitschaft, nur die „Umtriebe eines hasserfüllten Gegners" würden ihn jedoch zu den Waffen zwingen, er habe „alles geprüft und erwogen", mit „ruhigem Gewissen" beschreite er daher den Weg, den „die Pflicht Mir weist". Er vertraue auf Österreich-Ungarns „tapfere und von hingebungsvoller Begeisterung erfüllte Wehrmacht". Am 28. Juli unterzeichnet er die mit Schreibmaschine geschriebene Textfassung; Ministerpräsident Graf Stürgkh wird beauftragt, das Manifest zur „allgemeinen Verlautbarung" zu bringen. Erst am 29. Juli wird Graf Berchtold in einem *Alleruntertänigsten Vortrag* dem Kaiser die ganze Wahrheit berichten und auch nicht verschweigen, dass man die von ihm unterschriebene Kriegserklärung nachträglich geändert hat: „Nachdem die Nachrichten von einem Gefecht bei Temes-Kubin keine Bestätigung erfahren haben, hingegen bloß eine Einzelmeldung über ein geringfügiges Geplänkel bei Gradiste vorlag, die wohl nicht geeignet erschien, zur Begründung eines gewichtigen Staatsaktes herangezogen zu werden, habe ich es in Anhoffung der nachträglichen Allerhöchsten Genehmigung Euer Majestät auf mich genommen, aus der an Serbien gerichteten Kriegserklärung den Satz über den Angriff serbischer Truppen bei Temes-Kubin zu eliminieren." Franz Joseph äußert sich seinem Flügeladjutanten Freiherrn von Catinelli gegenüber zwar kritisch zu diesem Vorgehen, unternimmt aber keine weiteren Schritte; Graf Berchtold kommt ohne Rüge davon, der Kaiser nimmt die Verantwortung auf sich.

Die Würfel sind damit endgültig gefallen: Dem Königreich Serbien wird telegrafisch über den Umweg Rumänien der Krieg erklärt. Die Hoffnung auf eine Begrenzung des Krieges, der man noch immer anhängt, entpuppt sich rasch als Illusion, der Mechanismus der Allianzen beginnt zu greifen. Russland, das seine Bündnispflicht gegenüber Serbien korrekt erfüllt und von Frankreichs Präsidenten Raymond Poincaré volle Unterstützung zugesichert bekommen hat, ordnet am 29. Juli offiziell die Teilmobilmachung gegen Österreich-Ungarn an, einen Tag später die volle Mobilmachung – jetzt haben in St. Petersburg und Wien und Berlin bereits die Militärs das Sagen. Tragischerweise erkennt die europäische Diplomatie erst jetzt, dass man tatsächlich am Abgrund steht – und startet fieberhafte letz-Aktivitäten zur Rettung des Friedens. Der englische Außenminister Sir Edward Grey will zwischen Russland und Österreich-Ungarn vermitteln und schlägt dazu einen „Halt" der k. u. k. Truppen in Belgrad und anschließend Verhandlungen mit Serbien vor; die deutsche Regierung, vor allem Reichskanzler Bethmann Hollweg, der nun auch mit dem Kriegseintritt des britischen Empires rechnen muss, unterstützt nun plötzlich diesen Vermittlungsversuch. Das Damoklesschwert eines Mehrfrontenkriegs vor Augen, depeschiert er erbost nach Wien: „Wir sind zwar bereit, unsere Bündnispflicht zu erfüllen, müssen es aber ablehnen, uns von Wien leichtfertig und ohne Beachtung der Ratschläge in einen Weltbrand hineinziehen zu lassen" – Töne, die man bisher von deutscher Seite nicht gehört hat. Auch Außenminister von Jagow und Botschafter von Tschirschky intervenieren für ihren Regierungschef am Ballhausplatz und sogar Kaiser Wilhelm II., der inzwischen von seinem Generalstabschef Helmuth Moltke jedoch schon in Richtung Krieg überholt worden ist, richtet ein entsprechendes Telegramm an Franz Joseph. Doch jetzt können und wollen der greise Habsburger und seine Regierung nicht mehr zurück: Im gemeinsamen Ministerrat am 31. Juli 1914 wird der Vermittlungsvorschlag Greys höflich, aber bestimmt zurückgewiesen, der Aufmarsch gegen Serbien geht weiter. Damit hat man die allerletzte Chance für die Erhaltung des Friedens verspielt – die Lawine der Gewalt ist losgetreten, die das Alte Europa in den Abgrund reißen wird.

Der Schreibtisch Franz Josephs in der Kaiservilla in Bad Ischl.

29. Juli 1914

Ich vertraue auf den Allmächtigen, dass Er unseren Waffen den Sieg verleihen werde

Aus dem wochenlangen Spiel mit dem Feuer ist blutiger Ernst geworden: Österreich-Ungarn hat Serbien am 28. Juli 1914 den Krieg erklärt. Was gerne übersehen wird: Bereits am Abend des 25. Juli unterschreibt Kaiser Franz Joseph in Ischl die Weisung zur Mobilisierung für den „Kriegsfall Balkan" – kein Zweifel also: Die Regierung ist zum Krieg gegen Serbien entschlossen, ehe noch die Antwort auf das Ultimatum aus Belgrad kommt.

Die Proklamation „An meine Völker!"

Franz Joseph, als greiser Landesvater die Identifikationsfigur der Monarchie, sieht sich immerhin verpflichtet, seinen „Untertanen" die Entscheidung zum Krieg erklären zu müssen: Am 29. Juli ist die von feierlichem Pathos erfüllte Proklamation „An meine Völker!" überall zu lesen – „Vergebens hat Meine Regierung noch einen letzten Versuch unternommen, dieses Ziel mit friedlichen Mitteln zu erreichen, Serbien durch eine ernste Mahnung zur Umkehr zu bewegen", heißt es da im Hinblick auf das Ultimatum. Was jedoch von allen Beteiligten sorgfältig verschwiegen wird: dass der Entwurf zu dieser Proklamation in Außenministerium parallel zur Begehrnote an Serbien ausgearbeitet wird, ja, dass sie bereits vor der Übergabe des Ultimatums am 23. Juli fertig gestellt ist, dass die Begehrnote also nur mehr die Legitimation nach außen liefert für eine Entscheidung, die längst gefallen ist.

Kalte Füße bekommt man an diesem 29. Juli jedoch plötzlich in Berlin, als Großbritannien keinen Zweifel mehr daran lässt, dass es an der Seite Russlands und Frankreichs in den Krieg eintreten werde. Kaiser Wilhelm II. und Reichskanzler Bethmann Hollweg wollen Wien daraufhin dazu bewegen, auf dem Feldzug gegen Serbien in Belgrad Halt zu machen. Während der deutsche Generalstabschef Helmuth von Moltke die k. u. k. Armeeführung bereits zur Generalmobilmachung drängt, versucht Bethmann Hollweg jetzt doch noch den Kurs zu ändern – am Abend telegrafiert er Botschafter Heinrich von Tschirschky nach Wien: „Wir sind zwar bereit, unsere Bündnispflicht zu erfüllen, müssen es aber ablehnen, uns von Wien leichtfertig und ohne Beachtung unserer Ratschläge in einen Weltbrand hineinziehen zu lassen (…) Um eine allgemeine Katastrophe abzuwenden oder Russland um jeden Preis ins Unrecht zu setzen, müssen wir Wien dringend ersuchen, in Verhandlungen einzutreten." Das Telegramm des deutschen Reichskanzlers kommt um einige Stunden zu spät – die österreichische Regierung hat bereits die Generalmobilmachung veranlasst.

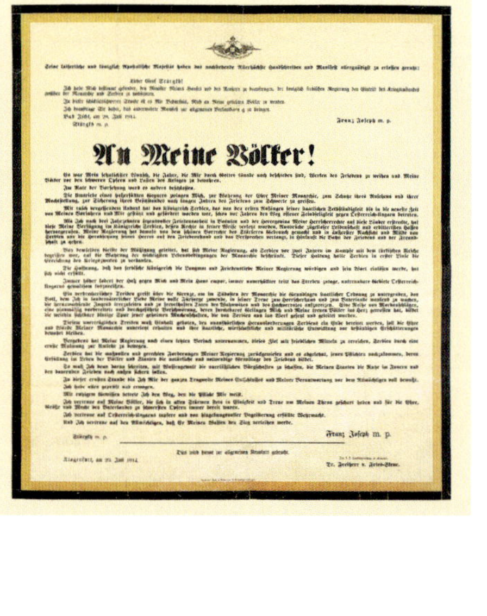
An Meine Völker!

Franz Joseph m. p.

30. Juli 1919

Das holde Menschenrecht der Ruhe: eine Woche Urlaub

Es ist kurz vor Schluss der Sitzung. In der Nationalversammlung des „Staates Deutschösterreich" im Parlament steht der nächste Punkt der Tagesordnung an: „Es folgt die Verhandlung über das Arbeiterurlaubsgesetz. Wir haben seinen Inhalt am Sonntag wiedergegeben. Die Nationalversammlung hat hinzugefügt, dass neben den Gruppen, denen schon der Entwurf das Recht auf Urlaub gab, auch anderen Arbeitern dieses Recht gebührt, wenn es ihnen durch Vollzugsanweisung zugebilligt wird."

Nachdem das „Gesetz unverändert angenommen" wird, bricht auf den Bänken der sozialdemokratischen Abgeordneten lebhafter Beifall aus – der 30. Juli 1919 ist für sie ein denkwürdiger Tag: Mit der Unterstützung von Staatssekretär Ferdinand Hanusch und den Gewerkschaften im Hintergrund ist es ihnen gelungen, das erste „Arbeiterurlaubgesetz" beschließen zu lassen. In einer Stellungnahme betont der SdP-Abgeordnete Josef Wiedenhofer (1873–1924), er ist Sekretär des Österreichischen Metallarbeiterverbandes in Wien, dass sich „Deutschösterreich" mit diesem Gesetz an die „Spitze der Staaten" stellen würde – Urlaubsregelungen gab es bisher nur für die Beamten im öffentlichen Dienst.

Das erste Arbeiterurlaubsgesetz

Bereits in den nächsten Tagen werden viele Gewerkschaften den Arbeiterurlaub in ihren Kollektivverträgen aufnehmen. Noch ist der Anspruch bescheiden: Das neue Gesetz besagt, dass ein Arbeiter pro Jahr Anspruch auf Gewährung eines bezahlten Urlaubes von einer Woche, nach fünf Jahren von zwei Wochen, hat, wenn das Dienstverhältnis ununterbrochen ein Jahr gedauert hat.

„Welch langen, schweren Kampf haben die Arbeiter geführt, um das Recht auf Ruhe, auf einige Tage des Aufatmens, der Freiheit von der Last und Qual der Arbeit zu erringen, das holde Menschenrecht der Ruhe!", schreibt die *Arbeiter-Zeitung* am nächsten Tag und würdigt damit noch einmal stolz den Erfolg der Sozialdemokraten.

Es ist ein arbeitsreicher Tag im Parlament: Neben dem Arbeiterurlaubsgesetz werden auch noch das Krankenversicherungsgesetz, das Pensionsbegünstigungsgesetz und das Unfallversicherungsgesetz für Arbeiter erweitert. Das Arbeiterurlaubsgesetz von 1919 wird bis 1946 unverändert gelten.

31. Juli 1914

Wir Österreicher zittern nicht!

Der Krieg mit Serbien hat begonnen, in dicken Lettern verkünden die Tageszeitungen die allgemeine Mobilisierung, die „Seine k. u. k. Apostolische Majestät Allerhöchst anzubefehlen geruht", überall im Reich wird die „Mobilisierungskundmachung" affichiert und löst begeisterte patriotische Kundgebungen aus, überall getragen „von denselben Gedanken und Gefühlen für Kaiser und Vaterland". Auch in Budapest, wo Erzherzog Josef unter tosendem Beifall der Menge vom Balkon seines Palastes voll Pathos verkündet: „Morgen ziehe ich nach dem Schlachtfelde, um, wenn nötig, für das Vaterland zu sterben!"

Allgemeine Mobilisierung in Österreich-Ungarn

Der Krieg gegen Serbien, daran scheint niemand zu zweifeln, ist ein gerechter; in der *Reichspost* vom 1. August heißt es dazu etwa: „Wenn irgend ein Krieg in der Weltgeschichte gerecht war, dann war es der, den Österreich nach Jahren unerschöpflicher Geduld gegen den frevelhaften südlichen Nachbarn begonnen." Noch ist an diesem Freitag vor dem ersten Kriegswochenende jedoch unklar, ob Russland in den Krieg eintreten wird, noch gibt es eine kleine Hoffnung, den Weltkrieg vermeiden zu können. Die Verantwortung dafür, so der allgemeine Tenor, liege bei der St. Petersburger Diplomatie. Doch selbst wenn das Zarenreich tatsächlich diesen Weltkrieg wolle, sei das, wie die *Reichspost* schreibt, kein Grund zur Verzweiflung: „Wir Österreicher zittern nicht. Gewaltige Verbündete fechten an unserer Seite. Österreich, Deutschland und Italien sind unüberwindlich. Getäuschte Gegner werden auf Granit beißen …"

Was die Menschen auf den Straßen und die Zeitungsleser nicht wissen: Österreich-Ungarn befindet sich bereits in Geiselhaft des Deutschen Reichs; ein Telegramm Kaiser Wilhelms II. an Franz Joseph an diesem 31. Juli formuliert es unmissverständlich: „In diesem schweren Kampfe ist es von größter Wichtigkeit, dass Österreich seine Hauptkräfte gegen Russland einsetzt und sich nicht durch gleichzeitige Offensive gegen Serbien zersplittert … Serbien spielt in diesem Riesenkampfe, in den wir Schulter an Schulter eintreten, eine ganz nebensächliche Rolle".

Auf den Bahnhöfen der Monarchie wird Abschied genommen, es spielen sich Szenen ab, die „den Anwesenden das Herz vor Mitleid zusammenschnürten", die aber auch, so die *Reichspost*, „seltene Entschlossenheit", einen „heroischen Opfermut" und „glühende Liebe zu Kaiser und Heimat" offenbaren. Die Armeeführung drängt auf höchste Eile, Reservisten, Ersatzreservisten und Landwehrmänner haben nur 24 Stunden Zeit, um dem Einrückungsbefehl nachzukommen. Tausende melden sich freiwillig, darunter auch zahlreiche Offiziere im Ruhestand und Angehörige des Adels. In Wien begleiten Frauen und Mädchen die Reservisten zu den Kasernen im Stadtzentrum. Bis spät in die Nacht dauern diese Züge an, von den Einberufenen aus Ottakring wird nach der Melodie vom „Guten Kameraden" ein markiges Lied angestimmt:

Und die Serben
Hauen wir zu Scherben
Und werden ihnen zeigen
Was echte Wiener sind!

August

1. August 1664

Wenn sie herüberkommen, …

Sultan Mehmed IV. und sein junger, tatkräftiger Großwesir Köprülü Fazil Ahmet Pascha haben Leopold I. den Krieg erklärt. An der Raab stehen sich die Truppen des Padischahs und des Kaisers gegenüber: Am rechten Ufer des Flusses, bei St. Gotthard, lagert das an die 120.000 Mann starke osmanische Heer, der Großwesir will sich von hier aus den Weg über Ödenburg *(Sopron)* nach Wiener Neustadt – und vielleicht auch nach Wien – erkämpfen; am linken, im Raum Mogersdorf, haben die Kaiserlichen unter ihrem Feldherren Raimund Montecuccoli Stellung bezogen.

Die Schlacht von St. Gotthard

Freitag, der 1. August 1664, ist nach islamischer Zeitrechnung der 8. Tag des Monats Muharrem im Jahre 1075 und in den Augen der türkischen Kämpfer ein Glückstag, Um sechs Uhr morgens befiehlt Köprülü Fazil Ahmet Pascha einen Vorstoß über die Raab hinweg gegen das Zentrum der kaiserlichen Armee. Seine Truppenführer haben dazu einen günstigen Platz ausgesucht: eine Engstelle des Flusses im sogenannten „Raabbogen", etwa eine Stunde oberhalb der Befestigungen von St. Gotthard, an der dieser nicht breiter als zehn bis zwölf Schritte ist und das Wasser nur bis zu den Steigbügeln reicht. Aufgrund starker Regenfälle ist die Raab jedoch angeschwollen und tritt stellenweise über die Ufer, was die Aufgabe weiter erschwert. Bereits in der Nacht sind 1.000 Janitscharen über den Fluss gegangen – sie haben Befehl, dicht aneinander Laufgräben anzulegen, um das Schlagen einer Hilfsbrücke zu ermöglichen. Weiters hat man Floßbrücken aus Leder vorbereitet, die über den Fluss gezogen werden und den Übergang weiterer Truppen ermöglichen. Die Wachposten der *verruchten Giauren* können ohne Mühe überwältigt werden, neue Verbände rücken über die Raab nach und es beginnt der Angriff der Janitscharen auf das Zentrum der Reichsarmee.

Als Graf Jean de Coligny-Saligny, der Kommandeur der französischen Hilfstruppen, um etwa sieben Uhr morgens von einer Anhöhe nordöstlich von Mogersdorf aus in seinem Fernglas die Bewegungen der Feindtruppen beobachtet und zusammen mit Graf Hohenlohe zu Montecuccoli eilt, zeigt sich dieser, wie Coligny später in seinen *Memoiren* berichten wird, noch von heroischer Gelassenheit: „Wir fanden ihn in seinem Bett und wiewohl wir ihn drängten, er möge sich doch gegen diese unmittelbar bevorstehende Gefahr vorsehen, konnten wir ihm nur die Worte entlocken: ‚Wenn sie herüberkommen, muss man auf sie losgehen.'"

Inzwischen bringen die Janitscharen dem überraschten Gegner schwere Verluste bei, erobern Mogersdorf, das nur von wenigen kaiserlichen Kräften besetzt ist, und stoßen bis zum Lager der besiegten und in panischem Schrecken flüchtenden kaiserlichen Truppen vor. Furchtbare Szenen spielen sich ab, wie etwa der Obristleutnant Melville, Generalquartiermeister des kurkölnischen Infanterieregiments, bezeugt: „Es gab ganze Regimenter, wo sich die Soldaten die Köpfe herabhauen ließen, ohne aus ihren Gliedern zu weichen und ohne den geringsten Widerstand zu tun." Dieser Anfangserfolg beflügelt die Türken. Alle verfügbaren Kräfte werden jetzt über den Fluss gezogen; unter den türkischen Kämpfern, die über den Fluss gehen, ist auch der berühmte Weltreisende Evliya Çelebi, der seinen Lesern mit gewohnter Übertreibung das Ausmaß dieses „ersten" Sieges schildert: „Ich sah mit eigenen Augen die unzähligen Gefallenen des Feindes, welche wie enthäutete nackte Schafe am Boden herumlagen."

Jetzt endlich ist auch Montecuccoli alarmiert; er erlässt Befehl, mit „ganzer Macht" auf den Feind zu gehen. Graf Hohenlohe, dem es gelungen ist, einen Teil der in Panik geratenen Reichstruppen wieder zu sammeln, setzt am linken Flügel zur Rückeroberung von Mogersdorf an; der junge Herzog Karl von Lothringen vertreibt die Türken von der Bagage und mit der Verstärkung im Rücken geht er nun selbst zum Angriff über – der Rest des türkischen Brückenkopfs wird umfasst und angegriffen. Diesem massiven Schlag können die Muslime trotz aller Verstärkungen, die der Großwesir unausgesetzt über die Raab schickt, nicht mehr standhalten; *ihre Herzen waren*, wie der osmanische Chronist bedauernd schreibt, *erfüllt von dem Sinn des Verses „Heute haben wir keine Kraft"* (Koran II, 250 bzw. 249).

Der Sieg der alliierten Truppen ist ein vollständiger: Die Türken werden buchstäblich in die Raab getrieben, viele ertrinken. Köprülü Fazil Ahmet, der vor Wut über die Niederlage acht Agas eigenhändig den Kopf abschlägt, zieht mit seinem geschlagenen Heer fluchtartig in Richtung Körmend. Die Verluste des Großwesirs sind schwer, etwa 5.000 bis 6.000 Mann sind gefallen, vor allem Soldaten der Elitetruppen: Janitscharen und Sipahi.

Den Toten beider Heere gewidmet: Gedächtnisstätte auf dem Schlösslberg bei Mogersdorf.

Der Jubel am Wiener Hof ist groß und Leopold I., dessen Krönung zum Kaiser sich am Tag der Schlacht zum sechsten Mal jährte, zeigt sich großzügig: Er zahlt dem gesamten Heer einen Monatssold als Belohnung aus; Fürst Montecuccoli erhält zwei eigenhändige Schreiben des Herrschers in italienischer Sprache und wird zum General-Leutnant der kaiserlichen Armee ernannt – die höchste damals mögliche Auszeichnung. Der Sieg kann jedoch nicht entscheidend ausgenützt werden. Zu schwer sind die Verluste an Mannschaften und Kriegsgerät, der ständige Mangel an Lebensmitteln und Munition hat ein Übriges getan – die kaiserliche Armee ist trotz dieses glorreichen Sieges am Ende – bereits am 10. August 1664 einigt man sich in Eisenburg *(Vásvár)* auf einen Friedensvertrag.

2. August 1945

Die „großen Drei" entscheiden

Die Potsdamer Konferenz

Schloss Cecilienhof in Potsdam. Seit dem 17. Juli 1945 tagen hier im feudalen Landhausensemble des letzten Hohenzollernkaisers die „großen Drei": Josef Stalin, Winston Churchill und Harry S. Truman, nun gibt es ein konkretes Ergebnis: die „Potsdamer Beschlüsse" vom 2. August 1945. Die wichtigen Passagen für Österreich in diesem Schlusspapier:

Die Regierungen des Vereinigten Königreiches und der Vereinigten Staaten von Amerika verzichten auf ihre Reparationsansprüche auf einen Anteil an deutschen Unternehmungen in der östlichen Besatzungszone in Deutschland … und im östlichen Österreich …
VIII. Österreich:
Die Konferenz hat einen Vorschlag der Sowjetregierung über die Ausdehnung der Autorität der Provisorischen österreichischen Regierung auf ganz Österreich geprüft.

Die Mächtigen von Potsdam: Clement R. Attlee, Harry S. Truman und Josef Stalin (sitzend, von links); William D. Leahy, Ernest Bevin, James W. Byrnes und Wjatscheslaw Molotow (stehend, von links).

Die drei Regierungen sind übereingekommen, dass sie bereit sind, diese Frage nach dem Einmarsch britischer und amerikanischer Streitkräfte in die Stadt Wien zu überprüfen.

Sowjet-Diktator Josef Stalin, der die Provisorische Regierung in Wien durchgesetzt hat *(siehe 27. April)*, ist mit seinem Wunsch einer Anerkennung dieser Regierung durch die anderen Siegermächte also noch nicht durchgedrungen; Amerikaner und Briten und auch die Franzosen, die in Potsdam nicht vertreten sind, aber in sechs schriftlichen Noten den Beschlüssen zustimmen, lassen sich noch eine Hintertür offen; spürbar bereits ein Hauch des kommenden Kalten Krieges – die Westmächte haben Angst, dass die Regierung Renner zu sehr von den Sowjets gegängelt werden könnte.
Seit dem sogenannten „Ersten Kontrollabkommen" am 4. Juli 1945 ist Österreich in vier Besatzungszonen aufgeteilt und damit faktisch einer alliierten Militärregierung unterstellt, deren höchstes Organ der Alliierte Rat ist. Österreich sowie die Bundeshauptstadt Wien sind jeweils in eine sowjetische, eine US-amerikanische, eine britische und eine französische Besatzungszone eingeteilt. Wobei in Wien von einzelnen „Sektoren" gesprochen wird und nicht von „Zonen".
Immerhin beschließen die drei einflussreichsten und mächtigsten Männer des Nachkriegs, keine Reparationszahlungen von Österreich zu verlangen, ausgenommen die Ansprüche auf das sogenannte „deutsche Eigentum".

3. August 1798

„Der Müssiggang findet da seinen anlokkendsten Reitz“

„Der Kerl ist ein Esel, ich weiß es, aber er leistet mir als Spion sehr gute Dienste“, sagt Kaiser Leopold II. über ihn. Sein Nachfolger Franz II. hält an dem mediokren Geist und dessen zweifelhaften Diensten fest: Leopold Alois Hoffmann (1759–1801), ehemaliger Freimaurer und später deren größter Feind und berüchtigter Denunziant, Doktor der Philosophie und der freien Künste, quieszierter k. k. Professor der Universität Wien, hat nicht nur seine ehemaligen Logenbrüder zu Feinden erkoren, sondern meint in seiner Schrift *Höchst wichtige Erinnerungen* (1796) auch auf die Gefährlichkeit der „so häuffigen öffentlichen Leseanstalten und Lesekabinette“ hinweisen zu müssen. In diesen würden alle Müßigänger „ihre Nahrung“ finden „oder vielmehr der Müssiggang findet da seinen anlokkendsten Reiz. Die Mamsell und die Madam, die zu Hause mit Nähen und Strikken, mit Waschen und Kochen, mit Küche und Keller alle Hände voll zu thun hätte“, schicke ihre Magd ins Lesekabinett, würde sich einen „der Zehntausend neuen Romane“ bringen lassen, um dann am Kanapee „alle die wunderlichen Abentheuerpossen einen halben Tag hindurch mit Begierde zu verschlingen“.

Kaiser Franz II. kann sich dieser kurzsichtigen Argumentation des Herrn Professor nicht verschließen, am 3. August 1798 ergeht ein Hofdekret der Hofkanzlei folgenden Inhalts:

„Da der Erfahrung gemäß, die sogenannten Lesekabinette, statt einigen Nutzen zu schaffen, vielmehr schädlich geworden sind: so haben Se. Majestät zu befehlen gnädigst geruhet, daß dieselben in den gesammten Erbstaaten von nun an, ohne Weiteres eingestellt werden sollen.

Dieser allerhöchste Befehl wird also hiermit allgemein bekannt gemacht.“

Das Verbot der Lesekabinette

Ein Angriff auf die im Gange befindliche Demokratisierung des Lesens, der wenig später noch ausgeweitet wird: Am 6. April 1799 lässt Franz II. per Hofdekret, „durch wichtige Gründe bewogen“, auch noch die Leihbibliotheken verbieten – erst 1810 werden Leihbibliotken, allerdings unter strengen Auflagen, wieder erlaubt.

Gibt dem Kaiser zweifelhafte Ratschläge: der ehemalige Freimaurer Leopold Alois Hoffmann.

4. August 1646

Das Ende der Schwedengefahr

Gegen Ende des Dreißigjährigen Krieges wird das nördliche Niederösterreich zum Schauplatz heftiger Kämpfe. Es kommen die gefürchteten Landsknechte des Nordens, die Schweden, unter ihrem Feldmarschall Lennart Torstenson. Am 17. März 1645 überschreitet er von Znaim vorrückend die niederösterreichische Grenze; bereits am 29. März muss sich Krems ergeben, am 5. April erobert er Korneuburg; schon scheint auch Wien bedroht, doch da kommt den Kaiserlichen der Umstand zu Hilfe, dass Torstensons Verbündeter, der siebenbürgische Magnat Georg Rákóczy, die Schweden im Stich lässt – Torstenson muss sich damit begnügen, Besatzungen in die einzelnen Orte zu legen, er selbst zieht sich nach Mistelbach zurück.

Ferdinand III. gelobt angesichts der schwedischen Offensive ihre Erbauung: die Mariensäule Am Hof.

Im Frühjahr 1646 wendet sich die Situation: Torstenson, von der Gicht geplagt, muss den Oberbefehl abgeben; Ferdinand III. verlegt zusätzliche Regimenter ins Gebiet nördlich der Donau, die nun unter Reichsgraf Johann Christoph von Puchheim gegen die von den Schweden gehaltenen Orte vorrücken: Anfang Mai wird Krems zurückerobert; am 22. Mai 1646 beginnen die Kaiserlichen mit der Belagerung von Korneuburg. Die Stadt ist von einer 1650 Meter langen Stadtmauer umgeben, die bis zu acht Meter hoch ist, davor befinden sich ein Wassergraben und eine zweite niedrige Mauer – Hindernisse, die nur schwer zu überwinden sind.

Die Eroberung von Korneuburg

Die Besatzer haben inzwischen die Stadt zu ihrer Hauptfestung in Niederösterreich ausgebaut und sind nicht gewillt, sie kampflos aufzugeben. Ein langwieriger Belagerungskrieg beginnt, erst nach über zwei Monaten, am 4. August 1646, kann Korneuburg zurückerobert werden. Die Schweden hinterlassen eine weitgehend zerstörte Stadt und notleidende Bewohner. Zahlreiche Häuser stehen leer; Handwerk und Handel haben stark unter der Besatzung gelitten; zahlreiche Menschen haben ihr Hab und Gut verloren. Auch die letzten Stützpunkte der Schweden im mittlerweile völlig verwüsteten Weinviertel, Staatz, Rabensburg und Falkenstein, können nun von den Kaiserlichen zurückgewonnen werden; bis Ende August 1646 ziehen auch die letzten schwedischen Einheiten ab.
Kaiser Ferdinand III. lässt zum Dank für die überstandene Gefahr die Mariensäule am Platz Am Hof in Wien errichten.

5. August 1772

Österreichs Beute: das Königreich Galizien und Lodomerien

Lange Zeit hindurch ist bei österreichischen Historikern das Argument beliebt, dass die Polen an der Zerstückelung ihres Landes selbst schuld gewesen seien, der Grund: Die „innere Stärke“ der polnischen Adelsrepublik habe nicht mehr der „gewaltigen territorialen Ausdehnung dieses Staatswesens“ entsprochen. Korrekt müsste es heißen: Die polnische Adelsrepublik hatte nicht mehr die Kraft, sich gegen die „territoriale Gewinnsucht“ (Martin Broszat) seiner mächtigen Nachbarn zu wehren. Und man wird Friedrich II. Recht geben müssen, wenn er in seinen *Denkwürdigkeiten* behauptet, dass es Österreich ist, das den unmittelbaren Anstoß zur Ersten Teilung Polens gibt: Im Herbst 1769 besetzen österreichische Truppen die seit 1412 von Ungarn an Polen verpfändeten „Zipser Städte“ in der Slowakei, machen aber hier nicht Halt, sondern okkupieren drei angrenzende polnische Starosteien, unter anderem mit dem Salzbergwerk Wieliczka bei Krakau. Zarin Katharina die Große soll daraufhin Friedrichs Bruder Heinrich erklärt haben: „Aber warum sollte alle Welt nicht auch zugreifen?“

Die Erste Teilung Polens

Damit ist der Bann gebrochen: Friedrich II. besetzt unter dem Vorwand, einen Grenzkordon gegen die Pest bilden zu müssen, westpreußische Gebiete; am 17. Februar 1772 wird eine geheime Konvention zwischen Russland und Preußen geschlossen, jetzt gilt es noch, die Österreicher zu weiterem Zugreifen zu bewegen. Am Wiener Hof weigert sich Kaiserinmutter Maria Theresia, die, wie Friedrich spöttisch meint, sich „mystischer Frömmelei“ hingebe und sich Vorwürfe über das in früheren Kriegen vergossene Blut mache, zunächst entschieden gegen die Teilungspläne, da jedoch die Erhaltung des Gleichgewichts der Kräfte oberstes Ziel der Monarchie sein muss, stimmt auch sie schließlich zu. Am 5. August 1772 wird in Petersburg der Teilungsvertrag unterzeichnet: Österreich erhält die 13 Zipser Städte sowie Ostgalizien mit der Hauptstadt Lemberg; der Gebietszuwachs beträgt rund 85.000 km² mit über 2 Millionen Einwohnern. Ein neues Kronland wird gebildet, es erhält nach den alten ruthenischen Fürstentümern Halicz und Wladimir den hochtrabenden Namen „Königreich Galizien und Lodomerien“. 1793 und 1795 werden weitere Teilungen folgen, Polen wird für über 120 Jahre von der politischen Landkarte Europas verschwinden.

Allegorie auf die Teilung Polens. Stich nach einer Zeichnung von Nicolas N. Le Mire.

6. August 1806

Das reichsoberhauptliche Amt der Habsburger ist erloschen

Napoleon ist seinem Ziel, der Zerschlagung des Heiligen Römischen Reiches, ein gutes Stück nähergekommen: Am 12. Juli 1806 unterzeichnen sechzehn deutsche Fürsten in Paris die „Rheinbundakte", eine Konföderation west- und süddeutscher Fürstentümer unter der Schutzherrschaft Napoleons. Länder wie Bayern und Württemberg scheiden damit aus dem Reichsverband aus, sie erhalten von Napoleon die vorderösterreichischen Gebiete und werden zu Königreichen erhoben. Das „Tausendjährige Reich" ist damit zu einem hohlen Gerippe verkommen. Als Kaiser Franz I. in Wien nicht sofort reagiert und nicht die römisch-deutsche Kaiserwürde niederlegt, droht Napoleon mit der Besetzung oberösterreichischer Gebiete zwischen Inn und Traun und einem französischen Vormarsch im Isonzotal sowie mit Aktionen gegen Triest und Fiume; schließlich setzt er dem Habsburger eine letzte Frist bis zum 10. August 1806.

Aus Kaiser Franz II. wird der I.: 1832 malt Friedrich von Amerling den Herrscher im österreichischen Kaiserornat.

Am 30. Juli entscheidet sich Franz I. während eines Aufenthalts in Baden dafür, dem Druck des Korsen nachzugeben – es gibt keine Alternative, man ist der Erpressung ausgeliefert. Er beauftragt Johann Philipp Graf Stadion, den Leiter der Staatskanzlei, mit der Ausarbeitung der Entsagungsurkunde; vor der Abdankung muss noch die Anerkennung seines neuen Titels „Kaiser von Österreich" durch Russland und Schweden erwirkt werden.

Das Ende des Heiligen Römischen Reiches

Am 6. August legt Kaiser Franz I. in der „Überzeugung von der gänzlichen Unmöglichkeit, die Pflichten Unseres kaiserlichen Amtes länger zu erfüllen", die Krone des Heiligen Römischen Reiches nieder: „Wir erklären demnach durch Gegenwärtiges, dass Wir das Band, welches Uns bis jetzt an den Staatskörper des deutschen Reiches gebunden hat, als gelöst ansehen, dass Wir das reichsoberhauptliche Amt und Würde durch die Vereinigung der conföderierten rheinische Stände als erloschen und Uns dadurch von allen übernommenen Pflichten gegen das deutsche Reich losgelöst betrachten (...)".

Das 962 mit der Kaiserkrönung Ottos I. in Rom begründete „Heilige Römische Reich Deutscher Nation" hat damit aufgehört zu existieren; bald wird es zu einem von den Romantikern verklärten „mystischen Sehnsuchtsziel" (Erich Zöllner) werden.

7. August 1908

Ur-Eva aus der Wachau

Am linken Donauufer, gegenüber der Burgruine Aggstein, liegt Willendorf in der Wachau. Im Zuge des Baus der Donauuferbahn werden archäologische Grabungen vorgenommen. Es ist 10 Uhr morgens, als einer der Grabungshelfer plötzlich eine kleine Kalksteinfigur auf seiner Schaufel entdeckt. Neugierig beugen sich der daneben stehende Grabungsleiter Josef Szombathy vom Naturhistorischen Museum in Wien und sein junger Mitarbeiter Josef Bayer über das Fundstück – beide erkennen rasch, dass ein außergewöhnlicher Fund vorliegt.

Die Venus von Willendorf

Josef Bayer erinnert sich später an den Moment: „Es war an einem herrlichen Augustmorgen des Jahres 1908, als die ‚Venus von Willendorf' nach viertausendjährigem Schlaf die sonnenhelle Wachau wiedersah. Sie wurde in Szombathys und meiner unmittelbaren Gegenwart in einer Tiefe von etwa 25 cm unter der ungestörten Aschenschichte in der Nachbarschaft eines großen Herdes entdeckt …"

Genaue Analysen zeigen, dass die 11 cm große Figur aus Oolith, einer Kalksteinvarietät, etwa 25.000 Jahre alt ist und damit aus dem Gravettien, einer Kultur der jüngeren Steinzeit, stammt. Auffallend sind die realistischen Züge der „Ur-Eva", vor allem die überdimensionalen Brüste und der hervorstehende Bauch sowie die deutlich markierte Vulva. Der Kopf ist zur linken Brust geneigt, Hände und Füße fehlen. Farbreste verweisen darauf, dass die adipöse Steinzeit-Dame ursprünglich mit Rötel eingefärbt gewesen sein muss.

Das faszinierende Objekt, häufig als „Fruchtbarkeitsidol" interpretiert, wird in die anthropologisch-prähistorische Sammlung des Naturhistorischen Museums in Wien gebracht, die von Josef Szombathy geleitet wird. Lange Zeit verzichtet man darauf, das Original auszustellen; erstmals kann dieses anlässlich einer Ausstellung in Schloss Schönbrunn im Jahre 1998 bewundert werden. In einer Hochsicherheitsvitrine, geschützt durch sieben Zentimeter dicke Panzerglasscheiben, ist sie heute eine der großen Attraktionen des Hauses.

Skulptur aus der jüngeren Altsteinzeit: die Venus von Willendorf. Naturhistorisches Museum, Wien.

8. August 1703

Ohne einigen Oratorischen und Poetischen Schminck

Im „Haus zum rothen Igel" am heutigen Wildpretmarkt in Wien herrscht rege Betriebsamkeit. Es gilt, die Nummer I des *Wienerischen Diariums* fertigzustellen. Herausgeber und Drucker Johann Baptist Schönwetter hat für sein Zeitungsprojekt endlich das Privileg des Kaisers erhalten und erhofftt sich ein gutes Geschäft, die Zeit scheint günstig: Der Spanische Erbfolgekrieg hat begonnen, kaiserliche Armeen kämpfen in Oberitalien, am Rhein und in Bayern; Nachrichten von den Kriegsschauplätzen sind begehrte Lektüre. Gesetzt und gedruckt wird das acht Seiten umfassende, im handlichen Format von 160 mal 200 Millimetern erscheinende Diarium im Regensburger Hof am nahen Lugeck; bieten will man den geneigten Lesern einen „kurtzen Bericht und Extract" der „merckwürdigsten, wahrhafftigsten, und allerneuesten, so schrifftlich als gedruckter allhier einlauffenden Begebenheiten", dabei will man „ohne einigen Oratorischen und Poetischen Schminck" berichten – das Diarium bekennt sich zur redaktionellen Aufbereitung von Nachrichten, man will der „blossen Wahrheit der einkommenden Berichte gemäß" informieren. Erscheinen wird es jeweils zweimal die Woche zu den Posttagen, also mittwochs und samstags.

Die Nummer I des „Wienerischen Diariums"

Einer der freien Mitarbeiter ist Hieronymus Gmainer (1663–1729), der erste Österreicher, für den das Totenbeschauprotokoll der Stadt Wien die Berufsbezeichnung „Zeitungs-Schreiber" vermerkt. Als 1722 der Drucker und Buchhändler Johann Peter van Ghelen (1673–1754), ausgestattet mit einem kaiserlichen Privileg, das Blatt übernimmt, wird Gmainer zum „Chefredakteur" mit fixer Anstellung; geschickt versteht es van Ghelen, in der habsburgischen Residenz ein Pressemonopol zu errichten – das Konkurrenzblatt, der ebenfalls 1703 gegründete *Posttägliche Mercurius*, wird von ihm übernommen und 1724 mit dem Diarium verschmolzen. Der Zeitungsmarkt der Monarchie bleibt so in seiner Entwicklung weit hinter dem Westen Europas zurück; erst unter Kaiser Joseph II. wird mit dem Zensurpatent vom 11. Juni 1781 ein relativ freies Räsonnement in den Zeitungen möglich.

Nro. 4.

Wienerisches Diarium.

Mittwochs, den 13. Jäner 1779.

Di, quibus imperium est animarum, umbræque silentes
Et Chaos & Phlegeton, loca nocte silentia late,
Sit mihi fas audita loqui! sit numine vestro
Pandere res alta terra & caligine mersas. Virg.

Lisabon, den 1. Christmon.

Noch hält sich der Hof zu Villaviciosa auf, und glaubt man, derselbe werde erst zur Weihnachtsnovaine hier eintreffen. Inzwischen hat man aus diesem königl. Schlosse vernommen, daß unsrer Königinn Majestät gefällig gewesen, den Don Michael di Portogallo, Prälaten bey hiesiger Patriarchalkirche, einen Bruder des verstorbenen Marches Valenza, und Anverwandten des dermal regierenden königl. Hauses Braganza, zu dero gevollmächtigten Minister bey dem kaiserl. königl. Hofe zu ernennen.

Den 20. verflossenen Monats lief in unsern Haven ein holländisches Kriegsschiff, geführt vom Admirale Peter Heyn, ein; er war den 20. Herbstmonats von Amsterdam unter Segel gegangen, um 11 nach französischen Häven bestimmte Kauffartheyschiffe zu begleiten. Dieser Admiral sagt nun aus, er habe am 8. Tage seiner Farth, eben als er, nach einem ausgestandenen harten Sturme, welcher die Flotte zerstreut hatte, im Angesichte von Douvres segelte, beobachtet, daß eine engländische Fregatte zweener feindlicher Schiffe sich bemächtiget hatte, hierauf hatte er plötzlich umgewandt, um zu sehen, was da vorgieng, und der Befehlshaber der engländischen Fregatte hätte bey Erblickung dieser Bewegung sogleich einen Offizier an den

Hatte in Wien lange Zeit eine Monopolstellung inne: das „Wienerische Diarium".

Mit dem 1. Januar 1780 erfolgt die Umbenennung des Diariums in *Wiener Zeitung*, die unter diesem Namen bis heute erscheint und damit die älteste Zeitung der Welt ist.

9. August 1943

Besser die Hände gefesselt als der Wille

Die Hinrichtung von Franz Jägerstätter

Es ist halb 6 Uhr früh, als es für Franz Jägerstätter heißt „sofort anziehen, das Auto wartet schon", und er mit mehreren Todeskandidaten die Fahrt zum Zuchthaus Brandenburg an der Havel antritt, wo sein Todesurteil um 4 Uhr nachmittags vollstreckt werden soll. Der Bauer aus St. Radegund im Innviertel ist bereit zu sterben für seinen Entschluss, den Dienst in der Deutschen Wehrmacht zu verweigern. Am 6. Juli 1943 ist er vom Reichskriegsgericht in Berlin-Charlottenburg wegen „Wehrkraftzersetzung" zum Tod verurteilt worden, am 14. Juli wird das Urteil bestätigt.

Mit dem Nationalsozialismus kann der 1907 geborene Sohn einer Bauernmagd, die später den Bauern Heinrich Jägerstätter heiratet, nichts anfangen – die inhumane Ideologie der Nazis ist mit seiner Vorstellung von einem christlichen Leben nicht vereinbar. Bei der Volksabstimmung zum „Anschluss" Österreichs *(siehe 10. April)* ist er der Einzige in St. Radegund, der mit „Nein" abstimmt. 1936 hat er die Bauerntochter Franziska Schwaninger geheiratet, mit der er drei Töchter bekommt. Bereits nach seiner Hochzeit verändert Franz sein Leben grundlegend. Er beginnt täglich die Messe zu besuchen und führt ein sehr religiöses Leben. Am 17. Juni 1940 wird er zum Dienst in der Wehrmacht einberufen, dem er für ein paar Monate nachkommt. Doch nach seiner Rückkehr von der Armee beschließt er, einer weiteren Einberufung nicht mehr Folge zu leisten. Als er am 1. März 1943 wieder in Enns einrücken soll, verweigert er dies mit der Begründung, dass er den Dienst mit der Waffe nicht mit seinem Gewissen vereinbaren könne. Er wird verhaftet und in das Gefängnis im Linzer Ursulinenhof gebracht und später nach Berlin-Tegel überstellt. Bis zuletzt gibt man ihm die Möglichkeit, die Verweigerung zurückzunehmen, Franz Jägerstätter lehnt jedoch ab.

In seinem letzten Brief an Gattin Franziska schreibt er: „Liebste Gattin und Mutter. Es war mir nicht möglich, euch von diesen Schmerzen, die ihr jetzt meinetwegen zu leiden habt, zu befreien. (…) Ich danke auch unserem Heiland, dass ich für ihn leiden durfte und auch für ihn sterben darf."

Am 26. Oktober 2007 wird Franz Jägerstätter von Kurienkardinal José Saraiva Martins im Linzer Mariendom selig gesprochen.

Gedenktafel für Franz Jägerstätter in der Witzlebenstraße 4–5 in Berlin-Charlottenburg.

10. August 955

Gemetzel am Tag des heiligen Laurentius

In den Annalen des Klosters St. Gallen aus dem Jahre 956 wird der Tag des denkwürdigen Kampfes gegen die Ungarn genau angegeben: *festivitate sancti Laurentii* heißt es hier, am Tag des heiligen Laurentius, dem 10. August. Ungewiss ist dagegen, wo er genau stattfand: Das „Lechfeld“ südlich von Augsburg ist eine spätere Zuschreibung, die ältesten Quellen sprechen von einem Ort „am Lech“ oder „bei Augsburg“.

Die Schlacht auf dem Lechfeld. Illustration in Sigmund Meisterlins „Geschichte der Stadt Nürnberg“.

Auch wenn bis heute kein einziges verrostetes Schwert, kein Helm, keine Pfeilspitze gefunden werden konnte – das Gemetzel bei Augsburg ist historisch und hat das Werden Österreichs mitbestimmt. Am Morgen dieses Tages ist der ungarische Heerbann, der in den Wochen zuvor das Land bis zur Iller verwüstet hat, noch mit der Belagerung Augsburgs beschäftigt, das vom heiligen Bischof Ulrich verteidigt wird.

Durch einen Verräter erfahren die Magyaren jedoch vom Herannahen der Ritter König Ottos I., die sich bei Ulm gesammelt haben, und wenden sich nun dem neuen Feind zu.

Die Schlacht auf dem Lechfeld

Sie umgehen den lang gestreckten Zug von Ottos Truppen – insgesamt sind es etwa 10.000 Mann – und greifen zunächst den Tross der Franken an; König Otto befiehlt daraufhin den Angriff auf die Ungarn, die sich vom Feind nicht mehr lösen können und die Schlacht annehmen müssen. Es entbrennt ein erbitterter Kampf, in dem sich vor allem der Salier Konrad der Rote, der ehemalige Herzog von Lothringen, auszeichnet, er fällt jedoch durch einen Pfeilschuss. Die Ungarn werden schließlich in die Flucht geschlagen und fliehen Richtung Lech, wo sich ihr Lager befindet. Viele können den Fluss nicht mehr überqueren, werden von den Verfolgern eingeholt und niedergemacht. Der glanzvolle Sieg Ottos über die „Heiden“ aus dem Osten bedeutet das Ende der Ungarneinfälle im süddeutschen Raum, zur neuen Westgrenze des ungarischen Machtbereichs wird der Wienerwald – westlich davon werden ab 976 die „Babenberger“ ihr Land entwickeln können.

11. August 1804

„Vollkommene Rangs-Gleichheit“ muss es sein

Angesichts der Selbstkrönung Napoleons zum Kaiser der Franzosen sorgt sich Kaiser Franz II. um die „vollkommene Rangs-Gleichheit“ mit dem Emporkömmling aus Korsika. Bestärkt wird er darin durch eine Denkschrift seines Staatsministers Johann Ludwig Graf Cobenzl (1753–1809), der auch gleich eine Empfehlung zur Lösung des Problems parat hat: Der Habsburger muss „nachziehen“ und sich zum „Kaiser von Österreich“ erklären. Praktisch abgewickelt soll dies über ein Patent (= Gesetz) werden, in dem die Errichtung eines „Erblichen Kaisertums Österreich“ proklamiert wird. Die entscheidende Passage lautet: „In Gemässheit dessen haben Wir, nach gepflogener reiflichster Überlegung, beschlossen, für Uns und für unsere Nachfolger in dem unzertrennlichen Besitze Unserer unabhängigen Königreiche und Staaten, den Titel und die Würde eines erblichen Kaisers von Oesterreich (als den Nahmen unseres Erzhauses) dergestalt feyerlichst anzunehmen und fest zu setzen, dass Unsere sämmtlichen Königreiche, Fürstenthümer und Provinzen, ihre bisherigen Titel, Verfassungen, Vorrechte und Verhältnisse fernerhin unverändert beybehalten sollen.“

Gründung des Österreichischen Kaisertums

Zum Helden des Volkes stilisiert: der Einzug von Kaiser Franz I. in Wien nach dem Pariser Frieden. Gemälde von Johann Peter Krafft, 1828.

12. August 1759

Gibt es denn keine vermaledeite Kugel für mich?

Der Siebenjährige Krieg dauert nun schon drei bange Jahre. Maria Theresia ist ungeduldig, nach den ungeheuren Anstrengungen der letzten Jahre will sie endlich einen durchschlagenden Erfolg sehen. Ihre Hoffnungen setzt sie auf den russischen Verbündeten und tatsächlich scheint sich das Blatt des Krieges endgültig zu wenden: Am 23. Juli 1759 besiegen die Russen unter Feldmarschall Saltykow ein preußisches Korps bei Kay und rücken auf Frankfurt an der Oder vor; gleichzeitig kann König Friedrich „der Große" es nicht verhindern, dass sich eine etwa 20.000 Mann starke österreichische Abteilung unter Gideon Ernst von Laudon nach Norden bewegt und mit den Russen zusammenschließt – das Kerngebiet Preußens ist damit ernsthaft bedroht. Die Verbündeten, die gemeinsam etwa 71.000 Mann ins Feld stellen, beziehen rechts der Oder bei Kunersdorf *(Kunowice)* eine gut befestigte Hügelstellung.

Die Schlacht bei Kunersdorf

Friedrich, mit 49.000 Mann deutlich unterlegen, greift zunächst die linke Flanke der Verbündeten an; seine Grenadiere ersteigen die feindliche Stellung „mit Mut und Entschlossenheit in großer Ordnung" und dringen bis zum russischen Lager vor. Als der Generalstab von einem weiteren Vorgehen abrät, verwirft Friedrich dies und befiehlt eine zweite Attacke. Der Angriff bleibt jedoch stecken, ein massiver Gegenstoß der österreichischen und russischen Kavallerie besiegelt die vernichtende Niederlage Friedrichs, der nur etwa 3.000 Mann aus der Schlacht zurückführen kann. Die Verzweiflung des Preußenkönigs angesichts der Katastrophe ist angeblich so „übermächtig", dass Friedrich auf dem Schlachtfeld umherirrt und den Tod geradezu herausfordert: „Gibt es denn keine vermaledeite Kugel für mich?", klagt er, als er verschont bleibt, und in einem Brief nach Berlin an seinen Kabinettsminister und Vertrauten Graf Finck von Finckenstein lässt er dieser Untergangsstimmung freien Lauf: „Alles ist verloren. Retten Sie die königliche Familie! Adieu für immer!" Friedrich übergibt Generalleutnant von Finck das Kommando über die Armee, kann aber schon wenige Tage später diese Rochade zurücknehmen: Österreicher und Russen zeigen sich außerstande, das Debakel der Preußen auch entsprechend auszunutzen; in einem Brief an seinen Bruder Heinrich am 1. September 1759 wird Friedrich das berühmte Wort vom „Mirakel des Hauses Brandenburg" prägen.

Ein dramatischer Moment: Friedrich der Große entgeht nur knapp der Gefangenschaft.

13. August 1704

Das Waterloo Max Emanuels

Bayerns Kurfürst Max Emanuel, einst auf den ungarischen Schlachtfeldern im Kampf gegen die Osmanen, die ihn als „blauer König" kannten und fürchteten, ein treuer Verbündeter, ist nun zum Gegner Habsburgs geworden. Im Bündnis mit Frankreich tritt er im September 1702 mit dem Überfall auf Ulm in den Spanischen Erbfolgekrieg ein, strategisches Ziel ist es, durch die Schaffung eines neuen Kriegsschauplatzes bedeutende militärische Kräfte des Kaisers zu binden. Im Winter 1703/04 scheint sich das Kriegsglück auf seine Seite zu neigen: Im Januar 1704 kann Max Emanuel Passau zur Kapitulation zwingen und in Oberösterreich eindringen, auch Wien scheint bereits bedroht. Für die kaiserlichen Waffen spitzt sich die Lage gefährlich zu; die Hoffnung ruht nun auf der Armee des Oberkommandierenden der mit Habsburg verbündeten Seemächte, *Captain General* John Churchill, First Duke of Marlborough. Ende Juni 1704 trifft Marlboroughs Armee an der Donau ein, in der Schlacht am Schellenberg am 2. Juli kann der Brite Max Emanuel zum Rückzug zwingen, der nun jedoch Verstärkung durch die Armee des französischen Marschalls Tallard erhält. Gleichzeitig kann sich Marlborough mit den kaiserlichen Truppen unter Prinz Eugen vereinigen; gemeinsam beschließen die beiden Feldherren bei Höchstädt den Angriff auf die französisch-bayerische Armee. Das Kräfteverhältnis ist ausgeglichen, auf beiden Seiten stehen etwa 53.000 Mann.

Die Schlacht von Höchstädt

Die Schlacht beginnt um die Mittagszeit mit einem englischen Vorstoß auf den Ort Blindheim, der von Tallard noch zurückgeschlagen weden kann; die Entscheidung zugunsten der Alliierten bringt schließlich nach 17 Uhr eine gewaltige Kavallerieattacke: 8.000 Reiter Marlboroughs „überrollen" die Linien Tallards, teilweise werden die Franzosen bis in die Donau zurückgetrieben; knapp nach 20 Uhr kapituliert die nun völlig abgeschnittene Besatzung von Blindheim. Die Verluste an Toten und Verwundeten betragen auf beiden Seiten etwa 12.000 bis 13.000 Mann.

Mit dem Sieg bei Höchstädt durch Marlborough und Prinz Eugen ist der Feldzug dieses Jahres entschieden; Max Emanuel muss ins Exil nach Frankreich gehen, kaiserliche Truppen besetzen sein Land *(siehe 25. Dezember)*.

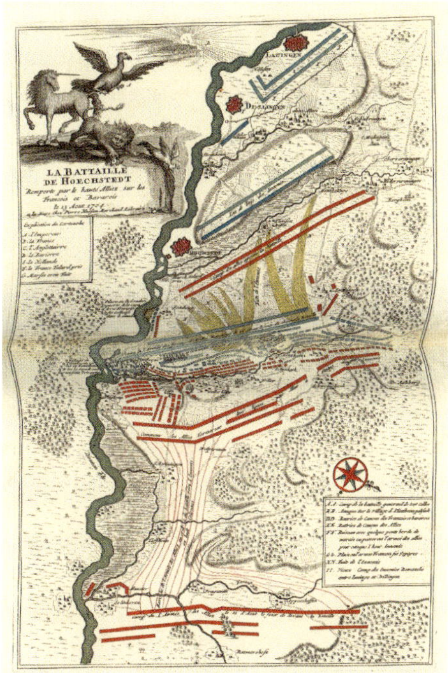

14. August 1922

Alles und von allem das Höchste

Die Gäste sind schon angereist; erstmals steht die Kollegienkirche als Spielstätte bereit, die Festspiele werden hier am Tag zuvor mit Hugo von Hofmannstahls Schauspiel *Das Salzburger große Welttheater* eröffnet. Und erstmals gibt es an diesem 14. August 1922 bei den Salzburger Festspielen auch eine Opernaufführung zu genießen – es wird ein denkwürdiger Abend: Richard Strauss dirigiert im Landestheater Mozarts Oper *Don Giovanni*. Die Besetzung ist erlesen: Staatsopernstar Alfred Jerger gibt sein Salzburg-Debüt mit der Titelrolle des Don Giovanni, Kammersänger Richard Mayr singt den Leporello und Richard Tauber brilliert als Don Ottavio. Auch die Damenriege kann sich sehen lassen: Staatsopern-Sopran Claire Born als Donna Elvira, Gertrud Kappel als Donna Anna und Lotte Schöne als Zerline begeistern das Publikum. Mit Aufführungen der *Entführung aus dem Serail* sowie von *Figaros Hochzeit* und *Cosí fan tutte* in den darauffolgenden Tagen, dirigiert von Franz Schalk und Richard Strauss, wird Salzburg über Nacht zum Nabel der Opernwelt.

Die erste Opernaufführung bei den Salzburger Festspielen

Zwar hatte man Opernaufführungen schon in der ursprünglichen Planung für die Festspiele im Jahre 1920 vorgesehen, doch wird im ersten Jahr nur Hugo von Hofmannsthals *Jedermann* gespielt *(siehe 22. August)*. Den Stein ins Rollen bringt Richard Strauss persönlich: Als 1921 die ersten Konzerte in Salzburg unter der musikalischen Leitung von Bernhard Paumgartner stattfinden, befürchtet er, dass die Idee der Festspiele „auf ewig diskreditiert“ sein könnte, und beschließt zu handeln. Er greift zum Telefon und engagiert kurzerhand das Ensemble der Wiener Staatsoper für die Festspiele 1922.

Der „Handstreich“ des Dirigenten beschert den Salzburger Festspielen einen durchschlagenden Erfolg; in den folgenden Jahrzehnten sind Opern nicht mehr aus dem Programm der Festspiele wegzudenken und verleihen ihnen eine besondere Note. Hugo von Hofmannsthal schreibt daraufhin im Programm der Veranstaltung: „Oper, Schauspiel oder Konzert? Alles und von allem das Höchste!“, und dokumentiert damit die hehren Maßstäbe.

Ebenfalls 1922 feiern auch die Wiener Philharmoniker ihr Debüt bei den Festspielen und tragen ihren Teil zum Erfolg bei.

Für Richard Strauss bringen die Festspiele von 1922 noch einen erfreulichen Schlusspunkt: Als Alexander Prinz Thurn und Taxis seinen Rücktritt verkündet, wird er neuer Festspielpräsident.

15. August 1809

I nit, ös nit – der da oben!

Die dritte Schlacht am Bergisel ist siegreich geschlagen; die Franzosen unter Marschall Lefèbvre sind auf dem Rückzug, bis zum 18. August 1809 wird ganz Tirol von den Besatzungstruppen geräumt sein.
Der Maria-Himmelfahrts-Tag, von den Tirolern auch als „Hohefrauentag" begangen, wird zum Triumphtag Andreas Hofers. Am frühen Morgen wohnt der Sandwirt noch einer Messe auf dem Schönberg bei, dann macht er sich auf Richtung Innsbruck. Eine Deputation der Innsbrucker Bürgerschaft kommt ihm schon entgegen; die braven Männer haben Angst vor Plünderungen in der Stadt und bitten ihn um Unterstützung. Um 11 Uhr fährt er in einer Kutsche, gefolgt von seinen Passeirer Schützen, in die Tiroler Landeshauptstadt ein. Als er aus dem Wagen steigt, brandet der Jubel der Menge auf, Andreas Hofer spricht, so die Heldenlegende, die klassischen Worte: „I nit, ös nit – der da oben!" Der „Oberkommandierende" des Landes Tirol bahnt sich einen Weg durch die Menschenmenge zum Gasthof „Goldener Adler"; als die Menschen nicht nach Hause gehen wollen, hält er vom Fenster seines Zimmers noch eine Ansprache und verspricht, alle, die seine „Waffenbrüder" sein möchten, nicht zu verlassen, so „wahr i Andre Hofer hoass. G'sagt hab i enks, gsöchn habt's mi, pfiat enk Gott!"

Andreas Hofer zieht in Innsbruck ein

Gefeierter Volksheld: Andreas Hofer. Gemälde von unbekanntem Meister. Tiroler Kaiserjägermuseum.

Aus „Verantwortungsbewusstsein" (Michael Forcher) willigt Andreas Hofer ein, auch die zivile Verwaltung des Landes zu übernehmen, als „Treuhänder des Kaisers" will er agieren, so gut er es „dermachen" kann. In der Innsbrucker Hofburg wird ein „Bauernregiment" errichtet, das bald allerlei seltsame Maßnahmen setzt. So wird ein „Sittenmandat" verkündet, in dem beklagt wird, dass die „Frauenzimmer von allerhand Gattungen ihre Brust und Armfleisch zu wenig oder mit durchsichtigen Hudern bedecken, und also zu sündhaften Reizungen Anlaß geben"; schwerer wiegt, dass der Sieger der Bergisel-Schlachten auch liberal denkende Universitätsprofessoren verhaften lässt. Täglich wird nun in der Hofburg der Rosenkranz gebetet; Andreas Hofer weiß, dass er Hilfe braucht, nicht nur göttliche – der Kaiser in Wien, auf den er vertraut, wird ihn jedoch im Stich lassen …

16. August 1717

Prinz Eugen ließ schlagen eine Brukken, daß man kunt hinüberrucken …

Im April 1716 hat die Hohe Pforte dem Habsburgerreich den Krieg erklärt, nach der schweren Niederlage bei Peterwardein am 5. August 1716 und dem Fall der Festung Temesvár am 12. Oktober 1716 sehen sich die Osmanen rasch in die Defensive gedrängt. Prinz Eugen, der kaiserliche Oberbefehlshaber, hat ein ehrgeiziges Ziel für den Sommerfeldzug 1717: Belgrad, die türkische Schlüsselstellung an der Mündung der Save in die Donau. Das Unternehmen gegen die mit 30.000 Mann Besatzung und 300 Geschützen hervorragend gerüstete Stadt ist sorgfältig geplant: Für das Übersetzen der Donau bei Páncsova in der Nacht vom 15. zum 16. Juni 1717 lässt Prinz Eugen eine Brücke über den Strom schlagen, eine verwegene Aktion, die es ermöglicht, erfolgreich einen Brückenkopf im Vorfeld der Festung zu bilden. Die Lage wird jedoch bedrohlich, als sich ein 100.000 Mann starkes türkisches Entsatzheer unter Großwesir Khalil nähert, zu dem am 12. Juli auch noch 30.000 Tataren stoßen. Es gelingt den Truppen des Großwesirs, die Höhen rund um das kaiserliche Lager zu besetzen und von hier aus ein wirkungsvolles Geschützfeuer auf die *Giauren* zu unterhalten – Eugens etwa 70.000 Mann starke Streitmacht, die bereits unter Proviantmangel leidet und durch eine Ruhrepidemie geschwächt ist, droht gegen die Mauern der Festung gedrückt zu werden.

Die Eroberung Belgrads

In dieser schwierigen Lage entschließt sich Prinz Eugen wieder einmal zu einem riskanten Manöver: Er befiehlt für den frühen Morgen des 16. August den Angriff des rechten Flügels seiner Truppen auf die erste Batterie der Osmanen am Bajdinahügel bei Mirjewo; durch starken Nebel begünstigt, macht der Angriff gute Fortschritte, doch Janitscharen und Sipahis bringen nun in einer Konterattacke den linken Flügel der Kaiserlichen in schwere Bedrängnis. Als die Sonne durch den Nebel bricht, scheint die Schlacht schon fast verloren. Prinz Eugen beweist jedoch kaltes Blut, verstärkt die gefährdeten Frontabschnitte und zwingt durch Geistesgegenwart und persönlichen Einsatz das Schlachtenglück auf seine Seite, nicht zuletzt auch deshalb, weil die Janitscharen in der Festung tatenlos zusehen, wie ihre Kameraden in die Katastrophe treiben: Trotz „übermenschlicher Anstrengungen" (Nicolae Jorga) können die Osmanen ihre Stellungen schließlich nicht mehr halten und wenden sich zur Flucht; ihr Lager fällt in die Hände der Kaiserlichen und wird geplündert, die Verluste betragen über 10.000 Mann. Großwesir Khalil hat den Kampf aus sicherer Distanz verfolgt und kann sein Leben retten; die Schuld an der Niederlage sucht er nicht in der schlechten Führung seiner Armee, sondern im starken Nebel, der sich „mit göttlicher Erlaubnis" erhoben hätte, so dass „einer den anderen nicht erkennen konnte".

Die Besatzung Belgrads, nach dem fluchtartigen Rückzug des Großwesirs „vollständig entmutigt", kapituliert gegen freien Abzug am nächsten Tag. Belgrad ist die letzte glorreiche Waffentat des Prinzen Eugen, die Erinnerung daran hat sich im berühmten Lied *Prinz Eugen der edle Ritter* bis heute bewahrt.

17. August 1186

Herzog Leopold V. erbt die Steiermark

Otakar IV. aus dem Geschlecht der Traungauer, der Herzog der Steiermark, ist erst 23 Jahre alt, gezeichnet jedoch von einer unheilbaren Krankheit. Mit siebzehn Jahren hat er auf dem Reichstag zu Regensburg 1180 die Erhebung des Landes zum reichsunmittelbaren Herzogtum entgegengenommen; nun gilt es, für den Fall seines Todes die Nachfolge zu regeln, da die Kinderlosigkeit bereits Gewissheit ist. In den Beratungen mit den steirischen Adeligen kristallisiert sich bald ein Kandidat heraus: der unmittelbare, mächtige Nachbar – der Babenbergerherzog Leopold V.

Die Georgenberger Handfeste

Auf dem Georgenberg bei Enns wird an diesem Augusttag die neue Erbfolgeregelung feierlich paktiert; zahlreiche steirische und österreichische Ministeriale sowie Adelige aus Kärnten und auch aus Bayern sind Zeugen des Vertrags, der für die Herzöge von Österreich einen gewaltigen Zuwachs an Land und Macht bedeuten wird. In der entscheidenden Passage der Urkunde heißt es: „Nachdem wir nun mit unseren Vornehmen klugen Rat gemeinsam gepflogen haben, haben wir den sehr edlen, sehr gestrengen und sehr getreuen Herzog von Österreich, Leopold, unseren Blutsverwandten, als unseren Nachfolger bezeichnet, wenn wir ohne Leibeserben abgehen sollten; da sein Land an unseres grenzt, kann jedes unter eines Friedens und Fürsten Gerechtigkeit leichter regiert werden. Da wir ihn uns sehr freundlich gesinnt wissen, setzen wir auch das volle Vertrauen darauf, dass er sein Leben lang nichts Übles gegen uns und die Unseren unternehmen wird."

Angeschlossen wird diesem Erbvertrag eine weitere Urkunde, in der die bestehenden Rechte der steirischen Adeligen und Klöster garantiert werden und die Unteilbarkeit der Länder Österreich und Steiermark ausdrücklich festgehalten wird. Der Erbfall wird mit dem Tod Otakars bereits im Mai 1192 eintreten; für Missstimmung sorgt die „Georgenberger Handfeste" vor allem bei der welfischen Partei im Reich – man argumentiert damit, dass die Welfen doch näher mit den Traungauern verwandt seien als die Babenberger, der Erbvertrag sei Otakar „abgelistet" worden. Vor allem Richard Löwenherz, der Schwager des Welfen Heinrich des Löwen, wird das Leopold V. nie vergessen.

Herzog Leopold V. beschwört auf dem Georgenberg den Abschluss des Pakts mit Otakar IV. Gemälde von Ernst Christian Moser.

18. August 1830

Feiertag der Monarchie

Schloss Schönbrunn, 8 Uhr früh. Die Aufregung in den Gemächern der Erzherzogin Sophie ist groß, denn endlich haben bei der Wöchnerin die Wehen eingesetzt, die Frau Schmalzl, die Hebamme, eigentlich schon viel früher erwartet hat. Die Aufgabe ist für Frau Schmalzl und die anwesenden Ärzte nicht einfach, denn das Kind nimmt eine so ungünstige Lage ein, dass man die Zange zu Hilfe nehmen muss, die Schmerzensschreie der Erzherzogin sind weithin zu hören – um 9.45 Uhr ist das Kleine schließlich da, ein gesunder Bub, der sich allerdings vorerst standhaft weigert zu schreien; von der Zange hat er am Kopf drei kleine Wunden davongetragen, die nun versorgt werden, dabei kommt es zu Diskussionen zwischen der Hebamme und den Ärzten, schließlich mischt sich auch noch die für das Neugeborene vorgesehene Kindsfrau, Freiin Louise von Sturmfeder, in den Streit ein. Sophies Mutter Karoline Friederike Wilhelmine von Baden und die Großeltern, Kaiser Franz I. und seine Gattin Karoline Auguste, sind stolz auf den jüngsten Spross der Familie und Sophies Zwillingsschwester Maria Anna, zur Unterstützung aus Bayern angereist, schreibt über die Mühen der Geburt nach Hause: „Großer Gott, es waren dreiundvierzig schreckliche, in Todesangst verbrachte Stunden und wir sind alle wie gebrochen."

Die Geburt Franz Josephs

101 Kanonenschüsse künden inzwischen vom freudigen Ereignis, vor der Hofburg in der Stadt sammeln sich jubelnde Menschen, die Burgwache tritt ins Gewehr und die Trommler schlagen den Rhythmus zur Sensation des Tages: Endlich ist er geboren, der Kaiserenkel, dem die Zukunft gehören wird.

Die Taufe findet am nächsten Tag in Schönbrunn statt, in Erinnerung an drei große Ahnen erhält der Bub die Namen Franz, Joseph und Karl; die Patenschaft übernimmt Großvater Kaiser Franz I., eine seiner ersten Anordnungen: Bei Ausfahrten sind sechs Pferde vor den Wagen des kleinen „Franzi" zu spannen, eine Auszeichnung, die bisher noch keinem erzherzoglichen Kind zuteil geworden ist. Am 19. September darf die kleine „kaiserliche Hoheit" das erste Mal ins Freie; Mama Sophie ist begeistert: „Ich habe nicht bald ein so freundliches, heiteres Kind gesehen."

18 Jahre später, am 2. Dezember 1848, wird „Franzi" als Franz Joseph I. im Palast des Erzbischofs von Olmütz zum Kaiser gekrönt werden; in knapp 68 Jahren Regierungszeit wird er für „seine Völker" zum „Kaiser" schlechthin, sein Geburtstag zum Feiertag der Monarchie.

Glückliche Mutter: Erzherzogin Sophie mit Franz Joseph. Gemälde von Joseph Stieler, 1832.

19. August 1695

Der Teufel nannte sich Gabriel

Wieder errichtet man in der Herrschaft Greinburg im unteren Mühlviertel Scheiterhaufen. Irgendwie hat sich das schaulustige Publikum aus der Gegend an das grausame Schauspiel schon gewöhnt, finden doch in diesem Jahr 1695 die Hinrichtungen in *puncto Magia Diabolica* gleichsam ohne Unterlass statt: Am 2. März hat man fünf Personen, einen Mann und vier Frauen, exekutiert; am 11. März sind es sechs Menschen, zwei Männer und vier Frauen, am 20. Juni zwei Männer und zwei Frauen, die den Scheiterhaufen besteigen müssen, wo sie zuerst erdrosselt und dann verbrannt werden. Alle Opfer sind Angehörige einiger Bauernfamilien, die von den Hexenjägern gnadenlos ausgerottet werden – niemand scheint sich über dieses Blutbad tatsächlich Gedanken zu machen und niemand scheint für die Unglücklichen auch nur einen Finger zu rühren – hält man sie tatsächlich für *zauberische Personen* oder steckt dahinter ein zynisches Kalkül, das sich gezielt gegen diese Familien richtet?

„Hexenverbrennung" in Greinburg

Es sind zwei Frauen, die an diesem Tag zur Richtstätte geführt werden. Die eine heißt Maria Ennickl, ist etwa 60 Jahre alt und Bäuerin an der Sailedt in der Pfarre St. Leonhard, die Leute nennen sie daher nur die „Sailederin". Zum Verhängnis ist ihr geworden, dass sie die Schwester des am 2. März hingerichteten Georg Kötterl ist – jemand unter den vor ihr verhafteten Personen hat auch sie des Umgangs mit dem Teufel denunziert. Bereits im ersten Verhör, einem *gütigen Examen* ohne Folter, am 2. April 1695 vor dem Landgericht in Reichenstein hat sie den Geschlechtsverkehr mit dem Teufel gestanden. Er sei ihr am Ostermontag in Gestalt eines Hundes erschienen und hätte sie auf den Namen „Sandl" umgetauft, sich selbst hätte der hundegestaltige Böse Gabriel genannt. Dann hat sie jedoch weitere Aussagen verweigert, in einer *Aufsag* vom 14. April sagt sie über die Geschichte mit dem Teufel: Sie habe „etwas daher gesagt, wisse jedoch nicht, wie ihr gewesen sei, vor allem habe sie Derartiges nicht gethan".

Die Richter, die beschlossen haben, ihr nicht zu glauben, stellen sie einer anderen „Hexe" gegenüber, jener Maria Aistleitnerin, genannt „die alte Schönauerin", die sie an diesem 19. August auf den Scheiterhaufen begleitet. Die Aistleitnerin, auch sie ist Bäuerin, ist selbst zum Opfer einer Denunziation geworden, nun reißt auch sie weitere Frauen der Gegend durch ihre Aussagen mit in den Tod. Sie behauptet, sie habe die Sailederin bei einem Hexentreffen beim Lindner-Kreuz gesehen. Als Maria Ennickl dies abstreitet, beginnt der Freimann mit der ersten „Stufe" der Tortur, der Schnürung. Maria Ennickl wird jedoch unter den ihr zugefügten Schmerzen „ganz still und stumm", das *peinliche Examen* wird daraufhin unterbrochen; erst am 27. Juli foltert man sie weiter, schließlich gesteht Maria Ennickl, „auf scharfes Zusprechen" die „Teufelsbuhlschaft" und auch den „Teufelsbund" – für die Richter, alles honorige Männer, unter ihnen auch Ignatius Koller, der kaiserliche Bannrichter ob der Enns, gibt es *in delicto Pacti Diabolici et Concubitus nefandi*, beides für sie damit zweifelsfrei erwiesen, nur eine Konsequenz: das Todesurteil.

20. August 1951

Dienstags und freitags nie

Auf die österreichische Bevölkerung, in den Jahren des Nachkriegs ohnehin nicht verwöhnt durch kulinarische Opulenz, wartet eine unerfreuliche Überraschung: Am 20. August 1951 beschließt das neue „Wirtschaftsdirektorium“ der Bundesregierung, zwei fleischlose Tage pro Woche einzuführen. Jeweils am Dienstag und am Freitag darf oder soll nun von Amts wegen kein Fleisch gegessen werden; in den Kantinen der Ministerien werden Linsen mit Knödel ohne Speck serviert, die Gulaschsuppe ist gestrichen und an einen Tafelspitz ist ohnehin nicht zu denken.

Zwei fleischlose Tage verordnet

Der Hintergrund für diese Entscheidung: Im August 1951 kommt es plötzlich zu einer extremen Fleischknappheit. Die Weigerung der Fleischhauer, den Viehhändlern mehr als die amtlich vorgesehenen Preise zu zahlen, verstärkt den Engpass bei Fleisch noch zusätzlich.

Versorgungsengpässe gibt es zu diesem Zeitpunkt auch bei Margarine, Erbsen, Wein, Holz und Kohle. Der Lebensmittelmangel führt zu massiven Verteuerungen und zahlreiche Menschen hungern tatsächlich – Erinnerungen werden wach an das Hungerjahr 1945, als man nur mit Hilfe der Amerikaner und Sowjets die Versorgung halbwegs aufrecht erhalten konnte. Bundeskanzler Figl hatte damals in seiner berühmten Weihnachtsansprache im Radio gemeint:

„Ich kann Euch zu Weihnachten nichts geben. Ich kann Euch für den Christbaum, wenn Ihr überhaupt einen habt, keine Kerzen geben. Kein Stück Brot, keine Kohle zum Heizen, kein Glas zum Einschneiden. Wir haben nichts. Ich kann Euch nur bitten: Glaubt an dieses Österreich!“

Um die Verteilung der Lebensmittel trotzdem so gut wie möglich zu organisieren, hat man damals eine eigene „Ernährungsverwaltung“ aufgebaut, von der gemeinsam mit dem Marktamt auch der blühende Schleichhandel überwacht wurde. Lebensmittelkarten sollten zumindest die Grundversorgung sicherstellen, dennoch kam es immer wieder zu strengen Rationierungen.

Was die Versorgung mit Fleisch betrifft, so kann diese im Herbst 1951 durch beschleunigte Importe aus Italien wieder zunehmend gesichert werden; die Verfügung über die beiden fleischlosen Tage wird schließlich am 22. Juli 1952 wieder aufgehoben. 1953 schafft es Österreich endlich, die Lebensmittelversorgung langfristig zu stabilisieren: Am 1. Juni 1953 werden die Lebensmittelkarten und die strenge Überwachung der Lebensmittelversorgung abgeschafft. Der Versorgungsstand des Vorkriegs ist trotzdem noch lange nicht erreicht und so mancher Feinschmecker muss weiter darben – es gelingt Österreich allerdings in den nächsten Jahren, die Versorgung mit Nahrungsmitteln weiter zu verbessern und die Abhängigkeit von anderen Staaten immer weiter zu reduzieren.

21. August 1942

Ein Priester verweigert den Fahneneid

Er ist der einzige Priester im Dritten Reich, der den Fahneneid auf Hitler verweigert: Franz Reinisch, geboren am 1. Februar 1903 in Feldkirch in Vorarlberg. Die Schule besucht er in Hall in Tirol; nach der Matura beginnt er das Studium der Rechtswissenschaften in Innsbruck, in Kiel jenes der Gerichtsmedizin. Beide Fächer vermitteln ihm jedoch keine Erfüllung und so entschließt er sich Priester zu werden und in Innsbruck Theologie zu studieren. Am 29. Juni 1928 wird Franz Reinisch in Innsbruck zum Priester geweiht; anschließend wirkt er im Pallottinerkloster Untermerzbach bei Bamberg, später in Friedberg bei Augsburg. Nach einigen weiteren Versetzungen wird er 1938 mit der Missionsarbeit und der Männerseelsorge in Schönstatt in der Nähe von Koblenz betraut. Reinisch hält mit seiner Kritik am Nationalsozialismus nicht hinter dem Berg und kassiert so 1940 ein Predigt- und Redeverbot.

Die Hinrichtung von Pater Franz Reinisch

Als er am 12. September 1941 den Gestellungsbefehl zur Deutschen Wehrmacht erhält, negiert er diesen bewusst: Für Reinisch ist Hitler die Verkörperung des Antichristen. Am 15. April 1942 wird er verhaftet; nach einer Odyssee durch diverse Gefängnisse des NS-Staates wird er am 20. August 1942 in Berlin-Brandenburg zum Tode verurteilt. Bereits am nächsten Tag wird Franz Reinisch enthauptet, seine Urne bestattet man zunächst in unmittelbarer Nähe des Gefängnisses; nach dem Krieg bettet man sie nach Schönstatt um.

Im Jahre 2009 wird für Franz Reinisch der Seligsprechungsprozess eingeleitet; der Tag seiner Ermordung wird zu seinem Feiertag bestimmt.

Die Gedenkstätte für Pater Franz Reinisch in Bad Kissingen. Foto: Darev.

22. August 1920

Eine Lederhose für Werner Krauß

Über den Platz vor dem Salzburger Dom ertönt erstmals der Schrei des Jedermann. Mit Hugo von Hofmannsthals berühmtem Stück werden die ersten Salzburger Festspiele eröffnet. Legende Max Reinhardt führt Regie, es entwickelt sich eine eindrucksvolle Aufführung; Hauptdarsteller Alexander Moissi zieht als Jedermann das Publikum in seinen Bann, die Figur scheint ihm wie auf den Leib geschrieben; Moissis Gattin Johanna Terwin berührt als Buhlschaft.

Noch spielt das „Budget" keine Rolle: Die Mitwirkenden treten allesamt ohne Gage auf, da es sich um eine Wohltätigkeitsveranstaltung handelt. Sie erhalten allerdings alle ein Geschenk – Werner Krauß, der den Tod verkörpert, wird etwa, so die Überlieferung, mit einer zünftigen Lederhose bedacht. Der Gewinn aus den Einnahmen kommt vor allem den Kriegsinvaliden sowie einer von den Amerikanern organisierten Kinderhilfsaktion zugute.

Die ersten Salzburger Festspiele

„Jedermann" im Ständestaat: die Aufführung von 1937.

Diesem erfolgreichen Auftakt geht allerdings eine auch in diesen Tagen schon aufwendige Planung voraus, dazu kommen allerlei merkwürdige Einwände gegen die Unternehmung. So wird unter anderem behauptet, dass der Platz vor dem Dom durch das Spektakel des „Nichtchristen" Max Reinhardt entweiht werden würde – ein Argument, das für großes Aufsehen unter der Bevölkerung sorgt.

Der Grundstein zu den Salzburger Festspielen wird allerdings bereits drei Jahre zuvor gelegt.

Am 1. August 1917 wird in Wien die „Salzburger Festspiel-Gemeinde" gegründet, ihre Hauptinitiatoren sind Max Reinhardt, Hugo von Hofmannsthal, der Bühnenbildner Alfred Roller, Franz Schalk, der Direktor der Wiener Staatsoper, und der Komponist Richard Strauss. Sie wollen damit dem „Absterben des kulturellen Lebens, während des Ersten Weltkriegs vom täglichen Kampf um das eigene Überleben verdrängt, Einhalt gebieten". Trotz der widrigen Umstände nach dem Zusammenbruch der Monarchie kann der Festspielgedanke mit wenigen Idealisten relativ rasch umgesetzt werden; die Begeisterung ist auch beim Publikum groß: Innerhalb kurzer Zeit werden 15.000 Karten zu etwa 300 Kronen verkauft. Auf dem Schwarzmarkt kann man dafür Rekordpreise erzielen – das angekündigte Spektakel bildet eine willkommene Abwechslung im grauen Nachkrieg und lenkt von der Tristesse des Alltags ab.

23. August 1848

Tod und Brot!

Im Sommer des Revolutionsjahres 1848: Der schwelende Konflikt zwischen Bürgertum und Arbeiterschaft spitzt sich zu, als Ernst von Schwarzer, der Minister für öffentliche Arbeiten, per Erlass den Taglohn für Frauen bei öffentlichen Erdarbeiten im Wiener Prater um ein Viertel auf 15 Kreuzer senkt, jenen für Jugendliche auf 10 Kreuzer, für Männer soll ab 4. September ein Taglohn von 20 Kreuzer gelten – eine skandalöse Entscheidung, die vom Oberkommando der Nationalgarde gebilligt und vom „Sicherheitsausschuss“, einem „Kind“ der Revolution, nicht energisch genug zurückgewiesen wird. Bereits am 21. August kommt es vor dem Rathaus in der Wipplinger Straße zu Demonstrationen; für den 23. August planen die Arbeiter einen Zug vom Prater in die Stadt, um ihrem Protest gegen diesen Hungerlohn – zum Vergleich: Nestroy hat am Carltheater ein garantiertes Jahreseinkommen von 10.000 Gulden – Nachdruck zu verleihen. Mit im Zug tragen sie eine Puppe aus Lehm als Karikatur auf den „Kreuzerminister“ Schwarzer; die Nationalgarde und die Munizipalgarde des Gemeindeausschusses, die sich zu „Ordnungshütern“ berufen fühlen, wollen den Einzug in die Stadt verhindern; es kommt zunächst zu heftigem Wortwechsel, dann fallen die Garden ohne jede vorherige Warnung über die Arbeiter, unter denen auch Frauen und Kinder sind, her. Ein erster Bericht spricht von 18 toten Arbeitern und 152 Schwerverwundeten.

Die Praterschlacht

Das Blutbad erregt im Ausland großes Aufsehen. Ausführlich berichtet etwa die *Königl. Privil. Berlinsche Zeitung* über die Ereignisse: „Berittene Munizipalgarden verfolgten die Arbeiter und hieben viele derselben nieder. Hierüber eilten große Massen der Arbeiter, welche sich ruhig verhalten hatten, ihren Kameraden zu Hilfe, einzelne derselben hatten Gewehre, alle waren todesmutig, sie schrien wild durcheinander ‚Tod und Brot!‘ National- und Munizipalgarde machte fortwährend Gebrauch von der Waffe (…)“; die *Neue Rheinische Zeitung* nennt das Ministerium als Schuldigen für die „traurigen Vorfälle“.

Geschmückt mit grünen Reisern ziehen Munizipalwachen und Nationalgardisten als umjubelte „Sieger“ durch die Straßen – tatsächlich hat die Demokratie eine schwere Niederlage erlitten: Noch am selben Tag löst sich der „Sicherheitsausschuss“ auf; Minister Schwarzer reicht am 3. September seine Demission ein. Für die Not des Industrieproletariats, das ist klar geworden, gibt es von den selbstgefälligen bürgerlichen Revolutionären kein Verständnis. Daran ändert auch Karl Marx, der große Theoretiker des Sozialismus, nichts, der am 27. August am Nordbahnhof in Wien eintrifft und sich bis 7. September in Wien aufhält. Seine Analyse der „Praterschlacht“ bleibt allerdings unangefochten: „Es handelt sich auch hier – wie in Paris – um den Kampf zwischen der Bourgeoisie und dem Proletariat.“

24. August 1853

Ich habe den Kaiser so lieb! Wenn er nur kein Kaiser wäre!

Die Nachricht ist die Sensation dieser Augusttage: Im „Amtlichen Theil" der *Österreichisch-Kaiserlichen Wiener Zeitung* vom 24. August 1853 wird die Verlobung Kaiser Franz Josephs bekannt gegeben: „Seine k. k. Apostolische Majestät unser allergnädigster Herr und Kaiser, Franz Joseph I., haben während Allerhöchst Ihres Aufenthaltes zu Ischl Ihre Hand der durchlauchtigsten Prinzessin Elisabeth Analie Eugenie, Herzogin in Bayern, Tochter Ihrer königlichen Hoheiten des Herzogs Maximilian Josef und der Herzogin Ludovica, geborenen königlichen Prinzessin von Bayern, nach eingeholter Zustimmung Seiner Majestät des Königs Maximilian II. von Bayern sowie der durchlauchtigsten Eltern der Prinzessin-Braut anverlobt. Der Segen des Allmächtigen möge auf diesem für das Allerhöchste Kaiserhaus und das Kaiserreich beglückenden, freudenvollen Ereignisse ruhen."

Die Verlobung Franz Josephs mit Sisi

Es sei dies, so die Zeitung in ihrem Kommentar einen Tag später, ein Ereignis, „welches die jubelnde Theilnahme im weiten Reiche wecken wird", ja, die „Majestät der Krone" würde in„diesen schönen und ergreifenden Augenblicken" dem „Pulsschlage jedes Herzens näher gerückt".

Die Nachricht aus Ischl zieht in Europa blitzschnell ihre Kreise; Glückwunschtelegramme aus aller Herren Länder treffen ein; die Begeisterung um das Paar ist groß. In Ischl selbst feiert man die Verlobung mit rauschenden Bällen; Franz Joseph überhäuft Sisi mit kostbaren Juwelen; gemeinsam unternimmt man in der Kutsche, bespannt mit fünf prachtvollen Schecken, Ausflüge in die Umgebung, am Kutschbock sitzt Franz Josephs zuverlässiger Generaladjutant Carl Graf Grünne. Und: Trotz allen Liebesglücks will der Kaiser nicht auf sein spezielles Ischl-Vergnügen verzichten: die Jagd. So nimmt er seine Verlobte einfach mit und fährt mit ihr zum Gosausee, gemeinsam besteigt man ein Boot, von dem aus Franz Joseph treffsicher mit seinem Stutzen die Wildenten-Population des Sees dezimiert. Zur Jagd hat Sisi noch keine Beziehung, der 15-Jährigen tun die Tiere leid, dennoch bewundert sie ihren „Franzl". Noch vor der offiziellen Verlobung soll sie gesagt haben: „Ich habe den Kaiser so lieb! Wenn er nur kein Kaiser wäre!"

Der unvergessliche *göttliche Ischler Séjour* des Jahres 1853 geht am 31. August zu Ende. Franz Joseph begleitet „Sisi" bis nach Salzburg, die nach München weiterfährt, und reist dann zurück nach Wien, in Gedanken allerdings weiter bei seiner Verlobten, an die er „unaufhörlich denken muß".

Ausfahrt des Brautpaars, am Kutschbock Graf Grünne. Gemälde von Johann Prestel, 1853/54.

25. August 1218

Der Sturm auf den Kettenturm von Damiette

Der Geschichtsschreiber Ladislaus Sunthaim wird für ihn den Beinamen „der Glorreiche“ prägen und tatsächlich erlebt Österreich unter seiner Herrschaft (1198–1230) eine wirtschaftliche und kulturelle Blütezeit: Herzog Leopold VI. versteht es, die babenbergischen Länder aus dem verhängnisvollen Konflikt zwischen Staufern und Welfen herauszuhalten, geschickt setzt er auf kleine Erwerbungen, so kauft er das Passauer Lehen Linz und später vom Bischof von Würzburg die Burg und Teile des Marktes Wels; er ist ein Förderer der Städte – 1212 erhält Enns das Stadtrecht, 1221 Wien – und des Handels und er gründet 1202 das Zisterzienserstift Lilienfeld.

Leopold VI., der mit Theodora, der Enkelin (oder Nichte) des byzantinischen Kaisers Isaak II. Angelos verheiratet ist, ist aber auch ein aufrechter Kämpfer gegen „Ketzer“ und „Heiden“. 1210 lässt er „mit Gottes Hilfe“, wie die *Klosterneuburger Annalen* berichten, die „Patarener“ verfolgen, foltern und töten; 1212 zieht er nach Südfrankreich, um am Albigenserkreuzzug teilzunehmen. Und im Januar 1217 sammelt er ein kleines Kreuzfahrerheer, mit dem er sich dem „Fünften Kreuzzug“ anschließt. Im Frühjahr bricht Leopold mit steirischen und österreichischen Adeligen von Lilienfeld aus auf; in Split trifft man auf die ungarischen Ritter unter König Andreas II. von Ungarn. Der Feldzug im Heiligen Land wird zu einem ziemlichen Fiasko: Während der Ungarnkönig wieder heimsegelt, setzen sich Johann von Brienne, der König von Jerusalem, und

Mitbeteiligt an der Eroberung des „Kettenturms“ von Damiette: Herzog Leopold VI. Detail vom Babenberger-Stammbaum in Stift Klosterneuburg.

die verbleibenden Kreuzfahrer ein neues Ziel: Sie wollen das feindliche Aiyubidenreich in seinem Machtzentrum in Ägypten angreifen. Ziel ist die Nil-Festung Damiette *(Dumyat)*.

Die Kreuzfahrt Leopolds des Glorreichen

Ende Mai 1218 treffen die Streiter der Christenheit im Nildelta ein; die erste Bastion, die es zu bezwingen gilt, ist der Turm von Damiette, ein Bollwerk, von dem aus mit Ketten der Nilarm gesperrt werden kann. Ein Angriff Ende Juni misslingt, dann versuchen es die Kreuzritter noch einmal: Am 25. August 1218 fällt der „Kettenturm“ nach 24-stündigem Kampf endlich in ihre Hände; Herzog Leopold ficht an der Spitze seiner Ritter und ist maßgeblich am Erfolg beteiligt. Dem Triumph folgt jedoch bald wieder Ernüchterung. Im Lager der Kreuzfahrer bricht die Ruhr aus, dennoch bleibt Leopold bis zum Mai 1219 im Nildelta, dann sticht er mit den Überlebenden Richtung Heimat in See …

26. August 1278

König Ottokars Glück und Ende

Der seit Jahren schwelende Konflikt zwischen dem mächtigen Böhmenkönig Przemysl Ottokar und Rudolf von Habsburg, dem gewählten deutschen König, spitzt sich zu. Ottokar hat sich zwar im Wiener Schiedsspruch vom 26. November 1276 dem Habsburger unterworfen und auf die Herzogtümer Österreich und Steiermark sowie Kärnten, Krain und die Windische Mark verzichtet, als jedoch Rudolf offen die oppositionellen böhmischen Adeligen protegiert und Gebiete nördlich der Donau mit seinen Truppen besetzt, fühlt sich der Przemyslide betrogen und rüstet zum entscheidenden Waffengang.

Die Schlacht von Dürnkrut und Jedenspeigen

Ottokar, der von Brünn aus zum Feldzug aufbricht, glaubt sich kräftemäßig überlegen und hofft, dass sich ihm die österreichischen Städte rasch ergeben und anschließen werden; anstatt jedoch den Mitte Juli 1278 noch vorhandenen zeitlichen Vorsprung gegenüber Rudolf zu nützen und direkt auf Wien vorzustoßen, verzettelt er sich bei der Belagerung von Laa an der Thaya. Als die überraschende Nachricht eintrifft, dass Rudolf sein Heer bereits in Marchegg sammle, bricht Ottokar die Belagerung ab und zieht mit seinen Truppen dem Habsburger entgegen; am 20. August lagert er östlich von Jedenspeigen und erwartet hier seinen Gegner zum Kampf. Rudolfs Heerbann – der Habsburger wird von einem 14.000 Mann starken ungarischen Hilfsheer unter König Ladislaus unterstützt – trifft am 23. August zwischen Angern und Stillfried ein; seine Vorhut bezieht in Sichtweite von Ottokars Lager Stellung.

Mit jeweils 30.000 kampffähigen Männern sind beide Heere etwa gleich stark – für jene Zeit gewaltige Aufgebote. Für den 25. August befiehlt Rudolf das Einrücken in die Schlachtordnung in drei Treffen. Taktisch geschickt hält er eine kleine, aber kampftüchtige Reserve in der Hinterhand: Sechzig Ritter auf „verdeckten Rossen“ sowie an die 200 leichte Reiter unter dem Kommando der steirischen Adeligen Ulrich von Kapellen und Konrad von Sumerau warten in einer Geländefalte auf das Zeichen zum Angriff.

Den drei Kampfreihen Rudolfs stellt auch Ottokar drei Treffen gegenüber; die Kämpfer des böhmischen Heeres tragen ein grünes Kreuz auf der Brust, die Streiter für Habsburgs Sache ein rotes.

Am Morgen des 26. August wird in beiden Heerlagern noch die Heilige Messe gelesen; um etwa neun Uhr vormittags setzen sich unter dem ohrenbetäubenden Schall von Pauken und Trompeten die keilförmig ausgerichteten Kampfkolonnen in Bewegung, Schlachtlieder werden angestimmt. Dann prallen die ersten Treffen mit voller Wucht aufeinander, es entwickelt sich ein gnadenloser Schwertkampf Mann gegen Mann. Den ungarischen Rittern gelingt es, das erste Treffen Ottokars zu zersprengen; gleichzeitig dringen die Kumanen bis ins Lager der Böhmen vor.

Jetzt stoßen auch die zweiten Treffen aufeinander; unter der Führung Ottokars drängen die hier kämpfenden deutschen Ritter die Österreicher bis zum Waidenbach südlich von Dürnkrut zurück. Das rotweißrote Banner fällt, wird aber von Heinrich von Liechtenstein ergriffen und den Kämpfern wieder vorangetragen. Rudolf lässt in diesem kritischen Moment auch das dritte Treffen angreifen, wobei er selbst großes Glück hat: Er wird vom Pferd gestoßen und von einem Ritter angefallen, der von Ottokar vor der Schlacht eigens auf ihn angesetzt worden ist, um ihn zu töten. Ein treuer Gefolgsmann kann ihn in Sicherheit bringen.

Auch Ottokar hat inzwischen, es ist etwa zwölf Uhr mittags geworden, seinem noch frischen dritten Treffen den Befehl zum Angriff gegeben – er will die schon abgekämpften Mannen des Habsburgers nun durch die Überlegenheit an schwerer Reiterei endgültig erdrücken. Es ist der entscheidende Moment, auf den Rudolf gewartet hat: Jetzt gibt er den versteckten Rittern um Ulrich von Kapellen das Signal zum Angriff. Keilförmig stoßen sie in voller Karriere in das dritte Treffen der Böhmen und zersprengen es in zwei Teile; völlige Verwirrung ist die Folge. Der Ruf „Sie fliehen! Sie fliehen!" wird laut, unter den böhmischen Rittern macht sich Panik breit; viele wenden sich zur Flucht und reißen ihre Mitstreiter mit; vergeblich stellt sich ihnen Ottokar mit seinen Getreuen in den Weg – es gibt kein Halten mehr.

Irgendwo auf den Feldern zwischen Jedenspeigen und Drösing wird der Böhmenkönig von seinen persönlichen Feinden gestellt; ein Kampf auf Leben und Tod entbrennt. Ottokar muss vor der Übermacht schließlich die Waffen strecken. Man nimmt dem Wehrlosen, der angeblich um sein Leben bittet, den Helm ab, dann ist es, so erzählt der steirische Reimchronist, der Truchseß Berthold von Emmerberg, der ihm aus Rache für seinen zu Tode gefolterten „Oheim" Siegfried von Mahrenberg zuerst ein Schwert in die Brust und dann einen Dolch in den Hals stößt.

Der Gedenkstein für die Schlacht bei Dürnkrut und Jedenspeigen.

Der Hass auf den Przemysliden ist so groß, dass die Mörder auch vor seinem Leichnam nicht Halt machen: Man reißt ihm die Rüstung vom Körper und verstümmelt ihn bis zur Unkenntlichkeit – derart übel zugerichtet bringt man den Toten zu Rudolf, der, so die Überlieferung, angesichts seines toten Widersachers ein Gebet gesprochen haben soll.

Mit dem Sieg über Ottokar hat Rudolf den Grundstein für den Aufstieg des Hauses Habsburg gelegt; am Reichstag zu Augsburg 1282 *(siehe 17. Dezember)* wird er seine Söhne Albrecht und Rudolf mit den Herzogtümern Österreich und Steiermark belehnen.

27. August 1848

Wir müssen uns an das Volk wenden

Am Nordbahnhof in Wien, 18 Uhr. Der Zug aus Berlin fährt ein. Nach 31-stündiger Fahrt sind die Reisenden froh, die stickigen Waggons verlassen zu können. Unter den Ankömmlingen ist auch ein dreißigjähriger Mann aus Köln mit markantem Bart, eine Zeitung nennt nicht ganz korrekt seinen Namen: *Herr Carl Marxe, Doctor der Philosophie, von Paris.*

Wien steht noch unter dem Eindruck der blutigen „Praterschlacht" *(siehe 23. August)*, im Spital der Barmherzigen Brüder am Tabor und im Allgemeinen Krankenhaus werden noch immer Verletzte versorgt. Der ernste junge Mann leitet in Köln die *Neue Rheinische Zeitung*, die auch in Wien einige Abonennten hat. Karl Marx, wie er richtig heißt, möchte sich selbst ein Bild von der Lage in Wien machen; in seinen Gesprächen mit den Revolutionären erkennt der scharfsinnige Analytiker rasch, dass die „Einheit und Kraft der revolutionären Kriegsmacht" bereits gebrochen ist und die „konterrevolutionäre Kamarilla" nur darauf wartet, den großen Gegenschlag zu führen. Marx selbst ist vom *Radikalen* als „Apostel des deutschen Kommunismus" vorgestellt worden; seinen ersten Vortrag hält er am 28. August im Demokratischen Verein; eröffnet wird die Versammlung vom Journalisten Hermann Jellinek, einem Mitarbeiter des *Radikalen*, und seinem Freund Andreas Stifft, der nochmals die Vorfälle vom 23. August schildert und Minister Schwarzer als Hauptverantwortlichen kritisiert; in der Debatte danach wird der Ruf nach Absetzung der Regierung laut. Dann erteilt man Karl Marx das Wort: Er betont, dass es nicht um die Absetzung eines Ministers oder einer Regierung gehe, sondern um Grundsätzliches: Man müsse den Arbeitern ein Bewusstsein ihrer eigenen „Kraft und Bedeutung" geben, nur so könne man die weitere Entwicklung mitgestalten – ein Appell zur Zusammenarbeit mit den „Proletariern", wovor die bürgerlichen Revolutionäre jedoch noch zurückschrecken. Die „höchste Gewalt", so Marx, sei das Volk, und meint dann: „Wir müssen uns an das Volk wenden und es mit allen Mitteln bearbeiten. Wir müssen einen Sturm gegen das Ministerium heraufrufen und auf alle Art, selbst mit mephistophelischen Mitteln, dahin wirken." Marx, der am 7. September nach Berlin abreisen wird, hält noch zwei weitere Vorträge in Wien: Am 30. August und am 2. September spricht er im „Ersten Wiener Arbeiterbildungsverein" über die Bedeutung der Arbeiterbewegung und das Wesen der Lohnarbeit und löst damit zahlreiche Diskussionen aus.

Karl Marx in Wien

Karl Marx zeigt in seinen Vorträgen das Dilemma der Wiener Revolution auf. Porträt aus dem Jahre 1875.

28. August 1914

Die dreizehnte Kriegserklärung

Einst war das Land Teil des habsburgischen Imperiums, nun erklärt man ihm den Krieg: „Infolge der hinterlistigen Haltung Belgiens gegen unseren Verbündeten Deutschland", so liest man in der *Grazer Mittags-Zeitung*, „hat nun auch Österreich Belgien den Krieg erklärt. Auf die Art der Kriegsführung selbst wird diese dreizehnte Kriegserklärung vermutlich wenig Einfluß haben, doch ist sie wichtig bei der Kriegsentschädigungsfrage. Und man ist in Wien einen unangenehmen – Beobachter los." Graf Clary, der k. u. k. Gesandte am königlich belgischen Hof, erhält den Auftrag, die Nachricht in Brüssel zu überbringen, der Kriegsgrund: Belgien habe zum „wiederholten Male" Frankreich und Großbritannien militärischen Beistand geleistet, außerdem seien österreichische und ungarische Staatsangehörige einer Behandlung unterzogen worden, die den „primitivsten Anforderungen der Menschlichkeit" widerspreche.

Kriegserklärung an Belgien

In den Zeitungen feiert man Viktor Dankls Sieg bei Krásnik, den ersten Schlachtensieg der k. u. k. Armee in diesem Krieg, und rühmt die „Überlegenheit der österreichisch-ungarischen Truppen" an „Führung, Ausbildung und Tapferkeit", tatsächlich aber bahnt sich an diesem 28. August 1914 bereits die Katastrophe am galizischen Kriegsschauplatz an: General der Kavallerie Rudolf Brudermann und seine k. u. k. 3. Armee werden an der Gnila Lipa, einem Nebenfluss des Dnjestr, von der 3. Russischen Armee unter General Nikolaj Russkij schwer geschlagen; über 20.000 Soldaten geraten in russische Gefangenschaft. Lemberg ist damit bereits bedroht. Generalstabschef Conrad, der, beseelt vom Angriffsgeist, die Niederlage nicht wahrhaben will und am 29. August gegen weit überlegene russische Kräfte noch einmal sinnlos angreifen lässt, muss schließlich die 3. Armee und die Armeegruppe General Kövess zurücknehmen, am 2. September wird Lemberg geräumt – ein Wendepunkt in der Anfangsphase des Krieges: Die Initiative in Galizien geht nun an die Russen über, die Tage des „Hurra-Krieges" sind endgültig vorbei, unter dem Eindruck der schweren Verluste beginnt man zu begreifen, auf welch verzweifelten Kampf man sich da eingelassen hat. Und man erkennt, dass man verheerenden Fehleinschätzungen aufgesessen ist, vor allem: Die Russen haben ihre Armeen schneller in den Aufmarschräumen bereitgestellt als erwartet und die Erkenntnisse der eigenen Aufklärung sind nicht immer zuverlässig.

Wien 4 Heller

Die Neue Zeitung

Illustriertes unabhängiges Tagblatt.

Das Blatt erscheint täglich einmal um 6 Uhr morgens. Montag erfolgt die Ausgabe um 12 Uhr mittags.

Nr. 236 — Wien, Freitag, den 28. August 1914

Kriegserklärung Oesterreichs an Belgien.

Honvedkavallerie durchbricht eine russische Grenzsicherung.

Sieg auf Sieg!

29. August 1526

Ein König ertrinkt im Moor

Es ist ein Tag, der zum Trauma der ungarischen Nation wird, vielfach beschworen in Literatur und Kunst; ein Schicksalstag aber auch für das Haus Österreich: Die von Kaiser Maximilian I. paktierten Erbverträge von 1515 werden schlagend, die Königreiche Böhmen und Ungarn fallen an die Habsburger.

Dabei herrscht zu Beginn im ungarischen Lager noch Zuversicht. Am 24. Juli 1526 bricht König Ludwig II., er hat eben seinen 20. Geburtstag gefeiert, mit seinen Truppen von Ofen nach Tolna auf. Unterwegs stoßen noch böhmische Truppen zu seinem Heerbann und er bekommt Unterstützung von den siebenbürgischen Magnaten Stephan und Andreas Báthory. Insgesamt stehen etwa 28.000 bis 30.000 Mann, darunter allerdings auch viele kampfunerfahrene Bauern, an der Seite des Königs, die mit ihm dem osmanischen Heer unter Sultan Süleyman dem Prächtigen entgegenziehen. Am 15. August verlassen die Ungarn Tolna und schlagen ihr Lager beim kleinen Ort Mohács unweit der Donau auf.

Die Schlacht bei Mohács

Am selben Tag erreichen die Osmanli das Südufer der Drau. Sie schlagen eine Brücke und überqueren den Fluss; am 29. August sind auch sie kampfbereit. Schon seit Tagen hat es unaufhörlich geregnet, der Boden des Schlachtfeldes ist von riesigen Pfützen bedeckt, dichte Nebelschwaden liegen über dem Gelände.

Obwohl der polnische Truppenführer Leonard Gnoinski rät, unter diesen schwierigen Bedingungen erst einmal abzuwarten, glaubt man im Kriegsrat der Magyaren, die Truppen der Hohen Pforte direkt angreifen zu können – die überhastete Attacke der schweren ungarischen Reiterei wird jedoch zu einem Fiasko: Die mit lauten „Jesus!"-Rufen anstürmenden Ritter geraten in das Feuer versteckt gehaltener türkischer Geschütze; die dadurch entstehende Verwirrung führt schließlich zu panischer Flucht der Ungarn und zum Tod Tausender – angeblich werden 12.000 Ungarn von den Türken enthauptet. Ludwig, der junge König, ertrinkt auf der Flucht in einem Moor. Am 10. September 1526 steht Süleyman vor Buda, zieht sich dann aber mit Tausenden Gefangenen wieder zurück.

Mit dem Tag von Mohács ist der letzte „Puffer" zwischen der Hohen Pforte und dem Habsburgerreich gefallen – als „Erbfeinde" werden sich die beiden Mächte nun in den kommenden Jahrhunderten gegenüberstehen.

Wurde zum Mythos: die Auffindung der Leiche König Ludwigs. Gemälde von Soma Orlai Petrich, 1851.

30. August 1873

Raue Felszüge fern in Nordwest

Eingeschlossen im Eis, „ein Spielball von Wind und Strömung“, treibt die „Tegetthoff“, das Schiff der österreichisch-ungarischen Nordpolexpedition, seit Monaten durch die Einöde des arktischen Meeres. An Bord sind 24 Mann Besatzung, befehligt von Schiffsleutnant Karl Weyprecht aus Michelstadt im Odenwald und Oberleutnant Julius Payer aus dem böhmischen Teplitz. Eine gewaltige Eispressung hat am 22. Jänner 1873 den 220-Tonner „wie aus einem Krater emporgeschleudert“, nun liegt das Schiff etwa zwei Meter über dem Wasserspiegel auf einer Eisblase, vergeblich versucht die Mannschaft durch „fortgesetztes Graben, Sägen und Sprengen“ die Scholle zu durchtrennen – das Eis ist zu mächtig, die Scholle so groß, dass vom Deck der „Tegetthoff“ kein Wasser mehr zu sehen ist: „Nix als Eisch und nix als Eisch und nit a bisserl a Wosser!“, sagt der Tiroler Alexander Klotz, der in seiner Eigenschaft als Bergsteiger, Jäger und Hundetreiber die Expedition begleitet, und die Kameraden geben ihm Recht. Am 13. Juni 1872 ist man von Bremerhaven aus aufgebrochen, am 16. Juli hat man das Nordkap passiert und bald darauf unter 74° 15' nördlicher Breite das erste Treibeis gesichtet.

Die Männer auf der „Tegetthoff“ haben auf den Sommer gehofft und auf die Befreiung aus dem Eis, doch nun werden die Tage bereits wieder kürzer und es droht ein zweiter Winter in der Eiswüste, „durch seine Erfolglosigkeit demütigend und durch seine Gefahren schrecklich“. Doch die Launen des Windes und des Meeres meinen es gut mit der k. u. k. Expedition, der erhoffte Entdeckerruhm bleibt ihr nicht verwehrt. In seinem großen Reisebericht schildert Oberleutnant Julius Payer diese unvergesslichen Augenblicke: „Ein denkwürdiger Tag war der 30. August 1873 (in 79° 43' Breite und 59° 33' Länge); er brachte eine Überraschung, wie sie nur in der Wiedergeburt zu neuem Leben liegt. Es war um die Mittagszeit, da wir, über die Bordwand gelehnt, in die flüchtigen Nebel starrten, durch welche dann und wann das Sonnenlicht brach, als eine vorüberziehende Dunstwand plötzlich raue Felszüge fern in Nordwest enthüllte, die sich binnen wenigen Minuten zu dem Anblick eines strahlenden Alpenlandes entwickelten!“

„Nie zurück!“ – Julius Payer malt nach der Rückkehr das berühmte Gemälde über die Expedition.

Die Entdeckung von Kaiser Franz Joseph-Land

Der Jubel an Bord der „Tegetthoff“ ist groß, die Flaggen werden gehisst, rasch ist heißer Grog zubereitet, aus eisernen Kaffeeschalen trinkt man ein Hoch auf den Kaiser und das neu entdeckte Land, dem man als Zeichen der Huldigung für den Monarchen den Namen „Kaiser Franz Joseph-Land“ (heute: Franz-Josef-Land) gibt.

31. August 1848

Am Wasserglacis spielt Johann Strauß Vater

Das Wasserglacis vor dem Karolinentor, heute in etwa der Bereich des Stadtparks, ist bei den Wienern äußerst beliebt, daran können auch die stürmischen und blutigen Ereignisse der Revolution nichts ändern: Das Vergnügen lässt man sich nicht nehmen, trotz Barrikadenbau und „Praterschlacht" *(siehe 23. August)*. So wandert man auch an diesem Donnerstag durch die sorgfältig gepflegten Grünanlagen zum Kurpavillon, den ein gewisser Herr Pelikan hier im Jahre 1818 errichtet hat. Wie immer werden an kleinen Ständen Getränke und Süßigkeiten angeboten und wer es auf erotische Kontakte abgesehen hat, muss hier nicht lange suchen: Wenn die Nacht hereinbricht und die Kinder schon zuhause sind, blüht am Wasserglacis die Prostitution.

Die Uraufführung des Radetzkymarsches

Die große Attraktion des Kurpavillons sind seine Wohltätigkeits- und Tanzfeste; die beliebtesten Musiker der Stadt geben sich hier die Ehre; nicht selten kommen Tausende Besucher, um die neuesten Kompositionen ihrer Lieblinge zu hören. Für diesen Abend ist einer der großen Meister angekündigt: Johann Strauß Vater spielt mit seiner Kapelle auf und tatsächlich hat der 44-jährige Komponist, dem sein 23-jähriger Sohn bereits heftig Konkurrenz macht, ein neues Werk mitgebracht: einen Marsch, der Feldmarschall Radetzky gewidmet ist, der am 25. Juli 1848 in Italien bei Custozza einen umjubelten Sieg gefeiert hat. Der zündende Rhythmus begeistert die Wiener auf Anhieb; manche erkennen vielleicht auch, dass Strauß im Trio des Marsches die Melodie eines bekannten Liedes eingebaut hat, das die eben erst zurückgekehrten Soldaten Radetzkys auf den Straßen singen: das Tinerl-Lied, so benannt nach einer beliebten Sängerin und „Dudlerin".

Der Radetzkymarsch wird zur Hymne des alten Österreich und das neue scheut sich nicht, diese Tradition weiter zu pflegen: Jahr für Jahr beschließen die Wiener Philharmoniker ihr Neujahrskonzert mit dem Opus 228 von Johann Strauß Vater in einer opulent instrumentierten Konzertversion; 2001 ist es Nikolaus Harnoncourt, der zu Beginn des Neujahrskonzerts die „puristische" Urfassung des Radetzkymarsches spielen lässt – so, wie sie damals erklang, am Wasserglacis im Jahr der Revolution.

Der Radetzkymarsch wird zur inoffiziellen Hymne der Monarchie. Zeichnung von Hans Schließmann.

September

1. September 1939

Ein unvergesslicher Freitag

Moskau am Abend des 31. August 1939. Um 19.30 Uhr Moskauer Zeit tritt im Großen Saal des Kremls der Oberste Sowjet zusammen. Auf der Tagesordnung steht die Ratifizierung des deutsch-sowjetischen Nichtangriffspakts. Der Saal ist bis zum letzten Platz gefüllt; in den Diplomatenlogen haben sich die in Moskau beglaubigten Missionschefs eingefunden, nur der englische und der französische Botschafter fehlen; Nazideutschland wird von Botschafter Friedrich-Werner Graf von der Schulenburg vertreten. Dann hat Stalins Außenminister Molotow seinen großen Auftritt. Er erklärt, dass der abgeschlossene Nichtangriffspakt der Feindschaft zwischen der Sowjetunion und Deutschland ein Ende setzen werde; die beiden „allergrößten Staaten Europas" hätten sich entschlossen, die „Kriegsdrohung" untereinander zu beseitigen und friedlich miteinander zu leben. Der Nichtangriffspakt zwischen der UdSSR und dem Dritten Reich wird einstimmig ratifiziert.

Der Zweite Weltkrieg beginnt

Etwa zwei Stunden nach der Rede Molotows, um 20 Uhr MEZ, überfallen angebliche „polnische Insurgenten" den Sender Gleiwitz, unter „Beteiligung regulärer polnischer Soldaten" kommt es angeblich zu weiteren Grenzverletzungen – als Antwort auf diesen „blutigen Terror" und das „wahnwitzige Treiben" der Polen bleibt dem „Führer", wie er in einem „Aufruf an die Wehrmacht" erklärt, kein „anderes Mittel, als von jetzt an Gewalt gegen Gewalt zu setzen".

Es sind Lügen, die zur Legitimierung des Angriffs auf Polen herhalten müssen, Lügen, die mit einem Mantel aus Pathos und soldatischem Heldengeraune umhüllt werden. Um 10 Uhr vormittags hat Hitler am 1. 9. seinen großen Auftritt im Reichstag, die Rede wird im Rundfunk übertragen, wer seinen „Volksempfänger" eingeschaltet hat, hört es mit: „Polen hat heute Nacht zum ersten Mal auf unserem eigenen Territorium auch mit bereits regulären Soldaten geschossen.

Seit 5:45 Uhr wird jetzt zurückgeschossen!" In den *Wiener Neuesten Nachrichten* wird man am nächsten Tag von der „tiefen Ergriffenheit" lesen, mit der man an diesem „geschichtlichen Morgen" und „unvergesslichen Freitag" der Rede des „ersten Soldaten" gefolgt sei. Und es gibt den ersten Bericht von der „Front": „Stunde um Stunde, pausenlos und unaufhaltsam, geht dann der Vormarsch bis in den Abend hinein weiter." Vergeblich aber sucht man nach einer Meldung, die von spontanen „Freudenkundgebungen" wie anno 1914 berichtet – Hitlers Krieg wird hingenommen, aber er wird nicht bejubelt.

Noch kann man sich auch ablenken, im Burgtheater etwa, wo Schillers *Don Carlos* gegeben wird, oder im Akademietheater, das die neue Spielzeit mit der „wohlbekannten und doch immer wieder reizvollen Komödie" *Ingeborg* von Curt Goetz eröffnet. Im Apollokino ist der neue Willi-Forst-Film *Ich bin Sebastian Ott* mit Paul Hörbiger angelaufen, in den Tuchlauben *Der Gouverneur* mit Willy Birgel. Insgesamt werden etwa 260.000 Österreicher an den Fronten dieses Kriegs fallen und 215.000 Zivilisten sterben …

15. Jahrgang, Nr. 6048. Freitag, 1. September 1939

Wiener Neueste Nachrichten

Nachtausgabe

Erscheint sechsmal wöchentlich. Monatlicher Festbezugspreis durch Verschleißstellen in Wien RM 2.80, außerhalb des Gaues Wien RM 2.50, durch die Post RM 2.50 einschließlich Postgebühr (zuzüglich 36 Rpf. Zustellgebühr im Altreich). — Schriftleitung und Verwaltung: Wien 55, Rechte Wienzeile Nr. 97, Fernsprecher B-29-5-10. — Drahtanschrift: Neunachrichten Wien.

10 außerhalb des Gaues Wien 12 Pfennig

... Fernsprecher B-29-5-10. Stadtgeschäft: Wien 1, Schulerstraße 13, ... R-28-4-30. Postscheckamt Wien Nr. 29.334. Spargirokonto ...00. Zentralsparkasse der Gemeinde Wien. Anzeigenannahme: Ver... Wien 55, Rechte Wienzeile 95, Fernsprecher B-29-5-10 u. Stadtgeschäft, ...1, Schulerstraße 13, R-28-4-30. — Anzeigenschluß 10 Uhr vormittags.

Aufruf des Führers an die Wehrmacht

DNB Berlin, 1. September

An die Wehrmacht!

Der polnische Staat hat die von mir erstrebte friedliche Regelung nachbarlicher Beziehungen verweigert, er hat statt dessen an die Waffen appelliert. Die Deutschen in Polen werden mit blutigem Terror verfolgt, von Haus und Hof vertrieben. Eine Reihe von für eine Großmacht unerträglichen Grenzverletzungen beweist, daß die Polen nicht mehr gewillt sind, die deutsche Reichsgrenze zu achten. Um diesem wahnwitzigen Treiben ein Ende zu bereiten, bleibt mir kein anderes Mittel, als von jetzt ab Gewalt gegen Gewalt zu setzen.

Die deutsche Wehrmacht wird den Kampf um die Ehre und die Lebensrechte des wiederauferstandenen deutschen Volkes mit harter Entschlossenheit führen.

Ich erwarte, daß jeder Soldat, eingedenk der großen Tradition des ewigen deutschen Soldatentums, seine Pflicht bis zum letzten erfüllen wird.

Bleibt Euch stets und in allen Lagen bewußt, daß Ihr die Repräsentanten des nationalsozialistischen Großdeutschlands seid!

Es lebe unser Volk und unser Reich!

Berlin, den 1. September 1939.

Adolf Hitler.

Danzig kehrt heim ins Reich

Gauleiter Forster an den Führer

Staatsgrundgesetz über die Wiedervereinigung Danzigs mit dem Deutschen Reich erlassen

DNB Danzig, 1. 9.

Gauleiter Forster hat dem Führer folgendes Telegramm gesandt:

„Mein Führer!

Ich habe soeben folgendes Staatsgrundgesetz, die Wiedervereinigung Danzigs mit dem Deutschen Reich betreffend, unterzeichnet und damit in Kraft gesetzt:

Staatsgrundgesetz der Freien Stadt Danzig, die Wiedervereinigung Danzigs mit dem Deutschen Reich betreffend, vom 1. September 1939

Zur Behebung der dringenden Not von Volk und Staat der Freien Stadt Danzig, erlasse ich folgendes Staatsgrundgesetz:

Artikel 1: Die Verfassung der Freien Stadt Danzig ist mit sofortiger Wirkung aufgehoben.

Artikel 2: Alle Gesetzesgewalt und vollziehende Gewalt wird ausschließlich vom Staatsoberhaupt ausgeübt.

Artikel 3: Die Freie Stadt Danzig bildet mit sofortiger Wirkung mit ihrem Gebiet und ihrem Volk einen Bestandteil des Deutschen Reiches.

Artikel 4: Bis zur endgültigen Bestimmung über die Einführung des Deutschen Reichsrechtes durch den Führer bleiben die gesamten Gesetzesbestimmungen außer der Verfassung, wie sie im Augenblick des Erlasses dieses Staatsgrundgesetzes gelten, in Kraft.

Danzig, den 1. September 1939.

Gez.: Albert Forster, Gauleiter.

Ich bitte Sie, mein Führer, im Namen Danzigs und seiner Bevölkerung diesem »Staatsgrundgesetz« Ihre Zustimmung zu geben und durch Reichsgesetz die Wiedervereinigung in das Deutsche Reich zu vollziehen.

In Ergebenheit gelobt Ihnen, mein Führer, Danzig unvergängliche Dankbarkeit und ewige Treue.

Heil Ihnen, mein Führer.

Gez.: Albert Forster, Gauleiter."

Die Antwort des Führers

Telegramm an den Danziger Gauleiter — Dank für unentwegte Treue Forster zum Chef der Zivilverwaltung ernannt

DNB Berlin, 1. 9.

Der Führer hat an Gauleiter Forster folgendes Telegramm gerichtet:

An Gauleiter Forster, Danzig. Ich nehme die Proklamation der Freien Stadt Danzig über die Rückkehr zum Deutschen Reich entgegen.

Ich danke Ihnen, Gauleiter, allen Danziger Männern und Frauen für die unentwegte Treue, die Sie durch so lange Jahre gehalten haben. Großdeutschland begrüßt Sie aus übervollem Herzen.

Das Gesetz über die Wiedervereinigung wird sofort vollzogen. Ich ernenne Sie zum Chef der Zivilverwaltung für das Gebiet Danzig.

Berlin, 1. September 1939. Gez. Adolf Hitler

Aufruf Forsters an die Danziger

DNB Danzig, 1. 9.

Gauleiter Albert Forster hat an die Bevölkerung von Danzig folgende Proklamation erlassen:

Männer und Frauen von Danzig!

Die Stunde, die Ihr seit 20 Jahren herbeigesehnt habt, ist angebrochen. Danzig ist mit dem heutigen Tage heimgekehrt in das Großdeutsche Reich. Unser Führer Adolf Hitler hat uns befreit. Auf den öffentlichen Gebäuden in Danzig weht heute zum ersten Male die Hakenkreuzfahne, die Flagge des Deutschen Reiches. Sie wehen aber auch von den ehemaligen polnischen Gebäuden und überall im Hafen. Von den Türmen des alten Rathauses und der ehrwürdigen Marienkirche läuten die Glocken die Befreiungsstunde Danzigs ein.

Wir danken unserem Herrgott, daß er dem Führer die Kraft und die Möglichkeit gegeben hat, auch uns von dem Übel des Versailler Diktats zu befreien. Wir Danziger sind glücklich, nun auch Bürger des Reiches sein zu dürfen. Danziger und Danzigerinnen! Wir wollen in dieser feierlichen Stunde zusammenstehen, uns gegenseitig die Hand reichen und dem Führer das heilige Versprechen geben, alles zu tun, was in

2. September 1686

Buda eliberata!

Die Eroberung von Ofen

Seit der Entsatzschlacht vor Wien sind fast auf den Tag genau drei Jahre vergangen. Kaiserliche, brandenburgische, sächsische und bayrische Truppen unter Herzog Karl von Lothringen und Kurfürst Max Emanuel rüsten zum Generalsturm auf die Festung Ofen. Seit dem 18. Juni liegen die Alliierten vor der vom greisen Abdurrahman Abdi Pascha verteidigten Burganlage, zweimal sind sie schon gescheitert, doch diesmal ist alles minuziös vorbereitet: Punkt drei Uhr nachmittags schweigen die Geschütze; sechs Kanonenschüsse geben das Signal zum Angriff. Während die Brandenburger eine Scheinattacke gegen den östlichen Flügel der Festung führen, stoßen im Norden und Süden jeweils drei Sturmkolonnen auf die Mauern vor. Den nördlichen Kolonnen unter Generalleutnant Graf Karl Ludwig Souches und Generalmajor Diepenthal gelingt es, die Verteidiger auf der zweiten und dritten Mauer zurückzudrängen und in die Straßen der Burg vorzudringen. Am heutigen Hess András ter versucht Abdurrahman Abdi Pascha noch einmal seine Streiter zu sammeln, doch die *Giauren*, geführt von Feldzeugmeister Herzog Karl Eugen de Croÿ, sind nicht mehr aufzuhalten: Sie öffnen das Weißenburger Tor, durch das nun die berittene Reserve in die Festung stürmt; auch im Süden durchstoßen die Angreifer die türkischen Schanzen. Ismail Pascha, der in diesem Abschnitt kommandiert, ergibt sich den Kaiserlichen; zwei Stunden nach dem Beginn des Generalsturms ist Ofen in alliierter Hand, die Verluste der Angreifer betragen etwa siebenhundert Mann, die Türken haben dreitausend Tote zu beklagen, unter ihnen auch Abdurrahman Abdi Pascha.

In der eroberten Festung kommt es zu einem Blutbad, nicht nur an den türkischen Kämpfern, sondern auch an der Zivilbevölkerung, vor allem die jüdische Gemeinde ist betroffen. Viele Juden suchen in der Synagoge beim Wiener Tor *(Bécsi kapu)* Schutz, werden dort aber nach dem Zeugnis des Chronisten Isaak Schulhof gnadenlos niedergemacht: „Weh unseren Ohren und Augen, dieser mordet, jener plündert, der eine raubt, der andere zerstampft. Und die Schreie, die sie im Haus des Ewigen ausstießen, es waren wahrhaftig die Töne vom Tag des Leidens. Man kann es nicht erzählen, man kann es nicht beschreiben!" Karl von Lothringen kümmert das Massaker wenig, er hat den Soldaten drei Tage Plünderungsfreiheit gegeben, die diesen Freibrief weidlich nützen. Während man die Leichen in den Gassen zusammenträgt, geht die Nachricht durch ganz Europa: *Buda eliberata!* – „Buda ist befreit!"

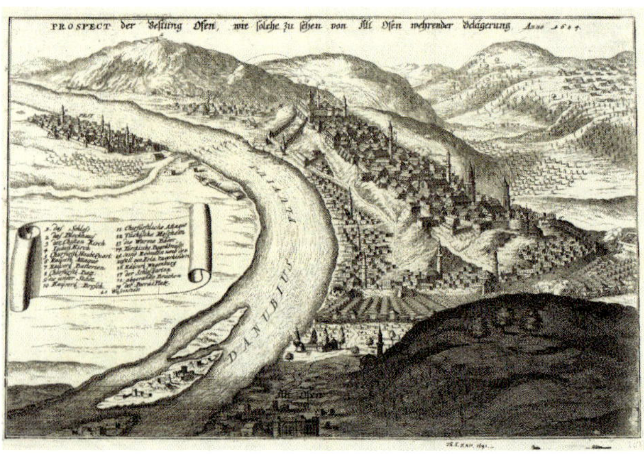

Plan der Festung Ofen (Buda), 1691.

3. September 1683

Der Schweinestall der Giauren ist gefallen

Der Kampf um Wien tritt in seine kritische Phase. In der Nacht vom 27. zum 28. August haben die Belagerten vom Südturm des Stephansdomes 36 Raketen abgefeuert – sie verkünden Herzog Karl von Lothringen, dass wiederum ein Bote an ihn unterwegs und Hilfe dringend geboten ist. Auch die türkischen Beobachter sehen die Raketen und sie wissen: Die *Giauren* sind in höchster Not und Bedrängnis, der Zeremonienmeister der Hohen Pforte notiert dazu in seinem Tagebuch einen einzigen Wunsch: *Möge der urewige Herr im Himmel die Giauren mit Stumpf und Stiel von der Erdoberfläche vertilgen!*

Vor allem die türkischen Mineure verstärken nun ihre Anstrengungen, in der Nacht vom 1. zum 2. September gelingt es den Sappeuren, sich an den Fuß der Löwelbastei heranzuarbeiten; die Mineure beginnen sofort mit dem Bohren neuer Sprengkanäle, am Vormittag des 3. September sind sie drei bis vier Ellen weit in die Mauer eingedrungen. Der Burgravelin, von den Streitern Kara Mustafas als „Schweinestall der Giauren“ und von den Kaiserlichen als „Bärenkäfig“ bezeichnet, ist inzwischen nur mehr ein unförmiges Ruinenfeld. Da eine weitere Verteidigung dieses äußeren Vorwerkes nur unnötige Verluste bedeuten würde, entschließt sich Starhemberg zur Räumung des Ravelins; auch die Kaponniere der Kontreskarpe und die beiden Kaponnieren im Stadtgraben werden aufgegeben.

Die Zweite Türkenbelagerung

Inzwischen sind die Lebensmittelpreise in der belagerten Stadt weiter gestiegen. Das Pfund Rindfleisch kostet nun 24 bis

Der Burgravelin ist nur mehr ein Ruinenfeld. Detail des Gemäldes von Franz Geffels.

27 Kreuzer, für Leckerbissen wie ein Spanferkel oder eine Gans muss der kämpferische Feinschmecker vier Gulden auslegen, für einen fetten „Wälschhahn“ gar acht bis zehn Gulden. Ein in Kalk eingelegtes Ei ist nicht unter sieben bis zehn Kreuzern zu haben. Da kommen verwegene Aktionen wie die folgende gerade recht: Einem Trupp Studenten und Kavallerie gelingt es, bei einem Ausfall 22 Ochsen zu erbeuten – wichtiges Frischfleisch für die Stadt, vor allem für die kranken und blessierten Soldaten. Starhemberg zeigt sich großzügig und zahlt 900 Gulden Belohnung.

Im Lager des Großwesirs trauert man an diesem Freitag um Ahmed Pascha, den Beglerbeg von Jenö, der am linken Flügel der Gräben seit dem Beginn der Belagerung den Befehl geführt hat, *einen unvergleichlichen Mann von großer Weisheit*. Als Nachfolger wird Kara Mustafa am nächsten Tag den *Defterdar* Hasan Efendi ernennen. Eile ist auch für den Großwesir geboten – inzwischen sind die Polen im Weinviertel eingetroffen, jenseits der Donau braut sich Gefahr für die *Osmanli* zusammen …

4. September 1830

Jungfernfahrt

Erste vergebliche Versuche, die Donau mit Dampfschiffen zu befahren, werden bereits aus den Jahren 1813 bis 1818 berichtet; eine erste, 1823 gegründete Donaudampfschifffahrtsgesellschaft scheitert und wird 1826 wieder aufgelöst, die Aktionäre verlieren ihr Geld. In dieser keineswegs einfachen Situation treten die beiden Engländer John Andrews und Joseph Pritchard, beide im Bau von Schiffen erfahren, an den Kaiser heran und bitten um ein „Verbesserungsprivileg“ für Dampfschiffe, das ihnen 1828 von der Hofkammer auch bewilligt wird. Andrews und Pritchard wählen für das neue Unternehmen wieder die Form einer Aktiengesellschaft, wobei sie herausragende Mitglieder der österreichischen Finanzwelt für ihre Sache begeistern können. Zu den kapitalkräftigen Aktionären zählen etwa Johann Heinrich von Geymüller, Johann von Sina und die Bankiers Benedikt David Arnstein, Bernhard Eskeles und Heinrich Pereira, aber auch Mitglieder des Hohen Kaiserhauses, darunter der Thronfolger Ferdinand und nicht zuletzt Staatskanzler Metternich selbst. Am 13. März 1829 erfolgt die Gründung der „Ersten k. k. privilegierten Donau-Dampfschiffahrts-Gesellschaft“, geleitet von einem fünfköpfigen Verwaltungsrat unter dem Vorsitz des Großindustriellen Johann Heinrich von Puthon.

Der erste Raddampfer auf der Donau

Ihr erstes fahrtüchtiges Dampfschiff bauen John Andrews und Joseph Pritchard auf der „Schiffslände“ am Floridsdorfer Spitz; die Pläne kommen vom Londoner Schiffsbaumeister John Brown; für die Umsetzung werden Fachkräfte aus den Werften in Venedig angeheuert. Das Herzstück des 48 Meter langen und sechs Meter breiten Raddampfers, die 60 PS starke Dampfmaschine, wird von der angesehenen Firma Boulton & Watt in Birmingham geliefert. Am 26. Juli 1830 läuft das auf den Namen „Franz I.“ getaufte Dampfboot vom Stapel; am 4. September 1830 findet die vielumjubelte Jungfernfahrt nach Pest statt, die Fahrzeit: knapp 15 Stunden, für die Rückfahrt benötigt „Franz I.“ noch zwei Tage – die Fahrgäste sind dennoch zufrieden, ebenso die Geldgeber im Hintergrund. Neue Schiffe werden in Auftrag gegeben, die Städte an der Donau rücken einander näher; im Jahre 1840 besitzt die DDSG eine Flotte von 17 Dampfschiffen, davon verkehren zehn auf der Donau zwischen Wien und Galatz *(Galati)*.

Neue Mobilität: Abfahrt des Dampfers „Franz I.“ vom Prater nächst Wien nach Semlin, 1931.

5. September 1970

Der Tod des Champions

Das 1922 eröffnete *Autodromo Nazionale di Monza* ist für den österreichischen Motorsport zum Schicksalsort schlechthin geworden – zwei Weltmeister aus Österreich, beide einzigartige Sportsmänner, müssen hier ihr Leben lassen, und dies unter ähnlichen Vorzeichen. Am 11. September 1954 verunglückt Motorrad-Weltmeister Rupert Hollaus mit seiner NSU Rennfox „Blauwal" in der Parabolica-Kurve tödlich; 16 Jahre später ist es Jochen Rindt, der hier die letzten Runden seines Lebens dreht. Als junger Wildling macht Rindt 1962 in einem gebrauchten Alfa Romeo Giulietta TI erstmals Furore und beeindruckt die Motorsport-Fachleute mit seinem unvergleichlichen Fahrstil. Bald kommen auch die ersten Siege, 1963 kauft Rindt von seinem Freund Curd Barry einen Cooper-Formel-Junior-Rennwagen und unterstützt von Ford kann Rindt bereits 1964 in der Formel 2 antreten, noch im gleichen Jahr sitzt er erstmals im Cockpit eines Formel-1-Boliden. 1965 etabliert sich Rindt mit einem Cooper in der Formel 1, die Saison 1968 fährt er für Brabham und unterschreibt dann bei Lotus, dem Team von *Mr. Motorracing* Colin Chapman. Am 5. Oktober 1969 feiert er in Watkins Glen seinen ersten Formel-1-Sieg; für die Saison 1970 hat er mit dem „Lotus 72" ein Auto, das der Konkurrenz deutlich überlegen ist – fünf Siege, Monaco, Zandvoort, Clermont-Ferrand, Brands Hatch und Hockenheim kann Rindt bis Monza anschreiben, eine „verdammte Siegesserie" (Helmut Zwickl), die vergessen lässt, dass Rindt in einem Filigran-Rennwagen sitzt, der nur zum Siegen, nicht aber zum Stürzen gebaut ist.

Der Unfall Jochen Rindts in Monza

An diesem 5. September 1970 arbeiten Eddy Dennis und Herbie Splash, die Mechaniker Rindts, seit dem frühen Morgen an seinem Lotus, stimmen ihn für das Abschlusstraining ab. Um 13 Uhr ist der Wagen mit der Nummer 22 fertig, Rindt verfolgt ein paar Minuten das Geschehen auf der Bahn, verabschiedet sich von seiner Frau Nina, steigt in den Lotus, rollt aus der Box, dröhnt durch die Boxenstraße und ordnet sich im Windschatten von Denny Hulmes McLaren in den Trainingsverkehr ein.

Rindt fährt an diesem Samstag mit neu eingebauten Bremswellen, sie sollen in „perfektem Zustand" sein. Ein Detail, das beruhigt, denn die Bremswellen haben in dieser Saison schon öfter Anlass zur Diskussion gegeben, ja, die Firma, die für Lotus die Bremswellen baut, hat bereits gewarnt, dass diese für den Lotus 72 zu schwach dimensioniert sein könnten. Rindt, der die High-Speed-Strecke von Monza nicht besonders mag, jagt im Windschatten von Denny Hulme über den Kurs, überholt den McLaren-Piloten nach der *Curva di Lesmo* und donnert im fünften Gang die Gegengerade entlang, Geschwindigkeit: an die 300 km/h. Der Lotus fliegt auf die Parabolica zu, 200 Meter vor der Kurve beginnt Rindt zu bremsen, der Wagen wird unruhig, will ausbrechen, doch das ist in der Bremszone noch nichts Ungewöhnliches und für den Könner Rindt kein Problem. Doch dann stockt den Augenzeugen der Atem – plötzlich zieht der Lotus schnurgerade nach links, schießt über den schmalen Grünstreifen und kracht in spitzem Winkel gegen die Leitschienen. Da diese zu hoch montiert sind, bohrt sich die Schnauze des Lotus unter die Leitschiene und trifft auf einen Eisenpfahl, von dem sie gleichsam entzweigeschnitten wird, was vom Wagen geblieben ist, wird zurück in den Sand der Parabolica geschleudert, dreht sich einige Male, Räder fliegen weg, in einer dichten Staubwolke kommt das Wrack zur Ruhe.

Für die Streckenposten, die sofort auf den demolierten Lotus zueilen, ist Rindt zunächst gar nicht zu sehen, denn das Gurtesystem hat nicht verhindern können, dass er im Cockpit nach unten bzw. vorne geschleudert worden ist, mit furchtbaren Verletzungen im Gefolge: Einer der Gurte hat die Halsschlagader durchtrennt, das Lederlenkkrad und das Schloss der Sicherheitsgurte haben ihm schwere Brustkorbverletzungen zugefügt, beim Aufprall am Eisenpfahl ist ihm der linke Fuß abgetrennt worden. Die Streckenposten ziehen ihn aus dem Auto, noch lebt er, es fehlt aber eine entsprechend schnelle und professionelle medizinische Versorgung, auf einer Bahre tragen ihn die Streckenposten weg zum Rettungswagen, der ihn ins „Überlebenszentrum" eines Krankenhauses in Monza bringt. Der Wettlauf mit dem Tod ist jedoch aussichtslos: Jochen Rindt stirbt, bevor wirksame Hilfe möglich ist.

Eine Unfallursache wird nie offiziell bekannt gegeben, doch alles, so die Fachleute, deute darauf hin, dass die rechte Bremswelle gerissen sei. Von einem Fahrfehler könne daher keine Rede sein, Rindt sei eindeutig das Opfer technischer Unzulänglichkeiten seines Autos geworden – der Journalist Helmut Zwickl wird gar von der „Hinrichtung eines Champions" in Monza sprechen. Da in den ausstehenden vier Rennen keiner der Konkurrenten die Punktezahl (45) Jochen Rindts übertreffen kann, wird er posthum zum Weltmeister erklärt.

Das Wrack des Lotus 72: Die Schnauze des Wagens ist völlig zerstört worden.

6. September 1634

Erzherzog Ferdinand lässt sich als Held feiern

Wallenstein ist tot, ermordet auf Befehl des Kaisers (siehe 25. Februar), der Krieg Ferdinands II. gegen die protestantischen Heere geht jedoch weiter. Neuer Oberbefehlshaber ist nun sein 26-jähriger Sohn Erherzog Ferdinand, beraten und unterstützt von den Generälen Gallas und Piccolomini. Der Sommerfeldzug 1634 lässt sich für die kaiserlichen Waffen erfreulich an. Im Juli kann Regensburg genommen werden; bei Nördlingen unweit von Donauwörth trifft man schließlich auf die Hauptmacht des Feindes: schwedische und protestantische Truppen unter dem Befehl der Feldherren Gustav Graf Horn und Bernhard von Sachsen-Weimar. Kaisersohn Ferdinand wird unterstützt von einem spanischen Truppenkontingent unter seinem Vetter, dem Kardinalinfanten Fernando de Austria; insgesamt ist man an Truppenstärke mit etwa 33.000 Mann dem Feind, der etwa 26.000 Mann stark ist, deutlich überlegen; am 5. September bezieht man auf den Hügeln vor Nördlingen, das noch von den Protestanten besetzt ist, Stellung. Gustav Horn will eine Schlacht vermeiden, doch Bernhard drängt auf einen Angriff. Er schlägt vor, die kräftemäßig überlegenen Kaiserlichen durch ein geschicktes Manöver in Bedrängnis zu bringen und den Kampf durch eine Reiterattacke in die Flanke des Gegners zu entscheiden – ein Plan, der jedoch misslingt: Die schwedischen Fußsoldaten verschleißen ihre Kräfte durch vergebliche Angriffe auf die kaiserlichen Stellungen, zur Mittagszeit sind sie am Ende ihrer Kräfte. Das ist der Augenblick, auf den die beiden Ferdinande gewartet haben – sie lassen nun ihrerseits angreifen und erringen einen vollständigen Sieg. Am Abend diktiert Erzherzog Ferdinand seinem Sekretär: „Der Feind auf solche Manier sich zerstreut, dass man nicht zehn Pferde bey einander gefunden … Horn ist gefangen, Weimar weiß man nicht, ist er Tod oder Lebendig."

Die Schlacht bei Nördlingen

Als der Kaiser während eines Jagdausfluges in der Nähe von Wien die Nachricht von der Heldentat seines Sohnes erhält, soll er in Tränen der Freude ausgebrochen sein.

Apotheose der Sieger. Des Kaisers Generäle triumphieren. Gemälde von Cornelius Schut.

7. September 1914

Das letzte Gedicht

Anfang September 1914 befinden sich die Armeen Österreich-Ungarns in Galizien auf dem Rückzug. Die Hurrastimmung der ersten Kriegstage ist verflogen, man erkennt, dass ein langer, verlustreicher Krieg droht. Am 30. August hat man Lemberg „vorläufig" geräumt; Generalstabschef Conrad von Hötzendorf schiebt die Schuld den Deutschen in die Schuhe, die ihre Siege im Westen auf Kosten der im Stich gelassenen Österreicher erringen würden.

Gródek 1914

Am 7. September tobt die Schlacht bereits südwestlich von Lemberg; die Russen dringen in die Stadt Gródek, heute Horodok in der Ukraine, vor. In einer Scheune am Rande von Gródek haben k. u. k. Truppen ein Feldlazarett eingerichtet, hier dient der 27-jährige Sanitätsleutnant und Magister der Pharmazie Georg Trakl aus Salzburg. An die hundert Schwerverwundete liegen in der Scheune, es fehlt an Verbandmaterial und Medikamenten, hilflos muss Trakl zusehen, wie die Soldaten zugrunde gehen. Vor dem Angriff der Russen haben die Österreicher noch 13 Ruthenen, die der Spionage für die Russen verdächtigt werden, in der Nähe der Scheune hingerichtet – der Anblick der unschuldig Gehenkten löst bei Trakl einen Nervenzusammenbruch aus, er denkt an Selbstmord. Knapp zwei Monate später stirbt er in einem Krakauer Militärspital an einer Überdosis Kokain. Sein letztes Gedicht *Grodek*, geschrieben wenige Tage vor seinem Tod, erinnert an das Grauen dieses Septembertages:

Grodek

Am Abend tönen die herbstlichen Wälder
Von tödlichen Waffen, die goldnen Ebenen
Und blauen Seen, darüber die Sonne
Düster hinrollt; umfängt die Nacht
Sterbende Krieger, die wilde Klage
Ihrer zerbrochenen Münder.
Doch stille sammelt im Weidengrund
Rotes Gewölk, darin ein zürnender Gott wohnt,
Das vergossne Blut sich, mondne Kühle;
Alle Straßen münden in schwarze Verwesung.
Unter goldnem Gezweig der Nacht und Sternen
Es schwankt der Schwester Schatten durch den schweigenden Hain,
Zu grüßen die Geister der Helden, die blutenden Häupter;
Und leise tönen im Rohr die dunkeln Flöten des Herbstes.
O stolzere Trauer! ihr ehernen Altäre,
Die heiße Flamme des Geistes nährt heute ein gewaltiger Schmerz,
Die ungebornen Enkel.

8. September 1921

Wir können und wir wollen nicht mehr Krieg führen

Am 4. Juni 1920 unterschreibt die ungarische Delegation im Versailler Schloss Grand Trianon den Friedensvertrag – unter Widerspruch, denn die Bestimmungen sind hart: Zwei Drittel des historischen Königreiches Ungarn gehen verloren. Bereits im Vertrag von St. Germain mit Österreich war bestimmt worden, dass Westungarn, das spätere Burgenland, an Österreich fällt.

Kampf um das Burgenland

Am 28. August 1921 beginnt der bewaffnete Widerstand ungarischer Freischärler und ungarischer Truppeneinheiten gegen die im Burgenland einrückenden österreichischen Gendarmerie- und Zolleinheiten. Insgesamt schickt Österreich 2.000 Mann ins Burgenland, der Einsatz des Bundesheeres ist von den Alliierten ausdrücklich untersagt worden. In den nächsten Wochen kommt es immer wieder zu schweren Kämpfen. Am 5. September ist Kirchschlag der Schauplatz blutiger Zusammenstöße, am 8. September fordern Gefechte bei Ödenburg und Agendorf zwischen österreichischen Gendarmen und ungarischen Freischärlern 6 Tote und 12 Schwerverletzte. Die Schuld an diesem Blutbad wird von der österreichischen Presse den Alliierten in die Schuhe geschoben. So schreibt die *Neue Freie Presse* am 9. September 1921: „Es wäre der schlimmste Dilettantismus, es wäre ein Verbrechen am Leben armer Menschen, einen Kriegszug mit Gendarmen zu unternehmen, die ohnehin durch zehntägigen ununterbrochenen Dienst zermürbt sind. (…) Wir können und wir wollen nicht mehr Krieg führen."

Auch Bundeskanzler Johannes Schober äußert sich kritisch: „Es ist sicherlich nicht zu viel gesagt, dass die Entente, wenn sie jetzt nicht augenblicklich mit schärferen Mitteln eingreift und den Gehorsam für ihre Entscheidungen erzwingt, ihre Autorität aufs Spiel setzt und den ganzen heutigen Status Mitteleuropas, der auf den Friedensverträgen beruht, der äußersten Gefährdung aussetzt."

Erst am 13. Oktober kommt durch die Hilfe der Entente und besonders durch italienische Vermittlung eine Einigung zustande. In den „Protokollen von Venedig" wird gefordert, dass die Bestimmungen der mittlerweile zwei Jahre alten Friedensverträge schnellstens zu erfüllen sind. Ungarn bleibt nichts anderes übrig als nachzugeben und es übergibt den Großteil des Landes kampflos an Österreich. Nur in Ödenburg *(Sopron)* wird eine Volksabstimmung verlangt. Diese erfolgt vom 14. bis zum 16. Dezember 1921 und geht mit 15.343:8.277 Stimmen deutlich für Ungarn aus.

9. September 1848

Es gibt keine „Untertanen“ mehr

Es ist die letzte herausragende Tat Kaiser Ferdinands I. vor seinem Thronverzicht am 2. Dezember 1848 zugunsten seines Neffen Franz Joseph: Er bestätigt das am 7. September vom Reichstag verkündete Gesetz über die Aufhebung des ländlichen „Untertänigkeitsverhältnisss samt aller daraus entspringender Rechte und Pflichten“.

Mit der Abschaffung der bäuerlichen „Untertänigkeit“ sowie von Robot und Zehent ist auch die letzte Bastion des Feudalismus gefallen – aus herrschaftlichen „Untertanen“ werden gleichberechtigte Statsbürger, das anachronistische „Brandmal“, von dem „Bauernbefreier“ Hands Kudlich gesprochen hat, ist gelöscht *(siehe 26. Juli)*.

Die Abschaffung von Robot und Zehent

Das Gesetzeswerk über die „Bauernbefreiung“ ist das einzige des Reichstags von 1848, das Bestand haben wird. Etwa 11,7 Millionen Landvolkangehörige sind betroffen, ihnen kommen nun ca. 17 Millionen Hektar landwirtschaftliche Fläche zugute. Das bisher von den Grundherren nur zur Nutzung überlassene Land wird zum Eigentum der Bauern.

Mit der Erreichung ihres großen Ziels scheiden die Bauern allerdings aus den Reihen der Revolutionäre aus; die Mehrheitsverhältnisse im Reichstag verschieben sich zugunsten der „Rechten“, die „Radikalen“, die die Souveränität des Parlaments für die Gesetzgebung anstreben, knüpfen nun Verbindungen zu den nationalrevolutionären Bewegungen in den Provinzen, vor allem mit den revolutionären Ungarn, die sogar mit einer eigenen Delegation im Wiener Reichstag auftreten wollen – die „Rechten“ sind entschieden dagegen, sie wollen so wie der Hof und die Regierung den „österreichischen Gesamtstaat“ (Helmut Rumpler) keinesfalls aufgeben. Vor allem die tschechischen Abgeordneten weigern sich, mit den revlutionären Ungarn zusammenzuarbeiten. So erklärt der Abgeordnete Frantisek Ladislav Rieger am 19. September: „Ungarn ist nicht mehr Teil des Gesamtvaterlandes, es hat sich losgerissen, es hat sich selbständig erklärt.“ Die „Ungarnfrage“ wird zur letzten großen Frage der Revolution, an ihr entzündet sich schließlich die „Oktoberrevolution“, die am 6. Oktober 1848 zur Ermordung von Kriegsminister Latour und zur Vertreibung der Armee aus Wien führt.

Verzichtet im Dezember 1848 auf den Thron: Kaiser Ferdinand I. Porträt von Friedrich Amerling.

10. September 1919

Noch ist es Nacht um uns, doch es beginnt zu tagen

Der Staatsvertrag von Saint-Germain

Es ist ein strahlender, wolkenloser Herbsttag. In den Quartieren der österreichischen Delegation an der Rue de Medicis in Saint-Germain-en-Laye, etwa 19 Kilometer westlich von Paris, wartet man gespannt auf das Zeichen zum Aufbruch. Um Punkt zehn Uhr klingelt das Telefon – im Schloss sei alles bereit. Staatskanzler Dr. Karl Renner, Sektionschef Johann Andreas Eichhoff und zwei Beamte des Staatsamtes für Äußeres steigen in das wartende Auto; begleitet werden sie von Major Bourgeois, dem Chef der französischen Militärmission, und von dem italienischen Hauptmann della Rocca. Vor dem Schloss haben sich bereits zahlreiche Schaulustige eingefunden, auf der Stiege des Haupteingangs ein Spalier von französischen Soldaten mit aufgepflanzten Bajonetten.

Es ist der feierliche formale Akt, der in der ehemaligen Residenz der französischen Könige auf die Österreicher wartet. Die Entscheidung über die Annahme des Staatsvertrages ist bereits am 6. September 1919 im Parlament in Wien gefallen – Renner hat persönlich dem Hohen Haus über die Lage berichtet und seine Ausführungen mit einem dramatischen Appell beschlossen: „Ich bitte Sie, Männer und Frauen, bringen Sie das Opfer, schließen Sie mit der Vergangenheit ab und öffnen Sie uns den Weg in die Zukunft!“ „Unter feierlichem Protest“ haben schließlich 97 christlichsoziale und sozialdemokratische Abgeordnete für die Unterzeichnung votiert, die Abgeordneten aus Tirol und der Südsteiermark verließen den Saal, 23 Abgeordnete der Großdeutschen Partei stimmten dagegen, „zu mörderisch“ sei die Behandlung des „deutschen Volkes“ in dem Vertragswerk. Die Kommentare in der Presse nahmen sich kein Blatt vor den Mund: Von einem „Schandfrieden, wie ihn die Welt noch nicht kennt“, war in der *Kronen Zeitung* die Rede, und die *Neue Freie Presse* stellte fest, dass den Verträgen mit Deutschland und Österreich der „Sinn für Wirklichkeiten“ fehle. Prophetisch meinte sie: „Die Friedensverträge ohne Frieden werden die Welt nicht zur Ruhe kommen lassen.“

Renner und seine Begleiter steigen die Stiege hinauf, die Soldaten präsentieren das Gewehr, rasch ist man im Saal, der zum Bersten voll mit Zuschauern ist, die sich um den großen hufeisenförmigen Tisch drängen. Es herrscht drückende Hitze; zum kleinen Mitteltisch, auf dem der von Generalsekretär Dutasta mit Argusaugen bewachte Staatsvertrag liegt, hält man jedoch einen Korridor frei. Renner erhält seinen Platz an der Schmalseite des großen Tisches zugewiesen, dann ergreift Clemenceau das Wort: „Herr Staatskanzler der Republik Österreich! Die Verhandlungen sind zum Abschluss gekommen und haben zu einer Verständigung über die Bestimmungen des Vertrages zwischen den alliierten und assoziierten Mächten und der Republik Österreich geführt.

Diese Bestimmungen sind in dem hier vorliegenden Text enthalten. Ich habe ein Schreiben unterzeichnet, in dem ich bezeuge, dass der hier vorliegende Text genau mit dem Ihnen bekannten übereinstimmt. Im Namen der alliierten und assoziierten Mächte bitte ich Sie nun-

Die Verhandlungen zum Staatsvertrag 1919: Staatskanzler Karl Renner verlässt mit seinen Mitarbeitern das alte Schloss von St. Germain.

mehr, an die Unterzeichnung zu schreiten."

Renner erhebt sich und geht, begleitet von einem französischen Beamten des Außenamtes, zum Mitteltisch, wo er sich setzt und den Vertrag sowie die vorgelegten Protokolle und Erklärungen unterschreibt; die Siegel sind bereits am Tag zuvor angebracht worden. Sekretäre rufen dann die nächsten Namen auf: Nach Renner signiert Unterstaatssekretär Frank Lyon Polk als Erster für die Delegation der USA, Arthur James Balfour führt die Vertretung Großbritanniens an, Clemenceau jene Frankreichs und Außenminister Tommaso Tittoni die Delegation Italiens. Nach den Delegierten Japans unterzeichnen die Vertreter der kleineren Staaten in alphabetischer Reihenfolge – es sind dies Belgien, China, Kuba, Griechenland, Nicaragua, Panama, Polen, Portugal, Rumänien, der SHS-Staat, Siam und die Tschechoslowakei, für die Karel Kramár und Eduard Benes unterschreiben; für Polen ist es Außenminister Ignacy Paderewski. Die Delegierten Jugoslawiens und Rumäniens fehlen, was jedoch ohne große Aufregung zur Kenntnis genommen wird – die beiden Staaten wollen auf diese Weise gegen den Minoritätenschutzvertrag protestieren, da sie darin eine Einschränkung ihrer Souveränität zu erkennen glauben.

Während sich noch Delegation um Delegation zum Mitteltisch begibt, schreiben Karl Renner und Clemenceau bereits Autogramme – bevorzugt auf die gedruckte Tagesordnung; ein Exemplar derselben, versehen mit seiner Unterschrift, lässt Clemenceau durch seinen Sekretär dem österreichischen Kanzler überreichen.

Um 11 Uhr 15 sind die Unterschriften unter Dach und Fach, Clemenceau hebt mit kurzen Schlussworten die Sitzung auf;

die Ehrenkompanie im Hof des Schlosses tritt ins Gewehr; ein Heer von Fotografen schießt seine Bilder, Filmkameras surren. Der „gnädigst gewährte Friede" von St. Germain – so die *Reichspost* in einem Kommentar vom 11. September – ist geschlossen. Erleichterung macht sich breit unter der österreichischen Delegation, man ist froh, dieses schwierige und komplexe Vertragswerk endlich abgeschlossen zu haben.

Im Quartier der Österreicher ist ein Festtag. Zahlreiche Delegierte der vor wenigen Stunden noch feindlichen Länder treffen ein, um im Pavillon Henri IV. in der Rue de Medicis das *Dejeuner* einzunehmen. Man schüttelt sich die Hände, unterhält sich in entspannter Atmosphäre. Georg von Franckenstein, einer der erfahrenen Diplomaten der rot-weiß-roten Friedensdelegation, notiert in seinem Tagebuch: „Noch ist es Nacht um uns, doch es beginnt zu tagen. Zu mutigem Handeln heißt es sich erheben, den Weg zu bahnen in eine bessere Zeit."

Die Stimmung in der Heimat ist dagegen vielfach geprägt von Verzweiflung und Ratlosigkeit. „Wo ist der Weg", fragt die *Reichspost*, das „Tagblatt für das christliche Volk", der uns aus dieser traurigen Lage hinausführt, wo sind die Richtlinien, denen wir folgen sollen, um uns zu behaupten, wo ist die Stimme, die uns sagt, was wir tun und lassen müssen, um nicht in noch ärgeres Unheil zu geraten? Welche politische Haltung muß die vereinsamte Alpenrepublik künftig nach außen hin befolgen, um sich zu behaupten und ihre Ziele zu erreichen?"

Am 17. Oktober 1919 wird der Staatsvertrag von St. Germain von Österreich angenommen (dementsprechend Verfassungsänderung vom 21. Oktober 1919), am 16. Juli 1920 tritt er mit dem Austausch der Ratifikationsurkunden im französischen Ministerium des Äußern in Paris in Kraft. Der österreichische Gesandte Eichhoff erklärt aus diesem Anlass, dass sich Österreich bemühen werde, den Bedingungen des Friedensvertrages voll und ganz gerecht zu werden, damit der Kriegszustand endlich aufhöre.

Der Staatsvertrag von St. Germain und die dazugehörenden Protokolle und Erklärungen werden im 90. Stück des Staatsgesetzblattes unter der Nr. 303 am 21. Juli 1920 publiziert; seine Bestimmungen – der deutsche und der französische Text umfassen insgesamt 250 Seiten – erhalten dadurch verfassungsrechtlich Gesetzeskraft. Gegliedert in drei Teile, enthält der erste Abschnitt die 26 Artikel der Völkerbundsatzung, der zweite Teil (Artikel 27–35) legt die Grenzen Österreichs fest, der dritte (Artikel 36–94) umfasst die politischen Beziehungen zu den europäischen Staaten und „allgemeine Bestimmungen" – darunter die wegweisenden Bestimmungen zum Schutz der Minderheiten und auch den Artikel 88, der den „Anschluss" Österreichs an das Deutsche Reich verhindern soll. „Die Unabhängigkeit Österreichs", so heißt es hier, ist „unabänderlich", es sei denn, der Rat des Völkerbundes stimme einer Änderung zu. Für alle, die sich „heim" in ein größeres Reich sehnen, ein gefinkelter Schlag gegen das von den Alliierten so lauthals verkündete Selbstbestimmungsrecht. Trotz des Friedens ist der Krieg für viele noch lange nicht zu Ende.

11. September 1697

Ein gräuliches Blutbad

In den Ebenen Ungarns tobt der Krieg zwischen den Kaiserlichen und ihrem „Erbfeind", den Osmanen. Sultan Mustafa II. (1664–1704) hat ein neues Heer in der Stärke von etwa 80.000 Mann zusammengezogen und möchte damit das Kriegsglück auf seine Seite zwingen. Die Vorzeichen sind günstig: Die kaiserliche Kriegskasse ist leer, es mangelt an ordentlicher Verpflegung und es sind nur 35.000 Mann, die Leopold I. ins Feld stellen kann. Ab 5. Juli 1697 gibt es jedoch für diese bescheidene Streitmacht einen neuen Oberbefehlshaber: Prinz Eugen von Savoyen. Wie immer beweist der Prinz Tatkraft und Umsicht: Er leiht sich Geld aus, um Proviant für die Truppe kaufen und den ausstehenden Sold bezahlen zu können, und verstärkt die kleine Armee durch den Zusammenschluss mit brandenburgischen und siebenbürgischen Abteilungen. Zwar hat er vom besorgten Hofkriegsrat in Wien die Anweisung bekommen, sich nur auf die Verteidigung zu konzentrieren, doch als er am Morgen des 11. September von einem gefangenen türkischen Pascha genaue Informationen über die Lage des osmanischen Heeres bekommt, gibt es für ihn kein Zaudern mehr. Beim Dorf Zenta, so erfährt er, seien die Truppen der Hohen Pforte dabei, über eine von französischen Ingenieuren errichtete Schiffsbrücke vom rechten Ufer der Theiss auf das linke zu wechseln; die Janitscharen und einige Reitereinheiten würden sich aber noch in einem halbkreisförmigen Brückenkopf am rechten Theissufer befinden. Der Brückenkopf sei von einer „menschenhohen" Schanze umgeben und mit 100 Kanonen bestückt, davor habe man noch eine Wagenburg errichtet.

Die Schlacht bei Zenta

Prinz Eugen lässt sich davon nicht abschrecken und befiehlt – inzwischen ist es schon später Nachmittag geworden – den Angriff auf der gesamten Linie der türkischen Schanze; die kaiserliche Artillerie nimmt nicht nur den Brückenkopf selbst, sondern auch die Brücke unter Beschuss – mit furchtbaren Folgen für die sich hier drängende türkische Reiterei, die der Sultan nach Beginn der Schlacht über die Brücke zurückschickt, um den Janitscharen zu Hilfe zu kommen. Über von den Türken nicht verschanzte Sandbänke in der Theiss gelingt es Feldmarschall Graf Guido Starhemberg, in den Rücken der Janitscharen zu kommen, die nun zwischen zwei Feuer geraten: Unterstützt von der Kavallerie überwindet die kaiserliche Infanterie schließlich am rechten und mittleren Flügel die Schanze; für die Janitscharen gibt es nur mehr den Weg zurück auf die völlig überladene Schiffsbrücke oder die Flucht in die Theiss – es beginnt, wie Prinz Eugen später schreiben wird, *ein gräuliches Blutbad, sowohl in dem Tranchement als auf der Brücke und in dem*

Wasser; seine „ergrimmten" Soldaten geben keinen Pardon.
Hilflos muss Sultan Mustafa II. vom linken Theissufer aus zusehen, wie seine so glänzende Armee vernichtet wird: Etwa 25.000 Mann, darunter Großwesir Elmas Mehmed Pascha und Ca'fer Pascha, der Kommandant der Festung Temesvár, sterben in dem blutigen Gemetzel; 6.000 Wagen mit Proviant und anderen Gütern, 80 große und 58 kleine Geschütze sowie sieben Rossschweife und 423 Fahnen fallen in die Hände der Kaiserlichen; unter den Beutestücken findet sich auch das Siegel Mustafas II., eine Messing-Petschaft, die sich heute im Heeresgeschichtlichen Museum in Wien befindet. Die Verluste der Kaiserlichen an Toten: 28 Offiziere und 401 Mann.
Noch in der Nacht flieht Mustafa II. nach Temesvár, wo er sich vor Scham über die Niederlage drei Tage versteckt hält, was die anarchischen Zustände unter den Resten seines geschlagenen Heeres weiter verstärkt. Die Hohe Pforte ist nach dieser Katastrophe nicht mehr in der Lage, dem Krieg durch eventuelle neue Rüstungen eine Wendung zu geben. Prinz Eugen will seine glorreiche *Conquista* im Südosten zwar fortführen, doch auch die Kaiserlichen sind erschöpft – die Zeichen stehen auf Frieden *(siehe 26. Januar)* …
Die Zentagasse im 5. Wiener Gemeindebezirk Margareten, so benannt 1867, erinnert an die denkwürdige Schlacht.

Blutiges Gemetzel: Die Schiffsbrücke über die Theiss wird für die Türken zur Todesfalle. Gemälde von Jacques Ignace Parrocel.

12. September 1683

Kara Mustafas Untergang

Am 10. September 1683, es ist der 58. Tag der Belagerung von Wien, wird Kara Mustafa und seinen Truppenführern immer klarer, dass die Giauren fest entschlossen sind, den Weg in den Rücken des Belagerungsheeres zu nehmen. Den Meldungen der Vorposten zufolge schiebe sich eine feindliche Heeresgruppe auf Pfaden durch das Bergland vor, eine zweite nähere sich entlang der Donau. Daraufhin zieht Kara Mustafa Truppen aus dem Belagerungsring ab; man rechnet bereits für den nächsten Tag mit einer Schlacht.

Inzwischen verdoppeln die türkischen Mineure unter der Festungsmauer ihre Anstrengungen. Gleich an fünf Stellen werden neue Minengänge gegraben; am 11. September zu Mittag beginnt man mit dem Auffüllen der Gänge mit Pulver; die Vorbereitungen zur Sprengung gehen planmäßig voran, als plötzlich die Nachricht eintrifft, dass die Vorhut Kara Mehmed Paschas bereits im Gefecht mit dem Entsatzheer der Giauren stehe, das am Fuße der deutschen Berge gegenüber der Festung eingetroffen sei und sich am Rande der Weingärten lagere. Die Ketzer in der Festung sind daraufhin wie neu beseelt, wird der Zeremonienmeister der Hohen Pforte verärgert in seinem Tagebuch notieren.

Der 12. September 1683, ein Sonntag, bricht an. 70.000 Streiter der Giauren stehen in breiter Front zum Angriff bereit, befehligt von Jan Sobieski und Karl von Lothringen. Um fünf Uhr früh eröffnet die Vorhut Kara Mehmed Paschas das Feuer; sofort nach Eintreffen der Nachricht vom Beginn des Kampfes besteigt auch der Großwesir sein Pferd, mit ihm der Generalstab und auch Vani Mehmed Efendi, der Prediger. Zusammen mit der Heiligen Fahne begibt man sich zu den Truppen. Der Großwesir ist ungeduldig und will die Initiative nicht den Feinden überlassen; vor allem gilt es, sich nicht gegen die Zeltstadt drücken zu lassen. Bei Sonnenaufgang stoßen daher die Reiter Ibrahim Paschas aus ihrem Lager hinter dem Krottenbach gegen die Giauren vor, die jetzt ihrerseits zum Angriff antreten – nun erhalten auch Reichsfeldmarschall Fürst von Waldeck und der Herzog von Sachsen-Lauenburg Befehl, ihre Regimenter von Dreimarkstein, Hermannskogel, Cobenzl und Vogelsangberg herab in die Schlacht zu führen: Es ist, als wälze sich eine Flut von schwarzem Pech bergab, die alles, was sich ihr entgegenstellt, erdrückt und verbrennt.

Der Entsatz von Wien

Noch einmal treffen die Heerführer der Alliierten zu einer Besprechung zusammen, diesmal in den Ruinen der Kapelle des heiligen Joseph am heutigen Kahlenberg, damals noch „Sauberg“ genannt. Und noch einmal bittet man um göttlichen Beistand: Kapuzinerpater Marco d'Aviano versucht während einer improvisierten Messfeier den Kommandeuren Mut und Inspiration zu vermitteln.

Karl von Lothringen und einige andere Heerführer nehmen an der Messe gar nicht mehr teil – sie ziehen es vor, zu ihren Truppen zu eilen. Die erste Linie des linken Flügels hat, unterstützt von Artilleriefeuer, mit dem Angriff begonnen; selbst von den Wällen der Stadt, auf denen die Soldaten Starhembergs gespannt das Geschehen beobachten, sind ihre Bewegungen gut zu erkennen. Die mit großer Präzision operierenden Einheiten lösen bei den türkischen Beobachtern zu Recht Besorgnis aus: Die Truppen Ibrahim Paschas müssen ihren Gegenangriff abbbrechen, da die Übermacht der Verbündeten zu groß ist.

Inzwischen hat auch die kaiserliche Kavallerie am äußersten linken Flügel den Kampf aufgenommen: Das von den Türken notdürftig befestigte Kahlenbergerdörfel kann eingenommen werden; nächstes Teilziel der kaiserlichen und sächsischen Infanterie ist die Eroberung des Nußbergs. Die Türken wehren sich zwar verbissen, müssen dann aber doch Zaun um Zaun, Erdwall um Erdwall zurückweichen. Gegen Mittag ist der Nußberg fest in der Hand der Verbündeten.

Kara Mustafa hat inzwischen die Gefahr, die seinem rechten Flügel droht, erkannt und befiehlt daher einen massiven Gegenangriff auf die kaiserlichen und sächsischen Linien, die unter der Wucht der osmanischen Attacke tatsächlich zu weichen beginnen. Der Einsatz sächsischer Reserven bringt jedoch die Wende: Sachsen und Kaiserliche dringen nun ihrerseits gegen Heiligenstadt und Nußdorf vor; beide Dörfer können nach erbittertem Kampf bis 13 Uhr erobert werden; dann verkündet Karl von Lothringen eine Kampfpause.

Jan Sobieski lässt nun seine Polen zur Attacke schreiten. Aufgestellt in fünf Kampflinien, die Infanterie an der Spitze, und unterstützt vom Sperrfeuer der königlichen Artillerie, dringt man stetig weiter vor. Den Polen gegenüber stehen die Streiter Abaza Sari Hüseyin Paschas,

Ein österreichisches Heldenepos: die Verteidigung Wiens im „Blutsommer" 1683. Fantasievolles Ölgemälde von Leander Russ, 1837, Wien Museum.

die an Zahl und Bewaffnung den Polen klar unterlegen sind und denen alle Tapferkeit der Welt nichts hilft: Michaelerberg, Schafberg und Heuberg gehen verloren; dann auch Pötzleinsdorf. Um vier Uhr nachmittags formieren sich die polnischen Regimenter zum entscheidenden Angriff – eine geballte Macht, der Kara Mustafa nicht mehr viel entgegenzusetzen hat. Dennoch versucht er sein Möglichstes und verstärkt nun den linken Flügel mit den Kämpfern Ibrahim Paschas, die er vom rechten abzieht. Die Rückzugsmöglichkeit über den Wienfluss, so weiß er, gilt es in jedem Fall abzusichern – die rechte Seite der Osmanen ist damit aber bereits verhängnisvoll geschwächt.

Es ist später Nachmittag und die Schlacht tritt in ihre entscheidende Phase. Nach stundenlanger Pause befiehlt Karl von Lothringen den Einheiten am linken Flügel wieder vorzugehen – um etwa fünf Uhr bricht die osmanische Frontlinie endgültig zusammen; fränkische und bayrische Truppen stürmen gegen die „Türkenschanze" los, die sächsische und kaiserliche Infanterie schwenkt nach rechts, greift Ober-Döbling an und Hernals. Ibrahim Pascha verlässt mit seinen Getreuen das Schlachtfeld und wendet sich zur Flucht – die Auflösung des osmanischen Heeres hat begonnen.

Auch Sobieski, der ursprünglich nach Eroberung der Vorberge halten wollte, setzt nun alles auf eine Karte: Mit dem Ruf *Jezus Maria ratuj!* („Jesus Maria, rette!"), der Losung des Tages, galoppieren Husaren, Lanzen- und Panzerreiter los, die Elite der polnischen Ritterschaft stürzt sich auf den Rest der osmanischen Streitmacht, unterstützt von bayrischer und kaiserlicher Kavallerie. Sobieski verfolgt mit seinen Getreuen und Sohn Jakob von einem Hügel das Kampfgeschehen, in die luxuriöse Tracht eines Orientalen gekleidet, den Feldherrenstab in der Hand, genießt er den Triumph seiner tapferen Mannen: Der Wucht des Angriffs sind die Türken nicht mehr gewachsen und wenden sich zur Flucht; allein im Zentrum leisten die Truppen um den Großwesir noch verzweifelten Widerstand. Kara Mustafa, der erkennt, dass alles verloren ist, will bis zum Tode auf dem Schlachtfeld kämpfen. Schließlich können ihn seine Begleiter unter Mitnahme der heiligen Fahne doch zum Rückzug in die Zeltburg des alten Hauptlagers bewegen. Jetzt erst ergeht an die Truppen vor den Mauern Wiens der Befehl zum Verlassen der Laufgräben und Minengänge – zu spät für viele. Und jetzt macht er seine Drohung, im Falle einer Niederlage die christlichen Gefangenen töten zu lassen, wahr – im buchstäblich letzten Moment werden kaltblütig Hunderte erschlagen oder verstümmelt, die Opfer sind vor allem Frauen. Kara Mustafa lässt auch noch seinen geliebten Strauß „enthaupten", damit er nicht in die Hände der Giauren fällt, dann setzt man sich durch den hinteren Ausgang der Zeltburg ab; Hals über Kopf geht es Richtung Osten.

Gegen sechs Uhr abends erreicht Jan Sobieski das Zelt Kara Mustafas. Da er noch immer eine überraschende Rückkehr des Feindes befürchtet, befiehlt er weiterhin volle Kampfbereitschaft, dem fliehenden Großwesir schickt er leichte Reiterei nach. Dann begibt er sich in ein Zelt an der Wien, um die Gratulationen der deutschen Generäle entgegenzunehmen.

Kaiserliche Dragoner unter dem Befehl Ludwigs von Baden sind die ersten Truppen des Entsatzheeres, die die Stadt erreichen: Beim Schottentor werden sie von den Verteidigern begeistert begrüßt; gemeinsam macht man sich dann an das Töten der in den Gräben und unter den Bastionen eingeschlossenen Janitscharen und Mineure: An die 600 Mann werden aufgespürt und gnadenlos erschlagen oder erschossen; um etwa zehn Uhr abends fällt der letzte Schuss – dann liegen Dunkelheit und Stille über der Walstatt. Wien ist befreit!

13. September 1931

Höhenrausch der Heimatschützer

Walter Pfrimer, der Landesleiter des „Steirischen Heimatschutzes", deutschnationaler Burschenschafter und Rechtsanwalt, träumt von einem Österreich unter der Herrschaft der Heimwehr. Und er hat Großes vor: Nach dem Vorbild von Mussolinis „Marsch auf Rom" will er einen „Marsch auf Wien" inszenieren, und eine Heimwehrregierung etablieren.

Der Pfrimer-Putsch

Das Unternehmen beginnt am Abend des 12. September 1931. Angehörige des Steirischen Heimatschutzes besetzen zahlreiche steirische Ortschaften, Straßen werden gesperrt und missliebige Bezirkshauptmänner und Bürgermeister „verhaftet". In den besetzten Orten lässt Pfrimer eine Proklamation an das „Volk von Österreich" und ein „Provisorisches Verfassungspatent" anschlagen; Plakate verkünden seine messianische Selbsteinschätzung: „In höchster Not hat mich das heimattreue Volk Österreichs zum obersten Hüter seiner Rechte berufen."

Offizielles Organ der Bundesführung

Der Panther

Österreichische Heimatschutzzeitung

2. Jahrgang. Graz, den 12. September 1931. Folge 37

Einzelpreis 30 Groschen

Es muß und – wird was g'schehn!

Die Titelseite der „Österreichischen Heimatschutzzeitung" vom 12. September 1931.

Von der Steiermark greift das „groteske Unternehmen" (Hellmut Andics) ins westliche Niederösterreich über; 600 Heimatschützer ziehen über Waidhofen an der Ybbs nach Amstetten, von dort wollen sie zusammen mit anderen Heimwehrformationen über St. Pölten nach Wien vordringen. Doch rasch zeigt sich, dass die anderen Heimwehrverbände nicht dazu bereit sind Pfrimers Pläne zu unterstützen. Als der steirische Landeshauptmann Anton Rintelen, eigentlich ein Sympathisant der Heimwehr, wegen des Putsches aus dem Schlaf geweckt wird, soll er gemeint haben: „Das Ganze ist doch nur eine b'soffene G'schicht." Auch er lässt Pfrimer fallen.

Inzwischen hat der Schutzbund in der Steiermark mobilisiert – Verteidigungsminister Carl Vaugoin entschließt sich daher für den Einsatz des Bundesheeres gegen Pfrimers Heimatschützer, die auf ihrem „Marsch nach Wien" prompt am Vormittag des 13. September in Amstetten gestoppt werden können.

Walter Pfrimer resigniert, befiehlt seinen Getreuen den Rückzug und flüchtet nach Jugoslawien, stellt sich aber dann doch den österreichischen Behörden und wird – merkwürdig genug – im Dezember 1931 freigesprochen. 140 Heimatschützer werden verhaftet, es erfolgen rund 4.000 Anzeigen.

14. September 1942

Massenmord im Kiefernwäldchen

Auf der Postrampe des Aspangbahnhofes wird der Reichsbahn-Sonderzug Da 227 „beladen", es ist bereits der 41. im Rahmen der Deportationen aus Wien: 983 Juden, Männer, Frauen und Kinder, steigen in die Waggons dritter Klasse, unter ihnen der Taxichaffeur Daniel Thiemann mit seiner Frau Rachel aus der Klosterneuburger Straße 71, die Apothekerin Wanda Rosen aus der Seegasse 7 und die Haushälterin Hilde Kreutsch aus der Ebendorferstraße 3. Erst später, in der Station Wolkowysk, werden sie alle in Viehwaggons umgeladen werden. Das ferne Ziel: der Güterbahnhof der weißrussischen Hauptstadt Minsk, wo der Zug am 18. September eintreffen wird. [...]

Todeszug nach Mały Trostinec

Man nennt ihn einfach „das Gut des Kommandeurs": jenen 200 Hektar großen landwirtschaftlichen Betrieb beim kleinen weißrussischen Dorf Mały Trostinec, etwa zwölf Kilometer südöstlich von Minsk, auf dem jüdische und nichtjüdische Häftlinge für Eduard Strauch (1906–1955), den „Kommandeur der Sicherheitspolizei und des SD" für Weißrussland, im Arbeitseinsatz stehen. Die „Arbeitsjuden" sind in eigenen Baracken mit dreistöckigen Schlafkojen untergebracht, das Gelände dieses kleinen Lagers ist von dreifachem Stacheldraht umgeben, vier hölzerne Wachttürme sind rund um die Uhr besetzt – man hat Angst vor Partisanen – und auf dem Appellplatz steht ein Galgen. Zum Gut gehören diverse Betriebe, so eine Mühle, ein Sägewerk, eine Schlosserei und eine Tischlerei.

Doch es geht in Mały Trostinec nicht nur um Viehzucht, Mehl und biederes Handwerk: SS-Obersturmbannführer Eduard Strauch, der aus Essen stammt, promovierter Jurist ist und zuvor auch Theologie studiert hat, fühlt sich hier ganz in seinem Element und seinen „Fähigkeiten" entsprechend eingesetzt: Als Kommandeur des „Einsatzkommandos 2" der „Einsatzgruppe A" hat er sich bei der Ermordung von 10.600 Juden in Riga am 30. November 1941 hervorgetan, nun hat ihm Reinhard Heydrich im April 1942 eine „Sonderaufgabe" anvertraut: die Tötung der Juden, die in den nächsten Monaten aus dem „Reich", aus dem „Protektorat Böhmen und Mähren" und aus dem „Generalgouvernement" nach Minsk deportiert werden sollen.

Noch Ende April 1942 lässt Dr. iur. Strauch bei dem Kiefernwäldchen *Blagowschtschina* die ersten Gruben für die erwarteten „Transporte" ausheben; am 11. Mai treffen erstmals aus Wien deportierte Juden ein. SS-Unterscharführer Arlt notiert dazu in seinem „Tätigkeitsbericht": „Am 11. Mai traf ein Transport mit Juden (1000 Stück) aus Wien in Minsk ein, und wurden gleich vom Bahnhof zur obengenannten Grube geschafft. Dazu war der Zug direkt an der Grube eingesetzt."

Bald hat sich ein fixer „Arbeitsablauf" etabliert: Die ankommenden Juden – die „Transporte" umfassen jeweils an die 1.000 Menschen – werden von SS-Männern empfangen. Man erklärt ihnen, dass sie auf Wohnungen in und um Minsk verteilt werden würden, dazu müssten sie allerdings ihre Koffer abgeben, die bringe man mit Lastwagen nach. Und sie müssen auch ihre Ausweise, ihr Geld und alle

Wertsachen abgeben, dafür händigen ihnen die SS-Männer scheinbar korrekt Quittungen aus. Der nächste Schritt ist die berüchtigte „Selektion“: Noch am Güterbahnhof Minsk werden die jeweils 20 bis 80 kräftigsten Personen für die Arbeit auf dem „Gut des Kommandeurs“ ausgesondert, die übrigen werden auf Lastautos verladen und zum Kiefernwäldchen *Blagowschtschina* gebracht. Hier müssen sie sich bis auf die Unterwäsche entkleiden und noch eventuell vorhandene Wertsachen abgeben, dann zwingt man sie, an den Rand der vorbereiteten Gruben zu treten, die drei Meter tief und 60 Meter lang sind. Bis zu 100 Schutzpolizisten und Angehörige der Waffen-SS beginnen nun – aus den Lautsprechern dringt laute Musik, die die Todesschreie der Opfer übertönen soll – mit dem Morden: Sie töten mit Genickschuss. Sind die Gruben mit Leichen gefüllt, werden sie von einem Sonderkommando mit Erde bedeckt, dann rollen Traktoren und Planierraupen darüber hinweg. Ab Juni 1942 kommen auch vier „Gaswagen“ zum Einsatz, von der einheimischen Bevölkerung, werden sie ahnungsvoll *Duszegubki*, „Seelentöter“, genannt.

Insgesamt sind es neun Züge, die Wien zwischen Mai und September 1942 mit den Bestimmungsorten Minsk bzw. Mały Trostinec verlassen. Nur 17 der über 10.000 dorthin deportierten österreichischen Jüdinnen und Juden überleben. 2011 wird von Waltraud Barton in Wien der Verein *IM-MER Initiative Malvine – Mały Trostinec* gegründet, der es sich zur Aufgabe stellt, das Gedenken an die Opfer lebendig zu halten.

Das Holocaust-Denkmal von Rachel Whiteread am Wiener Judenplatz.

15. September 1590

Als würde die Statt inn einem augenblick versincken vnd vndergehen …

Es ist fünf Uhr am Nachmittag, als die Erde das erste Mal zu beben beginnt. Knapp vor Mitternacht dann das Hauptbeben, es erreicht wohl die Stärke 6,0 laut Richterskala. Das Erdbeben dieser Nacht ist das schwerste jemals in historischer Zeit in Österreich registrierte. Die Schäden sind beträchtlich: Der Stephansdom wird schwer beschädigt, der Turm der Michaelerkirche bricht ab.

Die Erdbebenkatastrophe

Auch viele andere Gebäude, wie die Jesuitenkirche, Maria am Gestade, die Kirche des Klosters St. Laurenz, die Johanneskirche, das Dominikanerstift, die Burg, das Nikolaikloster, die Malteserkirche, der Seitzerhof, der Passauer Hof, der Bischofshof und das Himmelpfortkloster erlitten nachweislich Schäden. In früheren Zeiten wurden Berichte über Erdbebenschäden vor allem über klerikale Bauten verfasst, eine Ausnahme bildet z. B. die folgende Nachricht: In der Rotenturmstraße waren im Gasthaus „Zur guldnen Sonne" durch dessen Einsturz neun Tote zu beklagen. Erst später, im Zeitalter der Aufklärung, wurden auch Schäden an Bürgerhäusern systematisch erhoben (siehe die Beben von 1768 und 1794). Wie man in der Abbildung – zur damaligen Zeit wie auch heute war es üblich, spektakuläre Themen übertrieben darzustellen – erkennen kann, wurde der Südturm des Stephansdomes beschädigt. Aber lassen wir einen zeitgenössischen Bericht von Marcus Volmarius aus der *Newe Zeittung vom schröcklichen Erdbidm* aus dem Jahre 1591 sprechen:

Das nun gemeldte Nächtliche Erdbebung so grausam schröcklich/ vnd forchtsam gewest/ vnd es dermassen in der Statt Wien gesauset und geprauset/ vnnd alle Gebewde sich allezeit erreget/ beweget/ erschüttelt/ vnd gerüttelt/ nicht anders/ als würde die Statt inn einem augenblick versincken vnd vndergehen …

Eine andere zeitgenössische Quelle aus dem Archiv des Rentamtes Königstetten (das Dokument stammt aus dem dortigen Renthof, der die rechtliche Verwaltung der Besitzungen des Bischofs zu Passau innehatte) gibt über die Auswirkungen des Bebens außerhalb Wiens Auskunft. Unter anderem werden Schäden in Langenlebarn, Zwentendorf, Tulln und Judenau beschrieben.

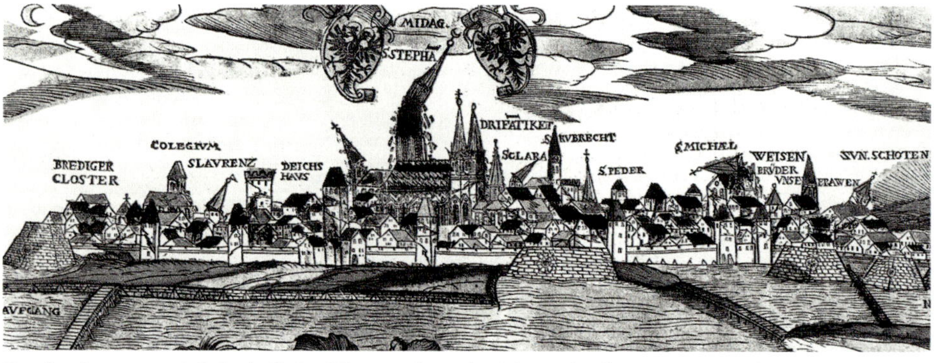

Der Stephansturm wird oberhalb der Uhr gespalten, die Schottenkirche stürzt ein. Holzschnitt, 1590.

16. September 1918

Nibelungentreue und Nibelungenlos

Die Felsenfestung Monte Asolone im Monte-Grappa-Massiv ist eine Schlüsselstellung der etwa 140 km langen Südwestfront, die von den Bergriesen Südtirols bis zur Mündung der Piave reicht. Seit dem 9. September wehren sich hier, in einer trostlosen Stein- und Felswüste 1500 Meter über dem Meer, die k. u. k. Truppen gegen die Angriffe der Italiener. Gehalten wird dieser Frontabschnitt vom XXVI. k. u. k. Armeekorps, kommandiert von General der Infanterie Ernst von Horsetzky. Die unheimliche Zerrissenheit dieser wasserlosen Landschaft soll, so erzählt man sich, bereits Dante Alighieri vor Augen gehabt haben, als er in seiner *Divina Commedia* den Eingang zum Inferno beschrieb: eine kahle, lebensfeindliche, schwer zugängliche Bergwelt, erreichbar nur über einen Fußsteig, der vom kleinen Dorf Vannini, gelegen am Zusammenfluss von Brenta und Cismos, hier heraufführt. Dreizehnhundert Höhenmeter müssen die Nachschubkolonnen auf diesem bewältigen, auf Schritt und Tritt sind Pferde und Träger dem schweren Feuer des Feindes ausgesetzt, der von seinen höher gelegenen Positionen im Gipfelbereich des Monte Grappa den gesamten Weg einsehen kann und dies gnadenlos nützt – es gibt kaum eine Möglichkeit, vom Weg abzuweichen.

Abwehrschlacht am Monte Asolone

Immer wieder versuchen die Soldaten der 4. italienischen Armee von General Gaetano Giardino den Monte Asolone zu erobern, immer wieder werden sie abgewiesen. Die Männer Horsetzkys leiden an schlechter Verpflegung – es gibt Dörrgemüse, in dem „winzige Brocken Fleisch schwimmen“, schwarzen Kaffee und „eine immer kleiner werdende Brotration“ –, kämpfen weiter, werden den Monte Asolone bis zu den letzten Tagen des Krieges halten, noch denkt man nicht an das „Nachher“, auch wenn die Nachrichten von den Friedensbemühungen bis hinauf in diese kahle Bergwelt gelangen. Otto Gallian, ein Monte-Asolone-Veteran, der sich später den Nazis zuwendet, wird darüber schreiben: „Und während ringsumher eine Welt einstürzt, das alte Donaureich zerberstet, ersteht hier in den blutgetränkten Felsen der Brenta zum letzten Male altösterreichisches Soldatentum in seiner ganzen Größe, geht zum letzten Mal durch die Schluchten des Grappa ein Ahnen von Nibelungentreue und Nibelungenlos …“

Nachschub für die Fronttruppen am Monte Asolone.

17. September 1156

Österreich wird Herzogtum

Heinrich II., Jasomirgott, der selbstbewusste Landesherr der babenbergischen Länder, hält Distanz zu den anderen Reichsfürsten: Er hat sein Zeltlager zwei Meilen von Regensburg entfernt aufgeschlagen. In der Stadt ist am 8. September 1156 der Reichstag zusammengetreten; feierlich hat er vor der Fürstenversammlung auf das Herzogtum Bayern verzichtet, das nun an Heinrich den Löwen, den mächtigen Welfen, geht. Durch die Übergabe von sieben Fahnenlanzen an Kaiser Friedrich I. Barbarossa, der sie an den Welfen weiterreicht, hat er diesen Verzicht in einem symbolischen Akt dokumentiert.

Zwei Fahnenlanzen gibt jedoch Heinrich der Löwe seinem kaiserlichen Lehensherrn wieder zurück – sie sind das Symbol für die Markgrafschaft Österreich, die mit dieser Geste aus dem Einflussbereich Bayerns gelöst wird. Der Kaiser schließlich reicht diese zwei Fahnenlanzen wieder an Heinrich II., Jasomirgott, weiter, dessen Herrschaft in Österreich damit anerkannt und erhöht wird: Österreich wird Herzogtum. Nach jahrelangem Streit bedeutet dies eine friedliche Lösung des sogenannten „bayerischen Problems".

Neun Tage später, am 17. September 1156, stellt die kaiserliche Kanzlei die Urkunde aus, die diesen Rechtsakt schriftlich dokumentiert und unter dem Namen „Privilegium minus" berühmt wird. Das Privileg spiegelt den „fortgeschrittenen Prozess der Landeswerdung in Österreich" (Walter Pohl) und schreibt die dem Babenberger gewährten Vorrechte fest: das Recht auf weibliche Erbfolge – Heinrich II., verheiratet mit der Byzantinerin Theodora Komnena, hat zu diesem Zeitpunkt noch keinen Sohn – ebenso wie das Privileg, den Reichstagen außerhalb Bayerns fernbleiben zu können. Sollte das Herzogpaar kinderlos sterben, haben sie die Freiheit, „das Herzogtum zuzuwenden, wem immer sie wollen".

Das Privilegium minus

Ausdrücklich vermerkt die Urkunde, dass alle Fürsten am Reichstag diesen Privilegien zustimmen. Das Original des „Privilegium minus" ist nicht erhalten, da der Habsburger Rudolf IV. die Urkunde später gefälscht nachmachen lässt und das „Privilegium maius" mit noch weiterreichenden Vorrechten *(siehe 6. Januar)* kreiert.

Österreich wird Herzogtum: die Belehnung Heinrichs II., Jasomirgotts, durch Kaiser Friedrich Barbarossa. Kuppelgemälde in der Ruhmeshalle des Heeresgeschichtlichen Museums von Carl von Blaas, 1859.

18. September 1944

Alptraum Todesstiege

Am 7. September 1944 gelingt der Gestapo im „Gau Oberdonau", dem Reich Gauleiter Eigrubers *(siehe 6. Mai)*, ein letzter großer Schlag gegen Angehörige des Widerstands: Im Raum Wels werden etwa 100 Männer und Frauen verhaftet; viele von ihnen bringt man nach Mauthausen, mit dem offenkundigen Ziel, sie hier zu ermorden. Dem Kommunisten Richard Dietl (1911–1971), der als Einziger von den mit ihm am 7. September 1944 verhafteten KP-Kameraden Mauthausen überlebt, verdanken wir eine eindrucksvolle Schilderung des Alptraums „Todesstiege". Verurteilt zur Strafkompanie im Steinbruch, wird er am 18. September 1944 vom Kapo Paul Beck zusammen mit 15 Leidensgenossen dem für seinen Sadismus gefürchteten SS-Hauptscharführer Hans Spatzenegger, Spitzname „Spatz", übergeben:

„Herr Hauptscharführer, das sind die Hunde, die in Österreich eine neue Regierung bilden wollten! Worauf ihm der Hauptscharführer die Antwort gab, die Steine von 80 bis 110 Kilo aufzusuchen und hernach zu einem großen Steinhaufen zu führen. Dort befand sich schon ein Rottenführer. Als erstes, bevor uns der Steinblock gegeben wurde, bekam jeder einen Faustschlag vom Rottenführer. Dann hieß es Aufnehmen der Steine, worauf wir Kräftigen zuerst aufhalfen. Teufl Sepp, Höllermann Hermann, Wagner, Fritz Alois und ich hatten jeder einen Stein nicht unter 100 Kilogramm. Hier begann dann der zweite Leidensweg. Bis zur Stiege waren es zirka 100 Meter bergauf zu gehen. Dort brachen schon mehrere Kameraden zusammen und wurden von der SS wie Hunde überfallen und mit Peitschen und Ochsenziemern bereits tot geschlagen."

Der Marsch der Häftlinge über die Todesstiege.

Als Erste aus der Gruppe der Kommunisten erschießen die SS-Wachen an diesem Tag Hermann Bichlbauer und Ferdinand Sigmund aus Steyr; sieben weitere Männer werden an diesem Tag getötet: „Was das Bild auf dieser berüchtigten Stiege ergab, ist nicht zu beschreiben. Höllermann stand oben auf der Stiege, blutüberströmt. Ich selbst sah mich noch um und konnte mit Wahrheit sehen, wie ihn zwei SS-Männer schlugen und in den Draht warfen, wo zwei SS-Posten schon mit dem Gewehr warteten und seinem Leben mit zwei Schüssen ein Ende bereiteten."

SS-Terror in Mauthausen

19. September 1532

Wie ein Kornfeld nach dem Hagelschlag

Nur drei Jahre nach der abgebrochenen Belagerung Wiens rüstet Süleyman der Prächtige zu einem neuerlichen Feldzug gegen den „spanischen König", die Eroberung Wiens, des „Goldene Apfels", bleibt sein großes Ziel. Wieder zieht er ein gewaltiges Heer zusammen; am 25. April bricht er auf, als Anmarschweg wählt er diesmal die Route entlang der Drau durch Kroatien und Westungarn; am 10. August steht das Hauptheer Süleymans vor der Festung Güns (*Kőszeg*) und beginnt mit der Belagerung; im Raum von Wien sammelt sich inzwischen das Reichsheer; Freiwillige aus ganz Europa kommen in die habsburgische Residenz, den Oberbefehl über das „schönste Heer der Christenheit", fast 100.000 Mann stark, führt Kaiser Karl V. selbst.

Süleyman bleibt jedoch vor Güns stehen und verzichtet auf einen Kampf gegen dieses wohlgerüstete Heer, lässt jedoch die *Akindschis*, die „Renner und Brenner", in Österreich einfallen. Raubend und mordend dringen diese Streifscharen, etwa 16.000 Mann unter Führung des Kasim Bey, über die Oststeiermark in das niederösterreichische Alpenvorland ein und stoßen bis in das Ybbstal vor, wo sie nach der Plünderung von Ybbsitz auf der „Schwarzen Wiesen" vor Waidhofen von den Sensenschmieden und Bürgern der Region zurückgeschlagen werden. Als Kasim Bey vom Rückzug des Sultans erfährt, zieht er in Eilmärschen zurück nach Osten, sitzt jedoch bereits in der Falle: Die Talausgänge in die Ebene des Wiener Beckens sind durch Verhaue gesperrt worden, einzig das Triestingtal ist noch offen. Kasim Bey und seine Männer wählen diesen Weg; in der Nacht vom 18. zum 19. September 1532 wird er von den Söldnern des Landsknechtführers Sebastian Schertlin von Burtenbach überrascht, die plötzlich in seinem Rücken auftauchen. Die Akindschi werden zersprengt und flüchten in Richtung Steinfeld, hier erwarten sie aber bereits die Reichstruppen unter Pfalzgraf Friedrich II. Im Gebiet von Leobersdorf–Enzesfeld–Wiener Neustadt kommt es zu mehreren Gefechten, in denen die Türken völlig aufgerieben werden; auch Kasim Bey fällt.

Der Untergang der Akindschi am Steinfeld

Eine osmanische Chronik hat den Untergang der Akindschi überliefert: „Da waren auf einmal die liederlichen Ungläubigen wie Ungeziefer der Erde versammelt und hatten ihren Weg mit mächtigen Kanonen und unzähligen Gewehren versperrt. Als die Muslime die Götzendiener erblickten, achteten die nicht auf die Geschütze (…) und griffen alle zusammen auf einmal an (…) das Feuer der Geschütze und Gewehre prasselte auf sie wie ein Platzregen herab und machte aus ihnen so etwas wie ein Kornfeld nach dem Hagelschlag." In der bekannten Sage vom „Türkensturz", die davon erzählt, wie es den Bauern des Pittentales gelungen sei, die Türken über einen Felsen in den Tod zu hetzen, hat dieses Ereignis seinen Niederschlag gefunden.

20. September 1823

Gott hat sie in mein Haus geleitet

Erzherzog Johann, der erste Habsburger, der sich in Lederhose malen lässt und zu diesem Zeitpunkt in der Steiermark bereits sehr populär ist, sieht sich in der Zwickmühle: In einem offenen Gespräch mit Bruder Franz, dem Kaiser, am 5. Februar 1823 hat dieser ihm zwar die Erlaubnis gegeben, seine geliebte Anna Plochl zu heiraten, bald danach beginnt jedoch die kaiserliche Familie gegen die unstandesgemäße Verbindung wieder zu intrigieren, Bruder Erzherzog Carl und dessen Gattin Henriette sollen ihm die Heirat mit dieser Bürgerlichen wieder ausreden. Aus der geplanten Hochzeit zu Ostern 1823 wird nichts; in Aussee beginnt Postmeister Jakob Plochl, der Vater Annas, die Geduld zu verlieren. Er will die nunmehr 19-jährige Tochter nach Graz schicken, damit sie sich dort Arbeit sucht – für Johann eine unannehmbare Vorstellung.

Anna Plochl zieht zu Erzherzog Johann

Jetzt denkt der Erzherzog an eine radikale Lösung: Er will Anna ohne Hochzeit in seinen Haushalt in Vordernberg aufnehmen. Anfang September 1823 reist er deshalb nach Wien, es kommt zu einem heftigen Auftritt mit dem Kaiser. Franz will ihm die Heirat nicht grundsätzlich verbieten, bringt aber noch einmal alle Gründe vor, die dagegen sprechen. Jetzt verliert Johann die Nerven, wirft dem Bruder vor, dass er seit der peinlichen Niederlage 1800 bei Hohenlinden keine „gute Stunde" mehr neben Franz gehabt hätte, er sei aber immer loyal gewesen und hätte sich nie den Befehlen des Kaisers widersetzt. Angeblich hat Kaiser Franz nach diesem Ausbruch Tränen in den Augen und stellt fest: „Du bist immer ein unglücklicher Mensch gewesen."

Johann lenkt ein und verspricht, die Hochzeit auf unbestimmte Zeit zu verschieben, informiert Franz aber doch über seinen Plan, Anna in sein Haus aufzunehmen – er werde das vor Gott und seinem Gewissen selbst verantworten. Die grundsätzliche Heiratserlaubnis gibt er dem Kaiser nicht zurück.

Zurück in seinem Gewerkenhaus in Vordernberg, lässt er alles für die Ankunft Annas vorbereiten: Am Nachmittag des 20. September 1823 zieht das Mädchen bei ihm ein; in seinem Tagebuch vermerkt er: *Gott hat sie in mein Haus geleitet, hinter ihr schlägt die Tür zu, aus diesem Haus kommt sie nimmer.*

Erzherzog Johann und Anna Plochl vor dem Postmeisterhaus am Grundlsee. Gemälde von einer Bilderuhr, 19. Jahrhundert.

21. September 1446

Eine Geschichte um Liebe, Teufel und Tod

Hans Puchsbaum, so erzählt die bekannte Sage, verliebt sich unsterblich in Maria, die Tochter seines Meisters Hans von Prachatitz. Er ist Parlier in der Bauhütte von St. Stephan, zuständig für die Organisation der Bauarbeiten und geübt im Zeichnen von Plänen. Der Vater Marias schätzt ihn als tüchtigen Mitarbeiter, stellt ihm aber, als dieser um die Hand seiner Tochter bittet, eine schwere Aufgabe: Er müsse zuvor noch den Nordturm von St. Stephan ausbauen. Hans Puchsbaum unterzieht sich dieser Prüfung gerne und beginnt mit der Arbeit, nächtelang sitzt er über seinen Baurissen für den neuen Turm. Da stirbt plötzlich sein zukünftiger Schwiegervater, die Stadt Wien überträgt ihm daraufhin das Amt des Dombaumeisters.

Meister Hans Puchsbaum stürzt zu Tode, der Teufel bleibt Sieger. Gemälde von Johann Adam Klein.

Hans Puchsbaum wird Dombaumeister

An diesem Punkt kreuzt sich die Sage mit der Historie: Das Datum dieser Bestellung ist bekannt: der 21. September 1446. In der Sage nimmt nun Puchsbaum die Hilfe des Teufels in Anspruch, hat er dem Rat der Stadt doch versprochen, den Nordturm schneller zu errichten als alle anderen Bewerber. Tatsächlich braucht der historische Hans Puchsbaum, geboren um 1390, nicht auf „Teufelswerk" zu hoffen – er ist zu diesem Zeitpunkt bereits einer der berühmtesten Baumeister des süddeutschen Raums und hat seine Fähigkeiten schon eindrucksvoll unter Beweis gestellt: So stammen die Vorhalle des Singertors und die Einwölbung des Langhauses von ihm; in der Gestaltung der Barbarakapelle im Nordturm zeigt er sein außergewöhnliches innenarchitektonisches Können.

Und er ist ein gefragter Mann, nicht nur in Wien: Auch für den Neubau der Pfarrkirche in Steyr entwirft er die Pläne. Um 1450 entstehen die fein gezeichneten, exakten Risse Puchsbaums für den Nordturm; über 50 davon sind in der Dombauhütte von St. Stephan erhalten geblieben und dokumentieren sein großartiges Können. – Sie bilden die umfangreichste Sammlung spätgotischer Architekturzeichnungen der Welt.

Über die Umstände seines Todes um das Jahr 1455 wissen wir nichts. Der Sage bleibt es vorbehalten, einen dramatischen Schlusspunkt zu setzen: Der Teufel stürzt Hans Puchsbaum vom Baugerüst des Nordturms, aus Angst vor dem Wirken des Bösen wird dieser nicht mehr weitergebaut.

22. September 1926

Die Postsparkasse ist krank!

„Die Postsparkasse ist krank!“, lautet die Diagnose, die Richard Reisch, der Präsident der Österreichischen Nationalbank, am 22. September 1926 verkündet. Ein „Schreckensruf“, der auf eine veritable Krise hindeutet: Rudolf Schuster von Bonnott, der langjährige Gouverneur der Postsparkasse, muss noch am selben Tag seinen Posten räumen; Reisch wird mit der Leitung der Geschäfte betraut; Gerüchte sprechen von gigantischen Verlusten. Nach der Krise der „Centralbank der deutschen Sparkassen“ droht der Bankenszene der jungen Republik ein nächster schwerer Schlag.

Der Postsparkassenskandal

Am besten informiert zeigt sich wie schon im Fall der „Centralbank“ das Sensationsblatt *Der Abend*, das bereits am 16. September eine massive Kampagne gegen die Postsparkasse startet: „Die Postsparkasse ist bei jeder Schweinerei dabei“ lautet die Schlagzeile dieses Tages, die Rede ist vom „schamlosesten Diebstahl an Volksgut, der je in einem zivilisierten Lande von einer Regierungspartei verübt“ worden sei – gemeint ist die christlichsoziale Partei, die mit Hilfe der Postsparkasse ihr nahe stehende Banken wie die „Steirerbank“ oder die „Agrarbank für die Alpenländer“ gerettet hätte. Neben den Christlichsozialen macht *Der Abend* dann einen zweiten Verantwortlichen für die horrenden Verluste aus: den Börsenspekulanten Siegmund Bosel, den Reichsten der Reichen der frühen 1920er-Jahre, der für das angesehene Institut, dem es eigentlich verboten ist, Aktien zu kaufen, Spekulationsgeschäfte abwickelt. Augrund einer fehlgeschlagenen Frankenspekulation schulde Bosel der Postsparkasse nun hundert Milliarden Kronen, also 10 Millionen Schilling. Der konkrete Vorwurf: „Herr Bosel“ habe in „all den Jahren, die seither verstrichen sind, nicht nur keinen Heller auf das Kapital“ zurückgezahlt, sondern sei auch die Zinsen „vollständig schuldig“ geblieben, ja, nun habe man dieses „Darlehen“ sogar verlängert. Weitere schwere Verluste habe etwa die „Verkehrskreditbank“ verursacht. Die tatsächlich Existenz bedrohenden Gesamtverluste liegen bei etwa 30 Prozent der bei der Postsparkasse eingelegten Mittel; ein Unterausschuss des Finanzausschusses wird im November 1926 mit der Untersuchung der Vorkommnisse beauftragt; Jakob Ahrer, bis zum Frühjahr 1926 Finanzminister, zieht es vor, für einige Zeit in die Emigration nach Kuba zu gehen.

Preis 30 Groschen.

Neue Freie Presse.

Morgenblatt.

Nr. 22280 Wien, Donnerstag, den 23. September 1926.

Konferenz über die Räumung der besetzten Gebiete.

Wahrscheinlicher Zusammentritt im Haag.

Telegramm unseres Korrespondenten.

Demission des Gouverneurs der Postsparkasse Dr. Schuster.

Dr. Reisch provisorisch mit der Leitung betraut.

23. September 1757

Die fürsorgliche Landesmutter

Der früh verwaiste Handschuhmacher Peter Prosch aus Ried im Zillertal (1744–1804) hat einen großen Lebenstraum: Er will eine eigene Branntweinbrennerei eröffnen. Er verlässt seine Heimat und zieht von Hof zu Hof, um Untertstützung für sein „Projekt“ zu finden. Dafür macht er sich im wahrsten Sinne des Wortes zum Narren. Im Herbst 1757, der Hof steht im Banne des neuen Krieges gegen Friedrich II., kommt er als 13-Jähriger nach Wien und wird prompt zur Kaiserin vorgelassen. In seinen Memoiren erzählt er von dieser denkwürdigen Begegnung in Schloss Schönbrunn:

Peter Prosch besucht Maria Theresia

„Die doppelte Tür, wo die Kaiserin herauskam, war voller Köpfe; sie hatten ein solches Gelächter, dass die Kaiserin mit der Hand zweimal gedeutet hat und gesagt, man sollte schweigen, sonst könnte sie mich nicht verstehen. Ich fing nun an und sagte: ‚Schau, meine liebe Kaiserin, ich bin ein armer Bub, ich habe weder Vater noch Mutter und logiere bei meiner Schwester unterm Dach auf dem Heu. Da träumet mir in einer Nacht von dir, weil ich es von den Leuten sagen gehört, dass du so ein guter Mensch bist, ich sei zu dir gekommen und habe dich gebeten, und du habst mir lassen auf einem gewissen Flecken, wo eine alte Brechlstube gestanden ist, welches Fleckl ich um zwei Gulden, einem Skapulier und ein Fräckäl Brandwein (*Fraggele*, altes Getränkemaß aus dem Zillertal = 0,125 l) gekauft habe, ein Brandweinhäusl bauen; auch habest mir einen Hut voll Geld geschenkt; den Hut hatte ich just so, wie ich ihn itzt in der Hand habe. Ich bitte dich, sei doch so gut, und tu es mir! Ich will in meinem Leben für dich beten.‘ ‚Ja, du sollst es haben‘, sprach sie, ‚wenn es niemand einen Schaden tut‘, und gab mir ihre Hand zu küssen; ich küsste ihr aber wieder den Küttel.“ Maria Theresia, die fürsorgliche Landesmutter, zieht schließlich vierundzwanzig „Kremnitzer Dukaten“ aus ihrem Kamisoltäschchen und „opfert“ sie in den Hut des Peter Prosch, daraufhin nahm sie der 13-Jährige „um die Mitte, sprang und hüpfte um sie herum und sang: ‚Drall lalla, drall lall la!‘ Wer war nun reicher und herrlicher als ich? (…) Die Kaiserin lachte, dass sie geschottert hat, und ich hüpfte und tanzte vor ihr. Sie nahm ‚Behüt Gott!‘, man machte die Tür auf, ich tanzte so hinaus, hüpfte durch die Wachten, welche alle lachten, über die Stiegen hinunter, hatte meinen Hut, worin die Dukaten waren (…)“

24. September 774

Die Gründung Salzburgs

Manche der Missionare Österreichs kommen aus dem fernen Westen wie etwa der heilige Columban, der sich zu Beginn des 7. Jahrhunderts mit seinen Gefährten in Bregenz niederlässt. Der heilige Rupert jedoch, der Schutzherr des Landes Salzburg und „Apostel der Baiern", ist vermutlich adeliger Abkunft – die Quellen berichten, dass er sogar mit dem merowingischen Königshaus verwandt ist.

Erstmals wird *Hruodpert* um 695 als Bischof von Worms erwähnt. Es ist unklar, welche Gründe ihn dazu veranlassen, nach Regensburg in Bayern zu ziehen. Hier bekommt er von Herzog Theodo II., der seine Tätigkeit offenbar sehr schätzt, die Erlaubnis erteilt, im gesamten Herzogtum missionarisch tätig zu sein. Daraufhin zieht er 696 mit einigen Gefährten los und reist die Donau entlang bis in das Gebiet von Lorch (*Lauriacum*). Hier, an der Grenze zum Awarenreich, möchte er neue Mitglieder für die Kirche gewinnen; aufgrund des fortgesetzten Kleinkriegs im Grenzland muss er diesen Plan jedoch bald aufgeben.

Der heilige Rupert

So wandert er weiter und nimmt im heutigen Seekirchen am Wallersee Aufenthalt. Als er jedoch von einem Ort am Fluss *Ivarus* hört, der aus römischer Zeit stammen soll, beschließt er, sich dort endgültig niederzulassen. Das weitgehend zerstörte *Iuvavum* bietet mit seinem feuchten Terrain zwar nicht den optimalen Standort für eine Ansiedlung, doch mit der Unterstützung von Theodos Sohn und Mitregenten Theodbert, der ihn mit reichen Schenkungen bedenkt und wohl auch an der Salzproduktion in Reichenhall beteiligt, gelingt ihm eine Erneuerung der alten Stadt. Außerdem erneuert Rupert das bereits seit der Spätantike bestehende Kloster St. Peter und schafft eine neue Pastoralorganisation – das Kloster wird zum kraftvollen Zentrum des kirchlichen Lebens an der Salzach. Aus seinem Heimatort Worms lässt er zusätzlich zur Unterstützung 12 Mönche und seine Nichte Erentrudis kommen, für die er das Kloster Nonnberg gründet.

Er selbst zieht in den folgenden Jahren im Land umher, baut weitere Kirchen und weiht Geistliche. Eine seiner wichtigsten Gründungen ist eine *Cella Maximiliana* („Maximilianszelle") im Pongau, aus der später die Stadt Bischofshofen entsteht.

Gegen Ende seines Lebens setzt Rupert in Salzburg einen Bischof als Nachfolger ein und kehrt nach Worms zurück, wo er vermutlich am 27. März 716 stirbt.

Bischof Virgil lässt seine Gebeine schließlich am 24. September 774 anlässlich der Einweihung des Salzburger Doms nach Salzburg überführen.

Der heilige Rupert erblickt die Ruinenstätte von Iuvavum. Gemälde von Sebastian Stief, 1859.

25. September 1379

Das Haus Habsburg teilt die Macht

Ein Blick zurück in die zweite Hälfte des 14. Jahrhunderts: Nach dem überraschend frühen Tod Rudolfs IV., des Stifters, im Sommer 1365 übernehmen dessen noch sehr junge Brüder, der 16-jährige Albrecht III. und der 14-jährige Leopold III., gemeinsam die Herrschaft. Bald zeigt sich, dass die beiden jungen Männer nur schwer miteinander auskommen: Leopold, so die Quellen, ist ein ehrgeiziger, tatendurstiger Draufgänger, Albrecht dagegen ein eher abwartender, besonnener Regent. Schwere Auseinandersetzungen sind die Folge und so teilen sich die beiden Brüder im Neuberger Teilungsvertrag von 1379 die Herrschaft über die habsburgischen Länder: Albrecht regiert in Österreich unter und ob der Enns; Leopold erhält die Steiermark, Kärnten, Tirol, die Windische Mark, Inneristrien, Teile von Friaul und die vorderösterreichischen Länder westlich des Arlbergs zugesprochen. Damit „erbt" Leopold auch den schwelenden Konflikt mit der Eidgenossenschaft, der sich auf Grund einer von beiden Seiten aggressiv geführten Politik weiter zuspitzt.

Neuberger Teilungsvertrag

Der Vertrag sieht weiters vor, dass im Falle des Aussterbens einer Linie die andere in das Erbrecht eintritt. Im Falle der beabsichtigten Veräußerung einer Besitzung hat die jeweils andere Linie ein Vorkaufsrecht. Der oberste Lehensherr, König Wenzel, bestätigt den Vertrag am 17. Jänner 1380.

Teilt mit seinem Bruder Leopold III. die Macht: Herzog Albrecht III. „mit dem Zopf", hier mit seiner Ehefrau Elisabeth von Luxemburg. Detail des Habsburgerstammbaums von Konrad Doll, 1497, KHM Wien.

26. September 1960

Der Absturz der „Joseph Haydn“

Es ist knapp vor 21 Uhr Ortszeit. Die Vickers Super Viscount 837 „Joseph Haydn“, planmäßig unterwegs von Wien über Warschau nach Moskau, befindet sich im Landeanflug auf den Flughafen Scheremetjewo. Gesteuert wird die Propellermaschine von Erwin Wilfling, dem erfahrensten Flugkapitän der AUA, und seinem Kopiloten Ferdinand Freisleben; zusammen mit der sechsköpfigen Crew sind 39 Menschen an Bord. Alles scheint normal, der Funkkontakt mit dem Moskauer Kontrollturm funktioniert einwandfrei. Seltsam nur die Anweisungen, dass man tiefer und tiefer gehen solle. Wilfing und Freisleben fragen beim Turm zurück, dieser bestätigt jedoch die Anweisungen, wie der Kapitän einer unmittelbar hinter der „Joseph Haydn“ fliegenden Sabena-Maschine später bezeugen wird. Tatsächlich fliegt die Maschine nun 300 m zu tief, streift plötzlich einige Baumwipfel, eine Tragfläche reißt ab, die „Joseph Haydn“ reißt eine 400 Meter lange Schneise in den Wald, schlägt dann am Boden auf und explodiert – zwölf Kilometer von der Landebahn entfernt, in einem militärischen Sperrgebiet.

Der Absturz der „Joseph Haydn“

Die Stewardess Maria Wernle, geboren in Buenos Aires, ist die Einzige, die das Inferno überlebt. Sie erinnert sich an die Katastrophe: „Ich griff nach der Goldkette mit dem Kreuz in die Uniformjacke, danach war alles dunkel. Ich erwachte, nachdem meine Nylonstrümpfe zu brennen begannen“, erzählt sie. Maria Wernle schafft es schließlich, die Strümpfe abzustreifen. Dann versucht sie, einige wenige Schwerverletzte zu versorgen. Sie bedeckt sie mit eigenen Kleidungsstücken.

Die Hilfe ist jedoch nur mehr ein Gnadenakt: Alle versterben kurz danach in den Krankenhäusern. Maria Wernle, die heute als Maria Macqueen in Villach lebt, wird von Trauer, Schmerz und Scham geplagt: „Ich habe nach langem Krankenhausaufenthalt überlebt. Warum lebe gerade ich? Ich war damals ledig, hatte keine Kinder und viele Eltern mussten sterben.“

Das Schicksal der 37 verunglückten AUA-Insassen

KURIER

ÖSTERREICHS GROSSTE TAGESZEITUNG / UNABHÄNGIG, ÜBERPARTEILICH

30 Todesopfer und 7 Verletzte

Der AUA-Absturz vor Moskau

Erste Augenzeugenberichte: Versagte der Kontrollturm?
Maschine riß 400 Meter lange Schneise durch den Wald

27. September 1583

Abscheulichster und höchstverbottener Zauberei halber

Das Verhängnis beginnt, als die Kleinhäuslerin Elisabeth „Elsa" Plainacher", geboren um 1513 im niederösterreichischen Pielamund, ihrer Tochter Margareth am Totenbett verspricht, die Erziehung der nun zur Halbwaisen gewordenen Enkelin Anna zu übernehmen. Denn Anna, so zeigt sich in der Pubertät immer deutlicher, ist krank, leidet an epileptischen Anfällen, für die Vater Georg Schlutterbauer, der Schwiegersohn Elsas, bald nur eine Erklärung hat: Seine Tochter muss vom Teufel besessen sein und Schuld daran ist die „Alte", seine Schwiegermutter, die noch dazu eine „Lutherische" ist. Schlutterbauer, der dem Alkohol und Gewaltexzessen zugeneigt ist, wendet sich an die Geistlichkeit und diese setzt in ihrer „Therapie" ganz auf „Teufelsaustreibungen", so am 14. August 1583, als dem 15-jährigen Mädchen gleich 12.526 kleine Teufel entfahren sein sollen. Der Fall erregt in der Öffentlichkeit ungeheures Interesse und so ist es Landesherr Erzherzog Ernst selbst, der dem Bischof von Wien, Johann Caspar Neubeck, den Auftrag gibt, sich der seltsamen Sache anzunehmen. Neubeck, der offenbar an den Märchen von den Teufeln nicht im Geringsten zweifelt, besteht nun darauf, Elsa als Verursacherin der Besessenheit Annas festzunehmen, zum Nachteil gereicht der „Plainacherin" nun auch, dass sie Protestantin ist – gleichsam „Freiwild" für die katholischen Eiferer, die nun die Hatz auf die Wehrlose eröffnen, allen voran der aus Tirol stammende Jesuitenpater Georg Scherer (1540–1605), ein fanatischer Protestantenhasser.

Der Justizmord an Elisabeth Plainacher

Auf Befehl von Bischof Neubeck wird Elisabeth Plainacher nach Wien gebracht und Stadtrichter Oswald Huttendorfer übergeben, der die kranke Frau zunächst ins Bürgerspital geben will, auf kaiserlichen Befehl hin muss er jedoch Elsa, der sogar „Verachtung des Schöpfers" vorgeworfen wird, *peinlich examinieren.* Nach dem ersten Grad der Tortur streitet die alte Frau noch alles ab, unter den Qualen der nächsten Foltergrade „gesteht" sie aber, was die Schergen ihr suggerieren: dass sie es mit dem Teufel getrieben und dafür Geld bekommen habe, dass sie ihrer Enkelin einen Apfel zu essen gegeben hätte, in den zuvor der Teufel geschlüpft sei. Damit ist ihr Schicksal besiegelt: Das Stadtgericht Wien verurteilt Elisabeth Plainacher *abscheulichster und höchstverbottener Zauberei halber* zum Tode auf dem Scheiterhaufen. Es ist ein entsetzliches *Spectackel*: Die 70-Jährige wird am 27. September 1583 auf ein paar zusammengenagelte rohe Bretter geschnürt; diese werden am Schweif eines Pferdes befestigt und so schleift man die von der Folter gezeichnete, halbtote Frau aus der Stadt hinaus zur Hinrichtungsstätte auf der „Gänseweide", wo sie an den Pfahl gebunden und bei lebendigem Leib verbrannt wird; die Asche wird in alle Winde zerstreut, *damit nicht zu besorgen wäre, dass die Leiche, falls man sie nicht spurlos vertilgte, noch aus dem Grabe heraus neues Unheil heraufbeschwöre.*

Das Publikum, so vermerkt ein *Memorial* über die Hinrichtung, sei dem Geschehen mit Beifall gefolgt, zufrieden darüber, dass nun die „Hexe" ihre verdiente Strafe erfahren habe.

28. September 1420

Wie das Feuer anging, schechtet er sich selbst

Die Verfolgung der Juden hält den ganzen Winter 1420/21 über an; die Schergen des Herzogs quälen sie mit immer neuen Grausamkeiten, so trennt man die Frauen von ihren Männern und die Kinder von ihren Eltern, um sie gefügiger für Bekehrungsversuche zu machen. Ihren schrecklichen Höhepunkt findet die Verfolgung der Juden am 12. März 1421, es ist nach dem jüdischen Kalender der 9. Nisan 5181: Auf der Gänseweide in Erdberg werden über 200 Männer und Frauen auf riesigen Scheiterhaufen verbrannt. Als die jüdische Gemeinde vom Plan einer Zwangstaufe aller Jugendlichen unter 15 Jahren erfahren hatte, war es bereits am 28. September 1420 zu einem Massenselbstmord gekommen: Rabbi Jona musste die Tötungen durchführen, danach legte er Feuer. *Wie das Feuer anging, schechtet er sich selbst.* Vor der Verbrennung durch die „Obrigkeit" wird den Juden ein Kreuz gebracht und noch einmal fordert man die unglücklichen Opfer zur Taufe auf. Wer sich vor Christus bücke, so der Herzog, den wolle er reich machen und zu großen Würden führen. Die Juden aber sind standhaft, sie spucken vor dem Herzog und vor dem Kreuz aus und gehen „freudig" in den Tod. Als das Feuer zu lodern beginnt, sprechen sie einander Mut zu: „In einer kleinen Weile werden wir im lichten Gan-Eden (Paradies) sein." Noch mitten aus dem Feuer, so berichten Augenzeugen später, hört man ihr Beten *Sch'ma Jisroel ...* („Höre, Israel! Gott ist einzig!" – der Beginn des jüdischen Glaubensbekenntnisses). Pietät kennt man auf Seiten der christlichen Frevler keine, nur Gier: Henkersknechte und Zuschauer durchsuchen nach der Verbrennung der Juden die Aschenreste und finden *vil silber un' gold, was sie bei sich gehat haten.*

Die Wiener Geserah

Am 19. März erleiden weitere 19 jüdische Männer und Frauen den qualvollen Feuertod – die mittelalterliche Wiener Judengemeinde existiert nicht mehr; das Ghetto wird aufgelöst; die Liegenschaften und Häuser der Juden von Albrecht V. verkauft. Die Synagoge wird auf seinen Befehl hin abgerissen, ihre Steine verwendet man beim Bau der Universität. Albrecht, der mit Elisabeth von Böhmen und Ungarn, der Tochter Kaiser Sigismunds, verheiratet ist, verlangt von seinem Schwiegervater ein ähnlich brutales Vorgehen gegen die Juden, scheitert mit dieser Zumutung aber kläglich – Sigismund lässt ausrufen, dass man den Juden kein Haar krümmen werde; auch den Juden gegenüber, die aus Österreich flüchtend in seinen Ländern Zuflucht suchten, würde er sich gnädig zeigen.

Österreich wird nach diesen furchtbaren Ereignissen von den Juden lange Zeit hindurch nur mehr „das Blutland" *(Erez hadamim)* genannt. Die katholischen Habsburger hängen diese Schandtat naturgemäß nicht an die große Glocke und versuchen die Erinnerung an das Geschehen zu löschen, zahlreiche Dokumente und Beweisstücke verschwinden im Laufe der folgenden Jahrhunderte aus den Archiven, so etwa auch ein Verzeichnis, in dem registriert ist, *was all Juden und Jüdin in Oesterreich von Person zu Person an Gelt, Khlainat und Silbergeschmeidt gemartert und etlich ungemartert gegeben und gezaigt haben.*

„Judenverbrennung". Holzschnitt aus der Weltchronik des Hartmann Schedel, 1493.

Bis heute sind die Motive Albrechts V. für dieses beispiellos grausame und rechtlich längst nicht mehr gedeckte Vorgehen gegen die Juden, das als »Wiener Geserah« in die Geschichtsschreibung einging, ungeklärt. Mit einem Schlag zerstörte er über Jahrhunderte gewachsene Strukturen, die den habsburgischen Herzögen bis dahin immer zum Vorteil gereicht hatten: Aus dem „Judenregal" – dem landesfürstlichen Privileg, die Juden zu schützen und dafür mit Abgaben und Steuern belegen zu können – hatte man gewaltige Summen lukriert; ohne die Kapitalkraft der reichen Juden hätte man etwa zahlreiche kriegerische Unternehmungen des Herzogtums nicht finanzieren können. Der Schutz, den der Herzog »seinen« Juden immer angedeihen ließ, hatte daher nicht nur Tradition, er entsprach auch der Staatsräson – für diese Politik standen seine Vorgänger Albrecht II. und Rudolf der Stifter, die im Judenregal zu Recht ein Instrument erblickten, das die Macht des Landesfürsten hob und seine Stellung gegenüber den Adeligen stärkte. Lange Zeit hindurch erinnerte einzig eine lateinische Inschrift am Hause Judenplatz Nr. 2, das nach seinem ehemaligen Besitzer Georg Jordan den Hausnamen „Zum großen Jordan" trägt, an den Massenmord an den Juden. Mit dieser skandalösen Inschrift, angebracht unter einem spätgotischen Wappenrelief, das die Taufe Jesu im Jordan und darüber den heiligen Georg, den Drachentöter, zeigt, ersetzte Georg Jordan eine ältere Inschrift, die da einfach nüchtern lautete: *A(nn)o. 1421 warden die Juden hie verbrendt.* Der neue Text stellt den Mord an den Juden Wiens als Akt der „Reinigung" hin und scheut sich nicht, das Blutbad durch eine Anspielung auf das Neue Testament zu rechtfertigen:

Flumine Jordani terguntur labe malisque corpora cum cedit, quod latet omnes nefas. Sic flamma assurgens totam furibunda per urbem 1421 Hebraeum purgat crimina saeva canum. Deucalioneis mundus purgatur ab undis Sicque iterum poenas igne furiente luit."

(„Durch die Fluten des Jordan wurden die Leiber von Schmutz und Übel gereinigt. Alles weicht, was verborgen ist und sündhaft. So erhob sich 1421 die Flamme des Hasses, wütete durch die ganze Stadt und sühnte die furchtbaren Verbrechen der Hebräerhunde. Wie damals die Welt durch die Sintflut gereinigt wurde, so sind durch das Wüten des Feuers alle Strafen verbüßt.")

Am 29. Oktober 1998, ein halbes Jahrtausend nach Anbringung dieser Hetz-Inschrift, antwortete das moderne Wien mit der Anbringung einer weiteren Gedenktafel am Haus Judenplatz Nr. 6. Kardinal Christoph Schönborn enthüllte den Gedächtnisstein, auf dem erstmals selbstkritisch die Täterschaft der Christen Wiens eingestanden wird.

29. September 1363

Margarete Maultasch vertraut den Habsburgern

Bereits die Zeitgenossen titulieren sie als „Kriemhild“ und „Medea“, in den Kärntner Sagen taucht sie als lüsternes Mannweib auf, das jeden Tag einen Mann brauche, in einer Sage des oberen Murtals wird sie gar zum Vampir, der die Männer erdrückt und deren Blut aussaugt: Margarete Maultasch (1318–1369), die Gräfin von Tirol. Berühmt wird die schöne Tochter Herzog Heinrichs von Kärnten, als sie es zu Allerseelen 1341 wagt, ihren Mann Johann Heinrich von Luxemburg aus der landesfürstlichen Burg zu Tirol bei Meran „auszusperren“, und verkündet, dass die Ehe nie vollzogen worden sei – ein Skandal, der in ganz Europa Aufsehen erregt; der Papst belegt sie mit Bann und verhängt über Tirol das Interdikt. Ihr Beiname „Maultasch“, der so viel wie „Hure, liederliches Weib“ bedeutet, wird jedoch erst nach ihrem Tod auf „hässliche Frau“ umgedeutet.

Tirol fällt an Österreich

Nun, nach dem Tod ihres zweiten Mannes, des Markgrafen Ludwig von Brandenburg, und ihres kränkelnden Sohnes Meinhard III., der am 13. Jänner 1363 stirbt, entscheidet sie sich im Intrigenspiel der drei großen Dynastien – der Wittelsbacher, der Luxemburger und der Habsburger – für Letztere: Bereits am 18. Jänner 1363 trifft Herzog Rudolf IV. in Tirol ein, am 26. Jänner unterzeichnet Margarete Maultasch die Schenkungsurkunde, in der sie die Herzöge von Österreich zu Erben *unser fürstentum, grafscheft, herschefte, lant und laut, vesten und stett, gericht, vogteyn und gueter, der wirdigen und edeln grafschefte ze Tyrol und ze Görz, die land und gegende an der Etsch und daz Intal mit der burge ze Tyrol* einsetzt. Dafür sollen sie die Habsburger „schirmen mit aller Macht gegen jeden, der sie bedrängen wolle“.

Die 44-jährige Witwe hat jedoch bald genug: Am 2. September 1363 verzichtet Margarete Maultasch auf die Ausübung der Regierungsgeschäfte; am 29. September, Rudolf IV. ist wieder persönlich nach Schloss Tirol gekommen, unterzeichnet sie die endgültige Abdankungsurkunde. Das Land Tirol, so wird darin noch einmal festgeschrieben, übergebe sie als „unwiderrufliches Vermächtnis“ den Habsburgern; alle Untertanen würden damit des Treueeides gegen sie entbunden und aufgefordert, den Herzögen von Österreich zu huldigen.

Rudolf sorgt dafür, dass Margarete Maultasch eine großzügige Ausstattung bekommt; Mitte Dezember verlassen sie gemeinsam Tirol und reisen nach Wien; die ehemalige Tiroler Landesherrin findet ihren neuen Wohnsitz in einem Haus nahe der Minoritenkirche, wo sie nach ihrem Tod 1369 auch beigesetzt wird.

30. September 1791

La musique et les décorations sont jolies

Obwohl er ständig *kränkelt und medicinirt*, lässt Mozart seinen Freund Emanuel Schikaneder (1751–1812), den Direktor des Theaters im Freihaus auf der Wieden, in diesen Spätsommertagen 1790 nicht im Stich. Ihr gemeinsames neues Werk, eine „große Oper in zwei Aufzügen", genannt *Die Zauberflöte*, soll wie geplant seine Premiere erleben. Die Hektik ist groß, denn Mozart hat die Arbeit am Stück, das auf einem Libretto Schikaneders basiert, für die Opera seria *La clemenza di Tito* unterbrochen, die am 6. September 1791 in Prag anlässlich der Krönung Kaiser Leopolds II. zum böhmischen König Uraufführung hat – ein Auftrag, der mit 900 Gulden Honorar zwar gutes Geld bringt, dem Komponisten aber eine außergewöhnliche Leistung abverlangt: Mozart muss den Titus in knapp drei Wochen fertigstellen. Unterwegs nach Prag, komponiert er noch in der Reisekutsche, die Oper kann aber wie geplant in Gegenwart des Kaiserpaars in Szene gehen. *L'empereur en est enthousiasmé*, notiert Augenzeuge Karl Graf von Zinzendorf, der Präsident der Hofrechenkammer, in seinem Tagebuch.

Die Uraufführung der „Zauberflöte"

Zurück in Wien, widmet sich Mozart den fehlenden Teilen der *Zauberflöte*; die letzten Noten zum Stück schreibt Mozart, so die Überlieferung, zwei Tage vor der Premiere. Inzwischen werden im Freihaus auf der Wieden auch die letzten Szenen und die Musik einstudiert. Emanuel Schikaneder selbst singt die Rolle des Papageno, sein Bruder Urban verkörpert den zweiten Priester und Tochter Anna den ersten Knaben. Für die Königin der Nacht hat man Mozarts Schwägerin Josepha Hofer gewonnen; die Rolle der Pamina singt die erst 17-jährige Anna Gottlieb (1774–1856), dem Publikum bereits als Barbarina in *Figaros Hochzeit* bekannt.

Das Theater, es bietet etwa 800 Besuchern Platz, ist überfüllt; die Uraufführung wird zu einem überwältigenden Erfolg, allein bis Ende Oktober 1791 steht die *Zauberflöte* noch 23-mal am Spielplan, ein Jahr später kann man die 100. Aufführung feiern – daran ändert auch so manch kritische Stimme nichts. So vermerkt etwa Zinzendorf, am 6. November 1791 im Publikum, nüchtern im Tagebuch: *La musique et les décorations sont jolies, le reste une farce incroyable.*

Erinnert an die Uraufführung: Majolikarelief von H. Revy am Haus Operngasse 26 in Wien.

Oktober

1. Oktober 1907

Probezeichnung ungenügend

Die erste Hürde, die Zulassungsprüfung, hat der selbstbewusste 18-Jährige im September, „ausgerüstet mit einem dicken Pack Zeichnungen und überzeugt, die Prüfung spielend leicht bestehen zu können", tatsächlich überwunden; nun gilt es auch noch die zweite, das Probezeichnen, zu schaffen, dann ist der ersehnte Studienplatz an der Akademie der bildenden Künste am Wiener Schillerplatz Realität. Der junge Mann, er heißt Adolf Hitler und kommt aus Linz, hat sich gewissenhaft vorbereitet und Unterricht in der privaten Zeichen- und Malschule Rudolf Panholzer in Hietzing genommen.

Hitler scheitert an der Akademie für bildende Künste

Das Probezeichnen findet am 1. und 2. Oktober in Klausur statt; vormittags und nachmittags wird jeweils drei Stunden gearbeitet. Eingeteilt in zwei Gruppen, müssen die Kandidaten zu acht „Kompositions-Aufgaben" aus jeweils einer Themengruppe – z. B. „Jagd" oder „Frühling" – zeichnerisch Stellung nehmen. Beurteilt werden die Arbeiten von einem Professorenkollegium, bestehend aus Rudolf Bacher, Franz Rumpler, Heinrich Lefler, Kasimir Pochwalski, Christian Griepenkerl, dem Direktor der ersten Malerschule, und Alois Delug; Sprecher der strengen Runde ist Rektor Siegmund l'Allemand (1840–1910) und einer fehlt: Der Südtiroler Alois Delug, Gründungsmitglied der Künstlergemeinschaft „Secession" und Leiter der zweiten Malerschule, hat erklärt, dass in seiner Klasse kein Platz mehr sei, und ist erst gar nicht nach Wien gekommen. Das Urteil des Kollegiums über Hitlers Arbeiten: „Probezeichnung ungenügend"; von 113 angetretenen Kandidaten werden nur 28 aufgenommen.

Hitler trifft die „Niederlage" schwer: „Geschlagen verließ ich den Hanseschen Prachtbau am Schillerplatz, zum ersten Mal in meinem jungen Leben uneins mit mir selbst", wird er später darüber schreiben; nach dem Tod seiner Mutter Klara am 21. Dezember 1907 und der Rückkehr in die Residenzstadt im Februar 1908 beginnt sein „Wiener Existenzkampf", der ihn bis ins Meidlinger Obdachenlosenasyl und später ins Männerheim in der Brigittenauer Meldemannstraße führt. Hier wachsen sein Weltbild und seine Träume: von der Weltherrschaft des „deutschen Volkes" und der „Ausrottung" der Juden.

Ein Aquarell des jungen Adolf Hitler: Parlament und Rathaus in Wien.

2. Oktober 1991

Der erste Österreicher im All

Das Kosmodrom Baikonur in der kasachischen Steppe, etwa 200 km östlich des Aralsees. Es läuft der Countdown für die Sojus-TM-13-Mission. Es ist der 13. Flug eines sowjetischen Sojus-Raumschiffs zur Raumstation Mir und zugleich der Höhepunkt des sowjetisch-österreichischen Weltraumprojekts *Austromir 91*. Für den 31-jährigen Wiener Elektrotechniker Franz Viehböck beginnt der wichtigste Tag in seinem Leben mit dem Wecken durch die Ärzte sechs Stunden vor dem Start. Es folgt die *Med-Osmotr*, eine letzte Untersuchung, anschließend werden er und seine Kameraden Alexander Wolkow, der Kommandant der Crew, und Toktar Aubakirow, ein kasachischer Militärpilot, noch einer Waschung mit Alkohol unterzogen, um mögliche Krankheitserreger fernzuhalten. Mit Autobussen geht es dann zum Startgelände; mit dabei auch Ersatzpilot Clemens Lothaller, ein um drei Jahre jüngerer Arzt aus Wien.

Austromir 91

Nach dem Anlegen der Raumanzüge erfolgt 9.000 Sekunden vor dem Start die offizielle Verabschiedung der Kosmonauten, dann werden sie zum gewaltigen Startturm und mit dem Lift hinauf zur Einstiegsluke gebracht; Franz Viehböck, der „Wissenschaftskosmonaut" der Mission, klettert als Erster in die Raumkapsel. Sorgfältig überprüfen die drei Männer die Bordsysteme; 3.000 Sekunden vor dem Start gibt es noch einmal eine Möglichkeit, mit den Angehörigen zu sprechen, dann konzentriert sich alles auf die letzten Momente vor der Zündung der Triebwerke; Viehböck bleibt „cool": „Messungen ergeben, dass meine Pulsfrequenz mit Abstand am niedrigsten ist. Trotzdem kann man die Anspannung nicht nur selbst spüren, man kann sie auch hören: in den Stimmen der Leute des Bodenpersonals." Der Start verläuft problemlos, nach kurzer Zeit ist die Umlaufbahn im Orbit, 220 km über der Erde, erreicht – zur gleichen Zeit liegt Viehböcks Frau Vesna im Spital in Wiener Neustadt in den Wehen, um 15.31 Uhr gebiert sie die Tochter Carina Marie. Für den fernen Vater im All naht dagegen der große Auftritt vor den laufenden TV-Kameras: Nach dem bilderbuchmäßigen Andockmanöver „fliegt" er zu den Klängen des Donauwalzers mit der österreichischen Fahne in der Hand in die Raumstation ein. In der Schwerelosigkeit zum Übermut verleitet, unterläuft Viehböck dann ein Fauxpas, den man „tief unten" in der Heimat gar nicht gerne sieht: Er beginnt mit der rot-weiß-roten Fahne ganz einfach „wie ein Fußballer" zu gaberln …

Auch wenn er so Österreichs Fahne, wie manche ihm ankreiden, mit Füßen tritt – Franz Viehböck steht im All seinen Mann und absolviert das umfangreiche wissenschaftliche Forschungsprogramm an Bord von Mir – etwa zur Blutdruck- und Blutkreislaufregulation – mit Bravour. Nach sieben Tagen und 22 Stunden wird er wieder zurück auf Mutter Erde sein.

3. Oktober 1901

Wie der Mensch fliegen wird

Kaiser Franz Joseph steht den Errungenschaften der modernen Technik eher distanziert gegenüber, doch für dieses Projekt, das der „Flugtechnische Verein" in Wien finanziert, spendet auch er: 5.000 Kronen stellt er für den Bau des neuen „Drachenfliegers" zur Verfügung, mit dem der 65-jährige Erfinder Wilhelm Kress (1836–1913) einen ersten Motorflug unternehmen will. Kress (oder auch „Kreß"), in St. Petersburg geboren und ehemals Klaviermacher, hat seine Unterstützer mit Modellflugzeugen überzeugt. Bereits 1876 fliegt sein erstes mit einem „Gummischnurmotor" angetriebenes Flugzeugmodell; 1877 erklärt er dem interessierten deutschen Militärattaché in Wien, wie er sich die künftige Motorluftfahrt vorstellt: „Aufstieg mit Anlauf in schräger Linie, dann Horizontalflug"; Steigfähigkeit und Geschwindigkeit des Flugzeugs würden von der Motorkraft im Verhältnis zum Flugzeuggewicht abhängen – Kress, der auch einen dreidimensionalen Steuerknüppel erfindet, erkennt klar die Prinzipien der modernen Motorflugtechnik.

Wilhelm Kress scheitert am Wienerwaldsee

Der „Flugtechnische Verein" sammelt 38.000 Kronen für den „Drachenflieger", der nun tatsächlich gebaut wird, wobei sich Kress für ein „Wasserflugzeug" entscheidet, obwohl er erkennt, dass eine Maschine auf Rädern leichter Geschwindigkeit aufnehmen würde. Ungelöst bleibt lange Zeit das Motorproblem, schließlich kauft er einen 30-PS-Motor von Daimler, der jedoch viel zu schwer ist – das Fluggerät hat nun ein Gesamtgewicht von 850 kg. Kress will es dennoch versuchen.

Als Testgelände hat er für den 3. Oktober 1901 den Wienerwald-Stausee bei Tullnerbach gewählt. Kress selbst sitzt im „Cockpit"; nach drei Fahrversuchen startet er noch einmal durch. Um nicht gegen die Staumauer zu prallen, muss er eine Kehre ziehen, dabei berührt eine der Tragflächen die Wasseroberfläche – der „Drachenflieger" kentert und versinkt im See; Kress kann unverletzt geborgen werden. Drei Tage später zieht man auch das Wrack des Flugzeugs mit dem wertvollen Motor aus dem Wasser. Wilhelm Kress will nicht aufgeben, ein zweiter „Drachenflieger" wird gebaut, diesmal soll am Neusiedler See gestartet werden. Doch dann fehlt bereits für die Bespannung der Tragflächen das Geld – der Flugapparat landet im Wiener Arsenal. In einem Buch legt Kress 1905 noch einmal dar, wie „der Mensch fliegen wird", wenige Jahre später erlebt er noch selbst die ersten Motorflugzeuge.

Das „Wasserflugzeug" von Wilhelm Kress bei seinem Flugversuch am Wienerwaldsee.

4. Oktober 1922

Ihr wollt leben, und ihr werdet leben!

Als Ende Mai 1922 der Prälat Dr. Ignaz Seipel, der Sohn eines Wiener Fiakers, des „Deutschmeister-Karls“, seine erste Regierung bildet, steht die österreichische Wirtschaft vor dem Zusammenbruch: Die Krone besitzt nur mehr ein Fünfzehntausendstel ihres ursprünglichen Wertes; die Kaufkraft der Menschen ist gegenüber 1914 um 86 Prozent gefallen, die Preise galoppieren, nie hat es ärmere „Millionäre“ gegeben als jetzt. Ausländische Investoren weigern sich, österreichische Anleihen zu kaufen, niemand will Geschäfte mit einem Staat machen, der am Ende scheint und an dessen Weiterexistenz niemand mehr glaubt. Am 25. August erreicht die Krone einen neuen Tiefpunkt, für Seipel und seine Berater gibt es nur mehr eine Hoffnung: den Völkerbund in Genf. Der Bundeskanzler reist selbst in die Schweiz, es geht um alles oder nichts. Am 6. September 1922 hat Seipel vor der internationalen Versammlung seinen großen Auftritt: Geschickt weist der „ruhige, asketische, hochintelligente Priester, dessen geistliches Gewand ihn von den übrigen Abgeordneten abzuheben scheint“ (F. P. Walters), darauf hin, dass die Hilfe für Österreich dazu beitragen werde, die politische Lage in Mitteleuropa zu stabilisieren, sollte es für Österreich die erbetenen Kreditgelder nicht geben, sei die österreichische Unabhängigkeit gefährdet – unausgesprochen steht die Drohung einer Union mit Italien im Raum. Er schließt seine Rede mit flammenden Worten: „Ehe das Volk Österreichs in seiner Absperrung zugrunde geht, wird es alles tun, um die Schranken und Ketten, die es beengen und drücken, zu sprengen. Dass dies ohne Erschütterung des Friedens und ohne die Beziehungen der Nachbarn Österreichs zu trüben geschehe, dafür möge der Völkerbund sorgen!“

Die Genfer Protokolle

Seipels eindrucksvoller Appell hat Erfolg: In den Komitees des Völkerbunds beginnt man sofort nach Lösungen für die „österreichische Frage“ zu suchen; allgemein ist man Österreich gut gesinnt; so meint der katholisch-konservative Schweizer Bundesrat Giuseppe Motta, ein erklärter Freund Deutschlands und Österreichs, in einer Rede: „So spreche ich zu Österreich: Ihr wollt leben, und ihr werdet leben! Die Brüderlichkeit ist es, die es euch verspricht.“ Seipel selbst verteidigt sein Vorgehen im Parlament in Wien gegen heftige Angriffe der Sozialdemokraten, die ihm vorwerfen, Österreich der „Versklavung“ durch das internationale Finanzkapital ausgeliefert zu haben. Am 22. September reist er wieder nach Genf; bei den Verhandlungen wird er unterstützt von Graf Albert von Mensdorff-Pouilly-Dietrichstein. Am 30. September findet die Schlusssitzung statt, am Vormittag des 4. Oktober liegen drei „Genfer Protokolle“ zur Unterzeichnung durch die Bevollmächtigten der Regierungen Großbritanniens, Frankreichs, Italiens, der Tschechoslowakei und Österreichs bereit. Die Dokumente, so meint Lord Balfour, der Vertreter des Vereinigten Königreichs, in seiner Schlussansprache, verfolgten den Zweck, Österreich „in den Stand des Gedeihens, der Zahlungsfähigkeit und der Selbstachtung zu setzen und es ihm zu ermöglichen, wieder ein großer Faktor in der europäischen Zivilisation zu werden“. Seipel weist in seiner Dankadresse darauf hin, dass diese Hilfsaktion für Österreich gezeigt habe, dass die „große Idee“ des Völkerbunds lebe, es läge nunmehr an Österreich, das Beste daraus zu machen und die „für seine Genesung erforderlichen Opfer“ zu bringen.

Die Bestimmungen der „Genfer Protokolle“ im Einzelnen: In „Protokoll I“ erklären die Signatarstaaten, dass sie die politische Unabhängigkeit, die territoriale Integrität und die Souveränität Österreichs respektieren werden, Österreich verpflichtet sich im Gegenzug dazu, wie im Artikel 88 des Staatsvertrags von Saint-Germain vorgesehen, seine Unabhängigkeit nicht aufzugeben und alles zu unterlassen, was diese Unabhängigkeit gefährden könnte. In „Protokoll II“ werden die Bedingungen für die auf 20 Jahre gewährte Völkerbundanleihe von 650 Millionen Goldkronen festgehalten – Österreich muss rund 10 % Zinsen zahlen und ist u. a. angehalten, 50 % der Erlöse aus der Anleihe bei ausländischen Banken zu einem deutlich geringeren Zinssatz (3–4 %) anzulegen.

Nur von Seipel wird schließlich „Protokoll Nr. III“ unterzeichnet, in dem sich die österreichische Regierung verpflichtet, innerhalb eines Jahres ein Reform- und Sanierungsprogramm zu erarbeiten, das es ermöglichen soll, innerhalb von zwei Jahren einen ausgeglichenen Staatshaushalt zu erreichen.

Zurück in Wien, zeihen die Sozialdemokraten Seipel der „Sünde des Hochverrats am eigenen Land“ – so Karl Seitz im Nationalrat – und lehnen es ab, die „Genfer Protokolle“ zu ratifizieren. Erst die Nachgeborenen werden diesen Tag weniger emotional sehen, treffend fasst Zeitgeschichte-Spezialist Helmut Andics das Ergebnis von Genf 1922 zusammen: Es sei der Tag gewesen, „an dem die Siegermächte der Republik, die sie 1919 zum Überleben verdammt hatten, auch die erste reelle Überlebenschance gaben“.

5. Oktober 1908

Am Rande des Krieges

Aloys Lexa Freiherr von Aehrental, seit 1906 der Außenminister Österreich-Ungarns, hat seinen großen Coup gelandet: Die Annexion der Doppelprovinz Bosnien-Herzegowina, seit 1878 okkupiert von Österreich-Ungarn, wird am 5. Oktober vollzogen. In einer Audienz beim Kaiser zwei Tage zuvor hat er die „allerhöchste Entschließung“ für diese von langer Hand geplante Aktion erwirkt; in einem Handschreiben an Aehrenthal gibt Kaiser Franz Joseph nun bekannt, dass er nunmehr seine „Souveränitätsrechte“ auf Bosnien und die Herzegowina erstrecke und die Erbfolge seines Hauses auch für diese beiden Länder in Kraft setze. Gleichzeitig ordnet er – als versöhnliches Gegengewicht gemeint – die Räumung der Region Sandschak Novi Pazar durch die k. u. k. Truppen an.

Die Annexion von Bosnien-Herzegowina

Die Folgen sind dramatisch und bringen die Habsburgermonarchie an den Rand des Krieges. Vor allem der russische Außenminister Alexander Iswolski, mit dem Aehrenthal noch am 15. September im mährischen Ort Buchlau bei Brünn verhandelt hat, fühlt sich hintergangen . Er nennt Aehrthal einen „Schurken“, der ganz Europa in den Abbgrund stürzen würde, die Annexion Bosnien-Herzegowinas hätte einer vorherigen Zustimmung der Signatarmächte des Berliner Kongresses von 1878 bedurft. Protest legen aber auch Montenegro, das Osmanische Reich – formell hatten die Provinzen bis zu diesem Zeitpunkt noch unter der Oberhoheit des Sultans gestanden – und Serbien ein. In der Türkei kommt es sogar zu einem Boykott österreichisch-ungarischer Waren; Aehrenthal kann die Türken schließlich nur mit einer Geldentschädigung besänftigen. Und in Serbien wächst die antiösterreichische Stimmung weiter: Nach dem „Schweinekrieg“ von 1906, als Österreich-Ungarn seine Märkte für serbische Schweine gesperrt hatte, wird die „Annexionkrise“ nun zu einer weiteren schweren Belastung für die gegenseitigen Beziehungen. „Verstimmt“ sind aber auch Großbritannien und selbst das Deutsche Reich, vor allem aber Italien, das in Albanien eigene Interessen verfolgt und sich nun Russland annähert. Österreich-Ungarns Generalstabschef Conrad von Hötzendorf, der diese Entwicklung besorgt beobachtet, drängt daraufhin bereits auf einen „Präventivkrieg“ gegen Italien – ein Vorschlag, den Aehrenthal ablehnt.

Mit der Annexion von Bosnien-Herzegowina vergrößert sich die Fläche der Monarchie um 51.200 km² auf 676.600 km², die Einwohnerzahl erhöht sich um 1,932 Millionen auf 51,4 Millionen.

Morgenblatt.

Preis 8 h

Reichspost.

Unabhängiges Tagblatt für das christliche Volk Oesterreich-Ungarns.

XV. Jahrgang. Wien, Mittwoch, den 7. Oktober 1908. Nr. 276.

Das Manifest des Kaisers.

Die Einverleibung Bosniens vollzogen.

Das neue Reichsland.

6. Oktober 1849

13 „Hochverräter“ werden zu Märtyrern

Die ungarische Garnisonsstadt Arad, heute Rumänien und Hauptstadt des gleichnamigen Landkreises, im Revolutionsjahr 1849. Nach der Kapitulation der ungarischen Armee am 13. August 1849 bei Világos holt der Habsburgerstaat zur blutigen Vergeltung aus: In der mächtigen Festungsanlage, erbaut von 1763 bis 1783 von Generalfeldzeugmeister Philipp von Harsch, schlägt die Trommel für 13 Generäle der Revolutionstruppen zum letzten Gang. Sie treten vor die Gewehrmündungen des Erschießungskommandos, zum Tode verurteilt durch ein k. k. Militärgericht des „Schlächters“ Julius von Haynau, obwohl ihnen ursprünglich freies Geleit zugesichert worden ist. Zar Nikolaus I., der Verbündete im Krieg gegen die „Aufständischen“, hat für Milde plädiert, der 19-jährige Kaiser Franz Joseph die Todesurteile jedoch bestätigt – man will in Wien ein Exempel statuieren, verkennt dabei jedoch die Zeichen der Zeit. Man glaubt die Ungarn – wie auch die anderen Nationalitäten des Reichs – nach den alten Spielregeln dynastischer Herrschaft behandeln zu können; der Geist des Nationalismus ist aber so nicht mehr zu bändigen.

Das „Blutgericht“ von Arad

In Budapest wird am gleichen Tag Ministerpräsident Lajos Batthyány erschossen; 73 weitere Revolutionäre werden *in effigie* auf einem eigenen Galgen gehenkt, 114 angebliche „Hochverräter“ aus dem Beamten- und Richterstand hingerichtet. Das „Blutgericht von Arad“ wird von nun an das Verhältnis zu Österreich belasten, der Todestag der „Märtyrer von Arad“ wird zum Trauertag der ungarischen Nation – in der vaterländisch-habsburgischen Geschichtsschreibung wird die Racheorgie von Arad dagegen totgeschwiegen, klassisches Beispiel dafür, wie das Erzählen von Geschichte, durchdrungen vom Geist der Herrschenden, Partei ergreifen kann.

Die Hingerichteten von Arad:
János Damjanich · Károly Knezich · Ignác Török · József Nagy-Sándor · Arisztid Dessewffy · Ern Kiss · Vilmos Lázár · Károly Vécsey · Ludwig Aulich · Georg Lahner · Karl Graf Leiningen-Westerburg · Ernst Pöltenberg · Josef Schweidel

Die 13 hingerichteten Generäle.

7. Oktober 1923

Juden dürfen nicht auf die Pisten

In Bad Ischl, dem aufstrebenden „Winterkurort und Wintersportplatz", tagt die Vertreterversammlung des Österreichischen Skiverbands (ÖSV). Die am 5. November 1905 im „Augustinerbräu" in München wenige Stunden nach dem Deutschen Skiverband gegründete Dachorganisation von 96 Vereinen mit rund 10.000 Mitgliedern ist mittlerweile zu einem der mächtigsten Sportverbände Österreichs herangewachsen. Auf der Tagesordnung steht ein heikler Punkt: der Antrag auf Einführung des „Arierparagraphen", ein Gedanke, der von den steirischen Skikameraden bereits im November 1920 ersmals artikuliert worden ist. Die Diskussionen sind heftig, die Abstimmung bringt schließlich ein klares Ergebnis: 614 Delegierte sind für die Einführung, nur 174 dagegen. Ja, die Männer der Pisten und der Berge fühlen sich mit dieser Entscheidung besonders modern und fortschrittlich, in der hellen Welt des Schnees wollen sie unter sich bleiben, für die „dunklen" Juden soll da kein Platz mehr sein, ja, nun will man auch nicht mehr der ÖSV sein, sondern gibt sich gleich einen neuen Namen: „Deutschvölkischer Skiverband".

Der Österreichische Skiverband wird „judenrein"

Einige Vereine protestieren energisch, vier Wiener Skiklubs verlassen den ÖSV und gründen zusammen mit dem Skiverein der Sektion „Donauland" und drei weiteren Vereinen den „Allgemeinen Österreichischen Skiverband" (AÖSV), der nun ebenfalls Kontakt mit dem „Vorbereitenden Komitee" zur Gründung eines Internationalen Skiverbandes (FIS) aufnimmt, die im Februar 1924 erfolgt – die Querelen zwischen den beiden Verbänden überschatten die Aufbauarbeit der folgenden Jahre, ist doch im Wintersport eine neue Zeit angebrochen: Der Skirennsport beginnt das Interesse der Öffentlichkeit zu erobern; im französischen Chamonix sind für 1924 Olympische Winterspiele geplant, auch Österreich ist – im Gegensatz zu Deutschland – dazu eingeladen. Der nunmehr „judenreine" ÖSV zieht es vor, sich mit dem Deutschen Skiverband noch weiter zu verbrüdern: Man geht eine Interessensgemeinschaft ein, Skimeisterschaften sollen gemeinsam durchgeführt werden – eine Entwicklung, die von der FIS nicht geduldet wird. Der ÖSV tritt daher 1926 aus der FIS aus und schließt sich als Unterverband dem DSV an – der „Anschluss" wird skipolitisch schon jetzt vollzogen.

ÖSV-Vorstandsmitglied Franz Mauler wird die Entscheidung von Bad Ischl auch noch 14 Jahre später verteidigen. Im ÖSV-Jahrbuch 1937 *Skileben in Österreich* meint er: „Aus der Bodenständigkeit, die unseren Sport (...) seit je auszeichnet, ist es erklärlich, dass der Ariergrundsatz im ÖSV fest verankert und allen Anstürmen zum Trotz es bis heute geblieben ist." Kein Wunder, dass es 1938 der ÖSV ist, der sich als erster Sportverband den Nazi-Machthabern anbiedert: In einem Telegramm an die „Turn- und Sportfront", das auch an Hitler und Seyß-Inquart sowie den „Reichssportführer" Hans von Tschammer und Osten geht, „meldet" man „die Wiederaufnahme und Fortsetzung seiner Arbeit als deutscher, nationalsozialistischer Fachverband. Heil Hitler!"

8. Oktober 1938

Christus ist unser Führer!

Auf dem Stephansplatz in Wien tobt der Nazi-Mob: Die Hitlerjugend nimmt „Rache" für das Geschehen vom Vortag: 6.000 bis 8.000 Jugendliche waren am Abend des 7. Oktober gekommen, um im Stephansdom die Rosenkranzmesse zu feiern, hatten begeistert Kardinal Innitzer gefeiert, der in seiner Predigt die katholische Jugend dazu aufforderte, „standhaft" im Glauben zu sein. Einige tausend Jugendliche hatten ihm daraufhin nach der Messe – in Nachahmung der Nazi-Parolen – mit Sprechchören wie „Christus ist unser Führer!" oder „Innitzer befiehl, wir gehorchen dir!" gehuldigt. Und dann hatte es von Seiten einiger katholischer Aktivisten sogar Hiebe für eine Abteilung Hitlerjugend gegeben – ein Affront, den die braunen Parteigenossen nicht ungestraft hinnehmen wollen.

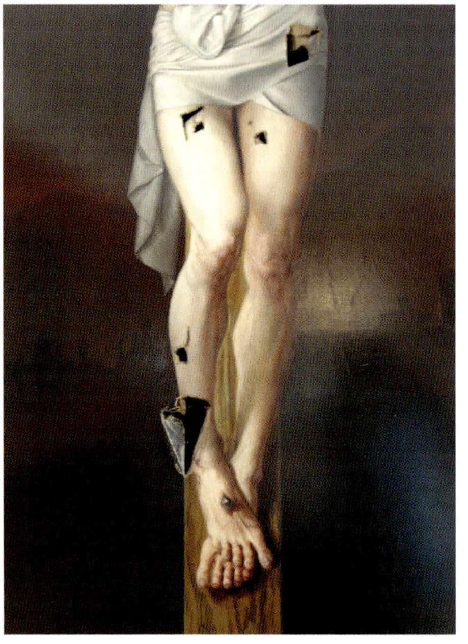

HJ-Terror: beschädigtes Christusbild im Erzbischöflichen Palais. Foto: Robert Bouchal.

Die Polizei schaut demonstrativ weg, als die HJ-Banden das Erzbischöfliche Palais stürmen, Kruzifixe zerschlagen, Tische und Stühle zerstören, Gemälde beschmieren und Fensterscheiben einschlagen. Der Kardinal selbst ist nicht anwesend, sein Zeremoniär Franz Jachym wird jedoch von den Braunhemden misshandelt, seinem Sekretär Jakob Weinbacher droht man mit dem Fenstersturz. Schließlich zieht die Meute auch zum Curhaus und trifft hier auf den Domkuraten Johannes Krawarik, der kurzerhand aus einem der Fenster im ersten Stock geworfen wird und sich dabei beide Oberschenkel bricht. Nun erst hält es die Polizei für angebracht, gegen die „Demonstranten" einzuschreiten. Die Aktionen der Nazis gegen die Kirche dauern jedoch weiter an; bekannte katholische Jugendführer wie Hermann Lein (1920–2006) werden von der Gestapo wegen „Volksaufwiegelung" verhaftet und ins KZ geschickt; schließlich organisiert Gauleiter Josef Bürckel am 13. Oktober 1938 auf dem Heldenplatz eine kirchenfeindliche Kundgebung, bei der er Innitzer, dem er nach dem „Anschluss" heuchlerisch die „Feierliche Erklärung" der Bischöfe abgerungen hatte *(siehe 18. März)*, offen als den „verworrendsten und heimtückischsten aller politisierenden Kleriker" beschimpft. Bürckel und seine Handlanger erreichen mit diesen Angriffen auf die Kirche – am 26. Oktober 1938 wird ein Verbot des Schulgebets ausgesprochen – wenig: Die Zahl der Kirchenbesucher steigt wieder.

Das Rosenkranzfest 1938

9. Oktober 1972

Eine traurige Nacht der österreichischen Demokratie

Manche kommen direkt von der Feier „52 Jahre Abwehrkampf und Volksabstimmung“: Hoch motiviert und beflügelt durch die Erinnerung an glorreiche Zeiten setzen aufrechte Kärntner zum „Sturm“ auf die verhassten zweisprachigen Ortstafeln an, die auf Beschluss der Regierung Kreisky seit 20. September aufgestellt werden – betroffen sind 205 Ortschaften in 36 Gemeinden, die unter die 20-Prozent-Klausel fallen, wo also zumindest ein Fünftel der ansässigen Bevölkerung slowenischer Nationalität ist. Die Grundlage für die Aufstellung bildet das Zahlenmaterial der Volkszählung 1961, eine unglückliche Entscheidung, denn sie bietet den „nationalen“ Kärntnern eine willkommene Angriffsfläche: Das stimme doch alles längst nicht mehr … Und dass damit endlich auch der Artikel 7.3 des Österreichischen Staatsvertrages erfüllt würde, wird ignoriert, ja, die Aktivisten sehen sich in einem neuen „Abwehrkampf“ gegen eine drohende „Slowenisierung“ der „Heimat“. Bereits in den letzten Nächten haben sie in den Unterkärntner Ortschaften fleißig beschmiert und demontiert und ortstafeltreue Gendarmen bedroht, doch nun will man es endgültig wissen: In St. Margarethen finden sich etwa 100 Demonstranten zusammen, in Völkermarkt sammeln sie sich in 100 Autos; eine Kolonne von 200 Fahrzeugen bricht von Ferlach ins Rosental auf, eine weitere Kolonne aus 100 Fahrzeugen formiert sich zwischen Köttmannsdorf und Ludmannsdorf; beide „Kampfgruppen“ treffen sich gegen 22.30 Uhr in Klagenfurt. Ein Teil der Fahrzeuge wählt den Weg zur Landesregierung, wo die abmontierten Ortstafeln abgeladen werden; ein Funktionär vom „Kärntner Heimatdienst“ bilanziert zufrieden: „Meine Herren, unsere Aufgabe ist damit erfüllt; ich danke Ihnen, die daran teilgenommen haben, nochmals.“ Etwa 100 „Ortstafelstürmer“ fahren noch zur Wohnung von Landeshauptmann Hans Sima (SPÖ) und singen dort bis zwei Uhr früh Kärntner Heimatlieder.

Ortstafelsturm in Kärnten

Am Morgen des 10. Oktober, am Jahrestag der Volksabstimmung, steht in Kärnten keine einzige zweisprachige Ortstafel mehr. Ein Teil der Kärntner hat in dieser traurigen Nacht der österreichischen Demokratie eindrucksvoll bewiesen, dass man aus 52 Jahren Geschichte absolut nichts gelernt hat …

Gegen die „Slowenisierung“ der „Heimat“: Aktivisten demontieren in den Unterkärntner Ortschaften die zweisprachigen Ortstafeln.

10. Oktober 1920

Keine Versündigung an der Geschichte

Wer Kärnten „zerreißen" will, so schreibt die *Neue Freie Presse* am 29. Mai 1919 über die Offensive der SHS-Truppen unter General Rudolf Maister, der begehe eine „schwere Versündigung an der Geschichte", man begleite den „Lebenskampf des Kärntner Volkes mit den größten Sympathien"; nachdrücklich fordert das Blatt ein Einschreiten des Obersten Alliierten Rats in Paris, wo eben die österreichische Delegation unter Staatskanzler Renner um den Friedensvertrag ringt. Das Ziel der SHS-Kräfte ist offensichtlich: Sie wollen möglichst weite Teile des Landes besetzen, um die Alliierten vor vollendete Tatsachen stellen zu können. Am 6. Juni 1919 können die Südslawen Klagenfurt besetzen, bis 31. Juli bleibt die Landeshauptstadt in den Händen von Maisters Truppen, dann erst erfolgt die Räumung.

Beschwörung der „Kärntner Heimat": Plakat zur Volksabstimmung.

Volksabstimmung in Kärnten

Inzwischen ist die Volksabstimmung schon beschlossene Sache. Das Gutachten der sogenannten „Miles-Mission", die im Februar 1919 die umstrittenen Kärntner Gebiete bereist, bildet die Grundlage für die Entscheidung von US-Präsident Woodrow Wilson: Er empfiehlt der Friedenskonferenz eine Volksabstimmung in Kärnten. Eine „Plebiszitkommission" wird installiert; zwei Zonen werden eingeteilt: eine südliche Zone A mit gemischtsprachiger Bevölkerung und eine nördliche Zone B mit überwiegend deutschsprachiger Bevölkerung. Im Friedensvertrag von St. Germain von 1919 wurde eine Volksabstimmung festgelegt. Ohne Plebiszit abgetreten werden müssen das Kanaltal, das Italien zugesprochen wird, das Mießtal und Unterdrauburg, diese Gebiete werden an den SHS-Staat abgetreten.

Der Kampf um die Stimmen wird mit großer Intensität geführt, die „Kärntner Heimat" auf Plakaten und Kundgebungen beschworen. Zwei Wochen vor der Abstimmung verspricht die Kärntner Landesregierung den Slowenen noch zweisprachige Ortstafeln – später wird man sich daran nicht mehr erinnern können. Das Plebiszit am 10. Oktober 1920 in der Zona A bringt ein klares Ergebnis: 59,04 Prozent der Stimmen gehen an Österreich, obwohl der Anteil der Slowenen hier 70 Prozent beträgt – so manche Slowenen haben also gegen den SHS-Staat und für Österreich gestimmt, das auch für sie Heimat geworden ist.

11. Oktober 1873

Das Recht auf Bildung kann Frauen nicht länger verwehrt werden

Am Lehrplan stehen die Fremdsprachen Französisch und Englisch, aber auch Arithmetik, Geographie und Naturgeschichte und auch schon Turnen, es fehlt jedoch das klassische Mädchenfach „Handarbeiten" – man ist „modern" orientiert: Im Haus Neutorgasse 4 (heute Kaiserfeldgasse 29) nimmt das erste Mädchenlyzeum der Habsburgermonarchie seinen Betrieb auf. Es ist eine noble Privatschule für noble junge Damen, die da ihre Pforten öffnet: Das Schulgeld beträgt immerhin 12 Gulden pro Monat, ein Betrag, der es von vornherein fast unmöglich macht, dass ein Mädchen aus der Arbeiterschaft in diesem Kreis auftaucht.

Das erste Mädchenlyzeum in Graz

Für die Mädchen – im ersten Jahr melden sich immerhin 74 Schülerinnen an – sind sechs Jahre zu absolvieren; ursprünglich hatte man sogar an acht Jahre gedacht, das schien den Grazern jedoch zu viel des Guten an weiblicher Bildung. Das Geld für das Lyzeum hat man zum Teil durch Spendensammlungen eines höchst engagierten „Damencomitees" zusammengekratzt, in dem sich unter anderem Baronin Kübeck, die Frau des Statthalters der Steiermark, und Nina Kienzl, die Frau des Grazer Bürgermeisters der Stadt, um ein „Sponsoring" bemühen; für die positive Stimmung in der Grazer Öffentlichkeit dem Projekt gegenüber sorgt der Pädagoge Matthias Wretschko mit einigen Artikeln.

Die Schule erwirbt sich rasch einen guten Ruf, die Zahl der Schülerinnen steigt und so muss man sich bald nach neuen Räumlichkeiten umsehen: 1876 übersiedelt das Mädchenlyzeum in die Sackstraße 18, bis 1938 bleibt dieses Haus Heimstatt des Instituts. 1885 erhält das Mädchenlyzeum Öffentlichkeitsrecht und steht von nun an unter städtischer Verwaltung.

Auch an die beruflichen Perspektiven der Schülerinnen denkt man bereits: Die Absolventinnen des Mädchenlyzeums können nach kurzer zusätzlicher Studienzeit Prüfungen ablegen, die sie berechtigten, an Volks- und Bürgerschulen Sprachen zu unterrichten; ab 1897 besteht für sie die Möglichkeit, an einigen Fakultäten der Universität Graz als außerordentliche Hörerinnen zu inskribieren. Bis 1902 dagegen dauert es, dass die Schülerinnen des Mädchenlyzeums auch die Matura ablegen können; wer dies dennoch wollte, musste die „Reifeprüfung" in einem Knabengymnasium ablegen. 1912 folgt ein nächster Schritt: Die Schule erhält das „Normalstatut", das heißt, es ist nun so wie die Knabengymnasien eine achtjährige Schule mit Matura.

12. Oktober 1902

Hattrick von Jan Studnicka

Man ruft ihn nur den „Gstutzt'n" und seine Säbelbeine sind für die fußballkritischen Karikaturisten ein „gefundenes Fressen": Johann „Jan" Studnicka (1883–1967), der linke Verbinder des WAC, ist der erste große Stürmerstar Österreichs. Als er 1897 mit 14 Jahren zur Fußballsektion des WAC stößt, ist das Fußballspiel noch verpönt, Gymnasiasten, die man bei diesem seltsamen Vergnügen erwischt, werden mit Karzer bestraft und in den Zeitungen finden sich allenfalls kurze Notizen über Fußballwettkämpfe. „Jan", so der Spitzname Studnickas, spielt zunächst in der Verteidigung des WAC, doch bald erkennt die Klubführung die offensiven Stärken des jungen Dribbelkünstlers und beordert ihn nach vorne in die Stürmerreihe, wo er im linken Flügelspieler Josef Taurer einen kongenialen Partner findet. Mit Studnicka und Taurer im Sturm gewinnt der WAC die von der „Österreichischen Fußball-Union", dem Vorgänger des ÖFB, durchgeführten Meisterschaften der Jahre 1901 bis 1903.

Das erste Fußball-Länderspiel

Nur selbstverständlich, dass auch das erste offizielle Länderspiel Österreichs auf dem WAC-Platz ausgetragen wird und gleich fünf Mann von der erfolgreichen Meistermannschaft dabei sind: Neben dem Stürmerduo Studnicka-Taurer werden auch noch Tormann Philipp „Wippi" Nauß, Verteidiger Emil Wachuda sowie die Angreifer Engelbert Schrammel und Gustav Huber nominiert; ergänzt wird dieses „Gerüst" mit Wilhelm Eipeldauer (Vienna), Felix Hüttl (Cricketer), Rudolf Blässy (Graphia), Raimund Mössmer (DJM Währing) und Julius Wiesner (WFC 1898).

Auch unter einem zweiten Aspekt ist das Match an der Rustenschacherallee ein sporthistorischer Augenblick: Erstmals auf dem europäischen Kontinent messen sich zwei nicht-britische Nationalteams in einem Länderspiel, manches steckt daher noch in den Kinderschuhen: So wird das Spiel vom britischen Schreibmaschinenvertreter und Fußballer Edward Shires geleitet – dass er in Wien lebt, stört niemanden. Das Spiel selbst wird zu einem Auftakt nach Maß für die rotweißrote Länderspielgeschichte: Josef Taurer eröffnet den Trefferreigen mit dem 1:0; zum Mann des Spieles wird aber Jan Studnicka, der gleich dreimal trifft, ein Tor zum klaren 5:0 gegen die Ungarn steuert Huber bei. Neun Monate später, am 11. Juni 1903 kommt es in Budapest zur Revanche – und mit 2:3 prompt zur ersten Niederlage eines österreichischen Nationalteams.

Der Schauplatz des ersten Länderspiels heute: der WAC-Platz in Wien.

13. Oktober 1781

Niemand soll mehr seines Glaubens wegen Drangsalen ausgesetzt sein

Kaiser Joseph II. überrascht seine „Untertanen“ weiter mit spektakulären Reformschritten – dieses Mal ist es die katholische Amtskirche, die sich in ihrer Machtstellung und in ihren Privilegien unangenehm berührt sieht: Den *augspurgischen und helvetischen Religions-Verwandten*, unter Josephs Mutter Maria Theresia noch als „Ketzer“ des Landes verwiesen, und griechisch-orthodoxen Gläubigen wird das *ihrer Religion gemäße Privat-Exerzcitium* gestattet; der *Vorzug der öffentlichen Religionsexercitii* soll bei der römisch-katholischen Kirche verbleiben.

Das Toleranzedikt Josephs II.

Jede nichtkatholische christliche Gemeinde mit über 100 Mitgliedern im Umkreis von einer Stunde darf nun ein Gotteshaus errichten, allerdings darf dieses keine Kirchtürme aufweisen, auch Glocken und ein öffentlicher Eingang von der Gasse sind untersagt, es muss beim privaten Charakter der Glaubensrituale bleiben. Ein taktisches Zugeständnis des Kaisers, mit dem den Katholiken noch eine gewisse Vorzugsstellung gesichert wird, in den entscheidenden Punkten bleibt Joseph jedoch konsequent: Nichtkatholiken dürfen nun bei der Vergabe von Ämtern nicht mehr benachteiligt werden, alle Bürgerrechte sollen ihnen gleichermaßen zustehen, auch Eheschließungen zwischen Katholiken und Protestanten sollen nun möglich sein. Und alle, die aus religiösen Gründen unter Maria Theresia das Land hatten verlassen müssen, dürfen wieder zurückkehren.

Diese Entscheidung, so formuliert Joseph II. in seinem Patent, entspringe *wahrer christlicher Tolleranz*, die von großem Nutzen für die Religion und auch für den Staat sei. Er erklärt damit einen Begriff zur politischen Maxime, den Maria Theresia noch „als höchst gefährliche und verderbliche Gleichgültigkeit“ verurteilt und abgelehnt hatte.

Betroffen sind etwa 50.000 Protestanten im Bereich des heutigen Österreich, die sich allmählich in 46 Pfarrgemeinden organisieren werden – anfangs glauben manche Geheimprotestanten noch, dass es sich um eine Finte handle, um sie aus dem Untergrund zu locken. So appelliert ein Wiener Protestant an seine Glaubengenossen, doch endlich aufzuwachen und Dankbarkeit zu zeigen: „Säumet nicht länger, meine Brüder. Versammelt euch aus beiden Gemeinden, denn es ist Zeit, dass ihr euch versammelt. Danket eurem Gott für die Wohltaten, die er euch gibt. Danket dem Kaiser für seine Güte …“

Jubel über das Toleranzedikt Kaiser Josephs II. Zeichnung von Franz Kollarz.

14. Oktober 2012

I am going home now

Endlich sind die Wetterbedingungen optimal: Über der Walker Air Force Base in der Wüste von New Mexico wölbt sich ein wolkenloser Himmel; noch einmal zwingt zu starker Wind in 240 Metern Höhe zum Warten, doch dann gibt Stratos-Meteorologe Don Day grünes Licht: Um 9.30 Uhr Ortszeit, 18.30 Uhr MEZ, ist die Befüllung des Heliumballons abgeschlossen; der Salzburger Felix Baumgartner, 43 Jahre alt, Extremsportler aus Leidenschaft und seit 1997 für Sponsor *Red Bull* im Einsatz, hat im Raumanzug in der 1,3 Tonnen schweren Kapsel Platz genommen: *All systems go* – der Ballon beginnt zu steigen, das Team am Boden applaudiert, Hunderte Millionen Fernsehzuschauer halten den Atem an: Wird der verwegene Österreicher tatsächlich springen?

Das Stratos-Projekt

Der 102 Meter hohe Ballon steigt mit einer Geschwindigkeit von 300 Metern pro Minute, nach einer Stunde passiert er, bereits in der Stratosphäre, in 19.200 Metern Höhe die sogenannte Armstrong-Linie – ohne Schutzanzug kann ein Mensch hier nicht mehr überleben, die Körperflüssigkeiten würden verdampfen. Nach zwei Stunden und zwei Minuten Aufstieg erreicht der Ballon die bisherige Rekordhöhe von 34.668 Metern, nach zwei Stunden 36 Minuten befindet sich das Fluggerät in 39.045 Metern Höhe – Felix Baumgartner öffnet die Tür der Kapsel, steigt auf die schmale Plattform, sagt *I know the whole world is watching now. I wish you could see what I can see … I'm going home now* und macht dann noch einen Schritt …

Meilenstein des Extremsports: Felix Baumgartners Sprung aus der Stratosphäre.

Im freien Fall stürzt er in Richtung Erde, nach 40 Sekunden ist die Schallgeschwindigkeit bereits überschritten, Baumgartner erreicht den Rekordwert vom 1342,87 km/h (= 1,24 Mach), die höchste je gemessene Geschwindigkeit für einen Menschen im freien Fall. Für wenige Sekunden kommt er ins Trudeln, eine kritische Phase, die nach 90 Sekunden Gesamtflugzeit ausgestanden ist – minutenlang rast der Draufgänger weiter gen Erde. Nach vier Minuten und 19 Sekunden im freien Fall, in einer Höhe von 3.000 Metern und etwas früher als geplant, betätigt Baumgartner den Auslösegriff seines Fallschirms und schwebt sicher zu Boden, er landet um 20.16 Uhr MEZ.

Unmittelbar nach dem Sprung gibt Felix Baumgartner seinen Rücktritt vom Extremsport bekannt; Sponsor Red Bull jubelt über den Sensationserfolg des geschickt inszenierten Medienspektakels und freut sich über das erfolgreichste Owned-Media-Projekt aller Zeiten.

15. Oktober 1529

Da sie davonfuhren, wurde gar weidlich auf sie geschossen …

Sultan Süleyman II., genannt „der Prächtige“, hat sich entschieden: Er bricht die Belagerung Wiens ab, zu schwierig ist inzwischen die Versorgungslage für sein riesiges, wohl über 100.000 Mann starkes Heer geworden; es drohen Krankheiten und Hunger, dazu kommt, wie Aufklärer berichten, dass sich im Westen ein Entsatzheer der *Götzendiener* sammelt und nicht mehr allzu viele Tagesmärsche entfernt ist. In einer letzten Kraftanstrengung am 12. Oktober haben seine Streiter noch einmal alles versucht: Eine Bresche beim Kärntner Tor konnte auf 80 Meter verbreitert werden, doch den *Giauren* gelang es, auch diesen Angriff abzuwehren, ja, sie hatten sogar noch die Kraft, einen Ausfall in die Vorstadt zu unternehmen. Süleymans Mineure leisten zwar gute Arbeit, doch auch im Krieg unter der Erde zeigen sich die Verteidiger, unterstützt von einer Gruppe Tiroler Bergknappen, äußerst geschickt und können mit gezielten Gegengrabungen so manche Mine entschärfen – die letzte noch in der Nacht vom 13. zum 14. Oktober. Was Süleyman nicht weiß: Beim Kampf am 12. Oktober ist Niklas Graf Salm, der oberste Feldhauptmann des *Giaurenkönigs* und Befehlshaber der 17.000 Verteidiger, schwer verletzt worden.

Ende der Ersten Wiener Türkenbelagerung

Alles wird zum Abzug vorbereitet: Bereits am 13. Oktober lässt der Sultan das nicht marschfähige *deutsche Volk, so bei ihm gefangen gewesen, tyrannisch und erbärmlich erwürgen*; die Todesschreie der Unglücklichen sind bis zu den Verteidigern auf den Mauern zu hören. Beutegut, das nicht transportiert werden kann, wird vernichtet, alles andere auf die Donauschiffe verladen. Am frühen Morgen des 15. Oktober ziehen die ersten Einheiten ab; heftiger Regen verwandelt die Straßen in Morast und erschwert den Rückzug. Auch die Donauflottille des Sultans lichtet den Anker, die Verteidiger schicken „Grüße“ nach: *Da sie davonfuhren, wurde gar weidlich auf sie geschossen, dass sie eines Teils im Wasser schwammen.* Noch am selben Tag feiert man im Stephansdom die glücklich überstandene Belagerung mit einem festlichen *Te Deum*. Am 18. Oktober sind auch die letzten osmanischen Verbände aus der Umgebung Wiens verschwunden; am 20. Oktober ziehen die Reichstruppen in Wien ein, von einer Verfolgung des osmanischen Heeres sieht man allerdings ab …

Titelseite einer der zahlreichen zeitgenössischen „Relationen“ über die Erste Türkenbelagerung.

16. Oktober 1918

Österreich soll zu einem Bundesstaate werden

An der Piavefront und in den Dolomiten rüsten die Alliierten zur entscheidenden Offensive gegen die erschöpften, schlecht versorgten k. u. k. Truppen. Einem konzentrierten Angriff der Briten, Amerikaner, Franzosen und Italiener, wie er nun vorbereitet wird, werden die Soldaten unter den schwarzgelben Fahnen nicht lange widerstehen können. Nur ein rascher Friedensschluss kann die Monarchie noch vor dem völligen Zusammenbruch retten, doch nun weiß sich die Entente bereits in der Position des Stärkeren: Eine „Friedensnote" Kaiser Karls vom 14. September ist kühl ohne Kommentar abgelehnt worden; geschickt lanciert von den Alliierten, gewinnt der einsetzende Zerfallsprozess rasch an Dynamik: Bereits am 9. August hat Großbritannien die noch nicht existierende Tschechoslowakei als kriegführende Nation anerkannt, am 3. September folgen die USA mit der Anerkennung des tschechoslowakischen Nationalrats als kriegführende Macht und am 26. September proklamiert dieser in Paris die Errichtung eines selbständigen tschechoslowakischen Staates; Tomás Garrigue Masaryk wird Staatspräsident, Edvard Benes Außenminister. Die 14 Punkte von US-Präsident Thomas Woodrow Wilson, die den Nationalitäten das Recht auf Selbstbestimmung zusichern wollen, sind in aller Munde; am 3. Oktober veröffentlicht die Sozialdemokratische Partei eine Erklärung, in der sie das Selbstbestimmungsrecht der slawischen und romanischen Nationen anerkennt, am 9. Oktober ziehen die Christlichsozialen nach – eine Entwicklung, die Kaiser Karl unter Zugzwang setzt. Er weiß, dass er nun dringend ein Zeichen „des guten Willens" setzen muss – das erwarten auch die Alliierten. Mit dem „Völkermanifest" will er das Signal zum „Neuaufbau" geben:

Das „Völkermanifest" Kaiser Karls

Meine getreuen österreichischen Völker!
Seitdem Ich den Thron bestiegen habe, ist es Mein unentwegtes Bestreben, allen Meinen Völkern den ersehnten Frieden zu erringen, sowie den Völkern Österreichs die Bahnen zu weisen, auf denen sie die Kraft ihres Volkstums, unbehindert durch Hemmnisse und Reibungen, zur segensreichen Entfaltung bringen und für ihre geistige und wirtschaftliche Wohlfahrt erfolgreich verwerten können.
Das furchtbare Ringen des Weltkrieges hat das Friedenswerk bisher gehemmt. Heldenmut und Treue – opferwilliges Ertragen von Not und Entbehrungen haben in dieser schweren Zeit das Vaterland ruhmvoll verteidigt. Die harten Opfer des Krieges mussten uns den ehrenvollen Frieden sichern, an dessen Schwelle wir heute, mit Gottes Hilfe, stehen.
Nunmehr muss ohne Säumnis der Neuaufbau des Vaterlandes auf seinen natürlichen und daher zuverlässigsten Grundlagen in Angriff genommen werden. Die Wünsche der österreichischen Völker sind hierbei sorgfältig miteinander in Einklang zu bringen und der Erfüllung zuzuführen. Ich bin entschlossen, dieses Werk unter freier Mitwirkung Meiner Völker im Geiste jener Grundsätze durchzuführen, die sich die verbündeten Monarchen in ihrem Friedensangebote zu Eigen gemacht haben.
Österreich soll, dem Willen seiner Völker gemäß, zu einem Bundesstaate werden, in dem jeder Volksstamm auf seinem Siedlungsgebiete

sein eigenes staatliches Gemeinwesen bildet. Der Vereinigung der polnischen Gebiete Österreichs mit dem unabhängigen polnischen Staate wird hiedurch in keiner Weise vorgegriffen. Die Stadt Triest samt ihrem Gebiete erhält, den Wünschen ihrer Bevölkerung entsprechend, eine Sonderstellung.

Diese Neugestaltung, durch die die Integrität der Länder der ungarischen heiligen Krone in keiner Weise berührt wird, soll jedem nationalen Einzelstaate seine Selbstständigkeit gewährleisten; sie wird aber auch gemeinsame Interessen wirksam schützen und überall dort zur Geltung bringen, wo die Gemeinsamkeit ein Lebensbedürfnis der einzelnen Staatswesen ist. Insbesondere wird die Vereinigung aller Kräfte geboten sein, um die großen Aufgaben, die sich aus den Rückwirkungen des Krieges ergeben, nach Recht und Billigkeit erfolgreich zu lösen.

Bis diese Umgestaltung auf gesetzlichem Wege vollendet ist, bleiben die bestehenden Einrichtungen zur Wahrung der allgemeinen Interessen unverändert aufrecht. Meine Regierung ist beauftragt, zum Neuaufbaue Österreichs ohne Verzug alle Arbeiten vorzubereiten.

An die Völker, auf deren Selbstbestimmung das neue Reich sich gründen wird, ergeht Mein Ruf, an dem großen Werke durch Nationalräte mitzuwirken, die – gebildet aus den Reichsratsabgeordneten jeder Nation – die Interessen der Völker zueinander sowie im Verkehre Meiner Regierung zur Geltung bringen sollen.

So möge unser Vaterland, gefestigt durch die Eintracht der Nationen, die es umschließt, als Bund der freien Völker aus den Stürmen des Krieges hervorgehen.

Der Segen des Allmächtigen sei über unserer Arbeit, damit das große Friedenswerk, das wir errichten, das Glück aller Meiner Völker bedeute.

Ein „Manifest“, das gut gemeint ist, die Wirkung ist jedoch eine ganz andere als erhofft: Die Nationalitäten der Monarchie sehen darin einen Freibrief für ihre Unabhängigkeistbestrebungen. Kaiser Karl erinnert sich später: „Die Folge des Manifestes war ein geradezu tolles Anwachsen der nationalen Begeisterung in Ungarn; man wähnte sich nun ‚frei von den schwarz-gelben Ketten‘, man sah die ‚Freiheit‘ Ungarns in rosigstem Licht und wähnte Ungarn in Abrahams Schoß.“

Österreichs Illustrierte Zeitung

Modernes Familienblatt mit den Monatsbeilagen KUNST-REVUE und GALERIE ÖSTERREICHISCHER MALER.

XXVIII. Jahrgang | Erscheint jeden Sonntag. | Wien | Sonntag, 13. Oktober 1918. | Heft 2.

Unser Friedenskaiser.

„Ich will alles tun, um die Schrecknisse und Opfer des Krieges in ehester Frist zu bannen, die schwervermissten Segnungen des Friedens meinen Völkern wiederzugewinnen.“

„Ich war im Schützengraben, neben mir starb ein Mann, dem eine Granate den Unterleib zerfetzt hatte. Ich kenne und fühle die Leiden dieses Krieges, darum: Der Friede, der Friede ist es, den ich will.“ Anfangs 1917.

„Sie können mir glauben, dass niemand sehnlicher den Frieden wünscht als ich, und dass er von früh bis nachts meine einzige Sorge bildet.“

„Sie wissen, ich muss es ja nicht immer wiederholen, dass ich den Frieden will, und zwar vom ersten Tage meiner Regierung an.“ September 1918.

Vier von den Aussprüchen Kaiser Karls, die als historische Dokumente seiner Friedensliebe der Nachwelt erhalten zu werden verdienen.

Sein Vorschlag, die Monarchie in einen „Bundesstaat“ umzuwandeln, kommt zu spät: Kaiser Karl.

17. Oktober 1706

Buchstäblich in Stücke gehackt

Der Kuruzzenüberfall auf Zistersdorf

Während des großen Kriegs um das spanische Erbe sind die habsburgischen Kaiser nicht in der Lage, die Bevölkerung in der Umgebung Wiens vor den ungarischen „Rebellen" zu schützen. Die sogenannten „Kuruzzenkriege", durch die verfehlte kaiserliche Politik in Ungarn geradezu provoziert, werden zu einem der beschämendsten Kapitel in der Geschichte der habsburgischen Herrschaft: Sommer für Sommer stehen die von brennenden Dörfern aufsteigenden Feuersäulen über dem Grenzland; unbeschreiblich ist das Leid der Bevölkerung. Am Wiener Hof feiert man die Schlachtensiege des Prinzen Eugen in Italien und Bayern, weiß aber wenig Rat gegen den Schrecken vor der eigenen Haustür.

So trifft es am 17. Oktober 1706 auch die Weinviertler Kuenringerstadt Zistersdorf. Etwa 9.000 Kuruzzen unter Führung des Grafen Simon Forgách und des berüchtigten Abenteurers László Ocskay haben den Ort umzingelt, es winkt ihnen leichte Beute, denn die Belagerten sind weit in der Unterzahl: Zistersdorf wird von 150 Kürassieren der Kompagnie Wiederhold des kaiserlichen Regiments Bartl, 100 landständischen Dragonern, 300 Bürgern und etwa 200–300 Flüchtlingen verteidigt; den Oberbefehl führt der kaiserliche Rittmeister Gottfried Anton Lohner, der im letzten Moment von Oberst Bartl, dem Kommandeur der kaiserlichen Truppen im Weinviertel, in die Stadt geschickt worden ist. Bartl selbst hat Zistersdorf am Tag zuvor mit fünf Kompagnien verlassen.

Am frühen Morgen eröffnet die kuruzzische Artillerie das Feuer auf die Stadt – bescheidene zwei Kanonen und sechs Mörser hat Forgách in Stellung bringen lassen, genug jedoch, um einige Gebäude in Brand schießen zu können. Das Haus des Schulmeisters, das ganz nahe an der Mauer steht, wird als erstes ein Raub der Flammen, und als schließlich eine ganze Häuserzeile in Brand steht, müssen die Kürassiere und Bürger ihre Plätze beim heftig umkämpften unteren Tor verlassen. Die Fußtruppen der Kuruzzen können so in diesem Abschnitt ungehindert an die Stadtmauer herankommen; unbemerkt von den Verteidigern beginnen sie, die Schießlöcher im Mauerwerk zu erweitern; schließlich gelingt es einigen Kuruzzen durchzuschlüpfen und das Tor von innen zu öffnen; Forgács und seine Männer stehen plötzlich mitten in der Stadt. Die Verteidiger müssen der Übermacht weichen und ziehen sich in das Schloss des Grafen Althan und in das Franziskanerkloster (heute Kirche und Pfarrhof) zurück; auch eine an den Zugängen zum Schlossplatz errichtete Wagenburg kann die Kuruzzen nicht mehr aufhalten. Die überlebenden kaiserlichen Kürassiere und Dragoner versammeln sich im inneren Schlosshof, sie wollen ehrenvoll kapitulieren und schicken einen Trompeter mit weißer Fahne zu Forgách. Rittmeister Lohner, der Schlossverwalter Emmerich J. Paulmayer, der Pfarrvikar und der Spitalverwalter haben sich inzwischen in einem Erdstall unter dem Schlossplatz versteckt – sie werden überleben.

Während der Unterhändler bereits mit Graf Forgách und Ocskay spricht, wehrt sich ein Teil der Einwohnerschaft noch

immer verzweifelt gegen die vordringenden Kuruzzen; der Franziskaner-Guardian Tiburtius Posch öffnet die Klosterpforte und stellt sich mit einem großen Kruzifix schützend vor eine Gruppe unbewaffneter Männer und Frauen, für deren Leben er bittet. Die Aufständischen versprechen Gnade, wenn sie dafür Geld und andere Wertsachen bekommen – als die Beute zu gering ausfällt, beginnen sie, das Kloster und die Kirche zu plündern.
Inzwischen haben die Männer Ocskays das Schloss gestürmt. Die kaiserlichen Soldaten, die Ocskay im Schlosshof zusammentreiben lässt, hoffen, dass sie mit dem Leben davonkommen, doch dieser entscheidet sich anders: Er lässt sie in das Lager an der Ostseite der Stadt bringen, wo sie sich nackt ausziehen müssen, dann hackt man sie buchstäblich in Stücke.
Alle anderen Männer, Frauen und Kinder, die noch im Schlosshof und am Hauptplatz verblieben sind, werden auf ein Zeichen von Graf Forgács hin jämmerlich niedergehauen, in einem wahren Blutrausch töten die Kuruzzen in der Stadt jeden, der ihnen vor die Klinge kommt. Kinder werden ins Feuer geworfen, 10- bis 12-jährige Mädchen vergewaltigt, schwangere Frauen zerhackt. Ein Massaker richten sie auch im Spital der Stadt an, Alte und Kranke werden erschlagen. Nur einige Offiziere, Bürger und Flüchtlinge, von denen man glaubt, dass man für sie noch Lösegeld erpressen könne, werden am Leben gelassen, weiters auch einige Kinder, für die Pater Posch um Gnade bittet.
Der unerschrockene Pater Posch ist es auch, der den Versuch wagt, das Leben von einigen hundert Gefangenen im Zeltlager der Kuruzzen auf den Weinbergen zu retten. Alle Bitten der Franziskaner helfen jedoch nichts, sie können zwar mit den Frauen und Kindern in die Stadt zurückkehren, die Männer aber werden an die Leiterwagen und Pferde gebunden, dann beginnt man mit dem Abbruch der Zelte; die Gefangenen überleben nicht lange – noch an diesem Abend werden sie von den Kuruzzen unterwegs ermordet.
Die Totenmatrik der Pfarre Zistersdorf nennt für diesen Sonntag 211 Todesfälle, nicht gerechnet die 150 Kürassiere vom Regiment Bartl, die Dragoner und die getöteten Flüchtlinge – insgesamt fordert das Blutbad wohl um die 400 Opfer. Zistersdorf erholt sich nur langsam von diesem furchtbaren Schlag; in einem Bittgesuch an Kaiser Joseph I. beantragen die Bürger die „gnädige Gewährung von zwanzig Freijahren von jedweder Steuerzahlung und landesväterliche Unterstützung“ – ein Ansinnen, dem sich der Monarch nicht verschließen kann.

Die Reste der Zistersdorfer Stadtmauer heute.

18. Oktober 1944

Letztes Aufgebot

Im Oktober 1944 erreicht die Rote Armee die ostpreußische Grenze und bereitet sich auf einen Großangriff vor; im Westen und Süden dringen die Truppen der Westalliierten unaufhaltsam vor – eine hoffnungslose Lage, in der nun auch die letzten Reserven der „Volksgemeinschaft" mobilisiert werden sollen, die alte, aus napoleonischer Zeit stammende Idee vom „Volkssturm" hat wieder Konjunktur. Am 18. Oktober 1944, es ist der 131. Jahrestag der Völkerschlacht von Leipzig und in Ulm wird Generalfeldmarschall Erwin Rommel zu Grabe getragen, wird der Erlass über die Aufstellung des „Deutschen Volkssturms" veröffentlicht. Er sieht vor, dass alle waffenfähigen männlichen Staatsbürger zwischen 16 und 60 Jahren zur Unterstützung der Wehrmacht einberufen werden, um den „Heimatboden" des Deutschen Reiches zu verteidigen, „bis ein die Zukunft Deutschlands und seiner Verbündeten und damit Europas sichernder Frieden gewährleistet" sei.

Der Volkssturm

Aufstellung und Führung der Volkssturmbataillone wird zur Aufgabe der Gauleiter, die Ausbildung an den Waffen erfolgt durch Angehörige des Entsatzheeres. In der Praxis sieht das meist so aus, dass die jungen und alten Männer des Volkssturms notdürftig mit tschechischen, italienischen und französischen Beutegewehren ausgerüstet werden; die „Kampfkraft" ist entsprechend gering, die Verluste bei Fronteinsätzen erschreckend hoch. Rechtlich sind sie Soldaten, Grundlage dafür sind die Satzungen des deutschen Wehrgesetzes von 1935.

Die „Volkssturmmänner" werden vor allem zu Schanzarbeiten wie dem Bauen von Panzersperren und für Sicherungsaufgaben herangezogen, manchmal auch zur Bewachung von Häftlingstransporten – so am 7. April 1945 am Präbichl, wo Eisenerzer Volkssturmangehörige 200 ungarische Juden ermorden *(siehe 7. April)*.

Vor allem bei den Jugendlichen findet die Volkssturm-Idee großen Anklang, viele 16- und 17-Jährige melden sich freiwillig für dieses „letzte Aufgebot" des „Führers"; mit zynischer Gleichgültigkeit sieht das Regime zu, wie sie in einen sinnlosen Tod gehen.

Das letzte Aufgebot: Veteranen des Ersten Weltkrieges bei der Einweisung an einem schweren Maschinengewehr.

19. Oktober 1941

Mit dem Sonderzug dem Tod entgegen

Es ist Sonntagabend. In den Zeitungen feiert man den letzten Sieg der Wehrmacht in der Kesselschlacht von Wjasma und Brjansk; das Oberkommando der Wehrmacht (OKW) hat die „Vernichtung" von 80 Divisionen der Roten Armee und die gigantische Zahl von 663.000 Gefangenen gemeldet; in Moskau herrscht Panik, das Standrecht wird verhängt; die Eroberung der sowjetischen Hauptstadt scheint nur mehr eine Frage der Zeit. An der Staatsoper dirigiert Hans Knappertsbusch eine Gründgens-Inszenierung der *Zauberflöte* und in der „Komödie" in der Johannesgasse spendet Josef Weinheber in der ersten „Dichterstunde" des Deutschen Volkstheaters seinen Zuhörern „Trost und Mahnung zugleich".

Am Aspangbahnhof in Wien hat die Reichsbahn einen Sonderzug mit der Zugnummer „Da 5" bereitgestellt. Der zweite „Transport" von Wiener Juden in das Ghetto Litzmannstadt *(Łódż)* wird „verladen"; in der Zählung von Adolf Eichmanns Referat IV B 4 für „Juden- und Räumungsangelegenheiten" ist es der „7. Transport". 207 jüdische Familien steigen in die Waggons 3. Klasse, dazu „136 ledige Juden und 414 ledige Jüdinnen"; 450 Personen sind älter als 60 Jahre; nach Einschätzung der Gestapo sind 750 Menschen arbeitsfähig.

Am späten Nachmittag des nächsten Tages wird der Sonderzug am Zielbahnhof Widzew-Radegast im Nordosten von Litzmannstadt eintreffen; das „Ausladen" geschieht in der Weise, „dass jeweils die Juden aus 5 Eisenbahnwaggons zu einem Trupp zusammengestellt und von 2 Schutzpolizeibeamten bis zum Ghetto begleitet" werden. Konfrontiert mit den harten Lebensbedingungen im Ghetto, mit Hunger und Krankheit – zahlreiche Bewohner infizieren sich mit Tuberkulose – und Erschöpfung, werden bis zum Mai 1942 bereits 71 der insgesamt 5.000 von Wien nach Litzmannstadt deportierten Juden sterben; ältere Menschen, die als „arbeitsunfähig" eingestuft werden, transportiert man ab Mai 1942 in das nordwestlich gelegene Vernichtungslager Kulmhof *(Chełmno)*, wo sie die SS-Henker unter Vorspiegelung eines Bads mit nachfolgender „Entlausung" zum Entkleiden und mit Peitschenschlägen zum Besteigen eines „Gaswagens" zwingen – dann schließt man die Türen und startet einen Benzinmotor, dessen Abgase ins Wageninnere geleitet werden; der Todeskampf der Opfer dauert bis zu zehn Minuten …

Im Ghetto Litzmannstadt: beim Tor zum „Stary Rynek" (Alten Markt).

Deportation nach Litzmannstadt

Im Herbst 1942 sind von den Wiener Juden nur mehr 615 am Leben, im August 1944, als das Ghetto Litzmannstadt aufgelöst wird, sind es noch 300–400, die nach Auschwitz gebracht werden; nur 34 werden schließlich den Holocaust überleben.

20. Oktober 1921

Der Kragen soll am 20. Oktober angenäht werden

Nach dem kläglichen Scheitern seines ersten Rückkehrversuchs im Frühjahr 1921 ist König Karl entschlossen, noch einmal seine „Heimkehr" nach Ungarn zu wagen. Im Vertrauen auf eine von Frankreichs Ministerpräsidenten Aristide Briand – zwar nur mündlich – abgegebene Unterstützungserklärung gehen er und sein Mann in Sopron, Oberst Anton Freiherr von Lehár (1876–1962), an die Planung des Unternehmens. Lehár, der Bruder des berühmten Komponisten, ist ein erfahrener Offizier und verfügt im Raum Sopron über königstreue Truppen – mit ihrer Hilfe soll nun der Coup gelingen. Karl hat nach dem ersten Versuch seine Feldmarschallsuniform bei Lehár zurückgelassen, von der der Kragen abgetrennt worden war; ein Telegramm Karls an seinen Helfer gibt jetzt den Startschuss: „Der Kragen soll am 20. Oktober angenäht werden."

Der zweite Restaurationsversuch König Karls

Das Abenteuer beginnt knapp nach 12 Uhr auf dem Flugplatz Dübendorf bei Zürich: Karl und seine schwangere Frau Zita steigen in eine gemietete Junkers-Monoplan-Maschine, gesteuert von einem ungarischen Piloten; für beide ist es das erste Mal, dass sie in einem Flugzeug sitzen. Beide haben keine Personaldokumente bei sich und reisen als „Herr und Frau Kowno". Ex-Kaiserin Zita erinnert sich später: „Einen sehr beängstigenden Augenblick gab es, als der Motor des Flugzeugs über Bayern plötzlich aussetzte und das Flugzeug sehr an Höhe verlor. Jedoch gelang es dem Piloten, den Motor wieder in Gang zu bringen. (…) Der Kaiser und ich saßen im rückwärtigen Teil des Flugzeugs hinter den Flügeln. Wir waren beide etwas schwindlig." Die Landung ist auf einem mit Signalfeuern markierten Feld bei Dénesfa vorgesehen, doch von den verabredeten Signalfeuern findet sich keine Spur, die Maschine landet daher zunächst auf einem falschen Feld und muss noch einmal in die Luft – gegen 16.30 Uhr, es dämmert schon, ist man endlich am Ziel. Oberst Lehár ist vollkommen überrascht, er hat das Königspaar für den nächsten Tag erwartet – das Telegramm ist nicht angekommen; wie sich später herausstellt, haben es örtliche Behörden vernichtet.

Das wichtige Überraschungsmoment ist damit verloren gegangen. Erst am Abend des 21. Oktober können Karl und Zita in Sopron den mit königstreuen Truppen besetzten Zug Richtung Budapest besteigen; inzwischen hat der Habsburger bereits eine neue Regierung ernannt, Außenminister ist mit Graf Gyula Andrássy ein alter Bekannter. Noch scheint die Rückkehr zu einem Triumphzug zu werden, doch „Reichsverweser" Nikolaus von Horthy ist bereits gewarnt und kann Gegenmaßnahmen ergreifen …

Am Bahnhof von Sopron: König Karl nimmt „seinen" Soldaten den Eid ab.

21. Oktober 1916

Ich heiße Dr. Friedrich Adler

Es ist knapp nach 14.30 Uhr. Im Restaurant des Hotels Meißl & Schadn am Neuen Markt 2, dem „Mekka der Wiener Rindfleischesser", hat Ministerpräsident Karl Graf Stürgkh sein Mittagsmahl beendet und genießt zum schwarzen Kaffee eine Zigarre. Wie immer sitzt er an seinem Stammtisch im ersten Stock des Hauses, Gesellschaft leisten ihm heute Graf Friedrich von Toggenburg, der Statthalter Tirols und Vorarlbergs, und Rittmeister Franz Freiherr Lexa von Aehrenthal, der Bruder des 1912 verstorbenen k. u. k. Außenministers. Die Herren befinden sich in angeregtem Gespräch, als sich plötzlich einige Tische weiter ein ihnen unbekannter Gast erhebt, raschen Schrittes auf den Ministerpräsidenten zusteuert, ja läuft, einen Browningrevolver aus der Hosentasche zieht, auf den Kopf Stürgkhs anlegt und aus etwa 1,5 Metern Entfernung drei Schüsse abfeuert – tödlich getroffen sinkt der Graf zur Seite, ein Blutstrom ergießt sich über sein Gesicht.

Der Mord an Ministerpräsident Karl Graf Stürgkh

Im Saal herrscht lähmendes Entsetzen. Als Erster fasst sich Graf Toggenburg: Er packt einen Sessel und verfolgt damit den Täter, der in Richtung Tür des Speisesaals fliehen will, seine Rechnung aber ohne den Zahlkellner Grumbach gemacht hat, denn dieser, ein kleiner, kräftiger Mann, stürzt dem Unbekannten entgegen und hält ihn fest. Im Handgemenge löst sich ein vierter Schuss, der den nun ebenfalls herbeigeeilten Freiherrn von Aehrenthal am Unterschenkel verwundet; dann kann dem Täter jedoch die Waffe entwunden werden, er wird überwältigt und in ein Zimmer des Hotels geführt. Jetzt, es ist genau 14.38 Uhr, verständigt man auch die Rettungsgesellschaft und die Polizei, nach wenigen Minuten trifft ein Hilfszug mit dem Inspektionsarzt Dr. Lindenbaum ein, der Mediziner kann aber nur mehr den Tod des Ministerpräsidenten feststellen, dessen Leichnam in ein weißes Tischtuch des Restaurants gebettet wird. In der Blutlache, die sich unter dem Toten gebildet hat, findet man seinen Zwicker …

Während die Gäste „tief erschüttert" den Saal verlassen, versammelt sich die gesamte Polizeispitze am Tatort: Polizeipräsident Ferdinand Gorup, Hofrat Edmund von Gayer und Polizeirat Johann Schober, später kommen auch noch Hofrat Stuckart, der Chef der Kriminalpolizei, Innenminister Erasmus von Handel und Bürgermeister Richard Weißkirchner dazu; der Kaiser in Schönbrunn wird informiert. Der Polizeipräsident selbst führt die erste Einvernahme; der Attentäter zeigt sich gefasst und „keine Spur von Reue", bereitwillig gibt er über seine Identität Auskunft: „Ich heiße Dr. Friedrich Adler, bin Schriftsteller und wohne Sonnenhofgasse 5".

Die Trauer um Stürgkh ist angesichts der Kriegsnöte nicht allzu groß, schon am 23. Oktober fordert die *Neue Freie Presse* den Übergang zur „Tagesordnung"; in der *Arbeiter-Zeitung* wird Friedrich Austerlitz die Tat von Victor Adlers Sohn „als der ganzen sozialistischen Ideenwelt fremd und unbegreiflich verurteilen"; seinen Mordprozess nützt Adler, um mit der „Verlogenheit" der sozialdemokratischen Parteispitze, vor allem mit Renner, abzurechnen.

22. Oktober 1873

Habsburg und Hohenzollern zeigen sich versöhnt

Vor sieben Jahren hat man noch einen blutigen Krieg gegeneinander geführt, jetzt wechselt man im Zeremoniensaal der Wiener Hofburg herzliche Worte, „Worte", wie die *Neue Freie Presse* in ihrem Kommentar euphorisch meint, „die in beiden Reichen einen donnernden Widerhall wecken und den Fürsten und Völkern Europas, die mit neugieriger Spannung auf die Wiener Zusammenkunft blicken, unwiderleglich beweisen, dass Habsburg und Hohenzollern versöhnt sind, dass zwischen ihnen kein Groll, keine Verstimmung mehr störend waltet". Kaiser Wilhelm I., am Schlachtfeld von Königgrätz noch König von Preußen, ist zu Besuch in Wien, um den Beitritt des Deutschen Reichs zur „Schönbrunner Konvention" vom 6. Juni 1873 zwischen Österreich-Ungarn und Russland zu unterzeichnen: die „freundschaftlichen Gesinnungen" zwischen beiden Staaten, so sagt der 76-Jährige in seinem Trinkspruch, seien eine „Bürgschaft des Friedens und der Wohlfahrt der Völker".

Tatsächlich ist der nunmehr zum „Dreikaiserabkommen" gewandelte Pakt nicht viel mehr als eine vage Willenskundgebung. Die drei Mächte verpflichten sich zur politischen Zusammenarbeit bei der „Aufrechterhaltung des europäischen Friedens gegen alle Erschütterungen, von welcher Seite sie auch kommen mögen"; werde einer der Bündnispartner durch einen anderen Staat angegriffen, so wolle man sich zuerst untereinander über die gemeinsam zu verfolgende Linie beraten. Die Fäden im Hintergrund zieht einmal mehr Otto von Bismarck. Die von der Presse so gefeierte „innige Verbrüderung Deutschlands und Österreichs" ist ihm, dem kühlen Machtpolitiker, herzlich egal – das Bestreben des Reichskanzlers zielt nur darauf, eine mögliche Isolation des eben gegründeten Deutschen Reichs in Europa zu verhindern, da kommen ihm Russland und die Habsburgermonarchie als Bündnisgenossen gerade recht. Und auch die *Neue Freie Presse* weiß bereits mehr: „Der Westwind bringt Pulvergeruch von Frankreich herüber, und ein dunkles Ahnen geht durch die Welt, daß der Friede, dessen sie heute genießt, nur eine Pause zwischen zwei Geschichtsdramen, nur ein Zwischenact sei …"

Das Dreikaiserabkommen

23. Oktober 1961

Keine Sau für Leopold Figl

Auf Viktor Iwanowitsch Awilow, den Botschafter der Sowjetunion in Österreich, wartet eine heikle Aufgabe. Er ist unterwegs nach Rust im Tullnerfeld zum elterlichen Hof des österreichischen Nationalratspräsidenten Leopold Figl (1902–1965), der von dessen Bruder Josef bewirtschaftet wird. Heute muss die Entscheidung darüber fallen, ob Partei- und Regierungschef Nikita Chruschtschow doch Recht hatte, als er bei einem Besuch auf dem Hof der Figls am 3. Juli 1960 kühn behauptete, dass der russische Mais zehnmal ertragreicher sei als der österreichische. Verleitet zu dieser Aussage wurde er durch die seiner Meinung nach zu geringe Wuchshöhe der Maisstauden auf den Feldern der Umgebung. Figl, Bauer und Patriot, hielt damals dagegen, schließlich vereinbarte man eine Wette, der Wetteinsatz der beiden Staatsmänner: eine Zuchtsau.

Die Kukuruzwette

Botschafter Awilow, ein aufmerksamer Diener seines Herrn, hatte sich in der Folge der Sache persönlich angenommen und im Frühjahr 1961 Mais-Saatgut aus der Sowjetunion nach Österreich kommen lassen; auf einem der Äcker Josef Figls wurde nun streifenweise österreichischer und russischer Mais angebaut; sorgfältig wurde darauf geachtet, dass beide Maissorten auch gleich gedüngt wurden. Begleitend dazu fuhr Josef Figl nach Ungarn und studierte dort die Wachstumsbedingungen für russischen Mais.

Auf dem Hof in Rust wird Awilow bereits von Figl und den Agrarexperten beider Staaten erwartet; gemeinsam begibt man sich auf das Feld und begutachtet die reifen, goldgelben Maiskolben. Das einstimmige Urteil aller Anwesenden: Der österreichische und der russische Mais sind in etwa als gleichwertig anzusehen. Damit hat Leopold Figl die Wette eindeutig gewonnen; Botschafter Awilow akzeptiert das Ergebnis – auf die gewonnene Zuchtsau wartet der Nationalratspräsident, der ein Jahr später noch zum Landeshauptmann von Niederösterreich gewählt wird, allerdings vergeblich. Wichtiger als die Sau, die niemals kommt, wird die symbolische Bedeutung der Wette: Österreichs Wirtschaft ist durchaus international wettbewerbsfähig …

Botschafter Awilow (Zweiter von links) akzeptiert das Urteil der Experten: Österreichischer Mais ist dem russischen in etwa gleichwertig; rechts Leopold Figl.

24. Oktober 1917

Operation Waffentreue

In einer Denkschrift vom 31. Juli 1917 des AOK taucht die Idee ein erstes Mal auf: Eine goß angelegte Offensive aus dem Raum Flitsch und Tolmein soll im Krieg gegen Italien die Wende bringen. In elf Isonzoschlachten hat man der Überlegenheit der Italiener an Truppen, Artillerie und Flugzeugen standgehalten, nun will man mit Hilfe deutscher Truppen selbst angreifen. Anfangs September 1917 ist die Offensive unter dem Decknamen „Operation Waffentreue" beschlossen, unter den umfangreichen Vorbereitungen leidet allerdings das Hinterland schwer: Der Güterverkehr wird zugunsten militärischer Transporte eingeschränkt, die Versorgung von Wien und anderen Städten bricht ein. Eine neue deutsche „14. Armee" unter dem Befehl des Generals Otto von Below wird aufgestellt, schwere Angriffsartillerie und eine Million Schuss Munition werden in die Bereitstellungsräume gebracht. Und auch eine neue Waffe taucht auf: ein deutsches Gaswerferbataillon, das Giftgase verschießt. Die Italiener wissen bereits Mitte September über die eintreffenden Verstärkungen auf österreichischer Seite Bescheid, nehmen sie aber nicht ausreichend ernst, schätzt Luigi Cadorna, Italiens Generalstabschef, doch die Durchschlagskraft der k. u. k. Truppen nicht allzu hoch ein, vor allem aber unterschätzt man im *Comando Supremo* die gewaltige Massierung der Angriffstruppen – und: Die Italiener besitzen noch keine Gasmasken … Am 24. Oktober, um zwei Uhr früh, beginnt bei Schneeregen und Nebel der Angriff, es sind das ideale Wetterbedingungen für das Schießen von Giftgas, das in den italienischen Schützengräben eine furchtbare Wirkung entwickelt. Die Infanterie des k. u. k. I. Korps, die der deutschen 14. Armee unterstellt ist, durchbricht die Stellungen der Italiener im Tal; auf den Bergen gehen die drei deutschen Korps der 14. Armee vor. Am dritten Tag der *Battaglia di Caporetto*, dem 26. Oktober 1917, bricht die italienische Isonzofront zusammen; am 27. Oktober wird Görz „befreit", am 2. November kann die k. u. k. 55. Infanteriedivision bei Cornino den Tagliamento überschreiten; die Italiener ziehen sich bis über den Piave zurück und sprengen alle Brücken; in den Bergen wird das Grappa-Massiv zum letzten Bollwerk; 294.000 Italiener geraten in österreichische Kriegsgefangenschaft. Doch bald wird deutlich werden, dass mit diesem militärisch beeindruckenden Erfolg nur ein Pyrrhussieg erzielt worden ist …

Der Durchbruch bei Flitsch-Tolmein

Italienische Truppen in Caporetto.

25. Oktober 1948

Auf den Boden legen und bellen wie die Hunde

Wilna, die Hauptstadt der Litauischen Sozialistischen Sowjetrepublik. Franz Murer, geboren 1912 in St. Georg ob Murau, ist von den Sowjets – gemäß der Bestimmmungen der Moskauer Deklaration *(siehe 30. Oktober)* – zurückgebracht worden an den Ort seiner Verbrechen. „Schlächter von Wilna" nennt man ihn, den steirischen Bauernsohn, der nun auf das Urteil des litauischen Militärtribunals wartet.

Der Schlächter von Vilnius

Murer, der erst nach dem „Anschluss" der NSDAP und später der SS beitritt, wird in der NS-Ordensburg Krössinsee in Pommern auf seine zukünftigen „Aufgaben" vorbereitet. Am 31. August 1941 trifft er in Wilna ein und übernimmt als Stellvertreter von Gebietskommissar Hans Christian Hingst das Referat für „jüdische Angelegenheiten", sein erster „Arbeitseinsatz": die „Verbringung" von etwa 55.000 Juden in das Große und das Kleine Ghetto in der Altstadt von Wilna. Zahlreiche Menschen werden bereits auf dem Weg ins Ghetto ermordet; Murer persönlich „selektiert" nicht arbeitsfähige Juden, die in den Vorort Ponar zum Erschießen gebracht werden – bei der „Aktion" am 12. September 1941 sind dies 3.334 Menschen, bei der „Aktion der gelben Scheine" am 24. Oktober 1941, die Juden ohne Arbeitsgenehmigung gilt, 3.781 Opfer. Seine sadistischen Neigungen sind bald berüchtigt. So sagt der Überlebende Abraham Sutzkever (1913–2010), dem 1943 die Flucht aus dem Ghetto gelingt, in Nürnberg aus, dass sich die Arbeiter auf den Boden zu legen und wie Hunde zu bellen hatten, wenn Murer jüdische Werkstätten besuchte. Ende Dezember 1941 wird es jüdischen Frauen verboten, Kinder zu bekommen, betroffen sind auch Sutzkevers Gattin und der neugeborene Sohn: „Sie sah, wie ein Deutscher das Kind hielt und ihm etwas unter die Nase schmierte. Sodann warf er (Murer – Anm. J. S) das Kind auf das Bett und lachte. Als meine Frau das Kind vom Bett aufnahm, hatte es bereits schwarze Lippen." Die einzigen Argumente, für die Murer, der Herr über Leben und Tod im Ghetto, zugänglich ist: Geld und Wertsachen – wer kann, kauft sich los.

Das Urteil des litauischen Militärtribunals ist überraschend milde: Franz Murer wird wegen der Erschießung zweier Jüdinnen und der persönlichen Selektion von Juden zu 25 Jahren Zwangsarbeit verurteilt. Nun rettet ihn der Staatsvertrag: 1955 übergeben in die Sowjets an Österreich, Murer ist wieder ein freier Mann. Erst 1962 wird er nach Intervention von Simon Wiesenthal verhaftet und angeklagt; der Geschworenenprozess vor dem Grazer Landesgericht, ein skandalöser Tiefpunkt der österreichischen Justizgeschichte, endet am 19. Juni 1963 in erster Instanz mit einem Freispruch, begeistert akklamiert von nicht wenigen Österreicherinnen und Österreichern; 1974 wird das Verfahren endgültig eingestellt. Und niemand findet etwas dabei, dass Franz Murer, der von nun an auf seinem Bergbauernhof in Gaishorn am See lebt, Bezirksbauernvertreter der ÖVP wird …

26. Oktober 1955

Nicht nur ein freier Tag

Der „Nationalfeiertag“, inzwischen sinnentleert und als „freier Tag“ missverstanden, ist eine Errungenschaft der Republik. In der Habsburgermonarchie wird nur der Geburtstag des Kaisers *(siehe 18. August)*, die dynastische Klammer des Reichs, gefeiert, die Vielfalt der Nationalitäten lässt keinen Tag einer „Nation“ zu. Das ändert sich mit der Gründung der Republik: Am 12. November 1919, dem Jahrestag der Ausrufung, wird erstmals in Österreich ein Nationalfeiertag begangen.

1934 bricht Engelbert Dollfuß mit dieser Tradition und bestimmt den 1. Mai 1934, den Tag der Proklamation der Verfassung des Ständestaates, zum neuen Nationalfeiertag; auch im Dritten Reich ist der 1. Mai Staatsfeiertag.

Der Österreichische Nationalfeiertag

In der Besatzungszeit von 1945 bis 1955 kann kein Nationalfeiertag gefeiert werden, da die staatliche Souveränität Österreichs nicht gegeben ist – erst mit der Unterzeichnung des Österreichischen Staatsvertrages am 15. Mai 1955 erlangt Österreich diese Stellung wieder. Am 25. Oktober 1955 endet der Abzug der alliierten Mächte: Die Briten übergeben die letzte noch besetzte Kaserne Klagenfurt-Lendorf an Österreich. Nun ist es ÖVP-Unterrichtsminister Heinrich Drimmel, der vorschlägt, dieses symbolisch kraftvolle Datum als Gedenktag zu wählen. Mit Beschluss des Ministerrats wird der 26. Oktober von 1955 bis 1964 als Tag der österreichischen Fahne gefeiert. Am 26. Oktober 1955, dem ersten Tag, an dem Österreich wieder ein freies Land ist, beschließt der Nationalrat außerdem in Form eines Verfassungsgesetzes das „Neutralitätsgesetz“. Es sieht die „immerwährende Neutalität“ Österreichs vor und verbietet damit das Eingehen von militärischen Bündnissen und die Errichtung militärischer Stützpunkte fremder Staaten in Österreich.

Erst 1965 wird im Parlament und der Bundesregierung darüber beraten, welcher Tag nun tatsächlich als „Nationalfeiertag“ zu bestimmen sei – zur Diskussion stehen der 12. November 1918, der 27. April 1945, der 15. Mai 1955 und der 26. Oktober 1955 mit dem „Neutralitätsgesetz“. Die Entscheidung fällt zugunsten des 26. Oktober.

Mit dem Bundesgesetz über den österreichischen Nationalfeiertag vom 25. Oktober 1965 wird der 26. Oktober als neuer österreichischer Nationalfeiertag festgelegt. Darin findet sich folgende Formulierung:

„Eingedenk der Tatsache, daß Österreich am 26. Oktober 1955 mit dem Bundesverfassungsgesetz BGBl. Nr. 211/1955 über die Neutralität Österreichs seinen Willen erklärt hat, für alle Zukunft und unter allen Umständen seine Unabhängigkeit zu wahren und sie mit allen zu Gebote stehenden Mitteln zu verteidigen, und in eben demselben Bundesverfassungsgesetz seine immerwährende Neutralität festgelegt hat, und in der Einsicht des damit bekundeten Willens, als dauernd neutraler Staat einen wertvollen Beitrag zum Frieden in der Welt leisten zu können, hat der Nationalrat beschlossen:

Artikel I: Der 26. Oktober ist der österreichische Nationalfeiertag.“

Tradition am Nationalfeiertag: Angelobung der Rekruten des Bundesheeres am Heldenplatz.

27. Oktober 1964

Sinnvolle Geldtransaktionen für die Demokratie in Österreich

Franz Olah (1910–2009), der Sohn eines Klavierspielers und Überlebender der Konzentrationslager, ist ein Mann von außergewöhnlicher Machtfülle: 1959 wird er zum Präsidenten des Gewerkschaftsbundes gewählt; 1963 wird er Innenminister im Kabinett Alfons Gorbach II. Er ist der Parteistratege der SPÖ, ein „Pragmatiker der Macht", der im Hintergrund die Fäden zieht. Doch nun sind schwere Zweifel an seiner Integrität aufgetaucht: Er soll Gelder des ÖGB auf einen eigenen Fonds süberwiesen haben, mit dem er die Neugründung der *Kronen Zeitung* durch Hans Dichand möglich gemacht haben soll, weiters soll er von diesem Fonds aus einen politischen Mitbewerber, die FPÖ, mit einer Million Schilling unterstützt haben. Die Vorwürfe sind so schwer, dass sich Franz Olah an diesem 27. Oktober 1964 zum Rücktritt von seinen Funktionen im ÖGB veranlasst sieht. Bereits am 18. September hat er das Amt des Innenministers niedergelegt, ein Ehrengericht der SPÖ schließt ihn aus der Partei aus; Olah selbst spricht von einem „schändlichen, persönlichen Diffamierungskampf".

Die Olah-Krise

Nun mobilisieren seine Anhänger: Am 29. Oktober demonstrieren Tausende Arbeiter aus Wien und Niederösterreich vor der Parteizentrale der SPÖ in der Löwelstraße; Olah erklärt in einer Pressekonferenz, dass er die „genannten Geldtransaktionen" zwar durchgeführt habe, diese aber stets „sinnvollen Überlegungen" für die Partei und die „Demokratie in Österreich" entsprochen hätten.

Das gerichtliche Nachspiel zu den Vorwürfen folgt erst 1968: Der ÖGB klagt Franz Olah wegen Untreue und gibt einen Schaden von sieben Millionen Schilling an. Am 30. Januar 1969 wird der ehemalige Innenminister zu einem Jahr schweren Kerkers verurteilt, in wesentlichen Punkten der Anklage – betreffend die Transaktionen zur Finanzierung der *Kronen Zeitung* – wird er jedoch freigesprochen.

Der Skandal um Franz Olah, der in der Abeiterschaft weiterhin als „starker Mann" beliebt ist, kostet die SPÖ zahlreiche Wählerstimmen, vor allem als Olah 1965 die „Demokratische Fortschrittliche Partei" (DFP) gründet. Bei den Nationalratswahlen 1966 erreicht Olah mit ihr 3 % der Stimmen, jedoch kein Mandat.

Demonstration für Franz Olah vor der Parteizentrale der SPÖ in der Löwelstraße.

28. Oktober 1944

Das gemeinsame Leid hat die Gegensätze im österreichischen Volke überbrückt

Es ist der letzte Hinrichtungstag im Wiener Landesgericht vor der Befreiung Wiens durch die Rote Armee. Zur Guillotine im Wiener Landesgericht wird der Priester DDr. Heinrich Maier geführt. Die NS-Henker haben ihm eine letzte Gnade gewährt: In der Pfarrkirche St. Leopold in Gersthof darf er noch ein letztes Mal die heilige Messe feiern, die Männer, die ihn anschließend vom Leben zum Tode bringen werden, lassen ihn dabei nicht aus den Augen.

Die Ehrengräber für die hingerichteten Widerstandskämpfer am Friedhof Neustift am Walde.

Der Leidensweg Maiers in den Fängen der Gestapo beginnt ein Jahr zuvor: Am 28. März 1944 wird er nach der Morgenmesse in der Sakristei von St. Leopold verhaftet, zum Morzinplatz gebracht und gefoltert, wissen die Gestapobeamten doch schon, dass der 1908 in Großweikersdorf geborene Priester, der an der Universität Gregoriana in Rom studiert hat und in der Pfarre überaus beliebt ist, die treibende Kraft einer Widerstandsgruppe um Franz Josef Messner *(siehe 23. April)* und Walter Caldonazzi *(siehe 9. Jänner)* ist. Und so erpresst man weitere Informationen, etwa über die Arbeitsweise Messners, der sich ebenfalls bereits in Haft befindet, und der anderen Angehörigen des Kreises, die nach und nach verhaftet werden, wie etwa der im Heeresvermessungsamt tätige Hochschüler Hermann Klepell, der die Pläne von Rüstungsunternehmen beschafft, oder der Sanitätsgefreite Josef Wyhnal, ein Spezialist für infektionserregende Injektionen. Heinrich Maier und seine Schicksalsgenossen, so erkennen die Gestapo-Häscher, hatten es nicht bei bloßen Worten belassen, sondern tatkräftig „praktischen" Widerstand geleistet. So sagt er im Verhör vom 27. April 1944 über die „Strategie" der Gruppe, dass man den „Feindmächten" gezielt Informationen über die Rüstungszentren der „Ostmark" liefern wollte: „Wir fassten dabei die Rüstungsbetriebe in Steyr sowie glaublich auch Wiener Neudorf und Wiener Neustadt ins Auge." Und wie aus der Urteilsschrift hervorgeht – Maier wird so wie acht weitere Mitglieder der Gruppe am 28. Oktober 1944 zum Tode verurteilt –, hat er ein unverrückbares politisches Ziel. Bereits 1942 lässt er dem in der Schweiz lebenden ehemaligen Jesuitenpater Otto Karrer folgende Botschaft übermitteln: „Das gemeinsame Leid hat die Gegensätze im österreichischen Volke überbrückt. Die Parteien, ob rechts oder links, finden sich auf einer gemeinsamen Plattform. Sie bejahen das unabhängige, demokratische Österreich." Mit Hermann Klepell und Josef Wyhnal sterben an diesem 22. März zwei weitere Mitglieder der Gruppe im Wiener Landesgericht.

Die Hinrichtung von Kaplan Heinrich Maier

29. Oktober 1918

Die Mission des Hauptmanns Ruggera

Es ist der Tag nach dem Zusammenbruch der österreichischen Front an der Piave. Begleitet von zwei Trompetern und mit einer weißen Fahne in den Händen, verlässt Hauptmann Kamillo Ruggera in der Morgendämmerung des 29. Oktober 1918 in der Nähe der Ortschaft Serravalle, Gemeinde Ala, die Stellungen der 56. Schützen-Division und nähert sich den vordersten italienischen Linien. Die Soldaten, die hier im Graben liegen, sind jedoch keine Italiener, sondern tschechische Legionäre – und die eröffnen für alle Fälle einmal das Feuer auf die seltsame Gruppe vor ihnen. Ruggera und seine beiden Begleiter werfen sich im Niemandsland zu Boden; einer der Trompeter erhält einen Schuss durch beide Beine, der zweite trompetet noch im Liegen tapfer weiter.

Ruggera schickt den Verwundeten zurück und versucht hartnäckig, mit den Männern im feindlichen Graben ins Gespräch zu kommen; um 9.20 Uhr hat er schließlich Erfolg: Er kann den Brief, den ihm General Viktor Weber von Webenau, der Chef der Waffenstillstandskommission, mitgegeben hat, einem italienischen Offizier übergeben. Dann kehrt er zurück ins Grand Hotel nach Rovereto, wo die Kommissionsmitglieder nun gemeinsam auf eine Antwort der Italiener warten. Da dies bis zum Abend vergeblich ist, lässt das Armeeoberkommando über die Funkstation in Pola einen offenen Funkspruch an die Italiener ausstrahlen, in dem es die Italiener darauf hinweist, dass die k. u. k. Truppen im Falle einer Räumung Venetiens weitgehende Zerstörungen von Straßen und Brücken vornehmen müssten; eine sofortige Einstellung der Kampfhandlungen wäre daher auch für sie von Vorteil.

Österreich-Ungarn bittet um Waffenstillstand

Nun reagiert endlich das *Comando Supremo* in Abano Terme. Um 22 Uhr erhält General Weber über den Hughes-Apparat die Nachricht, dass man den von Ruggera übergebenen Brief erhalten habe, allerdings enthalte dieses Dokument keine Bestätigung durch das k. u. k. Armeeoberkommando, dass er zu diesen Verhandlungen tatsächlich bevollmächtigt sei. Zudem gibt man zu verstehen, dass man keineswegs gewillt sei, während der Verhandlungen die Aktivitäten an der Front einzustellen. Sollte Österreich-Ungarn damit einverstanden sein, so sei man aber bereit, mit einem bevollmächtigten Vertreter des Armeeoberkommandos in Gespräche einzutreten – ein Ton, der verrät, dass man sich in Abano Terme der Position des Stärkeren sehr wohl bewusst ist. Nun rächt sich, dass man den richtigen Zeitpunkt für Waffenstillstandsverhandlungen längst verpasst hat *(siehe 3. November)*.

30. Oktober 1943

Es wird wieder ein freies und unabhängiges Österreich geben

Der Wortlaut der am 1. November 1943 veröffentlichten Erklärung: „Die Regierungen des Vereinigten Königreiches, der Sowjetunion und der Vereinigten Staaten von Amerika sind darin einer Meinung, dass Österreich, das erste freie Land, das der typischen Angriffspolitik Hitlers zum Opfer fallen sollte, von deutscher Herrschaft befreit werden soll.

Sie betrachten die Besetzung Österreichs durch Deutschland am 13. März 1938 als null und nichtig. Sie fühlen sich durch keinerlei Änderungen, die in Österreich seit diesem Zeitpunkt durchgeführt wurden, in irgendeiner Weise gebunden. Sie erklären, dass sie wünschen, ein freies, unabhängiges Österreich wiedererrichtet zu sehen und dadurch ebenso sehr den Österreichern selbst wie den Nachbarstaaten, die sich ähnlichen Problemen gegenübergestellt sehen werden, die Bahn zu ebnen, auf der sie die politische und wirtschaftliche Sicherheit finden können, die die einzige Grundlage für einen dauernden Frieden ist.

Moskauer Deklaration

Österreich wird aber auch daran erinnert, dass es für die Teilnahme am Kriege an der Seite Hitlerdeutschlands eine Verantwortung trägt, der es nicht entrinnen kann, und dass anlässlich der endgültigen Abrechnung Bedachtnahme darauf, wie viel es selbst zu seiner Befreiung beigetragen haben wird, unvermeidlich sein wird.“

Die Unterzeichnung der Moskauer Deklaration: Cordell Hull (USA), Wjatscheslaw Molotow (UdSSR) und Anthony Eden (Großbritannien, von links).

31. Oktober 1731

Auf meinen lieben Gott trau ich in aller Not

Der Salzburger Erzbischof Leopold Anton von Firmian leistet sich eine skandalöse Entscheidung, die europaweit auf Kritik stößt: Von seinem Hofkanzler Hieronymus Cristani di Rallo im harten Kurs gegen die protestantische Minderheit bestärkt, erlässt der wenig weit blickende, aus einem Tiroler Adelsgeschlecht stammende Kirchenfürst ein Patent, das am 11. November, dem Tauftag Luthers, von allen Kanzeln des Landes verlesen und öffentlich angeschlagen wird. Darin zwingt er seine nichtkatholischen Untertanen zum Verlassen des Erzbistums: die „Angesessenen", also jene, die Grund besitzen, in längstens drei Monaten, die „Unangesessenen" wie Tagelöhner, Bergleute, Arbeiter und Handwerker in acht (!) Tagen. Die rechtliche Basis ist fragwürdig, denn das „Emigrationsedict" steht in offenem Widerspruch zu der Bestimmung des Westfälischen Friedens von 1648, nach der ausdrücklich eine dreijährige Frist für all jene vorgesehen ist, die sich von der Religion des Landesherren „getrennt" halten und deshalb des Landes verwiesen werden dürfen. Unter Berufung auf diese Bestimmung legen die evangelischen Reichsstände in Regensburg gegen den erzbischöflichen Erlass Verwahrung ein – den Menschen in Salzburg, die ihrem Glauben treu bleiben wollen, hilft dies allerdings nichts: Kaiser Karl VI., der die Macht hätte, dagegen einzuschreiten, lässt Firmian aus politischen Gründen gewähren, ja, unterstützt ihn sogar militärisch mit 6.000 Soldaten und so müssen nach 14 Tagen die ersten 800 Evangelischen, grundbesitzlose Knechte und Mägde, das Erzbistum verlassen, Kinder, die das zwölfte Lebensjahr noch nicht erreicht haben, müssen zurückbleiben. Insgesamt werden mehr als 21.000 Menschen – immerhin ca. 15 Prozent der gesamten Einwohnerschaft des Erzbistums – in 27 Zügen Salzburg verlassen und in Ostpreußen, aber auch in den Niederlanden und den USA eine neue Heimat finden. Tatkräftige Hilfe für die Emigranten kommt vor allem vom preußischen König Friedrich Wilhelm I., der Kommissare losschickt, die Transport und Reise der Salzburger betreuen und den Flüchtlingen „Zehrungsgelder" zahlen sollen – vier Groschen pro Tag für den Mann, drei für die Frau und zwei für jedes Kind. Bereits vom Tag der Antragstellung an, so legt er in einem Einwanderungspatent vom 2. Februar 1732 fest, sollen die Emigranten als preußische Staatsbürger respektiert werden. Friedrich Wilhelm I. hält das Geld zur Unterstützung der Salzburger Glaubensgenossen, insgesamt etwa fünf Millionen Groschen, für gut angelegt, er vertraut darauf, dass die Siedler dem Staat auch entsprechende Leistungen erbringen. Einem Auswanderungstreck der Salzburger reitet er sogar entgegen und singt mit ihnen gemeinsam das Lied *Auf meinen lieben Gott trau ich in aller Not.*

Das Salzburger „Emigrationsedict"

Für Salzburg sind die wirtschaftlichen Folgen der „Großen Emigration" verheerend und Erzbischof Firmian kommt sie teuer zu stehen: Allein an den Preußenkönig muss er vier Millionen Gulden Entschädigung zahlen …

November

1. November 996

In regione vulgari vocabulo Ostarrîchi

Der 1. November 996, so sagt Walter Pohl in seinem Buch über die Babenberger zu Recht, „hat die Welt nicht verändert", außer vielleicht, wie er etwas süffisant anmerkt, „für die Bienen von Neuhofen" und die Imker und Bauern in der Region. Ja, sie ist nicht die „Geburtsurkunde" Österreichs und dennoch hat sie ungeheure Bedeutung: die Schenkungsurkunde Kaiser Ottos III. an das Bistum Freising, betreffend 30 Königshufen, in der es heißt: *In regione vulgari vocabulo Ostarrichi in marcha et in comitatu Heinrici, comitis filii Liutpoldi marchionis in loco Niuvanhova,* dokumentiert, dass der Name *Ostarrîchi* schon seit längerer Zeit üblich gewesen sein muss und „im Volksmund" *(vulgari vocabulo)* für das Land zwischen Enns und Wienerwald verwendet wird. Die Zuordnung dieses Namens auf das Gebiet an der Donau bleibt, er wird zum Kristallisationspunkt des historischen Geschehens – von der babenbergischen Mark über das Reich der Habsburger bis zur Republik.

Die Ostarrîchi-Urkunde

Versehen ist die Urkunde, die sich im Bayerischen Hauptstaatsarchiv in München befindet, nicht mit dem Siegel Kaiser Ottos III., sondern mit jenem seines Nachfolgers, Heinrichs II., was zu Spekulationen über ihre Echtheit geführt hat – wohl unbegründet, wie die Wissenschaft heute meint.

„In der Gegend, die in der Volkssprache Ostarrîchi heißt": die Ostarrîchi-Urkunde im Bayerischen Hauptstaatsarchiv. Kaiser Otto III. schenkt darin dem Bischof Gottschalk von Freising den Hof Neuhofen sowie 30 weitere benachbarte Königshufen.

2. November 1737

Aufruhr wider die Jesuitenherrschaft

Auf Betreiben von Erherzog Ferdinand herrschen seit 1598 im Seestift von Millstatt, einer alten Benediktinergründung, die Jesuiten. In Graz und Wien erwartet man, dass die Ordensleute das Banner der Gegenreformation hochhalten; der Konflikt mit den vielfach noch protestantischen Bauern im Bereich ihrer Herrschaft – die Jesuiten sind auch weltliche Grundherren – ist damit vorgezeichnet. Wer dem Luthertum nicht abschwört, dem drohen Enteignung und Deportation, in der Sprache der Obrigkeit euphemistisch auch „Transmigration" genannt. Die Bauern auf den abgelegenen Höfen – etwa im Kaningtal auf der „hinteren Seite" der Millstätter Alpe – lassen sich dadurch nicht unbedingt einschüchtern, vielfach ist man auch nur „scheinkatholisch" geworden, um im Geheimen weiter der alten Lehre anhängen zu können.

Der Millstätter Handel

Da die Millstätter Jesuiten ihre „Untertanen" zusehends mit der Forderung nach höheren Abgaben bedrängen, kommt es beim Vieh- und Jahrmarkt auf der Maitratten bei Gnesau schon 1734 und 1735 zu „Zusammenrottungen" der Bauern, die sich schließlich bei Landeshauptmann Graf Goess über die Jesuiten beschweren. Man verhandelt über einen Vergleich, da man sich jedoch nicht ganz einig wird, beschließen die Bauern, eine Delegation nach Wien zu Kaiser Karl VI. zu schicken, angeführt von Georg Thomas aus Dellach und Matthias Oberherzog aus Kaning. In einem Wirtshaus in der Wiener Vorstadt lernen die Bauern, noch ehe sie zum Kaiser vorgelassen worden sind, den Advokaten Paul Zopf kennen, der ihnen verspricht, sich für sie beim Herrscher einzusetzen. Er sei, so behauptet er bei einer nächsten Zusammenkunft, „kaiserlicher Kommissär" und beeindruckt die gutgläubigen Landleute mit einer „Vollmacht", die ein gefälschtes kaiserliches Siegel trägt.

Zufrieden kehren die Bauern zusammen mit Zopf nach Kärnten zurück; am 2. November 1737 hat der Wiener Winkeladvokat seinen großen Auftritt als „Bauernbefreier": Unter Vorzeigung seiner „Vollmacht" hält er vor 200–300 bewaffneten Bauern und Knechten am Hof von Georg Thomas in Dellach eine Brandrede, in der er sie auffordert, die Jesuiten aus Millstatt zu vertreiben. Die aufgebrachten Landleute lassen sich nicht zweimal bitten, gemeinsam mit Zopf ziehen sie nach Millstatt, brechen in das Stiftgebäude ein, nehmen den Pater Superior gefangen, misshandeln den Hofrichter Ignaz Mohr von Sonnegg, stecken eine Scheune in Brand, plündern den Keller und hier vor allem die Weinvorräte des Stifts. Paul Zopf bringt die Kassa mit 3.000 Gulden Bargeld an sich und versucht sich nach Wien abzusetzen – er wird jedoch in Kleinkirchheim aufgegriffen, die „aufständischen" Bauern werden am 4. November von bewaffneten Bürgern aus Spittal an der Drau festgenommen. Die Richter kennen keine Gnade: Sie verurteilen Paul Zopf, Georg Thomas und Matthias Oberherzog wegen Landfriedensbruches, Aufwieglerei, Fälschung und *raubes nambhafter gelts summen* zum Tode durch das Schwert; sieben Bauern erhalten zehn Jahre Festungshaft; die Hinrichtungen finden im Mai 1739 statt.

3. November 1918

Das Ende in der Villa Giusti

Die Villa Giusti im Südwesten von Padua wird vom *Comando Supremo* immer wieder als „Gästehaus" genützt und so kommt es, dass dieser stille Ort des Friedens und heiterer mediterraner Lebenskunst in die düsteren Mühlen des Ersten Weltkrieges gezogen wird – hier treffen am 31. Oktober 1918 die Mitglieder der k. u. k. Waffenstillstandskommission unter Führung von General Weber von Webenau ein; am 1. November beginnen die Verhandlungen, die bald eines zeigen: Der Waffenstillstand wird einer Kapitulation gleichkommen, die Härte seiner Bedingungen spiegelt die Katastrophe an der Front wider.

Die Unterzeichnung des Waffenstillstandes

Der 3. November muss die Entscheidung bringen. General Weber hat zwar aus dem AOK die Depesche mit dem Befehl zum Abschluss des Waffenstillstands noch nicht erhalten – sie wird erst um 16 Uhr bei ihm eintreffen –, dennoch wird für 15 Uhr die nächste Sitzung zur Vertragsunterzeichnung anberaumt. Nachdem General Badoglio noch einmal darauf verwiesen hat, dass eine gültige Annahme des Waffenstillstands nur durch die von der italienischen Regierung ernannte Delegation erfolgen kann, ist General Weber am Wort. Unter dem gespannten Schweigen der Anwesenden spricht er in italienischer Sprache die entscheidenden „geheiligten" Worte: „Kraft der mir vom k. u. k. AOK verliehenen Vollmacht erkläre ich, dass ich die vom Conseil superieur de guerre in Versailles am 31. Oktober 1918 festgesetzten Waffenstillstandsbedingungen annehme. In dieser Annahme sind auch die Punkte 4 der Bedingungen zu Lande, sowie Punkt 4 und 5 der Bedingungen zur See einbezogen, jedoch mit dem Vorbehalte, gegen ihre Bestimmungen bei der Friedenskonferenz Protest einzulegen." Damit akzeptiert Weber auch die 24-Stunden-Frist, die Badoglio wie versprochen vom Zeitpunkt der Annahme-Erklärung an rechnet; die italienischen Truppenführer und die Entente-Offiziere erhalten sofort von Badoglio Befehl, am 4. November um 15 Uhr das Feuer einzustellen – die Katastrophe für die k. u. k. Truppen, die diesen Befehl in Verkennung der Lage bereits zwölf Stunden zuvor bekommen haben, ist damit perfekt.

Vor der endgültigen Unterzeichnung des Waffenstillstands will die österreichische Kommission noch retten, was zu retten ist, besonders Korvettenkapitän Zwierowski tut sich nun hervor und beharrt darauf, dass die 24-Stunden-Klausel ungültig sei und nicht in den Vertrag aufgenommen werden dürfe – daraufhin droht Badoglio aufgebracht mit dem sofortigen Abbruch der Verhandlungen; die Österreicher sind ihrem Gegenüber hilflos ausgeliefert und müssen sich dem Diktat beugen, das für 360.000 k. u. k. Soldaten, die in diesen 24 Stunden die Waffen niederlegen, die Gefangenschaft bedeutet; Tausende werden in den Lagern sterben. Daran ändert auch nichts, dass das Armeeoberkommando noch versucht, die Truppen über den korrekten Zeitpunkt der Feuereinstellung am 4. November zu informieren. Die geschickt verhandelte „Verlängerung" beschert Italien den großen „Sieg von Vittorio Veneto".

Nach dem Verfassen der Reinschrift des Vertrags sowie einem Vergleich der Dokumente und Landkarten erfolgt um 18.20 Uhr im Ecksalon der Villa Giusti im ersten Stock die Unterzeichnung des Waffenstillstandsabkommens. Für das Armeeoberkommando Österreich-Ungarns unterzeichnen die sechs Kommissionsmitglieder: General Viktor Weber Edler von Webenau, Oberst Karl Schneller, Fregattenkapitän Johannes Prinz von und zu Liechtenstein, Oberstleutnant J.V. Nyékhegyi, Korvettenkapitän Georg Ritter Zwierowski, Generalstabsoberstleutnant Viktor Freiherr von Seiller und Generalstabshauptmann Kamillo Ruggera; für das Armeeoberkommando Italiens signieren: Generalstabschef Pietro Badoglio, Magg. Gen. Scipione Sciopioni, Oberst Tullio Marchetti, Oberst Pietro Gazzera, Oberst Pietro Maravigna, Oberst Alberto Pariani und Cap. Vasc. Francesco Accinni.

Oberst Karl Schneller erhält den Auftrag, das unterschriebene und von Armando Diaz ratifizierte Exemplar des Waffenstillstandsvertrags nach Wien zu bringen. Aus Sicherheitsgründen nimmt er den Weg über Vorarlberg und trifft am 8. November in der Hauptstadt ein, vier Tage vor der Ausrufung der Republik.

Für die sechs k. u. k. Offiziere, die angetreten sind, ein annehmbares Ende für den Krieg zu finden, den man in Wien und Berlin vom Zaun gebrochen hat, ist die Villa Giusti zum Ort der Demütigung und schmerzvollen Niederlage geworden – im Stich gelassen von einem schlecht vorbereiteten, wenig durchdacht agierenden Armeeoberkommando und einem Herrscher, der die Prioritäten falsch setzt, wird ihr Auftrag zum Desaster. Die ruhmreiche Geschichte des altösterreichischen Heeres hat damit ihr Ende gefunden, die Niederlage und der Untergang Österreich-Ungarns sind besiegelt.

Der Schauplatz der Waffenstillstandsverhandlungen: die Villa Giusti in Padua.

4. November 1918

Ein verhängnisvoller Irrtum

Der in der Villa Giusti ausgehandelte Waffenstillstandsvertrag legt den Zeitpunkt für die Einstellung der Kampfhandlungen exakt fest: Am 4. November 1918, um 15 Uhr, genau 24 Stunden nach Unterzeichnung des Vertrags, sollen die Waffen schweigen. Man benötige diese 24 Stunden, so das Argument des italienischen Oberkommandos, um alle Truppen vom Waffenstillstand informieren zu können. Beim k. u. k. Armeeoberkommando in Baden weiß man von dieser Klausel jedoch am 3. November noch nichts, man kennt nur Punkt 1 im ursprünglichen Entwurf, wo die „sofortige Einstellung der Feindseligkeiten“ gefordert wird, also, wie man meint, ab dem Augenblick der Unterzeichnung.

Die Katastrophe von Vittorio Veneto

Nach der Zustimmung Kaiser Karls zum Waffenstillstand ist es Generalstabschef Arz von Straußenburg, der seine Ungeduld nicht mehr zähmen kann: Am 3. November, um 1.20 Uhr morgens, schickt er an alle Armeekommandeure die, wie er glaubt, erlösende Botschaft: „Waffenstillstandsbedingungen der Entente wurden angenommen. Alle Feindseligkeiten zu Lande und in der Luft sind unverzüglich einzustellen. Details der Feuereinstellungsbedingungen werden bekannt gegeben.“ Eine voreilige Weisung, die er schnell bereut: Denn nicht nur, dass Kaiser Karl, der sich vor der Verantwortung für den wenig ruhmvollen Waffenstillstand drücken will, nun plötzlich den Widerruf des Befehls zur Feuereinstellung verlangt – schwerer wiegt, dass der Waffenstillstand nicht einmal noch unterzeichnet ist, als die k. u. k. Soldaten in den vordersten Linien bereits die Waffen niederlegen. Arz gehorcht zwar seinem obersten Kriegsherren und widerruft, es ist jedoch zu spät, der Befehl kann nicht mehr „eingefangen“ werden. Ein peinliches Fiasko, mit dem Karl nichts zu tun haben will, er ernennt daher in letzter Stunde Feldmarschall Baron Kövess von Kövessháza – der Mann weilt bei seinen Truppen am Balkan – zum neuen Armeeoberkommandanten. Die Tragödie spielt sich jedoch an der zusammenbrechenden Front im Südwesten ab: Bewaffnete alliierte Patrouillen können ungehindert weit vorstoßen und so eine neue Frontlinie schaffen, vor der nun alle k. u. k. Truppen, die ihre Waffen bereits niedergelegt haben, umstellt und gefangen genommen werden; etwa 360.000 Mann, darunter 30.000 Mann aus dem Gebiet der späteren Republik Deutschösterreich, gehen in Gefangenschaft. Italien feiert seinen großen „Sieg“ über Österreich-Ungarn.

Hoffnungslos: österreichische Stellung an der Piave nach dem Trommelfeuer der Alliierten.

5. November 1978

Kernkraft – nein danke!

Bereits das Energiekonzept der Regierung Josef Klaus hat das Kernkraftwerk im Tullnerfeld vorgesehen, nun soll es Realität werden: Seit dem 4. April 1972 wird in Zwentendorf das erste AKW Österreichs gebaut; 5,2 Milliarden Schilling werden in den geplanten modernen Siedewasserreaktor investiert. Das Projekt ist ein Gewaltakt von Bund und Ländern, die gemeinsam den Bau finanzieren; die Hälfte der Kosten wird über die Verbund AG von der Republik getragen.

Volksabstimmung über das Kernkraftwerk Zwentendorf

Die Bauarbeiten verlaufen zunächst in ruhiger Atmosphäre, doch dann wächst in ganz Europa die Ablehnung der Atomkraft und es melden sich kritische Stimmen: Das Problem der Endlagerung des radioaktiven Materials und zahlreiche Sicherheitsfragen seien ungelöst. Das Schlagwort von der „Atomgefahr" beginnt sich in der Diskussion um Zwentendorf zu etablieren; unmittelbarer Auslöser dafür ist die Anlieferung der ersten Uranbrennstäbe am 18. Januar 1978: Am nächsten Tag findet zwischen Bundeskanzler Bruno Kreisky und ÖVP-Obmann Josef Taus ein „Atomgespräch" statt, bei dem Taus zahlreiche konkrete Fragen vorlegt, darauf aber keine zufrieden stellenden Antworten bekommt. Zwentendorf wird zum Spielball der beiden Großparteien: Josef Taus versucht, Kreisky in die Enge zu treiben; dieser kontert damit, dass er mit dem Wirtschaftbund und der Industriellenvereinigung Teile der ÖVP auf seine Seite zu ziehen versucht. Im Juni 1978 kündigt Kreisky schließlich die Abhaltung einer Volksabstimmung für den November an.

Der Bundeskanzler ist fest davon überzeugt, dass die Mehrheit der Österreicher für das Kraftwerk stimmen wird; zwei Wochen vor der Wahl verbindet er in einer Fernsehrede sein eigenes politisches Schicksal mit dem Plebiszit: Im Falle einer Ablehnung der Kernkraft werde er zurücktreten.

Die Abstimmung am 5. November 1978 wird zu einem knappen Rennen: 64,1 % der Stimmberechtigten nehmen daran teil; von den gültigen Stimmen sprechen sich 50,47 Prozent gegen eine Inbetriebnahme von Zwentendorf aus, die Niederlage Kreiskys ist perfekt. Von den angekündigten Konsequenzen nimmt er jedoch wieder Abstand, als ihm Parteipräsidium und Parteivorstand am Tag danach „das absolute und uneingeschränkte Vertrauen" aussprechen und ihm eine „Generalvollmacht" für „rasche und eindeutige Entscheidungen", wann immer diese auch notwendig sein sollten, erteilen.

Atomkraftgegner auf der Wiener Ringstraße im Dezember 1978: Die Proteste gegen die Inbetriebnahme des Kernkraftwerks Zwentendorf werden immer heftiger.

6. November 1956

Müßte ich je flüchten, so hoffe ich, dass es nach Österreich sein kann

Für Österreich wird die Tragödie des ungarischen Volksaufstands 1956 zur ersten großen Bewährungsprobe nach dem Abschluss des Staatsvertrags. Am 28. Oktober appelliert die österreichische Regierung unter Bundeskanzler Julius Raab an die sowjetische Führung, sich um eine „Normalisierung der Verhältnisse in Ungarn" durch die „Wiederherstellung der Freiheit im Sinne der Menschenrechte "zu bemühen; ohne zu zögern beschließt man die 375 km lange Grenze offen zu halten und alle Flüchtlinge aufzunehmen – und es gibt auch einen klaren Befehl von Generaltruppeninspektor Erwin Fussenegger an die 2.787 Soldaten des Bundesheeres im Genzgebiet: „Wer österreichisches Gebiet bewaffnet betritt, ist zu entwaffnen, wer sich widersetzt, auf den ist das Feuer zu eröffnen. Das gilt auch für sowjetrussische Einheiten."

Die Zivilbevölkerung zeigt spontan Solidarität mit den ungarischen Flüchtlingen. So wird der Verlauf der Grenze von Feuerwehrleuten mit rot-weiß-roten Fahnen markiert; in der Nacht zündet man Feuer an, um die Grenzübertritte zu markieren. Man spendet Geld, Kleidung und Lebensmittel, ja, Tausende von Österreichern bieten sogar ihre eigene Wohnung als Unterkunft an; Schulen, Hotels und Pensionen werden als Notquartiere genutzt.

Die Brücke von Andau

Eine schmale Holzbrücke über den sogenannten „Einser-Kanal", wenige Kilometer vom burgenländischen Ort Andau entfernt, rückt in diesen Novembertagen 1956 in den Mittelpunkt der Aufmerksamkeit. Der Einser-Kanal ist ein schlammiges Gewässer, errichtet in den Jahren 1896–1898, um die nahen Hanságsümpfe trockenzulegen und den Neusiedler See zu regulieren. Die Brücke, einst ein lokaler Verkehrsbehelf, markiert nun die Grenze zwischen zwei Welten, zwischen Ost und West. Sie ist, wie US-Starautor James A. Michener in seinem berühmten Roman über diesen Ort schreiben wird, „eine unbedeutende Brücke, weder breit genug für ein Auto noch fest genug für ein Motorrad. (…) Allein die Laune des Schicksals wollte es, dass sie einige Wochen hindurch, in denen sich die Brandfackel des Krieges zu entzünden schien, zu einer der wichtigsten Brücken der Welt wurde …"

Am 3. November 1956 beginnen sowjetische Panzer das Grenzgebiet abzuriegeln, können aber den Exodus der Ungarn nicht stoppen: Am nächsten Tag überschreiten 10.000 Menschen die Grenze. Vielfach nehmen „praktisch" denkende Grenzsoldaten den Flüchtlingen auch nur die Wertsachen ab, dann lassen sie sie weiterziehen.

Am Montag, dem 6. November 1956, kommen die ersten Flüchtlinge über die Brücke von Andau, rasch schwillt der Flüchtlingsstrom an, bald sind es Tausende, die hier den Weg in die Freiheit finden. Es flieht die Elite Ungarns: Studenten und Professoren, Ingenieure und Wissenschaftler, Künstler und Musiker, Facharbeiter und Sportler – es sind etwa 70.000 Menschen, die im Bereich des Stegs über den Einser-Kanal gelangen, und insgesamt etwa 200.000 ungarische Staatsbürger, die in Österreich Hilfe suchen.

An die Grenze gelotst werden die Menschen von ortskundigen „Führern“, pro Kopf verlangen diese bis zu 50 Dollar für ihre „Dienstleistung“, Frauen und Kindern helfen sie allerdings immer wieder auch ohne Bezahlung. Wesentlich erleichtert wird ihre Tätigkeit durch die Tatsache, dass wenige Monate vor Ausbruch des Volksaufstands der Minengürtel vor der Grenze geräumt worden ist. Und dann gibt es verwegene junge Männer, die sich einen Sport daraus machen, Flüchtlinge gegen „Bestellung“ in den Westen zu bringen. Für 1.000,- Dollar holen sie Verwandte direkt aus Budapest und „schleppen“ sie über die Grenze. Als die Sowjets Wind von diesen bezahlten „Transfers“ erhalten, beteiligen sie sich auf ihre Weise an dem Geschäft: Russische Offiziere verfrachten die Flüchtlinge in Militärautos an die Grenze und kassieren dafür eine entsprechende „Gewinnbeteiligung“.

Am Nachmittag des 21. November 1956 sprengen ungarische Soldaten die Brücke, auf den Trümmern des Bauwerks kommen die Menschen jedoch weiterhin über den Einser-Kanal. James Michener beobachtet das Flüchtlingsdrama als Berichterstatter für US-Medien und wird Zeuge erschütternder Vorfälle. Kurz vor Weihnachten 1956 besucht US-Vizepräsident Richard Nixon als amerikanischer Flüchtlingsbeauftragter Andau und macht sich vor Ort ein Bild der Lage. Im Gepäck hat er einen Scheck über 450.000,- US-Dollar für die Flüchtlingshilfe und eine Note von Präsident Eisenhower an die österreichische Bundesregierung – lobende Anerkennung durch die westliche Supermacht für Österreich.

Die Relikte des Kalten Krieges, Warnschilder, Stacheldraht und Wachtürme, sind heute längst verschwunden, dennoch ist hier, in diesem stillen Winkel Österreichs, die Dramatik des Geschehens von damals noch zu spüren. Es ist ein kraftvoller Ort der Erinnerung, zugleich aber auch ein Symbol für das neue, geeinte Europa.

In seinem Roman *Die Brücke von Andau*, der später auch verfilmt wird, zieht James A. Michener Resümee über seine Erlebnisse an der Brücke: „Ein ganzes Buch wäre zu schreiben, um Österreichs Beitrag für die Freiheit im einzelnen zu würdigen. Ich will es bei einem Satz bewenden lassen: Müßte ich je flüchten, so hoffe ich, dass es nach Österreich sein kann.“

1956 eine der wichtigsten „Brücken der Welt“ (James A. Michener): die Brücke von Andau.

7. November 1906

Ein Fortschritt zur endlichen Grundlegung der Demokratie

Das Parlamentsgebäude an der Wiener Ringstraße. Knapp vor 12 Uhr setzt das Abgeordnetenhaus des cisleithanischen k. k. Reichsrates die am 5. November 1906 begonnene Debatte über den Dringlichkeitsantrag des christlichsozialen Abgeordneten Albert Gessmann (1852–1920) betreffend die Wahlrechtsreform fort. Die zwei Galerien sind wie immer mit Zuschauern besetzt, die sich das Spektakel nicht entgehen lassen wollen.

Bereits am ersten Tag hat sich Georg von Schönerer (1842–1921), der „Führer" der Alldeutschen, gegen den Antrag ausgesprochen. Er sei „schamlos" und „deutschfeindlich", da er im Reichstag für eine antideutsche Mehrheit sorgen würde; „Judenpack und Pfaffenpack" würden das Sagen haben und das „entnervte, verpfaffte, korrumpierte, entrechtete, schwachsinnig gemachte deutsche Volk in Österreich" würde „diesen bewussten Schädigern" gleichsam „willenlos" folgen. Schönerer und sein Gefolge stehen mit ihrer Meinung jedoch ziemlich allein da – bei den christlichsozialen und sozialdemokratischen Abgeordneten, aber auch bei den tschechischen und südslawischen Parlamentariern herrscht die Auffassung vor, dass die Wahlrechtsreform nicht weiter verzögert werden dürfe, sei sie doch, wie es der Sozialdemokrat Engelbert Pernerstorfer (1850–1918) formuliert, „ein Fortschritt zur endlichen Grundlegung der Demokratie".

Das Ringen um die Wahlrechtsreform

Der Dringlichkeitsantrag Gessmanns wird „unter fürchterlichem Toben der Alldeutschen" mit 227 gegen 46 Stimmen angenommen; das Ergebnis ruft „stürmischen Beifall und Händeklatschen" hervor; die *Neue Freie Presse* jubelt über dieses überraschend klare Ergebnis: „Die Ziffer sechsundvierzig überschreit allen Lärm und ruft es verständlich ins ganze Reich hinaus: Nichts vermag jetzt mehr die Wahlreform aufzuhalten!"

Nach einer halbstündigen Pause beginnt noch an diesem Tag die „Generaldebatte" über die Wahlreform, in der auch bereits ein mögliches Wahlrecht für die Frauen diskutiert wird. So meint etwa der jungtschechische Abgeordnete Václav Choc: „Wenn Sie beim allgemeinen Wahlrechte auch dem Analphabeten, der das 24. Lebensjahr erreicht hat, das Wahlrecht geben, so können Sie die Frauen doch nicht unberücksichtigt lassen", und führt eine Reihe von berufstätigen Frauen an. Unterstützung findet Choc bei Engelbert Pernerstorfer, der Fichtes Wort von „der Gleichheit all dessen, was Menschenangesicht trägt", zitiert und betont, dass seine Partei „mit aller Entschlossenheit" für die Gleich-berechtigung der Frauen kämpfen werde.

Das neue Wahlrecht, das erstmals gleiche, geheime, direkte und freie Wahlen vorsieht, wird – nach heftigem Ringen um die Wahlkreiseinteilung, bei der sich manche Nationalitäten wie die Kärntner Slowenen stark benachteiligt fühlen – am 1. Dezember 1906 mit 194 gegen 63 Stimmen beschlossen. Das Prokoll vermerkt: „Lebhafter, anhaltender Beifall und Händeklatschen" – den Frauen bleibt das Wahlrecht allerdings noch verwehrt.

8. November 1848

Ich sterbe für die Freiheit!

In den Zellen des *k. k. Militär-Stabsstockhauses* auf der Elendbastei Nr. 199 drängen sich die gefangenen Revolutionäre. Den „besten" Raum des düsteren Gebäudes hat man für zwei „Prominente" reserviert: die beiden Paulskirchen-Abgeordneten Robert Blum und Julius Fröbel. Gemeinsam mit dem liberalen Anwalt Albert Trampusch und dem Dichter Moritz Hartmann waren sie am 17. Oktober in Wien eingetroffen, um den Revolutionären der Kaiserstadt eine Sympathieadresse der demokratischen Fraktion der Nationalversammlung zu überbringen. Robert Blum, Publizist, Verleger und Politiker, der sich „seit Jahren mit unendlicher Energie" (Moritz Hartmann) für die Errichtung einer „deutschen Republik" einsetzt, hatte sich in Wien und seiner „gemütlichen" Revolution sofort in seinem Element gefühlt; am 23. Oktober hatte er im Studentenausschuss eine große Rede über die Bedeutung des revolutionären Kampfes in Wien gehalten und durch markige Worte beeindruckt, zwei Tage später waren er und Fröbel, der vor seiner politischen Karriere als Professor der Mineralogie an der Universität Zürich gelehrt hatte, in das neu gegründete *Corps d'Elite* der Nationalgarde eingetreten; „Hauptmann Blum" wird Kommandeur der ersten Kompanie – in den Kämpfen am 26. und 27. Oktober gegen die Belagerungstruppen von Banus Josip Jellacic beweist er, dass er auch als Soldat seinen Mann zu stellen weiß.

Standgericht über Robert Blum

Nach dem Fall Wiens hatten die vier Frankfurter Abgeordneten vorsichtshalber aus Wien abreisen wollen, sich dabei aber ungeschickt angestellt: Das Ansuchen um Ausreise aus dem besetzten Wien beim *Vorstand der k. k. Central-Commission der Stadt-Commandantur* bewirkt nur, dass dieser, Generalmajor Freiherr von Cordon, auf Blum und Fröbel aufmerksam wird und sie am Morgen des 4. November im Gasthof „Zur Stadt London" verhaften lässt. Da Blum sächsischer Staatsbürger ist, interveniert nach Bekanntwerden seiner Verhaftung der sächsische Außenminister Ludwig von der Pfordten für ihn, auch die Frankfurter Nationalversammlung bemüht sich am nach Kremsier geflüchteten Hof um Unterstützung für Blum – vergeblich.

Es ist gegen sechs Uhr abends, als man Blum an diesem Novembertag vors Standgericht ruft. Die Immunität Blums als Abgeordneter, auf die er gehofft hat, wird von den Militärs bewusst ignoriert; die Entscheidung über das Schicksal des aufrechten Demokraten ist inzwischen woanders gefallen: Der designierte Ministerpräsident Felix Fürst zu Schwarzenberg hat in einem Brief an seinen Schwager Windisch-Graetz, datiert vom 7. November, Blum „zur freiesten Disposition" gestellt, dieser verdiene „Alles". Nach knapp zweistündiger Verhandlung, einer Farce, in der Blum keine Chance hat, sich effizient zu verteidigen, und sich mit verworrenen Anschuldigungen herumschlagen muss, bringt man ihn kurz zurück zu Fröbel, der zum Tode verurteilt, später aber begnadigt wird und Österreich verlassen kann, dann verlegt man ihn in eine Zelle mit drei anderen Gefangenen. Blum ahnt, dass es schlecht um ihn steht.

Robert-Blum-Büste von Mario Petrucci über dem Portal des Robert-Blum-Hofs in der Engerthstraße.

Am nächsten Morgen wecken ihn die Häscher um fünf Uhr. Jetzt erst wird das Urteil des Standgerichts verlesen: Tod durch den Strang, da aber kein „Freimann“ zur Verfügung stehe, werde das Urteil sofort „mit Pulver und Blei durch Erschießen“ vollzogen.

Es bleibt noch Zeit für Abschiedsbriefe an seine Freunde und letzte Worte an seine Frau Jenny: „Mein theures gutes liebes Weib, lebe wohl, wohl für die Zeit, die man ewig nennt, die es aber nicht seyn wird. Erziehe unsere – jetzt nur Deine Kinder zu edlen Menschen, dann werden sie ihrem Vater nimmer Schande machen. Unser kleines Vermögen verkaufe mit Hilfe unserer Freunde. Gott und gute Menschen werden Euch ja helfen. Alles, was ich empfinde, rinnt in Thränen dahin, daher nochmals: leb wohl, teures Weib! Betrachte unsere Kinder als teures Vermächtnis, mit dem Du wuchern mußt, und ehre so Deinen treuen Gatten. Leb' wohl, leb' wohl! Tausend, tausend, die letzten Küsse von Deinem Robert.“

Gemeinsam mit einem Pater Raimund vom Schottenkloster und dem Leutnant Anton Pokorny von einem böhmischen Jägerregiment, der die Hinrichtung leiten wird, besteigt Robert Blum um sechs Uhr den Wagen, der ihn zur Hinrichtungsstätte, dem Schießplatz in der Brigittenau, bringt. Noch einmal wird das Urteil verlesen, Blum lehnt eine Augenbinde ab – „Ich möchte dem Tode frei ins Auge sehen“, sagt er, doch Pokorny besteht wegen der Schützen auf einer Binde, er möchte nicht, dass seine Jäger dem Verurteilten in die Augen sehen müssen. Daraufhin legt sich Blum die Binde selbst an und spricht seine letzten Worte: „Ich sterbe für die Freiheit, möge das Vaterland meiner eingedenk sein.“ Dann kommandiert Leutnant Pokorny „Feuer!“, die Schüsse krachen …

Der Leichnam Robert Blums wird heimlich verscharrt; während man ihn in deutschen Landen als „Freiheitsheiland“ und Märtyrer feiert und ein regelrechter Robert-Blum-Kult entsteht, sorgen die reaktionären Kräfte des Habsburgerstaats dafür, dass ihm kein Denkmal errichtet wird – erst 1919 benennt die sozialdemokratische Stadtverwaltung Wiens die Robert-Blum-Gasse in der Brigittenau nach ihm.

9. November 1938

Schlagt sie tot, die Hunde, lernt ihnen in Dachau die Arbeit!

Die Gräueltaten beginnen in Wien nach acht Uhr morgens, verfolgt werden sie von zahlreichen Zuschauern, die nicht selten die Nazi-Banden auch noch anspornen. So meldet der Sicherheitsdienst aus der Leopoldstadt: „Bei den Ein- und Ablieferungen konnte man die Bevölkerung schwer von Misshandlungen der Juden zurückhalten. Öfters durchbrachen viele, darunter meistens Arbeiter, die Absperrungen und verprügelten die Juden. Man hörte dabei vielfach die Rufe wie ‚Schlagt sie tot, die Hunde, lernt ihnen in Dachau die Arbeit!' und anderes mehr."

Die Reichspogromnacht

Von spontanen „Ausschreitungen", gespeist aus dem „Volkszorn", wie es die NS-Propaganda darstellt, kann dennoch keine Rede sein: Das Pogrom, das in der Nacht vom 9. zum 10. November seinen Höhepunkt erreicht, ist exakt geplant, Überlegungen zu diesen Gewaltmaßnahmen existieren wohl schon seit dem Frühjahr 1938; als Vorwand und unmittelbarer Anlass dient Propagandaminister Joseph Goebbels das Attentat des jungen Juden Herschel Grynszpan auf den deutschen Diplomaten Ernst vom Rath in Paris.

Das „Ausmaß der Gewalt und des Blutvergießens", so hat Evan Burr Bukey gezeigt, ist im Vergleich zu anderen Städten in Wien besonders hoch: Motorisierte Einheiten der SS-Standarten 11 und 89 stecken 42 Synagogen in Brand – verschont wird nur die Synagoge in der Seitenstettengasse – oder werfen Handgranaten in die Bethäuser; 4.038 jüdische Geschäfte werden geplündert, über 6.000 Personen verhaftet, etwa die Hälfte davon deportiert man ins KZ Dachau. Mindestens 27 Menschen werden ermordet und 88 schwer verletzt. Es wird geschlagen, gefoltert und verstümmelt; zum ersten Mal werden jüdische Frauen verhaftet, es kommt zu Vergewaltigungen und sexuellen Übergiffen, so müssen sich Frauen nackt ausziehen oder werden von ihren sadistischen Peinigern zum Geschlechtsverkehr gezwungen.

Geplündert und gemordet wird auch in den Bundesländern: In Innsbruck töten die Nazis Dr. Richard Berger, den Präsidenten der Kultusgemeinde, selbst in kleineren Städten wie Steyr, Amstetten oder Waidhofen an der Ybbs wird die Gewalt gegen „das Judentum ausnahmslos und ohne Vorbehalte gebilligt". Und aus Baden, wo ebenfalls eine Synagoge zerstört wird, meldet ein SD-Beamter, dass „die Operation des heutigen Tages echte Begeisterung" geweckt habe – „ein echter Propagandaerfolg".

Das Novemberpogrom 1938 wird zum Wendepunkt: Von nun an ist allen in Österreich lebenden Jüdinnen und Juden klar, dass Diskriminierung dem NS-Regime nicht genügt – sie befinden sich bereits in Todesgefahr.

Systematischer Terror: Zerstörte Synagoge in Wien.

10. November 1626

Zur genadt wurde ihr der Kopf abgeschlagen

Oft ist es nur ein einziger Satz, der über das Schicksal eines Menschen überliefert ist. Ein Satz, der nüchtern Tatsachen referiert und das Drama dahinter verschweigt. Ein Satz, der nichts wissen will von Schmerz und Leid, vom Unrecht, das im Namen der Obrigkeit der Einzelnen oder dem Einzelnen zugefügt wird. Ein Satz, der wie auf einen Verbrecher gemünzt ist und doch die Richter anklagt.

Die alte Stainwendtnerin

Allgegenwärtiger Aberglaube: „Hexen" beschwören durch Tieropfer ein Hagelunwetter herauf. Holzschnitt von unbekanntem Künstler.

So berichtet der katholische Steyrer Färbermeister Jakob Zetl, der die *Annales Styrenses* von Valentin Preuenhuber fortsetzt, für den November 1626 von der Hinrichtung einer alten Frau wegen „Zauberei": „Den 10. dito *(gemeint ist der 10. November, J. S.)* ist von schloss Steyr eine alda in verhafft gelegene Zauberin also genandt Alte Stainwendtnerin, welche verbrendt solle werden, ausgefüehrt worden, weillen sie aber vom scheitterhauffen erbetten, alss wurde ihr hernach zur genadt in der Freyssing mit dem schwerdt durch den scharpff richter der köpf abgeschlagen." Es ist die Zeit, in der der Kampf gegen die aufständischen Bauern in seine entscheidende Phase geht, am Tag zuvor, dem 9. November 1626, hat Pappenheim die „Rebellen" bei Emling, Gemeinde Alkoven, besiegt, Gefangene hat man bei diesem Gemetzel keine gemacht, da die Bauern sich nicht wehrten wie Menschen, sondern „wie höllische Furien oder wie Büffel, die sich hauen, stechen und schlagen lassen, ohne sich dabei zu rühren." In dieser Welt des Todes zählt das Sterben einer unschuldigen Frau wenig bis gar nichts …

11. November 1918

Der ganze Tag war ein Alptraum

Als Kaiser eines Reiches, das *de facto* nicht mehr existiert, völlig im Stich gelassen von den Männern, die nun ans Ruder kommen sollten, muss Karl I. am 11. November 1918 die Konsequenzen ziehen: Kurz nach 11 Uhr treffen Ministerpräsident Dr. Heinrich Lammasch und Innenminister Paul Ritter von Gayer in Schönbrunn ein. Sie bringen jenen Text zur Unterschrift mit, den sie schon zwei Tage zuvor als „Kompromissformel" angekündigt haben, der jedoch tatsächlich das Ende der habsburgischen Herrschaft besiegelt. In der von Ignaz Seipel, dem Minister für soziale Fürsorge im letzten kaiserlichen Kabinett, formulierten Erklärung verzichtet er auf jegliche Teilnahme an den Regierungsgeschäften und anerkennt jede Entscheidung über die neue Staatsform, formal dankt er jedoch nicht ab, auch von einem Thronverzicht ist nicht die Rede – diese letzte Schmach soll dem glücklosen Nachkommen einer langen Reihe ruhmreicher Herrscher erspart bleiben.

Der Thronverzicht Kaiser Karls

Die beiden „in höchster Erregung" befindlichen Minister drängen auf eine rasche Unterschrift; Heinrich Lammasch verliert dabei, wie Baron Karl Werkmann, der Sekretär und engste Vertraute des Kaisers später in seinen Erinnerungen berichten wird, vollkommen die Fassung: „Schwer atmend brachte er ab und zu hervor: ‚Jawohl, es muss sein. Ich brauche das Papier sogleich. Ich bitte um die Unterschrift.'" Die beiden Männer verfolgen geradezu „den Kaiser wie in einer Panik von Zimmer zu Zimmer". Man wolle das „Manifest" bereits um drei Uhr nachmittags veröffentlichen, davor müsse es noch in der Staatsdruckerei gedruckt werden; Innenminister Gayer weist darauf hin, dass bald „in Massen Arbeiter vor Schönbrunn" auftauchen könnten, dann wären „Eure Majestät selbst und die allerhöchste Familie" verloren. Karl zögert, er bittet um etwas Zeit, er müsse den Text des Dokuments erst studieren. Lammasch und Gayer gestehen ihm ein paar Minuten Ruhe in seinem Arbeitszimmer zu; Karl liest den Text und stellt einige Fragen an seinen Sekretär Werkmann, dann ruft man noch die Kaiserin, auch sie soll das „Manifest" lesen. Zita missversteht das Dokument zunächst und glaubt, dass eine Abdankung verlangt werde. Sie protestiert heftig: „Ein Herrscher kann niemals abdanken, er kann abgesetzt und seine souveränen Rechte für erloschen erklärt werden. Nun gut. Das ist eben Gewalt. Aber abdanken – niemals, niemals, niemals! Ich will lieber an deiner Seite fallen, dann ist immer noch Otto da; und selbst wenn wir alle hier getötet werden, so gibt es immer noch andere Habsburger."

Lammasch und Gayer drängen wieder auf die Unterschrift, doch Karl braucht noch Zeit. Zusammen mit der Kaiserin und Baron Werkmann zieht er sich ins sogenannte „Porzellanzimmer" zurück. Nochmals wird der Text durchbesprochen, jetzt versteht auch Zita, dass es sich um einen freiwilligen Verzicht auf die Ausübung der Regierungsgeschäfte handelt. Werkmann plädiert für die Unterschrift, denn, so sein Argument, das Dokument lasse der Dynastie für die Zukunft alle Wege

Seit Meiner Thronbesteigung war Ich unablässig bemüht, Meine Völker aus den Schrecknissen des Krieges herauszuführen, an dessen Ausbruch Ich keinerlei Schuld trage.

Ich habe nicht gezögert, das verfassungsmäßige Leben wieder herzustellen, und habe den Völkern den Weg zu ihrer selbständigen staatlichen Entwicklung eröffnet.

Nach wie vor von unwandelbarer Liebe für alle Meine Völker erfüllt, will Ich ihrer freien Entfaltung Meine Person nicht als Hindernis entgegenstellen.

Im voraus erkenne Ich die Entscheidung an, die Deutschösterreich über seine künftige Staatsform trifft.

Das Volk hat durch seine Vertreter die Regierung übernommen. Ich verzichte auf jeden Anteil an den Staatsgeschäften.

Gleichzeitig enthebe Ich Meine österreichische Regierung ihres Amtes.

Möge das Volk von Deutschösterreich in Eintrac[h]t und Versöhnlichkeit die Neuordnung schaffen und befestigen. Das Glück Meiner Völker war von Anbeginn das Ziel Meiner heißesten Wünsche.

./.

Die „Verzichtserklärung“ Kaiser Karls besiegelt das Ende der habsburgischen Herrschaft.

offen, heute aber regiere „der Irrsinn“. Kaiser Karl kann sich dieser Argumentation nicht verschließen, nimmt einen metallenen Bleistift und setzt sorgfältig eine klare Signatur unter das Dokument – ein Wort, „Karl“, mit dem alles zu Ende ist: 640 Jahre glanzvolle Herrschaft Habsburgs sind Vergangenheit. Werkmann bringt das Papier zu Lammasch und Gayer, die es im „Blauen Salon“ übernehmen und damit sofort in die Stadt zurückfahren.

„Der ganze Tag war ein Alptraum“, wird sich Kaiserin Zita später erinnern; am Nachmittag kommen zahlreiche Besucher ins Schloss, um sich zu verabschieden und „dem Kaiser ihre Treue zu bekunden“. Auf diesen wartet noch eine allerletzte Amtshandlung: Um 14 Uhr ist Heinrich Lammasch wieder zur Stelle, diesmal mit allen Mitgliedern der letzten kaiserlichen Regierung, die nun von Karl entlassen werden müssen. Lammasch hält eine kurze Abschiedsrede und kann dabei seine Tränen nicht unterdrücken; Karl, der tapfer Haltung bewahrt, weiß auch in der Stunde des Untergangs, was seinen Ex-Ministern Freude macht: Ein letztes Mal verteilt er Orden und Titel.

Noch am selben Tag zieht Karl mit seiner Familie von Schönbrunn in das Schloss Eckartsau im Marchfeld um. Um 18.30 Uhr versammeln sich jene Mitglieder des Hofstaats, die zurückbleiben müssen, im Zeremoniensaal. Das Kaiserpaar führt seine Kinder auf die Tribüne der Schlosskapelle, um mit ihnen gemeinsam ein Gebet zu sprechen – es ist eine einzige inständige Bitte, die vorgebracht wird: „Gott möge uns eines Tages hierher zurückführen …“

12. November 1918

Zusammenstehen in den Monaten der höchsten nationalen, politischen und wirtschaftlichen Not

Während sich in Schloss Schönbrunn nach dem Auszug des Kaisers Stille ausbreitet und das Schloss selbst bereits „ein Anachronismus, eine Erinnerung an eine andere Welt“ (Gordon Brook-Shepherd) zu sein scheint, demonstrieren seit den Mittagsstunden vor dem Parlament Zehntausende von Menschen für die Republik. Mit dabei auch Einheiten der „Roten Garde“ unter der Führung der beiden Oberleutnants Egon Erwin Kisch und Peter Waller sowie eine Heimkehrerkompanie und das Deutschmeister-Volkswehrbataillon. Die Rotgardisten haben ihre Waffen mit und scharfe Munition; Floridsdorfer Arbeiter hissen ein Transparent mit der Aufschrift: „Hoch die sozialistische Republik!“

Um 15 Uhr tritt die Provisorische Nationalversammlung im Parlament zu ihrer ersten Sitzung im neuen Staat zusammen, auf der Tagesordnung steht die Verabschiedung des bereits am Vortag angenommenen Gesetzesentwurfes „über die Staats- und Regierungsform von Deutschösterreich“. Der christlichsoziale Abgeordnete Wilhelm Miklas, später Bundespräsident, erklärt, dass seine Partei lieber eine Volksabstimmung über die neue Regierungsform abgehalten hätte, man wolle aber die „Einigkeit in diesem geschichtlichen Augenblick“ nicht stören. Miklas stört vor allem Artikel 2 des Gesetzesentwurfes, der vom Sozialdemokraten Karl Renner ausgearbeitet worden ist. Hier heißt es: „Art. 2: Deutschösterreich ist ein Bestandteil der deutschen Republik.“ Der Artikel I lautet: „Deutschösterreich ist eine demokratische Republik, alle öffentlichen Gewalten werden vom Volk eingesetzt“, eine Formulierung, die schließlich in etwas abgewandelter Form auch in die Bundesverfassung vom 1. Oktober 1920 eingehen wird: „Österreich ist eine demokratische Republik, ihr Recht geht vom Volk aus.“

Die Ausrufung der Republik „Deutschösterreich“

Der Gesetzesentwurf wird einstimmig verabschiedet; um 15.55 Uhr tritt der Deutschnationale Franz Dinghofer, einer der drei gleichberechtigten Präsidenten der Nationalversammlung, auf die Rampe des Parlaments und gibt hier vor den versammelten Menschenmassen mit lauter Stimme den beschlossenen Gesetzestext über die Gründung der „Republik

Der Beginn einer neuen Ära: die Ausrufung der Republik am 12. November 1918.

Deutschösterreich" bekannt. Kaum hat Dinghofer geendet, stürzen sich einige Rotgardisten auf die Parlamentsdiener, die eben im Begriffe sind, die neuen rot-weiß-roten Fahnen zu den Fahnenstangen zu bringen, nehmen ihnen diese ab, reißen die weißen Mittelstreifen heraus, knüpfen die roten „Fetzen" zusammen und ziehen diese unter Jubelgeschrei die Fahnenstangen hoch. Karl Seitz und Karl Renner, die ebenfalls auf die Rampe gekommen sind, versuchen vergeblich, sich Gehör zu verschaffen.

Im allgemeinen Trubel ergreift der Kommunist Karl Steinhardt, Mitbegründer der KPÖ, das Wort, er verliest einen Aufruf zur Bildung einer Arbeiter- und Bauernregierung in einer „Sozialen Republik", angeblich befiehlt er sogar, die Regierung und die Abgeordneten zu verhaften – da fällt plötzlich ein Schuss, abgefeuert von unbekannter Hand. Jetzt verliert ein Teil der Rotgardisten die Nerven und eröffnet das Feuer auf das Parlamentsgebäude, in dem die Abgeordneten inzwischen die Rollbalken heruntergelassen haben; Gewehrkolben hämmern gegen die Parlamentstore. Die Massen an der Ringstraße geraten in Panik, versuchen den Volksgarten entlang zu fliehen, im Gedränge werden zwei Menschen getötet und 40 verletzt.

Inzwischen ist eine zweite „kommunistische Aktion" angelaufen: Um 17.15 Uhr besetzen Rotgardisten und Deutschmeister-Volkswehr das Redaktionsgebäude der *Neuen Freien Presse* in der Fichtegasse, ein Flugblatt wird gedruckt, in dem es heißt: „Vor dem Parlamentsgebäude wurde heute Nachmittag die soziale Republik ausgerufen ... In Ausführung dieses Beschlusses der Kommunistischen Partei wurde heute Nachmittag das Redaktionsgebäude der ‚Neuen Freien Presse' durch Volkswehr und Rote Garde besetzt" – Indiz dafür, dass von Seiten der KPÖ tatsächlich ein „Putsch" versucht werden sollte; er scheitert jedoch kläglich. Die Rotgardisten stellen das Feuer ein und ziehen ab, nachdem ihnen Karl Seitz und Julius Deutsch ehrenwörtlich versichert haben, dass sich keine Waffen im Parlamentsgebäude befinden. Auch die Rotgardisten in der Redaktion der *Neuen Freien Presse* erkennen, dass die „Aktion" misslungen ist; in einem zweiten Flugblatt versuchen sie ihre ursprünglichen Absichten zu verschleiern: „Wir haben Euch gezeigt, dass es nur an Euch liegt, die ganze politische und wirtschaftliche Macht sofort in Eure Hände zu nehmen."

Die Republik hat ihren ersten kritischen Tag überstanden; für eine Revolution nach russischem Vorbild fehlen Wucht und Geschlossenheit der Arbeiterschaft. Die Provisorische Nationalversammlung selbst meldet sich mit einem Aufruf an das „Deutschösterreichische Volk" zu Wort, in dem es unter anderem heißt: „Bürger, Bauern und Arbeiter haben sich zusammengetan, um das neue Deutschösterreich zu begründen. Bürger, Bauern und Arbeiter sollen in den nächsten Monaten der höchsten nationalen, politischen und wirtschaftlichen Not zusammenstehen, einander bereitwilligst helfen und das Volk vor dem Untergang bewahren. Nach wenigen Monaten, so hoffen wir, kehrt in der Welt und kehrt in Deutschösterreich das normale Leben wieder."

13. November 1595

Sie sollen hängen wie die Birnen!

In Oberösterreich, dem Land der Bauernaufstände, brechen im Herbst 1594 Unruhen aus; es beginnt der „Zweite Oberösterreichische Bauernkrieg". Ursache dafür sind die Lasten, die den Bauern im Gefolge des Krieges gegen die Türken aufgebürdet werden – höhere Steuern und Zwangsrekrutierung –, aber auch konfessionelle Motive spielen eine Rolle. Der Aufstand beginnt mit der Vertreibung des katholischen Pfarrers durch evangelische „Untertanen" in St. Peter am Wimberg und erfasst bald weite Teile des Landes, ja, es wird der Ruf nach der „schweizerischen Freiheit" laut. Georg Erasmus von Tschernembl, der Wortführer der Stände in Oberösterreich, ein Calvinist, räumt in einem Gutachten *wie der Bauern aufruhr im Land ob der Enns bald zu legen* ein, dass die Beschwerden der Bauern zu einem gewissen Teil berechtigt seien, und gibt die Schuld den Pfarren – sie würden durch ihre überzogenen gegenreformistischen Maßnahmen die Bauern provozieren. Gewaltanwendung gegen die Obrigkeit sei aber nicht zulässig, die Bauern dürften ihre Rechte nur auf friedlichem Weg suchen und nicht „auf die Faust setzen". Tschernembl sieht aber auch bei seinen Standesgenossen, den Adeligen, manche Missstände.

Da sich die Aufstandsbewegung weiter ausbreitet, bleibt den evangelischen Ständen nichts anderes übrig, als gegen die evangelischen Bauern eine kleine Streitmacht ins Feld zu stellen: 400 Mann unter Weikhard von Polheim rücken aus, um die Aufrührer zur Räson zu bringen. Kriegsschauplatz ist das Hausruckviertel, damals – noch ist das Innviertel nicht bei Oberösterreich – ein Grenzland. Beim Dorf Kledt, unweit von Neumarkt im Hausruckkreis, treffen die Reiter Weikhards am 13. November 1595 auf einen Bauernhaufen, etwa 1.000 bis 2.000 Mann stark, und erleiden eine schwere Niederlage. Jetzt wird die Konfession hintangestellt: Herren und Ritter verbünden sich mit den katholischen Prälaten, gemeinsam rüstet man ein größeres Heer aus, das von Gotthard von Starhemberg geführt wird – es beginnt eine blutige „Strafexpedition", bei der Starhemberg 27 Bauern nach Kriegsrecht hinrichten lässt, sein Befehl: Sie sollen hängen wie die Birnen!

Die Schlacht bei Kledt

Starhemberg, dem vorgeworfen wird, sich auch persönlich an den von den Bauern erpressten „Brandschatzungsgeldern" bereichert zu haben, muss sich dafür vor den Ständen verantworten; die noch ebenden Anführer der Bauern werden hingerichtet. In einer „Interimsresolution" vom 6. Mai 1597 begrenzt Kaiser Rudolf II. zwar die Zahl der zu leistenden Robottage auf 14 pro Jahr, die Spannungen unter der bäuerlichen Bevölkerung bleiben aber bestehen, ein nächster Konflikt *(siehe 16. Mai)* naht …

14. November 1922

Eine Notenbank für die Republik

Der Friedensvertrag von St. Germain 1919 sieht auch die Liquidation der Österreichisch-ungarischen Bank vor. Es fehlt der Republik daher eine eigene Notenbank. Bevor jedoch eine solche gegründet werden kann, muss der österreichische Staatshaushalt geordnet werden. Diese Voraussetzung schaffen die Genfer Protokolle *(siehe 4. Oktober)*. Österreich erhält auf 20 Jahre eine Völkerbundanleihe von 650 Millionen Goldkronen, um die Hyperinflation nach dem Ersten Weltkrieg mit der Einführung des Schillings *(siehe 20. Dezember)* zu beenden. Der Staat verpflichtet sich als Gegenleistung dazu, unabhängig zu bleiben. Ein „Anschluss" an Deutschland ist Österreich damit verboten.

Mit dem Bundesgesetz vom 14. November 1922, das eine Abänderung und Ergänzung des Bundesgesetzes vom 24. Juli 1922 darstellt, werden die Satzungen des neu gegründeten Noteninstituts mit dem altehrwürdigen Namen „Österreichische Nationalbank", kurz OeNB, festgelegt. Die Bezeichnung „Österreichische Nationalbank" greift zurück auf den Namen der ersten österreichischen Bank mit Notenprivileg, die durch zwei kaiserliche Patente im Jahre 1816 begründet wird.

Die Gründung der Österreichischen Nationalbank

Die Satzungen der neuen OeNB erfüllen die vom Völkerbund aufgestellten Bedingungen und legen die absolute Unabhängigkeit von staatlicher Kreditanspruchnahme sowie eine selbstständige Verwaltung fest. Weder der Bund noch die Länder noch die Gemeinden dürfen Papiergeld ausgeben. Die allgemeinen Bestimmungen sehen vor, dass die Österreichische Nationalbank eine Aktiengesellschaft ist, die ihm Rahmen dieser Satzungen die Aufgabe hat, auf dem Gebiet der Republik Österreich den Geldumlauf zu regeln, die Zahlungsausgleichungen zu erleichtern und für die Nutzbarmachung von verfügbarem Kapital zu sorgen. Vor allem jedoch hat sie für die Aufnahme der Barzahlungen (Einlösen der Banknoten in Metall) durch Ansammlung von Edelmetall und auf wertbeständige Währungen lautenden Guthaben (Devisen) vorzubereiten und nach gesetzlicher Aufnahme der Barzahlungen deren Aufrechterhaltung zu sichern. Im Artikel 2 wird festgehalten, dass die Bank ihr Geschäft unter der Firma „Österreichische Nationalbank" betreibt und in ihrem Siegel das Wappen der Republik führt.

Das Gebäude der Österreichischen Nationalbank am Otto-Wagner-Platz in Wien.

15. November 1136

Der Landespatron von Österreich

Was genau an diesem 15. November des Jahres 1136 passiert, ist unbekannt. Die Quellen sprechen von einem „Jagdunfall", dem der etwa 60-jährige Herrscher über das Land der Babenberger zum Opfer fällt. Ob Sauhatz oder Hirschjagd, ob ein verirrter Pfeil oder ein Reitunfall – die Umstände bleiben im Dunklen. Besser Bescheid weiß man über die Grundlagen des Aufstiegs von Leopold II.: Da ist vor allem sein spektakulärer Verrat am Kaiser im September 1105. Als sich Heinrich IV. und sein Sohn, der spätere Kaiser Heinrich V., am Fluss Regen in der Oberpfalz zur Schlacht gegenüberstehen, verlässt Leopold III. das Lager des Salierkaisers und zieht zusammen mit seinem Schwager, dem Böhmenherzog Borivoj, ab; Heinrich IV. muss „heimlich und nur mit wenigen Männern" fliehen. Eine „flexible" Haltung, wie die österreichische Geschichtsschreibung später meinen wird, die sich bezahlt macht: 1106 kann Leopold zum Dank für seinen Gesinnungswandel die Schwester Heinrichs V., Agnes von Waiblingen, als zweite Gattin heimführen; mit einem Schlag rücken er und seine Familie damit in die erste Reihe des Reiches auf; durch eine „wenig engagierte Politik" (Heide Dienst), die große Auseinandersetzungen meidet, versteht er es, sich beliebt zu machen und „sein Land" innerhalb des Reichsverbands zu stärken, nicht zuletzt auch durch das Einziehen des Besitzes von ausgestorbenen Geschlechtern. Durch die Gründung der Klöster Klosterneuburg (1114), Heiligenkreuz (1133) und Klein-Mariazell (1136) sorgt er für den weiteren Aufstieg der Kirche und die Ausbreitung klösterlicher Bildung; seine Regierungszeit wird „zum Symbol für das Land, für eine gerechte Herrschaft, für die Versöhnung von Gegensätzen" (Heide Dienst).

Österreichs Landespatron: Markgraf Leopold III., der Heilige. Detail vom Babenberger-Stammbaum im Stiftsmuseum des Chorherrenstifts Klosterneuburg.

Der heilige Leopold

Nach seinem Tod bezeichnet man Leopold zunächst als „den Frommen"; sein Grab in Klosterneuburg wird zur Pilgerstätte, es geht die Legende, dass sich hier immer wieder Wunder ereignen. 1339 wallfahrtet auch der Habsburgerherzog Albrecht II., „der Lahme", hierher, der 1355 mit ersten Bemühungen um eine Heiligsprechung Leopolds beginnt. Ein Jahrhundert später, am 6. Januar 1458, wird der fromme Markgraf schließlich von Papst Innozenz VIII. heiliggesprochen; sein Todestag wird zu seinem Gedenktag. 1663 erklärt ihn Kaiser Leopold I. zum Landespatron von Österreich ob und unter der Enns.

16. November 1848

Das Terrorgericht der Reaktion

Cäsar Wenzel Messenhauser (1813–1848), der Sohn eines Regimentsmusikers und einer Taglöhnerin im mährischen Proßnitz, ist, wie Constant von Wurzbach in seinem *Biographischen Lexikon des Kaiserthums Österreich* schreibt, ein „Autodidakt im strengsten Sinne des Wortes", ein Mann „mit einem außerordentlichen Gedächtnisse und mit einer eisernen Willenskraft", den es „immer und immer zu neuen Studien und Arbeiten" drängt. Mit 16 Jahren tritt er in den Militärdienst ein, mit 19 Jahren wird er zum Korporal, mit 20 zum Fähnrich befördert, außerhalb der Dienstzeit schreibt er eine zehnbändige Geschichte des Altertums und das Trauerspiel *Demosthenes*, das 1841 zum Druck befördert wird. Bei den Recherchen zu einem Buch über die „Geheimnisse von Wien" nach dem Vorbild von Eugène Sues Welterfolg *Geheimnisse von Paris* kommt der junge schwärmerische Idealist, der ab 1839 bei den Hoch- und Deutschmeistern in Wien dient, erstmals mit den „Zuständen des niederen Volkes" in der Großstadt in Berührung, er besucht Werkstätten, Wohnungen von Fabriksarbeitern, Bier- und Weinschenken – es wächst seine revolutionäre Gesinnung.

Die Erschießung Messenhausers

Zum Oberleutnant avanciert, wird er 1847 nach Lemberg versetzt, wo er im März 1848 den Auftakt zur Revolution erlebt und sich an der Aufstellung einer Nationalgarde beteiligt, Anfang April nimmt er seinen Abschied und geht nach Wien. Hier schließt er sich den Demokraten um Hermann Jellinek und Alfred Julius Becher an; am 12. Oktober 1848 wird er zum „Oberkommandanten" der Nationalgarde gewählt. Als am 29. Oktober die Truppen von Fürst Windischgrätz bis zur Inneren Stadt vordringen, willigt Messenhauser wegen Lebensmittel- und Munitionsmangel in die Kapitulation ein; als jedoch das Herannahen eines ungarischen Heeres bekannt wird, nehmen die Revolutionäre noch einmal den Kampf auf, am 31. Oktober wird Wien daraufhin im Sturm genommen.

Messenhauser, der sich freiwillig stellt, wird „stellvertretend für jene nicht geringe Zahl ehemaliger Offiziere, die sich auf die Seite der Revolution gestellt hatten" (Wolfgang Häusler), von einem Standgericht zum Tode verurteilt und am 16. November, um acht Uhr früh, im Wiener Stadtgraben erschossen.

Die standrechtliche Erschießung Cäsar Wenzel Messenhausers im Wiener Stadtgraben. Kolorierte Lithographie, 1849.

17. November 1963

Verbinde in Frieden und Freiheit die Völker Europas

Es ist ein sonniger Spätherbsttag, strahlend blauer Himmel wölbt sich über die Tiroler Bergwelt. An die 30.000 Menschen sind ins Wipptal gekommen, um zusammen mit zahlreichen prominenten Ehrengästen, unter ihnen Tirols neuer Landeshauptmann Eduard Wallnöfer, die Eröffnung der Europabrücke zu feiern. Bundeskanzler Alfons Gorbach persönlich durchschneidet das Band und gibt das gigantische Brückenbauwerk, ein Herzstück der neuen Brenner-Autobahn A13 und zu diesem Zeitpunkt mit 190 Metern Höhe die höchste Brücke Europas, für den Verkehr frei. Der Wunsch des Kanzlers an den imposanten, 820 Meter langen Talübergang: „Verbinde in Frieden und Freiheit die Völker Europas."

Ursprünglich ist in den seit 1957 laufenden Planungen für die Brenner-Autobahn kein derart gewaltiger Brückenbau vorgesehen, eine Bürgerinitiative in der Gemeinde Schönberg, die sich mit der Brücke einen größeren Zustrom von Touristen erwartet, führt jedoch zu einem Umdenken – am 25. April 1959 können Wallnöfers Vorgänger Hans Tschiggfrey und Fritz Bock, der Bundesminister für Handel und Wiederaufbau, den Spatenstich vornehmen. In der Folge setzt rege Bautätigkeit ein: 55.000 Kubikmeter Erde und Fels werden bewegt, 70.000 Kubikmeter Beton fließen in die mit 6.000 Tonnen Stahl bewehrten Schalungen. Fünf Stahlbetonpfeiler wachsen in den Himmel, am höchsten wird der mittlere mit 146,5 Metern; die 657 Meter lange Hauptbrücke selbst ist eine Stahlkonstruktion mit 7,7 Meter hohem und 10 Meter breitem Hohlkasten. 22 Arbeiter und Ingenieure kommen während des Baus ums Leben; nur eine moderne Legende ist allerdings die Überlieferung, dass die verunglückten Kameraden beim Bau der Pfeiler nicht geborgen werden konnten, da die Statik gefährdet gewesen wäre.

Zum Zeitpunkt der Eröffnung die höchste Brücke Europas: die Europabrücke.

Die Eröffnung der Europabrücke

1984 wird die Europabrücke auf 24,6 Meter verbreitert und mit einem Gehsteig in jeder Fahrtrichtung versehen; Tag für Tag rollen etwa 40.000 Fahrzeuge über sie hinweg; der internationale Nord-Süd-Transitverkehr ist ohne Europabrücke nicht mehr vorstellbar.

18. November 1364

Drei Brüder beschwören die Einheit Österreichs

Nach seinem großen Erfolg, der Erwerbung Tirols 1363 (siehe 29. September), kann Herzog Rudolf IV., der Stifter, stolz an den Dogen von Venedig schreiben, dass nun alle Wege von Deutschland nach Italien in seiner Hand seien. Sein Wunsch ist es, dass der nun geschaffene Machtkomplex im Ostalpenraum ungeteilt bleibt. Da seine Ehe mit Katharina von Luxemburg, wie sich immer deutlicher abzeichnet, kinderlos bleiben wird, drängt der 26-jährige Herrscher auf eine neue „Hausordnung" – am 18. November 1364 wird dieser Familienvertrag in Wien gemeinsam mit seinen jüngeren Brüdern, dem 14-jährigen Albrecht (1350–1395) und dem 13-jährigen Leopold (1351–1386), besiegelt. Er sieht eine neue Regelung der Erbfolge vor: Die habsburgischen Länder sind gemeinsamer Besitz aller Brüder, für den ältesten Brüder gelten jedoch bestimmte Vorrechte, er entscheidet in den Bereichen Außenpolitik, Hofhaltung, Belehnung von Lehensträgern und Verträgen mit anderen souveränen Fürsten. Es darf keine Teilung der Länder erfolgen.

Die Rudolfinische Hausordnung

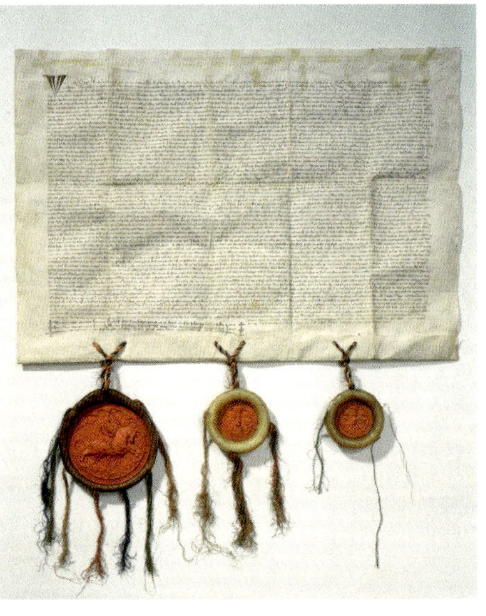

Nach Rudolfs überraschend frühem Tod am 27. Juli 1365 in Mailand regieren Albrecht III. und Leopold III. noch bis 1379 im Sinne der „Hausordnung" gemeinsam; schließlich fordern die wachsenden Konflikte zwischen den beiden ungleichen Brüdern doch eine Teilung der Herrschaft *(siehe 25. September)*; eine Schwächung der habsburgischen Machtstellung in Mitteleuropa ist die Folge.

19. November 1820

Metternich und die Angst vor dem Aufruhr

Troppau in Mährisch-Schlesien, heute Opava, ist als Treffpunkt ein Kompromiss, dem sich die gekrönten Häupter der „Heiligen Allianz" gerne beugen. Zar Alexander I. kommt mit seinem griechischen Außenminister Ioannis Kapodistrias, Kronprinz Friedrich Wilhelm, der seinen Vater Friedrich Wilhelm III. vertritt, wird vom erfahrenen Diplomaten Karl August von Hardenberg begleitet und Kaiser Franz I. von Staatskanzler Metternich, dem „Kutscher Europas"; Frankreich und Großbritannien sind durch Gesandte vertreten. Unmittelbarer Anlass für die Zusammenkunft ist die Entwicklung im Königreich beider Sizilien: In Neapel hat eine bürgerliche Revolution begonnen; auch in Portugal und Spanien, so befürchtet man, könnte es zu einem „Umsturz" kommen. Dagegen setzt nun Metternich auf eine Politik der totalen Unterdrückung: Wenn das Europa des Wiener Kongresses Bestand haben soll, darf man es erst gar nicht zu diesen „Umstürzen" kommen lassen – die Folgen der Revolution in Frankreich hat man noch in bester Erinnerung.

Der britische Gesandte protestiert zwar heftig – die gekrönten Häupter der „Heiligen Allianz" lassen sich jedoch nicht beirren: Die Monarchen aus Österreich, Russland und Preußen unterzeichnen ein Protokoll, in dem sie für sich das zweifelhafte Recht festschreiben, bei aufkeimenden Revolutionen in anderen Ländern von außen zu intervenieren und diese zu unterdrücken – wieder einmal setzt sich Staatskanzler Metternich mit seiner repressiven Politik durch. Am liebsten würde er die österreichischen Truppen sofort marschieren lassen, etwa gegen das Königreich beider Sizilien, wo die Carbonari schon antihabsburgische Parolen schmettern.

Der Troppauer-Fürstenkongress

Am 26. Januar 1821 wird man auf dem Kongress in Laibach weiterberaten; jetzt ist Mettrenich nicht mehr zu halten: Er gibt seiner Polizei Anweisung zur Verhaftung von „wirklichen oder angeblichen" Revolutionären in Lombardo-Venetien und lässt diese in Hochverratsprozessen aburteilen; unter den Verurteilten sind auch der Schriftsteller Silvio Pellico und der mailändische Adelige Graf Federico Confalonieri, die beide jahrelang auf dem Spielberg in Brünn, dem „Gefängnis Europas", eingekerkert werden. Pellicos Bericht über seine Kerkerzeit in Brünn, *Meine Gefängnisse*, wird zu einem der wichtigsten Werke des *Risorgimento* und von einer europaweiten Leserschaft mit Begeisterung gelesen.

20. November 1979

Eine geistig-religiöse Heimstätte für die Muslime

Es ist der Neujahrstag im islamischen Kalender: Am 20. November 1979 wird am Bruckhaufen in Wien-Floridsdorf das neue Islamische Zentrum mit der ersten Moschee in Österreich eröffnet. Bundespräsident Rudolf Kirchschläger, Bundeskanzler Bruno Kreisky und Wiens Bürgermeister Leopold Gratz sind erschienen; die islamische Seite repräsentiert der saudiarabische Unterrichtsminister Afiz Al-Kuwaiter. Man bewundert die große Moschee, die einen Kuppeldurchmesser von 20 Metern aufweist, und das 32 Meter hohe Minarett, die Koranschule mit Bibliothek und den Festsaal.

Die erste Moschee in Österreich

Bürgermeister Leopold Gratz verweist in seiner Eröffnungsrede darauf, dass die Pläne für den Bau einer solchen religiösen Stätte schon fast 200 Jahre alt seien und dass die europäische Kultur zum großen Teil auf Grundlagen beruhe, die von den arabischen Völkern geschaffen wurden, wie etwa in der Architektur, der Mathematik, der Astronomie und der Landwirtschaft. Den Bau der Moschee bezeichnet er als Symbol dafür, dass die Stadt Wien allen Menschen, die hier leben und arbeiten, eine gastliche und freundliche Heimstatt sein möchte.

Den Grundstein für das Islamische Zentrum, das von einer eigenen Stiftung verwaltet wird, legen die Botschafter acht islamischer Staaten bereits im Jahre 1968 – dann passiert allerdings aus Geldmangel jahrelang rein gar nichts. Erst eine großzügige Spende des saudiarabischen Königs Faisal bin Abdulaziz bringt 1975 das Projekt wieder in Gang. Die Ausschreibung für die Errichtung gewinnt der bekannte Wiener Baumeister Richard Lugner, der daraufhin seine Lastwagen mit der Aufschrift „Wir bauen nicht nur Moscheen" versehen lässt.

Mit diesem Bauwerk erhalten 17.000 Muslime, 15.000 Gastarbeiter und 2.000 muslimische Studenten, die zu diesem Zeitpunkt in Wien leben, eine geistig-religiöse Heimstätte.

Bereits 1782 ermöglicht das Toleranzpatent Kaiser Josephs II. *(siehe 13. Oktober)* dem Islam ein eigenes Gebetshaus, die geforderte Voraussetzung: Die Schar der Gläubigen muss mindestens hundert Familien umfassen. Die Pläne für eine Moschee stehen sogar unmittelbar vor der Verwirklichung, warum sie nicht zur Ausführung gelangen, ist unbekannt. 1912 wird der Islam in Österreich-Ungarn als eigene Religionsgemeinschaft anerkannt.

Islamisches Zentrum am Bruckhaufen in Floridsdorf: Zwei Moscheen und eine Koranschule stehen hier den Gläubigen zur Verfügung.

21. November 1916

Morgen früh um halb vier Uhr!

Das achtundsechzigste Regierungsjahr Kaiser Franz Josephs nähert sich seinem Ende, nur mehr wenige Tage fehlen bis zum 2. Dezember, dem Tag der Thronbesteigung. Am Abend des 19. November haben sein Leibarzt Dr. Josef Kerzl und Professor Dr. Norbert Ortner einen „entzündlichen Herd" in der Lunge festgestellt; der körperliche Verfall des greisen Monarchen ist offensichtlich. Dennoch beginnt der Kaiser diesen 21. November wie immer: Er steht um halb vier Uhr früh auf und begibt sich nach dem Frühstück zu seinem Schreibtisch; das Fieberthermometer zeigt 38,1 Grad. Die Ärzte sind einigermaßen zufrieden. Um zehn Uhr empfängt er Generaloberst Arthur Bolfras, den Chef der kaiserlichen Militärkanzlei, zum Vortrag; dann erkundigen sich Tochter Marie Valerie und Enkelin Elisabeth nach seinem Befinden. Weihbischof Ernst Seydl überbringt den päpstlichen Segen, der Kaiser beichtet und empfängt die Kommunion. Um halb zwölf Uhr mittags erscheinen Karl und Zita, das Thronfolgerpaar: Franz Joseph gewährt ihnen nur wenige Minuten, erklärt, dass er zum Kranksein „keine Zeit" habe.

Die Schreckensnachricht kommt nach dem Mittagessen: Dr. Kerzl meldet Marie Valerie, dass er den Kaiser zusammengesunken auf seinem Sessel vor dem Schreibtisch gefunden habe, das Fieberthermometer zeige 39,5 Grad. Franz Joseph erholt sich aber wieder etwas und beginnt neuerlich zu arbeiten – um 16 Uhr setzt er seine letzte Unterschrift unter ein Aktenstück.

Der Tod von Kaiser Franz Joseph

Ein düsterer Novembertag, zugleich das Ende einer Epoche: das Begräbnis Kaiser Franz Josephs am 30. November 1916.

Nach dem Diner um 18 Uhr spricht er noch einmal mit Marie Valerie; zwei Stunden vor der gewohnten Zeit bringt man ihn, hoch fiebernd, zu Bett. Sein Bewusstsein beginnt sich zu trüben; wie Biograf Conte Corti berichtet, weiß Franz Joseph nicht mehr, wo das Kopfende seines Bettes ist. Als ihn Kammerdiener Eugen Ketterl jedoch nach einem letzten Befehl fragt, sagt Franz Joseph „bestimmt und laut": „Morgen früh um halb vier Uhr!"

Eine Koffein-Injektion, die seine Herztätigkeit anregen soll, hilft nicht mehr. Um 20.30 Uhr wird der Hofburgpfarrer gerufen, um ihm die Letzte Ölung zu spenden. Marie Valerie hält das Sterbekreuz an die Lippen ihres Vaters. Ein letztes Mal wird er von einem schweren Hustenanfall geschüttelt, dann werden seine Atemzüge immer ruhiger und leiser.

Franz Joseph I., der Kaiser von Österreich, König von Böhmen und Ungarn, stirbt um 21.05 Uhr in Schloss Schönbrunn.

22. November 1805

Anton Sartory, ein Held der Heimat

Der „Dritte Koalitionskrieg" gegen Napoleon Bonaparte neigt sich seinem Ende zu; auf der *Commerzialstraße* durch das Triestingtal marschieren Truppen des 3. französischen Armeekorps nach Osten. Da kommt es am 18. November in Pottenstein zu einem ernsten Zwischenfall: Ein junger Offizier, angeblich ein Verwandter Napoleons, hat zusammen mit einem weiteren Offizier und 22 Trainsoldaten im Pfarrhof übernachtet und will den Pottensteinern zum Abschied Geld abpressen. Die aufgebrachten Pottensteiner Bürger denken aber nicht daran zu zahlen und so eskaliert die Situation: Die Trainsoldaten bringen ihre Gewehre in Anschlag, der junge Offizier will eben den Befehl zum Feuern geben, als Pfarrer Abdon Vogl, der den Tumult bemerkt hat, sich kurz entschlossen vor die Gewehrläufe drängt und den Offizier beruhigt; die Franzosen schließlich in Richtung St. Veit an der Gölsen ab.

Pfarrer Vogl schickt einen Eilboten los, um seinen Freund in St. Veit, den Hammerwerksbesitzer Alois Sartory, zu warnen, und so gelingt es dem Hammerherrn noch rechtzeitig, aus Fabriksarbeitern, Bürgern und Bauern eine „Schutztruppe", bewaffnet mit Hacken, Knütteln und Sensen, zusammenzustellen, die den französischen Trainsoldaten eine unangenehme Überraschung bereitet: In stockfinsterer Nacht werden sie von den Männern Sartorys überwältigt, entwaffnet und über Enzesfeld bis nach Wöllersdorf eskortiert. Hier gibt man ihnen die Waffen wieder zurück. Schwerer wiegt, dass von den St. Veitern inzwischen zwei fußkranke Franzosen ermordet worden sind … Die stolzen Franzosen lassen diese Provokation nicht unbeantwortet: Wütend befiehlt Napoleon, die Ortschaften im Triestingtal niederzubrennen oder aus jedem Ort zehn der vornehmsten Bürger zu erschießen. Unter Führung von General Gautier bricht von Wien aus unverzüglich ein 2.000 Mann starkes Kommando auf, das die schlimme „Schmach" rächen soll. Am 22. November, um sieben Uhr früh, werden die Orte umringt, angesehene Bürger in Haft genommen und im Haus des Ortsrichters Wimmer in St. Veit zusammengetrieben. Unter den Gefangenen befindet sich neben Pfarrer Vogl auch Anton Sartory, der Bruder des Hammerherrn Alois Sartory, ein gebildeter junger Mann, der fließend Französisch spricht. Ein Standgericht wird installiert, *General de Brigade* Nicolas Hyacinthe Gautier, selbst erst 31 Jahre alt, führt das Verhör mit den Gefangenen. Pfarrer Vogl weiß sich geschickt zu verteidigen und entlarvt die Meldung über einen „Bauernaufstand" im Triestingtal als falsch; als Letzter zum Verhör kommt Anton Sartory, über dessen Aussagen allerdings die Chroniken schweigen.

„Aufstand" im Triestingtal

Der dumpfe Trommelschlag eines Tambours gibt dann das Zeichen zum Abmarsch; östlich des Hirtenberger Friedhofs, hält der Zug an. Es ist etwa ein Uhr nachmittags. Gautiers Truppen bilden ein Karree, ein Oberst tritt vor und verkündet Sartory das Todesurteil. Vergeblich fleht dieser, dass man ihn doch nach Wien bringen und dort verurteilen möge – Pfarrer Vogl erhält Befehl, seinen verurteilten Freund *zum Tod zu disponieren …*

23. November 1837

Es fährt ein Zug nach Wagram …

Das Eisenbahnzeitalter in Österreich beginnt: Nach einer Bauzeit von knapp acht Monaten ist der 13,1 km lange Streckenabschnitt Floridsdorf–Wagram der Kaiser Ferdinands-Nordbahn fertig, für den 23. November 1837 sind die ersten offiziellen Probefahrten angesetzt. Drei Termine hat man festgelegt: Abfahrt in Floridsdorf um 10, 12 und 14 Uhr. Britanniens Eisenbahnlegende George Stephenson persönlich hat die österreichischen Techniker beraten; aus seinem Werk in Newcastle sind vier Lokomotiven geliefert worden: die „Austria“, „Moravia“, „Vindobona“ und „Vulcan“; zwei Lokomotiven („Samson“ und „Herkules“) kommen von der Fa. Taylor & Co in Warrington. Mit den Lokomotiven ist auch fachkundiges Personal zur Wartung eingetroffen: der Mechaniker John Baillie, weiters zwei Lokomotivführer und vier Maschinisten. Dass nun auch in Österreich erste Züge rollen, ist dem Weitblick und der Hartnäckigkeit des Bankiers Salomon von Rothschild (1774–1855) zu danken, der den Bau gegen manche Kritik durchgesetzt hat.

Die erste Dampfeisenbahn

Für die Wiener ist diese erste öffentliche Probefahrt ein Festtag: Tausende Zuschauer kommen nach Floridsdorf, um das Stahlross in Aktion zu sehen; der „Parkplatz“ vor dem Bahndamm für die zahlreichen noblen Equipagen ist voll, zahlreiche Neugierige haben sich entlang der Strecke postiert. Für die *Wiener allgemeine Theaterzeitung* nimmt der bekannte Reiseschriftsteller Franz Carl Weidmann an der zweiten Probefahrt um 12 Uhr teil, nachdem er schon das „herrliche, imposante Schauspiel“ der ersten beobachtet hat. In seinem Bericht zeigt er sich von dem neuen Reisemittel tief beeindruckt: „Jeder dieser Wagen besteht aus drei Abteilungen zu je sechs Personen. Der Bau dieser Wagen und ihre innere Einrichtung lässt nichts zu wünschen übrig: Eleganz und Bequemlichkeit sind auf die ansprechendste Weise in diesen Wagen vereinigt. Die Bewegung selbst ist für den Fahrenden von der angenehmsten Art. In den bequemen Sitzen ruhend, ohne die geringste Erschütterung, so dass man während der Fahrt bequem lesen kann, gewahrt man die außerordentliche Schnelligkeit nur an dem magischen Vorübergleiten der an der Bahn stehenden Zuschauer, welche wie in einer Laterna magica erscheinen und verschwinden.“ Ein neues Tempo hält Einzug in der Welt des Reisens und bald auch in der Welt des Krieges – auch wenn vorerst die bescheidene Durchschnittsgeschwindigkeit der „Austria“ mit acht Waggons Belastung nur bei etwa 33 km/h liegt.

Die feierliche Eröffnung der Kaiser Ferdinands-Nordbahn erfolgt am 6. Januar 1838 – inzwischen hat man die Holzbrücken über die Donau und das Kaiserwasser fertiggestellt, die Züge fahren vom ersten Nordbahnhof in der Nähe des heutigen Pratersterns ab, ein Sitzplatz in der 1. Klasse kostet 50 Kreuzer, in der 2. Klasse 30 Kreuzer, in der 3. Klasse nur mehr 15 Kreuzer …

24. November 1944

Mit der Waffe in der Hand gegen den Faschismus

Auf einer Wiese beim Dorf Tribuče im südöstlichen Zipfel Sloweniens findet eine kleine militärische Feier statt. An einer Holzstange flattert die rot-weiß-rote Fahne Österreichs, Männer in jugoslawischen Uniformen sind angetreten; sie legen einen Treueid ab für die Befreiung Österreichs und die Errichtung eines unabhängigen, demokratischen Staates: Das „I. Österreichische Freiheitsbataillon“ wird gegründet. Im Armeebefehl des Hauptstabes der Slowenischen Volksbefreiungsarmee vom 24. November 1944 heißt es dazu:

Das I. Österreichische Freiheitsbataillon

„Entsprechend dem Wunsche österreichischer Kriegsgefangener und freiwillig auf die Seite der Slowenischen Volksarmee übergetretener österreichischer Soldaten sowie von Freiheitskämpfern aus Österreich wird befohlen:
1. Alle Österreicher, die bereit sind, mit der Waffe in der Hand gegen den Faschismus bis zu seiner Vernichtung zu kämpfen, sind in einer besonderen Einheit zu formieren.“ Die Truppe habe am linken Oberarm das österreichische Wappenschild zu tragen, es gelte die österreichische Kommandoform.

Die politische Führung des I. Österreichischen Freiheitsbataillons, das auch tatsächlich zum Kampfeinsatz kommt, liegt bei den Kommunisten Siegfried Fürnberg, Franz Honner und Franz David, die, aus Moskau kommend, über slowenischem Gebiet mit dem Fallschirm abgesprungen sind und nun den Kampf gegen Wehrmacht und SS aufnehmen wollen.

Vertreten sind in der neuen Einheit aber nicht nur Kommunisten, sondern auch Anhänger anderer politischer Richtungen wie Erwin Scharf, nach dem Krieg Zentralsekretär der SPÖ, der sich durch die deutschen Linien zu den Partisanen durchgeschlagen hat. Er wird gemeinsam mit Honner und Fürnberg einen Rundfunksender betreiben, der versucht, die Menschen in Kärnten und der Steiermark zu erreichen und sie für den Widerstand gegen die Nazis zu gewinnen.

Ein halbes Jahr später können die Männer von Tribuče den Sieg über Hitlerdeutschland in Wien feiern: Am 12. Mai 1945 ziehen Angehörige des Bataillons unter der rot-weiß-roten Fahne in der Hofburg ein; Franz Honner wird Unterstaatssekretär für Inneres in der Provisorischen Staatsregierung Karl Renners *(siehe 27. April)*.

25. November 1425

Hussitengräuel im Pulkautal

Die Eroberung von Retz

Es ist der Tag der heiligen Katharina von Alexandria, der Nothelferin und Beschützerin der Mädchen und Jungfrauen; die flehenden Gebete zur Heiligen bleiben an diesem Tag jedoch unerhört. Das Hauptheer der Hussiten, das in diesem Herbst 1425 erstmals die österreichische Grenze überschritten hat, setzt zum Sturm auf das belagerte Retz an, das von Edelleuten und Bauern unter dem Befehl des Stadtherren, des Grafen Johann von Hardegg, verteidigt wird. Österreichs Landesherr, Herzog Albrecht V., der über zu schwache Kräfte verfügt, hält sich in sicherer Entfernung in Kreuzenstein und Korneuburg auf und muss die Stadt untätig ihrem Schicksal überlassen. Im Lager vor Retz sind alle Gruppierungen der Hussiten vertreten, die Hauptmacht stellen Taboriten und die sogenannten „Waisen" *(sirotci)*, die Anhänger des im Oktober 1424 verstorbenen blinden Führers Jan Zizka. Die böhmischen „Ketzer", gefürchtet in offener Feldschlacht, sind für die Belagerung einer so stark befestigten Stadt wie Retz nicht ausgerüstet und so versucht man es auf andere Weise: Wohl beim Versuch, die Stadtmauer zu untergraben, entdecken die hussitischen Kämpfer die weit verzweigten unterirdischen Weinkeller und dringen über sie in die Stadt ein, die überraschten Verteidiger sind schnell außer Gefecht gesetzt, Johann von Hardegg und zahlreiche seiner Männer werden gefangen genommen. Die Hussiten sinnen auf Rache für ihren Feldhauptmann Bohuslav von Schwamberg, der während der Belagerung von einem Pfeil tödlich getroffen worden ist; es beginnt ein furchtbares Gemetzel an der Zivilbevölkerung, dem, wie die Chronisten vermelden, über tausend Menschen zum Opfer fallen, unter den Toten ist auch der Prior des Dominikanerklosters von Retz. Bevorzugtes Ziel der Fanatiker, die im Namen Gottes morden, sind die Kirchen der Stadt, die ausnahmslos zerstört werden, zahlreiche Häuser werden geplündert und in Brand gesteckt; beladen mit Beute und mit Johann von Hardegg als Geisel ziehen sie sich über die Grenze zurück. Die Hussiten hoffen auf reiches Lösegeld für den Retzer Stadtherren, doch dieses Kalkül geht nicht auf: Johann von Hardegg stirbt nach zweijähriger Gefangenschaft in Prag.

Wagenburg der Hussiten. Codex 3062 der Österreichischen Nationalbibliothek.

26. November 1985

Die verstaatlichte Wirtschaft in der Krise

Der Schock sitzt tief: Ferdinand Lacina, Minister für öffentliche Wirtschaft und Verkehr, gibt auf einer kurzfristig einberufenen Pressekonferenz bekannt, dass der Verlust der Voest-Alpine für das Jahr 1985 voraussichtlich 4,2 Milliarden Schilling betragen werde. Der gesamte Vorstand des Unternehmens, auch Generaldirektor Heribert Apfalter, sei deshalb zurückgetreten. Die Ursache für das Finanzdebakel: Schwere Spekulationsverluste der Voest-Tochter Intertrading im Ölgeschäft. Die Verluste werden schließlich auf 5,7 Milliarden Schilling korrigiert; Heribert Apfalter, 1984 vom Wirtschaftsmagazin *trend* noch zum „Mann des Jahres" gewählt, hat sie in einer Sitzung im Büro der Verstaatlichten-Holding ÖIAG am 19. Februar 1985 eingestanden.

Handelsminister Norbert Steger spricht von einer „nationalen Katastrophe"; Jörg Haider, sein junger Parteifreund in Kärnten, erstattet Strafanzeige gegen die Voest-Manager; Intertrading-Geschäftsführer Gernot Preschern wird fristlos entlassen und später vor Gericht gestellt. 1978 gegründet, ist es ursprünglich Aufgabe der Intertrading, für die Voest Kompensationsgeschäfte abzuwickeln; Preschern verschiebt den Schwerpunkt jedoch auf das Ölgeschäft, seine Devise „Raus auf die Märkte, rein ins Risiko!" bringt zunächst gigantische Umsatzzuwächse: von sieben Milliarden Schilling 1982 auf 142 Milliarden 1985; eine hochriskante Spekulation auf fallende Ölpreise reißt ihn ins Verderben.

Der Intertrading-Skandal

Bundeskanzler Fred Sinowatz versucht die Steuerzahler zu beruhigen. Für die „verantwortungslosen Spekulationsgeschäfte" der Voest-Manager müssten sie nicht einstehen, die Staatsfirmen würden nun „straffer und übersichtlicher" geführt und die Manager „leistungs- und erfolgsorientiert" bezahlt werden, künftig könne sich keiner mehr darauf verlassen, „dass sein Arbeitsplatz auch bei Misserfolg garantiert" sei. Tatsächlich bewirken der Intertrading-Skandal und der kurz zuvor aufgebrochene Noricum-Skandal eine tiefe Krise der verstaatlichten Industrie in Österreich; die Voest-Alpine wird in der Folge zerteilt und stufenweise privatisiert. Der Versuch der „Verstaatlichten", einen vernünftigen Weg zwischen Kapitalismus und zentralisierter Planwirtschaft zu finden, ist gescheitert.

27. November 1919

Geschlecht ist kein Kriterium mehr

Im Parlament beschließt die Provisorische Nationalversammlung die neue Wahlordnung für die kommenden Wahlen am 16. Februar 1919; die große Neuerung: Frauen dürfen erstmals wählen. Die *Arbeiter-Zeitung* hält das neue Gesetz für so wichtig, dass sie es am nächsten Tag für ihre Leser im Auszug abdruckt:

Die neue Wahlordnung der Republik

„§ 11: Wahlberechtigt ist jeder deutschösterreichische Staatsbürger ohne Unterschied des Geschlechts, der am Tage der Wahl großjährig ist oder während der Jahre 1914 bis 1918 Kriegsdienste geleistet hat.

§ 12: Wählbar ist ohne Unterschied des Geschlechts jeder wahlberechtigte deutschösterreichische Staatsbürger, der das dreißigste Lebensjahr zurückgelegt hat."

Nach langem Hin und Her ist also das Frauenwahlrecht endlich beschlossen worden, und zwar ein aktives und passives: Frauen dürfen nicht nur selbst wählen, sondern können auch gewählt und Mitglied einer Partei oder des Nationalrats werden.

Durch diese Wahlordnung zur konstituierenden Nationalversammlung wird nicht nur der Kreis der Wähler stark erweitert, sondern auch das Wahlalter von 24 Jahren auf 20 Jahre gesenkt. Die Frauen werden erstmals bei den Wahlen am 16. Februar 1919 von ihrem neuen Recht Gebrauch machen können.

Anfangs sind vor allem die Großparteien über die politischen Auswirkungen des Frauenwahlrechts in Sorge. Sie befürchten, die neuen Wählerinnen würden ihre Stimme den Gegnern geben und damit einen Wahlsieg der jeweils anderen Partei fördern. Wie sich allerdings später herausstellt, sind diese Befürchtungen vollkommen unbegründet: Bei den Wahlen am 16. Februar stimmen die Frauen überwiegend für die alteingesessenen Großparteien.

Demonstration für das Frauenwahlrecht beim Internationalen Frauentag 1911 (siehe 19. März).

28. November 1897

Das Parlament wird geschlossen

Die Entlassung der Regierung Badeni

Der Kaiser ist bei seiner Tochter in Wallsee zu Besuch. Unter dem 27. November 1897 notiert Erzherzogin Marie Valerie in ihrem Tagbebuch: „Papa sagte uns, er müsse statt morgen schon heute abreisen, da die schon länger im Parlament bestehende Aufregung sich bis auf die Gasse ausgebreitet und ganz ernste Dimensionen angenommen hat. Papas heitere Stimmung ist geschwunden, es ist zu traurig, ihn stets in neuen Sorgen zu sehen.“ Die innenpolitische Lage der Monarchie ist tatsächlich ernst: Im Parlament prügeln sich die Abgeordneten, allen voran wieder einmal Georg Ritter von Schönerer, der mit einem mitgebrachten Werkzeug den Bezug der Sessel zerfetzt und von der Wache unter „Hoch Germania!“-Rufen aus dem Abgeordnetensaal geführt werden muss. Die Obstruktion der von Ministerpräsident Graf Kasimir Badeni am 5. April erlassenen Sprachenverordnungen für Böhmen und Mähren treibt die seltsamsten Blüten: Auf den Straßen Wiens werden von den Deutschnationalen die „Wacht am Rhein“ und „Deutschland, Deutschland über alles“ gesungen und natürlich auch das „Bismarcklied“; Militär ist ausgerückt; Bürgermeister Karl Lueger informiert Franz Joseph darüber, dass er für die Sicherheit der Stadt nicht mehr garantieren könne.

Am Abend nach seiner Rückkehr nach Wien empfängt Franz Joseph den Ministerpräsidenten. Badeni erklärt, dass es sich „empfehle“, ihn zu entlassen, zu heftig sei inzwischen der Widerstand der „deutschen Opposition“ ihm gegenüber. Der Kaiser zeigt sich gewillt, diesem Ansinnen zu folgen, fragt noch, wen Badeni als Nachfolger vorschlage, der Ministerpräsident favorisiert Paul Freiherr Gautsch von Frankenthurn.

Am 28. November 1897 wird die Regierung Badeni entlassen; Nachfolger Gautsch und sein „Beamtenministerium“ regieren mit dem § 14 der Verfassung; das Parlament wird geschlossen; in Prag der Belagerungszustand verhängt. Hauptsache, die Ruhe ist wiederhergestellt.

XXIX. Jahrgang. Nr. 48. – 1897.

DER FLOH

Politische, humoristische Wochenschrift.

Auswärtiges und Widerwärtiges.

Graf Badeni: Schau, Freund, ich bin auch ein Pole, bin auch ein Graf und klug, warum hast Du so viele Erfolge aufzuweisen und ich nicht?
Graf Goluchowski: Weil ich mit Nationen, Du mit Nationchen, ich mit Völkern zu thun habe, Du mit einem „Volk“, ich Minister des Auswärtigen bin, Du Minister des Widerwärtigen.

29. November 1941

Es gibt keine Überlebenden ...

Etwa 100 Kilometer westlich der litauischen Hauptstadt Wilna, am Zusammenfluss von Memel und Neris, liegt Kaunas, das die Polen und Russen „Kowno", die Deutschen „Kauen" nennen, die zweitgrößte Stadt des Landes und in zaristischer Zeit Hauptstadt des Gouvernements Kowno. Ende Juni 1941 besetzen Truppen der Deutschen Wehrmacht die Stadt, beinahe gleichzeitig beginnt der Massenmord an der jüdischen Bevölkerung Litauens. Organisator des sich über Monate hinziehenden Blutbades ist der aus Schaffhausen stammende SS-Standartenführer Karl Jäger (1888–1959), der Kommandeur des „Einsatzkommandos 3", das zusammen mit litauischen „Hilfswilligen" die Erschießungen durchführt. Der Schauplatz des Gemetzels liegt am nördlichen Stadtrand, das sogenannte „Fort IX", erbaut von den Russen knapp vor dem Ersten Weltkrieg als letzter Abschnitt einer gewaltigen Festungsanlage. Die hohen Wälle und tiefen Gräben von Fort IX kommen den Mördern gerade recht, hier haben sie ein Gelände gefunden, in dem sie zigtausende Menschen „bequem" zu Tode bringen können.

Massenmord in Kaunas

Der Zug aus Wien, der am 29. November 1941 in Kaunas eintrifft, hat die Nummer „Da 29" und hätte eigentlich ins lettische Riga gehen sollen, auf Anordnung der Gestapo hat man jedoch die Destination geändert: nicht das jüdische Ghetto in Riga, sondern gleich die Schlachtbank. Vor sechs Tagen, am 23. November, hat der Zug den Aspangbahnhof in Wien mit 998 Menschen, darunter 19 Kindern unter zehn Jahren, zusammengepfercht in wenigen Waggons, verlassen. Unter den Opfern, die nun vom Bahnhof sofort zum Fort IX getrieben werden, sind der Wiener Rechtsanwalt Dr. Oskar Janowitzer, Olga Hlawatsch aus Wolkersdorf im Weinviertel und die 17-jährige Lizzi Altbach, wohnhaft in der Unteren Viaduktstraße 21 ... die Schützen an den Maschinengewehren, reichlich versorgt mit Alkohol und Zigaretten, warten schon, es gibt keine Überlebenden ... Karl Jäger, der sich 1959 dem späten Gericht durch Selbstmord entziehen wird, führt eine genaue „Buchhaltung" des Mordens. In seinem als „Jäger-Report" bekannt gewordenen Bericht wird er stolz vermerken: „Auf meine Anordnung und meinen Befehl durch die litauischen Partisanen durchgeführte Exekutionen: 137.346" ...

Erinnert an den Aspangbahnhof: der „Platz der Opfer der Deportation" in Wien.

30. November 1276

Wie ein einsamer Gefangener

Am 18. Oktober 1276 trifft König Rudolf I. von Habsburg mit seinem Reichsheer vor den Toren Wiens, der *civitas gloriosa*, ein; die Stadt weigert sich jedoch, dem Ankömmling aus dem Westen die Tore zu öffnen. Seele des Widerstands ist der Patrizier Paltram vor dem Freithof, ein Parteigänger des Böhmenkönigs Przemysl Ottokar II. (siehe 26. August), der mit seinen Truppen im Marchfeld lagert.

Rudolf von Habsburg bleibt gelassen. Er beginnt mit der Belagerung der Stadt, seine Streiter verwüsten, wie der Chronist Johannes von Viktring vermerkt, gründlich die Weinberge, Gärten und Felder rund um die Stadt. Da Ottokar von einem Großteil seines Heeres verlassen wird, muss er sich am 21. November 1276 Rudolf unterwerfen und auf die ehemals babenbergischen Länder verzichten; vier Tage später wird er im königlichen Lager mit Böhmen und Mähren belehnt: Rudolf empfängt ihn, so erzählt die Chronik von Colmar, in einem grauen Wams, auf einem wackeligen Schemel sitzend: „Wie oft", sagt er zu seinem Gefolge, „hat der Böhme mein graues Wams verspottet, nun wird dieses graue Wams ihn verspotten." Mit „gebrochener Seele und gekrümmten Knien" absolviert Ottokar die Belehnungszeremonie, am nächsten Tag unterzeichnet er den Friedensvertrag und zieht dann heimwärts Richtung Böhmen.

König Rudolf I. von Habsburg zieht in Wien ein

Den Wienern bleibt nichts anderes übrig, als dem neuen Herrn die Tore zu öffnen; am 30. November 1276 zieht der Habsburger in die Stadt ein; die Mehrzahl der Wiener steht ihm feindlich gegenüber, doch das kümmert ihn, wie Rudolfs Biograf Johann Franzl schreibt, nicht: „Für ihn zählte der Erfolg und der war in der Tat überwältigend. Die Hauptstadt Österreichs war sein, dazu noch der größere Teil des Herzogtums und Steiermark, Kärnten und Krain. Der Erzfeind war aus dem Felde geschlagen, sein Reich zerstört."

Die Wiener wollen sich mit der Anwesenheit des Habsburgers in Wien nicht so recht anfreunden; die „Schwaben", wie man ihn und seine Männer nennt, werden in Raufereien verwickelt, es kommt auf offener Straße zu Mord und Totschlag; „wie ein Gefangener" residiert Rudolf in der Wiener Burg; eine Verschwörung des Paltram vor dem Freithof kann zerschlagen werden; Paltram muss aus Wien fliehen und wird *in absentia* zum Tod verurteilt. Die Habsburger, die der ottokartreue Patrizier vertreiben wollte, werden die Stadt erst 642 Jahre später wieder verlassen, als Kaiser Karl am 11. November 1918 bei Nacht und Nebel Schönbrunn verlässt *(siehe 11. November)* und nach Schloss Eckartsau fährt.

Rudolf von Habsburg wird am 24. Oktober 1273 in Aachen durch Erzbischof Engelbert zum König gekrönt. Darstellung in der Silberysen-Chronik, Aargauer Kantonsbibliothek.

Dezember

1. Dezember 1881

Man erkennt einander sogar an der Stimme

Was ist eigentlich ein Telefon? – Das *Neue Wiener Tagblatt* erklärt es seinen Lesern: „Das Telephon ist ein Apparat, der dem Besitzer desselben die Möglichkeit bietet, auf große Entfernungen mit anderen Personen, die den gleichen Apparat besitzen, so zu sprechen, daß die Betreffenden sich nicht nur vollkommen gut verstehen, sondern einander auch an der Stimme erkennen.“ Die Erklärung ist notwendig, denn nun gibt es die Erfindung des Graham Bell auch in Wien zu bestaunen: Am 1. Dezember 1881 nimmt die „Wiener-Telegraphen-Gesellschaft“ ihr erstes Telefonnetz in Betrieb; für dessen Installierung hat sie am 3. Juni 1881 eine Konzession bekommen. Die Zentrale befindet sich im ersten Bezirk in der Friedrichsstraße 6; das neu errichtete Netz hat eine Reichweite von 15 km und als Mittelpunkt den Stephansdom. In allen Wiener Zeitungen wird das „Verzeichnis der bisher angemeldeten Abonnenten“, im Grunde das erste Telefonbuch, veröffentlicht. Wichtige Institutionen wie Polizei und Feuerwehr fehlen noch, weder der Wiener Bürgermeister noch der Ministerpräsident oder Kaiser Franz Joseph haben einen Anschluss. Dafür haben die Banken, Unternehmen und Geschäftsleute die Bedeutung dieser neuen Einrichtung bereits erkannt: Die Creditanstalt, die Länderbank, fast alle größeren Hotels, die Zeitungsredaktionen und auch schon die großen Bahnhöfe sind an dieses erste Telefonnetz angeschlossen. Gegen Ende des Jahres 1881 hat das Telefonnetz bereits 154 Anschlüsse und etwa 1000 Teilnehmer.

Das erste Telefonnetz Österreichs

Das Telefonieren bleibt für lange Zeit ein relativ kostspieliges Unterfangen. Wer es sich leisten kann, zahlt eine Jahresgebühr von 100 (!) Gulden, um im Umkreis von 2 km um die Zentrale telefonieren zu können. Für jeden weiteren Kilometer werden noch einmal 25 Gulden verrechnet. Die Vermittlung der Gespräche geschieht durch das „Fräulein vom Amt“, das mit dem gewünschten Partner verbindet. Der Aufstieg des Telefons ist nicht aufzuhalten – im Laufe der nächsten Jahre entwickelt sich das Telefonnetz von einer regionalen zu einer nationalen Einrichtung, die schon bald nicht mehr aus dem Alltag wegzudenken ist.

Wandapparat aus dem Jahre 1890.
Quelle: Fotoarchiv A 1 Telekom Austria.

2. Dezember 1805

Soldaten, ich bin mit Euch zufrieden!

Es ist der erste Jahrestag der Krönung Napoleons zum Kaiser der Franzosen. Bei Austerlitz *(Slavkov u Brna)*, etwa 20 km nordöstlich von Brünn, sucht er die letzte Entscheidung im Kampf gegen die verbündeten Armeen Österreichs und Russlands. Da er einen Kriegseintritt Preußens befürchtet, will Napoleon, der am 13. November kampflos Wien besetzt hat, den alliierten Truppen nicht noch weiter nachhetzen; geschickt „lädt" er deshalb den Gegner zum Angriff ein: Er signalisiert Verhandlungsbereitschaft und nimmt seine Truppen, etwa 73.000 Mann, hinter den Goldbach zurück. Im Hauptquartier der Alliierten im Dorf Krenowitz *(Krenovice u Slavkova)* drängen Zar Alexander I. und der österreichische General Franz von Weyrother (1755–1806) prompt auf einen Angriff; General Kutusow, der russische Oberbefehlshaber, und auch Kaiser Franz I./II. zögern, sie hoffen auf Verstärkungen. Der Zar setzt sich jedoch durch; Weyrother entwirft in der Nacht zum 2. Dezember den Angriffsplan, der vorsieht, durch einen Hauptangriff am linken Flügel die Franzosen nach Norden abzudrängen und so von ihren Nachschublinien abzuschneiden.

Die „Dreikaiserschlacht" von Austerlitz

Am Morgen des 2. Dezember hat es etwa 2 Grad über Null, dichter Bodennebel bedeckt das Gelände, in dem sich die Armeen gegenüberstehen; mit einer Gesamtstärke von 85.400 Mann, davon ca. 16.000 Österreicher, und 278 Kanonen sind die Alliierten deutlich überlegen. Um sieben Uhr früh beginnt die österreichische Kavallerie-Vorhut unter Feldmarschall Kienmayer mit dem Angriff auf das Dorf Telnitz, das auch erobert werden kann; nun aber überrascht Napoleon – inzwischen ist die Sonne durchgebrochen – mit einem konzentrierten Gegenangriff in der Mitte auf den sogenannten „Pratzeberg" *(Pracky kopec)*, der die alliierten Kräfte schließlich spaltet und es ihm erlaubt, deren Hauptmacht zu umfassen – sein Sieg ist vollständig; Russen und Österreicher verlieren etwa 15.000 Mann an Toten und Verwundeten. Der Feldzug ist entschieden, Österreich am Ende seiner militärischen Kraft. Einmal mehr hat sich Napoleon als genialer Stratege erwiesen und einem zahlenmäßig überlegenen Gegner eine schwere Niederlage zugefügt. In einem Bulletin an seine Truppen bedankt er sich mit Pathos: *Soldaten, ich bin mit Euch zufrieden! Ihr habt während des Tages von Austerlitz alles bewiesen, was ich von eurer Unerschrockenheit erwartete; ihr habt Eure Adler mit unsterblichem Ruhm bedeckt. Eine Armee von 100.000 Mann, befehligt von den Kaisern von Russland und Österreich, ist in weniger als vier Stunden aufgerieben und verstreut worden …*

Das Friedensdenkmal auf dem Schlachtfeld von Austerlitz (Slavkov u Brna).

3. Dezember 1993

Rassismus und Ausländerfeindlichkeit

Es ist 11.05 Uhr, als der Hartberger „Flüchtlingspfarrer" August Janisch einen ungewöhnlich dicken Briefumschlag öffnet. Jemand will ihm wohl, so überlegt er, ein paar Dokumente schicken – plötzlich zerreißt eine Explosion die beschauliche Ruhe im Pfarrhof. Eine von neun Briefbomben, die vom 3. bis zum 6. Dezember 1993 von einem Unbekannten verschickt werden und ihre Empfänger erreichen. Von diesen neun explodieren vier: Neben August Janisch sind noch Silvana Meixner, Mitarbeiterin der Minderheitenredaktion des ORF, der Wiener Bürgermeister Helmut Zilk und eine Anwaltssekretärin betroffen. Alle vier werden zum Teil schwer verletzt; Helmut Zilk verliert zwei Finger seiner linken Hand.

Sprengsätze, die an den Caritas-Präsidenten Helmut Schüller, die Grün-Politikerinnen Madeleine Petrovic und Terezija Stoisits, an Wolfgang Gombocz, Obmann des slowenischen Vereines Artikel VII, und die Frauenministerin Johanna Dohnal adressiert sind, werden frühzeitig entdeckt und können noch abgefangen werden.

Der Briefbombenterror der BBA

Nach dem Attentat auf Silvana Meixner: Polizei und Spurensicherung an der Arbeit.

Eine mysteriöse „Bajuwarische Befreiungsarmee", abgekürzt BBA, mit rechtsextremem Hintergrund zeichnet für die Anschläge verantwortlich; die Ermittlungen bleiben jedoch zunächst ohne konkrete Ergebnisse. Man weiß, dass Rassismus und Ausländerfeindlichkeit wichtige Motive des Täters oder der Täter sein müssen.

In den folgenden Jahren kommt es immer wieder zu neuen Briefbomben-Anschlägen. Unter anderem sind die TV-Moderatorin Arabella Kiesbauer, die Flüchtlingshelferin Maria Loley und der aus Syrien stammende Gemeindearzt Mahmoud Abou-Roumie betroffen; zum furchtbaren Höhepunkt der Terroranschläge wird 1995 das Rohrbombenattentat in Oberwart *(siehe 4. Februar)*.

Nach knapp vier Jahren, vier Toten und zahlreichen Verletzten, verursacht durch insgesamt 25 Briefbomben und mehrere Sprengstoffattentate, ist es eine simple Verkehrskontrolle in der Nacht auf den 2. Oktober 1997, die dem Terror ein Ende bereitet: Der Bombenbauer Franz Fuchs, wohnhaft im steirischen Gralla, wähnt sich überführt und zündet in der Nähe seines Heimatortes in Selbstmordabsicht eine Bombe, die ihm beide Hände abreißt und auch die beiden kontrollierenden Beamten verletzt. Franz Fuchs wird festgenommen und am 9. März 1999 am Landesgericht Graz zu lebenslanger Haft und Einweisung in eine Anstalt für geistig abnorme Rechtsbrecher verurteilt. Am 26. Februar 2000 begeht Franz Fuchs in seiner Zelle Selbstmord, indem er sich mit dem Kabel seines Rasierapparates erhängt.

4. Dezember 1942

Diese Judensau könnte auch rascher arbeiten

Es ist ein Tag des Grauens wie jeder andere auch in Auschwitz. Um 4.50 Uhr wird festgestellt, dass der polnische Häftling mit der Nummer 75675 „in den Draht" gegangen ist. In Block 20 werden 78 kranke Häftlinge mit Phenolspritzen ermordet, in Block 11 fünf Häftlinge nach Fluchtversuchen getötet. Im „Arbeitslager Monowitz", sechs Kilometer vom „Stammlager" Auschwitz entfernt, inspiziert eine Gruppe von Direktoren der I.G.-Farben das neue Buna-Werk, in dem synthetischer Kautschuk und Treibstoff produziert werden. Betriebsführer Walter Dürrfeld schlendert mit den prominenten „Wehrwirtschaftsführern" Otto Ambros, Fritz ter Meer, Carl Krauch und Heinrich Bütefisch, dem Leiter der Treibstoffproduktion in Monowitz, über das Werksgelände. Plötzlich weist einer der Direktoren auf einen Häftling und sagte zu seinem SS-Begleiter: „Diese Judensau könnte auch rascher arbeiten." Darauf meint ein anderer der I.G.-Chefs: „Wenn die nicht mehr arbeiten können, sollen sie in der Gaskammer verrecken." Der Mann, dem diese Bemerkung gilt, ist niemand anderer als der Satiriker, Lyriker und Schlagertexter Dr. Fritz Löhner-Beda, geboren 1883 in Wildenschwert in Böhmen, der geniale Librettist Franz Lehárs, für den er einst *Das Land des Lächelns* oder *Schön ist die Welt* geschrieben hat. Löhner-Beda, der am 13. März 1938 verhaftet worden und am 17. Oktober 1942 aus dem KZ Buchenwald nach Monowitz gekommen ist, hofft noch immer, dass sich Lehár für ihn bei Operettenfan Hitler einsetzen werde – vergeblich. Seine Frau Helene und die beiden Töchter, die 15-jährige Liselotte und die 13-jährige Eva, sind inzwischen schon tot: ermordet am 5. September 1942 in der Vernichtungsstätte Mały Trostinec bei Minsk.

Die Ermordung Fritz Löhner-Bedas in Auschwitz

Wie sein Mithäftling Dr. Raymond van den Straaten später in Nürnberg aussagen wird, hat die Kritik des I.G.-Farben-Direktors fatale Folgen für Beda-Löhner: Nach der Inspektion wird er aus dem Arbeitskommando geholt und vom berüchtigten Kapo Josef Windeck (1903–1977) so brutal geschlagen und mit Füßen getreten, dass er noch am selben Tag den durch diese Misshandlung erlittenen Verletzungen erliegt …

1960 wird die Löhnergasse in Wien-Meidling nach Fritz Löhner-Beda benannt.

Das Buna-Lied,
geschrieben von Fritz Löhner-Beda
in Auschwitz:

Steht am Himmel noch freundlich Frau Luna,
erwacht das Lager der Buna,
steigt empor die schlesische Sonne,
marschiert die Arbeitskolonne.
Und auf Schritt und Tritt
geht das Heimweh mit
und das schwere Leid dieser schweren Zeit,
doch die Arbeit winkt
und das Lied erklingt:
Nur die Arbeit macht uns frei,
an ihr geh'n die Sorgen vorbei,
nur die Arbeit lässt uns vergessen
alles das, was wir einst besessen.
Nur die Arbeit macht uns hart,
wenn uns das Schicksal genarrt,
und die Zeit vergeht und das Leid verweht,
nur das Werk unsrer Hände besteht.

5. Dezember 1757

Die Kaiserin tate nichts als weinen

Der Winter ist eingezogen, dennoch wird in Schlesien noch immer verbissen gekämpft. Am 22. November 1757 können die Österreicher in der Schlacht von Breslau den Schwager König Friedrichs, Fürst August Wilhelm von Braunschweig-Bevern, besiegen; am 25. November öffnet ihnen Breslau die Tore – ein schwerer Rückschlag für Friedrich, der die schlesische Hauptstadt so rasch wie möglich wieder in seinen Besitz bringen will. Doch da steht ihm beim Dorf Leuthen *(Lutynia)* bei Lissa *(Lesnica)*, westlich von Breslau, die zahlenmäßig mit 66.000 Mann mehr als doppelt so starke Hauptmacht der Österreicher unter dem Oberbefehl von Prinz Karl Alexander von Lothringen (1712–1780) gegenüber. Der Schwager Maria Theresias, von seinem Führungsstil her so wie Leopold Graf Daun ein Zauderer und Zögerer, lässt sich vom Preußenkönig nach allen Regeln der Feldherrenkunst überlisten: Um seine zahlenmäßige Unterlegenheit wettzumachen, setzt Friedrich auf die „schiefe Schlachtordnung" und verstärkt, unbemerkt von Prinz Karl, seinen rechten Flügel massiv – die Österreicher sind der Attacke auf ihren linken Flügel nicht gewachsen und werden auf Leuthen zurückgedrängt; ein Gegenangriff der österreichischen Kavallerie auf die linke Flanke der preußischen Infanterie wird mit einem Stoß der preußischen Kavallerie in die ungedeckte rechte Flanke der österreichischen Reiterei beantwortet, die dabei „über den Haufen" geworfen wird; die österreichische Infanterie gerät zwischen zwei Feuer. Prinz Karl muss die Schlacht verloren geben und sich zurückziehen. Mehr als die Hälfte der österreichischen Artillerie und 46 Fahnen fallen in die Hände der Preußen, vier österreichische Generäle bleiben auf dem Schlachtfeld, insgesamt sind etwa 6.000 Tote zu beklagen, 12.000 Soldaten geraten in Gefangenschaft.

Die Schlacht bei Leuthen

Am 9. Dezember, gegen elf Uhr, trifft der Kurier mit der Nachricht von der *unglücklichen Bataille* in Wien ein – wie Obersthofmeister Fürst Khevenhüller überliefert hat, wurde daraufhin das Diner abgesagt und die Majestäten retirierten sich: *Die Kaiserin tate nichts als weinen und ware fast nicht zu trösten …*

Die Schlacht von Leuthen, in Österreich so gut wie vergessen, wird in Preußen zum Mythos. „Nun danket alle Gott", singen die erschöpften Streiter Friedrichs an den abendlichen Lagerfeuern, als „Choral von Leuthen" geht diese spontane Kundgebung in die Geschichte ein. Und nachdem am 19. Dezember 1757 auch noch Breslau wieder an die Preußen verloren geht, dichtet Friedrichs Hofdichter Johann Wilhelm Gleim an Maria Theresia gerichtet:

Nun beschließe deinen Krieg.
Kaiser-Königin!
Gib dir selbst den schönsten Sieg!
Werde Siegerin!

6. Dezember 1680

Hast nix, so geh glei wieder

Der Nikolaustag

In den Jahren von 1670 bis 1680 bereist der englische Arzt Edward Brown die habsburgischen Länder. Er ist ein aufmerksamer Beobachter von Land und Leuten, 1686 erscheint in Nürnberg unter dem Titel *Durch Niederland, Teutschland usw. gethane usw. Reisen* die deutsche Ausgabe seines Berichts über diese Fahrten. Hier findet sich nun auch ein Hinweis auf das Nikolaus-Brauchtum jener Zeit; so weiß Brown von den Bewohnern der Hauptstadt Wien zu berichten: „Sie haben eine Gewohnheit, daß sie auf den S. Nicolaus-Tag den Kindern einige kleine Geschenke in die Schuh stecken. Unter andern aber thun sie gewisse Thaler von Pappier und Blumen, die verguldet und versilbert seyn, darunter, welche doch kaum eines Pfennigs werth“ – bescheidene Anfänge, die sich ein Jahrhundert später zur großen Geschenk-Palette erweitern werden: Jetzt gibt es Puppen und Nähzeug, Lehrbücher und Schmuck und natürlich das traditionelle – frische oder gedörrte – Obst und mitunter auch ein bunt geschmücktes grünes „Nikolobäumchen“, einen Vorläufer des späteren Christbaums. Zu Weihnachten selbst werden im 18. Jahrhundert keine Geschenke mehr verteilt.

Ein ächter Beitrag
zur
Schilderung Wiens,
über die Vorurtheile
des
Nikolausgespenstes
durch dessen Gepolter die Einbildungskraft der Minderjährigen so thorecht
als unbillig mißhandelt wird.

Nebst einem üblichen Plan, von Kindern, ohne sie zu schlagen, alle Folgsamkeit zu erhalten.
Von Hägrad.

Nikolaus und Krampus in satirischer Überzeichnung: Schlimme Kinder werden kurzerhand in die Butte des Bösen gesteckt.

Das Nikolaus- und Krampusspektakel wird indes immer aufwendiger und „ausschweifender“ gefeiert und ruft schließlich den Zorn der Aufklärer auf den Plan; in Anti-Nikolaus-Pamphleten wollen sie dem munteren Treiben Einhalt gebieten. Aus diesen Schriften erfahren wir, dass das Nikolospielen von Handwerkergesellen und kleinen Geschäftsleuten sogar gewerbsmäßig betrieben wird: Man bestellt bei ihnen eine „Nikolo- und Krampus-Show“ und kann sich der professionellen Durchführung gewiss sein.

Ein besonderer Dorn im Auge sind den Kritikern jedoch die Possen des Krampus. Das Brauchtum um diese Kreatur der Hölle ist in Österreich bereits im Spätmittelalter weit verbreitet, folgt man den Quellen, so widmet er seine Aufmerksamkeit vor allem den hübschen weiblichen Bedienten und schreckt auch vor erotisch-anzüglichen „Scherzen“ nicht zurück. Was barocke Sinnenfreude und die Lust an der Komödie einst geduldet, ja geschätzt haben, ist den nüchtern-praktisch denkenden Stadtbürgern nun ein Gräuel. Den Kindern macht es trotzdem Spaß, brav memorieren sie ihre Nikolausverse:

Herein, herein, Herr Nikolaus!
Hier sind recht brave Kinder z'Haus.
Hast was, so setz dich nieder,
Hast nix, so geh glei wieder.

7. Dezember 1852

Radetzkys Henker an der Arbeit

Vor der Porta Pradella, dem Osteingang zur Festung Mantua, liegt das Bollwerk Belfiori. Fünf Männer, mit Ketten aneinander geschlossen, werden von der österreichischen Wachmannschaft zur Hinrichtung geführt. Auf freiem Feld hat man fünf Galgen errichtet; Feldmarschall Radetzky, der Herr der Lombardei, will Härte zeigen, das Kaisertum Österreich duldet keine Verschwörung und keine Subversion. Fünf Männer werden exekutiert: Enrico Tazzoli, Angelo Scarsellini, Carlo Poma, Bernardo Canal und Giovanni Zambelli, die „Märtyrer von Belfiori". In österreichischen Geschichtswerken wird man ihre Namen vergeblich suchen, in Italien ist ihr Opfergang zum Mythos geworden, keine Geschichte des Risorgimento kann sie unerwähnt lassen, ihren Namen begegnet man auf Straßen und Plätzen Italiens.

Die Märtyrer von Belfiori

Kurz vor der Urteilsvollstreckung wird Enrico Tazzoli, der katholischer Priester ist, noch einer entwürdigenden Zeremonie unterzogen: Er muss auf Anordnung von Papst Pius IX., der um den Verlust des Kirchenstaats fürchtet und deshalb mit den Österreichern gemeinsame Sache macht, sein Priesteramt zurücklegen. Tazzoli hat die österreichische Herrschaft in Norditalien erstmals in einer Predigt in Mantua am 12. November 1848 scharf angegriffen; 1850 gründet er einen „Befreiungsausschuss", in dem junge, patriotisch gesinnte Männer wie der Arzt Carlo Poma oder Tito Speri – er wird am 3. März 1853 in Belfiori hingerichtet – ihr Betätigungsfeld finden. Am 27. Januar 1852 werden Enrico Tazzoli und seine Mitstreiter von der österreichischen Polizei verhaftet; bei den Verhören durch Generalauditor Alfred von Kraus versucht er die Kameraden zu schützen; sie werden jedoch schwer gefoltert und so zu Geständnissen gezwungen; Kraus ist bestrebt, das „Netzwerk" der „Verschwörer" zu enttarnen, vor allem ihre Beziehungen zur Freiheitsbewegung von Giuseppe Mazzini; weiters wirft man ihnen vor, Attentate auf Radetzky und Kaiser Franz Joseph geplant und Informationen über die Festungswerke von Verona und Mantua preisgegeben zu haben. Insgesamt werden in Mantua, Verona, Brescia und Venedig 110 italienische Patrioten verhaftet, im Laufe des Jahres 1853 lässt Radetzky weitere Männer in Belfiori hinrichten, einige sterben noch vor der Exekution an den Folgen der Folter.

Gedenktafel in Mantua für den Priester Enrico Tazzoli, einen der „Märtyrer von Belfiori".

8. Dezember 1881

Alles gerettet!

Es ist halb sieben Uhr abends und das Ringtheater ist bis auf den letzten Platz ausverkauft. Menschen jeden Alters und jeden Standes sind gekommen, um sich das Erfolgsstück der Zeit, *Hoffmanns Erzählungen* von Jacques Offenbach, anzusehen. Es werden nur noch die letzten Vorbereitungen hinter der Bühne getroffen, als plötzlich ein Missgeschick mit verheerenden Folgen passiert: Beim Entzünden der Gasbeleuchtung in den Schaukästen hinter der Bühne versagt der Anzünde-Apparat. Aus den Beleuchtungskästen strömt jetzt Gas – beim zweiten Zündversuch explodiert die gesamte Beleuchtung.

Der Ringtheaterbrand

Das Feuer breitet sich mit rasender Geschwindigkeit über die Prospektzüge und die Bühne in den Zuschauerraum aus. Schnell werden die Mängel in den Sicherheitsvorkehrungen sichtbar. Es dauert eine halbe Stunde, bis man beginnt, die Zuschauer zu retten, und dann lassen sich die Türen der Notausgänge nur nach innen öffnen – vielfach das Todesurteil für die in höchster Panik andrängenden Zuschauer. Außerdem lässt sich die Notbeleuchtung aufgrund Ölmangels nicht entzünden und durch ein offenes seitliches Fenster beim Bühneneingang wird das Feuer immer weiter angefacht. Die Polizei schätzt die Lage falsch ein und hält Helfer durch den Ruf „Alles gerettet!" von weiteren Rettungsversuchen ab, obwohl sich noch hunderte Menschen im Theater befinden.

Letztendlich fordert die Katastrophe an die 400 Tote. So wie andere Zeitungen erhebt auch das *Neue Wiener Tagblatt* am nächsten Tag schwere Vorwürfe gegen die Verantwortlichen: „Wie ist es möglich, wie ist es gekommen, dass erst nach zwanzig, vielleicht sogar erst nach dreißig und fünfunddreißig Minuten, nachdem der Brand im Ringtheater ausgebrochen war, daran gedacht worden ist, dass Menschenleben noch gerettet werden könnten (…) ?"

Der Brand des Ringtheaters, eine der größten Brandkatastrophen des 19. Jahrhunderts in Österreich-Ungarn, hat weitreichende Folgen. Als unmittelbare Reaktion auf das Unglück werden die Theaterbauvorschriften noch einmal überarbeitet und auch die internationalen Brandschutzbestimmungen werden geändert. Bereits einen Tag später gründen Johann Graf Wilczek, Jaromir Mundy und Eduard Graf Lamezan-Salins die „Wiener Freiwillige Rettungsgesellschaft". Bürgermeister Julius Newald übernimmt die politische Verantwortung und tritt 1882 zurück.

Auf dem Platz des niedergebrannten Theaters wird aus privaten Mitteln Kaisers Franz Josephs das „Sühnhaus" mit einer Gedächtniskapelle errichtet. Heute steht dort die Landespolizeidirektion Wien.

Das Ringtheater vor dem Brand.

9. Dezember 1920

Michael Hainisch wird gewählt

Am 1. Oktober 1920 beschließt die Nationalversammlung einstimmig die erste Verfassung für den Bundesstaat Österreich. Im Artikel 1 stehen zwei kurze Schlüsselsätze: „Österreich ist eine demokratische Republik. Ihr Recht geht vom Volk aus." Für den 17. Oktober 1920 werden Neuwahlen ausgeschrieben, die Christlichsozialen werden dabei mit 41,8 Prozent der Stimmen und 85 Mandaten die stärkste Kraft im Lande, die Sozialdemokraten erreichen 35,91 Prozent und 69 Mandate, als drittstärkste Fraktion ziehen die Deutschnationalen mit 17,28 Prozent der Stimmen und 28 Mandaten in den Nationalrat ein.

Der erste Bundespräsident

Der oberösterreichische Historiker Michael Mayr von den Christlichsozialen wird Bundeskanzler, nachdem er schon als „Staatskanzler" die Vorgängerregierung geführt hat.

Die Republik hat damit eine Bundesregierung, aber noch kein Staatsoberhaupt; noch fehlt – wie in der neuen Verfassung vorgesehen – der Bundespräsident. Gewählt werden soll er von der Bundesversammlung, also von den Abgeordneten des Nationalrats und des Bundesrats gemeinsam; die Wahl ist für 9. Dezember 1920 angesetzt. Kandidat der Christlichsozialen ist der Rechtsanwalt und angesehene Finanzexperte Viktor Kienböck (1873–1956), der zu diesem Zeitpunkt noch nicht Mitglied der Partei ist und in den nächsten Jahren mehrere Male das Amt des Finanzministers übernehmen wird.

In der Bundesversammlung kann Kienböck jedoch keine Mehrheit auf sich vereinen; es folgt ein taktisch kluger Kompromissvorschlag des christlichsozialen Abgeordneten Leopold Kunschak: Michael Hainisch (1858–1940), der Sohn der Frauenrechtlerin Marianne Hainisch, soll es werden. Auch Hainisch, ein liberal und großdeutsch denkender Mann, ist parteilos und eine würdevolle Erscheinung; er kommt aus dem Kreis der bis 1901 bestehenden „Wiener Fabier Gesellschaft", die sich in der Stadt Luegers als Anregerin sozialer Reformen hervorgetan hat. Besonders um die Volksbildung hat sich Hainisch als Mitbegründer der Wiener Zentralbibliothek große Verdienste erworben; sein großes Steckenpferd ist sein Mustergut bei Spital am Semmering, das ihm seine Frau Emilie Auguste Figdor geschenkt hat.

Michael Hainisch nimmt die Wahl an; 1924 wird er noch einmal gewählt und bleibt bis zum 10. Dezember 1928 Bundespräsident; sein Nachfolger im Amt wird Wilhelm Miklas. Seine großdeutsche Gesinnung kann Hainisch allerdings auch 1938 nicht verleugnen: Der inzwischen 80-Jährige spricht sich für den „Anschluss" an Hitlerdeutschland aus.

10. Dezember 1948

Alle Menschen sind frei und gleich an Würde und Rechten geboren

In den Hotelzimmern haben die Delegierten bereits ihre Koffer gepackt, sie freuen sich auf Weihnachten zu Hause. Am letzten Tag der UN-Vollversammlung im Palais de Chaillot in Paris steht die Abstimmung über die „Allgemeine Erklärung der Menchenrechte" am Programm. Das vor allem von Eleanor Roosevelt, der Witwe des ehemaligen US-Präsidenten, forcierte Projekt, das als direkte Folge der Grausamkeiten im Zweiten Weltkrieg entstanden ist, hatte anfangs mit Schwierigkeiten zu kämpfen und wird vom Ost-West-Konflikt überschattet. Mehr als ein Drittel der UN-Staaten ist nicht einmal erschienen; die Sowjetunion wird gar von Andrej Wyschinski vertreten, ausgerechnet dem Mann, der als „Großinquisitor" Stalins Tausende Menschen in den Tod schickte. Wyschinski hat mit den Menschenrechten nichts am Hut und das beweist er auch bei der Abstimmung: Er enthält sich als einer von acht Delegierten der Stimmabgabe; die Deklaration wird mit 48 Ja-Stimmen und null Gegenstimmen dennoch klar angenommen.

Und es gibt auch Delegierte, die diesen Moment zu würdigen wissen: „Mir wurde bewusst, dass ich an einer wahrhaft wichtigen historischen Veranstaltung teilgenommen habe. In dem Großen Saal herrschte eine Atmosphäre aufrichtiger Solidarität und Brüderlichkeit unter den Männern und Frauen aller Breitengrade, wie ich es nie wieder in einem internationalen Rahmen erlebt habe", berichtet etwa der chilenische Gesandte Hernán Santa Cruz.

Die Deklaration der Menschenrechte

Die „Allgemeine Erklärung der Menschenrechte" ist das Bekenntnis der Vereinten Nationen zu den allgemeinen Grundsätzen der Menschenrechte und der angeborenen Würde jedes Menschen, ohne „nach Rasse, Hautfarbe, Geschlecht, Sprache, Religion, politischer oder sonstiger Überzeugung, nationaler oder sozialer Herkunft, Vermögen, Geburt oder sonstigem Stand" zu unterscheiden und unabhängig davon, in welchem Land man sich gerade aufhält.

Die 30 Artikel der Menschenrechtserklärung nennen die Rechte, die jedem Menschen zustehen. Sie sollen Botschaft, Mahnung und Ansporn zugleich sein, gleichzeitig stehen sie für Gerechtigkeit, Frieden und Freiheit in der Welt. Da die Deklaration in 300 Sprachen verbreitet ist, gilt sie als einer der meistübersetzten Texte weltweit.

Um auch die Sicherung dieser Rechte zu gewährleisten, wurden seither zwei „Weltmenschenrechtskonferenzen" abgehalten, die erste 1968 in Teheran, die zweite vom 14. zum 25. Juni 1993 in Wien. Der 10. Dezember wird seit 1948 als „Internationaler Tag der Menschenrechte" begangen.

Die Erklärung der Menschenrechte am 10. Dezember 1948 im Palais de Chaillot.

11. Dezember 1740

Brechen Sie auf zum Rendezvous des Ruhmes!

Kaiser Karl VI. ist seit wenigen Wochen tot, seine 23-jährige Tochter Maria Theresia hat die Herrschaft angetreten. Die Pragmatische Sanktion *(siehe 19. April)* soll ihr Erbe schützen, doch jetzt zeigt sich, dass reale Machtpolitik auf Papier, und sollte es auch tausendmal beschworen sein, wenig Rücksicht nimmt – die Begehrlichkeiten der Nachbarn sind geweckt, allen voran jene des Preußenkönigs Friedrich II. Bereits in einer Schrift aus dem Jahre 1738 hatte er im Hinblick auf das Ableben Karls VI. für sich die entscheidende Frage formuliert: „Welcher Zeitpunkt eignete sich mehr dazu, Europa Gesetze zu geben? Welche Konjunktur könnte günstiger sein, um alles zu wagen?“ Die Nachricht vom Tode des Kaisers trifft am 29. Oktober 1740 in Berlin ein; Friedrich ist zum Überfall auf Schlesien entschlossen und lässt sofort alle notwendigen Kriegsvorbereitungen treffen. Anfang Dezember setzen sich die Truppen, 28.000 Mann stark, Richtung schlesische Grenze in Bewegung; im ganzen Herzogtum sind nur schwache österreichische Kräfte, etwa 8.000 Mann, stationiert *(siehe 16. Dezember)*. Vor dem Abmarsch verabschiedet Friedrich seine Offiziere mit den Worten: „Brechen Sie auf zum Rendezvous des Ruhmes, wohin ich Ihnen ungesäumt folgen werde!“

Das dreiste Angebot des Preußenkönigs

Auf eine formelle Kriegserklärung verzichtet Friedrich; der österreichische Gesandte in Berlin, Feldmarschallleutnant Marchese Botta d'Adorno, der den Aufmarsch der Truppen beobachtet, warnt Maria Theresia in einem Brief, die junge Herrscherin antwortet am 8. Dezember: „Wir melden wohlbedächtlich, daß wir solches weder glauben können noch wollen; wie ist es möglich, seinen Nachbarn von darumben feindlich anzugreifen?“ Bevor Friedrich die Grenze überschreitet, macht sein Gesandter Borcke in Wien dem Kaiserpaar am 11. Dezember ein dreistes Angebot: Der König würde im Falle einer Abtretung Schlesiens an ihn Maria Theresias Gatten Franz Stephan von Lothringen bei der Wahl zum Kaiser unterstützen und ihr bei der Verteidigung des Erbes gegen alle Feinde beistehen – eine Unverschämtheit, die dennoch am Wiener Hof ausführlich beraten wird. Da man jedoch mit der Zustimmung zu diesem Handel die Pragmatische Sanktion mit dem Prinzip der Unteilbarkeit der Länder selbst unterlaufen hätte, lehnt man ab: Maria Theresia will den Kampf aufnehmen.

12. Dezember 1702

Leopold I. nimmt das Geld und behält das Land

Kaiser Leopold I. braucht Geld, viel Geld für den Krieg um das spanische Erbe und gegen den Sonnenkönig Ludwig XIV. In der Not hat der Habsburger, der von seinen Zeitgenossen als „der Große" gefeiert wird, eine „glänzende" Idee: Vorarlberg soll um 300.000 Gulden auf 40 Jahre an die Äbte von St. Gallen und Kempten verpfändet werden, ja, auch ein Verkauf wird überlegt. Die Herrschaft Bregenz, immerhin seit 1451 gut habsburgisch, ist Kempten zugedacht, das restliche Vorarlberg soll an die St. Gallener Mönche kommen. Ein Plan, dem sich die Vorarlberger Landstände energisch entgegenstemmen. Sie wollen nicht schweizerisch werden und finden bald auch die richtigen Argumente: Die Schweiz sei zwar neutral, sie neige aber Frankreich zu und so könnte Vorarlberg in ein österreichfeindliches Bündnis gezwungen werden, es sei dann sogar möglich, dass Vorarlberg französisch werde. Unterstützung für die in Bedrängnis geratenenen Vorarlberger kommt auch aus Tirol: Der Verzicht auf Vorarlberg bedeute, dass die Sicherheit Tirols gefährdet sei, Konstanz und Vorderösterreich könnten nicht mehr effektiv verteidigt werden. Das Argument, mit dem die Landstände beim Kaiser schließlich erfolgreich sind: Geld – sie erklären sich bereit, eine Summe von 200.000 Gulden aufzubringen, um die Verpfändung zu verhindern. Das Geld wird mit einem Kredit in der Schweiz besorgt, die Schulden werden auf die Bevölkerung des Landes umgelegt. Leopold I. kann mit dieser Lösung gut leben; Vorarlberg bleibt habsburgisch.

Vorarlberg wird nicht schweizerisch

13. Dezember 1869

Als Demonstrationen noch Hochverrat waren …

Der Gumpendorfer Arbeiterbildungsverein hat zu einer großen Protestkundgebung vor dem Reichsrat aufgerufen. Über 20.000 Menschen sind zur Ringstraße gekommen, um für politische und gewerkschaftliche Rechte der Arbeiterschaft zu demonstrieren. Eine Abordnung der Demonstranten begibt sich zu Ministerpräsident Eduard Graf Taaffe, um eine Resolution zu übergeben. Taaffe, hochadeliger Großgrundbesitzer irischer Abstammung und einst Spielgefährte Franz Josephs, ist seit September im Amt und hat für die Anliegen der Arbeiter wenig Verständnis: Er lässt die Mitglieder der Deputation und die Organisatoren der Demonstration ausforschen – zu Weihnachten 1869 werden sie verhaftet, weitere Verhaftungen folgen im März 1870. Am 4. Juli 1870 beginnt im Wiener Landesgericht der Prozess gegen 14 Arbeiterfunktionäre. Angeklagt sind unter anderen Andreas Scheu (1844–1927), Heinrich Oberwinder (1845–1914) und Johann Most (1846–1906). Die grotesken Vorwürfe der Anklage: „Hochverrat" und „staatsgefährdende Gesinnung". Obwohl für diese Anschuldigungen keine Beweise vorliegen, spricht das Gericht am 19. Juli 1870 harte Strafen aus: Der deutsche sozialdemokratische Journalist Heinrich Oberwinder wird zu sechs Monaten Gefängnis verurteilt, der Wiener Andreas Scheu, Mitglied der Internationalen Arbeiterassoziation um Karl Marx und ab 1870 Herausgeber des Wochenblatts *Volkswille*, zu fünf Jahren Gefängnis. Der aus Augsburg stammende Johann Most, ein begabter Redner, der später mit seinem Blatt *Freiheit* für Furore unter den Arbeitern Deutschlands und Österreichs sorgt, wird zu fünf Jahren schweren Kerkers verurteilt, noch härter trifft es die Spitzenvertrauensmänner der Arbeiterorganisationen: Sie fassen sechs Jahre schweren Kerkers aus.

Der Wiener Hochverratsprozess

Die Arbeiterbildungsvereine, erst kurz zuvor genehmigt, werden aufgelöst, Gewerkschaften sind zwar rechtlich weiterhin möglich, werden jedoch von der Staatsgewalt mit allen Mitteln bekämpft. Der Versuch der Regierung, durch diese Maßnahmen die Entwicklung einer organisierten Arbeiterbewegung einzudämmen, misslingt jedoch. Im Februar 1871 wird Taaffe durch Karl Sigmund Graf Hohenwart abgelöst – eine der ersten Amtshandlungen des neuen Ministerpräsidenten: Amnestie für die „Hochverräter" vom 13. Dezember.

Das Gebäude des Reichsrats um 1880.

14. Dezember 1955

Der erste neutrale Staat wird aufgenommen

Das UN-Hauptquartier am East River in Manhattan. Der Sicherheitsrat der Vereinten Nationen beratschlagt über die Aufnahme von 16 Staaten in die UNO, unter diesen auch Österreich. Das Ergebnis ist für die österreichische Mission in New York erfreulich: Die Aufnahme wird empfohlen, die Generalversammlung schließt sich noch am selben Tag dieser Empfehlung an und nimmt Österreich einstimmig als 70. Mitglied in die Vereinten Nationen auf. UN-Generalsekretär Dag Hammarskjöld gibt die Aufnahme am nächsten Tag bekannt; Österreich ist in den Kreis der „Völkerfamilie" zurückgekehrt – die Erste Republik hatte seit 1920 dem Völkerbund angehört, nach dem „Anschluss" 1938 hatte die Mitgliedschaft formal sogar weiter bestanden.

Der UNO-Beitritt Österreichs

Der Beschluss zu einem formellen Antrag auf Aufnahme in die Vereinten Nationen wird zwar von der österreichischen Bundesregierung bereits am 24. Juni 1947 gefasst, doch noch fehlen die Rahmenbedingungen: Die Sowjetunion legt sich im Sicherheitsrat der Vereinten Nationen quer; Österreich wird allerdings ab September 1947 ein Beobachter am UN-Hauptsitz in New York gewährt; ab Juni 1953 ist das Land mit einer ganzen Beobachtermission vertreten.

Der Kalte Krieg verhindert eine weitere Annäherung; erst nach dem Abschluss des Staatsvertrages wird für Österreich, das nunmehr wieder als souveräner Staat agieren kann, der Weg frei – bemerkenswert ist, dass die UNO mit Österreich erstmals einen neutralen Staat aufnimmt, das entsprechende Bundesverfassungsgesetz vom 26. Oktober 1955 wird erst kurz vor der Aufnahme in die UNO, am 5. November 1955, rechtskräftig.

Im März 1956 kann der erste Ständige Vertreter Österreichs bei den Vereinten Nationen seine Arbeit aufnehmen; die rot-weiß-roten Beiträge und Aktivitäten werden durchaus geschätzt. Sechzehn Jahre nach dem Beitritt, im Dezember 1971, wird Kurt Waldheim Generalsekretär der UNO und bleibt bis 1981 in Amt. Und unter Bundeskanzler Bruno Kreisky beginnt eine neue Ära aktiver Neutralitätspolitik: Für die Periode 1973/1974 wird Österreich erstmals als „Nichtständiges Mitglied" in den Sicherheitsrat gewählt und kann sich in der Folge als aktiver Vermittler bei internationalen Konflikten einen Namen machen.

Österreichs UNO-Delegierter Kurt Waldheim nimmt erstmals an der UNO-Generalversammlung teil.

15. Dezember 1858

Im Vergnügungszug nach Paris

Ein Meilenstein in der Verkehrserschließung der Monarchie: Der Streckenabschnitt Wien–Linz der k. k. privilegierten Kaiserin Elisabeth-Bahn kann eröffnet werden. Noch wird am Westbahnhof, dem großen Kopfbahnhof in Wien, gebaut, doch das tut der Feierstimmung keinen Abbruch, vor allem nicht bei dem Mann, der dieses Projekt möglich gemacht hat: dem Großindustriellen Hermann Dietrich Lindheim (1790–1860). Lindheim, der Jude ist, ursprünglich Heymann David Levy heißt und aus Breslau kommt, hat 1854 eine Vorkonzession für den Bau der neuen Bahn bekommen und für die Finanzierung gesorgt: Zusammen mit dem Hamburger Bankier Ernst Merck gründet er ein Konsortium, unter anderem können sie so kapitalkräftige Investoren wie Salomon Rothschild und die Creditanstalt gewinnen; das kaiserliche Privileg für den Bahnbau wird am 8. März 1856 verliehen, eine weitere Voraussetzung wenig später erfüllt: Ein Staatsvertrag Österreichs mit Bayern vom 21. April 1856 sieht vor, dass die Linie Wien–Salzburg in längstens fünf Jahren errichtet sein soll. Ein Jahr später werden die Bauarbeiten aufgenommen und im Eiltempo vorangetrieben. Die gesamte Strecke kann am 12. August 1860 dem Verkehr übergeben werden, also noch innerhalb der Frist. Lindheim ist zu diesem Zeitpunkt schon tot; Direktor der Kaiserin Elisabeth-Bahn wird der jüdische Bankier und Großgrundbesitzer Friedrich Schey von Koromla.

Die Eröffnung der Kaiserin Elisabeth-Bahn

Die Kaiserin Elisabeth-Bahn bringt den eisenbahntechnischen Anschluss an Westeuropa. Für die Eisenbahnfreunde tut sich damit eine neue Welt auf; der organisierte Tourismus erhält neue Impulse: So wird für den 1. Oktober 1860 erstmals ein „Vergnügungszug" von Wien über Salzburg und München nach Paris organisiert. Zum Preis von 45 Gulden für Hin- und Rückfahrt können die Wiener das mondäne Flair der französischen Hauptstadt genießen. Im Mai 1862 ist das Angebot noch etwas attraktiver geworden: Eine Fahrt mit 350 Personen nach Paris und London steht auf dem Programm; über Salzburg, München und Straßburg erreicht der „Vergnügungszug" Paris, von dort geht es nach London und zurück nach Wien; ein umfangreiches Besichtigungsprogramm wird von den Teilnehmern mit Begeisterung bewältigt; bei der Rückkehr gibt's am Hauptbahnhof in Linz einen festlichen Empfang mit Musik.

Seit der Eröffnung der Kaiserin Elisabeth-Bahn kaum verändert: der Hauptbahnhof von Linz um 1900.

16. Dezember 1740

Keine böse Absicht

Am 14. Dezember 1740, um 9 Uhr morgens, verlässt Preußens König Friedrich II. Berlin, um in den Krieg gegen Maria Theresia zu ziehen. Er hinterlässt eine Deklaration, in der er versucht, den Überfall auf Schlesien *(siehe 11. Dezember)* zu legitimieren: „Bei dem Einmarsch seiner Truppen in Schlesien hat der König sich nicht durch eine böse Absicht gegen den Wiener Hof leiten lassen, und noch weniger will er die Ruhe des Reiches stören. S. M. hat geglaubt, unter allen Umständen verpflichtet zu sein, ohne Verzögerung zu diesem Mittel greifen zu müssen, um seine unbestreitbaren Rechte auf dies Herzogtum zu beanspruchen.“ Eine heuchlerische Verschleierung der wahren Gründe, die ihren Höhepunkt im Schlusssatz findet, in dem Friedrich behauptet, dass er sich immer die „Interessen des Hauses Österreich zu Herzen“ nehmen werde und „die festeste Stütze und Hilfe bei allen kommenden Gelegenheiten“ sein wolle.

Der Überfall auf Schlesien

Am 16. Dezember überschreitet Friedrichs Avantgarde die Grenze zu Schlesien, er selbst quartiert sich im Dorf Schweinitz ein und geht am nächsten Tag über die Oder, am 18. steht seine gesamte Armee auf schlesischem Boden. Anhaltender starker Regen verhindert in den nächsten Tagen einen zügigen Vormarsch, Wege und Straßen sind „grundlos und überschwemmt, die Graben ausgetreten und viele Brücken weggetrieben“; die Infanteristen waten bis zum Knie im Morast – dennoch stehen Friedrichs Truppen am 1. Januar 1741 vor Breslau.

In Wien hat man inzwischen begriffen, dass es dem Hohenzollern tatsächlich ernst ist. In panischer Eile versucht man, alles nach Schlesien in Marsch zu setzen, was an Truppen verfügbar ist, angesichts der katastrophalen Witterung ein schwieriges Unterfangen. So stößt Friedrichs Streitmacht auf wenig Widerstand; am 8. März 1741 nimmt Feldmarschall Schwerin die Festung Großglogau ein; am 10. April 1741 kommt es bei Mollwitz in der Nähe von Breslau zu einer ersten Schlacht, in der Friedrich, der schon vom Schlachtfeld geflohen ist, doch noch den Sieg über eine zahlenmäßig etwas unterlegene österreichische Armee unter dem Grafen Wilhelm Reinhard von Neipperg davonträgt. Das erträumte „Rendezvous mit dem Ruhm“ scheint Wirklichkeit zu werden …

17. Dezember 1282

Die Habsburger werden Österreicher

Knapp vor Weihnachten versammeln sich die Würdenträger des Heiligen Römischen Reiches am Reichstag in Augsburg. Nach dem Sieg über Przemysl Ottokar II. (siehe 26. August) geht König Rudolf I. daran, die ehemals babenbergischen Länder nun endgültig für seine Familie zu sichern. Dass er in Wien als „Landfremder“ nicht unbedingt mit großem Jubel empfangen worden ist, stört ihn dabei keineswegs – inzwischen hat er seine Frau Gertrud und die Kinder an die Donau nachkommen lassen; in den „heimgefallenen“ Reichslehen regiert er ungestört kraft königlicher Befugnis; die Regeln sehen jedoch vor, dass Reichslehen auch wieder verteilt werden müssen – und da gibt es für ihn nur seine Söhne als Kandidaten, ein Ziel, auf das er konsequent hinarbeitet, gilt es doch, die Zustimmung der Kurfürsten für diesen Plan zu gewinnen, was in zähem Ringen schließlich gelingt: In feierlicher Zeremonie belehnt er an diesem 17. Dezember 1282 seine Söhne Albrecht, geboren 1255, und Rudolf, geboren 1271, zur „gemeinsamen Hand“ mit den Herzogtümern Österreich und Steiermark sowie mit Krain und der Windischen Mark. Die Belehnung umfasst auch Gebiete, die erst von Ottokar II. erworben worden sind, und auch das Herzogtum Kärnten, das jedoch in der Urkunde, die am 27. Dezember 1282 ausgestellt und mit einer Goldbulle besiegelt wird, nicht erwähnt wird – hier lässt Rudolf I. aus taktischen Gründen noch seine Strohmänner Herzog Philipp von Spanheim und später Graf Meinhard II. von Görz-Tirol schalten und walten.

Belehnung der Söhne Rudolfs I. mit Österreich und der Steiermark

Mit einem Schlag sichert Rudolf damit seiner Familie eine gewaltige Hausmacht, die von der Donau bis an die Adria reicht; mit der Durchsetzung zögern er und seine Söhne keinen Augenblick: Noch vor der Jahreswende, am 29. Dezember 1282, ergeht an die „Untertanen“ die Aufforderung, den Herzögen Albrecht und Rudolf als neuen Landesherren zu gehorchen; die Habsburger werden von nun an den Titel „Herzog von Österreich“ als ersten und ranghöchsten in ihrer „Liste“ führen. Die Herrschaft zur „gemeinsamen Hand“ geht allerdings nicht lange gut: Schon nach wenigen Monaten wird Rudolf, der ja noch ein Kind ist, von Albrecht aus dem Amt gedrängt und soll dafür mit vorderösterreichischen Gebieten und Geld entschädigt werden, was jedoch nicht passiert – Rudolf, der Agnes, die Tochter König Ottokars II., ehelicht, stirbt bereits 1290; sein Sohn Johann wird sich für diese Missachtung an Onkel Albrecht blutig rächen …

Rudolf I. belehnt seine Söhne zur „gemeinsamen Hand“ mit den babenbergischen Ländern.

18. Dezember 1744

Maria Theresia ist keine Philosemitin

Es ist ein dunkler Punkt in der Biografie der allseits verehrten Landesmutter Maria Theresia und wird daher gerne einfach weggelassen: die Ausweisung der Juden aus Prag am 18. Dezember 1744. Nur allzu bereitwillig glaubt sie die Gerüchte von einer Unterstützung der preußischen Besatzungstruppen in Prag durch die jüdische Gemeinde, anstatt die Fehler bei den verzopften Kommandeuren ihrer Truppen zu suchen, die unfähig sind, entsprechende Vorsorge zu treffen. Prag wird am 15. September 1744 von Friedrich II. zur Kapitulation gezwungen – keine Überraschung, denn in der böhmischen Hauptstadt liegen nur 2.700 Mann reguläres Militär unter Feldmarschall Ogilvy und etwa 8.000 Mann Landmiliz, „fast lauter Bauern“, wie Khevenhüller in seinem Tagebuch sarkastisch bemerkt, viel zu wenig für die „Besatzung“ eines „so großen und weitschichtigen Orts“, die von einem Gegner „mit so guter Artillerie und allen übrigen Erfordernussen“ angegriffen wird.

Die Ausweisung der Juden aus Prag

Aus Sorge, in Prag von Österreichern und Sachsen abgeschnitten zu werden, und aufgrund mangelnder Nachschubmöglichkeiten räumt jedoch Friedrich am 26. November Prag wieder und zieht sich unter großen Verlusten nach Schlesien zurück. „Kein General beging mehr Fehler als der König“, wird Friedrich später über diesen Herbstfeldzug schreiben. In Wien hat man nun nichts Besseres zu tun, als mit der Prager Judengemeinde „abzurechnen“ – entsprechend gefärbte Berichte veranlassen Maria Theresia zum Ausweisungsedikt vom 18. Dezember 1744. In Prag ist inzwischen das Ghetto von einer aufgebrachten Menge überfallen worden; nun müssen etwa 20.000 Juden Prag und auch Böhmen mitten im Winter und innerhalb kurzer Zeit verlassen, eine Tragödie, die in ganz Europa für Aufsehen sorgt und die Reputation der Habsburgerin nicht unbedingt verbessert. 1745 veranlasst sie auch die Ausweisung der Juden aus dem wiedereroberten Schlesien.

Bereits 1748 jedoch revidiert die Herrscherin ihr Urteil: Der wirtschaftliche Schaden, der durch die Ausweisung der Juden entsteht, ist größer als ihre Vorurteile und so gewährt sie den Juden wieder einen befristeten Aufenthalt von zehn Jahren in Böhmen. Um unmittelbaren Profit aus dieser „Gnade“ zu ziehen, verordnet sie noch eine jährliche Sondersteuer, die schwer auf den Rückkehrern lastet und sie teilweise in die Armut zwingt.

19. Dezember 1984

Die Schlacht um die Bäume

Von einem „Weihnachtsfrieden“ ist die Rede gewesen, doch Innenminister Karl „Charly“ Blecha ist mit seiner Geduld am Ende: Am frühen Morgen gibt er den Einsatzbefehl zur Vertreibung der Demonstranten aus der Hainburger Au, die zum Sperrgebiet erklärt wird. Rund 1000 Mann, 400 Gendarmerie- und 600 Polizeibeamte, darunter auch die Antiterroreinheit „Kobra“, schickt er in die „Schlacht“ gegen die 3.000 Auschützer. Es ist Punkt 6.28 Uhr, als Blechas „Räumungstruppen“ in der Stopfenreuther Au, jenem Areal, das für das neue Donaukraftwerk verbaut werden soll, vorrücken; Vollvisierhelme, Schlagstöcke, Hunde, Wasserwerfer, Stacheldrahtrollen und sogar ein Caterpillar kommen gegen die Naturschützer, die zum Teil schon seit dem 8. Dezember in der Au biwakieren, zum Einsatz; es gibt einige Verletzte und 48 Festnahmen, zwei Fernsehteams werden bei ihrer Arbeit behindert, Filme aus privaten Fotoapparaten gerissen. Die Besetzer leisten gewaltfreien Widerstand, man singt die Nationalhymne und schwenkt die österreichische Fahne, wird jedoch von der Brutalität überrascht, mit der die Beamten vorgehen. So liest man im Gedächtnisprotokoll des Demonstranten Franz Kremser: „Noch am Boden liegend wurde ich nun von drei Polizisten mit den Schlagstöcken geschlagen, und obwohl ich keinen Widerstand leistete und mich zusammenkrümmte, mit den Füßen getreten. Dann zerrte mich ein Polizist hoch, und da es mir vor Schmerzen nicht sofort gelang aufzustehen, schlang der zweite die rot-weiß-rote Fahne um meinen Hals, drehte diese zu, sodass ich fast keine Luft bekam, und sagte: ‚So, du Schwein, geht's jetzt?‘“

Entscheidung in der Hainburger Au

Während Polizeibeamte noch Jagd auf einzelne Auschützer machen, bilden andere einen dichten Kordon; in seinem Schutz können die bisher erfolgreich verhinderten Rodungsarbeiten beginnen – ein Stück Auwald, größer als ein Fußballfeld, fällt den Motorsägen der Holzfäller zum Opfer.

Die Empörung über das rücksichtslose Vorgehen der Sicherheitskräfte ist gewaltig: Am Nachmittag kommt es in Wien spontan zu einer riesigen Solidaritätskundgebung, etwa 40.000 Menschen demonstrieren, auf der Ringstraße kommt der Verkehr zum Erliegen, die Parolen „Volksabstimmung!“ und „Regierungsrücktritt!“ dominieren, viele sind bereit, nun auch selbst in die Au zu gehen und Widerstand zu leisten – um eine weitere Zuspitzung des Konflikts zu verhindern, verkündet Bundeskanzler Fred Sinowatz am 21. Dezember einen „Weihnachtsfrieden“, der bis 3. Jänner 1985 dauern soll, dann würde man eine „politische Entscheidung“ fällen. Am 4. Jänner 1985 gibt Sinowatz nach einer Sondersitzung des Ministerrats ein „Elf-Punkte-Programm“ für Hainburg bekannt, der wichtigste Punkt: Der Baubeginn wird um ein Jahr aufgeschoben, man halte aber grundsätzlich am Kraftwerksprojekt fest. Bereits zuvor, am 2. Jänner, hat der Verwaltungsgerichtshof auf Beschwerde des *World Wildlife Fund* und dreier Stopfenreuther Bauern hin einen Baustopp bis zum Abschluss dieses Beschwerdeverfahrens

„Angriff" am Morgen: Innenminister Blechas „Räumungstruppen" gehen gegen die Auschützer vor.

verfügt – damit ist eine weitere Besetzung der Au obsolet geworden. Als am 1. Juli 1986 der Verwaltungsgerichtshof den Wasserrechtsbescheid aufhebt, ist das Kraftwerksprojekt Hainburg endgültig Vergangenheit.

Für die österreichische Umweltpolitik wird der Kampf um die Donauauen zum Beginn einer neuen Ära: Bewilligungsverfahren mit obligatorischer Parteistellung, umfassender Umweltverträglichkeitsprüfung und transparenter Auswahl der Gutachter sind von nun an selbstverständlich. Und demokratiepolitisch lernen die Österreicher eines: Ziviler Ungehorsam zahlt sich aus …

20. Dezember 1924

1 Schilling für 10.000 Kronen

Am Höhepunkt der Hyperinflation, 1922/23, hatte man das Geld in Waschkörben transportiert und wer Lust hatte, zündete sich mit einem wertlosen Geldschein seine Zigarre an – irgendwie wollte man das wertlose Zeug loswerden. Doch nun geht es der Inflation endgültig an den Kragen: Mit dem Schilling-Rechnungsgesetz vom 20. Dezember 1924 wird eine neue Währung eingeführt: der Schilling. Der Umrechnungskurs zur seit 1892 im Umlauf befindlichen Krone: 1 Schilling für 10.000 Kronen; eine Goldkrone entspricht 1,41 Schilling; der Preis für ein Kilogramm Gold beträgt etwa 6.000 Schilling.

Das Schilling-Rechnungsgesetz

Noch ist der Schilling in der Bevölkerung nicht populär, tatsächlich zahlen kann man mit dem Schilling auch erst ab dem 1. März 1925; statt 2.500 Kronen kostet die Tageszeitung in der nächsten Trafik nun 25 Groschen. Für den Groschen hatte man ursprünglich den sperrig klingenden Namen „Stüber" im Auge, kam aber dann wieder davon ab.

Die Währungsumstellung ist eine Folge des harten Spar- und Sanierungskurses, der Österreich durch die „Genfer Protkolle" *(siehe 4. Oktober)* vorgegeben ist, dazu gehört auch die Stilllegung der Notenpressen. Außerdem hat man sich der totalen Kontrolle der Finanzen durch den Völkerbund unterworfen. Die positiven Auswirkungen der Währungsreform werden bald zu spüren sein: Die Lebenshaltungskosten beginnen sich zu stabilisieren; die Wirtschaft wächst wieder.

Die Einführung der Schillingwährung bedeutet das endgültige Ende für die Inflation und die dramatische Wirtschaftslage in Österreich. Dank einer erfolgreichen Währungspolitik in den nächsten Jahren gelingt es, den Wert des Schillings, umgangssprachlich auch „Alpendollar" genannt, stabil zu halten. Und allmählich gewinnt die Bevölkerung auch Zutrauen zu ihm – die junge Republik und der Schilling verschmelzen zu einer erfolgreichen Einheit.

Der Schilling bleibt – unterbrochen von der NS-Herrschaft und ihrer Reichsmark – bis 28. Februar 2002 gesetzliches Zahlungsmittel in Österreich.

Entwurf für eine neue Hundert-Schilling-Banknote im Jahre 1938. Der „Anschluss" verhinderte ihr Erscheinen.

21. Dezember 1867

Vor dem Gesetz sind alle Staatsbürger gleich

Am 21. Dezember 1867 bestätigt Kaiser Franz Joseph die vom cisleithanischen Reichsrat ausgearbeiteten fünf Staatsgrundgesetze sowie das „Delegationsgesetz", die zusammen die sogenannte „Dezemberverfassung" bilden. Damit ist der „Ausgleich" auch für die cisleithanische Reichshälfte vollzogen; das entsprechende ungarische Gesetz datiert vom 12. Juni 1867. Kritik und Ablehnung kommen vor allem von den Tschechen, die sich benachteiligt und übergangen fühlen.

Herausragende Bedeutung kommt bis heute dem „Staatsgrundgesetz über die allgemeinen Rechte der Staatsbürger für die im Reichsrate vertretenen Königreiche und Länder" zu, das 1920 und 1929 als Artikel 7 in der Verfassung aufscheint und in seinen Schlussbestimmungen, dem Artikel 149, zum „Verfassungsgesetz der Republik Österreich" erklärt wird. Auch in der Regierungserklärung vom 27. April 1945 *(siehe 27. April)* wird betont, dass es sich wieder in Kraft befindet.

Die Dezemberverfassung

Darin heißt es unter anderem:

Art. 2: Vor dem Gesetz sind alle Staatsbürger gleich.

Art 3: Die öffentlichen Ämter sind für alle Staatsbürger gleich zugänglich …

Art 4: Die Freizügigkeit der Person und des Vermögens innerhalb des Staatsgebietes unterliegt keiner Beschränkung …

Art 5: Das Eigentum ist unverletzlich …

Art 6: Jeder Staatsbürger kann an jedem Orte des Staatsgebietes seinen Aufenthalt und Wohnsitz nehmen …

Das Schlusszeichen zum „Ausgleich" mit Ungarn: die Krönung Franz Josephs und Elisabeths zum Königspaar von Ungarn am 8. Juni 1867.

Art 7: Jeder Untertänigkeits- und Hörigkeitsverband ist für immer aufgehoben …

Art 12: Die österreichischen Staatsbürger haben das Recht, sich zu versammeln und Vereine zu bilden …

Art 13: Jedermann hat das Recht, durch Wort, Schrift, Druck oder bildliche Darstellung seine Meinung innerhalb der gesetzlichen Schranken frei zu äußern. Die Presse darf weder unter Zensur gestellt, noch durch das Konzessionssystem beschränkt werden.

Art 14: Die volle Glaubens- und Gewissensfreiheit ist jedermann gewährleistet.

Art 17: Die Wissenschaft und ihre Lehre ist frei …

Art 19: Alle Volksstämme des Staates sind gleichberechtigt, und jeder Volksstamm hat ein unverletzliches Recht auf Wahrung und Pflege seiner Nationalität und Sprache …

22. Dezember 1192

Without any respect to his royal dignity

Niemand blickt sich nach ihnen um, als die drei Reiter vor einer Herberge im Dorf Erdberg bei Wien anhalten und die Männer von den Pferden steigen. Der Wirt ist daran gewöhnt, seiner Kundschaft wenig Fragen zu stellen, und so hält er es auch dieses Mal – die drei Ankömmlinge erhalten die verlangte Unterkunft, auch ohne Geleitbrief und Passierschein. Sein Herr heiße „Kaufmann Hugo" und befinde sich auf der Durchreise, erklärt der junge Diener im Gefolge der beiden vornehm wirkenden Männer. Da sie für ihre Verpflegung selbst sorgen müssen und der Hunger nicht länger zu ertragen ist, schicken die beiden Fremden ihren deutsch sprechenden Diener in die Stadt, um österreichische Münzen einzutauschen und Lebensmittel einzukaufen. Dabei stellt sich der unerfahrene junge Mann jedoch sehr ungeschickt an; die glänzenden byzantinischen Goldmünzen erregen sofort beträchtliches Aufsehen. Er wird von der Stadtwache festgenommen und verhört, auf seine Aussage hin, dass sein Herr ein wohlhabender griechischer Kaufmann sei, lässt man ihn jedoch wieder frei.

Die Gefangennahme von König Richard Löwenherz

„Kaufmann Hugo" alias Englands König Richard Löwenherz, der von seinem Getreuen William L'Etang begleitet wird, ist durch einen Fieberanfall geschwächt, er benötigt unbedingt etwas zu essen und schickt deshalb den Diener neuerlich in die Stadt. Jetzt ist das Misstrauen der Wiener bereits groß, umso mehr, als man am Gürtel des Knaben die kostbaren Handschuhe seines Herrn mit eingestickten goldenen Leoparden, dem Wappentier des englischen Königs, entdeckt – er wird wieder von der Stadtwache festgenommen und diesmal lässt man ihn nicht ungeschoren davonkommen: Man prügelt auf den Unglücklichen ein und droht, ihm die Zunge abzuschneiden, wenn er nicht gestehe, wer tatsächlich sein Herr sei. Schließlich ist der junge Mann geständig; man zwingt ihn, die Wachen zur Unterkunft des Königs zu führen. Eilig überbringt man die unglaubliche Nachricht Herzog Leopold V., der nicht lange zögert: Er lässt die Herberge in Erdberg umstellen und fordert Richard auf, sich zu ergeben; der König antwortet, dass er sich nur dem Herzog persönlich ergebe. Daraufhin betritt Leopold V. die Herberge, wo ihm Richard zum Zeichen des Verzichts auf Widerstand sein Schwert übergibt – ein denkwürdiger Augenblick des Triumphs für den Babenberger, der seinen verhassten Intimfeind aus dem Heiligen Land nun als hilflosen Gefangenen vor sich hat – *without any respect to his royal dignity* lässt er Richard in Ketten legen.

Erinnerung an einen Rechtsbruch des österreichischen Landesfürsten: Gedenktafel am Haus Erdberger Straße 41.

23. Dezember 1920

Für die Freiheit der Kunst

Das Kleine Schauspielhaus in Berlin-Charlottenburg. Auf dem Programm steht die Uraufführung von Arthur Schnitzlers *Reigen*, nur noch wenige Augenblicke dauert es bis zum Beginn der Vorstellung. Es herrscht erwartungsvolle Spannung. Da tritt die Direktorin des Hauses, die Schauspielerin Gertrude Eysoldt (1870–1955), vor den Vorhang und verkündet, dass das preußische Kultusministerium die Aufführung verboten habe, die Strafandrohung für sie und ihren Kollegen Maximilian Sladek, den zweiten Direktor: sechs Wochen Arrest. Die drohende Haftstrafe, so Eysoldt weiter, könne sie aber nicht daran hindern, für die Freiheit der Kunst einzutreten und das Stück dennoch aufzuführen. Beifall für Eysoldt; die Uraufführung unter der Regie von Hubert Reusch erfolgt daraufhin ohne weitere Zwischenfälle, Curt Goetz spielt den jungen Herrn, Fritz Kampers den Soldaten.

Der Skandal um Schnitzlers „Reigen“

Der Kritiker Alfred Kerr schreibt in *Der Tag* von einem „reizenden Werk“, das nicht „Schmutzereien, sondern Lebensaspekte“ darstelle und „annehmbar“ gespielt worden sei – am 3. Januar 1921 wird das Aufführungsverbot vom Landgericht Berlin aufgehoben.

Doch nun sind Antisemiten und „Völkische“ auf das „Schmutzstück“ aufmerksam geworden, es beginnt, organisiert durch einen hohen Beamten der Berliner Polizei, eine groß angelegte Hetze. Am 22. Januar 1921 kommt es während der Aufführung zu einer Saalschlacht, Stinkbomben werden geworfen; der preußische Regierungsrat Karl Brunner, der sich für „Schmutz- und Schundliteratur“ besonders zuständig fühlt, erklärt das Stück für eine „Ungeheuerlichkeit“; Eysoldt, Sladek, Reusch und die Darsteller (!) werden wegen „Erregung öffentlichen Ärgernisses“ angeklagt, im November 1921 jedoch freigesprochen.

Der Skandal greift auf Wien über: Hier hat am 1. Februar 1921 der *Reigen* in den Kammerspielen unter der Regie von Heinz Schulbaur Premiere; bereits im Vorfeld wird Schnitzler als „jüdischer Schweineliterat“ beschimpft. In der antisemitisch-reaktionären *Reichspost* kann man dazu lesen: „Mit dem ‚Reigen‘ hat Schnitzler das Theater, das ein Haus der Freuden sein sollte, zu einem Freudenhause, zum Schauplatz von Vorgängen und Gesprächen gemacht, wie sie sich schamloser in keiner Dirnenhöhle abwickeln können. Schnaufende Dickwänste mit ihrem weiblichen Anhange, der den Namen der deutschen Frau schändet, sollen sich jetzt dort allabendlich ihre im wüsten Sinnentaumel erschlafften Nerven aufkitzeln lassen.“ Am 16. Februar 1921 werden die Kammerspiele von etwa 600 Demonstranten gestürmt; Wiens Polizeipräsident Johann Schober verhängt ein Aufführungsverbot, der Streit über das Stück wird im Parlament weitergeführt und landet schließlich vor dem Verfassungsgerichtshof. Im März 1922 darf das Stück – unter Polizeischutz – wieder gespielt werden.

Nun reagiert jedoch Arthur Schnitzler selbst: Er bittet den S. Fischer Verlag, keine Aufführungsrechte mehr zu vergeben, eine Regelung, die bis zum 1. Januar 1982 in Kraft sein wird.

24. Dezember 1814

Alle gebetenen eingeladenen Personen erhielten Geschenke …

Heiliger Abend 1814. Nach über zwei Jahrzehnten blutiger Kriege wird in Wien über die Neuordnung Europas verhandelt; der Wiener Kongress ist zum Mittelpunkt der europäischen Diplomatie geworden, die besten Köpfe messen hier ihre Kräfte. In ihrem Mietpalais am Hohen Markt 1 hat Fanny von Arnstein zur großen Weihnachtsfeier geladen, zahlreiche prominente Gäste haben sich angesagt, unter ihnen auch der preußische Staatskanzler Karl August von Hardenberg, der das freie Gespräch mit der politisch engagierten, umfassend gebildeten Jüdin, die seit 1776 in Wien lebt und mit dem Bankier Nathan Adam von Arnstein verheiratet ist, äußerst schätzt; schon seit Jahren ist der Salon Fannys der Treffpunkt der preußischen Intelligenz in Wien – für Wilhelm von Humboldt und die Brüder Friedrich und Wilhelm Schlegel ebenso wie für Karl von Savigny, Rahel Levin-Varnhagen oder Clemens Brentano. Für die Geheimpolizei Metternichs ist daher auch dieses Fest grundsätzlich verdächtig und so schickt man pflichtbewusst einen Spitzel zum Hohen Markt, der prompt allerlei Seltsames zu berichten weiß: „Bei Arnstein war vorgestern nach berliner Sitte ein sehr zahlreiches Weihbaum- oder Christbaumfest. Es waren dort Staatskanzler Hardenberg, die Staats-Räthe Jordan und Hoffmann, Fürst Radziwill, Herr Bartholdy, alle getauften und beschnittenen Anverwandten des Hauses. Alle gebetenen eingeladenen Personen erhielten Geschenke oder Souvenirs vom Christbaum. Es wurden nach berliner Sitte komische Lieder gesungen; Frau von Münch sang Lieder vom Kasperle: Es wurde durch alle Zimmer ein Umgang gehalten mit den zugetheilten, vom Weihnachtsbaum abgenommenen Gegenständen. Fürst Hardenberg amüsierte sich unendlich; Herr von Humboldt war nicht dabei.“ Der Berichterstatter, der als „ungebetener“ Gast wohl auch kein Geschenk erhalten hat, weiß offenbar mit den Exaltiertheiten der jüdisch-protestantischen Gäste bei diesem fröhlichen „Christbaumfest“ wenig anzufangen, noch ist das alles „berliner Sitte“; schon bald aber wird der Christbaum auch am kaiserlichen Hof seinen Einzug halten. Am Heiligen Abend 1816 richtet die „schöne Protestantin“ Henriette von Nassau-Weilburg, die Gattin Erzherzog Carls, eine Familienfeier neuen Stils mit festlich geschmücktem Christbaum aus.

Der erste Christbaum

Der Christbaum im Vormärz.

25. Dezember 1705

Lieber bayerisch sterben, als kaiserlich verderben!

Nach der verlorenen Schlacht von Höchstädt *(siehe 14. August)* muss Kurfürst Max Emanuel sein Land verlassen, Bayern wird von österreichischen Truppen besetzt. Eine höchst ungeschickte Politik der Unterdrückung führt dazu, dass sich in der bayerischen Landbevölkerung der Widerstand regt: Die Steuern werden vervierfacht, junge Männer zum kaiserlichen Militär zwangsrekrutiert, Willkürakte provozieren Ablehnung und Hass.

Im Herbst 1705 regt sich erster Widerstand, im Dezember 1705 kommt es zum offenen Aufstand. Anlass ist der Versuch eines österreichischen Rekrutierungskommandos, in den Dörfern Schönau und Gern Bauernburschen auszuheben. Die Soldaten werden verprügelt und verjagt, ganz Ober- und Niederbayern geraten nun in Aufruhr. Im November 1705 besetzen die Rebellen Braunau am Inn, ihre Losung lautet: Lieber bayerisch sterben, als kaiserlich verderben!

Die Sendlinger Mordweihnacht

Treffpunkt für den Zug gegen München ist das Kloster Schäftlarn südlich der Hauptstadt. Am Heiligen Abend, gegen 23 Uhr, erreichen die Aufständischen den Ort Sendling und verbringen hier die Nacht; am Morgen des 25. Dezember 1705, noch vor Sonnenaufgang, ziehen etwa 2.300 Mann weiter Richtung Angertor und Roten Turm; 700 Leichtbewaffnete bleiben in Sendling zurück. Die Rebellen sind schlecht bewaffnet, nur die Gebirgsschützen aus Tölz führen Schusswaffen bei sich. Dennoch können sie den „Roten Turm" erobern, die Österreicher ziehen sich zum Isartor zurück. Man hofft auf die Verbündeten in der Stadt – die Wirte Johann Jäger und Georg Küttler sollen beim Hofbräuhaus und beim Franziskanerkloster Männer sammeln und um 1 Uhr die Tore öffnen, gemeinsam will man dann die Garnison verjagen – doch Jäger ist verraten worden, die Tore Münchens bleiben geschlossen.

Inzwischen sind jedoch auch schon die kaiserlichen Truppen alarmiert. Etwa 4.000 Mann unter General Georg Friedrich von Kriechbaum umfassen die Aufständischen, es beginnt ein Gemetzel, nur wenigen Bauern gelingt die Flucht nach Sendling – die Österreicher verfolgen die Flüchtenden, die in der alten Pfarrkirche von Sendling und auf dem Friedhof Schutz suchen, im Glauben, hier Gnade bei den Soldaten zu finden.

Doch die Männer Kriechbaums, ungarische Husaren und Infanteristen, geben keinen Pardon, schlachten die Aufständischen bis zum letzten Mann ab; die Legende erzählt von einem riesenhaften Rebellen, dem „Schmied von Kochel", der mit einer 50-kg-Keule zahlreiche Angreifer erschlagen hätte. Etwa 500 verletzte Bauern werden nach München gebracht und zur Abschreckung auf den Platz vor der Michaeliskirche geworfen – drei Tage lang darf ihnen niemand helfen.

Die Rädelsführer werden im Januar 1706 auf dem Schrannenplatz, dem heutigen Marienplatz, enthauptet, zwei nachträglich gevierteilt. Mehr als 1.000 Bauern kommen bei der „Sendlinger Mordweihnacht" ums Leben. Der Schmied von Kochel wird in Bayern bis heute mit Gedenkveranstaltungen geehrt.

26. Dezember 1805

Das Erzbistum Salzburg kommt zu Österreich

Dem Kalender des revolutionären Frankreich folgend schreibt man den 5. Nivose des Jahres XIV. Nach Napoleons Triumph bei Austerlitz *(siehe 2. Dezember)* ist das Habsburgerreich nur mehr Spielball in den Händen des Korsen. Die Koalition ist zerschlagen, Österreich isoliert; Napoleon diktiert Friedensbestimmungen nach Lust und Laune und zerstört die alte Ordnung des Heiligen Römischen Reiches; für „Doppelkaiser" Franz I./II. bleibt der deutsche Kaisertitel nur mehr leere Hülse – 1806 wird der Habsburger aus dieser Situation die Konsequenzen ziehen. Doch nun geht es für ihn darum, sein Reich aus dem „Ungemach des Krieges" in die Normalität zurückzuführen, auch wenn dies bittere Demütigungen bedeutet. So stimmt er den harten Bedingungen des *Friedens-Tractats* zu, der um 16 Uhr im Primatialpalais von Pressburg unterzeichnet wird. Für Frankreich signiert Außenminister Talleyrand, für *Seine Majestät den Kaiser von Österreich* setzen Fürst Johann I. Josef von Liechtenstein und Feldmarschall-Leutnant Ignácz Graf von Gyulai ihre Unterschriften unter den Vertrag.

Der Schauplatz: das Primatialpalais in Pressburg.

Der Friede von Pressburg

Die Liste der Abtretungen ist lang, so heißt es etwa in Artikel VIII, der Bayern betrifft: *Se. Majestät der Kaiser von Deutschland und Österreich leistet sowohl für sich, seine Erben und Nachfolger, als für die Prinzen seines Hauses, ihre Erben und resp. Nachfolger auf nachbenannte Fürstenthümer, Herrschaften, Domainen und Gebiete Verzicht, und überläßt und tritt ab an Se. Majestät den König von Bayern die Markgrafschaft Burgau und was dazu gehört, das Fürstenthum Eichstädt, denjenigen Theil des Gebietes von Passau, der Sr. königlichen Hoheit, dem Kurfürsten von Salzburg gehörte, und zwischen Böhmen, Österreich, der Donau und dem Inn gelegen ist, ferner die Grafschaft Tyrol, mit Inbegriff der Fürstenthümer Brixen und Trient; die sieben Herrschaften im Voralbergischen mit ihren Inklavirungen, die Grafschaft Hohenems, die Grafschaft Königsegg, Rothenfels, die Herrschaften Tettnang und Arzen und die Stadt Lindau nebst ihrem Gebiete.*

Tirol und Vorarlberg sind damit für Österreich vorerst verloren, ebenso Venetien einschließlich Istrien und Dalmatien; als Ausgleich werden dem Habsburgerreich das vormalige, 1803 säkularisierte Fürsterzbistum Salzburg und die Fürstpropstei Berchtesgaden zugesprochen. Bereits am nächsten Tag ratifiziert Napoleon in Schloss Schönbrunn den Vertrag, am 28. Dezember verlässt er Wien; das Kaisertum Österreich ist de facto zu einem Vasallenstaat Frankreichs herabgesunken.

27. Dezember 1985

Bestürzung und Abscheu

Am 16. August 2002 stirbt in Bagdad Abu Nidal, der Gründer der Terrororganisation „Fatah" („Sieg"). Von 1981 bis 1985 ist auch Österreich das Ziel seiner Todeskommandos. Am ersten Mai 1981 wird der Wiener Stadtrat Heinz Nittel vor seinem Haus erschossen; am 29. August 1981 schießen zwei Männer vor der Synagoge mit Maschinenpistolen auf Gläubige und werfen Handgranaten, zwei Menschen sterben.

Freitag, 27. Dezember 1985, Flughafen Wien-Schwechat, kurz vor neun Uhr morgens. Bei den Check-in-Schaltern Drei und Vier der israelischen Fluglinie El Al hat sich eine Schlange gebildet, ein Flug nach Tel Aviv steht auf dem Programm. Plötzlich tauchen drei schwer bewaffnete Männer auf, rollen drei Handgranaten und eine Rauchgranate gegen die Menge, dann eröffnen sie aus ihren „Kalaschnikows" das Feuer. Polizei-Revierinspektor Peter Bruckner von der Hundestaffel am Flughafen schießt als Erster zurück, kurz darauf greift ein zweiter Polizist in das Feuergefecht ein, dann nehmen auch die beiden israelischen Sicherheitsbeamten am El-Al-Schalter die Attentäter unter Feuer. Drei Menschen sterben, über 40 werden verletzt. Den Terroristen gelingt es, mit einem geraubten PKW, dessen Fahrer sie zum Aussteigen zwingen, zu flüchten. Bei Fischamend können sie von der Polizei gestellt werden, ein Terrorist wird getötet, zwei werden schwer verletzt.

Terroranschlag in Wien-Schwechat

Die Täter, so stellt sich heraus, sind palästinensische Flüchtlinge aus den Lagern Sabra und Schatila; ihre Ausbildung für diesen „Einsatz" ist im Libanon erfolgt, die „Einsatzbesprechung" hat in der Schweiz stattgefunden, wobei zeitgleich mit dem Wiener Anschlag ein Terrorakt in Rom durchgeführt wird. Und sie gehören zur Extremistengruppe „Fatah" von Abu Nidal. Der ursprüngliche Plan hatte wohl vorgesehen, die El-Al-Passagiere als Geiseln zu nehmen und die Maschine über Israel zu sprengen.

Die Anschläge werden von der PLO-Vertretung und dem Büro der Arabischen Liga in Wien nachdrücklich verurteilt. Die PLO, die Syrien oder Libyen hinter dem Anschlag vermutet, veröffentlicht dazu folgende Erklärung: „Die PLO drückt ihre Empörung aus und verurteilt entschieden das Verbrechen an unschuldigen Menschen, das heute in Wien-Schwechat begangen wurde. Die PLO hält an ihrer Politik und ihren Prinzipien fest, die solche Gewaltakte ablehnen und verurteilen. Wir betrachten solche verbrecherischen Aktionen auch als gegen die PLO gerichtet, da der Versuch unternommen wird, das Ansehen der PLO zu diskreditieren und zu diffamieren."

Die beiden überlebenden Attentäter werden vor Gericht gestellt, das Urteil: lebenslange Haft. Mit „Bestürzung und Abscheu" reagiert die jüdische Gemeinde Wiens auf diesen Terroranschlag. Es gibt aber auch eine andere Sichtweise: Die libysche Nachrichtenagentur bezeichnet die Flughafenanschläge in Wien und Rom als „Heldentaten".

28. Dezember 1895

Geheimnisvolle X-Strahlen

Zum Jahreswechsel 1895/1896 kann die *Neue Freie Presse* ihren Lesern eine neue wissenschaftliche Sensation präsentieren: die geheimnisvollen X-Strahlen. Dazu schreibt das Blatt am 5. Jänner 1896: „In den gelehrten Fachkreisen Wiens macht gegenwärtig die Mittheilung von einer Entdeckung, welche Professor Röntgen in Würzburg gemacht haben soll, große Sensation. Wenn sich dieselbe bewährt, wenn die hierauf bezüglichen Mittheilungen sich als begründet erweisen, so hat man es mit einem in seiner Art epochemachenden Ergebnisse der exacten Forschung zu thun, das sowohl auf physikalischem wie auf medicinischem Gebiete ganz merkwürdige Konsequenzen bringen dürfte."

Der Mann, der die neue Technologie nach Wien bringt, heißt Franz Serafin Exner (1849–1926) und ist Ordinarius am Chemisch-Physikalischen Instut der Universität Wien. Am 28. Dezember 1895 gelingt dem Pionier erstmals der diagnostische Einsatz von Röntgenstrahlen, die er als „X-Strahlen" bezeichnet.

Pionier der Röntgenstrahlen in Österreich: Franz Serafin Exner, um 1915.

Das Röntgenbild hat Premiere

Die *Neue Freie Presse* versucht den Lesern zu erkären, worum es bei diesem physikalischen Phänomen geht: „Diese Strahlen nun, von deren Existenz man bisher keine Ahnung hatte, sind für das Auge vollständig unsichtbar; sie durchdringen, im Gegensatz zu gewöhnlichen Lichtstrahlen, Holzstoffe, organische Stoffe und dergleichen undurchsichtige Körper. Metalle und Knochen hingegen halten die Strahlen auf" – genau dies könne man für die medizinische Diagnostik nützen.

Exner, der Röntgen noch von der gemeinsamen Studienzeit in Zürich kennt und mit ihm eng zusammenarbeitet, ist einer der Ersten, der von Röntgen nach seiner bahnbrechenden Entdeckung am 8. November 1895 über die neuartigen Strahlen unterrichtet wird; er selbst vermittelt die Technologie sofort an seine medizinischen Kollegen weiter, so auch an den Chirurgen Albert von Moseting-Moorhof, der erstmals „X-Strahlen" im Vorfeld von Operationen einsetzt. Eine Schusswunde an der linken Hand eines Försters und die gebrochene Zehe eines Dienstmädchens werden „durchleuchtet".

29. Dezember 1921

Wien wird ein eigenes Bundesland

Der Wiener Gemeinderat hat als Landtag beschlossen: (1) Auf Grund des Artikels 114 des Gesetzes vom 1. Oktober 1920, BGBl. Nr. 1, wird ein selbständiges Bundesland Wien gebildet. Infolgedessen wird auch der bisherige Landesteil Niederösterreich-Land ein selbständiges Bundesland, das den Namen Niederösterreich führt."

So lautet der Artikel 1 des am 29. Dezember 1921 beschlossenen „Trennungsgesetzes". Ab sofort ist Wien ein eigenes Bundesland, das neunte Österreichs, und gleichzeitig Landeshauptstadt.

Das Trennungsgesetz

Am selben Tag wird vom Landtag außerdem noch eine Vermögensaufteilung zwischen den beiden Bundesländern gesetzlich festgeschrieben und die Aufhebung der bisher geltenden gemeinsamen Landesverfassung beschlossen. Das Gesetz tritt am 1. Januar 1922 in Kraft.

Das neue Trennungsgesetz schreibt für Wien eine ganz neue Regelung vor: „Der Wiener Gemeinderat ist auch Landtag, der Wiener Bürgermeister auch Landeshauptmann, der Wiener Stadtsenat auch Landesregierung, der Magistratsdirektor auch Landesamtsdirektor und der Wiener Magistrat auch Amt der Landesregierung, und zwar ist er sowohl hinsichtlich der mittelbaren Bundesverwaltung dem Bürgermeister als Landeshauptmann wie auch hinsichtlich des selbständigen Wirkungsbereiches des Landes Wien dem Wiener Stadtsenate als Landesregierung als Amt beigegeben."

Der wesentliche Grund für die Herauslösung Wiens: Der „Wasserkopf" Wien und Niederösterreich zusammen bilden ein zu großes Gewicht im Osten des jungen Staates, lebt hier doch die Hälfte aller Einwohner Österreichs. Außerdem will das mehrheitlich „rote" Wien unter Bürgermeister Jakob Reumann nicht von einem konservativ-ländlichen Umfeld abhängig sein. Umgekehrt wollen die konservativen Bürger im ländlichen Raum nicht mehr von sozialdemokratischen Abgeordneten, die hauptsächlich von Arbeitern aus der Stadt gewählt werden, vertreten sein, vor allem auch nicht vom sozialdemokratischen niederösterreichischen Landeshauptmann Albert Sever.

Noch lange ungeklärt bleibt die Frage nach der neuen Hauptstadt Niederösterreichs: Erst am 1. und 2. März 1984 entscheidet eine von Landeshauptmann Siegfried Ludwig unter dem Slogan „Ein Land ohne Hauptstadt ist wie ein Gulasch ohne Saft" initiierte Volksbefragung auch über dieses Problem – mit 45 % der Stimmen wird St. Pölten klarer Sieger und 1986 zur neuen Landeshauptstadt Niederösterreichs bestimmt; in den Jahren 1995 bis 1996 übersiedeln die blaugelbe Landesregierung und der Landtag in das „Landhausviertel" der neuen Kapitale.

30. Dezember 1888

Das Proletariat geistig und physisch kampffähig machen

Zum Jahreswechsel 1888/89 wird endlich das alte Kampfziel der Arbeiterbildungsvereine Realität und Victor Adler feiert einen wichtigen „Etappensieg": Auf dem Parteitag im niederösterreichischen Hainfeld gründen 110 Delegierte aus Wien und allen Kronländern außer Dalmatien die Sozialdemokratische Partei. Mit dieser zentralen Plattform gewinnt die Arbeiterbewegung enorm an Dynamik und wird bald zur unwiderstehlichen politischen Kraft.

80 Delegierte und 25 Gäste aus 13 Kronländern beraten unter dem Vorsitz von Julius Popp vom 30. Dezember 1888, 18 Uhr, bis 1. Jänner 1889, 14 Uhr, unter anderem: die Abfassung einer Einigungsresolution, die Grundsätze einer Arbeiterschutz-Gesetzgebung, Pressefreiheit, allgemeines Wahlrecht, Versammlungsfreiheit, Unabhängigkeit der Gerichte und als wichtigstes Dokument die Prinzipienerklärung, auf deren Grundlage sich die soeben gegründete Sozialdemokratische Arbeiterpartei weiterentwickeln sollte. Sie lautet: „Die Sozialdemokratische Arbeiterpartei in Österreich erstrebt für das gesamte Volk ohne Unterschied der Nation, der Rasse und des Geschlechtes die Befreiung aus den Fesseln der ökonomischen Abhängigkeit, die Beseitigung der politischen Rechtlosigkeit und die Erhebung aus der geistigen Verkümmerung.

Der Hainfelder Parteitag

Die Ursache dieses unwürdigen Zustandes ist nicht in einzelnen politischen Einrichtungen zu suchen, sondern in der das Wesen des Gesellschaftszustandes bedingenden und beherrschenden Tatsache, daß die Arbeitsmittel in den Händen einzelner Besitzender monopolisiert sind. Der Besitzer der Arbeitskraft, die Arbeiterklasse, wird dadurch zum Sklaven der Besitzer der Arbeitsmittel, der Kapitalistenklasse, deren politische und ökonomische Herrschaft im heutigen Staate ihren Ausdruck findet. (…)

Der Übergang der Arbeitsmittel in den gemeinschaftlichen Besitz der Gesamtheit des arbeitenden Volkes bedeutet also nicht nur die Befreiung der Arbeiterklasse, sondern auch die Erfüllung einer geschichtlich notwendigen Entwicklung. Der Träger dieser Entwicklung kann nur das klassenbewußte und als politische Partei organisierte Proletariat sein. Das Proletariat politisch zu organisieren, es mit dem Bewußtsein seiner Lage und seiner Aufgabe zu erfüllen, es geistig und physisch kampffähig zu machen und zu erhalten, ist daher das eigentliche Programm der Sozialdemokratischen Arbeiterpartei in Österreich …"

Der Geburtsort der österreichischen Sozialdemokratie: der Gasthof Zehetner in Hainfeld.

31. Dezember 1851

... und Österreich hat nur mehr einen Herrn

Nach den Erfolgen auf den ungarischen und italienischen Kriegsschauplätzen 1849 halten Kaiser Franz Joseph und seine Berater Ende 1851 die Zeit für gekommen, die Errungenschaften der Revolution endgültig außer Kraft setzen zu können. Gegängelt von seiner erzreaktionären Mutter Erzherzogin Sophie, glaubt der junge Herrscher tatsächlich, den Staat selbst führen zu können. Er will keine bloße „Druckmaschine für Unterschriften" sein und als Monarch selbst Verantwortung tragen. Schon im Sommer 1851 berichtet er im Brustton der Überzeugung an seine Mutter: „Wir haben das Konstitutionelle über Bord geworfen und Österreich hat nur mehr einen Herrn." Anfang Dezember ist der Sturz der Verfassung endgültig beschlossene Sache; nach den Weihnachtsfeiertagen 1851 soll dieser Sachverhalt auch formal besiegelt werden: Am Silvestertag unterzeichnet er daher ein kaiserliches Patent, mit dem der 21-Jährige die „oktroyierte Verfassung" vom 4. März 1849 aufhebt und die Pressefreiheit wieder abschafft; abgeschafft werden auch die Öffentlichkeit von Gerichtsverfahren und die Geschworenengerichte sowie die geltenden Gemeindeverfassungen; Bezirkshauptmannschaften und Bezirksgerichte werden zu „Bezirksämtern" vereinigt. Weiterhin Bestand haben einzig die Gleichheit der Bürger vor dem Gesetz und die Abschaffung des Untertänigkeitsverhältnisses der Bauern. Unumstößlich steht jedoch fest: Es gibt keine politische Mitbestimmung durch die Bürger, die wieder zu „Untertanen" geworden sind.

Das Silvesterpatent

In einem *Allerhöchsten Cabinetsschreiben* an

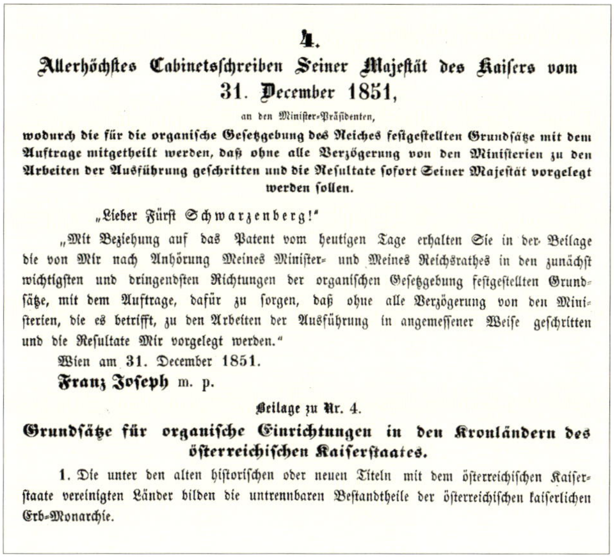

4.

Allerhöchstes Cabinetsschreiben Seiner Majestät des Kaisers vom 31. December 1851,

an den Minister-Präsidenten,

wodurch die für die organische Gesetzgebung des Reiches festgestellten Grundsätze mit dem Auftrage mitgetheilt werden, daß ohne alle Verzögerung von den Ministerien zu den Arbeiten der Ausführung geschritten und die Resultate sofort Seiner Majestät vorgelegt werden sollen.

„Lieber Fürst Schwarzenberg!"

„Mit Beziehung auf das Patent vom heutigen Tage erhalten Sie in der Beilage die von Mir nach Anhörung Meines Minister- und Meines Reichsrathes in den zunächst wichtigsten und dringendsten Richtungen der organischen Gesetzgebung festgestellten Grundsätze, mit dem Auftrage, dafür zu sorgen, daß ohne alle Verzögerung von den Ministerien, die es betrifft, zu den Arbeiten der Ausführung in angemessener Weise geschritten und die Resultate Mir vorgelegt werden."

Wien am 31. December 1851.

Franz Joseph m. p.

Beilage zu Nr. 4.

Grundsätze für organische Einrichtungen in den Kronländern des österreichischen Kaiserstaates.

1. Die unter den alten historischen oder neuen Titeln mit dem österreichischen Kaiserstaate vereinigten Länder bilden die untrennbaren Bestandtheile der österreichischen kaiserlichen Erb-Monarchie.

den Ministerpräsidenten Fürst Felix zu Schwarzenberg, auch dieses am Silvstertag 1851 verfasst, präzisiert Franz Joseph seine Alternative zur Verfassung: An ihre Stelle treten 36 von Innenminister Alexander von Bach und Reichsratspräsident Karl Friedrich von Kübeck, dem Vertrauten des Kaisers, ausgearbeitete *Grundsätze für organische Einrichtungen in den Kronländern des österreichischen Kaiserstaates*, das sogenannte „Bach'sche System". Die beiden Minister schaffen mit diesem Paragraphengerüst den Rahmen für den neoabsolutistischen Staat der Jahre 1852 bis 1860, in dem so bedenkliche Dinge möglich werden wie das „Prügelpatent" vom 20. April 1854: Wenige Tage vor der glanzvollen Hochzeit Franz Josephs mit „Sisi" wird damit in den österreichischen Ländern die Prügelstrafe eingeführt – der junge Kaiser und seine Minister stellen sich damit ein beklemmendes Armutszeugnis aus.

Ausgewählte Literatur

Isabella Ackerl, Geschichte Österreichs in Daten. Von der Urzeit bis 1804. Wiesbaden 2009

Isabella Ackerl, Geschichte Österreichs in Daten. Von 1806 bis heute. Wiesbaden 2008

Günter Albrecht und Barbara Albrecht (Hrsg.), Erlebte Geschichte. Von Zeitgenossen gesehen und geschildert. Von den Türkenkriegen bis zur Französischen Revolution. Berlin 1987

Hellmut Andics, Der Staat, den keiner wollte. Österreich von der Gründung der Republik bis zur Moskauer Deklaration. Wien–München–Zürich 1968

Hellmut Andics, Das österreichische Jahrhundert. Die Donaumonarchie 1804–1900. Wien-München-Zürich 1974

Wilhelm Baum, Margarete Maultasch. Erbin zwischen den Mächten. Graz–Wien–Köln 1994

Isolde Beck, Hexenprozesse in Oberösterreich. (Phil. Diss.) Linz 1987

Maria Ludmilla Berghammer, Die Greinburger Hexenprozesse. (Dipl.-Arbeit) Wien 1987

Benedikt Bilgeri, Bregenz. Geschichte einer Stadt. Politik – Verfassung – Wirtschaft. Wien: Jugend & Volk 1980

Daniel Blatman, Die Todesmärsche 1944/45. Das letzte Kapitel des nationalsozialistischen Massenmords. Reinbek bei Hamburg 2011

Peter Broucek, Der Geburtstag der Monarchie. Die Schlacht von Kolin 1757. Wien 1982

Evan Burr Bukey, Hitlers Österreich. „Eine Bewegung und ein Volk". Hamburg-Wien 2000

Karl Heinz Burmeister, Geschichte Vorarlbergs: ein Überblick. Wien und München 1998

Danuta Czech, Kalendarium der Ereignisse im Konzentrationslager Auschwitz-Birkenau 1939–1945. Reinbek bei Hamburg 1989

Egon Ehrlich/Helga Raschke, Josef Ritter von Gadolla. Ein Grazer Offizier im militärischen Widerstand. In: Jahrbuch des Dokumentationsarchisvs des österreichischen Widerstands, Wien 2003, S. 162–191

Martin Eichtinger/Helmut Wohnout, Alois Mock. Ein Politiker schreibt Geschichte. Wien–Graz–Klagenfurt 2008

Eugippius, Vita Sancti Severini. Das Leben des heiligen Severin. Übersetzt und herausgegeben von Theodor Nüsslein. Stuttgart 1986

Egmont Fehleisen, Andreas Hofer, der heldenmüthige Anführer der Tyroler im Befreiungskriege von 1809. Reutlingen o. J.

Edi Finger, … I wear narrisch! Mein Leben hinter den Kulissen des internationalen Sports. Wien-München 1988

Humbert Fink, Zu Mantua in Banden. Das Leben und Sterben des Volkshelden Andreas Hofer. Düsseldorf 1992

Michael Forcher, Anno Neun. Der Tiroler Freiheitskampf von 1809 unter Andreas Hofer. Ereignisse, Hintergründe, Nachwirkungen. Innsbruck 2008

Claudia Fräss-Ehrfeld, Geschichte Kärntens. Band 3/2: Kärnten 1918–1920. Abwehrkampf – Volksabstimmung – Identitätssuche. Klagenfurt 2010

Bruno Frei, Die Matrosen von Cattaro. Eine Episode aus dem Revolutionsjahr 1918. Berlin 1963

Michael Gehler, „Wir werden es den Nazis zeigen!" Die Höttinger Saalschlacht vom 27. Mai 1932. In: Thomas Albrich, Klaus Eisterer und Rolf Steininger, Tirol und der Anschluß. Voraussetzungen, Entwicklungen, Rahmenbedingungen 1918–1938. Innsbruck 1988, S. 271–300

Helmut Glaser, Die Herrschaft der Jesuiten in Millstatt 1600–1773 (Phil. Diss.) Wien 1967

Emmerich Gmeiner, Eugen Zardetti und die Auto-Vorarlberger. Eine Geschichte des frühen Automobilismus im Ländle. Hard 2007

Alfred Gottwaldt und Diana Schulle, Die „Judendeportationen" aus dem Deutschen Reich 1941–1945. Eine kommentierte Chronologie. Wiesbaden 2005

Paul Gordeaux, Napoleon und die Liebe. München 1980
Karl Gutkas, Geschichte Niederösterreichs. Wien 1984
Heimo Halbrainer, Gerald Lamprecht und Ursula Mindler (Hg.), NS-Herrschaft in der Steiermark, Positionen und Diskurse. Wien · Köln · Weimar 2012
Wolfgang Häusler, Von der Massenarmut zur Arbeiterbewegung. Demokratie und soziale Frage in der Wiener Revolution von 1848. Wien-München 1979
Franz Herre, Radetzky. Eine Biographie. Köln 1981
Horst Herrmann, Martin Luther. Ketzer und Reformator, Mönch und Ehemann. München 1999
Josef Hirn, Kanzler Bienner und sein Prozess. Innsbruck 1898
Leopold Hohenecker/Gustav Otruba, Von Saint-Germain zum Staatsvertrag. Österreich 1918–1955. Wien 1967
Hanns Humer/Werner Kunzenmann (Hrsg.), Große Gestalten der Kirche in Tirol. Lebensbilder. Innsbruck 2002
Toni Innauer, Der kritische Punkt. Aufgezeichnet von Christian Seiler. Bad Sauerbrunn 1992
Gerhard Jagschitz, Der Putsch. Die Nationalsozialisten 1934 in Österreich. Graz–Wien–Köln 1976
Gerhard Jagschitz und Wolfgang Neugebauer (Hrsg.), Stein, 6. April 1945. Das Urteil des Volksgerichts Wien (August 1946) gegen die Verantwortlichen des Massakers im Zuchthaus Stein. Wien 1995
Otto Kainz, Das Strafgericht im niederösterreichischen Bauernaufstand 1596/97. (Dipl.-Arbeit) Wien 2003
Alfred Kasamas, Österreichische Chronik. Wien 1949
Walter Kleindel, Die Chronik Österreichs. Dortmund 1984
Walter Kleindel, Österreich. Zahlen · Daten · Fakten. Herausgegeben, bearbeitet und ergänzt von Isabella Ackerl und Günter K. Kodek. Wien 2004
Christine Klusacek, Die Österreichische Freiheitsbewegung. Gruppe Roman Karl Scholz. Wien–Frankfurt–Zürich 1968
Stefan König und Gerhard Zimmer, Karl Schranz. Mein „Olympiasieg". München 2002
Norbert Koppensteiner, Das Neustädter „Blutgericht" und die Folgen für die niederösterreichischen Stände. In: Ferdinand I. Herrscher zwischen Blutgericht und Türkenkriegen. Ausstellungskatalog Wiener Neustadt 2003, S. 26–33
Bruno Kreisky, Erinnerungen. Das Vermächtnis des Jahrhundertpolitikers. Herausgegeben von Oliver Rathkolb. Wien-Graz-Klagenfurt 2007
Robert Kuwalek, Die Durchgangsghettos im Distrikt Lublin (u. a. Izbica, Piaski, Rejowiec und Trawniki). In: Bogdan Musial (Hrsg.), „Aktion Reinhardt". Der Völkermord an den Juden im Generalgouvernement 1941–1944. Osnabrück 2004
Florian Labitsch, Die Narrischen. Sportereignisse in Österreich als Kristallisationspunkte kollektiver Identitäten. Wien 2009
Anita Lackenberger, Ein teuflisches Werk. Die Torturen der Hexe von Wien. Folterprotokoll 1583
Serge Lang und Patrick Lang, World-Cup. Ski-Faszination seit 1967. München 1986
Eleonore Lappin-Eppel, Ungarisch-jüdische Zwangsarbeiter und Zwangsarbeiterinnen in Österreich (1944/45): Arbeitseinsatz – Todesmärsche – Folgen. Wien 2010
Anita Lasker-Wallfisch, Ihr sollt die Wahrheit erben. Die Cellistin von Auschwitz. Erinnerungen. Bonn 1997
Paul Lendvai, Der Ungarnaufstand 1956. Die Revolution und ihre Folgen. München 2006
Guenter Lewy, „Rückkehr nicht erwünscht". Die Verfolgung der Zigeuner im Dritten Reich. München-Berlin 2001

Karin Liebhart und Andreas Pribersky, Brücke oder Bollwerk? Grenzland Österreich-Ungarn. In: Emil Brix (Hrsg.), Memoria Austriae Bd. 2: Bauten, Orte, Regionen. Wien 2005, S. 411 ff.
Johann Loserth, Doctor Balthasar Hubmaier und die Anfänge der Wiedertaufe in Mähren. Brünn 1893
Sabine Mader, Die Geschichte des Skilaufs in Österreich. Vom militärischen Skilauf zum Massentourismus. (Dipl.-Arbeit) Wien 1997
Florian Madl, Karl Schranz. Vom Sportidol zum Netzwerker. Eine Biografie. Mit einem Vorwort von Hermann Maier. Wien 2011
Habs Magenschab, Josef II. Revolutionär von Gottes Gnaden. Graz–Wien–Köln 1979
Hans Magenschab, Erzherzog Johann. Bauer · Bürger · Visionär. Wien–Graz–Klagenfurt 2008
Hermann Maier mit Knut Okresek, Das Rennen meines Lebens. Autobiografie. Wien: Styria 2004
James A. Michener, Die Brücke von Andau. Ins Deutsche übertragen von Inge Lindt. Wien–Frankfurt 1957
Roland Miklau, Österreich und die Abschaffung der Todesstrafe. In: Claudia Kuretsidis-Haider, Heimo Halbrainer, Elisabeth Ebner (Hrsg.), Mit dem Tode bestraft. Historische und rechtspolitische Aspekte zur Todesstrafe in Österreich im 20. Jahrhundert und der Kampf um ihre weltweite Abschaffung. Graz 2008, S. 133–141
Jan Mikrut (Hrsg.), Österreichs Kirche und Widerstand 1938–1945. Wien 2000
Thomas Muster, Aufschlag. Mein Leben – Mein Erfolg. Aufgezeichnet von Christian Hackl. Bad Sauerbrunn 1995
Helga Nesensohn-Vallaster, Der Lawinenwinter 1954. Der 11. Jänner 1954 aus Sicht einer Betroffenen. Schruns 2004
Wolfgang Neugebauer/Peter Schwarz, Stacheldraht, mit Tod geladen. Der erste Österreichertransport in das KZ Dachau 1938. Herausgegeben von der Arbeitsgemeinschaft der KZ-Verbände und Widerstandskämpfer Österreichs (PDF)
Helmut Neuhold, Österreichs Helden zur See. Kapitäne · Forscher · Entdecker. Wien–Graz–Klagenfurt 2010
Der oberösterreichische Bauernkrieg 1626. Linz 1976 (= Ausstellungskatalog)
Ernst Ocwirk, Weltbummel. Vom Ballschani zum Kapitän des Kontinent-Teams. Redigiert von Leo Strasser. Linz 1956
Österreichischer Skiverband (Hrsg.), 100 Jahre Österreichischer Skiverband. Emotion made in Austria. Innsbruck 2005
Kurt Palm, Die Hitzeschlacht von Lausanne. Österreich – Schweiz 1954. St. Pölten–Salzburg 2008
Kurt Peball, Die Kämpfe in Wien im Februar 1934 (= Militärhistorische Schriftenreihe, hrsg. vom Heeresgeschichtlichen Museum, Heft 50). Wien 1974
Meinrad Pizzinini, Andreas Hofer. Seine Zeit, sein Leben, sein Mythos. Innsbruck–Wien 2008
Hugo Portisch und Sepp Riff, Österreich II. Die Wiedergeburt unseres Staates. Wien 1985
Hans Pretterebner, Der Fall Lucona. Ost-Spionage, Korruption und Mord im Dunstkreis der Regierungsspitze. Wien 1987
Heinz Prüller, Happel. Danke, Ernst! Wien–München–Zürich 1992
Heinz Prüller, Weißer Lorbeer – Die Karl-Schranz-Story. Wien 1970
Oliver Rathkolb, Die paradoxe Republik. Österreich 1945 bis 2005. Wien 2005
Floridus Röhrig, Roman Karl Scholz. Von der Begeisterung für die Idee des Nationalsozialismus bis zum Martyrium. Sein Leben und Gesinnungswandel. In: Jan Mikrut (Hrsg.), Österreichs Kirche und Widerstand 1938–1945. Wien 2000, S. 73–87

Helmut Rumpler, Das Völkermanifest Kaiser Karls vom 16. Oktober 1918. Letzter Versuch zur Rettung des Habsburgerreiches. Wien 1966
Helmut Rumpler, Eine Chance für Mitteleuropa. Bürgerliche Emanzipation und Staatsverfall in der Habsburgermonarchie. Wien 2005
Johannes Sachslehner, Schicksalsorte Österreichs. Wien 2009
Johannes Sachslehner, Schicksalsorte Österreichs. Band 2. Wien 2010
Johannes Sachslehner, Schicksalsorte des Sports. Wien 2011
Johannes Sachslehner, Anno 1683. Die Türken vor Wien. Wien 2011
Hans Schafranek, Sommerfest mit Preisschießen. Die unbekannte Geschichte des NS-Putsches im Juli 1934. Wien 2006
Erich Scheithauer, Herbert Schmeiszer und Grete Woratschek (Hg.), Geschichte Österreichs in Stichworten. 4 Bände. Wien 1971–1976
Dieter Seefranz, Der Weiße Rausch. Vom Skisport in Österreich. Unter Mitarbeit von Josef Metzger. Wien 1976
A. Senarclens de Grancy, Heimo Halbrainer, U. Hirschberg: „Totes Leben gibt es nicht". Herbert Eichholzer 1903–1943. Wien 2004
Johann Skocek, Sportgrößen der Nation. Der Aufstieg des Österreichers vom Helden zum ewigen Verlierer. Bad Sauerbrunn 1994
Herbert Steiner, Karl Marx in Wien. Die Arbeiterbewegung zwischen Revolution und Restauration 1848. Wien–München–Zürich 1978
Siegfried Steinlechner, Des Hofers neue Kleider. Über die staatstragende Funktion von Mythen. Innsbruck–Wien–München 2000
Selma Steinmetz, Österreichs Zigeuner im NS-Staat. Wien 1966
Herbert Stejskal (Hrsg.), Kärnten. Geschichte und Kultur in Bildern und Dokumenten. Von der Urzeit bis zur Gegenwart. Klagenfurt 1999
Anton Tantner, Der „Schranz-Rummel" von 1972. Geschichte, Sport, Krieg und Konstruktion von Nation. In: Zeitraum. Zeitschrift für historische Vielfalt. Neue Folge, Heft 2/1995, S. 8–33
Erika Thurner, Nationalsozialismus und Zigeuner in Österreich. Wien-Salzburg 1983
Wolfram Wette und Gerd R. Ueberschär, Stalingrad. Mythos und Wirklichkeit einer Schlacht. Frankfurt am Main 1992
Jean Tulard, Napoleon oder der Mythos des Retters. Tübingen 1979
Jens Jürgen Ventzki, Opfer des Holocaust: Roma und Sinti. Unerwünschte Transporte. Die reichsdeutschen Juden und die österreichischen Sinti und Roma im Ghetto Lodz. In: Das jüdische Echo. Europäisches Forum für Kultur und Politik (Jahrbuch 2004), S. 141 ff.
Franz Viehböck/Clemens Lothaller, Austromir. Der österreichische Schritt ins Raumzeitalter. Bad Sauerbrunn 1991
Karl Vocelka, Geschichte Österreichs. Kultur – Gesellschaft – Politik. Graz–Wien–Köln 2000
Georg Wacha, Spatzenvertilgung unter Maria Theresia. PDF auf www.landesmuseum.at
Franz Wilflingseder, Martin Laimbauer und die Unruhen im Machlandviertel 1632–1636. In: Mitteilungen des Oberösterreichischen Landesarchivs, 6. Bd. (1959), S. 136–207
W. E. Yates (Hrsg.), Johann Nestroy, Stücke 12: Eine Wohnung ist zu vermiethen. Moppels Abenteuer. Wien–München 1982 (= Johann Nestroy, Sämtliche Werke, Historisch-kritische Ausgabe, Bd. 12)
Hanspeter Zehner: „Mord oder Selbstmord? Neue Erkenntnisse zum gewaltsamen Tod des Generals der Infanterie Wilhelm Zehner". In: Truppendienst, Folge 271, Ausgabe 4, 2003.
Erich Zöllner, Geschichte Österreichs. Von den Anfängen bis zur Gegenwart. Wien 1990

Bildnachweis

Foto Max Kirnberger, DHM, Berlin: 130
Gerhard Trumler: 2, 35, 153, 406
Willfried Gredler-Oxenbauer: 6/7 (unten), 8, 18, 41, 116, 127, 213, 327, 344, 358, 377, 392, 415, 419, 440
Robert Bouchal: 109, 110, 236, 238, 354
Christina Brede, Berlin: 30
Carl Yarbrough: 58
Johannes Sachslehner: 137, 138, 273, 299, 365, 385, 389
akg-images, Berlin: 175, 239
Votava: 6/7 (oben), 7 (Mitte), 25, 52, 62, 70, 81, 150, 204, 221, 312, 375, 387
HOPI-Media: 251
BMI/Fotoarchiv der KZ-Gedenkstätte Mauthausen: 331
IMAGNO/Austrian Archives: 6 (Mitte), 7 (oben), 47, 73, 93, 97, 98, 99, 145, 180, 218, 226, 233, 246, 318
IMAGNO/ÖNB: 84, 89, 91, 107, 113, 117, 121, 132, 161, 162, 170, 185, 200, 257, 275, 413, 439
IMAGNO/Gerhard Trumler: 267
Österreichische Nationalbibliothek: 56, 71, 83, 102, 131, 189, 219, 258, 301, 307, 315, 335, 339, 351, 372, 386, 411, 414, 423, 434
Österreichische Nationalbibliothek/picturedesk.com: 51, 167
http://alex.onb.ac.at: 449
Kartensammlung der Österreichischen Nationalbibliothek: 285
Bildarchiv Preußischer Kulturbesitz: 268
APA/picturedesk.com: 82
Hans Klaus Techt/APA-Archiv/picturedesk.com: 10
United Archives/picturedesk.com: 27
90060/United Archives/picturedesk.com: 33
akg-images/picturedesk.com: 38, 261, 283, 290, 346, 379
Anonym/Imagno/picturedesk.com: 104, 280, 393
awkz/Interfoto/picturedesk.com: 128
ullstein bild/Ullstein Bild/picturedesk.com: 148, 173, 223, 234
Wolfgang Sos/picturedesk.com: 191
Georges Schneider/APA-Archiv/picturedesk.com: 205
Norbert Rzepka/SZ-Photo/picturedesk.com: 6/7 (Mitte), 216
R. Jaeger/APA-Archiv/picturedesk.com: 347
Weis, Wenzel/Österr. Nationalbibliothek/picturedesk.com: 349
Gert Eggenberger/APA/picturedesk.com: 355
Hoffmann, Heinrich/Österr. Nationalbibliothek/picturedesk.com: 366
Red Bull Content Pool/Rex Features/picturedesk.com: 360
Hilscher, Albert/Österr. Nationalbibliothek/picturedesk.com: 376
EPA/AFP/picturedesk.com: 420
EPA/picturedesk.com: 427
Erwin Schuh/picturedesk.com: 437
ARCHIV/APA-Archiv/picturedesk.com: 240
91050/United Archives/picturedesk.com: 431
CONTRAST/Hausner: 224
Kunsthistorisches Museum Wien: 296, 321, 338, 343, 407
Haus-, Hof- und Staatsarchiv, Österreichisches Staatsarchiv: 15, 404
Wien Museum: 19, 21, 95, 154, 248, 276, 309, 310, 323, 328, 334, 342, 359, 402, 442
Heeresgeschichtliches Museum Wien: 7 (unten), 182, 254, 303, 330, 386

Wienbibliothek im Rathaus: 361
Neue Galerie im Landesmuseum Joanneum: 289
Kärntner Landesarchiv, Klagenfurt: 356
Dommuseum zu Salzburg: 337
Deutsches Bundesarchiv: 57, 274, 367 (R 49 Bild-1305/CC-BYSA)
Dokumentationsarchiv des österreichischen Widerstands: 59, 120
Archiv Stift Altenburg: 68
Bicycle Archiv Ulreich, Hinterbrühl: 61
Sammlung Judith Büttner: 65
Foto ORF: 371
Dr. Karl Renner Institut: 101
Archiv der Bundespolizeidirektion Wien: 249
Sammlung Heimathaus Freistadt: 160
Fotoarchiv A 1 Telekom Austria: 418
Rathausmuseum Sempach: 242
Aargauer Kantonsbibliothek: 416
Chorherrenstift Klosterneuburg: 208, 255, 297, 401
Stadtgemeinde Hainfeld: 448
Sammlung Dr. Ingrid Hänsel: 171, 219
Ungarische Botschaft Wien: 222
Bayerisches Hauptstaatsarchiv, München: 6, 382 (Foto: Gerhard Trumler)
Institut für Realienkunde des Mittelalters und der frühen Neuzeit: 45
Wikimedia Commons: 6 (unten), 11, 14, 26, 28, 31, 32, 36, 37, 55, 60 (Foto: H.-P. Haack), 63, 67, 74, 77, 78 (Foto: Haneburger), 83, 85, 87, 88 (Foto: Haeferl), 96, 104, 105, 112, 115, 122, 124, 135, 141, 143, 144, 146 (© Ernst Franz Josef Messner, Brixlegg), 149 (Foto: Hawaratschi), 152, 156, 163, 164, 168 (Foto: Rudolf A. Haunschmied), 169, 184, 187, 190, 194, 195, 197 (Foto: George H. Mewes), 201 (Foto: Lysy), 202 (Foto: JOADL), 203, 207, 209, 210, 211, 214, 217, 227, 231, 253 (© Bwag/Commons), 263 (Foto: Neustädter), 264, 277, 278, 279 (Foto: Matthias Kabel), 281, 282, 284, 287, 293 (Foto: Darev), 294, 300, 302, 304, 308, 313, 316, 320, 325, 333, 336, 348, 352, 368, 370, 372, 400, 403, 405, 424, 425, 428, 429, 430 (Library of Congress), 433, 438, 444, 446
www.cs.wikipedia.org/wiki/Seznam_pomniki_z_bitvy_u_Hradce_Králové_roku_1866_cast_1: 1
Verlag Josef Otto Slezak: 432
Archiv Verlagsgruppe Styria: 12, 17, 22, 42, 49, 394, 397
Archiv Johannes Sachslehner: 196, 329, 363
Privat: 178
www.ris.bka.gv.at: 247

Redaktionelle Mitarbeit: Laura Sachslehner

Ein herzliches Danke für die tatkräftige Unterstützung an
Thomas Fric und Nina Fric-Sachslehner.

*Bild Seite 8: Das Denkmal von Gerald Brandstötter
für die hingerichteten Waldenser am „Ketzerfriedhof" in Steyr.*

ISBN 978-3-222-13417-3

styria books

Buch- und Umschlaggestaltung: Bruno Wegscheider
Produktion: Franz Hanns, Alfred Hoffmann
Reproduktion und Bildbearbeitung: Pixelstorm, Wien
Druck und Bindung: Druckerei Theiss GmbH, St. Stefan im Lavanttal
8 7 6 5 4 3 2 1
Printed in Austria